# 法医临床鉴定

## 典型案例与实务前沿

殷汉池　陈捷敏　毕世亮　主编

FORENSIC CLINICAL IDENTIFICATION

TYPICAL CASES
AND
CUTTING-EDGE PRACTICES

法律出版社 LAW PRESS · CHINA | 北京

**图书在版编目（CIP）数据**

法医临床鉴定：典型案例与实务前沿／殷汉池，陈捷敏，毕世亮主编．-- 北京：法律出版社，2025．

ISBN 978-7-5244-0235-0

Ⅰ．D919.4

中国国家版本馆 CIP 数据核字第 2025HP1012 号

**法医临床鉴定：典型案例与实务前沿**

**FAYI LINCHUANG JIANDING：DIANXING ANLI YU SHIWU QIANYAN**

殷汉池　陈捷敏　毕世亮　主编

策划编辑　朱海波　杨雨晴

责任编辑　朱海波　杨雨晴

装帧设计　汪奇峰　臧晓飞

**出版发行**　法律出版社

**编辑统筹**　法律应用出版分社

**责任校对**　蒋　橙

**责任印制**　刘晓伟

**经　　销**　新华书店

**开本**　787 毫米×1092 毫米　1/16

**印张**　30.75　　**字数**　600 千

**版本**　2025 年 5 月第 1 版

**印次**　2025 年 5 月第 1 次印刷

**印刷**　北京盛通印刷股份有限公司

地址：北京市丰台区莲花池西里 7 号（100073）

网址：www.lawpress.com.cn

投稿邮箱：info@lawpress.com.cn

举报盗版邮箱：jbwq@lawpress.com.cn

销售电话：010-83938349

客服电话：010-83938350

咨询电话：010-63939796



**书号**：ISBN 978-7-5244-0235-0

**定价**：198.00 元

凡购买本社图书，如有印装错误，我社负责退换。电话：010-83938349

# 编 者 名 单


主　编

殷汉池　陈捷敏　毕世亮

副主编

张维炜　宋全法　孟欢欢

编委会

（以姓氏笔画为序）

王曙光　山东省高级人民法院

邓爱军　山东第二医科大学附属医院

毕世亮　山东省临朐县中医院

宋全法　山东阳光融和医院

李绍芳　山东省烟台衡信司法鉴定中心

李德民　山东省临朐县劳动人事争议仲裁院

陈捷敏　司法鉴定科学研究院

孟欢欢　济宁医学院司法鉴定中心

杨苗苗　山东鑫诚司法鉴定中心

张维炜　《中国人大》杂志社

张佃宾　山东政法学院司法鉴定中心

张　鑫　山东信源医学司法鉴定中心

隽兆东　山东第二医科大学

殷宗香　山东阳光融和医院

殷汉池　山东省临朐县人民法院

郭　勇　山东省临朐县人民法院

段方圆　山东省青州汇明眼科医院

# 主编简介

**殷汉池**，男，山东第二医科大学毕业，副主任法医师。中国法医学会会员，山东医学会会员，山东医学会法医学分会第一届委员会专业委员，山东省高级人民法院人才库首批成员，山东法院暂予监外执行组织诊断工作法医学专家，山东省潍坊市医学会医疗事故技术鉴定专家库专家。

主要研究方向：法医临床鉴定工作；医学影像学与法医临床鉴定；罪犯保外就医严重疾病范围的界定。出版专著3部，在省级以上刊物发表法医学或与法医工作有关的论文10余篇。曾荣获省、市、县多项荣誉称号。多年来，为法院司法技术工作规范化、制度化建设作出突出贡献。

**陈捷敏**,女,副研究员,副主任法医师,硕士生导师。2012 年毕业于复旦大学,取得法医学博士学位,现任职于司法鉴定科学研究院法医临床学研究室,长期从事法医临床学的科学研究、司法鉴定工作,以视觉功能障碍的客观评定技术为主要研究方向。主持并参与完成多项国家、省部级课题,在国内外学术刊物上发表论文 20 余篇,参编《法医眼科学》《神经电生理在法医学鉴定中的应用》《人体损伤致残程度分级适用指南》等专著,参与制定《法医临床检验规范》《法医临床影像学检验实施规范》《视觉功能障碍法医临床鉴定技术规范》等。

**毕世亮**,男,临朐县中医院 CT/MRI 室主任。医学影像副主任医师。山东针灸学会医学影像专业委员会委员,山东省卫生信息与健康医疗大数据学会影像技术与人工智能专业委员会常务委员,潍坊中医药第一届医学影像专业委员会副主任委员,潍坊市医学影像专业质量控制中心成员,临朐县法医伤情鉴定特邀影像会诊专家。从事医学影像诊断工作近三十年,具有丰富的医学影像专业的理论和实践经验,擅长 CT 和 MRI 影像综合诊断。在核心期刊《山东卫生》及其他医学刊物上发表医学论文多篇,发明实用型专利两项,主编著作三部,参与完成市级科学进步三等奖科研一项。多次荣获临朐县卫生系统先进工作者及优秀共产党员荣誉称号,获得临朐县"最美医生"荣誉称号。

# 序

在中华人民共和国成立七十周年之际,笔者受邀参编《新中国法医七十年纪念文集》一书,当时曾与同行专家热烈探讨了法医临床作为一门学科的关键科学问题和核心技术方法,颇有感触。感触之一是,法医临床在法医类司法鉴定所有专业领域中与司法实践的关系最为紧密,与人民群众切身利益的联系也最为广泛,但又几乎是存在问题和争议话题最多、最亟待发展的学科,大家从业以来都有如履薄冰之感;感触之二是,随着医学科学和临床医疗的快速发展,法医临床的鉴定标准、技术方法随之不断更新,实际鉴定中经常遇到前所未有的困难,学科发展陷入一个又一个瓶颈,对鉴定人员学识和技术的要求越来越高,鉴定人稍有懈怠,就可能无法适应行业发展的新要求;感触之三是,法医临床虽然是一门理论性很强的学科,扎实的知识储备无疑是成为一名优秀鉴定人的前提,但同样也是一门实践性极强的学科,丰富的鉴定经验、反复锤炼的缜密思考、精益求精的总结和凝练,更是成为一名实至名归的鉴定专家的必经之路。

因此,笔者一直期望同行特别是有丰富从业经验的资深鉴定人能不断回眸自己的执业生涯,一方面可以达到自我提升的目的,另一方面也能够共同为行业的进步铺就坚实的道路。

两年前,欣闻长期在人民法院从事实际鉴定工作、后来又专门致力于鉴定文书审查的殷汉池同志会同一批志同道合的同行,编写了《法医临床鉴定:典型案例与实务前沿》一书,颇为之鼓舞。有幸拜读初稿,发现本书精挑细选了一批资料翔实、颇具代表性和典型意义的法医临床鉴定案例,展示了鉴定文书的主要内容,并从鉴定人和鉴定文书审查人的不同视角,对鉴定过程和文书都作出了客观的评析,既精准地指出了案件中的技术关键,又清晰地揭示了鉴定中可圈可点和值得深思的细节,完全可以作为法医临床从业人员以及有志于此的学员的案头工具书,也可以为其他相关人员作为解读法医临床鉴定意见书提供有益的参考。

法医临床学科乃至行业的进步,需要广大从业者不断奉献智慧和经验,唯其如此,才能真正满足司法机关和人民群众的需要和期待，我们的工作也才有可能真正为全面依法治国提供有力的技术支持。

司法鉴定科学研究院法医临床学研究室主任、研究员

中国法医学会常务理事，法医临床学专业委员会主任

# 再版前言

《2022年度全国司法鉴定工作统计分析报告》显示，截至2022年，全国从事法医类司法鉴定业务的司法鉴定机构2314家，其中从事法医临床鉴定的1949家；2022年法医类业务量238.84万件，其中法医临床类121.33万件。无论是鉴定机构数量还是业务总量，法医临床鉴定远超法医类其他类别（法医病理、法医物证、法医精神病、法医毒物），是法医类比重最大的业务鉴定类别。正如著名法医临床学专家夏文涛研究员所言：法医临床在法医类司法鉴定所有领域中与司法实践的关系最为紧密，与人民群众切身利益的联系也最为广泛。由此，不难理解法医临床机构数量与业务总量遥遥领先之原因。按照2020年司法部关于印发《法医类司法鉴定执业分类规定的通知》，法医临床鉴定共涉及九个项目，虽然残疾等级鉴定仅是项目之一，但是残疾程度鉴定又是九个项目中最重要、审判实践中应用最多，同时又是最能体现司法鉴定人能力与水平的试金石。2022年7月出版的《法医临床鉴定典型案例解析》（以下简称"一版"）正是在这种司法实践的现实需求中应运而生。书中主要涉及的是法医临床中残疾程度鉴定的案例，再版虽然加入了部分损伤程度鉴定及致伤方式的案例，但仍然以残疾程度鉴定案例为主。

笔者本人在阅读"一版"的过程中也陆续发现了一些问题，比如，错别字的问题、个别图片注释有误；个别黑白图片难以正确表达题意等。再版除了将个别错字加以改正外，将所有彩图在文本后边集中展示给读者，以期读者能够准确理解案例本意，另外，将原开本"787mm×1092mm 1/16"调整为"850mm×1168mm 1/16"，文中图片适当扩大，这样使读者阅读起来更加轻松自如；另外根据部分读者的意见、建议有针对性地对第一版中发现的个别问题进行修正。此外，书中收录的部分论文体现了法医临床鉴定的前沿、疑难问题，本次再版将书名改为《法医临床鉴定：典型案例与实务前沿》，以更完整展现本书的内容。

2017年施行的《人体损伤残疾程度分级》以及近几年陆续公布的涉及法医临床鉴定的法律、法规、技术规范，对于鉴定人医学与法学理论以及鉴定水平提出了更高要求，凸显了相关基础医学、临床医学，法律、法规及技术规范在法医临床鉴定中的极端重要性，即：虽然法医学属于医学学科，但法医学鉴定的实施必须在相关法律、法规、技术规范的框架下进行，如果违反相关法律、法规即属于程序严重违法，会严重影响审判质效。广东汕头大学医学院法医学教研室于晓军教授在谈到法学与医学在法医学鉴定中地位与作用时，形象地把医学视为法医学之母，把法学视为法医学之父。法律、法规、技术规范在法医学鉴定中的重要性不言而喻！再版《法医临床鉴定：典型案例与实务前沿》（以下简称“再版”）在新加入的20个经典案例中，无论是“讨论”部分还是“评析”部分均有相关技术规范的论述，对于提高鉴定意见的准确性意义非常重大。尤其是增加的部分重新鉴定并改变原“鉴定意见”的案例，此类案例的主要错误在于未遵循相关技术规范进行鉴定而导致“鉴定意见”有误，还有的是因为临床医学知识，尤其是影像知识匮乏导致。“未遵循相关技术规范进行鉴定”实践中比较普遍存在，既存在程序违法，也存在证据明显不足。

新《民事诉讼证据规定》第三十六条规定：人民法院对鉴定人出具的鉴定书中“鉴定所依据的原理、方法”应当进行审查。这里的“原理、方法”主要是指“技术规范”，所依据的“原理、方法”必须具有科学性。如果在鉴定中鉴定人照搬照抄医院出具的影像学报告，没有按照《法医临床影像学检验实施规范》对影像元数据进行阅读、理解、消化、吸收，进而转变为鉴定人自己的东西，即：没有将“医学影像”转化为“法医影像”，那么出具的“鉴定意见”违反技术规范，不具有科学性、客观性，所谓的“鉴定意见”将难以被法庭采信。只有鉴定技术、鉴定手段具有科学性，只有完成由“医学影像”到“法医影像”的跨越，进而完成由“临床医学”到“法医临床学”的跨越，实现“法”与“医”的有机融合。“鉴定意见”方可经得住历史的检验！实际上这也是对鉴定人的一个最基本要求，需要认真思考、对待。就目前情况而言，部分鉴定人只重视医学，轻视法学，这种错误认识必须予以纠正。

“再版”新增案例选用的图片均是在医院影像工作站，或者利用 Radi ANT DICOM 阅读软件在其元数据中甄别、判断，优中选优的方式选定与原发损伤及转归有关的图像，其更加规范、清晰。

再版增加的案例具有极强的针对性，通过对上述案例的阅读、思维，能够使读者理解并知悉案例本身所蕴藏的深刻含义（以下每章列举两个案例加以说明）。

比如，第一章案例11：“外伤性癫痫残疾等级评定1例”。其核心要义在于：掌握外伤性癫痫的概念、如何正确认定是否属于外伤性癫痫？外伤性癫痫的分度、外伤性癫痫残疾程度评定的原则？了解神经核医学在癫痫定位诊断中的重要作用；第一章案例12：“颅脑外伤致偏瘫、失语残疾程度评定1例”。其核心要义在于：掌握失语的概念、如何正确认定运动性失语、感觉性失语、混合性失语？失语的分型？掌握偏瘫、失语与大脑皮质不同功能区的损害的定位关系，熟悉并掌握语言中枢位于大脑的优势半球。

第二章案例7："颅脑外伤致视野缺损、失语残疾等级评定1例"。其核心要义在于：了解、掌握视路各段神经纤维损伤所对应的特异性视野异常，或者说了解、掌握视野缺损的特性改变对中枢神经系统损伤的定位诊断的重要意义。了解混合型失语一般会同时伴有"失读""失写""失认"等表现，也就是说"混合性失语"的认定要慎重，要结合损伤基础及上述表现。第二章案例8："外伤致发声功能障碍残疾等级评定1例"。其核心要义在于：掌握发声功能障碍形成的几种原因、客观评定；掌握声音嘶哑所致发声功能障碍的定位与定性。

第三章案例6："胸腹联合伤致肾萎缩伤残等级评定1例"。其核心要义在于：掌握肾功能障碍的分度（包括单肾），SPECT在确定总肾与分肾功能中的重要作用；掌握CT检查（包括平扫与增强）及其图像后处理（VR与MIP）在确定肾组织形态中的重要作用。第三章案例7："胸部外伤致肋骨骨折残疾等级重新评定1例"其核心要义在于：通过阅读该案例，使读者清晰，认定肋骨骨折读取元数据非常重要，了解多层螺旋CT扫描并图像重组，骨算法重建骨窗下阅读。关于隐匿性肋骨骨折的最佳复查时间，学术文章报道非常多。笔者经过研究、分析认为，最佳复查时间宜在4周左右，若准确认定是否畸形愈合，宜在6个月之后为宜。

第四章案例14："足外伤致足弓部分破坏残疾等级评定1例"。其核心要义在于：掌握横弓破坏的损伤基础是Lisfranc关节损伤，通过测量横弓最高点，并与正常足进行比对确定横弓是否具备法医学意义上的破坏。掌握横弓最高点的测量方法，了解双足MSCT扫描并多平面图像重组在确定横弓破坏及横弓角测量中的重要意义。第四章案例15："胫腓骨骨折残疾程度重新评定1例"。其核心要义在于：重点了解骨不连的概念，可能形成骨不连的情形，如何正确认定骨不连。对于骨不连不可轻易定论，如果具备植骨术的指证，只有通过相应的手术后经影像学检查显示：骨折端膨大、硬化，呈象足样或者骨折端无骨痂，断端分离、萎缩，骨髓腔被致密、硬化的骨质所封闭，方可认定。现代医学的飞速发展昭示：只要手术得当，伤者配合，一般情况下，骨折迟早会得到愈合。

列举上述部分案例并加以说明目的是昭示读者，在阅读案例时注意把握其核心要义，在法医临床鉴定实践中做到触类旁通、举一反三。由于水平所限，文中缺点甚至是错误之处在所难免，敬请大家批评指正，唯有诚恳接受批评、认真修正不足，克服缺点、发扬长处，方可最能接近至善至美。

殷汉池<br>二〇二五年三月

# 第一版前言

全国人大常委会2005年通过的《关于司法鉴定管理问题的决定》实施以后，人民法院不再从事具体的鉴定活动。针对这一实际情况，最高人民法院办公厅下发了《最高人民法院办公厅关于印发〈技术咨询、技术审核工作管理规定〉和〈对外委托鉴定、评估、拍卖等工作管理规定〉的通知》（法办发〔2007〕5号）。该文件对人民法院的司法技术工作作出了详尽的部署，其中关于"技术审核"的内容作了如下阐述：(1)鉴定材料和鉴定对象是否符合鉴定要求、是否具备鉴定条件？(2)鉴定手段、鉴定方法是否科学、鉴定过程是否规范？(3)鉴定意见及分析所依据的事实是否客观全面、特征的解释是否合理、适用的标准是否准确、分析说明是否符合逻辑、鉴定结论的推定是否符合科学规范？对于基层法院来说，法医案件的审核量大、面广，做好这项工作对案件的正确审理尤为重要，对司法技术人员的专业技能要求更高。

2017年1月1日实施的《人体损伤致残程度分级》与以往标准比较有许多新的理论、观点，对鉴定实践中的一些模糊概念进行了澄清，可操作性强，字里行间体现了《人体损伤致残程度分级》标准制定者的智慧。本人在鉴定报告审查过程中发现部分鉴定案例非常典型，对于法医鉴定具有一定的指导意义，于是进行整理著成本书，其中部分案例是鉴定机构提供的原始资料。

法医学鉴定是一个立论点、找论据，利用医学理论知识和法学知识来论证论点正确与否的过程。其中损伤是基础，病历记录、法医检验及影像学检查及其他辅助检查是佐证。通过科学的分析论证可以达到去伪存真的目的。法医工作者在鉴定中不可照抄、照搬医院的病历、影像学检查报告。要通过读取元数据，结合其他相关材料，判明是新伤还是旧伤，是伤还是病，进而完成由"医学证据"到"法学证据"，或者说由"医学事实"到"法律事实"的跨越。做好这项工作对法医工作者来说显得尤为重要。出版本书的一个重要目的，就是引导法医工作者在鉴定实践中更加注重影像学的重要作用，更加注重客观检查的重要作用。鉴定实践中利用影像学知识可以使许多复杂疑难案件迎刃而解。法医影像学已成为解决疑难案件的尚方宝剑，这方面郭满珍老师是榜样。有的鉴定离开影像资料不能得出或者说不能准确得出鉴定意见。比如第四章案例4，最终认定"部分脾切除"的依据就是增强CT检查证实"脾脏部分组织变性、失去功能"。《人体损伤致残程度分级》标准中对于鉴定时机的要求是:应在原发损伤及其与之确有关联的并发症治疗终结或者临床治疗效果稳定后进行鉴定。因此,法医临床工作者要还原伤者损伤时的客观情况,除阅读病历记录外,更重要的是通过阅读当时的影像资料,以还原、明晰损伤当时的损伤程度,进而得出损伤与后果的因果关系,所以要注意观察影像资料的动态变化。有的鉴定需要 X 线检查、CT、MRI 三者结合,进行综合分析。同时,间接证据也很重要,比如,骨折部位的软组织肿胀、挫伤、血肿等,可以成为认定是否属于新鲜骨折的证据之一。另外,像听力损伤中的 ABR 检查、40Hz 听觉相关单位检查、ASSR 检查,视觉功能障碍中的 UBM 检查、OCT 检查、ERG 检查、VEP 检查,眼底照相,以及周围神经损伤中的 EMG 检查、MNCV 检查、SNCV 检查等,对于损伤的正确定位、定性与定量具有其他检查无可替代的重要作用。

为便于法医工作者更加直观地了解和掌握案例的核心要义,本书对每个案例引入相关插图,以充分反映出损伤部位的动态学改变及能够起到证据作用的影像学形态变化与灰阶变化,图文并茂、动静结合。全书共引入各类图、表 300 余幅,当然主要是医学影像学插图,它们对提高"鉴定意见"的准确性意义非常重大。当然,由于受条件限制,在 CT 与 MRI 检查对同一损伤事实的相互印证方面尚存在一定缺陷。

每个案例的"讨论"部分所引用的医学基础理论的出处均作了详细标注,目的是让读者更深入地理解掌握相关医学知识,为做好鉴定打下坚实的基础。

本书汇编的是鉴定实践中最常见、最普遍的部分案例,具有一定的指导性与针对性。通过阅读这些案例,假如能够使读者有一个理念上的认同,即鉴定人在鉴定过程中将病历记载、影像学检查及其他客观检查通过缜密的思维、分析、判断转变为自己的语言表述在鉴定报告中,笔者将倍感欣慰。由于编者水平有限,书中缺点、不足,甚至是错误在所难免。若诸位在阅读过程中发现错误敬请批评指正,并及时与本人联系,以免造成不应有的失误,或在再版过程中加以修正。由于受工作条件的限制,个别案例"鉴定意见"没有什么问题,但证据的充分性方面可能存在不足。比如,听力障碍的认定,需要取得四个频率的听阈均值,但 40Hz 听觉相关单位的检查、ASSR 的检查、镫骨肌试验的检查等,就目前来说基层医院,甚至一些三级医院都开展得不尽如人意。像 40Hz 听觉相关单位,医院往往只给 0.5kHz 的反应阈。个别案例条文不是很明确,为体现公平、公正,在分析论证及鉴定意见中融入了个人的思考与观点。比如,"碾压伤致足弓结构破坏"一例;还有些损伤或者与治疗损伤有关的手术方式,比如,第一章案例 1 中的"脑室—腹腔分流术"及案例 6 中的"脑内囊肿侧脑室造瘘术"在《人体损伤致残程度分级》标准中未查到相关规定,故不再评定等级。在阅读过程中希望读者有甄别地消化、吸收,因为书中有些观点是专家共识、有些是部分省的鉴定执业指引、有的是个人思考。因此，本身就存在不完善的地方，再加之医学科学的飞速发展，鉴定意见并非尽善尽美，在此与大家共同商榷，恳切希望大家提出宝贵意见、建议，甚至是批评指正。

不积小流无以成江海，不及跬步无以至千里。多少个日日夜夜，周末、节假日，工作之余，笔耕不辍，成此拙稿。感谢领导与前辈们的支持与教诲，家人的关心与理解成为我对事业执着追求的不竭动力。

借此机会，感谢司法鉴定科学研究院夏文涛老师、山东高院王曙光主任、潍坊中院吴新明主任的关心与支持。尤其是夏文涛老师百忙之中对部分案例亲自进行修正，对书稿的格式、版面设置等悉心指导，并亲自为本书写序。以至编者方有勇气将此书呈现给读者。同时对在本书编写过程中给予关心、支持和帮助的各位同仁一并表示感谢！

殷汉池

二〇二二年五月

# 目录
CONTENTS

## 235 第四章 脊柱、骨盆及四肢损伤

# 第一章

# 颅脑、脊髓及周围神经损伤

# 案例1：外伤性脑梗死致偏瘫

**关键词**：法医临床学；颅脑交通伤；外伤性脑梗死；偏瘫

## 一、案例资料

### （一）简要案情

被鉴定人，男，31岁。2017年7月16日因交通事故致伤头、颈、胸、腹部及右上肢多处。当即意识不清，急入院。临床诊断为：多处软组织损伤，头部外伤；右侧多发肋骨骨折，双肺挫伤，吸入性肺炎；颈7横突及上、下关节突骨折；右侧尺骨开放性骨折。入院先后行：（1）右尺骨开放性骨折清创、复位钢板内固定，拇长展、拇短伸、拇长伸肌腱，示、中、环、小指伸肌腱，示指固有伸肌腱，尺侧腕伸肌腱断裂修复石膏外固定术；（2）脑血管造影＋右侧颈内动脉取栓＋支架植入术；（3）去骨瓣减压术；（4）经皮旋转微创气管切开术；（5）右额颞顶大面积脑梗死内减压术；（6）“脑室—腹腔引流术”；（7）“颅骨修补术”。

### （二）病历摘要

**1. 第一次住院**

住院日期：2017年7月16日2am至8月2日。

被鉴定人因右上肢等处交通伤入院经完善检查后，当日上午行“右尺骨开放性骨折清创、复位钢板内固定，拇长展、拇短伸、拇长伸肌腱，示、中、环、小指伸肌腱，示指固有伸肌腱，尺侧腕伸肌腱断裂修复石膏外固定术”，术后被鉴定人左侧肢体活动差，高度怀疑右侧颈内动脉损伤并脑梗死，遂行“脑血管造影＋右侧颈内动脉取栓＋支架植入术”。术后3小时被鉴定人右侧瞳孔散大，复查CT示脑组织肿胀明显，中线结构移位，遂行“去骨瓣减压术”。2天后再次出现肢体活动变差，CT示中线结构移位，且进行性加重，遂再次行“右额颞顶大面积脑梗死内减压术”，并脱水降颅压、营养脑神经。于2017年8月2日转院继续治疗。

住院期间手术情况见表1－1－1。

**表 1-1-1　第一次住院期间手术情况**

| 手术时间 | 手术方式 |
| --- | --- |
| 2017.7.16.2:30am | 上唇裂伤清创缝合术 |
| 2017.7.16.12am | 右尺骨开放性骨折清创、复位钢板内固定,拇长展、拇短伸、拇长伸肌腱,示、中、环、小指伸肌腱,示指固有伸肌腱,尺侧腕伸肌腱断裂修复石膏外固定术 |
| 2017.7.16.5pm | 脑血管造影 + 右侧颈内动脉取栓 + 支架植入术 |
| 2017.7.17.4:35am | 去骨瓣减压术 |
| 2017.7.18.2:30pm | 气管切开术 |
| 2017.7.19.1pm | 右额颞顶大面积脑梗死内减压术 |

2017 年 7 月 16 日 2am(伤后)颅脑 CT 示未见颅骨骨折,颅内未见明显异常密度影,脑室系统与中线结构未见明显异常改变(图 1-1-1A)。颈 7 双侧横突骨折(图 1-1-1B);右侧多发肋骨骨折、肺挫伤(图 1-1-1C)。X 线摄片示右侧尺骨骨折。

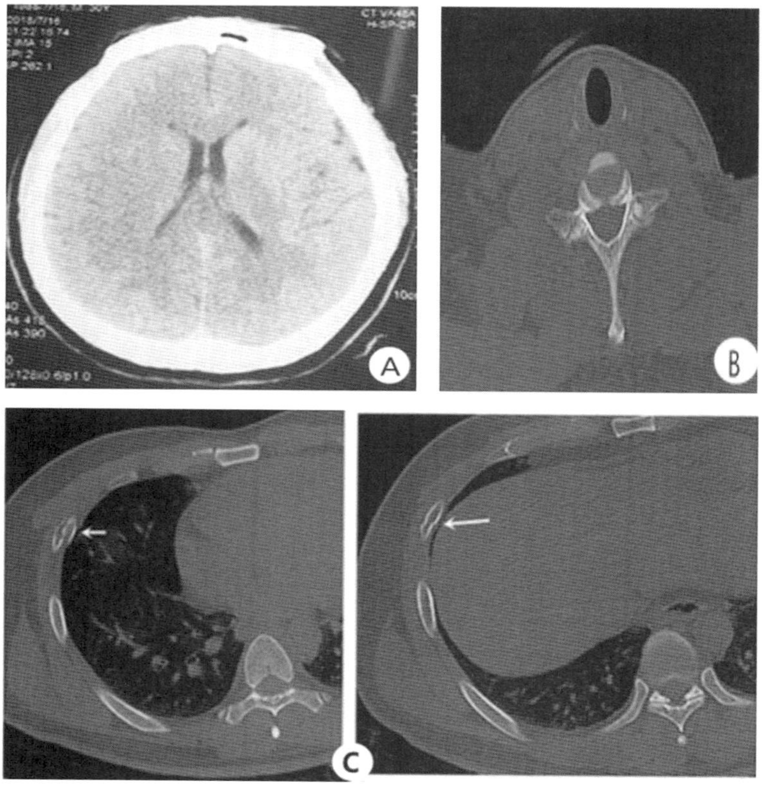


**图 1-1-1　2017 年 7 月 16 日凌晨头颅与胸部 CT 图像**

A:脑实质、脑室系统正常,中线结构无移位。B:骨窗示颈 7 双侧横突骨折。C:右侧第 5 肋骨骨折;右侧第 6 肋骨骨折。

伤后12小时伤者左侧肢体活动差,结合外伤部位,高度怀疑右侧颈内动脉损伤并脑梗死,遂行脑血管造影,经确诊后遂行右侧颈内动脉取栓+支架植入术(图1－1－2D、E)。术中右侧颈总动脉造影发现右侧颈内动脉闭塞;并大量血凝块。考虑颈内动脉近端夹层。

被鉴定人行“支架植入术”。术后3小时右侧瞳孔散大,复查CT示脑组织肿胀明显,中线结构移位,脑室出血、蛛网膜下腔出血,脑疝,脑梗死可能。遂行“去骨瓣减压术”。术后颅脑CT检查示:右额颞顶部大片高低混杂密度灶(图1－1－3F、G)。

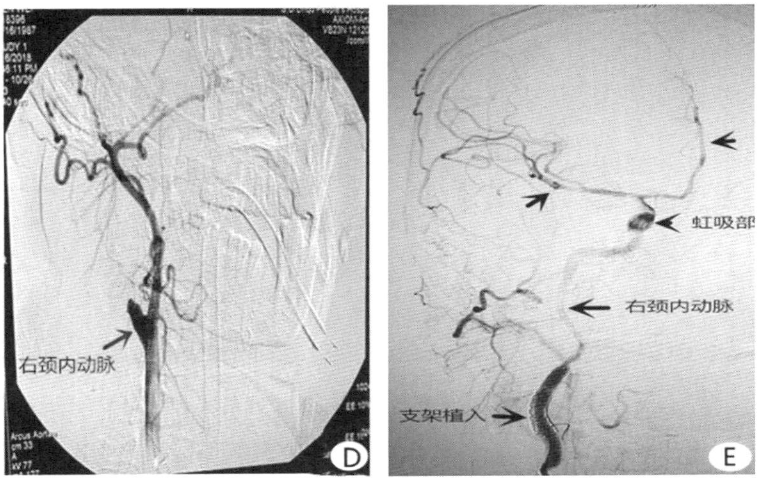


**图1－1－2　2017年7月16日5pm脑血管造影及相关治疗图像**

D:血管造影示右侧颈内A闭塞(未显影)。E:右侧颈内A取栓+支架植入术后。颈内A再通,但大脑前动脉及大脑中动脉显影迟缓,代偿差。

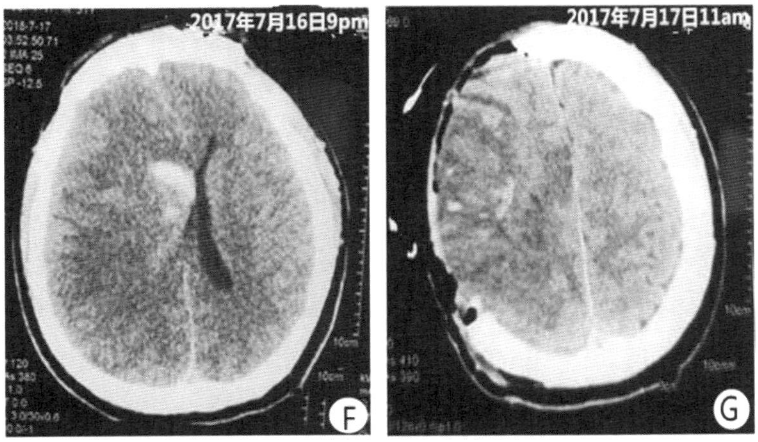


**图1－1－3　2017年7月16日9pm及当日术后头颅CT图像**

F:脑组织肿胀明显,脑室出血、蛛网膜下隙出血,中线结构移位,脑疝,脑梗死可能。G:“去骨瓣减压术”后见右侧颅骨局限性缺损,右侧额颞顶部高低混杂密度灶。

"去骨瓣减压术"后3天再次出现肢体活动变差,CT示右额颞顶部脑梗死及脑疝均呈进行性加重(图1－1－4H)。遂再次行"右额颞顶大面积脑梗死内减压术",并脱水降颅压等对症治疗。

"内减压术"后次日颅脑CT显示右额颞顶部大片高低混杂密度灶,伴颅内积气,脑室受压(图1－1－4I)。

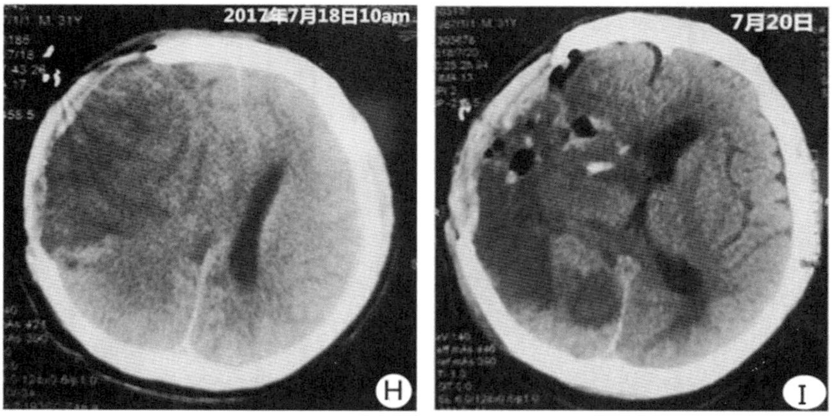


**图1－1－4　2017年7月18日及20日头颅CT图像**

H:右额颞顶部大片高低混杂密度灶,以低密度灶为主;右侧脑室受压,中线结构左移,脑疝。I:"脑梗死内减压术"后次日见右额颞顶部大片高低混杂密度灶,以低密度灶为主;多发气体影;右侧侧脑室、三脑室受压,中线未见明显左移。

2017年7月29日再次行颅脑CT复查:脑干系统未见明显异常(图1－1－5)。

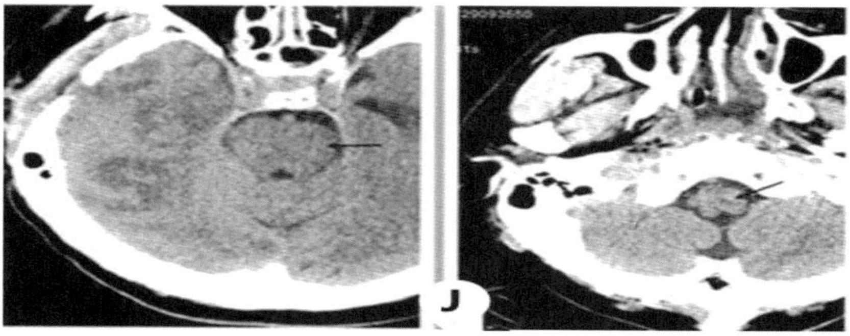


**图1－1－5　2017年7月29日头颅CT图像**

颅内出血明显吸收,图中箭头所指示脑干系统未见明显异常(J)。

### 2. 第二次住院

住院日期:2017年8月2日至9月5日。

入院时情况:车祸致右侧颈内动脉闭塞,右侧大面积脑梗死;右侧多发肋骨骨折,双肺挫伤;右侧尺骨开放性骨折 17 天。入院诊断:右侧颈内动脉急性闭塞取栓术并支架植入术后;右侧大面积脑梗死,去骨瓣减压术后,脑出血;气管切开术后。

入院后积极抗感染、补液、营养神经、化痰、肠外营养。复查 CT 示脑积水,肺炎症状改善。

出院时情况:大量咳痰,鼻饲饮食。查体:气管切开辅助呼吸中;昏迷状态,刺痛偶可睁眼,右侧瞳孔直径 5mm,左侧瞳孔直径 2.5mm,对光反射均消失。左上肢刺痛屈曲,左下肢刺痛无反应;右上肢刺痛无反应,右下肢刺痛略动。双侧巴氏征(-)。

2017 年 9 月 3 日颅脑 CT 检查示:右侧大脑半球大片梗死伴部分液化改变(图 1-1-6L)。

2018 年 2 月 13 日颅脑 CT 检查示:右侧大脑半球大片液化改变(图 1-1-6M)。

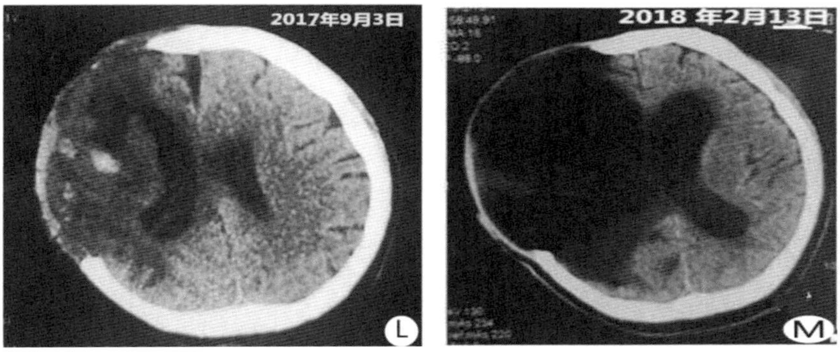


**图 1-1-6　2017 年 9 月 3 日及 2018 年 2 月 13 日头颅 CT 图像**

L:右侧大脑见高低混杂密度影,以低密度为主。M:右侧大脑半球水样低密度灶,部分向外膨出;两侧脑室系统扩张,右侧尤甚;右侧脑组织结构大部分消失,余极少部分与脑组织融合,无明显分界;中线结构未见明显移位。

### 3. 第三次住院

住院日期:2017 年 9 月 28 日至 2018 年 5 月 14 日。

入院时情况:昏迷 2 月余,咳嗽、咳痰,反复发热 1 个月余。查体:昏迷状态。右侧额颞顶部颅骨缺损,膨隆,左侧瞳孔直径 3mm,右侧 5mm,对光反射均消失。鼻饲管在位,气管插管通畅。双肺呼吸音粗,未闻及干湿啰音。腹部(-),脑膜刺激征阴性,左侧病理征(+),右侧病理征(-)。入院诊断:右侧大面积脑梗死后遗症;颈内动脉闭塞取栓术后(右);颈内动脉支架植入术后(右);去骨瓣减压术后;贫血;真菌感染;肺部感染;压疮;癫痫。

入院后给予低流量吸氧、湿化气道,持续心电监护;药物、能量、补液及对症处理,病情逐渐好转。

出院时情况：昏迷，GCS 评分 9 分；鼻饲流质；体温、脉搏、血压正常，大、小便不能自控，完全需要他人照料。查体：右颞侧颅骨缺损，骨窗处脑组织明显膨出，局部皮肤感染，约 2cm × 3cm，左侧瞳孔直径 3mm，右侧 4mm，对光反应迟钝；气管插管固定良好，双肺呼吸音粗，双肺底闻及湿性啰音，心（ - ），腹部（ - ），右侧肢体肌力 3 级，左侧肢体肌力 1 级，四肢肌张力高，脑膜刺激征（ - ），左侧病理征（ + ），右侧病理征未引出。

**4. 第四次住院**

住院日期：2018 年 7 月 10 日至 2019 年 3 月 10 日。

入院时情况：青年男性，睁眼昏迷。被动卧位，查体不能合作；右颞顶部约 13cm × 12cm 类圆形颅骨缺损，部分脑组织膨出。双侧瞳孔直接、间接对光反射均消失。颈部抵抗感（ + ），四肢肌张力高，呈僵直状态；左手诸指屈曲，呈握拳状；右手垂腕，诸指略屈曲固定；左下肢伸直固定，肌力无法查清；右下肢呈髋外旋、膝关节屈曲状固定，右侧肢体刺痛屈曲，肌力无法查清；肱二头肌肌腱反射、肱三头肌肌腱反射、膝腱反射均无法引出。左侧巴氏征（ + ），右侧未引出；自主呼吸，心跳正常，心音有力。

入院后完善辅助检查，行脑室—腹腔分流术及颅骨修补术。

出院时情况：青年男性，神志清。查体合作，能够回答简单问题；右额颞顶部颅骨缺损已修补，面积约 13cm × 12cm，眼球活动自如，双侧瞳孔等大等圆，对光反射灵敏；颈部抵抗感（ ± ），心、肺、腹部正常；右侧肢体肌力 5 级，左侧肢体肌张力增高，左手诸指及肘关节屈曲状，刺激无反应，肌力 0 级，左下肢伸直固定，刺激无反应，肌力 0 级。角膜反射、腹壁反射、提睾反射灵敏；左侧肢体肱二头肌肌腱反射、肱三头肌肌腱反射、膝腱反射灵敏；双侧巴氏征均未引出。尿失禁，留置尿袋（神经源性膀胱），大便功能障碍（神经源性肠）。

2019 年 2 月 20 日（脑室—腹腔分流术后 5 个月）颅脑 CT 检查示：右侧大脑半球脑梗死去骨瓣减压术后、脑室腹腔分流术后，右侧额颞顶部见大片状骨质缺损，右侧大脑半球见大片状脑脊液密度影，与右侧侧脑室相通；左侧侧脑室见引流管；右侧额、顶叶见少量脑实质，内见斑片状略底密度影；第三脑室、侧脑室明显扩张，侧脑室前后角变钝，侧脑室旁脑实质密度减低，中线结构局部向右侧移位（图 1 - 1 - 7X）。

2019 年 3 月 2 日（颅骨修补术后）颅脑 CT 检查示：右侧大脑半球脑梗死去骨瓣减压术后、脑室腹腔分流术后、颅骨修补术后。右侧额颞顶部骨质缺损已修补，右侧大脑半球见大片状脑脊液密度影，与右侧侧脑室相通，左侧侧脑室见引流管；右侧额、顶叶见少量脑实质，脑实质较前增加，侧脑室旁脑实质密度减低。右侧大脑半球软化并脑穿通畸形，幕上脑积水（图 1 - 1 - 7Y）。

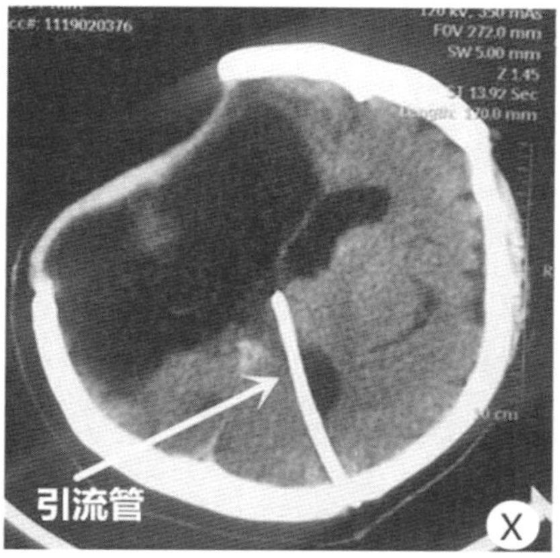


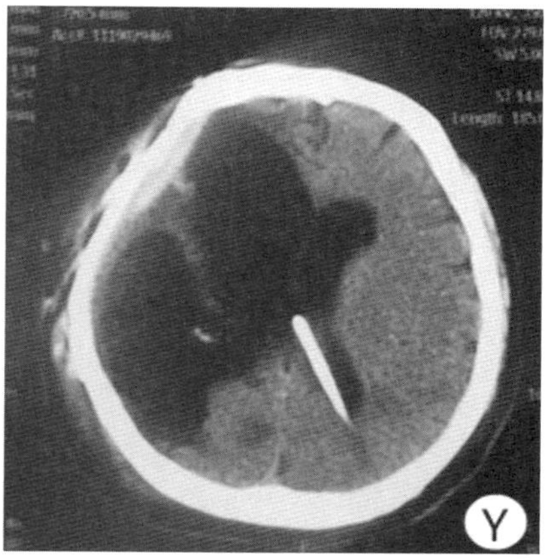


**图 1-1-7　2019 年 2 月 20 日及 2019 年 3 月 2 日头颅 CT 图像**

X:脑室-腹腔分流术后 5 个月,右侧大脑半球见大片状脑脊液密度影,与右侧侧脑室相通;左侧侧脑室见引流管;右侧额、顶叶见少量脑实质,内见斑片状略底密度影。Y:颅骨修补术后,右侧大脑半球见大片状脑脊液密度影,与右侧侧脑室相通,左侧侧脑室见引流管;右侧额、顶叶见少量脑实质。

## 二、法医学鉴定

### (一)鉴定过程

**1. 检验日期**

2019 年 8 月 18 日。

**2. 体格检查**

青年男性,仰卧位,神志清,精神可;查体合作,能够执行指令,能够回答简单问题;右额颞顶部颅骨缺损已修补,面积约 13cm×12cm,眼球活动自如,双侧瞳孔等大等圆,对光反射灵敏。

颈部抵抗感(±),气管插管已拔出,颈前正中见 1.5cm×1.5cm 手术瘢痕。心、肺、腹部正常;右侧肢体肌力 5 级,左侧肢体肌张力增高,左手诸指及肘关节屈曲状,刺激见肌肉收缩,肌力 1 级,左下肢肌张力增高,刺激见肌肉收缩,肌力 1 级。角膜反射、腹壁反射、提睾反射灵敏;左侧肢体肱二头肌肌腱反射、肱三头肌肌腱反射、膝腱反射灵敏;双侧巴氏征均未引出。尿失禁,留置尿袋(神经源性膀胱),大便功能障碍(神经源性肠)。

3. 影像学阅片

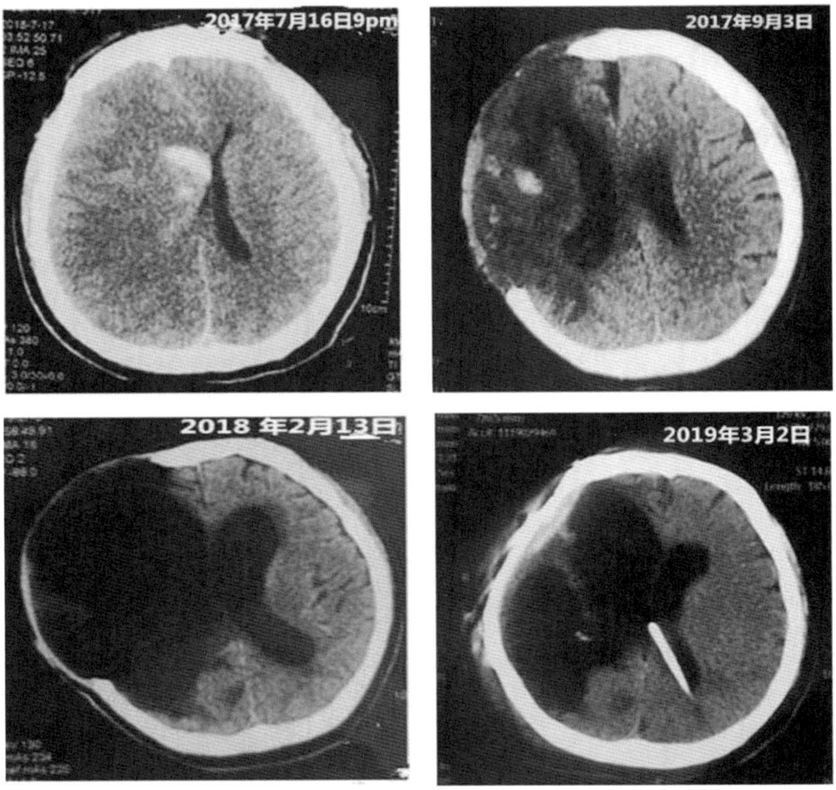


**图 1－1－8 颅脑外伤不同时间节点 CT 图像**

上图分别为 2017 年 7 月 16 日、9 月 3 日，2018 年 2 月 13 日，2019 年 3 月 2 日颅脑 CT 图像，反映了损伤后的动态转化过程。

## （二）鉴定意见

根据损伤过程、医院病历、影像学检查及查体，被鉴定人因交通事故致头颈部、胸部、右上肢损伤情况属实，该伤现已达临床治疗终结，可据此评残。

该伤致颅脑损伤、颈部损伤、双肺挫伤、多发肋骨骨折（右侧），C7 横突及上下关节突骨折；右侧尺骨开放性骨折。颈部损伤致右颈内动脉闭塞，右额颞顶部大面积脑梗死。虽经去骨瓣减压、脑内减压，脑室腹腔分流，颅骨修补，右侧脑组织软化并脑穿通畸形。经积极治疗，尤其是脑室—腹腔分流术后，右额、颞、顶叶显示少量正常脑实质，伤情明显好转。经查：遗左侧肢体偏瘫，肌力 1 级；大小便功能障碍。根据《人体损伤致残程度分级》5. 2. 1. 3）条规定，构成二级残疾。

## 三、讨论

脑梗死又称缺血性卒中，是指各种原因所致脑部血液供应障碍，导致局部脑组织缺血、缺氧性坏死而出现相应神经功能缺损的一类临床综合征。

脑梗死的临床分型目前主要采用 OCSP 分型法：(1)完全前循环梗死(TACI)：大脑高级神经活动障碍(意识障碍、失语、失算、空间定向力障碍等)；同向偏盲；对侧三个部位(面、上肢、下肢)较严重的运动和(或)感觉功能障碍。多为大脑中动脉(MCA)近段主干，少数为颈内动脉虹吸段闭塞引起的大片脑梗死。(2)部分前循环梗死(PACI)：偏瘫、偏盲、偏身感觉障碍较 TACI 局限或不完全。提示大脑中动脉(MCA)远段主干、各级分支或大脑前动脉(ACA)及分支闭塞引起的中、小梗死。(3)后循环梗死(POCI)：表现椎－基底动脉综合征，如同侧脑神经麻痹及对侧运动感觉障碍及小脑功能障碍等。(4)腔隙性梗死(LACI)：表现为各种腔隙综合征，如纯运动性轻偏瘫、纯感觉性卒中、共济失调性轻偏瘫。大多是基底核或脑桥小穿通支病变引起的小腔隙灶，梗死灶直径 $<1.5cm \sim 2cm$。[1]

外伤性脑梗死一般由头部外伤引起，多见于青少年，神经系统定位体征多出现在伤后 24 小时以内。而伤后立即出现或 2 周以后出现者较少见。损伤的动脉血管内膜损伤、痉挛，形成血栓，致相应动脉闭塞；或形成动脉夹层导致动脉闭塞。

对于缺血性脑梗死，颅脑 CT 平扫 24 小时以内难以显示病灶，24 小时后表现为低密度灶，部位和范围与闭塞血管供应区一致，皮髓质同时受累，多呈扇形。增强扫描，发病当天，灌注成像即能发现异常，表现病变区血流量明显降低。MRI 对脑梗死灶发现早、敏感性高：发病后 1 小时即可见局部脑回肿胀、脑沟变浅，随之出现长 T1、长 T2 异常信号；DWI 检查可更早检出脑缺血灶，表现为高信号；MRA 检查还能显示脑动脉较大分支的闭塞。[2]

本案例交通事故外伤后当即意识不清，12 小时后出现左侧肢体偏瘫，但颅脑 CT 平扫未见异常；24 小时以后 CT 表现为右额顶大面积低密度灶，符合本次外伤致急性脑梗死；CT 血管造影证实外伤致右颈内动脉闭塞。结合颈部损伤(C7 横突及上下关节突骨折)，支持此观点。虽施行右侧颈内动脉取栓＋支架植入术，CT 检查证实，右侧大脑中动脉及右侧大脑前动脉等右颈内动脉的四个末枝供应区域——右侧大脑半球大部，由于动脉闭塞导致伤右侧大脑半球广泛坏死。

被鉴定人影像学检查证实：外伤致右侧额、颞、顶大面积脑梗死并形成软化灶，但脑干系统未见异常,生命体征稳定。经积极治疗,尤其是脑室—腹腔分流术后伤情好转且渐趋稳定,意识情况明显好转,处于稳定状态,后遗左侧肢体偏瘫及神经源性膀胱、神经源性肠。构成二级残疾。

## 【评析】

鉴定实践中,由于外伤直接导致的脑梗死并不多见,而该案例是典型的外伤直接导致血管损伤、堵塞,而造成相应供血部位脑梗死的典型案例。其诊断依据即是明确的外伤史、典型的症状体征,以及脑血管造影及颅脑 CT 检查。熟悉和掌握脑梗死在 CT 及 MRI(尤其 DWI 序列)的表现特征,对于正确认定脑梗死与本次外伤的关系尤为重要。

本案例属于重新鉴定结果与初次鉴定意见不一致的案例。被鉴定人初次鉴定是在伤后 1 年,当时根据被鉴定人的表现,确定为植物生存状态、一级残疾。一年之后,被鉴定人再次住院治疗,并施行脑室—腹腔分流术。术后经过一段时间的治疗,伤情明显好转。症状、体征的变化在"病历摘要"及法医检验中均有详尽叙述。伤后两年,经检查:被鉴定人仅存在左侧肢体偏瘫与神经源性肠、神经源性膀胱,确定为二级残疾。至于两次鉴定意见的不一致,属于鉴定时间节点不同以及采取的治疗措施不同所致。

当然"脑室—腹腔分流术"也可能出现相应的并发症,比如,分流管感染、分流管阻塞、分流不足或过度等。但这种可能性并非"鉴定意见"的要件。现代医学的飞速发展对被鉴定人的预后及"鉴定意见"中残级的高低会产生直接影响,高科技在现代医学领域的应用使疾病的治疗与康复由过去的许多"不可能"变为"可能"。另外,"颅骨修补术"及"脑室—腹腔分流术"作为"兜底"条款,不再行残疾评定,本案例的缺憾是未就排尿与排便功能障碍另行评定残级。

### 参考文献

[1]贾建平,陈生第. 神经病学[M]. 8 版. 北京:人民卫生出版社,2016:175.

[2]白人驹,徐克. 医学影像学[M]. 7 版. 北京:人民卫生出版社,2017:54.

# 案例 2：颅脑外伤致迟发性硬膜下血肿

**关键词**:法医临床学;头部交通伤;迟发性硬膜下血肿;损伤参与度

## 一、案例资料

### (一)简要案情

被鉴定人,男,64 岁。2016 年 12 月 8 日因交通事故致伤头面部。临床诊断为:脑挫伤,创伤性蛛网膜下隙出血,迟发性硬膜下血肿,顶骨骨折,头皮血肿,头皮挫伤,皮下血肿。先后三次入院治疗。

委托鉴定:残疾等级评定;迟发性硬膜下血肿、脑内出血与本次外伤的因果关系。

### (二)病历摘要

**1. 第一次住院**

入院日期:2016 年 12 月 8 日。

患者于 5 小时前车祸伤及头面部;头部外伤后头痛、呕吐 5 小时。查体:神志清楚,精神略差,言语清晰流利,答话切题,自主体位,查体合作。头颅无畸形,头顶部见皮肤挫伤,双瞳孔等大等圆,d≈0. 25cm,对光反射灵敏,耳鼻无异常发现,口角无歪斜,伸舌居中,颈软,无抵抗,左小腿内侧见约 3cm×3cm 血肿,活动无受限,四肢肌力、肌张力正常,双侧巴宾斯基征阴性。

颅脑 CT 检查:右侧额叶见斑点状高密度灶,周围环绕低密度影(图 1-2-1A);双侧颅骨内板下见多发弧形脑脊液样低密度灶,局部见高密度影;双侧大脑半球脑沟变浅,部分内见线样高密度影(图 1-2-1B);左侧顶骨骨皮质不连续,见透亮线影,顶部皮下软组织肿胀。

入院诊断:脑挫伤,创伤性蛛网膜下隙出血,创伤性硬膜下血肿,顶骨骨折,头皮血肿,头皮挫伤。

给予止血、脱水降颅压,营养神经对症支持治疗,病情好转出院。

2017 年 2 月 19 日(伤后 70 天)CT:左侧大脑半球与颅骨内板间见弧形略高密度影,

病灶内见分层，靠近脑实质侧密度略高，左侧大脑半球脑实质受压，脑沟变浅，脑室无明显变形，中线结构无明显偏移，左侧顶骨见线状低密度透亮线，无明显错位（左额、颞、顶慢性硬膜下血肿）（图1－2－2C、D）。

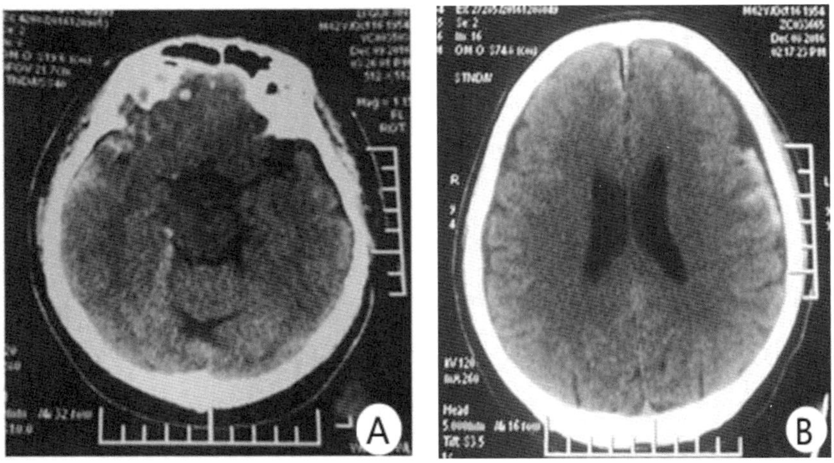

**图1－2－1　伤后当日颅脑CT图像**

A：鞍上池层面，右侧额叶见斑点状高密度灶，周围环绕低密度影，显示脑挫伤征象。B：侧脑室体部层面，双侧颅骨内板下见多发弧形脑脊液样低密度灶，局部见高密度影；双侧大脑半球脑沟变浅，部分内见线样高密度影，显示外伤性硬膜下积液、蛛网膜下隙出血征象。

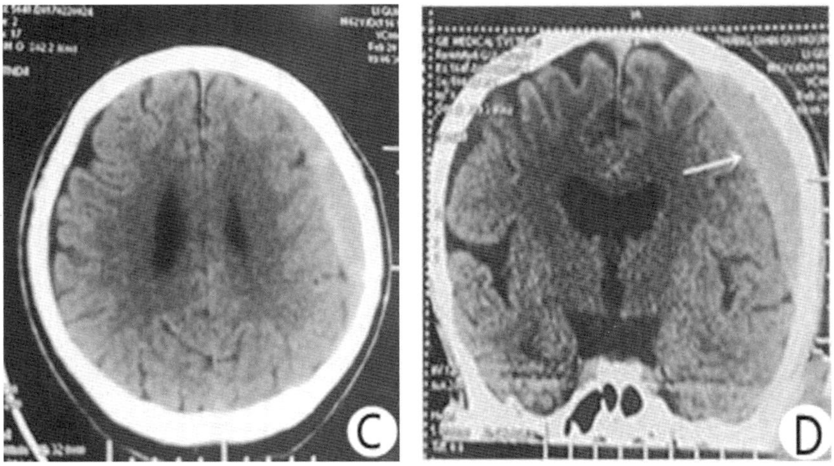

**图1－2－2　2017年2月19日CT图像**

C：轴位，侧脑室顶部层面。D：颅脑冠状位。左侧额、颞、顶部硬膜下血肿，密度不均，出现分层。提示：慢性硬膜下血肿。

2. **第二次住院**

入院日期:2017 年 2 月 20 日。

车祸伤 2 个月余,头胀痛伴发作性言语不利 6 天。神志清楚,精神可,答话尚切题,自主体位,头颅无畸形,瞳孔等大等圆,d≈0. 25cm,对光反射灵敏,耳鼻无异常发现,口角无歪斜,伸舌居中,颈软,无抵抗,四肢肌力、肌张力正常,双侧巴宾斯基征阴性。入院诊断:慢性硬膜下血肿(左额、颞、顶部)。

入院后于 2 月 22 日行“硬膜下血肿钻孔引流术”。术后恢复良好:神清语利,四肢肌力、肌张力正常,病理征(-)。

3. **第三次住院**

入院日期:2017 年 3 月 17 日。

言语不清,右上肢不自主抖动 2 小时。神志清楚,精神差,言语欠清晰流利,答话不切题,查体不合作,定向力不能配合,头颅无畸形,瞳孔等大等圆,d≈0. 25cm,对光反射灵敏,耳鼻无异常发现,口角无歪斜,伸舌居中,颈软,无抵抗,右上肢不自主抖动,肌力检查不能配合,右上肢不能抬举,余肢体有自主活动,双侧巴宾斯基征阴性。

入院诊断:脑出血急性期(左侧顶叶);慢性硬膜下血肿术后。

入院后给予对症支持治疗,病情好转;于 2017 年 4 月 1 日出现言语不利,右侧肢体肌力减弱,要求转院。

2017 年 3 月 18 日 MRI:左侧顶叶见多发斑点、斑片状等、长 T1 异常信号灶,左顶部颅板下见少许 T1WI 高信号影(图 1-2-3E);T2FLAIR 呈高信号,左侧侧脑室颞角周围见斑片状 FLAIR 高信号影,边界不清,中线结构无明显偏移(图 1-2-3F)。

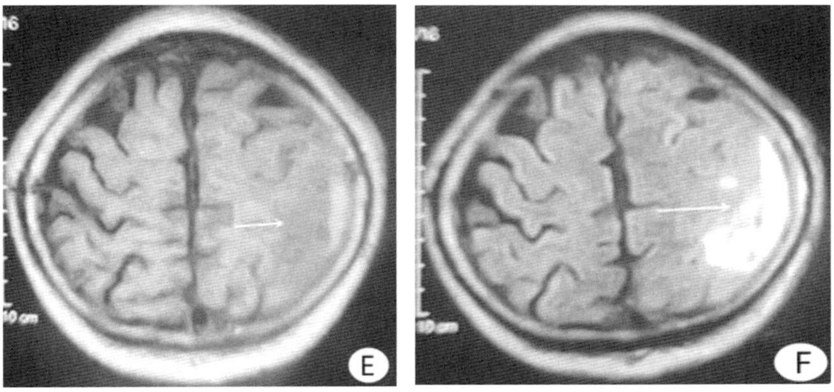


**图 1-2-3 2017 年 3 月 18 日 MRI 图像**

伤后 100 天(左额、颞、顶部硬膜下血肿钻孔引流术后 30 天)对应部位(左顶叶)脑内血肿亚急性期。

2017 年 5 月 11 日 MRI 示：左侧侧脑室颞角周围长 T1、长 T2 信号影，边界不清，中线结构无明显偏移（图 1－2－4G、H）。

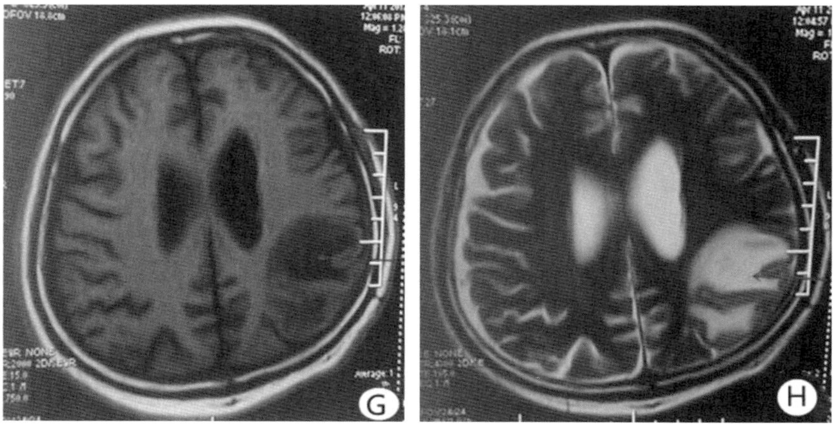

**图 1－2－4　2017 年 5 月 11 日 MRI 图像**

G：T1WI。H：T2WI。左顶部、左侧脑室颞角周围长 T1、长 T2 信号影。提示：软化灶形成。

## 二、法医学鉴定

### （一）鉴定过程

**1. 检验日期**

2018 年 8 月 16 日。

**2. 体格检查**

老年男性，自行进入查体室，一般情况可，神志清，精神差，自主体位，查体合作。头颅无畸形，双侧瞳孔正常，面部表情欠自然，双侧面容对称，示齿不歪，伸舌居中，四肢肌力 5 级，肌张力正常，余（－）。

**3. 影像学阅片**

颅脑 CT 复查：左侧顶叶不规则片状低密度影（图 1－2－5），边界较清晰，未见占位效应；双侧侧脑室前后旁见云雾状密度减低影；未见占位效应。

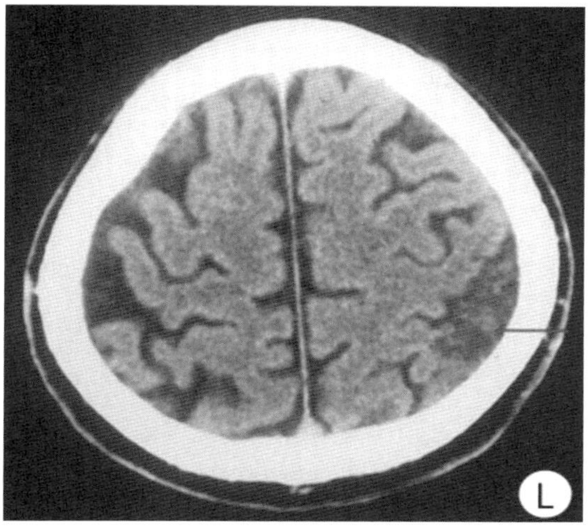


图 1－2－5　2018 年 8 月 16 日 CT 图像：符合软化灶形成征象

（二）鉴定意见

根据《人体损伤致残程度分级》5.10.1.2）条及 5.10.1.8）条之规定，后遗脑软化灶，伴有神经系统症状体征及“硬膜下血肿钻孔引流术”，分别构成十级残疾；被鉴定人“左额、颞、顶迟发性硬膜下血肿”与“左顶脑出血”与本次外伤有直接因果关系，外伤属完全作用。

## 三、讨论

慢性硬膜下血肿是于头外伤后 3 周以上开始出现的症状，位于硬脑膜与蛛网膜之间，具有包膜的血肿；从受伤到发病的时间一般在 1 个月，文献报告中有长达 34 年之久者。慢性硬膜下血肿，绝大多数有头部轻微外伤史，当额前或枕后着力时，脑组织在颅腔内的移动较大，易撕破自大脑表面汇入上矢状窦的桥静脉，其次静脉窦、蛛网膜粒或硬膜下积液受损也是血肿发生的原因之一。CT 检查：多表现为颅骨内板下的新月形、半月形或双凸镜形低密度影；体积大、吸收慢或再有出血者，可表现为高、混杂或低密度影。对于慢性硬膜下血肿的诊断 MRI 扫描比 CT 更具优势，MRI 扫描呈长 T1、长 T2 异常信号。[1]

慢性硬膜下血肿进展缓慢，病程较长，可为数月或数年。临床表现差异很大，大致可归纳为三种类型：①以颅压增高症状为主，缺乏定位体征；②以病灶症状为主，如偏瘫、失语、局限性癫痫等;③以智力和精神症状为主,表现为头晕、耳鸣、记忆力减退等。[2]

脑出血 MRI 平扫:脑内血肿的信号随血肿期龄而变化:①急性期:T1WI 呈等信号,T2WI 呈稍低信号,显示不如 CT 清楚。②亚急性期和慢性期 T1WI 和 T2WI 均表现为高信号。③囊变期:囊肿完全形成时 T1WI 低信号、T2WI 高信号;周边可见含铁血黄素沉积所致低信号环。[3]

颅内迟发型血肿可发生于硬膜外、硬膜下或脑内。其原因也可能与脱水治疗、手术减压或其他继发性血管损害有关。

本案例被鉴定人 2016 年 12 月 8 日受伤,诊断为"双额叶脑挫伤,双侧硬膜下积液,蛛网膜下隙出血等"。伤后 2 个月余出现头部胀痛,言语不利,CT 示左额颞顶部慢性硬膜下血肿(病灶内见分层,分层系多次出血、部分吸收凝固所造成的),入院行硬膜下血肿钻孔引流术,从其外伤史、辅助检查及病情演变分析,符合损伤致迟发性硬膜下血肿。

伤者钻孔引流术后出现头晕、言语不利,肢体活动障碍,MRI 检查证实左侧脑内血肿形成,分析认为系慢性硬膜下血肿引流术后局部负压导致相应部位出血所致。

由于上述慢性硬膜下血肿、脑内出血,进程较为缓慢,既有慢性出血,又有次第吸收,故大脑结构无偏移,未出现占位效应。被鉴定人前后临床表现的差异,既有原始的脑挫伤、硬膜下积液、蛛网膜下隙出血,又有迟发的慢性硬膜下血肿,又有颅脑减压后激发的脑内出血,最后形成软化灶。其损伤演变过程符合医学常规,属于一次外伤的不同阶段,既不是伤病共存,也不是再次外伤,均是原发损伤所致;外伤属完全作用。

## 【评析】

熟悉和掌握慢性硬膜下血肿的概念,尤其是其形成机制是正确认定外伤与硬膜下血肿因果关系的关键;慢性硬膜下血肿有其特有的 CT 影像学表现:可出现高、低混杂或低密度影。从某种意义上讲,CT、MRI 检查是正确诊断颅内血肿分型与分期的金钥匙。

慢性硬膜下血肿凡有明显症状者,应手术治疗,且首选钻孔置管引流术。钻孔引流、血肿清除,对老年人来说可以诱发相应部位脑内血肿。

通过审阅被鉴定人不同时间节点的临床症状、体征以及影像学检查图片,可以形成一个比较清晰的思路:颅脑外伤导致慢性硬膜下血肿;血肿引流术诱发脑内血肿;通过治疗,血肿吸收,遗留局部软化灶。

外伤导致慢性硬膜下血肿、脑内血肿的"鉴定意见"被审判庭采纳。

## 参考文献

[1]王忠诚. 神经外科学[M].2版. 武汉:湖北科学技术出版社,2015:409-410.

[2]陈孝平,汪建平. 外科学[M].8版. 北京:人民卫生出版社,2014:205.

[3]白人驹,徐克. 医学影像学[M].7版. 北京:人民卫生出版社,2017:53.

# 案例3：脑挫裂伤后遗脑软化灶形成

**关键词**:法医学;头部交通伤;脑挫裂伤;脑软化灶

## 一、案例资料

### (一)简要案情

被鉴定人,男,60岁。2017年1月28日因交通事故致头部受伤,意识不清入院。诊断为脑挫裂伤,蛛网膜下隙出血,T12椎体骨折,T12右侧椎板、T12右侧下关节突骨折。住院46天,期间行骨折内固定术。

### (二)病历摘要

患者于1小时前因车祸伤及头部、腰部,当即意识不清,急送我院。查体:昏迷状态。前额部、左颧面部皮擦伤、肿胀。颈、胸部未见异常;腹部见皮擦伤,左下肢多处青紫,四肢不自主活动,刺痛肢体定位,左侧较右侧活动略迟钝。病理征(-)。

2017年1月28日颅脑CT示:双额叶底挫裂伤、蛛网膜下隙出血(图1-3-1A)、枕骨右侧线性骨折。胸腰椎CT示:胸12椎体骨折,胸12椎体右侧椎板、胸12椎体右侧下关节突骨折(图1-3-1B)。

2017年1月31日颅脑CT示:双额叶、右颞叶大片低密度区,右枕叶小片低密度区,符合外伤性脑梗死(图1-3-2C)。

诊疗经过:伤者入院后完善辅助检查,积极术前准备,于2017年2月6日行"胸12椎体骨折切开复位内固定术"。

出院时情况:一般情况可,自述头晕、头痛;腰部活动受限。四肢活动良好,余未见异常。

2017年3月28日颅脑CT复查示:左额叶斑片状低密度灶;右枕叶小片状低密度灶(图1-3-2D)。

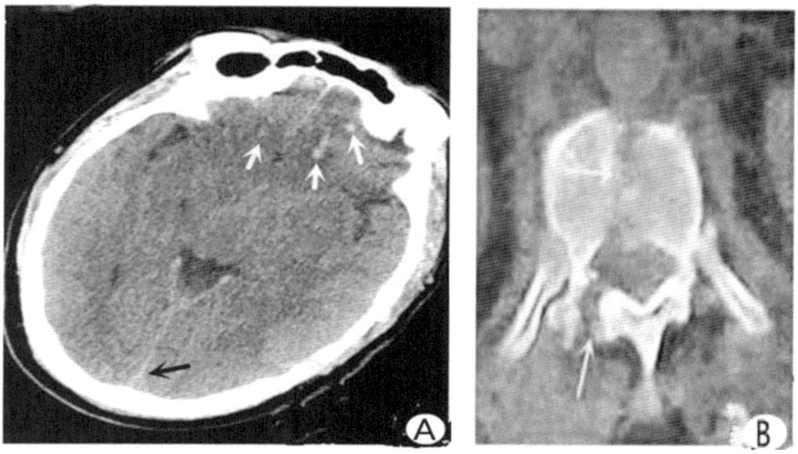


**图 1-3-1　2017 年 1 月 28 日颅脑 CT 图像**

A:颅脑 CT:双额叶底挫裂伤、蛛网膜下隙出血。B:胸腰椎 CT 示:胸 12 椎体骨折,胸 12 右侧椎板、胸 12 右侧下关节突骨折。

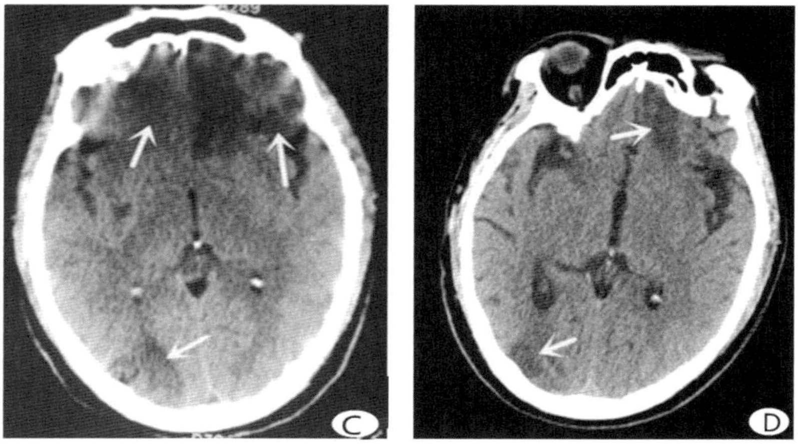


**图 1-3-2　2017 年 1 月 31 日及 3 月 28 日颅脑 CT 图像**

C:2017 年 1 月 31 日颅脑 CT:双额叶、右颞叶大片低密度区,右枕叶小片低密度区。D:2017 年 3 月 28 日颅脑 CT 复查:双额叶、右枕叶小片低密度区,符合软化灶形成。

## 二、法医学鉴定

### (一)鉴定过程

**1. 检验日期**

2017 年 3 月 30 日。

2. **体格检查**

神志清，精神不振。自述：健忘、失眠，记忆力减退。头颅无畸形，双侧瞳孔等大等圆，对光反应灵敏。口鼻无异常，颈、胸、腹无异常，左膝略肿胀，膝周压痛，内侧为著，背部正中见长 16cm 手术切口，局部压痛，弯腰受限。四肢肌力、肌张力正常。病理征未引出。

### （二）鉴定意见

依据《人体损伤致残程度分级》5.10.1.2）条（颅脑损伤后遗脑软化灶形成，伴有神经系统症状或体征），被鉴定人左额叶、右枕叶脑软化灶形成并有头昏、头晕、记忆力下降症状，构成十级残疾。

依据《人体损伤致残程度分级》5.9.6.2）条（一椎体并相应附件骨折，经手术治疗后），被鉴定人 T12 椎体并附件骨折行内固定术后，构成九级残疾。

## 三、讨论

脑挫裂伤是外力造成的原发性脑器质性损伤，既可发生于着力部位，也可在对冲部位。脑挫裂伤患者的临床表现可因损伤部位、范围、程度不同而相差悬殊。意识障碍是脑挫裂伤最突出的症状之一，伤后立即发生，持续时间长短不一，由数分钟至数小时、数日、数月乃至迁延性昏迷，与脑损伤轻重有关。伤后立即出现与脑挫裂伤部位相应的神经功能症状与体征，如运动区损伤可出现对侧肢体瘫痪，语言中枢损伤出现失语等，但额叶和颞叶前端等“哑区”损伤后可无明显局灶症状或体征。[1]

外伤性脑挫裂伤、脑内血肿和脑梗死吸收后形成的液化囊肿，即为脑软化灶。CT 表现为脑实质内边界清楚的不规则低密度灶，密度与脑脊液密度相同。MRI 表现为长 T1、长 T2 信号，T2FLAIR 也呈高信号，出血导致的软化灶 T2 周围显示含铁血黄色低信号环征象；而脑梗死引起的软化灶 T2 周围无低信号环，T2FLAIR 显示边缘胶质增生。[2]

脑软化灶常见于颅脑创伤后 7～28 天，其坏死、液化常呈脑脊液样信号。[3]

引用《人体损伤致残程度分级》5.10.1.2）条（颅脑损伤后遗脑软化灶形成，伴有神经系统症状或体征），应为器质性颅脑损伤，且伤情均较严重，可以评定为伤残。根据该条款规定，此类损伤应伴有不同程度的神经症状或体征，但一般并不强调必须伴有定位体征。[4]

本案例伤者伤后即可出现昏迷，颅脑 CT 检查示：前额脑挫裂伤，小脑幕条索状高密度影——蛛网膜下隙出血，右顶部骨折；伤后 3 天 CT 检查示：双侧前额，右顶部低密度灶——外伤性脑梗死。伤后 2 个月 CT 证实相应部位软化灶形成。符合颅脑外伤导致软化灶形成的医学转归。虽然伤者四肢感觉运动正常，但伤者后遗头晕、头痛，健忘、失眠，记忆力减退等神经系统症状。符合颅脑损伤后遗脑软化灶形成，伴有神经系统症状或体征，构成十级残疾。

## 【评析】

了解和掌握脑软化灶的概念，尤其是掌握何种颅脑损伤是形成脑软化灶的基础性损伤，应当是脑内实质性损伤，比如，脑挫裂伤、脑梗死、脑内血肿等。通过影像学复查是否有软化灶形成。一般来讲，脑软化灶的形成与原发损伤部位相一致，还需伴神经系统症状或体征。当然这里所强调的是一般均伴有不同程度的神经症状，但并不强调需伴有定位体征，伴有定位体征的可适用其他专门性条款。另外，鉴定实践中，经常遇到确因颅脑损伤所致的除脑软化灶以外的其他可以导致神经系统症状或体征的脑部结构损害，比如，硬膜下积液、脑积水、脑白质病变、脑实质萎缩等，比较一致的共识是可以比照"颅脑损伤后遗软化灶形成，伴有神经系统症状或体征，评定十级残疾"进行鉴定。

本案通过阅读病例资料及不同时间节点的 CT 检查原片，进而形成清晰思路，即：颅脑外伤导致双额叶脑挫裂伤、右枕骨线性骨折，导致相应部位脑梗死，最终形成软化灶。椎体并相应附件骨折，经手术治疗后，构成九级伤残。容易理解并应用，故不再评析。

### 参考文献

[1] 陈孝平，汪建平. 外科学[M]. 8 版. 北京：人民卫生出版社，2014：201.

[2] 刘大荒，董洪旺，依伟力. 法医活体损伤鉴定头面部影响学[M]. 北京：中国人民公安大学出版社，2011：618.

[3] 邓振华. 法医影像学[M]. 1 版. 北京：人民卫生出版社，2018：513.

[4] 司法部司法鉴定管理局　最高人民法院司法行政装备管理局.《人体损伤致残程度分级》适用指南[M]. 北京：法律出版社，2016：110.

# 案例4：颈髓损伤后遗单肢瘫

**关键词**:法医临床学;颈髓损伤;脊髓软化灶;单肢瘫

## 一、案例资料

### (一)简要案情

被鉴定人,男,39岁。2018年9月3日被高空坠物砸伤颈部,即感颈项部疼痛,活动受限。经治疗,后遗左上肢肌力减退。应委托人要求,按《人体损伤致残程度分级》行残疾等级鉴定。

### (二)病历摘要

住院日期:2018年9月3日至11月27日。

入院时查体:颈后部压痛,活动受限。左侧胸部自下颌角处、右侧胸部自第二肋骨平面以下深、浅感觉丧失。四肢肌张力增高,右侧上下肢肌力4级,左侧三角肌、肱二头肌、手指屈肌肌力2级。左侧股四头肌、胫前肌、趾伸肌肌力3级。提睾反射及肛门括约肌反射存在,双侧腱反射亢进,病理反射未引出。

2018年9月3日颈椎CT检查示:寰椎骨折;颈7、胸1棘突骨折(图1-4-1)。

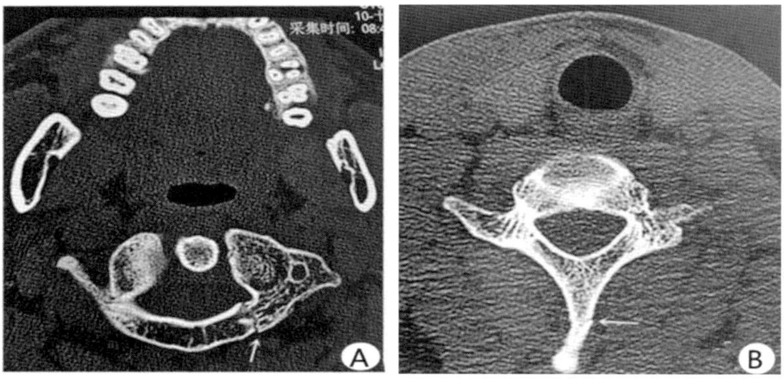


**图1-4-1　2018年9月3日颈椎CT图像**

A:寰椎左侧后弓骨折线,断端少许错位。B:胸1棘突骨折,断端无明显错位。

2018 年 9 月 3 日(损伤当日)MRI 检查示:C2 –5 层面颈髓信号欠均匀,寰椎左侧后弓相应部位及 C5 – T1 棘突周围软组织肿胀;C3/4、C5/6 椎间盘分别向左后、右后突出,C3/4 较 C5/6 为著(图 1 –4 –2)。

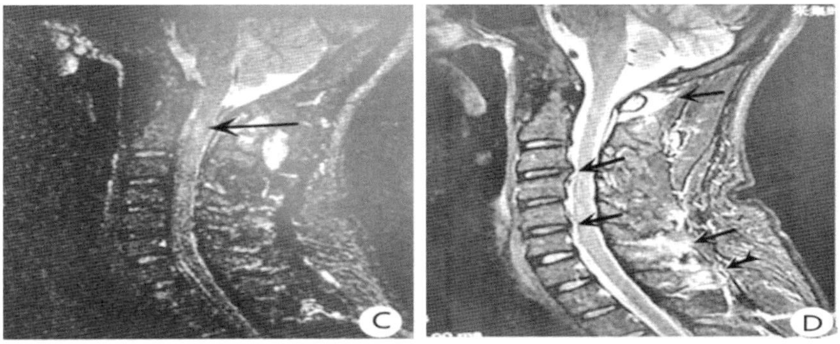

**图 1 –4 –2　2018 年 9 月 3 日 MRI 图像**

C:矢状位、T1WIC2 –5 层面颈髓稍高信号。D:fsT2、C2 –5 层面颈髓信号欠均匀,斑点状高信号影;考虑脊髓挫裂伤;寰椎左侧后弓相应部位及 C5—T1 棘突周围软组织条片状高信号;C7—T1 棘间韧带信号增高;C3/4、C5/6 椎间盘高度降低,未见异常高信号,并向后突出、压迫硬脊膜囊。

2018 年 10 月 10 日(伤后 37 天)MRI 检查示:C2 齿状突平面颈髓内片状长 T1、长 T2 信号,约为 5mm ×8mm(图 1 –4 –3)。

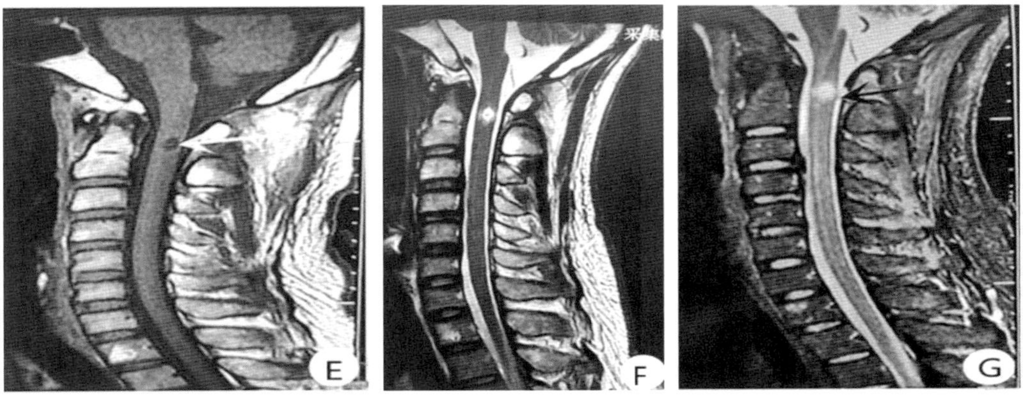

**图 1 –4 –3　2018 年 10 月 10 日 MRI 图像**

E:长 T1 信号。F:T2 高信号。G:fsT2 高信号。提示:脊髓软化灶形成。

诊疗经过:入院后完善辅助检查,明确诊断,对症、支持及神经营养药物治疗,并进行适当康复、理疗等中医治疗,症状好转出院。

出院情况(2018 年 11 月 27 日):左上肢活动较前灵活,右侧肌力较左侧好,左侧深、浅感觉较前好转;右侧感觉基本恢复正常。双侧膝腱反射正常。病理征( –)。

## 二、法医学鉴定

### (一)鉴定过程

**1. 检验日期**

2019 年 8 月 6 日。

**2. 体格检查**

青年男性,神清语利,步态正常;头颅无畸形,胸腹未见异常;左上肢肌力 4 级,感觉减退;余肢体肌力正常。病理征(-)。

**3. 影像学阅片**

2019 年 8 月 6 日 MRI 检查示:颈 2 齿状突平面颈髓内长 T1、长 T2 信号(图 1-4-4)。

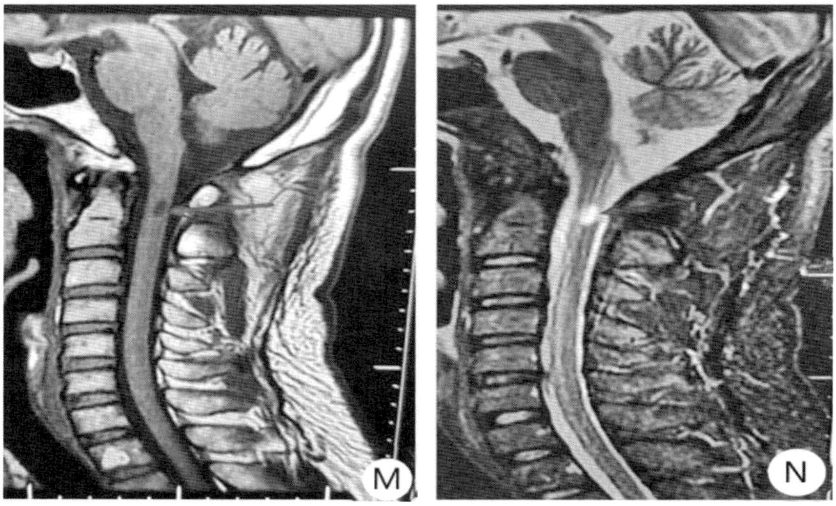


**图 1-4-4　2019 年 8 月 6 日 MRI 图像**

颈髓形态未见异常。M:平 C2 颈髓长 TI 信号。N:fsT2 片状高信号灶,软化灶形成。

### (二)鉴定意见

被鉴定人因高空坠物砸伤颈部致颈髓损伤属实,经治疗已达临床治疗终结,查体:遗单肢瘫(左上肢肌力 4 级)。依据《人体损伤致残程度分级》5.8.1.5)条规定,评定为八级残疾。

## 三、讨论

脊髓损伤的神经功能分级，目前被公认和广泛采用的是美国脊髓损伤协会（ASIA）的 Frankel 分级，如表 1－4－1。

**表 1－4－1　Frankel 分级[1]**

| | |
|---|---|
| **A 级** | 完全性损害，在脊髓损伤平面以下，包括骶段（S4—S5）无任何感觉和运动的功能保留 |
| **B 级** | 不完全性损害，在脊髓损伤神经平面以下，包括骶段（S4—S5）存在感觉功能，但无运动功能 |
| **C 级** | 不完全性损害，在脊髓损伤神经平面以下，存在运动和感觉功能，但大部分关键肌的肌力在 3 级以下 |
| **D 级** | 不完全性损害，在脊髓损伤神经平面以下，存在运动和感觉功能，但大部分关键肌的肌力等于或大于 3 级 |
| **E 级** | 感觉和运动功能正常 |

Frankel 分级对于判断脊髓损伤程度，评估疗效，判断愈后具有重要意义。正确掌握 Frankel 分级核心内容是正确鉴别脊髓损伤是“完全性”还是“不完全性”。脊髓损伤的分度和鉴别方法见表 1－4－2。

**表 1－4－2　完全性、不完全性脊髓损伤鉴别[1]**

| | **不完全性** | **完全性** |
|---|---|---|
| 运动障碍 | 不完全、不对称 | 完全、对称 |
| 感觉障碍 | 可保留部分感觉 | 完全丧失 |
| 括约肌障碍 | 较轻 | 完全 |
| 反射障碍 | 不完全、不对称 | 完全、对称 |
| 病理反射 | 可有可无 | 多有 |

了解关键肌肉，有助于确定脊髓损伤平面。脊髓损伤节段及其代表性关键肌肉见表 1－4－3。

表 1-4-3　代表运动水平的关键肌肉[2]

| 神经根节段 | 颈 5 | 颈 6 | 颈 7 | 颈 8 | 腰 2 | 腰 3 | 腰 4 | 腰 5 | 骶 1 |
|---|---|---|---|---|---|---|---|---|---|
| 支配神经 | 腋神经 | 肌皮神经 | 桡神经 | 尺神经 | 股神经 | 股神经 | 腓总神经 | 腓深神经 | 胫神经 |
| 所支配主要肌肉 | 三角肌 | 肱二头肌 | 肱三头肌 | 手内在肌及伸屈肌群 | 髂腰肌 | 股四头肌 | 胫前肌 | 伸踇长肌 | 腓肠肌 |
| 功能 | 肩外展 | 屈肘 | 伸肘 | 屈指 | 屈髋 | 伸膝 | 踝背屈 | 伸踇指 | 踝跖屈 |

脊髓损伤按病理分型:轻者为脊髓挫裂伤,重者可致脊髓横断。脊髓挫裂伤基本病理改变为脊髓内的点、片状出血及水肿,继而产生神经细胞的肿胀、坏死,慢性期形成软化灶或囊肿;患者因损伤节段不同而出现相应的神经症状或体征;软化灶形成时 MRI 出现长 T1、长 T2 信号;抑脂 T2WI 呈高信号。[3]

本案例暴力程度较重,伤后 MRI 检查显示 C2—C5 节段呈脊髓挫裂伤,伤后 37 天 MRI 复查软化灶形成,支持脊髓挫裂伤。该脊髓损伤属于 FrankelC 级。损伤后伤者损伤平面以下感觉障碍,四肢瘫。运动障碍不完全、不对称,保留部分感觉。经治疗逐渐好转,感觉基本恢复,仅遗左上肢单肢瘫。伤者所遗单肢瘫在时间间隔上与本次暴力存在连续性,符合损伤医学转归规律,可据此评定残疾等级。

伤后影像学检查伤者虽有 C3/4、C5/6 椎间盘突出,但多次影像学检查几无动态改变,且 C3/4、C5/6 周围无软组织损伤征象,如图 1-4-5 所示。

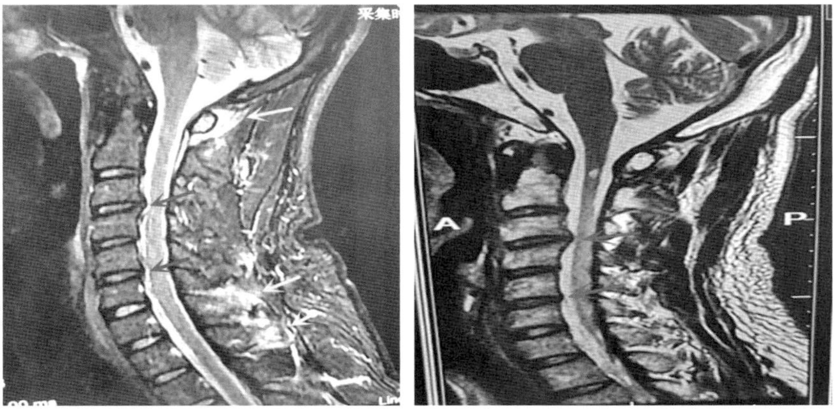

图 1-4-5　2018 年 9 月 3 日与 2019 年 8 月 6 日颈椎 MRI 图像

综上所述,伤者单肢瘫系该颈髓损伤后遗软化灶所致,构成八级残疾;C3/4、C5/6 椎间盘突出,属自身疾病,与本次外伤无直接因果关系。

## 【评析】

脊髓损伤多由脊柱骨折引起。椎体的移位或碎骨片突入椎管内，对脊髓或马尾神经造成直接损伤。临床上还有一种称作“挥鞭样损伤”的颈椎损伤。此种损伤是由于身体剧烈加速或减速运动，而头部的运动不同步。可致颈椎连续过度伸屈而造成的颈髓损伤。此类损伤，X 线或 CT 检查可以没有脊柱的骨折和移位，MRI 检查可以显示颈髓的损伤。

本案例有确切的颈部外伤史，相应的神经系统症状、体征。影像学检查损伤部位软组织挫伤、水肿，寰椎椎体骨折、胸 1 棘突骨折。说明暴力损伤严重。不同时间节点的 MRI 动态检查显示：相应部位颈髓由挫伤进而形成软化灶。

通过阅读病例资料、影像学检查图片、查体，形成一个较为清晰的思路，即被鉴定人颈部遭到严重暴力而损伤相应部位颈髓，出现四肢瘫。通过治疗，功能逐步恢复，但由于颈髓损伤导致颈髓软化灶形成，后遗左上肢单肢瘫（肌力 4 级）。

另外，本案需要注意的一个问题是：把握好鉴定时机。颅脑、脊髓及周围神经损伤伤残等级的评定，尤其是脊髓损伤遗留神经系统症状、体征的鉴定有较为严格的时间规定。《人体损伤致残程度分级》标准总则 4.2 条关于鉴定时机的描述为：“在原发损伤及其与之确有关联的并发症治疗终结或临床治疗效果稳定后进行鉴定。”[4]这是一个原则性的规定。GA/T 1088—2013《道路交通事故受伤人员治疗终结时间》对于不同类型损伤的治疗终结时间给出了具体数字，鉴定实践中可参考执行。比如，脊髓挫伤出现不完全性脊髓损伤综合征（残留部分感觉或运动障碍），治疗终结时间为 10 个月。[5]该案损伤与上述描述吻合，可参照执行。

### 参考文献

[1]赵定麟，李增春，严力生. 现代创伤外科学[M]. 北京：科学出版社，2013.

[2]王忠诚. 神经外科学[M]. 2 版. 武汉：湖北科学技术出版社，2015：986.

[3]胡春洪，汪文胜，方向明. MRI 诊断手册[M]. 2 版. 北京：人民军医出版社，2013：31.

[4]最高人民法院 最高人民检察院 公安部 国家安全部 司法部关于《人体损伤致残程度分级》的公告[S]. 2016：1.

[5]中华人民共和国公安部. 道路交通事故受伤人员治疗终结时间[S]. 2013：30.

# 案例5：外伤与四肢瘫因果关系分析一例

**关键词**：法医临床学；脑萎缩；外伤性脑梗死；伤病关系

## 一、案例资料

### （一）简要案情

被鉴定人，女，68岁。2016年11月28日因车祸致伤头面部、胸部、腰部及下肢，当时有短暂意识。伤后一年形成诉讼，某A鉴定所出具鉴定意见：根据《道路交通事故受伤人员伤残评定》4.4.1.d）条规定，构成四级残疾。被告方不服，认为被鉴定人残疾后果属自身疾病所致，申请鉴定本次外伤与残疾后果之间的因果关系。

法院依法启动重新鉴定程序，委托某B鉴定机构重新鉴定：伤情与交通事故的关联性。护理依赖。

### （二）病历摘要

**1.第一次住院**

入院日期：2016年11月28日。

入院时主诉：因车祸致伤头面部、胸部、腰部及下肢。查体：前额可见一约5cm皮肤裂口，流血不止；右眼青紫肿胀。双侧瞳孔等大等圆，直径约2mm，对光反应灵敏。左上唇可见一长约5cm不规则皮肤裂口；颈软，无抵抗感；脊柱四肢无畸形；左胫前可见一皮下血肿。右侧肢体肌力4级，肌张力正常。左侧肢体肌力3级、肌张力正常。腹壁反射正常，双侧肱二头肌肌腱、肱三头肌肌腱、膝腱、跟腱反射正常，脑膜刺激征阴性，双侧巴宾斯基征未引出。

2016年11月28日颅脑CT检查示：额骨右侧及右侧眶内壁骨折，断端略错位。右侧额窦内见液体密度灶，右侧眶内壁见少量气体影。双侧侧脑室前、后角附近脑白质见片状低密度影，边界欠清。双侧丘脑、基底节区见多发斑片低及近水样密度灶，边界较清。脑室、脑池、脑沟示对称性增宽，中线结构居中（图1－5－1）。

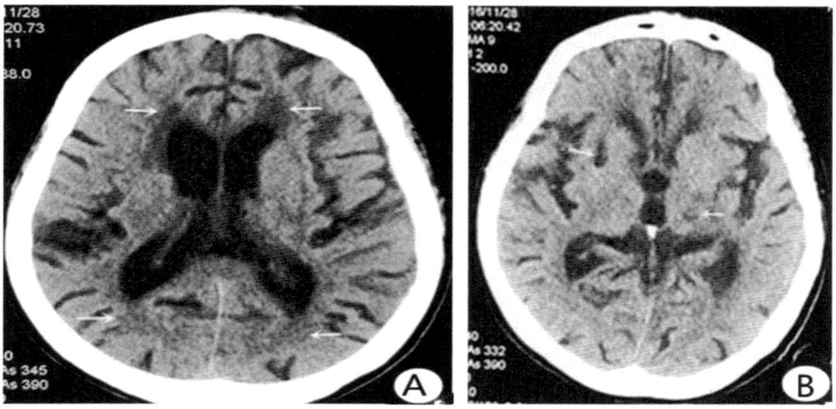


**图 1－5－1　2016 年 11 月 28 日 CT 图像**

A：脑室、脑池、脑沟示对称性增宽；双侧侧脑室附近脑白质见片状低密度影，边界欠清。属白质疏松、老年退变（脑萎缩）。B：丘脑、基底节区见多发斑片低及近水样密度灶，边界较清，属脑软化灶。

**2. 第二次住院**

入院日期：2016 年 11 月 29 日至 2017 年 6 月 9 日。

入院时情况：因车祸外伤后 1 天转入我院。既往史：糖尿病病史 20 余年，脑出血病史 12 年，脑梗死病史 10 年；左侧人工股骨头置换术后 10 年。查体：面部见多发皮损，左侧前额裂伤，长约 12cm；左侧上唇有裂伤长约 6cm，已缝合。牙齿脱落、冠折及松动数颗。胸腹部及双下肢多处皮肤瘀斑伴疼痛，左下肢胫前有皮损伴渗血。双眼周围淤血，眼睑水肿，巩膜出血。双瞳孔等大等圆，对光反射灵敏。左侧胸廓有压痛，呼吸运动度减低。双下肺呼吸音低，左下肺呼吸音明显降低，双肺可闻及痰鸣音。下腹部及左髋部可见手术瘢痕。四肢肌张力正常，四肢活动受限，左下肢轻度外展，肌力查体不合作，无法查清。

2016 年 11 月 30 日 CT 检查示：左侧丘脑、双侧基底节、放射冠区见多发点片状低密度灶，部分病灶呈水样密度改变，双侧侧脑室周围白质内见小片状低密度影。大脑纵裂池内见线状高密度影，脑室系统扩大，脑沟裂增宽，中线结构居中（图 1－5－2）。

2016 年 12 月 7 日 CT 检查示：大脑镰旁见条形高密度影，左侧顶枕部骨板下见窄条形高密度影，邻近脑实质轻度受压。双侧基底节、丘脑、放射冠区见多发小片状低密度灶，部分病灶边界清晰，双侧侧脑室周围白质内见大致对称的片状低密度影，脑室系统扩大，脑沟裂增宽，中线结构居中（图 1－5－3）。

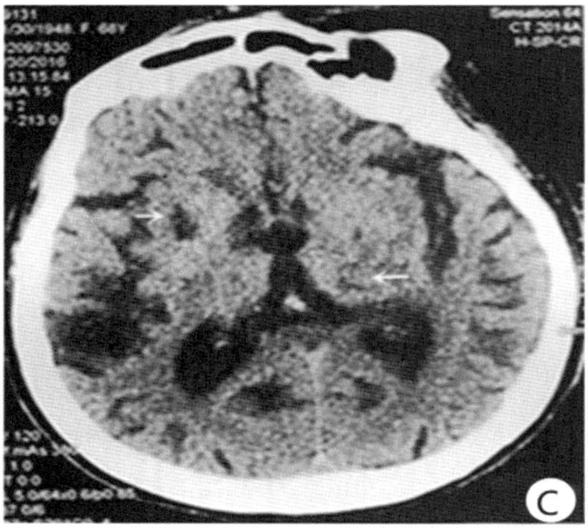


**图 1-5-2　2016 年 11 月 30 日 CT 图像**

脑萎缩、陈旧性梗塞，与前片比较无变化。

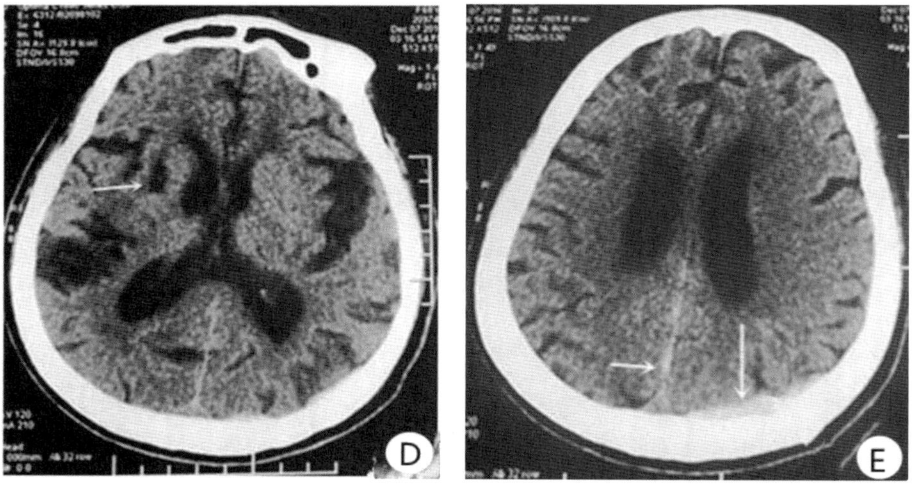


**图 1-5-3　2016 年 12 月 7 日 CT 图像**

D：右侧基底节水样低密度灶，部分病灶边界清晰，双侧侧脑室周围白质内见大致对称的片状低密度影，脑室系统扩大，脑沟裂增宽，中线结构居中。E：大脑镰旁见条形高密度影，左侧顶枕部骨板下见窄条形高密度影，邻近脑实质轻度受压，提示：左顶枕部、大脑镰旁硬膜下血肿（迟发性）。

2017 年 3 月 10 日 CT 检查示：双侧侧脑室前后角附近白质低密度灶。双侧基底节片状低密度灶（图 1-5-4）。

诊疗经过：入院后完善辅助检查，明确诊断，给予对症、支持治疗，神经营养药物及中医康复治疗，住院 190 天出院。

出院情况：一般情况可，神志清，精神差，头颅无畸形，双侧瞳孔等大等圆，对光反射存在；颈软，无抵抗感，胸廓对称，双肺呼吸动度无异常，脊柱无畸形。左下肢轻度外展，右侧肢体肌力4级，左侧肢体肌力3级，膝腱反射存在，巴氏征未引出。

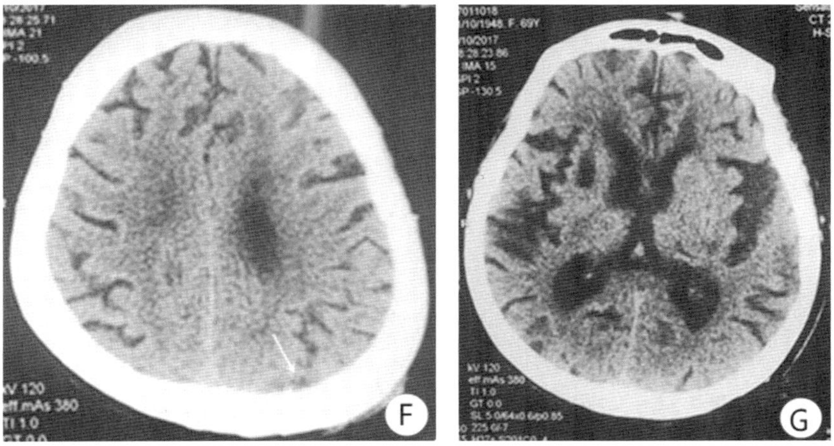


**图1-5-4　2017年3月10日CT图像**

F：左枕部低密度灶，血肿吸收（恢复期）。G：双侧基底节片状低密度灶，双侧侧脑室周围白质内见大致对称的小片状低密度影，脑室系统扩大，脑沟裂增宽，中线结构居中（同前几次检查无影像学改变）。

## 二、法医学鉴定

### （一）鉴定过程

**1. 检验日期**

2017年9月16日。

**2. 体格检查**

老年女性，意识清，查体合作，卧床，四肢活动受限。双侧瞳孔等大等圆，对光反射存在。枕后部有一$8cm^2$三角形瘢痕，局部毛发缺失。前额至眉弓之间有一长7cm瘢痕。左上唇与鼻唇沟间有一长3.5cm瘢痕。左侧肢体肌张力稍高，右侧肢体肌力4级，左侧肢体肌力3级。右髋关节被动活动可。浅反射，肱二头肌肌腱、肱三头肌肌腱及膝腱反射正常，双下肢巴氏征（-）。

### （二）鉴定意见

被鉴定人四肢瘫痪（右侧肢体肌力4级，左侧肢体肌力3级）属于自身疾病所致，与本次交通事故没有因果关系。

## 三、讨论

脑萎缩是由各种原因引起的脑组织减少而继发的脑室和蛛网膜下隙扩大。这种脑组织减少可分别或同时累及脑白质和脑灰质。根据其累及范围可分为局限性和弥散性两类。

弥散性脑萎缩:脑实质的减少为弥散性,表现为脑室和蛛网膜下隙扩大广泛。根据累及灰白质程度的不同分为皮质型和中央型。前者以累及灰质为主,脑沟增宽明显,而脑室扩大次之;后者主要累及白质,以脑室扩大为主,脑沟扩大次之。弥散性脑萎缩多见于正常老年人,也可见于许多病理情况。[1]外伤性与非外伤性者鉴别要点如表 1-5-1 所示。

**表 1-5-1　外伤性与非外伤性脑萎缩的影像学鉴别诊断[2]**

| | |
|---|---|
| 部位 | 非外伤性脑萎缩多位于颞叶,一般多由基底节和外囊处出血所致;而外伤性脑萎缩以额、顶叶常见 |
| 灰、白质征象 | 非外伤性脑萎缩灰、白质常同时累及;而外伤性脑萎缩以灰质萎缩常见 |
| 伴发脑损伤征象 | 非外伤性脑萎缩脑实质内无其他外伤征象;而外伤性脑萎缩脑实质显示外伤后遗征象,如软化灶与胶质增生混合征象 |
| 并发颅骨征象 | 非外伤性脑萎缩无颅骨骨折征象;而外伤性脑萎缩常见颅骨骨折征象 |

当损伤与原有伤、病共存时,应分析损伤与残疾后果之间的因果关系。根据损伤对残疾后果的影响大小,分别描述为:完全作用、主要作用、同等作用、次要作用、轻微作用、没有作用。除损伤"没有作用"外,均应按实际残情鉴定伤残等级,同时说明损伤与残疾后果的因果关系。判定损伤"没有作用"的,不应进行伤残程度评定。[3]

本案例伤者伤后次日(2016 年 11 月 29 日)医院病历记载:被鉴定人糖尿病史 20 余年,脑出血病史 12 年,脑梗死病史 10 年;损伤当日颅脑 CT 检查:双侧基底节、丘脑、放射冠区水样低密度灶,CT 值似脑脊液样密度,边界较清,周围无水肿,从伤后当日直到 2017 年 3 月 10 日,四次颅脑 CT 检查,低密度灶部位、形态均表现一致,没有变化,属原发脑梗死、脑出血后遗相应部位脑组织软化坏死(图 1-5-5)。

颅脑 CT 检查显示伤者脑室、脑沟、脑裂对称性扩大,双侧侧脑室附近脑白质片状低密度影,属于脑白质疏松,老年性脑萎缩,与外伤无因果关系。左顶枕部、大脑镰旁少量迟发性硬膜下血肿,经 CT 复查血肿已吸收。结合病史及影像学检查认为伤者现有临床症状、体征属自身固有疾病所致,损伤对残疾后果的发生“没有作用”,不宜评定残级。

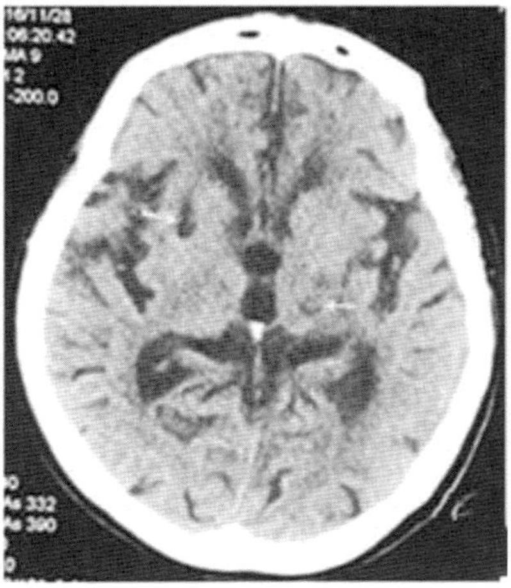

2016.11.28▲

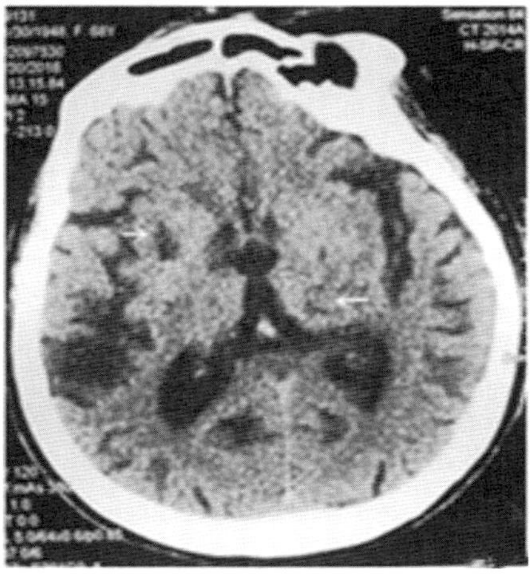

2016.11.30▲

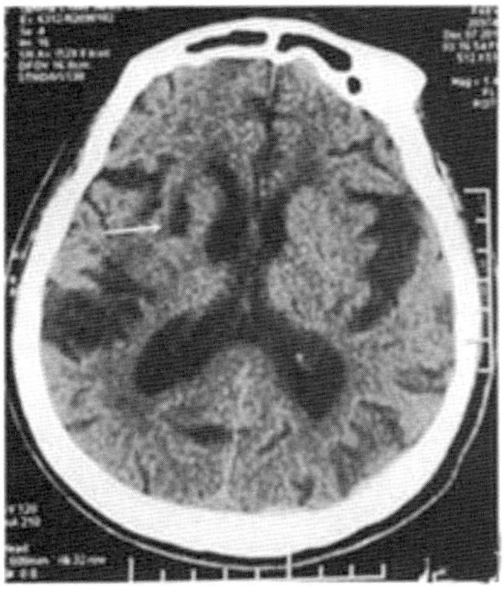

2016.12.7▲

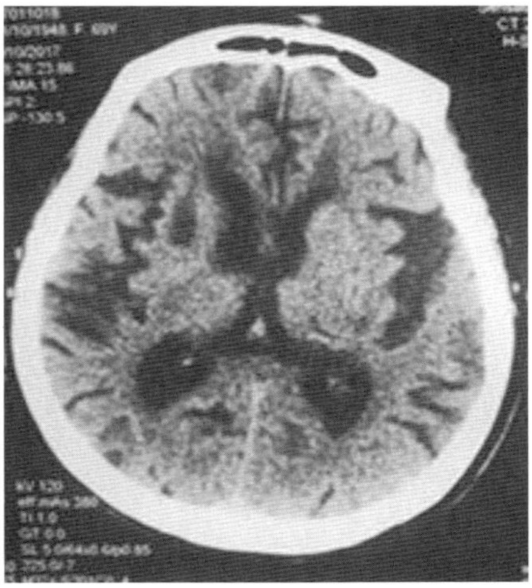

2017.1.10▲

**图 1-5-5　2016 年 11 月 28 日、11 月 30 日、12 月 7 日和 2017 年 1 月 10 日 CT 图像比较**

多次 CT 检查梗死灶几无变化,与本次外伤无关。

## 【评析】

本案被鉴定人有两大特点:一是老年女性;二是既往患有糖尿病病史 20 余年;脑出血病史 12 年;脑梗死病史 10 年;左侧人工股骨头置换术后。本次交通事故导致颅脑损伤是事实,2016 年 12 月 7 日 CT 检查示:大脑镰旁见条形高密度影,左侧顶枕部骨板下见窄条形高密度影。分析认为属外伤所致局限性、迟发型硬膜下血肿。即属于伤病共存。

某 A 鉴定所在进行伤残等级评定时，只是依据被鉴定人表现评定为四级残疾，而没有根据《人体损伤致残程度分级》中“总则”的规定客观分析外伤与四肢瘫之间的因果关系，“鉴定意见”存在明显瑕疵。二次重新鉴定，鉴定人通过阅读病例资料及不同时间节点被鉴定人 CT 图像后认为：虽然颅脑损伤是事实，但暴力作用及损伤程度均较轻微，且局限性迟发型硬膜下血肿已完全吸收；脑萎缩、陈旧性脑梗死、脑软化灶形成与本次外伤无直接因果关系；没有证据支持本次外伤与四肢瘫之间存在因果关系。《人体损伤致残程度分级》“鉴定原则”中关于“伤病关系处理”有非常明确的规定：当损伤与原有伤、病共存时，应分析损伤与残疾后果之间的因果关系……判定损伤没有作用的，不应进行致残程度鉴定。

二次重新鉴定，B 鉴定所通过对病历资料及 CT 图像的认真阅读得出：损伤对残疾后果的发生“没有作用”不宜评定残级的鉴定意见。该“意见”是对《人体损伤致残程度分级》“鉴定原则”规定的较好诠释，值得肯定。

### 附：损伤参与度范围[4]

完全作用：损伤参与度为 96% ~100%。

主要作用：损伤参与度为 56% ~95%。

同等作用：损伤参与度为 45% ~55%。

次要作用：损伤参与度为 16% ~44%。

轻微作用：损伤参与度在 5% ~15%。

没有作用：损伤参与度为 0 ~4%。

### 附：伤病因果关系的分型[5]

**表 1-5-2　伤病因果关系的分型**

| 因果关系类型（原因力大小） | 加害行为与损害后果之间的因果关系 |
| --- | --- |
| 加害行为所致损伤与损害后果之间不存在因果关系 | 损害后果完全是由于被鉴定人自身陈旧性损伤/原有疾病、医疗过错或者医疗依从性欠佳等因素造成，与加害行为所致损伤并无内在关联 |
| 加害行为所致损伤与损害后果之间存在因果关系（轻微作用） | 损害后果主要是由被鉴定人自身陈旧性损伤/原有疾病、医疗过错或者医疗依从性欠佳等因素造成，加害行为所致损伤只是在损害后果的发生中起到了诱因作用，或者在一定程度上促进或加重了损害后果的发生或进展，即使没有加害行为，损害后果仍然会发生 |

续表

| 因果关系类型（原因力大小） | 加害行为与损害后果之间的因果关系 |
| --- | --- |
| 加害行为所致损伤与损害后果之间存在因果关系（次要作用） | 损害后果主要是由被鉴定人自身陈旧性损伤/原有疾病、医疗过错或者医疗依从性欠佳等因素造成，加害行为所致损伤只是在损害后果的发生或进展过程中起到了促进或加重作用，即使没有加害行为，损害后果仍然很可能会发生 |
| 加害行为所致损伤与损害后果之间存在因果关系（同等作用） | 损害后果与加害行为所致损伤以及被鉴定人自身陈旧性损伤/原有疾病、医疗过错或者医疗依从性欠佳等因素均密切相关，两者作用基本相当，其中之一单独存在，损害后果一般都不会发生 |
| 加害行为所致损伤与损害后果之间存在因果关系（主要作用） | 加害行为所致损伤是导致损害后果的主要因素，被鉴定人自身陈旧性损伤/原有疾病、医疗过错或者医疗依从性欠佳等因素仅起到了次要作用，如果没有加害行为，损害后果通常就不会发生 |
| 加害行为所致损伤与损害后果之间存在因果关系（完全作用） | 加害行为所致损伤是导致损害后果发生的直接原因，没有加害行为，损害后果必然不会发生 |

由司法鉴定科学研究院起草，中华人民共和国司法部发布的《人身损害与疾病因果关系判定指南》于 2021 年 11 月 17 日正式实施，对人身损害现存后果中原因力大小的范围或幅度等进行规范，进一步统一了尺度，具有重要现实意义。

## 参考文献


［1］孟庆学，柳澄，田军. 适用 CT 诊断学［M］. 北京：科学技术文献出版社，2009：36－37.

［2］刘大荒，董洪旺，依伟力. 法医活体损伤鉴定头面部影响学［M］. 北京：中国人民公安大学出版社，2011：604.

［3］最高人民法院 最高人民检察院 公安部 国家安全部 司法部关于《人体损伤致残程度分级》的公告［S］. 2016.

［4］朱广友. 法医临床鉴定实务［M］. 北京：法律出版社，2009：3－4.

［5］夏文涛.《人体损伤致残程度分级》鉴定原则及其实践中有关问题的探讨. 法医学杂志［J］. 2019，35（2）：99－104.

# 案例6：儿童颅脑损伤致颅骨生长性骨折

**关键词**：法医临床学；生长性骨折；脑内囊肿；伤病关系

## 一、案例资料

### （一）简要案情

被鉴定人，男，2012年7月出生。2016年4月15日因头部外伤致右额、顶、枕骨骨折，硬膜下出血，住院治疗14天。2017年6月15日伤者MRI复查所见：右侧额顶骨骨折；右顶部囊性病变，局部软化并穿通畸形囊肿。遂于2017年6月23日再次住院，行颅脑CT检查后，诊断为：颅内右侧额顶叶囊性占位性病变；颅骨生长性骨折；颅骨后天性缺损。住院期间行"脑内囊肿侧脑室造瘘术、颅骨钛网修补术"。肇事方对二次住院手术治疗与原发损伤是否存在因果关系提出异议。

法庭委托鉴定：①伤者二次住院手术治疗与原发损伤是否存在因果关系。②伤残等级评定。

### （二）病历摘要

**1. 第一次住院**

入院日期：2016年4月15日。

入院时情况：头部外伤半小时入院。查体：儿童，发育营养良好，神志清，精神一般，右额顶部头皮缺损，局部软组织肿胀，活动性出血。瞳孔等大等圆，对光反射存在。口、鼻无异常，颈部无抵抗感，胸、腹部无异常，四肢肌力正常，肌张力正常，生理反射存在，病理反射未引出。

2016年4月15日CT检查示：右侧额、顶骨及枕骨见多条透亮线影。以右侧额骨为著，骨折断端错位、凹陷，相应颅板下方见细条片状高密度影，脑沟内见高密度影填充。脑实质未见明确异常密度灶，右侧侧脑室略变窄，中线结构未见明显移位。右侧额顶颞部颅外软组织肿胀增厚，局部软组织内见少量气体影（图1-6-1）。

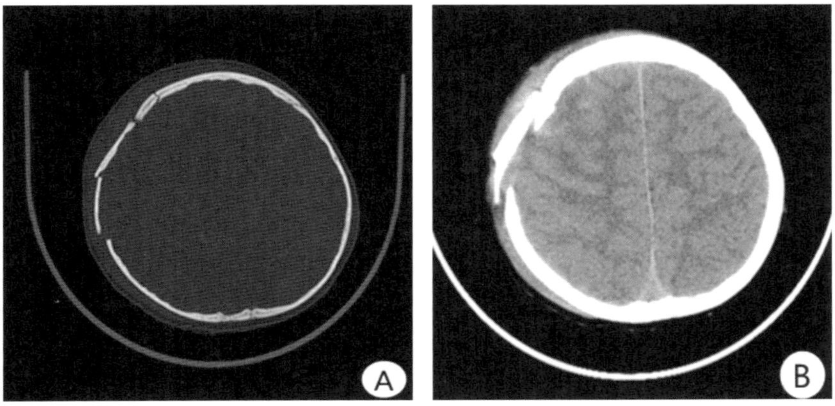


**图 1－6－1　2016 年 4 月 15 日 CT 图像**

骨窗(A)及软组织窗(B)示:右额、颞、顶骨骨折;局部软组织肿胀。

诊断:右额、顶骨骨折;右额硬膜外血肿;蛛网膜下出血。对症、支持治疗 14 天后出院。

2017 年 6 月 15 日(伤后 14 个月)颅脑 MRI 复查:右侧额顶骨骨折;右侧顶部囊性病变;局部脑软化并穿通畸形囊肿形成(图 1－6－2C)。

2017 年 6 月 23 日 CT 复查:颅骨骨折(右额顶骨),右顶叶斑片状低密度影(图 1－6－2D)。

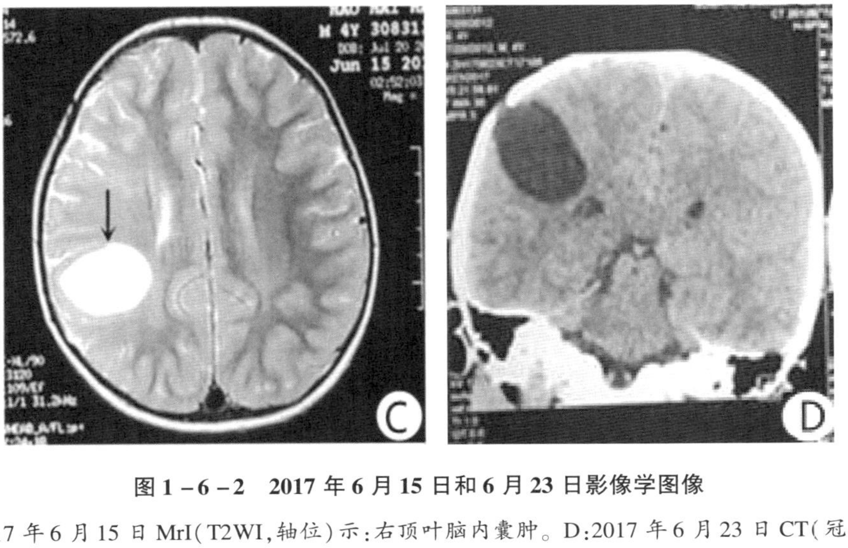


**图 1－6－2　2017 年 6 月 15 日和 6 月 23 日影像学图像**

C:2017 年 6 月 15 日 MrI(T2WI,轴位)示:右顶叶脑内囊肿。D:2017 年 6 月 23 日 CT(冠状位)示:右顶叶斑片状低密度影,相应部位颅骨缺损。

**2. 第二次住院**

入院日期:2017 年 6 月 23 日。

入院时情况:神志清,精神可,语言清晰,流利,听力正常,双侧额纹对称,双侧鼻唇沟对称,伸舌居中,示齿充分,双侧瞳孔等大,直径 3mm,对光反应灵敏,辐辏反射正常,眼球活动正常,右侧额顶叶颅骨缺损,四肢肌力正常,肌张力正常,巴氏征未引出,颈部无抵抗感。

患者入院后完善相关检查,排除手术禁忌后,于 2017 年 6 月 30 日在全麻下进行脑内囊肿侧脑室造瘘术加颅骨缺损修补术。术后给予抗感染、抗癫痫、补液等对症治疗。

手术记录摘要:全麻后,病人平卧位,……;见骨折缝处脑膜与脑组织粘连,仔细分离后翻开皮瓣,见骨折缝大约 4cm × 1cm,脑组织裸露,仅有少许硬脑膜覆盖,沿骨缝周边扩大骨窗至 2cm × 5cm。……见骨窗中央大约 2cm 范围脑皮层菲薄,搏动。显微镜下切开囊壁,见脑内淡黄色囊液,囊壁光滑;显微镜下切开囊壁深部,深度 3mm 出见到侧脑室三角区,造瘘口直径 1.5cm。硬脑膜修补完整,塑形带滑槽钛网修补颅骨缺损,螺钉固定。

出院诊断:颅内右侧额顶叶囊性占位性病变;颅骨生长性骨折;颅骨后天性缺损。

## 二、法医学鉴定

### (一)鉴定过程

**1. 检验日期**

2019 年 6 月 13 日。

**2. 被鉴定人主诉**

外伤后至今仍偶有头痛。

**3. 体格检查**

神志清,精神可,言清语利,回答切题,头颅对称无畸形,右颞部见长 8cm 手术瘢痕,头围 50cm。颈软。胸腹未见明显异常。四肢自主活动,肌力可。余(-)。

**4. 影像学阅片**

2019 年 6 月 30 日颅脑 CT 检查示:右侧额顶骨部分骨质缺损,见人工骨瓣影,右侧额顶叶交界处斑片状低密度影,边界清,大小约 25mm × 14mm 脑室系统、脑沟脑池未见明显异常,中线结构居中(图 1-6-3E、F)。

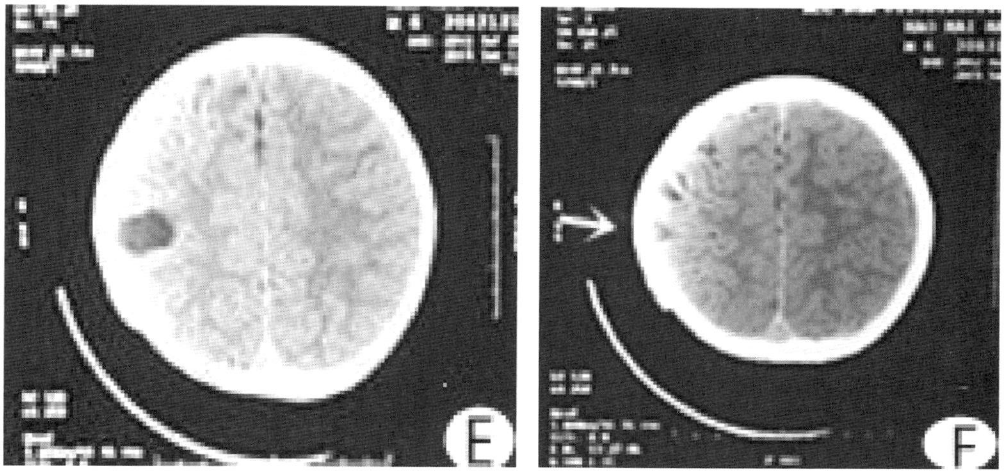

**图 1-6-3　2016 年 6 月 30 日 CT 检查图像**

E:脑内囊肿(较术前明显缩小);F:颅骨钛网修补。

## (二)鉴定意见

(1)伤者二次住院治疗与原发损伤有直接因果关系。

(2)伤者因于原骨折部位通过扩大骨窗完成脑内囊肿侧脑室造瘘术。参照《人体损伤致残程度分级》5.10.1.8)条规定,构成十级残疾。

# 三、讨论

少儿发生颅骨线状骨折后,如伴有硬膜撕裂,数月到数年后可形成小儿特有的“生长性骨折”。应做颅骨修补手术,同时应修补硬膜。[1]

颅骨生长性骨折是指幼儿颅骨发生骨折后,骨折未愈合而逐渐增宽,软脑膜和脑实质通过骨折处移位膨出的病理变化。[2]

颅骨生长性骨折是以婴幼儿发病为主的一种特殊类型的颅骨骨折,临床上比较罕见,其常见发病部位为顶骨,或以顶骨为中心累及临近颅骨,发病原因主要有外伤(特别为钝性损伤)及医源性损伤(较少见)。一般认为外伤性颅骨生长性骨折的发生机制是:颅骨骨折发生后,颅板下硬脑膜撕裂与颅骨分离,其后可由于脑膜等组织突入骨折裂隙,脑脊液流入骨折裂隙而不易流出,形成局部液体潴留,加重了骨折的压迫,使骨折线不断增宽。同时,由于儿童脑生长迅速,使颅骨缺损逐渐增大,甚至形成囊性膨出。早期可无明显症状,随着病情进展,后期伴随囊肿形成症状逐渐显现。

脑内囊肿一般指的是蛛网膜囊肿，是脑脊液样的囊液被包围在蛛网膜所形成的袋状结构，有先天性和继发性两种类型，前者多为先天性蛛网膜发育异常导致，后者多由于颅脑外伤引起。

具体到本案例，被鉴定人2016年4月15日头部钝挫伤，伤后CT检查见额骨、顶骨、枕骨骨折，硬膜外血肿、蛛网膜下出血。2017年6月15日MRI复查及2017年6月23日颅脑CT复查：相应部位颅骨缺损，继发脑内囊肿形成。于2017年6月30日行"脑内囊肿侧脑室造瘘术加颅骨缺损修补术"。损伤与后果之间存在部位上的一致性、时间上具有连续性，伤者颅骨缺损与脑内囊肿属于原发损伤直接所致，其伤后病情进展与治疗符合医学常规。被鉴定人二次住院手术治疗与原发损伤有直接因果关系。

2017年6月30日，伤者手术过程中扩大骨窗范围，属于治疗原发损伤直接并发症所需，故根据附则6.1条，比照《人体损伤致残程度分级》5.10.1.8）条规定："开颅术后"定十级残疾。

## 【评析】

颅骨生长型骨折是比较少见的一种骨折类型。此类骨折有以下几个要点：①发生在婴幼儿的颅骨线性骨折，为最初的损伤特征；②由于硬脑膜同时分裂并与颅骨分离，可能会使蛛网膜、软脑膜及脑组织突入骨折裂隙；③由于儿童时期脑的迅速生长，骨折裂隙受脑搏动冲击，骨折线不断增宽，造成实际上的颅骨缺损，严重时囊性脑膨出。

通过阅读被鉴定人住院病历，影像学检查（CT及MRI图像），治疗过程及转归，形成一个较为清晰的思路，即：幼儿颅骨骨折；一年后相应部位颅骨缺损、脑内囊肿形成；手术修补硬脑膜、脑内囊肿侧脑室造瘘术加颅骨缺损修补术。

由于骨折的发生时间与颅骨缺损和脑内囊肿的形成存在较长的时间间隔，同时由于当事方医学知识缺乏，造成此类损伤在审理过程中大多会存在争议，往往会要求鉴定人出庭，甚至会出现重新鉴定。因此，鉴定人员要加强较为罕见类型损伤的基础理论知识学习，法庭上才会应答自如，可谓"磨刀不误砍柴工"。

另外，该案例中的"脑内囊肿侧脑室造瘘术"同案例1中的"脑室—腹腔分流术"属同种情况，在《人体损伤致残程度分级》标准中无相关规定，故不再评定残疾等级。

## 参考文献

[1]王忠诚. 神经外科学[M]. 武汉:湖北科学技术出版社,1997:290.

[2]石振金,等. 幼儿颅骨生长性骨折伤病关系鉴定一例[J]. 法医学杂志,2019,35(2):120.

# 案例 7：高坠伤致截瘫

**关键词**：法医临床学；高坠伤；脊髓损伤；截瘫

## 一、案例资料

### （一）简要案情

被鉴定人，男，36 岁。2018 年 4 月 13 日劳动中不慎自 10 米高处坠落，伤及头面部、胸腰部，即感全身疼痛难忍，活动不能，即入院诊断为：①高处坠落伤；②失血性休克；③肺挫伤；④胸腔积液（血）；⑤右侧气胸；⑥多发性肋骨骨折；⑦右肾上腺血肿；⑧右肾血肿；⑨腹腔积液（血）；⑩上颌骨骨折；⑪左锁骨骨折；⑫肩胛骨骨折；⑬颈椎骨折；⑭胸椎骨折；⑮腰椎骨折；⑯截瘫。住院治疗 82 天。

### （二）病历摘要

**1. 第一次住院**

入院日期：2018 年 4 月 13 日至 4 月 28 日。

入院时情况：不慎自 10 米高处坠落，全身疼痛，意识模糊，无恶心、呕吐，无肢体抽搐及大小便失禁。渐出现昏迷状态，反常呼吸。查体：GCS 评分 8 分，胸部、左锁骨、左肩胛骨骨擦感，双上肢可自主活动，双下肢肌力 0 级；乳头平面以下触痛觉消失，病理反射未引出。

2018 年 4 月 13 日 CT 检查示：①脑 CT 平扫未见明显异常，建议复查；②双肺挫伤、双侧胸腔积液；③右侧肾上腺血肿、右肾包膜下血肿、腹腔积液（血）；④左锁骨及肩胛骨骨折；⑤双侧多发肋骨骨折（右侧 1～9，左侧 1、2、4、5、6、7、8，共 16 肋）；⑥颈 6、胸 1、胸 2、腰 1 棘突骨折；⑦胸 3 椎体骨折并脱位，骨块突入椎管，压迫脊髓（图 1－7－1A）；⑧腰 4 椎体骨折。

出院时情况：镇静状态，气管插管接呼吸机辅助通气，持续冰毯物理降温。嘱继续住院治疗。

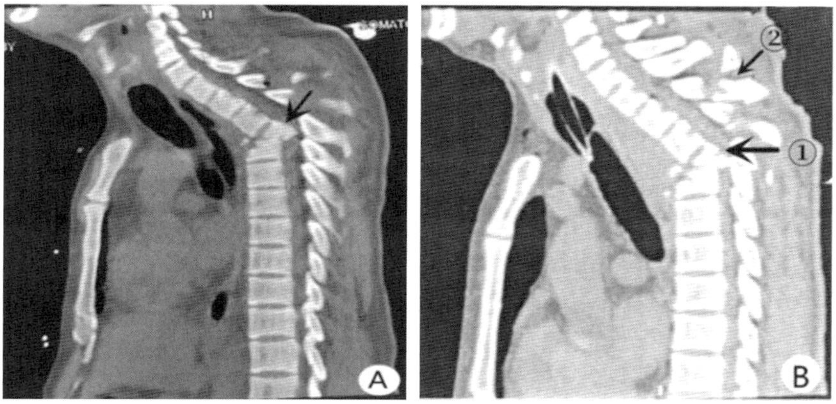


**图 1-7-1　2018 年 4 月 13 日(A)和 4 月 30 日(B)CT 图像**

A:2018 年 4 月 13 日 CT(矢状位),胸 3 椎体骨折并脱位,骨块突入椎管,压迫脊髓。B:2018 年 4 月 30 日 CT(矢状位),①胸 3 椎体碎裂,正常形态消失,相邻椎间隙消失,断端向后Ⅲ°滑脱,同水平胸髓受压并椎管狭窄;②胸 1~2 椎体棘突骨折。

**2. 第二次住院**

住院日期:2018 年 4 月 28 日至 7 月 4 日。

入院时情况:高空坠落伤致下肢活动障碍半月。查体:青年男性,神志清,精神差,平卧位,查体合作;双侧瞳孔等大等圆,对光反应灵敏;视力、听力正常;左侧鼻腔胃管置入中,固定通畅,经口气管插管。颈软,无抵抗,呼吸机辅助呼吸,左侧胸腔闭式引流管置入中,固定通畅;留置导尿,导尿管固定通畅;乳头平面以下感觉丧失,双上肢肌力 3~4 级,双下肢肌力 0 级。

2018 年 4 月 30 日胸椎 CT 图像示:胸 3 椎体碎裂,正常形态消失,相邻椎间隙消失,断端向后Ⅲ°滑脱,同水平胸髓受压并椎管狭窄;胸 4 椎体变扁、碎裂,部分断端略移位,胸 1~5 椎体右侧横突,胸 2 椎体左侧横突,胸 1~2 椎体棘突骨折(图 1-7-1B)。

2018 年 4 月 30 日胸椎 MRI 平扫示:胸 3 椎体明显变扁,正常形态消失,胸 4 椎体略扁,上述二椎体信号不均,T1WI 及 T2WI 局部信号减低,fsT2 信号增高;胸 3 椎体后缘向后明显移位,压迫相应水平胸髓,相应水平椎管狭窄,相邻后纵隔区见团片状长 T1、长 T2 信号影;上段胸髓内见条片状长 T1、长 T2 信号影,胸 2 及胸 5 椎体前缘见片状长 T1、长 T2 信号影(图 1-7-2)。

入院后,完善各种检查。于 2018 年 5 月 4 日全麻下行:①胸椎骨折、脱位伴截瘫椎管减压、植骨融合内固定术;②显微镜下硬脊膜修补术;③左肩胛骨骨折切开复位内固定术;④左锁骨粉碎骨折切开复位内固定植骨术。经过其他对症、支持治疗。病情渐趋稳定。脱机,拔出胃管、气管插管;恢复自主呼吸。

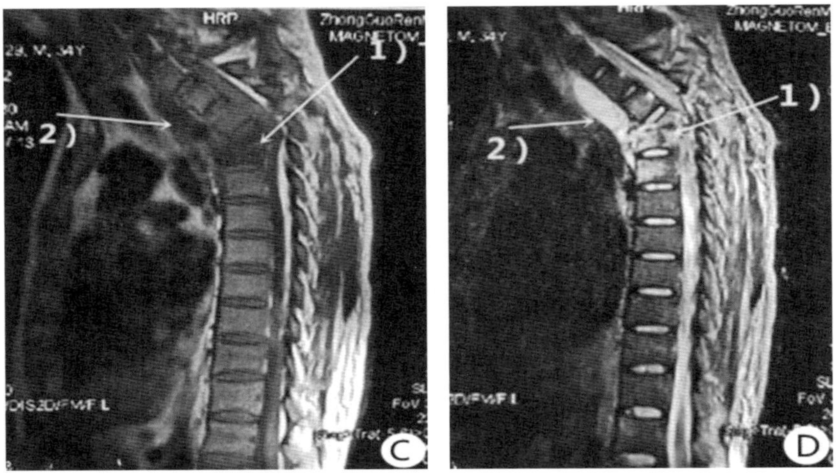


**图 1-7-2　2018 年 4 月 30 日 MRI 图像**

C：T1WI（矢状位），胸 3 椎体及颈前信号减低。D：fsT2（矢状位），胸 3 椎体及颈前高信号。提示：胸 3 椎体爆裂骨折，后缘向后明显移位，压迫相应水平胸髓。

2018 年 5 月 4 日手术记录摘要：

……取 T1～T6 为中心之后正中切口，长约 20cm，逐层切开皮肤各层及深筋膜，沿两侧剥离椎旁肌，充分显露 T1～T6 棘突及双侧椎板，见 T3/T4 脱位明显，后结构损伤，定位双侧进针点后打入定位导针共 10 枚，"C"臂透视见定位导针位置良好，逐一拔出导针并拧入椎弓根螺丝钉 10 枚。行 T1～T4 全椎板减压，显露硬脊膜。探查见 T3/T4 平面硬膜囊破裂，脑脊液流出。给予显微镜下硬膜囊缝合修补，安装纵连杆，撑开复位骨折端，探查硬膜囊及神经根松弛，无受压。脱位部位复位良好后旋紧各加压螺栓。于硬膜囊覆盖防粘连膜 1 张，覆盖明胶海绵，将远近端椎板骨面凿出新鲜创面后，将切下的骨质混合人工骨 2 个平铺于明胶海绵及骨上……

出院诊断：①创伤性胸椎骨折、脱位伴截瘫（胸 3、胸 4）；②创伤性颈椎骨折（颈 4、颈 6、颈 7 棘突）；③创伤性腰椎骨折（腰 1、腰 2、腰 4 棘突）；④创伤性锁骨粉碎性骨折（左）；⑤创伤性肩胛骨粉碎性骨折（左）；⑥多发性肋骨骨折；⑦创伤性尺桡骨远端粉碎性骨折（左）。

## 二、法医学鉴定

### (一)鉴定过程

**1. 检验日期**

2019 年 9 月 9 日。

**2. 体格检查**

青年男性,神清语利,轮椅代步,头颅无畸形,胸腹未见异常;左肩部见 14cm 手术瘢痕,背部见 19cm 手术瘢痕;颈部活动受限,双上肢肌力正常,双下肢肌力 3 级;双侧乳头以下感觉减退,腹壁反射消失,提睾反射存在,双侧巴氏征(±);见尿袋留置,大便需他人帮助。余(-)。

**3. 影像学复查**

2019 年 9 月 9 日胸椎 CT 复查:T3 椎体正常形态消失,部分骨块突入椎管,硬膜囊及相应脊髓明显受压(图 1-7-3E、F)。

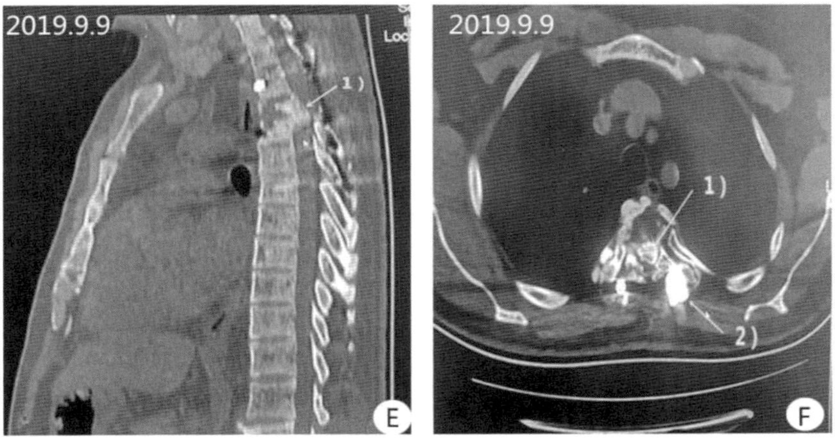


**图 1-7-3　2019 年 9 月 9 日胸椎 CT 图像**

E:矢状位、骨窗。F:轴位,T3 椎体正常形态消失,部分骨块突入椎管,硬膜囊及相应脊髓明显受压(1);内固定在位,螺钉(2)

### (二)鉴定意见

被鉴定人因胸髓损伤致双下肢不全瘫(肌力 3 级以下)伴排尿障碍,依据《人体损伤致残程度分级》5.3.1.3)条规定,构成三级残疾;肋骨多发骨折,依据《人体损伤致残程度分级》5.9.3.11)条规定,构成九级残疾;椎骨附件骨折,依据《人体损伤致残程度分级》5.10.6.3)条规定,构成十级残疾。

## 三、讨论

脊髓损伤是脊柱骨折的严重并发症,由于椎体的移位或碎骨片突入椎管内,使脊髓或马尾神经产生不同程度的损伤。胸腰段损伤使下肢的感觉与运动产生障碍,称为截瘫;而颈段脊髓损伤后,双上肢也有功能障碍,为四肢瘫。[1]

T1 ~ T10 有肋骨保护,较为稳定,损伤发生率低,然而一旦发生则损伤较完全。因为椎管小,脊髓血运差。[2]

根据病理学研究,脊髓神经损伤主要由伤椎骨折片或部分椎间盘突入椎管压迫脊髓神经所致。而实际在骨折形成时,对脊髓神经损伤的致伤因素有两种:一种是在受伤瞬间骨折移位对神经组织的撞击、牵拉造成脊髓神经的挫伤或牵拉伤;另一种是骨折片或椎间盘对神经组织的持续压迫。前者是骨折时已形成的不可逆损伤,因而手术减压对此类损伤的脊髓神经恢复无确切的帮助。[3]

本案例被鉴定人因高处坠伤致 T3 椎体爆裂骨折,累及三柱,碎裂骨片突入椎管,相应节段胸髓受压(经多次 CT 及 MRI 检查所证实),虽经手术减压治疗,后遗双下肢截瘫,损伤平面以下感觉功能障碍;同时,由于相应脊髓神经的损伤导致排尿、排便功能障碍,属神经源性膀胱、神经源性肠。构成三级残疾。

## 【评析】

本案例,根据外伤史,影像学检查(CT 与 MRI),临床症状与体征,比较容易得出外伤导致双下肢截瘫的结论,并且属于 ASIA 的 Frankel 分级中 A 级(完全性损害),进而依据条文确定鉴定意见。

由于手术记录属于直视所见,从某种意义上来讲,手术所见更接近客观实际,因此,本鉴定书在第二次住院的“病例摘要”部分摘入手术所见的重点内容。使读者对损伤的暴力程度,尤其是对相应部位胸髓损伤的严重程度有更深的认识,当事双方更容易接受鉴定意见,易于案结事了,化解矛盾纠纷。当然,残疾等级的最后确定还是要看治疗终结情况,需结合体格检查与影像学进一步复查而定。

本案例只注重脊髓损伤而忽视了左肩关节功能的检查与残级评定。另外,椎体爆裂骨折并椎管占位是否还需再评定残级(九级残疾)? 鉴定实践中存在争议,有人认为椎体骨折性占位—脊髓损伤—肢体瘫痪是一个有机的整体,缺一不可;故根据肢体瘫痪评定残级后,不再引用《人体损伤致残程度分级》5.9.6.1)条给出一个九级残疾;另有人认为椎体骨折与脊髓损伤属于不同性质的损伤,根据肢体瘫痪评定残级后可以再给出一个九级残疾。笔者同意第一种观点:把椎体爆裂骨折椎管占位(九级残疾)作为一个兜底条款。如果经治未后遗肢体功能障碍,则依据《人体损伤致残程度分级》5.9.6.1)条评定九级残疾;如果后遗肢体功能障碍,则引用"颅脑、脊髓周围神经损伤"有关条文评定最终残级。

**附:胸神经前支的节段性分布特征(表1-7-1)**

**表1-7-1　脊髓与椎骨对应关系**

| 胸神经(胸髓) | 对应感觉平面 |
|---|---|
| 胸2 | 胸骨角 |
| 胸4 | 乳头 |
| 胸6 | 剑突 |
| 胸10 | 脐 |
| 胸12 | 耻骨联合与脐连线中点水平 |

## 参考文献

[1]陈孝平,汪建平.外科学[M].8版.北京:人民卫生出版社,2014:709.
[2]赵定麟,李增春,严力生.现代创伤外科学[M].北京:科学出版社,2013:839.
[3]王忠诚.神经外科学[M].武汉:湖北科学技术出版社,1997:983.

# 案例 8：伤病共存一例报告

**关键词**：法医临床学；头部交通伤；伤病共存；脑脓肿

## 一、案例资料

### （一）简要案情

被鉴定人，女，64 岁。2018 年 12 月 9 日因交通事故致伤头、胸部，无明显意识丧失，感伤处疼痛，无明显胸闷、憋气及疼痛。胸部正位片检查未见异常，回家康复治疗。因左侧肢体活动不灵 6 天，于 2019 年 2 月 7 日入院就诊。CT 检查示：多发肋骨骨折；双侧额颞顶部硬膜下血肿。遂行双侧慢性硬膜下血肿清除术。2019 年 3 月 12 日左侧肢体活动不灵加剧，再次入院治疗。诊为：右顶部脑脓肿形成；双额部脑内血肿、硬膜下积液。

肇事方申请鉴定"伤者慢性硬膜下血肿、脑脓肿"与本次交通事故是否存在因果关系。

### （二）病历摘要

**1. 第一次入院情况**

入院日期：2018 年 12 月 9 日。

入院诊疗情况：因交通事故致伤头、胸部，无明显意识丧失，感伤处疼痛，无明显胸闷、憋气及疼痛。胸部正位片检查未见异常（图 1－8－1）。回家康复治疗。

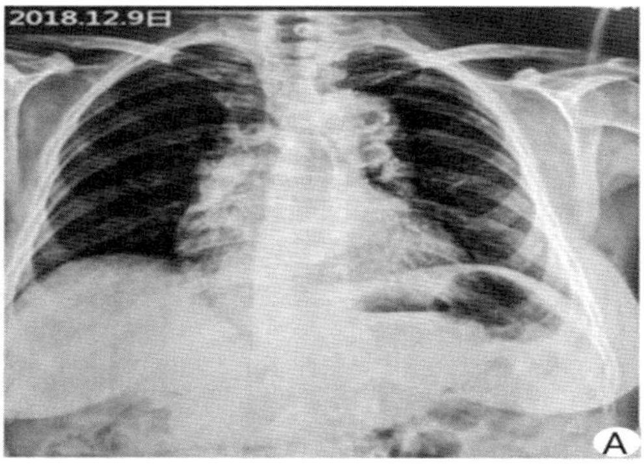


**图 1－8－1　2018 年 12 月 9 日胸部 X 线片：未见异常**

2. **第二次住院情况**

入院日期:2019 年 2 月 7 日至 2 月 17 日。

入院时情况:约 2 个月前因外伤伤及头部、胸部等处。当时无意识丧失,感伤处疼痛。无明显头痛、头晕,无恶心、呕吐,急诊予以检查后回家康复治疗,渐好转。约 6 天前出现左上肢呈屈曲状,左侧肢体活动不灵活,站立不稳,并出现恶心等症状。查体:神志清,精神差。双瞳等大等圆,直径约 3mm,对光反射灵敏。双肺呼吸音清,未闻及干湿性啰音。左上肢屈曲,左侧肢体肌力约 4 级,右侧肢体肌力 5 级,左下肢轻瘫试验(+)。

影像学检查情况:2019 年 2 月 7 日 CT 检查示:左侧额颞顶部颅骨内板下见条形等密度影(近额极处呈高密度影改变),右侧额颞顶部颅骨内板下也可见条形低密度影(右顶部及额极处呈高密度影改变)(图 1-8-2B、C)。右侧第 7 肋骨及左侧第 2~9 肋骨骨质不连续,断端见骨痂形成,部分肋骨见两处骨痂影像(图 1-8-2D、E)。

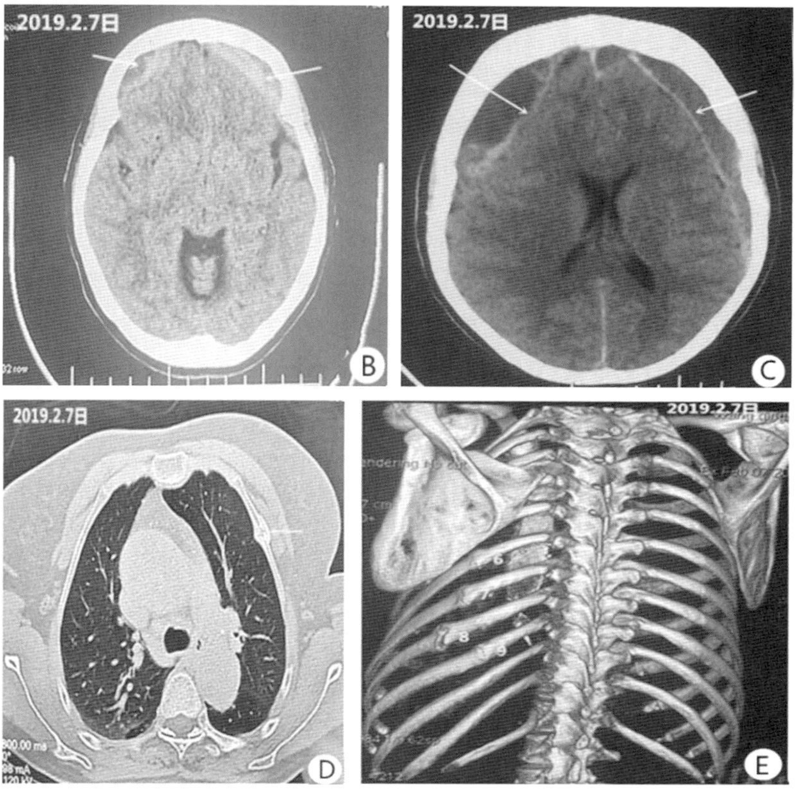


**图 1-8-2　2019 年 2 月 7 日 CT 图像**

B:双额部高低混杂密度影,高密度为主。C:左额、颞、顶部内板下条形等密度影,混杂高密度影。右侧额颞顶部颅骨内板下条形低密度影,混杂高密度影,出现分层。D:肺窗。E:三维重组,多发肋骨骨折均无错位,云雾状骨痂形成,符合肋骨骨折恢复期改变(58 天)。

入院后完善各项检查,于 2017 年 2 月 9 日行“双侧慢性硬膜下血肿引流术”。手术效果良好,语言及肢体活动恢复正常。

2019 年 2 月 10 日双侧慢性硬膜下血肿引流术后 CT 复查示:双侧额顶部颅骨内板下局限条带样低和稍高密度影,双侧引流管影;双侧额部颅骨内板下气体密度影(图 1 – 8 –3)。

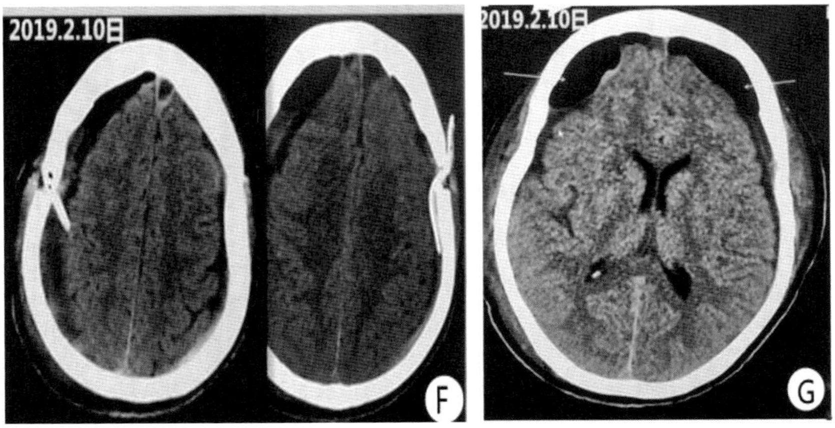


**图 1 –8 –3　2019 年 2 月 10 日双侧慢性硬膜下血肿引流术后 CT 图像**

F:双侧引流管。G:额部硬膜下积气。

2019 年 3 月 9 日(术后 1 个月)MRI 检查示:右侧顶枕部近颅骨处 46mm × 25mm 弥散受限信号,T1WI 呈明显低信号,其周围见不规则长 T1、长 T2 信号,右侧脑室后角受压,中线无明显移位,双侧额部及左侧顶枕部见条状短 T1,弥散受限高信号;双侧颅骨缺如术后改变(图 1 –8 –4)。

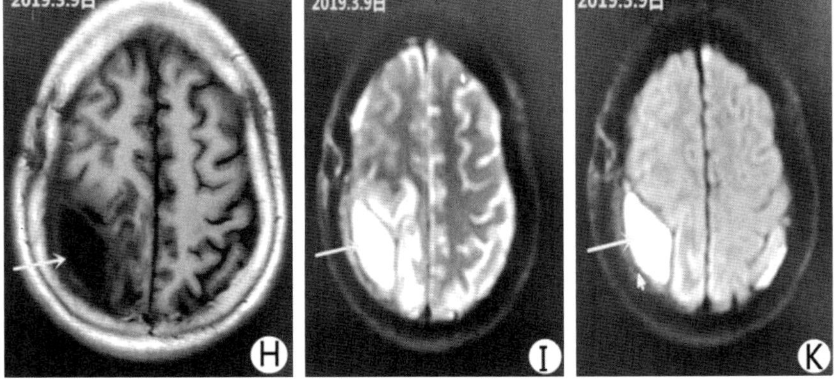


**图 1 –8 –4　2019 年 3 月 9 日 MRI 图像**

H:T1WI 局部低信号。I:T2WI 相应部位高信号。K:DWI 高信号(箭头所示)。综合分析,脑脓肿。

3. **第三次入院情况**

入院日期:2019 年 3 月 12 日至 4 月 14 日。

入院时情况:1 月前因“左侧肢体活动不灵 6 天”入院诊为“双侧慢性硬膜下血肿”,行“颅骨钻孔血肿清除术”。住院治疗 11 天出院,出院时言语流利,四肢活动可。7 天前再次出现左侧肢体活动不灵,且伴有言语含混,以“双侧硬膜下血肿术后,颅内感染?”收住院。

影像学检查情况:2019 年 3 月 18 日颅脑 MRI 平扫 + 增强扫描示:右颞顶骨术后改变,右侧顶部可见不规则囊状长 T1、长 T2 信号,FLAIR 呈高信号影,DWI 弥散明显受限,增强后右顶部异常信号灶边缘明显均匀环状强化,中心区无强化,周围见大片长 T1、长 T2 信号,FLAIR 呈高信号影,局部脑组织及脑室明显受压,右颞枕叶脑回肿胀,脑沟裂变浅消失。双侧额部颅内板下见条形长 T1、长 T2 信号,FLAIR 序列为低信号。双额部脑外见条形稍短 T1、长 T2 信号,FLAIR 序列呈高信号。中线结构略左移(图 1-8-5)。

患者入院后,完善相关检查,应用甘露醇脱水消肿,给予万古霉素、美罗培南抗感染治疗,应用胸腺五肽增强免疫力,……患者脑脓肿,复查颅脑 MRI 平扫 + 增强扫描,可见脓肿壁逐渐增厚,周围脑水肿逐渐消退。病情稳定。

出院诊断:①颅内感染;②双侧硬膜下血肿术后;③双额硬膜下积液;④多发肋骨骨折恢复期。

出院时情况:一般情况可,未诉头痛、头晕,无恶心、呕吐,双侧瞳孔等大等圆,对光反应灵敏。四肢肌力 5 级。

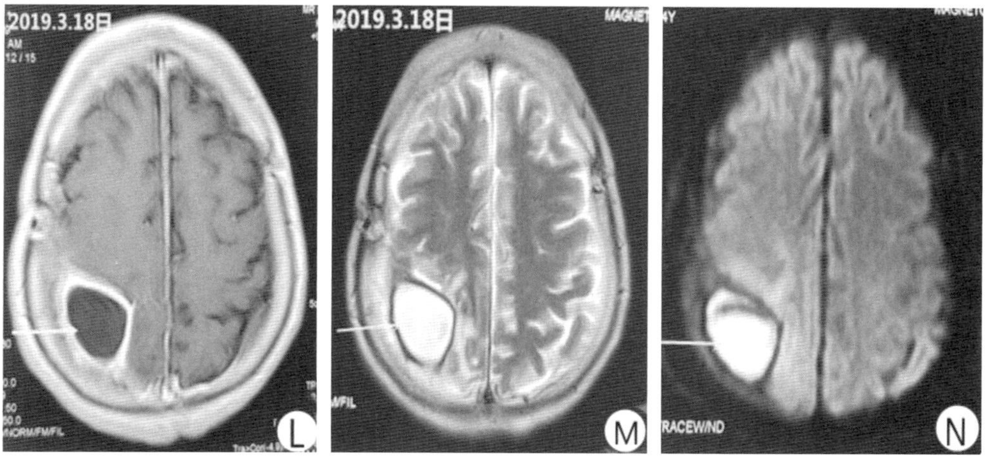


**图 1-8-5　2019 年 3 月 18 日颅脑 MRI 平扫 + 增强扫描图像**

L:强化 T1WI,中心明显低信号,灶壁呈均匀明显强化。M:T2WI,囊性病灶明显高信号。N:DWI 序列高信号,水分子弥散明显受限。提示:脑脓肿形成。

## 二、法医学鉴定

### (一)鉴定过程

**1. 检验日期**

2019年6月10日。

**2. 体格检查**

老年女性,意识清,查体合作,自主体位。双颞部可见引流痕迹。双侧瞳孔等大等圆,对光反射存在。心、肺、腹部未见异常。四肢肌力、肌张力可。余(-)。

### (二)鉴定意见

被鉴定人多发肋骨骨折及双额颞顶慢性硬膜下血肿符合本次交通事故所致;

被鉴定人脑脓肿形成与本次外伤无直接因果关系;

被鉴定人多发肋骨骨折(右7;左2~9),根据《人体损伤致残程度分级》5.10.3.7)条规定,构成十级残疾;

根据《人体损伤致残程度分级》5.10.1.8)条之规定,"硬膜下血肿钻孔引流术"构成十级残疾。

## 三、讨论

慢性硬膜下血肿从受伤到发病的时间一般在1~3个月。慢性硬膜下血肿绝大多数都有头部外伤史,老年人多见。由于出血缓慢,加之老年人颅腔容积的代偿间隙较大,故常有短至数周、长至数月的中间缓解期,可以没有明显症状。慢性硬膜下血肿主要表现为慢性颅内压增高,神经功能障碍及精神症状,如头晕、乏力,言语不利,智能障碍及偏瘫等。CT、MRI检查可以确诊。

本案例被鉴定人交通事故受伤后52天出现偏瘫(左侧肢体肌力4级),经CT和MRI检查示:双额颞顶硬膜下血肿,并行钻孔引流术。病情的发生、发展符合慢性硬膜下血肿形成规律,无证据证明存在本次外伤之外的其他损伤。分析认为:符合本次外伤所致。

由于肋骨呈后高前低不规则"C"字形解剖特点,且肋骨内外板菲薄,伤后X线检查难以发现"隐匿性骨折"。隐匿性骨折是指用首次影像检查不易发现,经过一段时间后影像才能发现的骨折。常指仅有骨小梁骨折、骨髓水肿,而X线或CT难以发现的骨折,此类骨折多在纤维骨痂形成时才容易发现并诊断。所以,对隐匿性骨折,需外伤患者2周左右复查确诊、排除。随着骨折断端吸收、骨痂形成等间接征象出现,不同时期影像学检查,可出现肋骨骨折数量的不同。外伤患者常规行CT三维重建扫描,确定肋骨是否为完全骨折,确认骨痂的生长情况。

胸部X线平片上大都能够显示明显的肋骨骨折,但由于影像上软组织对比差,对肋软骨骨折、肋骨青枝骨折、肋骨骨折无错位X线平片不容易发现,另外肋骨中段骨折在胸片上因肋骨呈圆拱状,投照时仅部分肋骨与成像平面重叠,其余肋骨均不在同一平面上,故投影不清,影像重叠,均不易发现骨折线。

本案例被鉴定人虽然伤后X线片未发现异常,但2个月后CT检查示:多发肋骨骨折,经调阅其元数据审查发现,骨折均无错位,且骨折周围有云雾状骨痂形成,未达骨性愈合;介于骨痂形成期与骨性愈合期之间。符合本次外伤骨折的医学转归。

脑脓肿是化脓性细菌进入脑组织引起的炎性改变,并进一步发展而形成脓肿。脓肿形成后,MRI平扫,脓腔内呈长T1、长T2异常信号;DWI脓腔内呈明显高信号;GD-DTPA(普通增强检查)强化扫描,表现为光滑薄壁环形强化。[1]脑脓肿以幕上多见,其中颞叶最常见,其次依次为额叶、顶叶、枕叶及小脑。感染途径有:①直接来自邻近结构的感染灶;②血行感染;③开放性颅脑损伤;④隐源性感染。[2]

本案例,其MRI平扫呈典型脑脓肿表现,通过回顾其双额颞顶慢性硬膜下血肿形成、治疗过程及术后CT检查中右侧大脑引流管位置。分析认为,其脑脓肿的形成属术后感染所致(引流管误插入脑实质)。与本次交通事故无关。

## 【评析】

掌握并熟悉慢性硬膜下血肿及隐匿性骨折的概念、形成机制,对本案而言方可得出正确的鉴定意见。因为被鉴定人虽然有头胸部损伤,但初次就诊并未有神经系统定位体征及胸部明显外伤的X线表现。但伤后2个月CT检查支持外伤所致慢性硬膜下血肿及肋骨骨折。且经法庭调查,期间无再次外伤发生。

被鉴定人硬膜下血肿引流术后,出现硬膜下积气与开颅手术有关;至于做出“脑脓肿的形成与本次外伤无因果关系”是因为被鉴定人颅脑外伤轻微,排除颅脑开放性损伤所致。形成迟发性硬膜下血肿后,实施的钻孔插管引流造成脑组织与外界的相同,而引流管与脑组织的直接接触提供了感染的机会。通过分析被鉴定人的治疗经过以及审查引流管的位置(经调阅伤者“双侧慢性硬膜下血肿引流术”术后CT复查原片,其引流管误插入脑实质内明确),分析认为,脑内脓肿形成与外伤无直接因果关系,应属于治疗措施不当所致。

上述结论的得出,如果没有影像学资料的支撑,将会是纸上谈兵,无法令人信服!

## 参考文献

[1]胡春洪,汪文胜,方向明.MRI诊断手册[M].2版.北京:人民军医出版社,2013:101.

[2]王滨,贺文.影像诊断学[M].4版.北京:北京大学医学出版社,2018:54.

# 案例 9：四肢重要神经损伤致相应肌群肌力降低

**关键词**：法医临床学；四肢重要神经；肌群；肌力；肌电图

## 一、案例资料

### （一）简要案情

被鉴定人，男，37 岁。2019 年 6 月 24 日因交通事故致伤头面部、左肩部、胸部。急诊入院治疗 35 天。期间行：颌面部软组织清创缝合术；胸腔闭式引流术（左）；左三角肌附着点撕脱修复术。

### （二）病历摘要

住院日期：2019 年 6 月 24 日至 7 月 29 日。

入院时情况：

2 小时前因交通事故致伤头、胸、左肩部。无明显意识丧失，伤处疼痛、流血，胸闷、憋气，不敢深呼吸。查体：青年男性，神清，痛苦貌；强迫体位，查体合作。左胸廓塌陷，局部反常呼吸，胸廓挤压征（+），骨擦感（+）；左肩关节疼痛，活动受限。余未见异常。

2019 年 6 月 24 日 CT 检查示：双侧胸腔弧形气体密度影，右侧压缩约 20%，左侧压缩约 10%。……胸骨柄见骨折线影，断端错位。右侧第 1～3 肋，左侧第 1～7 肋见骨折线，断端分离、错位。左肩胛骨多发不规则骨折线影，断端重叠，周围见多个游离碎骨片（图 1－9－1A、B）。左肩关节关系正常。

2019 年 7 月 22 日 EMG（MCV）检查示：左上肢正中、尺神经波幅减低（CMAP），运动传导速度均正常，左上肢腋神经 CMAP 未引出波形，右上肢腋神经潜伏期正常，波幅稍低（图 1－9－2C）；左上肢肩胛上神经 CMAP 未引出波形，右肩胛上神经潜伏期正常，波幅稍低（图 1－9－2D）。

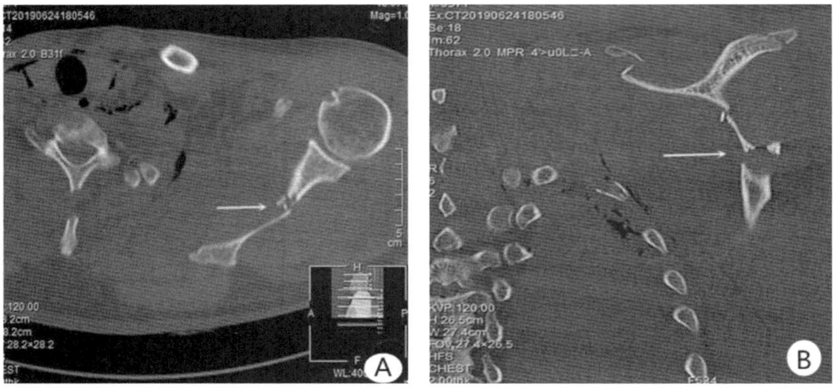


**图 1－9－1　2019 年 6 月 24 日 CT 图像:左肩胛骨粉碎性骨折**

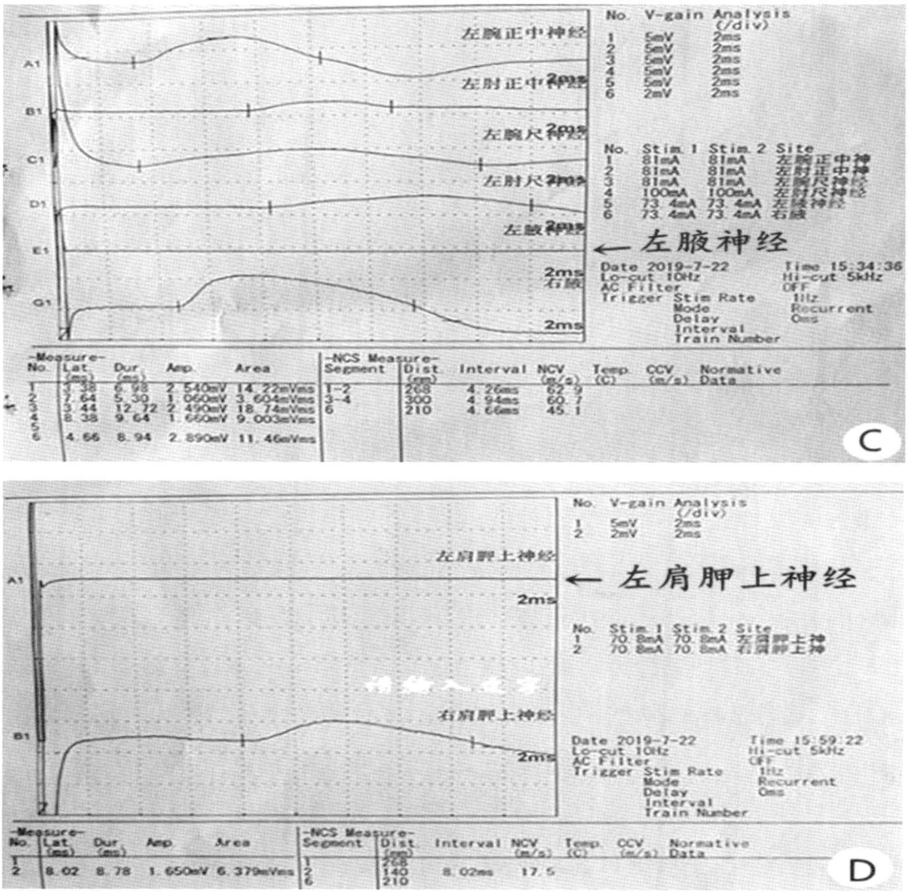


**图 1－9－2　2019 年 7 月 22 日 EMG(MCV)检查图**

C:左上肢正中、尺神经波幅减低,MNCV 均正常;左上肢腋神经波形未引出。右上肢腋神经正常。D:左上肢肩胛上神经 CMAP 波形未引出;右肩胛上神经 CMAP 波幅略减低,运动传导速度(MNCV)正常。提示:左肩胛上神经、左腋神经重度损害。

入院后给予输液、输血，抗生素抗感染。左侧胸腔闭式引流、面部裂伤清创缝合、左上肢清创缝合、三角肌止点撕脱固定及其他对症、支持治疗。

出院时情况摘要：左上臂多处伤口瘢痕，三角肌萎缩，肌力 1 级；左肩外展、前屈、后伸受限；左肩皮肤感觉正常。左腕、左手感觉、运动正常，末端血运良好。

2020 年 2 月 2 日 EMG 报告：左肌皮神经、腋神经运动传导波幅降低(图 1－9－3)。左三角肌静息时见少量纤颤电位，轻收缩时限波幅未见明显异常，大力收缩干扰相；肱二头肌未见明显异常。

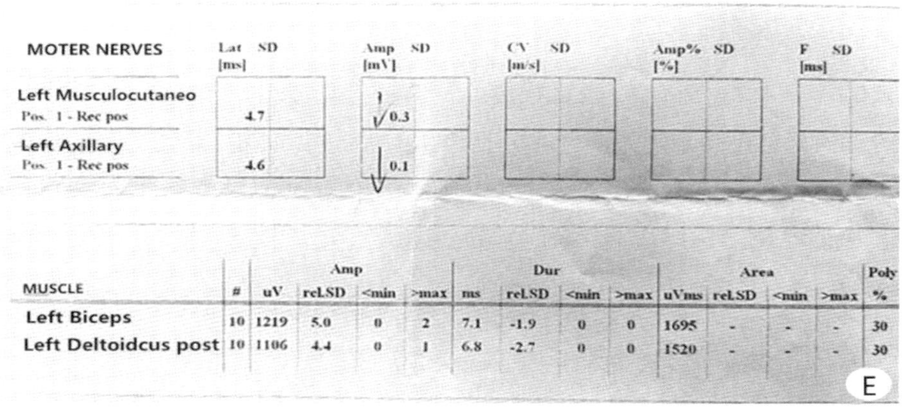

| MOTER NERVES | Lat SD [ms] | Amp SD [mV] | CV SD [m/s] | Amp% SD [%] | F SD [ms] |
|---|---|---|---|---|---|
| Left Musculocutaneo Pos. 1 - Rec pos | 4.7 | 0.3 | | | |
| Left Axillary Pos. 1 - Rec pos | 4.6 | 0.1 | | | |

| MUSCLE | # | Amp uV | Amp rel.SD | Amp <min | Amp >max | Dur ms | Dur rel.SD | Dur <min | Dur >max | Area uVms | Area rel.SD | Area <min | Area >max | Poly % |
|---|---|---|---|---|---|---|---|---|---|---|---|---|---|---|
| Left Biceps | 10 | 1219 | 5.0 | 0 | 2 | 7.1 | -1.9 | 0 | 0 | 1695 | - | - | - | 30 |
| Left Deltoidcus post | 10 | 1106 | 4.4 | 0 | 1 | 6.8 | -2.7 | 0 | 0 | 1520 | - | - | - | 30 |



**图 1－9－3　2020 年 2 月 2 日 EMG 检查报告：左肌皮神经、腋神经运动传导波幅减低**

结合报告中“左三角肌静息时少量纤颤电位”，提示：左腋神经、肌皮神经损伤。

## 二、法医学鉴定

### (一) 鉴定过程

**1. 检验日期**

2020 年 3 月 16 日。

**2. 体格检查**

中年男性，神志清，精神可。头颅无畸形，双侧瞳孔等大等圆，对光反应灵敏；口鼻无异常，颈、胸、腹无异常。左上臂中部 13cm 纵行瘢痕，局部软组织凹陷，左肩关节前屈上举、外展受限，被动外展正常(如图 1－9－4F)，外展肌力 4 级，肩关节诸方位被动活动度正常，余肢体活动正常。

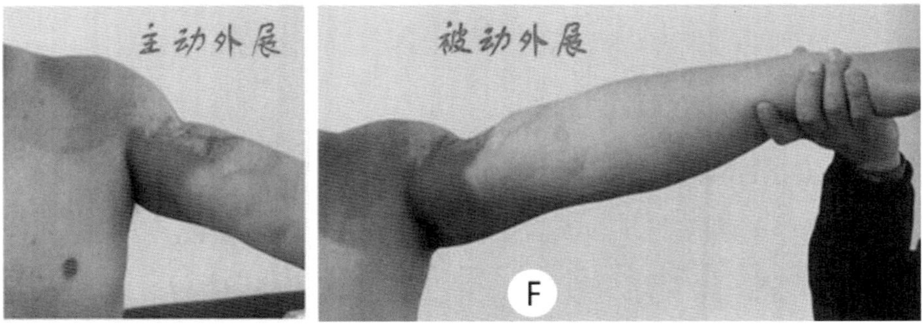


**图 1－9－4　左肩关节主动外展受限，被动外展基本正常**

3.2020 年 3 月 16 日 EMG 复查报告

①左腋神经运动传导潜伏期（LAT）延长，MUP 波幅（AMP）减低。②左肌皮神经运动传导波幅减低（图 1－9－5H）。③左三角肌、肱二头肌静息时未见自发电位，轻收缩时运动单位电位（MUP）时限增宽；腋神经支配三角肌主动募集反应减弱（图 1－9－5 及文末彩图 1－9－5）。

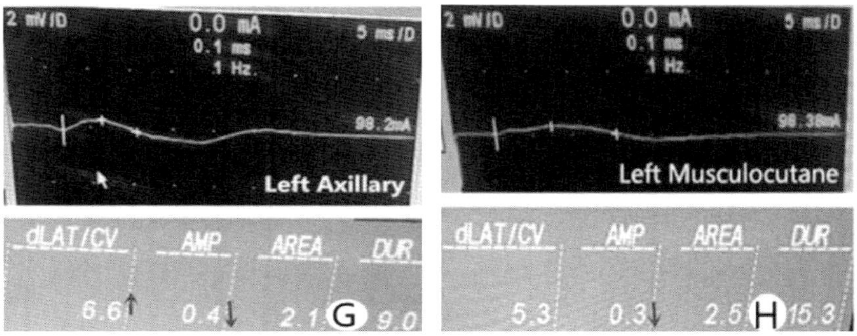


**图 1－9－5　2020 年 3 月 16 日 EMG 检查图**

G：左腋神经运动传导 LAT 延长，AMP 减低。H：左肌皮神经运动传导波幅减低。结合报告中“腋神经支配三角肌主动募集反应减弱”。提示：左腋神经、肌皮神经损伤，以腋神经著。

## （二）鉴定意见

被鉴定人因交通事故致头面部、胸部、左肩部损伤属实。该伤胸部肋骨骨折、双侧气胸，左肩胛骨粉碎性骨折；经肌电图检查证实：左肩胛上神经、左腋神经、左肌皮神经损伤，累及三角肌、冈上肌、冈下肌、肱二头肌。经治疗，后遗左肩关节前屈上举、外展上举受限，外展肌力 4 级。根据《人体损伤致残程度分级》5.10.1.6）条规定，构成十级残疾。

## 三、讨论

《人体损伤致残程度分级》附则 6.7:本标准中四肢重要神经是指臂丛及其分支神经(包括正中神经、尺神经、桡神经和肌皮神经等)和腰骶丛及其分支神经(包括坐骨神经、腓总神经、胫神经等)。[1]

《人体损伤程度鉴定标准》附则 6.10:本标准中四肢重要神经是指臂丛及其分支神经(包括正中神经、尺神经、桡神经和肌皮神经等)和腰骶丛及其分支神经(包括坐骨神经、腓总神经、腓浅神经和胫神经等)。[2]

上述两标准中对四肢重要神经的阐述均未涵盖全部,故均用一“等”字概括。对四肢重要神经究竟包括哪些神经和如何认定,目前已经达成共识的是必须累及肢体(包括大关节和手足)运动功能的神经。[3]尤其是具有支配关键肌肉(像三角肌、肱二头肌、肱三头肌等)运动功能的神经,如腋神经。当然像支配其他肌肉运动功能的,如桡神经深支(也称骨间后神经,支配除肱桡肌、桡侧伸腕肌、旋后肌以外的前臂伸肌,包括尺侧腕伸肌、伸指总肌、拇长短伸肌、拇长展肌、小指食指固有伸肌)。骨间前神经(正中神经分支,支配拇长屈肌、指深屈肌、旋前方肌)。尺神经深支(支配小指展肌、小指短屈肌、小指对掌肌、骨间肌、蚓状肌、拇收肌)等,均属于四肢重要神经的范畴。[3]当然,从大的概念上讲,骨间后神经损伤、骨间前神经损伤、尺神经深支损伤,也分别属于桡神经、正中神经、尺神经损伤的范畴,只是进一步细化而已,这种细化对周围神经损伤正确定位、定性具有十分重要的意义。

上列支配肢体运动功能的周围神经并未包含全部,高东、程亦斌、夏文涛等的《〈人体损伤致残程度分级〉之四肢周围神经损伤条款的理解与应用》对支配肢体运动功能的周围神经以表格形式进行了罗列,更使人能够一目了然。

腋神经损伤主要通过检查三角肌麻痹明确诊断。可表现为:三角肌萎缩,呈方肩畸形,肩关节下垂半脱位,肩外展功能障碍。其损伤电生理特征为:支配肌(三角肌)见异常针极肌电图;完全损伤时,电刺激不能引出 CMAP;不完全损伤时,CMAP 潜伏期(LAT)延长,波幅(AMP)减低,且波形可离散。[4]

本案例外伤致左腋神经、左肌皮神经、左肩胛上神经损伤无疑,以下证据足以支持:①由于上述三神经解剖结构与左肩部关系密切,该伤致左肩胛骨粉碎性骨折、左肩部挫伤严重,累及上述三神经;②肌电图检查证实三神经损伤。符合臂丛上干损伤。

伤后半年检查:左肩胛上神经功能基本恢复正常;左腋神经、左肌皮神经、功能障碍,左肩关节前屈上举、外展受限,被动活动正常(图1-9-4),外展肌力4级。存在损伤基础,相应的体征,并辅以肌电图检查加以佐证(三次肌电图检查均提示腋神经、肌皮神经损害)。根据《人体损伤致残程度分级》5.10.1.6)条规定,构成十级残疾。

## 【评析】

《人体损伤致残程度分级》附则6.7及《人体损伤程度鉴定标准》附则6.10关于"四肢重要神经的描述"均未明确提及腋神经,而本案被鉴定人虽有肌皮神经、肩胛上神经的损伤,但经检查证实,尤以腋神经损伤为著。专家的共识,如"三、讨论"中所述:四肢重要神经的应当包含"腋神经"。此乃引用《人体损伤致残程度分级》5.10.1.6)条的基础,也就是说腋神经能否认定为四肢重要神经是能否引用此条文的关键。

NCV检查,神经完全损伤时,电刺激不能引出CMAP波,但一次检查未引出CMAP波,不一定是神经完全损伤,也有可能是神经重度损伤,如果神经再生良好可有不错的愈后。该案被鉴定人伤后28天NCV检查结果结合伤后8个月EMG复查结果,左腋神经虽损伤程度较重,但修复良好。

本鉴定的不足之处在于:①缺乏损伤神经所支配肌肉静息时自发电位波形图以及募集电位波形图(但有检查报告),只有损伤神经运动传导波形图。②由于被鉴定人三角肌本身存在损伤。因此,三角肌肌力的减低是神经源性损害与肌源性损害的共同结果。由于神经源性损害对肌力减低的关键性作用,故引用"四肢重要神经损伤,遗留相应肌群肌力4级以下"评定十级残疾。鉴定报告中未作分析说明。③外伤致10根肋骨骨折,若正常愈合,属十级残疾;若存在四处畸形愈合,属九级残疾。鉴定意见遗漏此项内容。

腋神经损伤影响的不仅是肩关节的外展,对肩关节的屈、伸、旋转均会产生影响,只是被其他肌肉代偿功能所掩盖而已。

建议在以后的标准修订中直接把腋神经直接列为"四肢重要神经"名单之中,以免引起歧义。

### 参考文献

[1]最高人民法院 最高人民检察院 公安部 国家安全部 司法部关于《人体损伤致残程度分级》的公告[S].2016:17.

[2]司法部司法鉴定管理局.人体损伤程度鉴定标准[S].北京:法律出版社,2013:31.

[3]高东,夏晴.肢体周围神经损伤法医学鉴定和检验[M].1版.上海:上海科学技术出版社,2020:133,180.

[4]司法部司法鉴定管理局.司法鉴定技术规范[M].北京:北京大学出版社,2016:439.

# 案例10：弥散性轴索损伤致单肢瘫

**关键词**:法医学;弥散性轴索损伤;偏瘫;磁敏感加权序列(SWI)

## 一、案例资料

### (一)简要案情

被鉴定人,男,30岁。2019年7月26日因交通事故致伤头面部,当即昏迷。急诊入院治疗54天,期间昏迷长达8天。行:颌面部软组织清创缝合术;气管切开术;腰大池引流术;腰椎穿刺术;以及对症、支持治疗。

### (二)病历摘要

入院日期:2019年7月26日。

入院时情况:1小时前因交通事故致伤头面部,当即意识丧失,急来院行"头、颈、胸CT"检查后收住院。检查:青年男性,发育正常,营养中等。呈昏迷状态,双侧瞳孔直径3mm,对光反射存在。面部多处软组织挫裂伤口,污染严重;颈、胸、腹部无明显异常;双上肢不自主运动,双下肢刺激屈曲,肌张力增高,病理征(+)。

2019年7月26日CT检查示:左侧环池、小脑幕池见少许高密度影,中线结构居中;颅骨未见明显骨折征象(图1-10-1A)。

2019年7月27日CT检查示:左侧环池、小脑幕池见少许高密度影;左额叶脑实质内斑点状高密度影(图1-10-1B)。中线结构居中;颅骨未见明显骨折征象。

2019年7月29日颅脑MRI平扫+SWI序列示:双侧额叶、胼胝体、左侧半卵圆中心区T1WI低信号;T2FLAIR高信号,左侧小脑半球、桥脑区T2FLAIR高信号,T1WI等或稍低信号;SWI可见左侧小脑半球、左颞叶、双侧额叶、胼胝体、左侧环池多发斑点状或片条状低信号影(图1-10-2)。

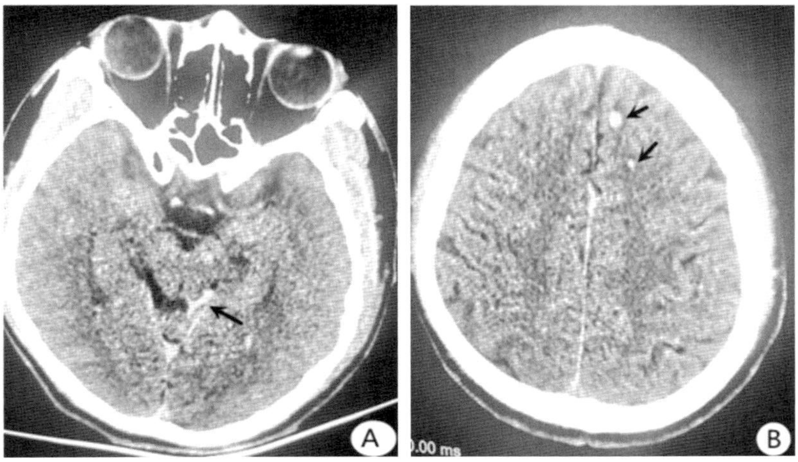

**图 1－10－1　2019 年 7 月 26 日及 27 日 CT 图像**

A:2019 年 7 月 26 日 CT 显示:环池高密度影。B:2019 年 7 月 27 日:左额叶脑实质内斑点状高密度影。

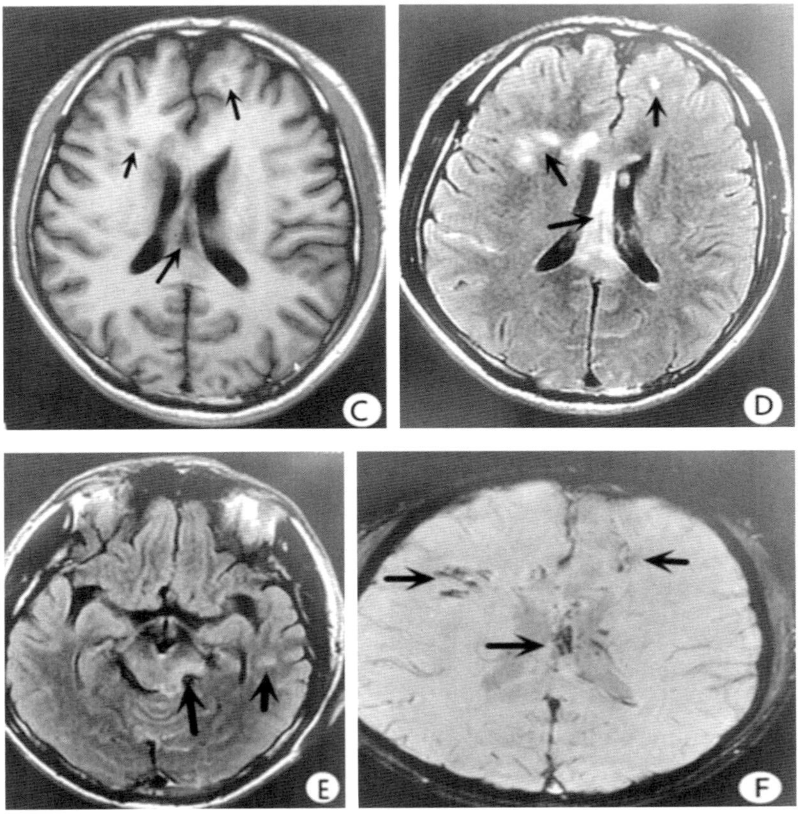

**图 1－10－2　2019 年 7 月 29 日颅脑 MRI 平扫＋SWI 序列图像**

C:T1WI,左额叶、右放射冠区、胼胝体等或低信号。D:T2FLAIR,左额叶、右放射冠区、胼胝体高信号。E:左颞叶、中脑高信号。F:SWI 序列:脑实质内多发斑点状或条片状低信号影,脑室系统及中线正常位置。

治疗经过：止血、脱水降颅压；营养脑神经、预防感染；气管切开术、腰大池引流术、腰椎穿刺术，以及对症、支持治疗。

出院诊断：①原发性脑干损伤；②弥散性轴索损伤；③外伤性蛛网膜下隙出血。

## 二、法医学鉴定

### (一)鉴定过程

**1. 检验日期**

2020 年 6 月 26 日。

**2. 被鉴定人自诉**

头痛、头晕，左侧肢体活动不灵。

**3. 体格检查**

青年男性，神志清，精神可。头颅无畸形，双侧瞳孔等大等圆，对光反应灵敏；口鼻无异常，颈、胸、腹无异常。左侧下肢肌力 4 级，左侧上肢肌力 5 级，右侧肢体肌力正常，生理反射存在，病理反射未引出。

**4. 影像学复查**

2020 年 6 月 26 日颅脑 MRI + SWI 序列示：右侧放射冠区、胼胝体膝部、左额叶 T2FLAIR 点片状边缘高中心低影；相应部位 SWI 低信号影。符合多发软化灶形成（图 1－10－3）。

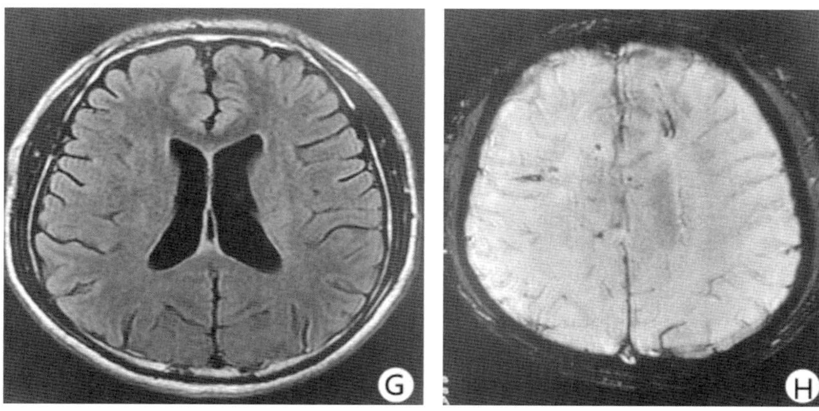


**图 1－10－3　2020 年 6 月 26 日颅脑 MRI + SWI 序列**

G：T2FLAIR：左额叶、右放射冠、胼胝体软化灶形成。H：SWI 序列相应部位低信号影。

（二）鉴定意见

被鉴定人因交通事故致头面部损伤属实。该伤致：原发性脑干损伤；弥散性轴索损伤；外伤性蛛网膜下隙出血。经治疗，后遗左侧肢体单瘫（左下肢肌力 4 级），根据《人体损伤致残程度分级》5.8.1.5）条规定，评定为八级残疾。

## 三、讨论

弥散性轴索损伤是头部遭受加速性旋转外力作用时，因剪应力而造成的以脑内神经轴索肿胀断裂为主要特征的损伤。弥散性轴索损伤好发于神经轴索聚集区，如胼胝体、脑干、灰白质交界处、小脑、内囊和基底核。

伤后即可发生的意识障碍是弥散性轴索损伤的典型表现。但仅据意识障碍难以确诊。必须依靠影像学检查。然而无论 CT 抑或 MRI 均不能直接显示受损的轴索。只能以 DAI 组织撕裂出血作为诊断的间接依据。组织撕裂出血在高分辨率 CT（HRCT）上表现为胼胝体、脑干上端、内囊、基底节、白质等部位的小灶状高密度影。但无出血的组织撕裂，CT 难以显示，因此 CT 正常不能除外 DAI。[1]

MRI 优于 CT，MRI 平扫典型表现为灰白质交界处或胼胝体等处散在大小不等的斑点状、小片状或条索状 T1WI 低信号影、T2WI 高信号影。磁敏感加权成像（SWI）可以检出常规 CT、MRI 均不能发现的弥散性轴索损伤所致的小灶性出血。表现为边界清楚的斑点状、线条状或团状低信号灶。[2]

该案例为青年男性，伤后即可出现昏迷，昏迷时间长达 8 日，当日颅脑 CT 检查仅显示蛛网膜下腔出血，无其他损伤征象；三日颅脑 CT 检查局部脑挫裂伤，MRI 检查脑干、胼胝体、放射冠 T2FLAIR 高信号，SWI 序列多发斑点状或条片状低信号，但脑室系统及中线结构均正常。符合弥散性轴索损伤 1 级。从伤者治疗经过、2020 年 6 月 26 日颅脑 MRI + SWI 复查结果来看，均支持本次外伤致弥散性轴索损伤。

该伤后遗肢体单瘫（左侧下肌力 4 级），构成八级残疾。

依据损伤经过、伤后表现、影像学检查，明确该损伤主要诊断是弥散性轴索损伤（DAI），并明确 SWI 序列检查在确定该诊断中的重要依据作用。

明确伤者后遗左侧肢体单瘫与 DAI 之间的关系。DAI 往往伴有比较严重的并发症。就本案而言，由于伤者 DWI 表现病灶部位明显高信号（图 1 – 10 – 4K），属于 DAI1 级。经治疗，仅留偏瘫后遗症（无意识障碍、失语等），并已达临床治疗终结，可以据此评定残级。

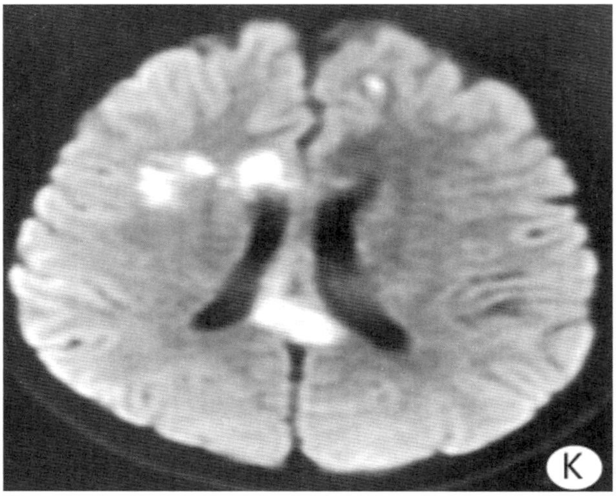

图 1－10－4 DWI 序列明显高信号，提示：DAI 的影像学分级 1 级

## 【评析】

熟练掌握 DAI 的好发部位，即神经轴索聚集区。临床表现特征，即昏迷，且时间长。影像学特征，即 CT 检查正常，不排除 DAI，因为无出血的组织撕裂，CT 很难发现；磁共振 SWI 序列检查对 DAI 具有特异性。掌握 DAI 上述特征对正确及时诊断意义重大。

DAI 治疗困难，预后差。本案例诊断明确。其预后与分级（1 级）相吻合。

**附：DAI 的影像学表现（表 1－10－1）**

表 1－10－1 DWI 影像学分级

| | 1 级（组织撕裂但不伴出血） | 2 级（组织撕裂且伴出血） |
|---|---|---|
| CT | 一般不能显示 | 普通 CT 难以发现，首次检查多为阴性；HRCT 表现为相应部位小灶状高密度影 |
| MRI | 急性期 T1 高信号、T2 低信号；亚急性期 T1、T2、T2FLAIR 均呈高信号；慢性期 T1 低信号，T2、T2FLAIR 高信号 | 急性期 T1 高信号、T2 低信号；亚急性期 T1、T2、T2FLAIR 均呈高信号；慢性期 T1 低信号，T2、T2FLAIR 高信号 |

续表

| | 1级(组织撕裂但不伴出血) | 2级(组织撕裂且伴出血) |
|---|---|---|
| SWI | 对DAI病灶中的微出血间相互非常敏感(具有特异性),表现为边界清楚,不规则的斑点状、线条状或团条状低密度影 | 对DAI病灶中的微出血间相互非常敏感具有特异性;边界清楚,不规则的斑点状、线条状或团条状低密度影 |
| DWI | 相应部位明显高信号 | 急性期与亚急性晚期高信号,其余低信号 |

## 参考文献

[1]陈孝平,汪建平.外科学[M].8版.北京:人民卫生出版社,2014:202-203.
[2]白人驹,徐克.医学影像学[M].7版.北京:人民卫生出版社,2017:52.

# 案例11：外伤性癫痫残疾等级评定1例

**关键词**：法医学；症状性癫痫；外伤性癫痫；软化灶；脑电图

## 一、案例资料

### （一）简要案情

刘某，男，23岁。2020年8月13日因车祸致伤头面部，入院诊断为：①重型颅脑损伤；②脑疝（颞叶沟回疝）；③急性硬膜下血肿；④脑挫裂伤。急行“左额颞顶开颅血肿清除术+去骨瓣减压术+颅内压检测传感器植入术”。

于2020年11月16日行“颅骨钛网植入术”。术后出现四肢抽搐症状，伴意识障碍，持续约8分钟，口服丙戊酸钠，未能完全控制症状，每月均有发作。于2021年6月23日、12月8日先后两次以“继发性癫痫”住院治疗。现根据《人体损伤致残程度分级》对刘某行残疾等级评定。

### （二）病历摘要

**1. 第一次住院**

2020年8月13日，刘某因“交通事故致意识不清1h”入院。查体：神志恍惚，不能正确回答问话，前额皮肤挫伤，枕部头皮肿胀，右侧瞳孔直径4mm，对光反射迟钝，左侧瞳孔直径2.5mm，对光反射灵敏，四肢不自主活动，肌力3级，肌张力正常，深浅感觉及共济运动检查不合作，巴氏征（+）。颅脑CT平扫示：双额部脑实质内见斑片状密度增高影，右额颞部见弧形高密度影，大脑纵裂池、双侧外侧裂池、双侧部分脑沟见条形密度增高影；左枕骨线见低密度影，顶枕部头皮软组织肿胀增厚。完善术前准备，行“左额颞顶开颅血肿清除术+去骨瓣减压术+颅内压检测传感器植入术”。住院30天。

出院诊断：①重型颅脑损伤；②脑疝（颞叶沟回疝）；③急性硬膜下血肿（右额颞）；④脑挫裂伤（双额部）。

**2. 第二次住院**

2020年11月14日，刘某因“交通事故致颅脑损伤术后3月”入院。查体：青年男性，一般状况可，右额颞部 8cm × 10cm 颅骨缺损，四肢活动自如，肌力 5 级。颅脑 CT 平扫示：右额颞部颅骨缺损，双额叶及左颞部片状水样低密度灶，以右侧为著。完善术前准备，于 2020 年 11 月 16 日行“颅骨钛网植入术”。术后四肢抽搐，持续约 8 分钟，给予口服丙戊酸钠治疗。住院 10 天。

出院诊断：症状性癫痫。出院后继续口服丙戊酸钠片 200mg tid。

**3. 某三甲医院（同住院医院）门诊**

就诊时间：2021 年 3 月 15 日。

半年余前因头部外伤在我院行开颅手术治疗，病情好转出院，多次癫痫发作，发作时双下肢不停抖动。1 小时前出现四肢抽搐，持续约 10 分钟，急来我院。

诊断：头部外伤恢复期；症状性癫痫。给予口服丙戊酸钠片 200mg tid。

**4. 第三次住院**

入院时间：2021 年 6 月 23 日；出院时间：2021 年 6 月 30 日。

患者 2020 年 8 月 13 日车祸致重型颅脑损伤，急症手术治疗，术中去除骨瓣。2020 年 11 月 16 日行颅骨修补术。术后四肢抽搐 1 次，口服丙戊酸钠，此后间歇发作 5 次，1 周前再次四肢抽搐，伴意识障碍，持续约 10 分钟后逐渐好转。以“症状性癫痫”收住院。

入院后行脑电图检查，给予防治癫痫、营养神经促脑功能恢复等药物，病情好转出院。继续口服丙戊酸钠片 200mg tid。

**5. 第四次住院**

入院时间：2021 年 12 月 8 日；出院时间：2021 年 12 月 14 日。

患者 2020 年 8 月 13 日车祸致重型颅脑损伤，急症手术治疗，术中去除骨瓣。2020 年 11 月 16 日行颅骨修补术。术后四肢抽搐 1 次，口服丙戊酸钠，此后间歇发作多次，伴意识障碍，持续约数分钟后逐渐好转。因肝功异常改服奥卡西平，仍时有发作，持续数十秒，为求进一步治疗，再次入院。

入院后行脑电图检查，给予防治癫痫、营养神经促脑功能恢复等药物，病情好转出院。出院诊断：“症状性癫痫”。出院后继续服奥卡西平 300mg tid。

**6. 某三甲医院（同住院医院）门诊**

就诊时间：2022 年 2 月 16 日。

1 年半前因头部外伤在我院行开颅手术治疗，病情好转出院，多次发作性癫痫，予丙戊酸钠片、奥卡西平口服治疗。1 天前发作 1 次，出现四肢抽搐，持续 10 余分钟，今日来医就诊，行脑电图（electroencephalogram，EEG）检查示：异常脑电图。

诊断：头部外伤恢复期；症状性癫痫。继续口服丙戊酸钠片 200mg tid。

7. **村委会证明**

被鉴定人刘某系我村村民，车祸外伤之前未出现癫痫发作情况，其直系及旁系亲属三代内均无人有癫痫发作。

## 二、法医学鉴定

### (一)鉴定过程

1. **检验日期**

伤后2年进行法医学鉴定。

2. **被鉴定人自述**

每次癫痫发作前感头晕不适，继而意识丧失，对发作过程不能回忆。其父代述：发作时四肢抽搐，双眼向上凝视，持续约5～10分钟，接近每月1次。自2020年11月口服丙戊酸钠、奥卡西平治疗至今。

3. **体格检查**

青年男性，一般状况可，左额颞顶部见开颅手术瘢痕，双侧瞳孔等大等圆，对光反应灵敏。四肢肌力、肌张力正常。病理征(－)。

4. **影像学阅片**

伤后当日颅脑MRI检查(图1－11－1)示：双额部脑实质内见斑片状密度增高影，右额颞部见弧形高密度影，大脑纵裂池、双侧外侧裂池、双侧部分脑沟见条形密度增高影；左枕骨线见低密度影，左枕部软组织肿胀明显。

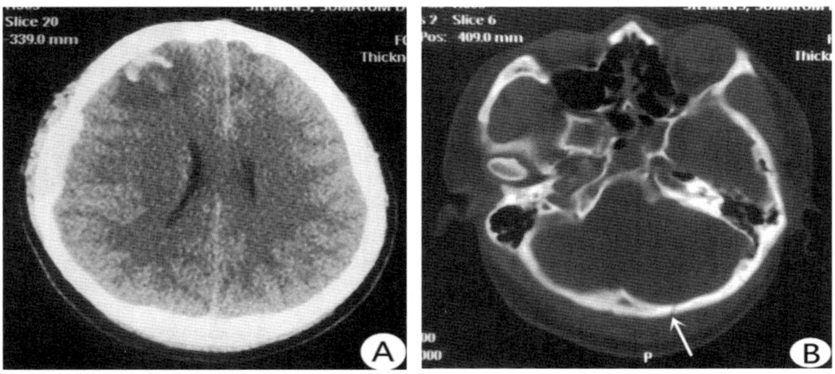

**图1－11－1　伤后当日颅脑MRI片**

A：右额叶脑挫裂伤，右额颞部硬膜下血肿；B：左枕骨骨折，左枕部软组织肿胀。

伤后半年颅脑CT平扫(图1－11－2)示：右侧颅骨修补术后改变，双额叶片状水样低密度灶,以右侧为著;右颞部皮质脑沟增宽,右侧脑室轻度扩大。提示:右额叶脑软化灶形成;局限性脑萎缩。

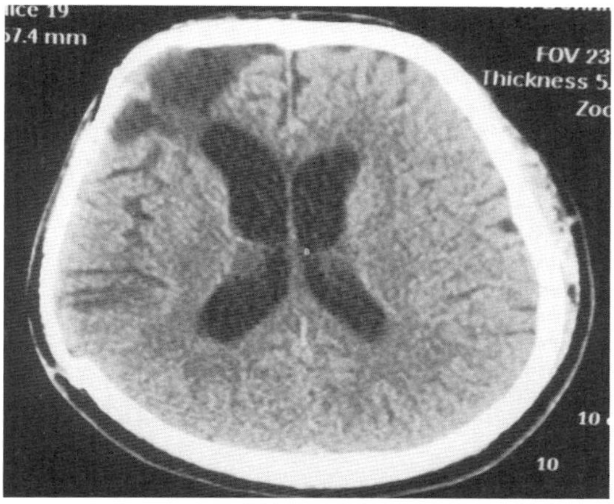

**图 1－11－2　伤后半年颅脑 CT 平扫**

右额叶脑软化灶;局限性脑萎缩。

2022 年 6 月 8 日颅脑 MRI 检查(图 1－11－3)示:双额叶长 T1、长 T2 信号,T2FLAIR 双额叶及左颞叶片状水样低密度灶,以右侧为著;右颞部皮质脑沟增宽,右侧脑室轻度扩大。

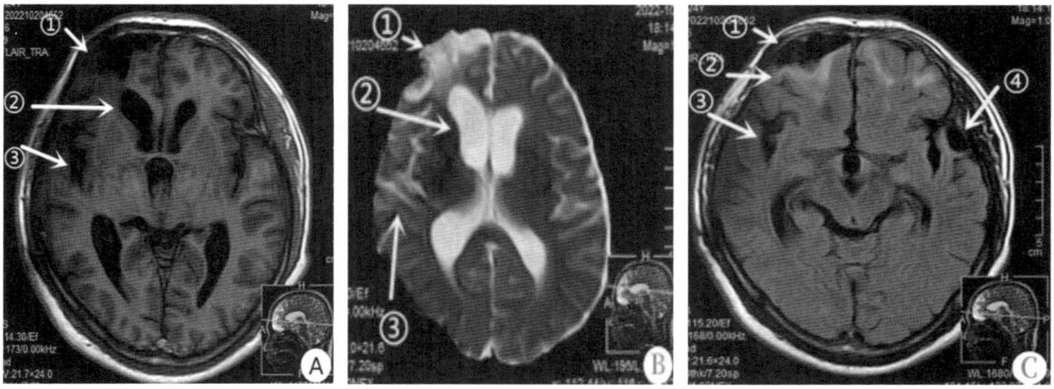


**图 1－11－3　2022 年 6 月 8 日颅脑 MRI**

A:T1WI,B:T2WI,C:T2FLAIR。双额叶长 T1、长 T2 信号,T2FLAIR 双额叶及左颞叶片状水样低密度灶,以右侧为著;右颞部皮质脑沟增宽,右侧脑室轻度扩大。提示:右额叶、左颞叶脑软化灶形成;局限性脑萎缩。

5. 2022 年 2 月 16 日 EEG 检查

**表 1-11-1　2022 年 2 月 16 日 EEG 检查结果**

| 波形 | 表现 |
|---|---|
| 基本波 | 以低中波幅 8～9Hzα 波及节律为基本波，波形不整齐，调节不佳 |
| 快波 | 有少量低幅 15～25Hz 的 β 波及节律 |
| 慢波及异常波 | 右侧额极、额、中央及颞区较多中幅 3～7Hz 的慢波及节律及尖形慢波 |
| 波幅特点 | 以低、中波幅为主，调幅不佳，左右基本对称 |
| 睁闭眼反应 | 睁眼 α 波抑制完全 |
| 过度换气 | 慢波反应不明显 |
| 结论 | 异常脑电图。慢波及节律及尖形慢波增多 |

### （二）鉴定意见

刘某中度外伤性癫痫，评定为六级残疾。

## 三、讨论

癫痫（Epilepsy）是多种原因导致的脑部神经元高度同步化异常放电所致的临床综合征，临床表现具有发作性、短暂性、重复性和刻板性的特点。根据病因学不同，癫痫可分为症状性癫痫、特发性癫痫和隐源性癫痫。临床上每次发作或每种发作的过程称为痫性发作（Seizure）[1]。痫性发作的临床表现可简要概述为以下四种情形：①意识障碍：发作初始，可有突发意识丧失，发作结束后可有短暂的意识模糊，定向力障碍等；②运动异常：常见有肢体抽搐、阵挛等，依发作性质（如局限性或全面性）可有不同表现，如单手不自主运动、口角及眼睑抽动、四肢强直阵挛等；③感觉异常：发作时感觉异常可表现为肢体麻木感和针刺感，多发生于口角、舌、手指、足趾等部位；④精神异常：表现为记忆恍惚，如似曾相识和旧事如新，无名的恐惧与抑郁等；⑤自主神经功能异常：表现为面部及全身苍白、潮红、多汗、瞳孔散大及大小便失禁等[1]。

外伤性癫痫（Posttraumatic Epilepsy，PTE），也称颅脑损伤后癫痫，是颅脑损伤所引起的一种脑部疾病，其特点是持续存在能产生癫痫发作的脑部持久性改变，并出现相应的神经生物学、认知学、心理学以及社会学等方面的后果。PTE 约占所有癫痫的 50%，症状性癫痫的 20%。按照癫痫发作与外伤在时间上的关系可分为即可发作的癫痫、早期发作癫痫、晚期癫痫三类。本标准所指外伤性癫痫主要是指各种颅脑损伤后的晚期癫痫,即一般于颅脑损伤后3个月左右至2年之间发作的癫痫,少数也可间隔数年后开始出现癫痫症状[2]。

外伤性癫痫按严重程度可分为以下三种:①轻度,各种类型的癫痫发作,经系统服药治疗1年后能控制的;②各种类型的癫痫发作,经系统服药治疗1年后,全身性强直－阵挛发作、单纯或复杂部分发作,伴自动症状或精神症状(相当于大发作、精神运动性发作)平均每月1次或1次以下,失神发作和其他类型发作平均每周1次以下;③各种类型的癫痫发作,经系统服药治疗1年后,全身性强直－阵挛发作、单纯或复杂部分发作,伴自动症状或精神症状(相当于大发作、精神运动性发作)平均每月2次以上,失神发作和其他类型发作平均每周2次以上[2]。

虽然根据痫性发作表现、脑电图经检查可以作出"癫痫"的诊断,但要证明癫痫与本次外伤的关联性尚需有影像学资料作为客观证据。颅脑CT扫描可以发现原发性损伤及遗留软化灶、脑萎缩、脑积水、脑梗死等,对判断颅脑损伤所致癫痫有重要意义。脑MRI成像是外伤性癫痫患者首选影像学检查方法,可以清晰显示脑组织结构,发现明显局限性脑萎缩、脑软化灶[3]。

神经核医学作为一种无创性检查,在癫痫病灶的定位诊断方面有明显优势,病灶在发作期血流灌注增加,而发作间期血流灌注减低。单光子发射计算机体层摄影(Single Photon Emission Computed Tomography,SPECT)费用低、简便易行,尤其在发作期对病灶诊断的灵敏度和特异性很高[4]。另有文献[5]报道:利用正电子发射计算机断层扫描(Positron Emission Tomography,PET)测量癫痫病人F－FDGPET显像发作期高代谢区与发作间期低代谢区的一致性特点可准确定位癫痫病灶。

外伤性癫痫(Posttraumatic Epilepsy,PTE)残疾的评定应掌握以下原则:①有明确的颅脑外伤史;②符合癫痫的诊断标准,且癫痫发作出现在伤后3个月以上;③影像学检查(CT、MRI、SPECT、PET、MRIS、fMRI等,CT、MRI是鉴定实践中最常用的影像学检查方法)确证存在颅脑损伤,比如脑挫裂伤、颅内血肿、脑梗死(外伤性),并确认后遗产痫病灶(慢性血肿、颅内异物、脑萎缩等),软化灶是外伤性癫痫常见的病灶;④经规范抗癫痫治疗达1年,并根据痫性发作的类型及频次确定属轻、中或重度痫性发作;⑤脑电图检查异常;⑥通过了解被鉴定人的既往史、个人史、家族史排除其他原因所致癫痫。

发作类型及频次的认定除具备完整病历资料外还应结合发作的第三方证明、购药发票,必要时可让患者提供证明服用抗癫痫药物的血药浓度检测。

本案例中,刘某存在明确的颅脑外伤基础,且经影像学检查证实:后遗双额叶、左颞叶软化灶(与原损伤部位一致),即遗留痫性病灶。自2020年11月确认"外伤性癫痫"

至2021年12月反复间歇性癫痫发作，频次接近每月1次，经服用丙戊酸钠、奥卡西平后系统治疗1年仍不能完全控制。脑电图检查示：慢波及节律及尖形慢波增多，支持外伤性癫痫的诊断。依据损伤基础、产痫病灶，癫痫发作的表现、频次及治疗效果，被鉴定人目前符合外伤性癫痫（中度）标准。依据《人体损伤致残程度分级》5.6.1.2）条，构成六级残疾。

## 【评析】

脑电图（EEG）是诊断癫痫最重要的辅助检查方法。EEG对发作性诊断明确癫痫的分型和确定特殊综合征有很大的帮助，但常规头皮脑电图仅能记录到49.5%患者的痫性放电。近年来广泛采用的24小时长程脑电图检测和视频脑电图（video-EEG）使发现痫样放电的可能性大为提高，可明确发作性症状及脑电图变化之间的关系[1]。

笔者认为：无论何种脑电图检测方式，如果脑电图中痫样放电的部位与通过影像学及体格检查所确认的病灶部位相一致，再通过对异常波形的进一步分析，将更加明确癫痫的诊断及发作类型。对伤者的诊断治疗及残疾评定具有十分重要的意义。如该案例，EEG检查痫样放电部位与MRI检查所示脑软化灶部位相一致（图1－11－4）。

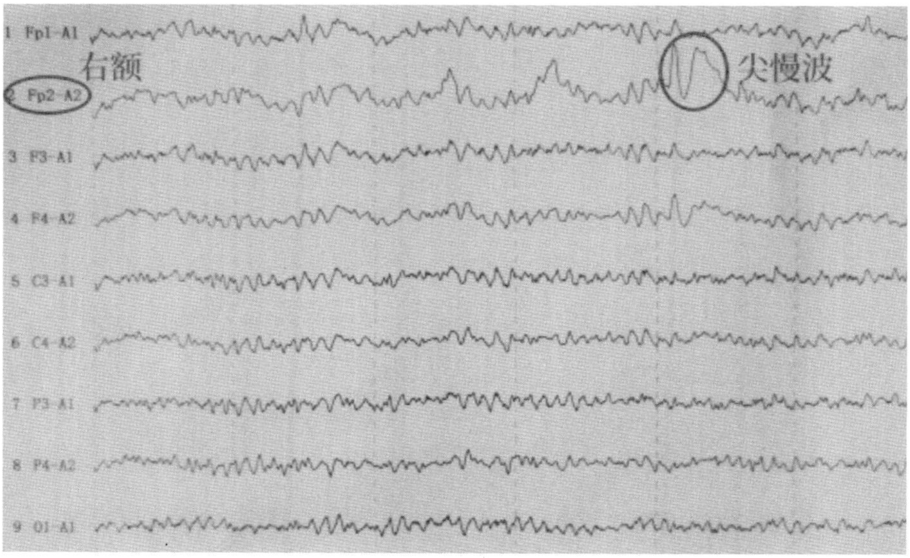


**图1－11－4　2022年2月16日EEG检查图，右额癫痫样放电：尖慢波**

## 参考文献


[1]贾建平,陈生弟. 神经病学[M].7 版. 北京:人民卫生出版社,2016.

[2]司法部司法鉴定管理局　最高人民法院司法行政装备管理局.《人体损伤致残程度分级》适用指南[M]. 北京:法律出版社,2016:237.

[3]郭满珍. 人体损伤医学影像学与司法鉴定[M]. 第一版. 郑州大学出版社,2022.

[4]王荣福,安锐. 核医学[M].9 版. 北京:人民卫生出版社,2018.

[5]王忠诚. 神经外科学[M].2 版. 湖北科学技术出版社,2015.

# 案例12：颅脑外伤致偏瘫、失语残疾程度评定1例

关键词：法医学；交通事故；四肢瘫；失语

## 一、案例资料

### （一）简要案情

张某，男，36岁，2021年12月7日因交通事故致伤头部、胸部，先后三次住院治疗。诊断为：重度颅脑损伤；创伤性蛛网膜下腔出血；创伤性脑出血；脑挫裂伤；颅骨骨折；颅底骨折；闭合性胸外伤；肋骨骨折。审判庭委托：根据《人体损伤致残程度分级》对张某行残疾等级评定。

### （二）病历摘要

**1. 第一次住院**

2021年12月7日，张某因"交通事故致伤头、胸部2h"入院。查体：青年男性，昏迷状态，双瞳孔直径约2/4mm，对光反应消失；鼻腔见血性液体流出，刺痛肢体屈曲，肌张力高，双侧巴氏征阳性。CT检查示：重度颅脑损伤；创伤性蛛网膜下腔出血；创伤性脑出血；脑挫裂伤；颅骨骨折；颅底骨折；闭合性胸外伤。入院后完善相关辅助检查，呼吸机辅助呼吸，于住院次日"微创气管切开"，行对症、支持治疗4天后转上级医院继续治疗。

**2. 第二次住院**

住院日期：2021年12月10日。

张某，4天前因车祸伤及头、胸部。曾在当地医院行"气管切开"及对症、支持治疗。查体：青年男性，昏迷状态，GCS评分6分，双侧瞳孔直径，左：右2：3mm，对光反射消失，气管切开通畅，呼吸机辅助呼吸，右侧肢体肌力0级，左侧肢体肌力3级，四肢肌张力正常，生理反射存在，右侧病理征阳性。入院后给予呼吸机辅助呼吸，神经营养、脱水、抗炎

等治疗，后逐步脱机。住院半年后转康复科治疗。

**3. 第三次住院**

住院日期：2022 年 6 月 9 日。

颅脑外伤致昏迷半年，查体：青年男性，平车推入病房，浅昏迷状态，被动体位，表情淡漠，语言失语，查体不合作。双侧瞳孔，左：右 2∶5mm，右侧瞳孔不规则，对光反射迟钝。左侧肢体可见不自主活动，右侧肢体活动不能。双下肢肌张力稍高，双侧巴氏征阴性。入院后给予针灸、偏瘫肢体综合训练等康复治疗，患者神志较前好转。

出院诊断：脑干损伤；弥散性轴索损伤；创伤性蛛网膜下腔出血；颅骨骨折；颅底骨折；脑挫伤；创伤性脑内血肿。

## 二、法医学鉴定

### （一）鉴定过程

**1. 检验日期**

于伤后 18 个月。

**2. 体格检查**

青年男性，神志清，意识正常，双侧瞳孔等大等圆，对光反射正常，眼球运动正常；咽喉部无异常；言语困难，仅能发出“啊”“呀”简单声音，不能复述诸如“苹果”“杯子”等简单词语；不能正确理解他人语言，对简单的指令，诸如“睁眼”“闭嘴”不能正确理解与执行。右侧上、下肢肌力 2 级，左侧上、下肢肌力 5 级，肌张力正常。

**3. 影像学阅片**

受伤当日颅脑 CT 检查（图 1－12－1）示：右侧额骨眶板、上颌窦前臂、颧骨、蝶骨大翼、蝶骨见骨折线；右侧额窦、筛窦、上颌窦及双侧蝶窦见液体密度影。左侧颞叶、基底节区见多发斑片、斑点状高密度影。左侧裂池、左额颞顶叶脑沟内见条形高密度影。

2022 年 6 月 16 日（伤后半年）颅脑 CT 检查（图 1－12－2）示：右侧小脑、左侧颞叶及基底节区多发斑片状水样低密度，中线结构居中；脑室、蛛网膜下腔广泛扩大，脑沟、外侧裂池明显增宽；骨折同前。

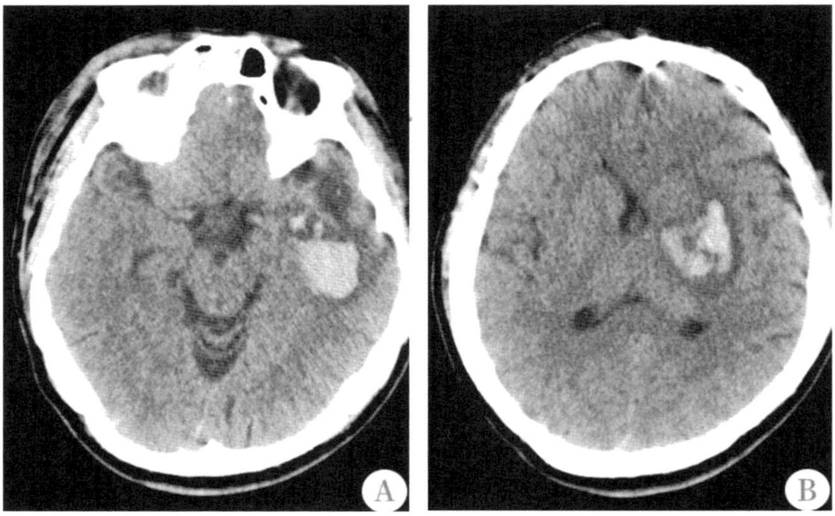


**图 1－12－1 伤后当日颅脑 CT 片**

A：左颞叶脑挫裂伤；B：左基底节脑挫裂伤。

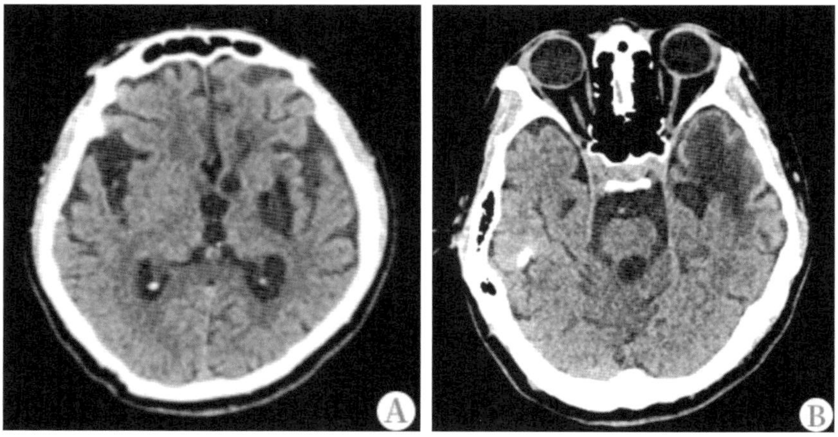


**图 1－12－2 伤后半年颅脑 CT 片**

A：左基底节区软化灶，弥散性脑萎缩；B：左颞叶软化灶。

### （二）鉴定意见

被鉴定人因颅脑外伤致右侧肢体偏瘫（肌力 2 级），构成二级残疾；失语，构成三级残疾。

## 三、讨论

失语(Aphasia)是指在神志清楚,意识正常,发音和构音没有障碍的情况下,大脑皮质语言功能区病变导致的言语交流能力障碍,表现为自发谈话、听理解、复述、命名、阅读和书写六个基本方面能力残缺或丧失,如患者构音正常但表达障碍,肢体运动功能正常但书写障碍,视力正常但阅读障碍,听力正常但语言理解能力障碍。不同的大脑语言功能区受损可有不同的表现[1](表1-12-1)。

**表1-12-1 失语的表现与定位**

| 分型 | 表现 | 病变定位 |
| --- | --- | --- |
| 运动性失语(Broca失语) | 突出表现为口语表达障碍,非流利型,电报式语言,讲话费力,找词困难;口语理解相对保留,对单词和简单句的理解正常,句式结构复杂时则出现困难 | 大脑优势半球额下回后部(Broca区) |
| 感觉性失语(Wemicke失语) | 突出表现为理解障碍,表现为听觉正常,但听不懂别人和自己的讲话。流利型语言,但言语混乱,词不达意,答非所问,难以理解。检查:要求患者执行简单指令(如:"张嘴""闭嘴""睁眼")和含语法的复合句(如:"用左手摸鼻子""用右手摸左耳朵"等) | 大脑优势半球颞上回后部(Wernicke区) |
| 命名性失语 | 对于一个物品能够说出它的用途,但说不出它的名称。如对"钥匙",只能说出它"开门用的",但说不出"钥匙"名称 | 大脑优势半球颞中回后部 |

相关行业标准[2]将运动性失语、感觉性失语依据语言表达困难的程度进行了再分型(表1-12-2)。

**表1-12-2 失语的分型**

| 分型 | 表现 |
| --- | --- |
| 完全运动性失语 | 语言表达严重困难,词量严重缺乏,难以实现语言交流 |
| 不完全运动性失语 | 语言表达困难,词量减少,讲话犹豫,语句常简短且不符合语法,语言交流存在一定困难 |
| 完全感觉性失语 | 丧失对言语的听力理解,语词杂乱无章,表达能力丧失,难以实现语言交流 |
| 不完全感觉性失语 | 对语言听力理解减退,言词空洞,含义欠清,表达能力下降,语言交流存在一定困难 |
| 混合性失语 | 语言基本功能均严重受限,包括自发性言语、复述、听力理解、命名、阅读和书写能力存在多项或者全部受损。通常既存在运动性失语,又存在感觉性失语,难以实现语言交流 |

为了与《人体损伤致残程度分级》中的相关条款衔接，相关文献[3]认为：波士顿诊断性失语检查法（BDAE）中的0级可符合完全感觉性失语，一级与二级可符合不完全感觉性失语。BDAE中的0级或者民政部的1级言语残疾可符合完全运动性失语，一级、二级或民政部的二级、三级言语残疾可符合不完全运动性失语。

对外伤导致的语言功能障碍应当注意鉴别其障碍的性质及类别。对颈部损伤后的语言障碍应多考虑系喉部损伤所致的发声障碍，其应具有"能懂、能说、说不好"的特点；左半球额颞叶颅脑损伤后的语言障碍应首先考虑失语，其中运动性失语具有"能懂、可说、说不对"的特点；若非语言中枢受损，其语言障碍可考虑为构音障碍，具有"能懂、能说、说不清"的特点[4]。

外伤性脑萎缩是脑外伤后常见的损伤后遗症，一般在脑外伤后3～6个月内形成，多由脑挫裂伤、脑内血肿吸收后所引起。影像学多表现为不规则低密度软化灶，萎缩的脑实质附近蛛网膜下腔、脑沟、脑池、脑室显示局灶性增宽[5]。

被鉴定人颅脑损伤明确，影像学检查证实，左颞部、基底节软化灶形成，并弥漫性脑萎缩，后遗右侧肢体偏瘫（肌力2级），完全感觉性失语，属于大脑优势半球运动及语言中枢结构破坏所致。根据《人体损伤致残程度分级》5.2.1.3）条及5.3.1.2）条规定，分别构成二级、三级残疾。

## 【评析】

大脑躯体运动区的结构性破坏导致对侧肢体偏瘫，比较容易理解。而失语的认定，需要注意的是，语言运动区位于大脑优势半球。在明确损伤的基础上，依据大脑损伤的部位、参考BDAE失语检查法进行定性与定量，同时要注意排除构音、发声障碍所导致的语言功能障碍、排除由于意识障碍所致的语言功能障碍。

至于偏瘫与失语是否属于同一部位和性质的损伤？鉴定实践中如何把握？《人体损伤致残程度分级》适用指南作出了解释：《人体损伤致残程度分级》颅脑损伤致残程度等级具体条款中对肢体瘫痪、失语、精神障碍等分别做出了残疾规定，这是因为上述残情与相应的中枢功能区的损害分别相关，不能混同。若某被鉴定人因颅脑损伤致上述多种后遗症，则应当分别鉴定残疾。

### 参考文献

[1]贾建平，陈生弟. 神经病学[M]. 7版. 北京：人民卫生出版社，2016.

[2]中华人民共和国司法部. 法医临床检验规范:SF/T0111 -2021[S]. 2021.

[3]司法部司法鉴定管理局　最高人民法院司法行政装备管理局.《人体损伤致残程度分级》适用指南[M]. 北京:法律出版社,2016:237.

[4]陈捷敏,王萌,刘瑞玉,等. 外伤后发声、构音障碍及失语的法医学鉴定5例[J]. 法医学杂志,2018,34(6):720 -724. doi:10. 12116/j. issn. 1004 -5619. 2018. 06. 037.

[5]刘大荒,董洪旺,依伟力,等. 法医活体损伤鉴定头面部影像学[M]. 第一版. 北京:中国人民公安大学出版社,2011.

# 案例 13：颅脑外伤致残疾程度重新评定 1 例

**关键词**：法医学；交通事故；弥散性轴索损伤；构音障碍；脑萎缩；非肢体瘫

## 一、案例资料

### （一）简要案情

张某，女，61 岁，2022 年 5 月 9 日因交通事故致伤头面部、胸腰部，当即昏迷、呼之不应，入院后行“气管切开术”、“锁骨下静脉穿刺中心静脉置管术”及其他对症、支持治疗。1 年后 A 鉴定机构出具鉴定意见：①腰 1 ~ 4 左侧横突骨折并腰部活动受限构成十级残疾；②被鉴定人遗有肢体运动障碍、失语、偏瘫，但其临床表现与影像学客观检查不符，故不予评定相应残疾。被鉴定人补充证据并要求重新鉴定。审判庭委托根据《人体损伤致残程度分级》对张某颅脑损伤所致残疾重新鉴定。

### （二）病历摘要

**1. 第一次住院（A 医院）**

住院日期：2022 年 5 月 9 日 ~ 7 月 22 日，共 74 天。

入院情况：头部及身体多处外伤 1h。查体：昏迷状态，呼之不应，被动卧位，查体不合作。右侧瞳孔不规则，对光反应存在，左侧瞳孔直径 7mm，对光反应消失。颈软，气管居中，双肺呼吸音可；四肢见不自主活动，生理反射存在，病理反射未引出。

当日颅脑、胸腰 CT 平扫：左侧外侧裂池及额顶部脑沟内少许斑片状及条带状高密度影，脑实质内未见异常密度灶，脑液腔系统无变形，中线结构居中。右肺中叶见索条状密度增高影，双肺下叶胸膜见条带状密度增高影，左 11 肋骨骨质中断，断端少许错位。腰 1 ~ 4 左侧横突骨质欠连续，断端未见明显错位。

2022 年 5 月 13 日颅脑 CT 平扫：环池左侧高密度及双顶部脑沟内散在高密度较前明显减少。脑液腔系统无变形，中线结构居中，前额部软组织肿胀征象较前好转。

诊疗经过：入院后完善检查，给予心电监护、吸氧、微创气管切开、深静脉置管等对症支持治疗。

出院情况:病情稳定,鼻饲流质饮食,留置尿管,气管套管。查体:昏睡状态右侧瞳孔直径 3mm,对光反应迟钝,左侧瞳孔直径 5mm,对光反应消失。可遵嘱伸舌,右上肢可遵嘱伸指,左上肢刺激无反应,双下肢刺激屈曲,双侧巴氏征阳性。

主要诊断:①创伤性蛛网膜下腔出血;②双肺挫伤;③肋骨骨折;④腰 1 ~4 左侧横突骨折;⑤脑干损伤。

**2. 第二次住院(B 医院)**

住院日期:2022 年 7 月 22 日 ~8 月 18 日,共 28 天。

入院情况:肢体活动不灵 2 月,加重 1 天。查体:神志清,不完全性失语,左瞳孔直径 6mm,对光反应消失,左侧鼻唇沟变浅,左侧口角低,左侧肢体肌力 3 - 级,右侧肢体肌力 3 + 级,左侧肢体肌张力减低,腱反射减弱。左侧病理征( + )。

入院后一级护理,鼻饲饮食,持续心电监护、常规气管切开护理,持续导尿,高压氧舱、针灸推拿促进机体肌力恢复。

出院时情况:自主呼吸通畅,气管套管在位;鼻饲管通畅,持续导尿;不完全混合性失语,查体不合作。

**3. 第三次住院(A 医院)**

住院日期:2022 年 8 月 18 日 ~9 月 6 日,共 18 天。

患者 3 个月前因颅脑外伤,意识丧失入我院治疗,病情稳定后转入 B 医院行高压氧治疗 28 天,今日来院欲行气管切开拔管。查体:神志清,精神可,双瞳孔不等大,右直径 3mm,对光反应灵敏,左直径 5mm,对光反应消失,左上睑下垂,遮盖瞳孔。言语障碍,遵嘱伸舌,四肢遵嘱活动。

诊断:脑外伤恢复期。

## 二、第一次法医学鉴定

### (一)鉴定过程

于伤后 1 年进行法医学鉴定。

中年女性,轮椅推入检室。查体:神志清,精神可,语言理解正常,能回答问话,但语速缓慢,鼻音过重,言语不连贯、呈吟诗样。双侧瞳孔不等大,左侧瞳孔 5mm,对光反应消失。左上睑下垂,遮盖瞳孔,左侧鼻唇沟变浅,左侧口角低,鼓腮漏气。颈软,颈前见气管切开瘢痕,四肢肌力 4 级,余未见异常。

（二）鉴定意见

被鉴定人腰1～4左侧横突骨折并腰部活动受限，评定为十级残疾等级；

被鉴定人肢体运动障碍、失语、面瘫，由于影像学检查与表现不符，不予评定残疾等级。

## 三、重新鉴定

（一）病例及影像学检查

张某于2023年10月21日就诊A医院。查体：神志清，精神不振，左侧上睑下垂，右侧瞳孔直径3mm，对光反应灵敏，左侧瞳孔直径5mm，对光反应消失，颈部见气管切开瘢痕，四肢遵嘱活动，右侧肢体肌力5⁻级，左侧肢体肌力4级。

颅脑MRI平扫：右侧基底节、放射冠区多发点状、斑片状DWI高信号，ADC信号减低，T2WI FLAIR呈高信号，T1WI呈低信号，SWI序列未见异常信号。双额顶叶皮髓质交界区、右侧基底节、右侧丘脑、脑桥、胼胝体多发点状T2WI FLAIR呈高信号，T1WI呈低信号。双侧侧脑室前后脚周围脑白质可见对称性斑片状T2FLAIR高信号。

（二）法医检验

**1. 检验日期**

2023年11月5日。

**2. 体格检查**

老年女性，神志清，精神不振，语言理解正常，能回答问话，但语速缓慢，鼻音过重，言语不连贯、呈吟诗样；《构音障碍检验方法》测试20项结果基本正常。左侧上睑下垂，右侧瞳孔直径3mm，直接对光反射、间接对光反射均正常，左侧瞳孔直径5mm，直接、间接对光反射均消失；左额纹消失，左侧鼻唇沟变浅，左侧口角低，鼓腮漏气。颈部见气管切开瘢痕；四肢遵嘱活动，右侧肢体肌力5⁻级，左侧肢体肌力4级。

共济运动检查，指鼻试验阳性（动作迟缓、指鼻不准）；Holmes反跳试验弱阳性；跟－膝－胫试验阳性；轮替试验阳性；闭目难立征阳性。

**3. 影像学阅片**

2022年5月10日CT平扫示：脑实质内未见异常密度灶，脑液腔系统无变形，中线结构居中（图1－13－1A、B）。

2023 年 10 月 12 日颅脑 MRI 平扫示：双额顶叶皮髓质交界区、右侧基底节、右侧丘脑、脑桥、胼胝体多发点状 T1WI 呈低信号，T2WI FLAIR 呈高信号。双侧侧脑室、外侧裂池、额颞顶叶脑沟、小脑脑沟广泛增宽（图 1－13－1C、D、E、F）。

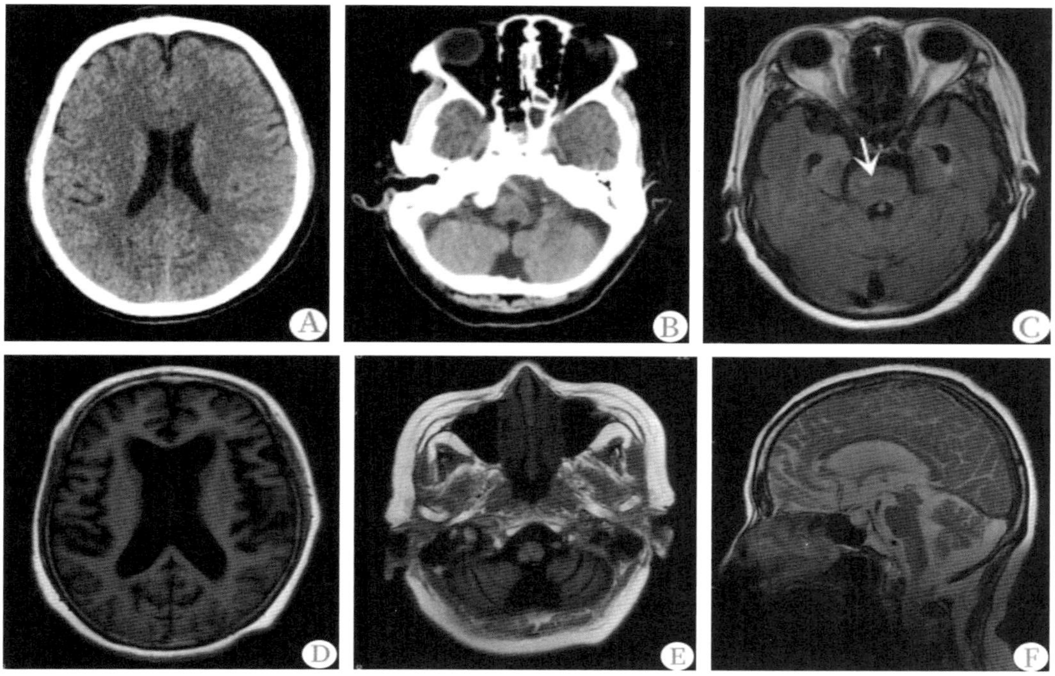


**图 1－13－1　被鉴定人伤后颅脑 CT 平扫及伤后 16 个月颅脑 MRI 检查**

A、B，伤后颅脑 CT 平扫示：未见异常；C、D、E、F，伤后 16 个月颅脑 MRI 平扫示：C（T2WI FLAIR）示脑干局部高信号，D（T1WI）示双侧侧脑室、脑皮质脑沟广泛增宽，E（T1WI）示双侧小脑沟明显增宽，F（T2WI）示小脑延髓池积液明显增多。提示：脑干陈旧性损伤；弥散性脑萎缩、小脑萎缩。

### （三）鉴定意见

左侧部分面瘫，评定为十级残疾；左侧眼睑重度下垂，遮盖全部瞳孔，评定为九级残疾；轻度构音障碍，评定为九级残疾；左侧肢体偏瘫（肌力 4 级），评定为七级残疾；非肢体瘫运动障碍（轻度），评定为八级残疾。

## 四、讨论

伤后立即昏迷并进行性加深，瞳孔大小多变，早期发生呼吸、循环功能紊乱，去大脑强直及双侧病理反射，是原发性脑干损伤的典型表现，但由于皮质以下至脑干各平面受损程度和范围不一,其临床表现也不尽相同[1]。

弥漫性轴索损伤好发于神经轴索聚集区,如胼胝体、脑干、灰白质交界处、小脑、内囊和基底节。关于弥漫性轴索损伤(DAI)与原发性脑干损伤和脑震荡的关系,有学者认为,原发性脑干损伤是最重的(3级)弥漫性轴索损伤,而脑震荡是较轻的一类[2]。

弥漫性轴索损伤出血在CT和传统的MRI检查中常为阴性,是典型的"影像表现轻微,临床症状严重"的疾病,相比于常规MRI序列及传统的T2*加权梯度回波序列,磁敏感加权成像(SWI)能够更敏感地发现出血性轴索损伤,提供与患者临床特征有关的损伤数目、大小和部位。此外,SWI还能更敏感地发现脑干的出血、脑室内及蛛网膜下腔出血、硬膜外及硬膜下血肿[3]。另外,DWI对DAI早期可以更好地描绘血管损伤,特别是在FLAIT、SET2WI、GRE显示"正常"时,DWI更有诊断意义,可显示更多的损伤病灶。ADC值评分与昏迷时间呈正比,ADC图可以显示常规序列不能显示的DAI损伤区域[3]。

一侧动眼神经损伤,可致同侧上睑提肌、上直级、内直肌、下直肌、下斜肌瘫痪;并伴上睑下垂、瞳孔斜向外下方及瞳孔扩大对光反射消失等症状[4]。

小脑蚓部或脑干内与小脑联系的神经通路病变,导致发音和构音器官肌肉运动不协调,又称共济失调型构音障碍。表现为构音模糊,音节缓慢拖长,声音强弱不等甚至呈爆发样,言语不连贯,呈吟诗样或分节样[5]。

非肢体瘫运动障碍不是单纯指某一具体的损伤或者疾病,而是指除肌力下降的肢体瘫痪以外的肢体运动功能障碍症候群。其主要表现包括肌张力增高、深感觉障碍和/或小脑共济失调、不自主运动或震颤。对外伤所致非肢体瘫运动障碍的致残程度鉴定并非简单依据肌张力、共济失调、不自主运动或者震颤等临床表现的严重程度,而须着重依据伤者生活自理能力受限程度进行鉴定[6]。

该案例伤后多次颅脑CT平扫未见异常,但伤者伤后即可出现昏迷,左侧瞳孔散大、对光反应消失,呼吸功能障碍。首次住院的"出院记录"(伤后74天)中仍有"昏睡状态、鼻饲流质饮食、气管切开处套管辅助呼吸、留置导尿管持续导尿"的记载。由于弥漫性轴索损伤出血在CT和传统的MRI检查中常为阴性,是典型的"影像表现轻微,临床症状严重"的疾病。由此判定:该损伤属弥散性轴索损伤-原发性脑干损伤。由于脑干的灰质内有Ⅲ~Ⅶ脑神经神经核,脑干表面附有Ⅲ~Ⅶ脑神经神经根,脑干损伤可导致面神经、动眼神经损伤,遗留面神经和动眼神经功能障碍。根据《人体损伤致残程度分级》5.10.1.3)条和5.9.2.7)条规定分别属十级残疾和九级残疾。

脑干损伤可致脑干内与小脑联系的神经通路损伤致伤者轻度构音障碍,根据《法医临床检验规范》A5.1“构音障碍的检验和评定”项目检验中有20项结果为基本正常,属轻度构音障碍。故根据《人体损伤致残程度分级》5.9.2.25)条规定属九级残疾。同时,脑干、小脑的损伤可导致共济失调,经检查,伤者为轻度非肢体瘫运动障碍,据《人体损伤致残程度分级》5.8.1.6)条规定,属八级残疾。

该原发性脑干损伤致四肢瘫,经积极治疗,后遗偏瘫(肌力4级),根据《人体损伤致残程度分级》5.7.1.4)条规定,属七级残疾。

## 【评析】

本案例伤后即可出现昏迷、左侧瞳孔散大、呼吸功能障碍。由于时间上的连续性,即:本次外伤导致上述功能障碍的根本原因,伤者经多次住院治疗后遗留多处功能障碍,且构成多处残疾。只有找准造成本次损伤的直接原因,并且辨明与后遗功能障碍的关系,才能正确评定相应残级。初次鉴定认为伤后颅脑CT平扫未见异常、评定伤残依据不足是由于对影像学及临床医学中关于弥漫性轴索损伤所致原发性脑干损伤认识不足所致。扎实的基础医学与临床医学功底对做好司法鉴定显得尤为重要。

语言功能障碍包括发声功能障碍、构音功能障碍、失语等。笔者认为正确鉴别是发声功能障碍?构音功能障碍?失语?是属于定性、定位的问题,要对语言功能障碍作出准确的残疾评定,还必须有一个具有可操作性的量化指标。GRBAS评估法、语言清晰度评估法对语言功能障碍的量化作了较为原则性规定,2021年11月17日实施的《法医临床检验规范》对如何认定轻度、中度或重度构音障碍进行了量化,可操作性较强。本次鉴定便是较为满意的一次尝试。

要善于从伤后影像学的动态变化中找出损伤与后果的客观联系,该案例外伤后颅脑CT平扫与2023年10月12日的颅脑MRI检查比对发现:伤者由于伤后长时间的昏迷、呼吸障碍,最终导致弥散性脑萎缩,从而遗留系列后遗症状、体征的表现,如构音障碍,共济运动失调等,遗憾的是该案伤后早期无SWI\DWI检查。

### 参考文献

[1]王忠诚.神经外科学[M].2版.武汉:湖北科学技术出版社,2015.

[2]陈孝平,汪建平,赵继宗.外科学[M].9版.北京:人民卫生出版社,2018.

[3]汤光宇,李懋.磁共振成像技术与应用[M].1版.上海:上海科学技术出版,2023:398.

[4]丁文龙,刘学政.系统解剖学[M].9版.北京:人民卫生出版社,2018:297.

[5]贾建平,陈生第.神经病学[M].7版.北京:人民卫生出版社,2016:80.

[6]司法部司法鉴定管理局　最高人民法院司法行政装备管理局.《人体损伤致残程度分级》适用指南[M].北京:法律出版社,2016:94－97.

# 案例14：脊髓损伤致排尿、排便功能障碍残疾评定1例

**关键词**：法医学；脊髓损伤；神经源性膀胱；神经源性肠；尿流动力学

## 一、案例资料

### （一）简要案情

被鉴定人，女，51岁。2022年5月22日不慎从高空坠落伤及腰背部，即感伤处疼痛，伴下肢麻木、活动不能，急入院手术治疗。病情稳定后因肢体功能障碍、排尿、排便功能障碍多次住院康复治疗。审判庭委托：残疾等级评定。

### （二）病历摘要

**1. 第一次住院**

住院日期：2022年5月22日～6月27日，共36天。

入院情况：高处坠落致伤腰背部3h入院。查体：胸腰段压痛、叩击痛明显，腹股沟以下至踝关节以上感觉明显减退，鞍区感觉消失，双踝关节以下感觉丧失；平腹股沟以下肌力0级，无反射。腰椎CT平扫示：胸12棘突骨折、腰1椎体爆裂骨折并椎管狭窄，腰1椎体双侧椎弓峡部骨折，腰4椎体压缩骨折。腰椎MRI平扫示：腰1椎体楔形变，高度丢失约1/2，神经明显受压，椎体呈长T1、长T2信号影，相应节段脊髓内长T2信号影。腰4椎体轻度压缩骨折，胸10～12、腰1－骶1椎间盘突出；胸12－腰1水平后部软组织异常信号；骶前部软组织肿胀，腰骶部后缘软组织水肿。

诊疗情况：入院后完善相关检查，全麻下行腰椎后路骨折切开复位减压内固定术，术后对症治疗，病情平稳。

出院时情况：感觉部分恢复，下肢肌力1～2级，排气、普食，留置尿管，尿色淡黄。

主要诊断：腰1椎体爆裂骨折，双下肢截瘫。

**2. 第二次住院**

住院日期：2022年7月6日～8月4日，共29天。

入院时情况:外伤后双下肢活动不灵1个半月入院。查体:神清语利,颈无抵抗感,克氏征(-),巴氏征(-),双上肢肌力正常,双下肢屈髋肌力4级、伸膝肌力3级,踝背屈肌力0级、跖屈肌力0级,双下肢自膝关节以下感觉减退,自内踝以下感觉缺失。

入院诊断:脊髓损伤术后;截瘫;神经源性膀胱;神经源性肠。

出院时情况:一般情况可。查体:同入院时情况,留置导尿管。

**3. 第三次住院**

住院日期:2022年10月11日~12月28日,共78天。

患者约5个月前高处坠落后致伤腰背部,伴双下肢活动不灵,腹股沟以下感觉障碍,入院行腰椎后路骨折切开复位减压内固定术。近一周来出现排尿费力、大便困难。入院诊断:脊髓损伤术后,截瘫;神经源性肠;神经源性膀胱。

诊疗情况:入院后针对患者情况行截瘫肢体综合训练、关节松动训练、电子生物反馈疗法等对症、支持治疗。

出院时情况:一般情况可。自述:排尿费力、大便困难。查体:双上肢肌力5级,双下肢屈髋肌力4级,髋外展肌力3级,伸膝肌力3级,踝背屈肌力1级、跖屈肌力1级,双下肢自膝关节以下感觉减退,自内踝以下感觉缺失,鞍区感觉存在双侧肱二头肌反射(+),肱三头肌反射(+),双侧膝腱反射(++),跟腱反射(++),双侧巴氏征(+)。

## 二、法医学鉴定

### (一)鉴定过程

**1. 检验日期**

2023年9月23日。

**2. 体格检查**

中年女性,神志清,精神可,坐轮椅入检室。自述:小便费力、大便困难。查体:腰背部见8cm手术瘢痕,自腹股沟以下感觉减退,双侧屈髋肌力4+级,双膝关节伸肌肌力3级、屈肌肌力3级,双踝背伸、跖屈肌力1级。

**3. 影像学阅片**

2022年5月22日腰椎CT平扫示:胸12棘突骨折、腰1椎体爆裂骨折并椎管狭窄(图1-14-1)。

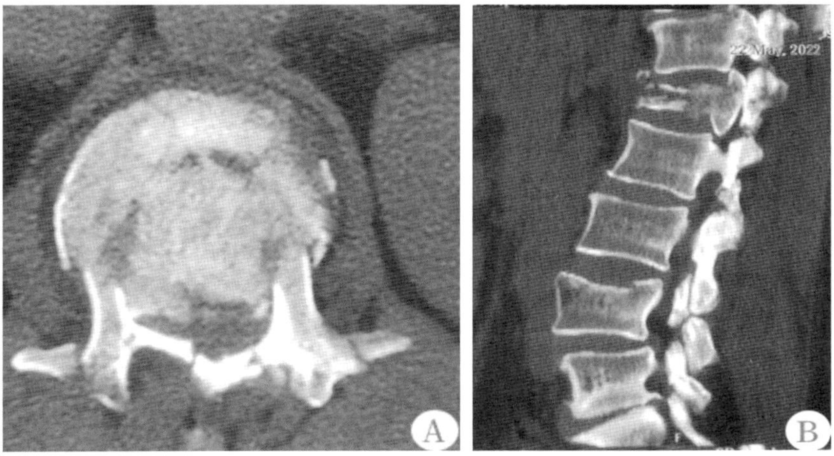

**图 1-14-1　受伤当日腰椎 CT 图**

A:轴位,腰 1 椎体爆裂骨折,两侧椎弓峡部骨折,并椎管内明显占位,椎管狭窄。B:矢状位重组,腰 1 椎体压缩,碎裂骨块突入椎管。

2022 年 5 月 22 日腰椎 MRI 平扫示:腰 1 椎体楔形变,高度丢失约 1/2,神经明显受压,椎体呈长 T1、长 T2 信号影,相应节段脊髓内长 T2 信号影。胸 12-腰 1 水平后部软组织异常信号;骶前部软组织肿胀,腰骶部后缘软组织水肿(图 1-14-2)。

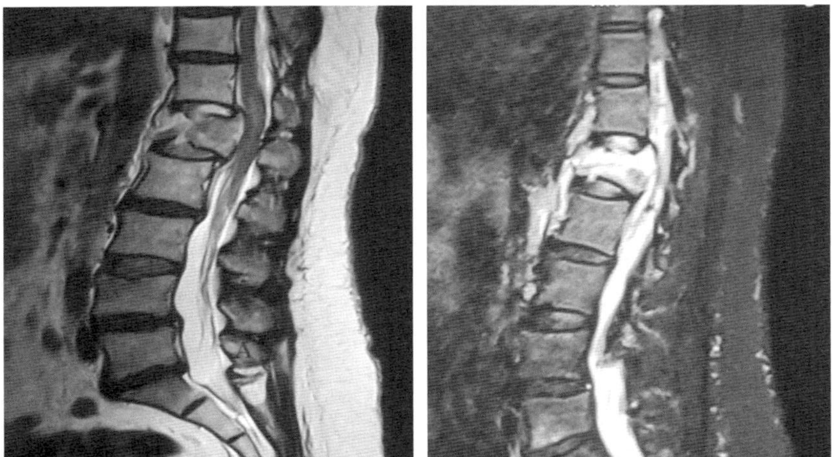

**图 1-14-2　受伤当日腰椎 MRI 检查图**

A:T2WI 腰 1 椎体楔形变,高信号,脊髓受压,高信号影;B:STIR 序列,腰 1 椎体明显高信号,脊髓受压。提示:腰 1 椎体爆裂骨折,椎管占位,脊髓受压。

4. **尿流动力学检查**

T－DOC 膀胱压力测定：无初感尿意，充盈期旁观感觉迟钝，膀胱容量 400ml；T－DOC 排尿期压力－流率测定：腹压协助排尿，排尿不受控，逼尿肌无反射，残余尿 250ml。

5. **肛肠动力检测（表 1－14－1）**

**表 1－14－1　肛肠动力检测结果**

| 项目 | 结果 | 正常参考值 |
| --- | --- | --- |
| 直肠肛门抑制反射 | 阴性 | 阳性 |
| 直肠静息压 | 0.6mmHg | 1.8～5.3mmHg |
| 肛管静息压 | 44mmHg | 13～54mmHg |
| 肛管舒张压 | －5.2mmHg | 充盈时压力下降＞10～15mmHg |
| 肛管长度 | 42.2mmHg | 成人 32～41mmHg |
| 肛管最大收缩压 | 78mmHg | 儿童、成人 30～190mmHg |
| 肛管最长收缩时间 | 8.3s | 36～51s |

### （二）鉴定意见

被鉴定人因腰 1 椎体并附件骨折行内固定术，评定为九级残疾；重度排尿障碍伴轻度排便障碍，评定为五级残疾；双下肢截瘫（肌力 2 级以下），评定为二级残疾。

## 三、讨论

排尿障碍是自主神经系统病变的常见症状之一，主要表现为排尿困难、尿频、尿潴留、尿失禁及自动性排尿等，由排尿中枢或周围神经病变所致，也可由膀胱或尿路病变所致。由神经系统病变导致的排尿障碍称为神经源性膀胱[1]。

排尿高级反射中枢在大脑皮层旁中央小叶、丘脑下部和脑干，低级反射中枢在第 2 至第 4 骶髓，相当于胸 12 及腰 1 椎体水平。排尿功能障碍分为上运动神经源性膀胱和下运动神经源性膀胱。前者也称为反射性膀胱或者自动性膀胱（脱离高级中枢的指令），损伤主要在大脑、脑干的排尿中枢或者其下行纤维，特别多见于双侧锥体束损害，以及骶髓以上平面的脊髓损伤。因上位神经损伤，而骶髓排尿中枢或马尾神经并未受损，反射弧完整，故尿液充盈到一定程度，即可引起逼尿肌收缩，克服括约肌的阻力而发生反射性排尿；后者损伤主要在骶髓或马尾神经脊髓排尿中枢受到破坏，膀胱充盈时不产生尿意，不能引起逼尿肌反射性有规律的协调性收缩，常需按压下腹部方可帮助排尿[2]。

排便障碍是以便秘、便失禁、自动性排便以及排便急迫为主要表现的一组症状，可由神经系统病变引起[1]。重度排便困难需要经常性应用开塞露或灌肠等导泄疗法，轻度排便困难间或需要开塞露进行导泄。

直肠肛管测压等相关检验是评定大便功能障碍性质及其严重程度的重要检验方法，可根据被检者的具体情况选择如下方法：①肛管静息压，正常参考值为 15 ~ 98mmHg；②肛管最大收缩压，一般是肛管静息压的 2 ~ 3 倍；③直肠感觉阈值气囊置入直肠后引起感觉的最小容积，为 5 ~ 10ml；④直肠最大容量阈值，男性正常参考值为 140 ~ 320ml，女性为 170 ~ 440ml；⑤直肠肛门抑制反射，当气囊容积大于 50ml 仍不能引出反射，视为反射消失，气囊容积达 30 ~ 50ml 时，视为反射减弱[3]。

脊髓圆锥综合征：当神经根与圆锥均损伤时下肢感觉与运动功能、膀胱与直肠功能障碍或丧失。而当神经根无损伤，仅损伤圆锥时，表现为会阴部皮肤鞍状感觉缺失，膀胱与直肠功能障碍或丧失，两下肢的感觉和运动功能仍正常[4]。

该案例外伤致腰 1 椎体爆裂骨折并附件骨折，入院后行腰椎后路骨折切开复位减压内固定术，根据《人体损伤致残程度分级》5.9.6.2）条规定，评定为九级残疾；腰 1 爆裂骨折损伤骶髓，由于排尿、排便初级中枢位于骶髓 S2 ~ S4，骶髓损伤引起排尿、排便功能障碍，根据伤者临床症状及尿流动力学、肛肠动力检测，属重度排尿障碍及轻度排便障碍。根据《人体损伤致残程度分级》5.5.1.10）条规定，评定为五级残疾。

关于脊髓损伤所致截瘫，参照《山东法医临床司法鉴定执行指引（试行）》8.2.2 条，双下肢肌力为 2 级，故双下肢截瘫（肌力 2 级），根据《人体损伤致残程度分级》5.2.1.4）条规定，评定为二级残疾。

## 【评析】

本案例，因椎体爆裂骨折伤及脊髓，由于脊髓的损伤导致肢体截瘫、大小便功能障碍，第一感觉就是案件并不复杂，但具体鉴定中存在以下三种有争议的情况需要澄清：一是排便困难是否需要评定残疾？二是双下肢截瘫，近端肌力与远端肌力不一致，肢体肌力如何认定的问题？三是椎体骨折椎管内占位是否还需评定残疾的问题。

《人体损伤致残程度分级》附录 B10 对大便功能障碍作了注释：“此处排便功能障碍是指脑、脊髓或者自主神经损伤致肛门括约肌功能障碍所引起的大便失禁。而肛门或者直肠损伤既可引起大便失禁，也可遗留排便困难，应依据相应条款评定致残程度等级”。部分学者认为：该案例是属于脊髓损伤导致的排便障碍系大便困难，不是大便失禁，不宜评残；大部分学者认为：无论是脊髓损伤造成的大便失禁还是排便困难均属于排便障碍，应根据相关规定评残。最终意见采纳后者。

颅脑、脊髓所致肢体瘫，近端、远端肌力不一致的问题，在鉴定实践中经常遇到，至于肢体肌力认定的问题，部分省的司法鉴定协会以“鉴定执业指引”的方式进行了统一规范，比如：《湖南省法医临床司法鉴定若干问题的执业指引（试行）》以及《山东省法医临床司法鉴定执业指引（试行）》均作出了如下规范：“当肢体近端肌力与远端肌力不一致时，取二者的中间值即平均肌力，中间值不是整数的取整数低值。如近端肌力 2 级，远端肌力 4 级，则取中间值肌力 3 级，当近端肌力 4 级，远端肌力 1 级，则取中间值低值肌力 2 级”。该案例，由于脊髓损伤导致双下肢截瘫，近端肌力 4 级，远端肌力 1 级，故参照上述“指引”做出了“双下肢截瘫（肌力 2 级）”的认定，也就是说在山东、湖南地域内引用上述规定作出上述鉴定意见应该说没有什么争议，但拿到全国层面是否妥当，又是值得商榷的问题，因为，有专家认为：肢体肌力认定应当有中间关节的参与，也就是说三大关节肌力相加被 3 除更为准确；还有专家认为：应参照三大关节中肌力较高级别确定为该肢体肌力。因此，肢体肌力的确定存在争议，有待达成共识，但作为该案例而言，由于地域属于山东，故作出上述“意见”应该容易被当事双方所接受。

另外，就该案而言，有两个条文符合评定九级残疾：《人体损伤致残程度分级》5.9.6.1）条（一椎体粉碎性骨折，椎管内骨性占位）和《人体损伤致残程度分级》5.9.6.2）条（一椎体并相应附件骨折，经手术治疗后）。由于骨性占位压迫脊髓导致截瘫已评定相应残疾。至于是否再根据“一椎体粉碎性骨折，椎管内骨性占位”另评一个九级残疾？权威人士是这样讲的：“从本质上讲，椎体骨折骨性占位评定九级残疾就是因为其可能影响功能，是一种风险后果较大的骨折类型”。笔者认为[5]：“如果已按肢体瘫痪已评残，骨性占位就不再评残；如果骨性占位没有导致肢体瘫痪的后果发生，那么骨性占位无论是伤后还是临床治疗终结后得到证实均可作为兜底条款评定为九级残疾”，当然，这仅是限于学术层面，存在争论也属正常。但《人体损伤致残程度分级》5.9.6.2）条（一椎体并相应附件骨折，经手术治疗后）可以评定一个九级残疾。根据《分级标准》附则6.2规定，既然已据《人体损伤致残程度分级》5.9.6.2）条评定九级残疾，就不宜再据《人体损伤致残程度分级》5.9.6.1）条再评一个九级残疾，因属相同部位、相同性质损伤，若按此理解则更容易接受。

## 参考文献

[1] 贾建平，陈生第. 神经病学[M]. 7 版，人民卫生出版社，2016：88.

[2]司法部司法鉴定管理局,最高人民法院司法行政装备管理局.《人体损伤致残程度分级》适用指南[M].北京:法律出版社,2016.

[3]中华人民共和国司法部.法医临床检验规范:SF/T0111－2021[S].2021.

[4]吴肇汉,秦新裕,丁强.实用外科学[M].4版,人民卫生出版社,2021.

[5]殷汉池.法医临床鉴定典型案例解析[M].1版,人民法院出版社,2022:229－232.

# 案例15：颅脑外伤与烟雾病伤病关系分析1例

关键词：法医学；交通事故；烟雾病；脑血管造影；伤病关系分析

## 一、案例资料

### （一）简要案情

张某，女，53岁，2022年3月6日因交通事故致伤头面部，伤后出现意识不清，持续数分钟，伴恶心、呕吐，无肢体抽搐及大小便失禁。入院诊断为：创伤性蛛网膜下腔出血；鼻骨骨折；创伤性牙齿脱落（下颌中切牙）。经对症、支持治疗，症状、体征逐渐消失，伤后17天，伤者突发意识不清，呈昏迷状态，诊断为："左额叶出血"，急行"左脑内血肿清除术加去骨瓣减压术"。虽经多次住院治疗，后遗：失语；癫痫及肢体瘫痪。审判庭委托鉴定机构根据《人体损伤致残程度分级》对张某颅脑损伤所致残疾评定。

### （二）病历摘要

**1. 第一次住院（A医院）**

住院日期：2022年3月6日～23日，共17天。

入院情况：头面部外伤1h入院。查体：神志清，语言流利，GCS分级15分，头颅无异常，脑神经检查无异常，四肢肌力正常，共济运动正常，生理反射存在，病理反射未引出。

2022年3月6日颅脑CT平扫示：蛛网膜下腔出血；左鼻骨骨折（图1－15－1）。

2022年3月8日颅脑CT平扫示：左额叶呈片状低密度影，边界尚清。双侧侧脑室对称，脑沟、脑裂无增宽，中线结构居中（图1－15－2A）。

2022年3月16日颅脑CT平扫示：左额叶呈片状低密度影，边界尚清。双侧侧脑室对称，脑沟、脑裂无增宽，中线结构居中；鼻骨前方骨质不连续（图1－15－2B）。

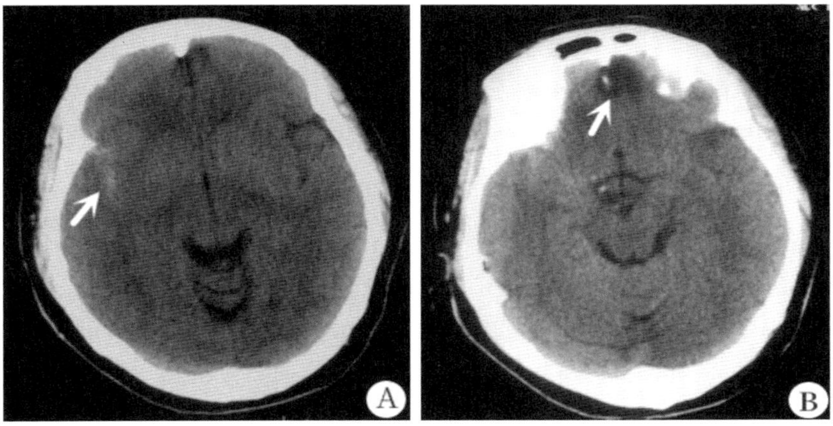

**图 1-15-1　损伤当日颅脑 CT 平扫**

A：蛛网膜下腔出血（右外侧裂池高密度影）；B：左额极低密度灶（软化灶）。

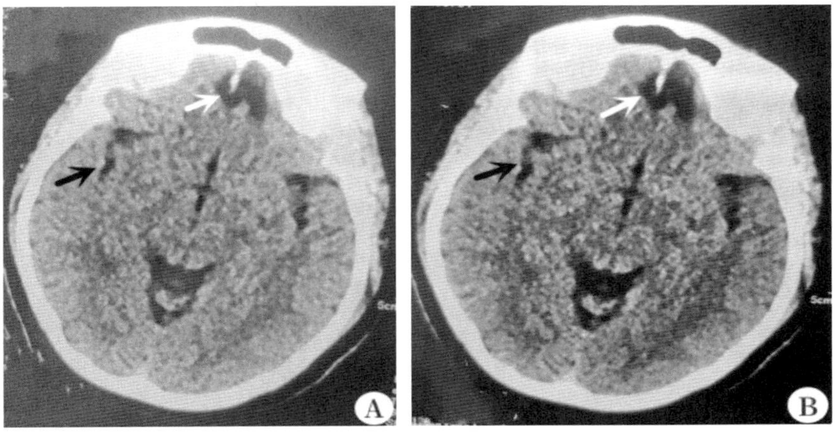

**图 1-15-2　伤后第 3 天与伤后第 11 天颅脑 CT 平扫**

A：2022 年 3 月 8 日颅脑 CT；B：2022 年 3 月 16 日颅脑 CT。显示：右侧裂池高密度影消失，左额软化灶与伤后当日同。

诊疗经过：入院后完善相关检查，明确诊断，对症、支持治疗，恢复可。

出院情况：一般情况可。查体：神志清，精神可，颈软，双侧瞳孔等大等圆，对光反射正常，四肢肌力均 5 级，肌张力可，双侧巴氏征未引出。

**2. 第二次住院（B 医院）**

住院日期：2022 年 3 月 23 日～4 月 27 日，共 32 天。

入院情况：患者在出院回家途中突发意识不清 50 分钟后入院。查体：呈昏迷状态，推之不动，呼之不应，双瞳孔等大等圆，直径 3mm，对光反射存在，颈部抵抗感（+），左侧肢体见不自主活动，疼痛刺激右上肢伸直，右下肢略屈曲，生理反射存在，双侧巴氏征阳性。

诊疗经过：入院后完善检查，确诊为：左额叶出血；高血压病3级（极高危）。急行“左侧脑内血肿清除术加去骨瓣减压术”，术后给予持续心电监护、气管切开通畅气道、深静脉置管等。

2022年3月23日“左脑内血肿清除术加去骨瓣减压术”。手术情况摘要：……，一次切开头皮各层，骨膜下剥离，皮肌瓣形成翻向下，周边颅骨钻孔4个，……，放射状剪开硬膜，脑组织轻度向外膨出，额叶可见挫伤灶，电灼并切开挫伤区，见脑内血肿溢出，显微镜下清除脑内血肿约60ml，见颈内动脉、大脑中动脉周围畸形血管团，出血来自畸形血管，临时阻断夹阻断左侧大脑中动脉，以电灼止血，切除可见的畸形血管，生理盐水冲洗血腔……。术毕，手术顺利，病人未清醒，术中出血约600ml，回收自体血250ml。带气管插管复查颅脑CT显示血肿清除满意，送返ICU病房。

2022年3月23日颅脑CT平扫示：左侧额颞部见大片状不规则高密度影，CT值约66Hu，最大截面约9.1cm×3.7cm，周围见低密度影环绕，左侧侧脑室受压变窄，中线结构向健侧移位（图1－15－3A）。

2022年3月25日颅脑CT平扫示：左侧额颞部仍见多发斑片状不规则高密度影，局部见斑片状密度减低影，相应硬膜下仍见少量气体密度影；左侧侧脑室仍见受压，中线结构略右移（图1－15－3B）。

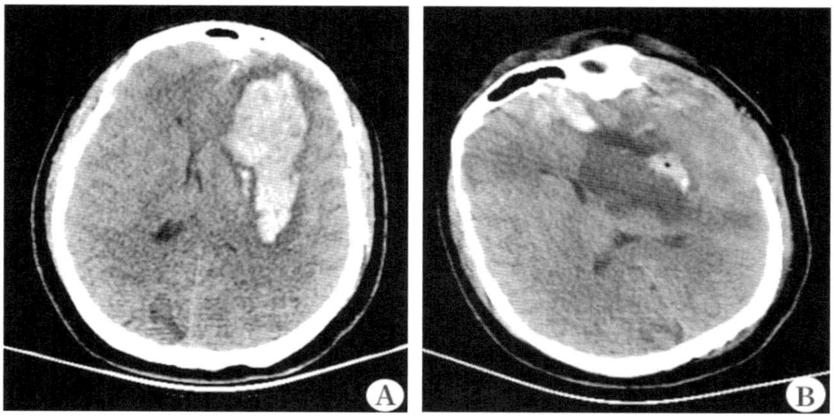

**图1－15－3　脑内出血术前、术后颅脑CT平扫**

A：2022年3月23日CT示：左额颞部大片高密度影，周围低密度影环绕，脑室受压，中线右移；B：2022年3月25日CT示：左额颞部大片高低混杂密度影，脑室受压，中线右移，右额颞部颅骨缺损。

2022年4月15日颅脑CT平扫示：左侧额颞部仍见多发斑片状不规则高密度影，较前减少,密度变淡;左额顶叶脑沟内见密度增高影;左侧脑内片状低密度范围较前密度减低,左侧侧脑室仍见受压,中线结构略右移。

**3. 第三次住院(B 医院)**

住院日期:2022 年 4 月 27 日 ~5 月 25 日,共 29 天。

入院情况:右侧肢体活动不灵伴言语不能 32 天。查体:神志清,精神差,混合性失语,可遵嘱活动左下肢,不能遵嘱伸舌及伸指;右侧中枢性面瘫,双瞳孔等大等圆,直径约 3mm,对光反射存在。颈部略抵抗,气管切开处已愈合,右侧 Brunnstrom 偏瘫运动分级:(上肢 - 手 - 下肢) Ⅰ - Ⅰ - Ⅰ;肌张力略高,坐位平衡 0 级,站位平衡 0 级;生理反射存在,双侧巴氏征阳性。

入院诊断:痉挛性偏瘫;脑出血恢复期;混合性失语;高血压病 3 级(极高危)。

2022 年 5 月 14 日颅脑 CT 平扫示:左侧额颞部及左侧基底节区见明显斑片状密度减低影,边界较清;左额顶叶部分脑沟内高密度影消失,中线结构居中(图 1 - 15 - 4A)。

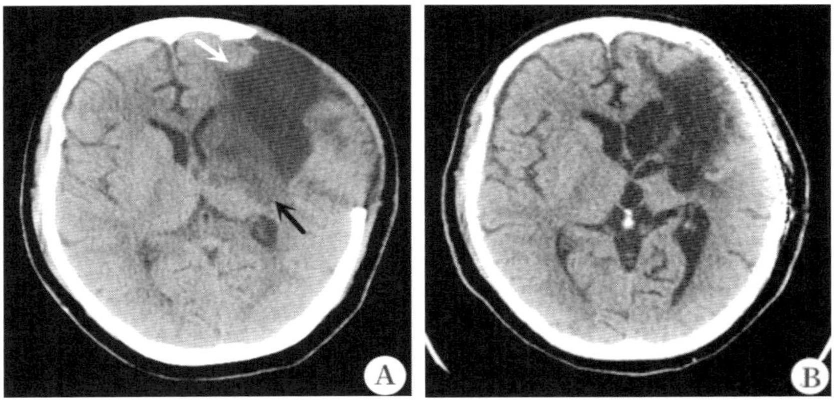

**图 1 - 15 - 4　术后第 22 天及术后第 143 天颅脑 CT 平扫**

A:2022 年 5 月 14 日 CT 平扫示:左额颞大片低密度影(黑箭头示较低密度,白箭头示水样密度);B:2022 年 8 月 17 日 CT 扫描示:左额颞软化灶形成。

诊疗过程:完善相关检查;给予普通针刺、偏瘫肢体综合训练、作业疗法、TDP 灯、中频脉冲电治疗及言语功能训练。

出院情况:病情好转,坐位时间较前延长,右侧 Brunnstrom 偏瘫运动分级:(上肢 - 手 - 下肢) Ⅰ - Ⅰ - Ⅱ。

**4. 第四次住院(B 医院)**

住院日期:2022 年 6 月 2 日 ~8 月 21 日,共 78 天。

入院时情况:右侧肢体活动不灵伴言语不能 70 天入院。查体:神志清,精神差,混合性失语，右侧中枢性面瘫，双瞳孔等大等圆，直径约3mm，对光反射存在。颈部略抵抗，气管切开处已愈合，右侧Brunnstrom偏瘫运动分级：（上肢－手－下肢）Ⅰ－Ⅰ－Ⅱ；肌张力略高，坐位平衡2级，站位平衡0级；生理反射存在，双侧巴氏征阳性。

诊疗过程：完善相关检查；给予普通针刺、偏瘫肢体综合训练、作业疗法、TDP灯、中频脉冲电治疗及言语功能训练。入院后第40天行"左侧额颞顶部颅骨缺损成形术"。2022年6月11日癫痫发作一次，给予药物治疗，2022年7月17日癫痫发作一次，给予地西泮对症处理。

2022年8月17日颅脑CT平扫示：左侧颅骨修补术后改变，金属钛网贴合良好，相应部位脑膜脑组织无膨出。左侧基底节、放射冠区及左侧额叶见斑片状较低密度灶，邻近脑室略扩大，中线结构居中（图1－15－4B）。

出院诊断：痉挛性偏瘫；脑出血恢复期；癫痫部分发作；混合性失语；高血压病3级（极高危）。

出院情况：病情好转，坐位时间较前延长，右侧Brunnstrom偏瘫运动分级：（上肢－手－下肢）Ⅱ－Ⅰ－Ⅱ；右侧肌力检查不配合，粗测2级，坐位平衡2级，站位平衡0级。

**5. 第五次住院（B医院）**

住院日期：2022年8月29日～11月9日，共70天。

入院时情况：右侧肢体活动不灵伴言语不能5个月，癫痫发作2个月入院。查体：神志清，精神差，混合性失语，右侧中枢性面瘫，右侧Brunnstrom偏瘫运动分级：（上肢－手－下肢）Ⅱ－Ⅰ－Ⅱ；肌张力略高，坐位平衡2级，站位平衡0级；右侧肌力检查不配合，粗测2级。生理反射存在，双侧巴氏征阳性。

诊疗过程：完善相关检查；普通针刺、偏瘫肢体综合训练、作业疗法、TDP灯、中频脉冲电治疗及言语功能训练。2022年8月30日患者癫痫发作，静推地西泮5mg，并给予卡马西平联合抗癫痫治疗，2022年9月26日癫痫发作一次，嘱长期服用抗癫痫药物。

出院诊断：同入院诊断。

**6. 第六次住院（A医院）**

住院日期：2022年11月17日～11月20日，共3天。

入院时情况：患者8个月前因车祸伤及头部，入院行颅脑CT扫描示：蛛网膜下腔出血。右额顶、左额部硬膜下血肿、左鼻骨骨折。经输液对症保守治疗17天，病情稳定后出院，出院后1天出现意识障碍，行颅脑CT检查示："左侧额叶脑出血"。急诊于B医院行开颅手术，遗留右侧肢体活动不灵伴言语不清，病情稳定后行颅骨修补术；伤后3个月出现癫痫发作。

体格检查：嗜睡，精神差，查体部分合作，失语，双瞳孔等大等圆，直径约 3mm，直接、间接对光反射存在。右上肢肌力 1 级，右下肢肌力 3 级，左侧肢体肌力 4 级，四肢肌张力大致正常，生理反射存在，右侧病理征可疑阳性，左侧额顶颞叶见 12cm × 9cm 手术疤痕。

诊疗经过：入院后完善相关检查，行全脑血管造影术，术中发现患者双侧烟雾病形成，家属要求出院。

2022 年 11 月 18 日"脑血管造影术"。手术情况摘要：……，仰卧位，常规消毒双侧腹股沟区皮肤，铺无菌巾单。Seldinger 技术穿刺右侧股动脉，置入 5F 动脉鞘，在泥鳅导丝引导下，引入 5F 单弯导管，行主动脉弓及弓上血管造影。结果如下：主动脉弓为Ⅱ型弓，弓上各分支开口未见狭窄。见双侧颈内动脉烟雾状血管形成，大脑中、大脑前动脉未见显影，余血管硬化表现（图 1 – 15 – 5）。

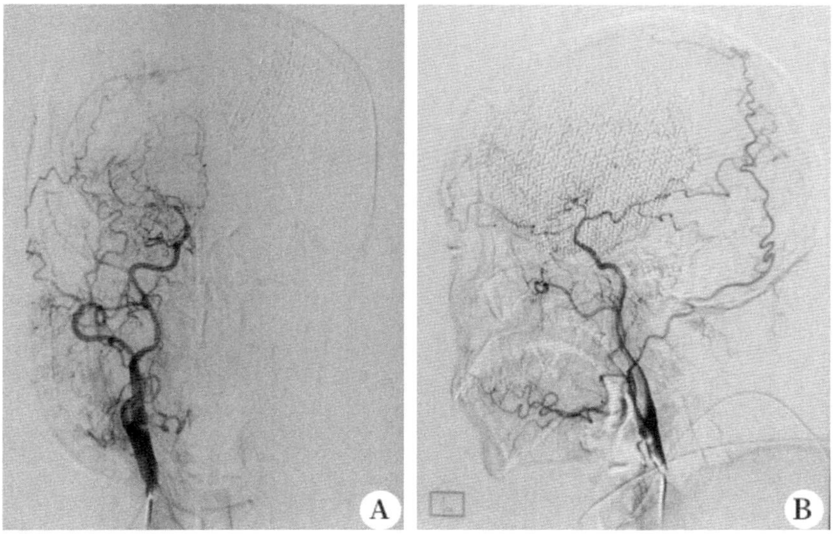


**图 1 – 15 – 5　2022 年 11 月 18 日"脑血管造影"**

A：右颈内动脉末端畸形血管网（前后位）；B：左颈内动脉末端畸形血管网（侧位）。

## 二、法医学鉴定

### （一）鉴定过程

**1. 检验日期**

2023 年 2 月 19 日。

2. **体格检查**

轮椅推入检查室，表情淡漠，查体合作欠佳，言语含混不清，不能正确理解问话，混合性失语，双瞳孔等大等圆，直径约3mm，对光反射存在。左侧额顶颞叶见 12cm × 9cm 手术疤痕；右上肢肌力2级，右下肢肌力3级，左侧肢体肌力4+级，四肢肌张力大致正常，生理反射存在，右侧病理征阳性。

3. **影像学阅片**

损伤当日颅脑CT平扫示：蛛网膜下腔少量出血；左额软化灶（图1-15-1）；

伤后第3天与伤后第11天颅脑CT平扫示：右侧裂池高密度影消失，左额软化灶与伤后当日同（图1-15-2）。

2022年3月23日CT平扫示：左额颞部大片高密度影，周围低密度影环绕，脑室受压，中线右移，脑内出血（图1-15-3A）。

2022年3月25日CT平扫示：左额颞部大片高低混杂密度影，脑室受压，中线右移，右额颞部颅骨缺损，术后改变（图1-15-3B）。

2022年4月15日CT平扫示：左额颞大片高低不等低密度影（图1-15-4A）。

2022年8月17日CT：左额颞软化灶形成（图1-15-4B）。

2022年11月18日"脑血管造影"：双侧颈内动脉烟雾状血管形成，大脑中、大脑前动脉未见显影（图1-15-5）。

### （二）鉴定意见

被鉴定人因头部外伤致蛛网膜下腔少量出血，经影像学检查证实：两天后痊愈；伤后17天脑内出血，系自身疾病"双侧烟雾病"所致，与外伤无关。

## 三、讨论

脑底异常血管网病又称烟雾病，是颈内动脉虹吸部及大脑前动脉、大脑中动脉起始部严重狭窄或闭塞，软脑膜动脉、穿通动脉等小血管代偿增生形成脑底异常血管网为特征的一种脑血管疾病[1]。

病变血管进行性狭窄、闭塞和代偿性侧支循环血管的形成分别是烟雾病引起脑缺血和脑出血的病因。大脑中动脉和Willis环前部主干血管的进行性狭窄和闭塞，使相应供应区脑组织发生缺血性改变。代偿性形成的异常血流动力的压力，可形成微小动脉瘤、假性动脉瘤和真性动脉瘤，这些动脉瘤的破裂引起脑出血。微小动脉瘤、假性动脉瘤多位于脑实质内,常引起基底节和丘脑、室管膜下和脑室内及皮质下出血;真性动脉瘤常引起蛛网膜下腔出血[2]。

烟雾病的诊断主要依靠影像学检查,特别是脑血管造影。脑血管造影主要表现为双侧颈内动脉末端(虹吸段)、大脑前动脉、大脑中动脉起始段狭窄、闭塞,脑底部有异常扩张的血管网。CT 扫描在脑缺血病人显示脑内多处点片状低密度灶。有不同程度脑萎缩征象,如脑室扩大,脑沟增宽;脑出血病人则显示脑内、脑室内或蛛网膜下腔出血[2]。

外伤性脑内血肿多发生于脑挫裂伤较严重的部位,为脑深部小血管损伤破裂出血,形成血肿。并多与硬膜下血肿伴发,有时也与硬膜外血肿伴发,脑内血肿约有 10% 可破入脑室[3]。非外伤性的脑叶出血,常由脑动静脉畸形、血管淀粉样变、血液病等所致。如额叶出血可有偏瘫、尿便障碍、Broca 失语、摸索和强握反射等,颞叶出血可有 Wernicke 失语、精神症状、对侧上象限偏盲、癫痫;枕叶出血可有视野缺损[1]。

若损伤与残疾之间存在因果关系(完全作用、主要作用、同等作用、次要作用或轻微作用),宜按照《人体损伤致残程度分级》相关条款评定残疾程度,并说明因果关系类型;若损伤与残疾之间不存在因果关系,则只说明因果关系,不评定致残等级[4]。

被鉴定人因交通事故致头面部损伤属实,但该伤主要局限于面部(鼻骨骨折、牙齿脱落),当日经颅脑 CT 平扫证实:脑损伤仅为“少量蛛网膜下腔出血”,且 2 天后出血消失。伤后 17 天突发左额颞部大面积脑内出血,与外伤在时间上没有连续性,在损伤部位上没有一致性。2022 年 3 月 23 日“左脑内血肿清除术加去骨瓣减压术”中见颈内动脉、大脑中动脉周围畸形血管团,出血来自畸形血管。2022 年 11 月 18 日“脑血管造影术”见双侧颈内动脉烟雾状血管形成,大脑中、大脑前动脉未见显影,余血管硬化表现。上述手术与“脑动脉造影”所见说明,其左额颞脑内大血肿是由于自身疾病“烟雾病”所导致。与外伤没有因果关系,故不宜评定残疾等级。

## 【评析】

《外科学》第九版对外伤所致脑内血肿的“发生机制”有专门论述:浅部血肿多由挫裂的脑皮质血管所致,常与硬膜下血肿同时存在,多位于额极、颞极及其底面;深部血肿系脑深部血管破裂所引起,脑表面可有挫裂伤。从暴力程度、血肿发生时间、位置分析,脑内出血与外伤没有关系。“事出反常必有妖”“有果必有因”!脑内出血究竟是如何发生的?影像学在探究原因方面发挥了无可替代的重要作用。伤后颅脑 CT 平扫左额即存在软化灶,说明左额软化灶与本次外伤无关;“脑血管造影”是诊断烟雾病的金标准。

烟雾病一旦确诊,即会使鉴定人茅塞顿开,找出脑内出血的真正原因。从而得出准确的鉴定意见。

## 参考文献

[1]贾建平,陈生第.神经病学[M].7版.北京:人民卫生出版社,2016.

[2]王忠诚.神经外科学[M].2版.武汉:湖北科学技术出版社,2015.

[3]吴肇汉,秦新裕,丁强.实用外科学[M].4版.北京:人民卫生出版社,2020.

[4]中华人民共和国司法部.人身损害与疾病因果关系判定指南:SF/T0095-2021[S].2021.

# 案例 16：尺神经损伤残疾等级评定 1 例

**关键词**：法医学；尺神经损伤；肌力；手肌瘫；肌电图

## 一、案例资料

### （一）简要案情

李某，男，57 岁，2021 年 5 月 13 日工作中不慎被电锯割伤左前臂，剧痛、流血不止，小指及环指活动受限，简单包扎后入院。行“左前臂肌腱、血管、神经探查，左尺神经断裂吻合术、左前臂屈肌群断裂吻合术”，后住院治疗 25 天，法庭委托鉴定机构根据《人体损伤致残程度分级》评定伤残等级。

### （二）病历摘要

**1. 住院病历摘要**

左前臂被割伤 2 小时。查体：左肘部包扎，局部渗血，远端无明显苍白，未及骨擦感及畸形活动，腕关节活动正常，左前臂尺侧半感觉减退，环指活动可，感觉减退；小指感觉明显减退，活动严重受限。当日 X 线检查：左肘关节组成骨未见骨折征象、左侧尺骨近端周围软组织肿胀。

住院诊断：左前臂开放性损伤；左尺神经断裂；左前臂屈肌群断裂。

出院情况：一般情况可，左腕关节活动正常，左侧小指屈伸不能，感觉明显减退，环指屈伸活动可，感觉减退。

**2. 手术记录摘要**

左前臂近端沿原创口逐层清创，术中见前臂屈肌断裂，尺神经断端大部缺损，残存少量神经纤维束，神经明显变细；将断裂尺神经吻合，并将其固定在前置软组织通道内，逐层修复断裂的前臂屈肌。

## 二、法医学鉴定

### (一)鉴定过程

**1. 检验日期**

2022 年 5 月 12 日。

**2. 体格检查**

左前臂屈侧、近端见一横行 12cm × 0.6cm 手术瘢痕,左前臂肌肉轻度萎缩,双前臂周径(尺骨鹰嘴下 10.0cm):左侧 26cm,右侧 27.9cm;左腕关节活动基本正常,左手小鱼际肌、骨间肌萎缩明显,小指外展不能,左手诸指内收、外展不能,Froment 试验(+),小指展肌肌力 0 级,骨间掌侧肌、骨间背侧肌及第 3、4 蚓状肌肌力 2 级,拇内收肌肌力 2 级,呈爪形手。左侧小鱼际肌、小指及环指尺侧半感觉明显减退,小指掌面皮肤感觉丧失。

**3. 肌电图检查情况**

(1)2021 年 7 月 20 日肌电图(Electromyography,EMG)检查

左尺神经支配的左小指展肌,左第 4、5 指深屈肌静息位显示大量自发电活动,左拇短展肌、右小指展肌静息位未见自发电位;主动收缩左小指展肌无募集,轻收缩时左第 4、5 指深屈肌运动单位电位(MUP)时限增宽,多相波增多,大力收缩左第 4、5 指深屈肌募集减少,呈单纯相;左尺侧腕屈肌主动轻收缩 MUP 正常,主动大力收缩募集正常(表 1-16-1)。

**表 1-16-1　2021 年 7 月 20 日肌电图检查结果**

| 肌肉 | 静息电位 | | | 主动收缩 | | | 大力收缩 |
|---|---|---|---|---|---|---|---|
| | 纤颤 | 正锐 | 束颤 | 时限 | 波幅 | 多相 | 募集单位 |
| 左小指展肌 | + + + | + + + | - | 无运动单位电位(MUP) | | | 无募集 |
| 左指深屈肌(指 4、5) | + + + | + + + | - | 增宽 | | 增多 | 单纯相 |
| 左拇短展肌 | - | - | - | 正常 | 正常 | 正常 | 正常 |
| 左尺侧腕屈肌 | - | - | - | 正常 | 正常 | 正常 | 正常 |
| 右小指展肌 | - | - | - | 正常 | 正常 | 正常 | 正常 |

注:"-"表示阴性。

(2)2021 年 7 月 20 日神经传导速度(NCV)

运动神经传导速度(MNCV):左小指展肌记录的尺神经腕、肘下-肘上复合肌肉动

作电位(CMAP)未引出波形,第4、5指深屈肌记录CMAP波幅明显下降。

感觉神经传导速度(SNCV):左上肢尺神经(指5)感觉神经动作电位(SNAP)未引出波形(表1－16－2)。

**表1－16－2　2021年7月25日神经传导检查结果**

| 神经 | 运动神经传导速度(MNCV) | | | 感觉神经传导速度(SNCV) | | |
|---|---|---|---|---|---|---|
| | MNCV | 波幅 | 潜伏期 | SNCV | 波幅 | 潜伏期 |
| 双侧正中神经 | 正常 | 正常 | 正常 | 正常 | 正常 | 正常 |
| 右尺神经 | 正常 | 正常 | 正常 | 正常 | 正常 | 正常 |
| 左尺神经 | 左小指展肌未引出CMAP,第4、5指CMAP波幅明显下降 | | | (5指)SNAP波未引出 | | |

(3)2022年4月12日EMG复查

左小指展肌右第4、5指深屈肌静息位自发性电活动(正锐、纤颤),轻收缩时第4、5指深屈肌时限增宽,募集减少,呈单纯相,主动收缩右小指展肌无募集;左尺侧腕屈肌主动轻收缩MUP正常,主动大力收缩募集正常(表1－16－3)。

**表1－16－3　2021年4月12日EMG检查结果**

| 肌肉 | 静息电位 | | | 主动收缩 | | | 大力收缩 |
|---|---|---|---|---|---|---|---|
| | 纤颤 | 正锐 | 束颤 | 时限 | 波幅 | 多相 | 募集单位 |
| 左小指展肌 | ＋＋ | ＋＋ | － | 无运动单位电位(MUP) | | | 无募集 |
| 左指深屈肌(指4、5) | ＋＋＋ | ＋＋ | － | 增宽 | | 增多 | 单纯相 |
| 左拇短展肌 | － | － | － | 正常 | 正常 | 正常 | 正常 |
| 左尺侧腕屈肌 | － | － | － | 正常 | 正常 | 正常 | 正常 |

注:“－”表示阴性。

## (二)鉴定意见

外伤致左尺神经重度损伤(肘下),致一手部分肌瘫(肌力3级以下),根据《人体损伤致残程度分级》第5.9.1.5)条评定为九级残疾。

# 三、讨论

尺神经在臂部不发出任何分支,在前臂上部发出肌支支配尺侧腕屈肌与指深屈肌尺侧半。在桡腕关节上方发出手背支后,主干在豌豆骨桡侧,屈肌支持带前面分为浅支和深支。手背支发分支分布于手背尺侧半和小指、环指尺侧半指背皮肤，另有分支分布于环指桡侧半及中指尺侧半的近节指背面皮肤。浅支分布于小鱼际肌表面皮肤、小指掌面皮肤和环指尺侧半掌面皮肤。深支分布于小鱼际肌、拇收肌、骨间掌侧肌、骨间背侧肌及第3、4蚓状肌[1]。

尺神经在前臂上3/4部位，被覆盖于尺侧腕屈肌下面，并被指深屈肌保护。因此，该部尺神经不易被尺骨骨折所伤。但该部的刺伤常可能伤及神经[2]。

尺神经肘部损伤的电生理特征为：(1)EMG：肘以下尺神经支配肌可见异常针极肌电图特征，完全损伤时无运动单位电位(MUP)；(2)NCV：不完全损伤时，肘部以下各段MNCV、SNCV减慢，相应CMAP、SNAP波幅下降，完全损伤时CMAP、SNAP消失。出现自发电位，包括正锐波、纤颤电位、束颤电位复合重复放电等。在一块肌肉上2～3部位出现自发电位(纤颤电位、正锐波)是神经源性损害的可靠表现[3]。

该案例据手术记录、肌电图检查确认，左尺神经损伤部位位于肘下(前臂近端)，损伤程度较重，损伤神经所支配肌群(左小指展肌，左4、5指深屈肌，骨间掌侧肌、骨间背侧肌及第3、4蚓状肌，拇内收肌)肌力3级以下。故评定为九级残疾。

## 【评析】

周围神经损伤残疾等级的准确评定依赖于神经损伤的准确定位、定性与定量(三定)，EMG在“三定”中起着极为重要的作用。功能定位需要EMG的检查、定性需要EMG的检查，损伤神经所支配肌肉肌力的确定目前主要依赖于徒手肌力检查法，有关文献[4]报道：针极肌电图指标的综合分析可用于推断定量肌力。因此，建议在鉴定实践中要注重应用EMG检查与徒手肌力检查相结合，综合分析，作出准确的定量判断。EMG的检查需要恰当时机，2014年3月17日实施的《周围神经损伤鉴定实施规范》(sf/zJD0103005－2014)强调：“鉴定人应当注意EMG的鉴定时机是否恰当，判断EMG内容是否齐全以及EMG检查中各项指标与损伤部位、临床表现是否吻合，并进行必要的复查”。至于具体频次未作详细说明，将于2024年7月1日实施的《周围神经功能障碍法医临床鉴定技术规范》(GB/T 43638－2024)对EMG检查的频次作出如下较为明确的说明：“一般而言，需提供损伤后2～3周至3～6个月及本次鉴定前不久(如3个月内)的EMG检查结果”。上述说明强调了实践中充分发挥EMG作用的极端重要性。

另外，该案还牵涉条文的正确引用问题，因为尺神经属于“四肢重要神经”，若按“四肢重要神经损伤，遗留相应肌群肌力下降”有关条文，只能评定为十级残疾；若按照“一手部分肌瘫，肌力下降”有关条文，评定为九级残疾。正是因为存在如此争议，部分省出台的“鉴定指引”对于臂丛神经损伤适用“单肢瘫”条款、适用“四肢重要神经损伤，遗留部分肌群肌力下降”条款、适用“手、足肌瘫”条款的情形作出了较为详尽的解释。其中规定：尺神经麻痹主要表现为手功能障碍时，应用“一手部分肌瘫”条款。这一规定与专家“就高不就低”原则不谋而合，鉴定实践中得到广泛认可。

## 参考文献

[1]丁文龙，刘学政. 系统解剖学[M]. 9 版. 北京：人民卫生出版社，2018.

[2]高东，夏晴. 肢体周围神经损伤：法医学鉴定和检验[M]. 上海：上海科学技术出版社，2020.

[3]中华人民共和国司法部司法鉴定管理局. 司法鉴定技术规范[M]. 北京大学出版社，2016.

[4]高东，卓佩佩，田东，等.《肌皮神经损伤后屈肘肌力与针极肌电图指标的相关性》[J]. 法医学杂志，2023，39(2).

# 案例 17：交通事故致颅脑损伤的形成机制分析 1 例

**关键词**：交通事故；颅脑损伤；成伤机制；致伤方式

## 一、案例资料

### （一）简要案情

2021 年 6 月 10 日被鉴定人马某因交通事故受伤，伤后到 A 医院住院治疗 42 天。某交警大队委托鉴定机构鉴定马某伤情是否撞击形成？

### （二）病历摘要

马某于 2 小时前行走时被一电动车撞倒，伤及头部等处，伤后当即意识丧失，左侧外耳道流血，院外未处理，紧急来我院；行颅脑 CT 等检查后急诊以头部外伤收住院。平车推入病房，期间恶心、呕吐数次，呕吐物为胃内容物，无抽搐发作、无大便失禁。查体：神志清，精神差，言语清晰、流利，双耳听力下降明显，查体难以合作。头颅大小正常，无畸形；双侧瞳孔等大等圆，直径约 3mm，光反射灵敏，双眼视力及眼球运动无法查，右眼睑青紫肿胀，头左颞顶及左枕部肿胀疼痛，左侧外耳道及口腔见血性液体流出；张口无歪斜，伸舌居中，颈软，气管居中，四肢肌力、肌张力正常，双侧 Babinski 征未引出。

诊疗经过：患者入院后给予行神经营养、脱水、消肿止疼等药物治疗。2021 年 6 月 13 日患者病情加重，给予开颅血肿清除术 + 脑膜修补缝合术（术中见：右额额颞部脑挫伤广泛，清除坏死脑组织及血肿约 50 毫升），术后给予对症处理，病情好转后自动出院。

出院诊断：脑挫裂伤（右）、脑内血肿、创伤性蛛网膜下腔出血、颅底骨折、颅内积气、左颞骨骨折、左枕骨骨折、右耳鼓膜穿孔。

## 二、法医学鉴定

### (一)鉴定过程

**1. 检验日期**

2021 年 7 月 27 日。

**2. 被鉴定人自述**

头疼、头晕、耳鸣。

**3. 体格检查**

中年男性,神清,精神不振。查体:右前额至右颞部有一弧形长 15cm 手术瘢痕,右颞顶部有一弧形长 24cm 陈旧性手术瘢痕,右侧肢体肌力正常,左侧肢体肌力 4 级,肌张力正常,余未见异常。

**4. 影像学阅片**

2021 年 6 月 13 日颅脑 CT 扫描示:双侧额叶、右侧颞叶、左侧枕叶见斑片状混杂密度影,双侧额颞顶部颅内板下见条形、索形高密度影,大脑镰密度增高,双侧大脑半球脑沟裂见铸形高度影,左颞部、左枕部见骨折线影,相应部位软组织肿胀。提示:脑挫裂伤(右),脑内血肿,创伤性蛛网膜下腔出血,左颞骨骨折,左枕骨骨折。

2021 年 6 月 26 日颅脑 CT 复查示:双侧额叶、颞叶见斑片状低密度影,脑室系统大小、形态正常,脑沟、裂不宽,中线结构居中。

### (二)鉴定意见

被鉴定人孙某颅脑损伤属实,受撞击后人体突然失去平衡,左颞、枕部着地可以形成此伤。

## 三、讨论

关于颅脑损伤,有关资料[1]介绍,根据脑损伤作用过程的不同,可以将脑损伤分为三类:①直接暴力伤(固体以一定的速度与头颅相撞);②间接暴力伤(在没有显著物理接触的情况下,一个推动负荷产生的头颅突然地被动运动);③头颅挤压伤。直接暴力伤,根据头皮、颅骨损伤的部位及暴力作用的方式,可有加速性、减速性和挤压性损伤。

加速性损伤:相对静止的头颅突然遭到外力打击,迫使其瞬间由静态转为动态,而造成的脑损伤,称为“加速性损伤”。其损伤效应有以下四种情况:a. 暴力于着力点处造成的冲击性损伤;b. 于暴力作用的对侧,即着力点的远侧端产生脑组织的对冲性,此种对冲性损伤一般程度较轻;c. 暴力作用在完全静止或被固定的头部,此种情况往往着力部位的损伤较重,对冲性损伤较轻;d. 特定条件下的打击头部,如拳击、格斗或不适当的顶球等,此种情况下,对冲性损伤往往较重。

减速性损伤:运动着的头颅突然碰撞在外物上,迫使其瞬间由动态转为静态,造成的脑损伤称为“减速性损伤”。如跌伤、坠落伤,或从行驶的车辆上摔下而致伤,其损伤效应主要是对冲性脑损伤,其次为局部冲击伤。

关于成伤机制与致伤方式,有关资料[2]对其概念作出如下叙述:成伤机制分析是鉴定人根据损伤的部位、类型、形态等特征,从损伤时体位或姿势、外力作用点、外力作用方向等角度出发,利用医学、法医学及相关学科的专业知识(包括医学影像学、临床医学、运动医学、人体生物力学和法医临床学、法医病理学)对损伤发生及其后果形成的原因、方式和过程提出理论上的分析意见。致伤方式推断则是指在成伤机制分析的基础上,结合鉴定材料中与受伤过程有关的案情信息,作出是否符合某一种(或多种)具体致伤方式的推理性判断意见。

关于符合性因果关系及其应用场景,有关资料[3]介绍:在鉴定实践中常遇到的是判断所基于的材料及其信息是有限的,也难以进一步获得补充,鉴定人只能根据有限的鉴定材料进行科学的分析和必要的推理,并出具鉴定意见。

无论是加速性损伤还是减速性损伤均可造成着力点的冲击伤和/或着力点对侧的对冲伤,与暴力方式和头颅状态有关。当人处于能活动的静止状态时,颈部能吸收部分打击物的能量,故可减小颅脑的损伤能量,或由于头部摇动延长了作用时间从而使相对作用速度变小,使伤情缓和。当运动的人体撞到较大物体时,在头部受撞击的同时,身体的其他部分还对头部加载,将产生更为严重的颅脑损伤。因此对颅脑损伤的致伤方式需从多方面、多角度科学分析。

该案中,孙某颅脑损伤程度重且广泛,存在左颞骨骨折、左枕骨、左颞顶及左枕部肿胀,说明其暴力作用着力点在左颞顶及左枕部,影像学检查证实,脑损伤主要发生在额叶、右侧颞叶,而着力部位脑损伤程度较轻,属典型的对冲性损伤,符合上述“减速性颅脑损伤”之成伤机制,即:运动着的头颅遭遇一巨大钝性外力(反作用力)形成。结合案情,受撞击后人体突然失去平衡,左颞、枕部着地可以形成,步行过程中自己摔跌难以形成。

## 【评析】

成伤机制是损伤与后果之间比较成熟的理论体系,而导致此后果的具体方式可以有多种方式,具体是哪种方式?需要结合具体的案情加以具体分析,从而得出最符合实际、最接近客观的鉴定意见,以期还原事实真相。实际上还是一种由果索因的鉴定,究竟是一因一果?还是多因一果?还是多因多果?则需要利用医学、法医学及相关学科的专业知识(包括医学影像学、临床医学、运动医学、人体生物力学和法医临床学、法医病理学)作出科学的分析、推断。

**附:颅脑、脊髓及周围神经损伤所涉及《人体损伤致残程度分级》的有关条文**

| | | | |
|---|---|---|---|
| 1 | 5.1.1.1) | 持续性植物生存状态 | 一级 |
| 2 | 5.1.1.2) | 精神障碍或极重度智能减退,日常生活完全不能自理 | 一级 |
| 3 | 5.1.1.3) | 四肢瘫(肌力3级以下)或者三肢瘫(肌力2级以下) | 一级 |
| 4 | 5.1.1.4) | 截瘫(肌力2级以下)伴重度排便功能障碍或重度排尿功能障碍 | 一级 |
| 5 | 5.2.1.2) | 三肢瘫(肌力3级以下) | 二级 |
| 6 | 5.2.1.3) | 偏瘫(肌力2级以下) | 二级 |
| 7 | 5.2.1.4) | 截瘫(肌力2级以下) | 二级 |
| 8 | 5.2.1.5) | 非肢体瘫运动障碍(重度) | 二级 |
| 9 | 5.3.1.2) | 完全感觉性失语或混合性失语 | 三级 |
| 10 | 5.3.1.3) | 截瘫(肌力3级以下)伴排便或排尿功能障碍 | 三级 |
| 11 | 5.3.1.4) | 双手全肌瘫(肌力2级以下),伴双腕关节功能丧失均达75% | 三级 |
| 12 | 5.3.1.5) | 重度排便功能障碍伴重度排尿功能障碍 | 三级 |
| 13 | 5.4.1.3) | 偏瘫(肌力3级以下) | 四级 |
| 14 | 5.4.1.4) | 截瘫(肌力3级以下) | 四级 |
| 15 | 5.4.1.5) | 阴茎器质性勃起障碍(重度) | 四级 |
| 16 | 5.5.1.2) | 完全运动性失语 | 五级 |
| 17 | 5.5.1.3) | 完全性失用、失写、失读或者失认等 | 五级 |
| 18 | 5.5.1.4) | 双侧完全性面瘫 | 五级 |
| 19 | 5.5.1.5) | 四肢瘫(肌力4级以下) | 五级 |
| 20 | 5.5.1.6) | 单肢瘫(肌力2级以下) | 五级 |
| 21 | 5.5.1.7) | 非肢体瘫运动障碍(中度) | 五级 |

续表

| | | | |
|---|---|---|---|
| 22 | 5.5.1.8) | 双手大部分肌瘫(肌力 2 级以下) | 五级 |
| 23 | 5.5.1.9) | 双足全肌瘫(肌力 2 级以下) | 五级 |
| 24 | 5.5.1.10) | 排便伴排尿功能障碍,其中一项达重度 | 五级 |
| 25 | 5.6.1.3) | 尿崩症(重度:每日尿量在 10000ml 以上) | 六级 |
| 26 | 5.6.1.4) | 一侧完全性面瘫 | 六级 |
| 27 | 5.6.1.5) | 三肢瘫(肌力 4 级以下) | 六级 |
| 28 | 5.6.1.6) | 截瘫(肌力 4 级以下)伴排便或排尿功能障碍 | 六级 |
| 29 | 5.6.1.7) | 双手部分肌瘫(肌力 3 级以下) | 六级 |
| 30 | 5.6.1.8) | 一手全肌瘫(肌力 2 级以下),伴相应腕关节功能丧失 75% 以上 | 六级 |
| 31 | 5.6.1.9) | 双足全肌瘫(肌力 3 级以下) | 六级 |
| 32 | 5.6.1.10) | 阴茎器质性勃起障碍(重度:阴茎无勃起反应,阴茎硬度及周径均无改变) | 六级 |
| 33 | 5.7.1.2) | 不完全感觉性失语 | 七级 |
| 34 | 5.7.1.3) | 双侧大部分面瘫 | 七级 |
| 35 | 5.7.1.4) | 偏瘫(肌力 4 级以下) | 七级 |
| 36 | 5.7.1.5) | 截瘫(肌力 4 级以下) | 七级 |
| 37 | 5.7.1.6) | 单肢瘫(肌力 3 级以下) | 七级 |
| 38 | 5.7.1.7) | 一手大部分肌瘫(肌力 2 级以下) | 七级 |
| 53 | 5.9.1.8 | 严重影响阴茎勃起功能 | 八级 |
| 54 | 5.9.1.9) | 轻度排便或排尿功能障碍 | 八级 |
| 55 | 5.10.1.2) | 颅脑损伤后遗脑软化灶形成,伴有神经系统症状或体征 | 九级 |
| 56 | 5.10.1.3) | 一侧部分面瘫 | 九级 |
| 57 | 5.10.1.4) | 嗅觉功能完全丧失 | 九级 |
| 58 | 5.10.1.5) | 尿崩症(轻度:每日尿量在 2500 ~ 5000ml) | 九级 |
| 59 | 5.10.1.6) | 四肢重要神经损伤,遗留相应肌群肌力 4 级以下 | 九级 |
| 60 | 5.10.1.7) | 影响阴茎勃起功能 | 九级 |
| 61 | 5.10.1.8) | 开颅术后 | 九级 |

## 参考文献


[1]王忠诚.王忠诚神经外科学[M].2 版.武汉:湖北科学技术出版社,2015.

[2]夏晴.四肢长骨和手足骨成伤机制及致伤方式推断的探讨[C].济宁:法医临床鉴定实务培训暨研讨,2023.

[3]夏文涛.人体损伤程度鉴定的因果关系及其在鉴定意见中的规范化描述[J].法医学杂志,2023,39(4).

# 第二章

## 头面部损伤

# 案例 1：面部损伤致张口受限

**关键词**:法医学鉴定;头面部损伤;张口受限

## 一、案历资料

### (一)简要案情

被鉴定人,男,32 岁。2018 年 12 月 16 日因车祸致伤头面部,短暂意识丧失。醒后感伤处疼痛,急入医院治疗。行"下颌骨骨折切开内固定 + 颌间牵引术"。

### (二)病历摘要

住院日期:2018 年 12 月 16 日至 2019 年 1 月 7 日。

入院时情况:额部皮肤擦伤,左眼部肿胀,皮下淤血,眼结膜充血。下颌部肿胀畸形,张口困难,咬合关系差。口腔内探查见:41、42 之间开放性骨折,断端错位明显,出血较多,上唇部肿胀明显,表面皮肤擦伤,伴渗血……

影像学检查情况:

2018 年 12 月 16 日下颌骨 CT 平扫示:左侧上颌骨额突见线状骨折线,下颌骨体部见纵向骨折线,断端分离移位(图 2 - 1 - 1A、B),周围软组织见多发积气。右侧下颌头、下颌颈骨折;下颌头向前明显移位,游离于颞颌关节外(图 2 - 1 - 2C、D)。

入院诊断:①下颌骨骨折;②左眶内侧壁骨折;③额面部皮肤擦伤。

入院后完善辅助检查后行"下颌骨骨折切开内固定 + 颌间牵引术"。伤情稳定后出院。

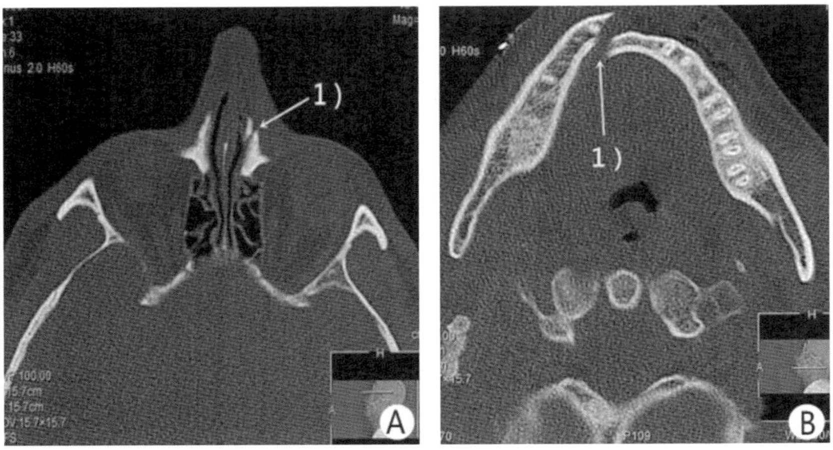


**图 2-1-1　2018 年 12 月 16 日下颌骨 CT 图像**

A:轴位骨窗,左侧上颌骨额突骨折。B:轴位骨窗,下颌骨体部骨折并分离、移位。

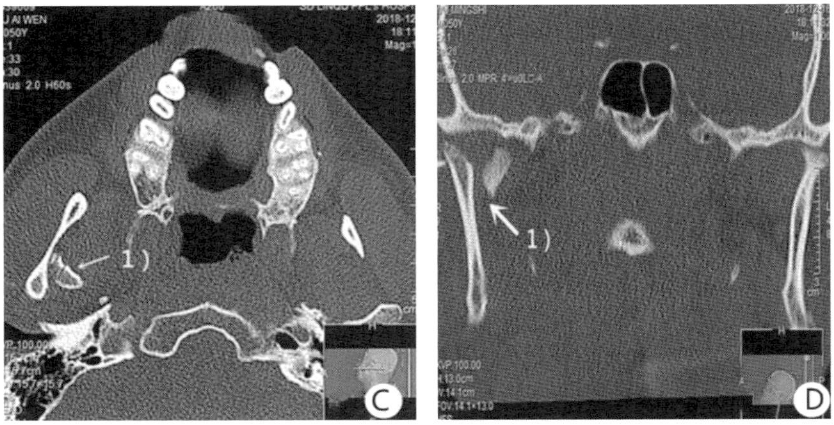


**图 2-1-2　2018 年 12 月 16 日下颌骨 CT 图像**

C:轴位骨窗。D:冠状位骨窗,右侧下颌骨髁突骨折并移位,游离于颞颌关节外。

## 二、法医学鉴定

### (一)鉴定过程

**1. 检验日期**

2019 年 6 月 18 日。

**2. 体格检查**

青年男性,神清语明,查体合作。下唇可见 1.5cm 瘢痕,张口受限。尽力张口时,上、下切牙间仅可勉强置入垂直并列之食指和中指（检查时被告在场）。心肺腹无异常，脊柱四肢正常。

3. **影像学复查**

2019 年 6 月 18 日下颌骨 CT 平扫示：下颌骨骨折内固定术后；下颌骨体部见骨折线影，内固定在位。下颌骨右侧髁突骨折并游离，右侧颞下颌关节间隙明显增宽（图 2－1－3E、F）。

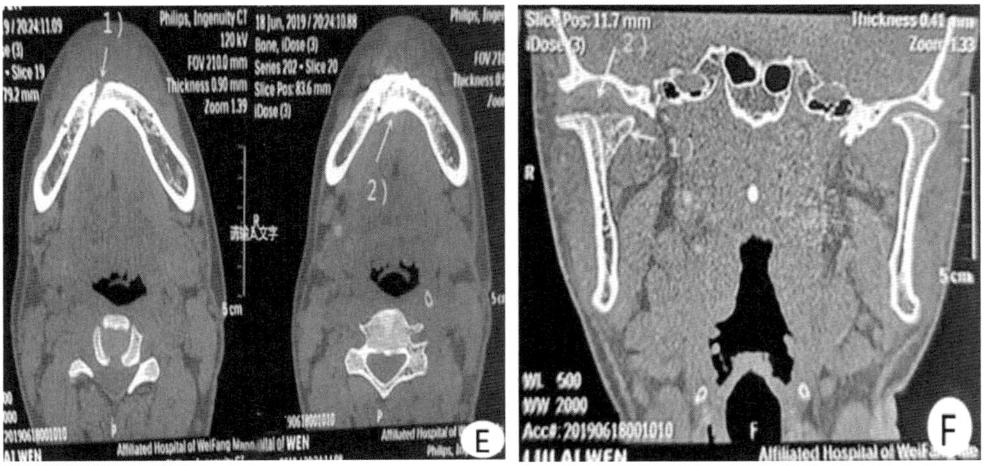


**图 2－1－3　2019 年 6 月 18 日下颌骨 CT 图像**

E：轴位，下颌骨体部骨折术后半年复查，见骨折线影 1）；内固定在位 2）。F：冠状位，下颌骨右侧髁状突骨折并畸形愈合 1）；右侧颞下颌关节间隙明显增宽 2）。

### （二）鉴定意见

被鉴定人因车祸致面部皮肤擦伤、下颌骨骨折，左眶内侧壁骨质属实，已达临床治疗终结。被鉴定人右侧下颌头、颈骨折并颞颌关节脱位，虽经手术治疗，经 CT 检查示：下颌骨体部骨折愈合欠佳。右侧颞下颌关节间隙增宽，髁突变扁并游离，张口受限。尽力张口时仅能置入垂直并列之食指与中指，为轻度张口受限，根据《人体损伤致残程度分级》5.10.2.27）条之规定，属十级残疾。

## 三、讨论

颞下颌关节由下颌骨髁突、颞骨关节面、居于二者之间的关节盘、关节周围的关节囊和关节韧带（颞下颌韧带、蝶下颌韧带、茎突下颌韧带）所组成。通过颞下颌关节的运动可完成正常的张口、闭口。

张口受限的原因很多,张口受限可以是许多疾病的并发症。法医鉴定中常见的导致张口受限的原因主要有以下几个方面:①神经、肌肉损伤,比如,咬肌、颞肌、翼内肌损伤,或者支配这些肌肉的神经损伤。②颞下颌关节韧带损伤。③颞下颌关节盘不可复性移位。④下颌骨髁状突骨折。⑤颧骨、颧弓骨折。CT 检查可明确骨折的部位、性质,MRI 检查可对颞下颌关节的韧带、咀嚼肌损伤情况作出判断。

本案例属于外伤导致右侧髁状突骨折引起的右侧颞下颌关节正常关系破坏从而导致伤者张口受限。伤后 CT 检查及手术记录均支持上述观点。

## 【评析】

被鉴定人张口受限的检查具有一定的主观性,即:有控制自己张口程度的能力。有时不排除伪装的可能。因此,认定伤者张口活动受限必须具有损伤基础并检查功能恢复情况,影像学检查在其中起到关键作用。本案评定十级残疾没有争议,不足之处缺乏 MRI 检查。

张口活动的发生机制及常见原因:司法部司法鉴定管理局、最高人民法院《〈人体损伤致残程度分级〉实用指南》对张口受限的发生机制、鉴定要点作了较为详尽的叙述。值得学习、借鉴。在此,不再赘述。

**附:张口受限分度(表 2-1-1)**[1]

**表 2-1-1　张口受限分度**

| |
|---|
| a):张口受限Ⅰ°,尽力张口时,上下切牙间仅勉强置入垂直并列之食指和中指(十级残疾) |
| b):张口受限Ⅱ°,尽力张口时,上下切牙间仅置入垂直之食指(九级残疾) |
| c):张口受限Ⅲ°,尽力张口时,上下切牙间距小于之食指之横径(八级残疾) |

## 参考文献

[1]最高人民法院 最高人民检察院 公安部 国家安全部 司法部关于《人体损伤致残程度分级》的公告[S].2016:24.

# 案例2：颅脑外伤致视觉功能障碍法医学鉴定1例

**关键词**:法医临床学;视神经管;视觉功能障碍

## 一、案例资料

### (一)简要案情

被鉴定人,男,55岁。2017年10月12日因交通事故致伤头面部;当即短暂意识丧失,醒后不能回忆受伤经过,右眼视物不能。急入院行"颅脑、眼眶CT"检查:右额颞顶硬膜下血肿、蛛网膜下腔出血、右额叶脑挫裂伤、颅内积气;右侧额骨、上颌骨、双侧鼻骨及右侧额突、蝶骨、眶内壁多发骨折并筛窦、蝶窦积液(积血)。住院治疗27天出院。感觉右眼视力丧失,先后多次到专科医院检查治疗。审判庭委托鉴定机构鉴定伤残等级。

### (二)病历摘要

#### 1. 住院病历摘要

住院日期:2017年10月12日至11月9日。

入院时情况:2小时前因车祸伤及头部等处,当时有短暂意识丧失,具体时间不详,醒后感头痛、头晕,头部流血;无胸腹痛,无呼吸困难及肢体抽搐。查体:神志清,精神差,右额部两处约3cm头皮挫裂伤,右眼周肿胀青紫,左瞳孔直径约2mm,对光反应正常;右侧瞳孔散大,直径约4mm,对光反应消失,右眼视物不能;右鼻腔少量新鲜不凝血。颈软,无抵抗,胸腹部无异常,四肢活动自如。双侧巴氏征(-)。

2017年10月12日颅脑及眶部CT检查示:右额颞顶部内板下见新月形高密度影,右额叶斑点状高密度影;右侧侧裂池、纵裂池内高密度影,右侧脑室受压变窄,右额部见气体影,右侧额骨、蝶骨、眶内壁见多发骨折线,筛窦、蝶窦内见高密度影(图2-2-1)。

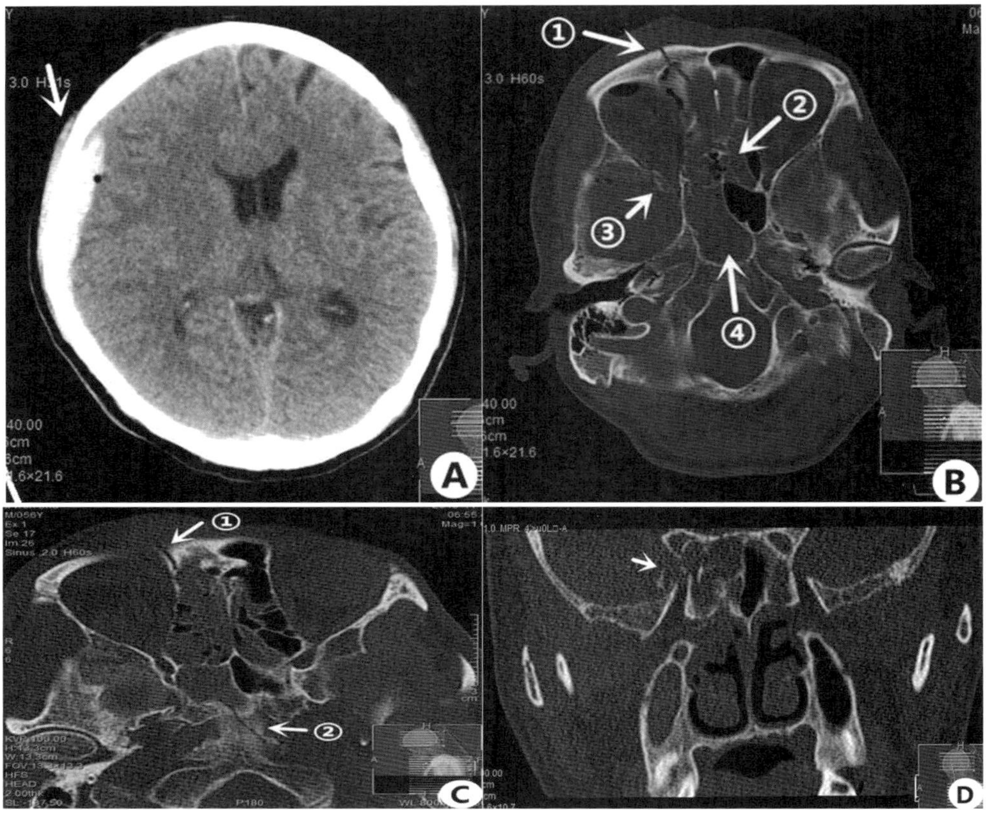


**图 2-2-1　2017 年 10 月 12 日颅脑及眶部 CT 检查图像**

A:右额颞顶硬膜下血肿、颅内积气。B:①额骨骨折;②筛窦积液(血);③蝶骨骨折累及视神经;④蝶窦积液(血)。C:①额骨骨折;②蝶骨体部骨折。D:右视神经管骨折。

2017 年 10 月 25 日右眼底照相:右眼黄斑正常,视网膜血管走行正常,视盘边界清,色淡。

2017 年 10 月 25 日眼科会诊情况:OD,NLP,眼压 Tn,双眼上睑皮下淤血,右侧重,右眼上睑中度下垂,右眼瞳孔散大,直接、间接对光反应消失;眼底查见视乳头色淡。考虑:右动眼神经损伤;右视神经损伤。

诊断:①右额颞顶硬膜下血肿;②右额叶脑挫裂伤;③蛛网膜下腔出血;④多发颅骨骨折;⑤右眼视神经、动眼神经损伤;⑥左眼转动受限。

诊疗经过:入院后完善辅助检查,给予对症、支持治疗。并于 2017 年 11 月 8 日复查眶部 CT 示:右眶壁骨折。支持右眼视神经、动眼神经损伤。病人自动要求出院。

2018 年 5 月 8 日右眼底照相,OD,黄斑区未见异常;血管走形可,视乳头苍白(图 2-2-2A、文末彩图 2-2-2A)。

2018 年 8 月 10 日左眼底照相，OS，黄斑区未见异常，血管走形可，视乳头色淡（图 2－2－2B、文末彩图 2－2－2B）。

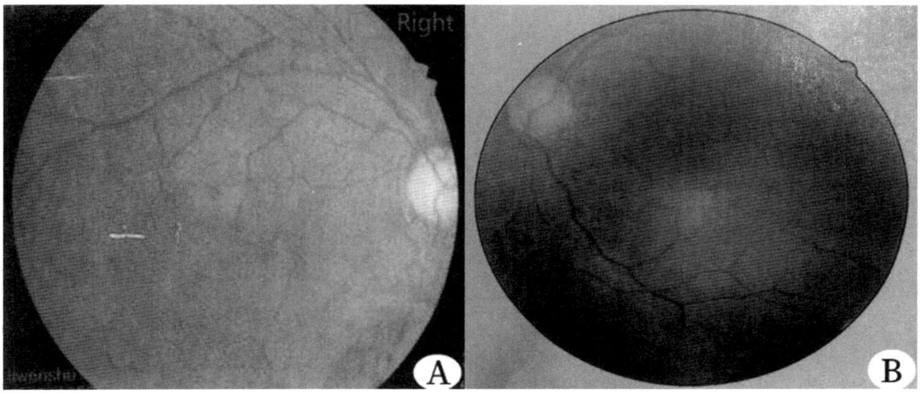


**图 2－2－2　双眼眼底照相图**

A：2018 年 5 月 8 日右眼底照相，视盘苍白，边界清，血管走行大致正常。B：2018 年 8 月 10 日左眼底照相，视盘色淡，边界清，血管走行大致正常。

2018 年 5 月 8 日双眼 PVEP 检查示：右眼 1.0deg 模式未引出 P 波，左眼 1.0deg 模式潜伏时延长，振幅降低；双眼 15min 模式未引出 P 波（图 2－2－3）。

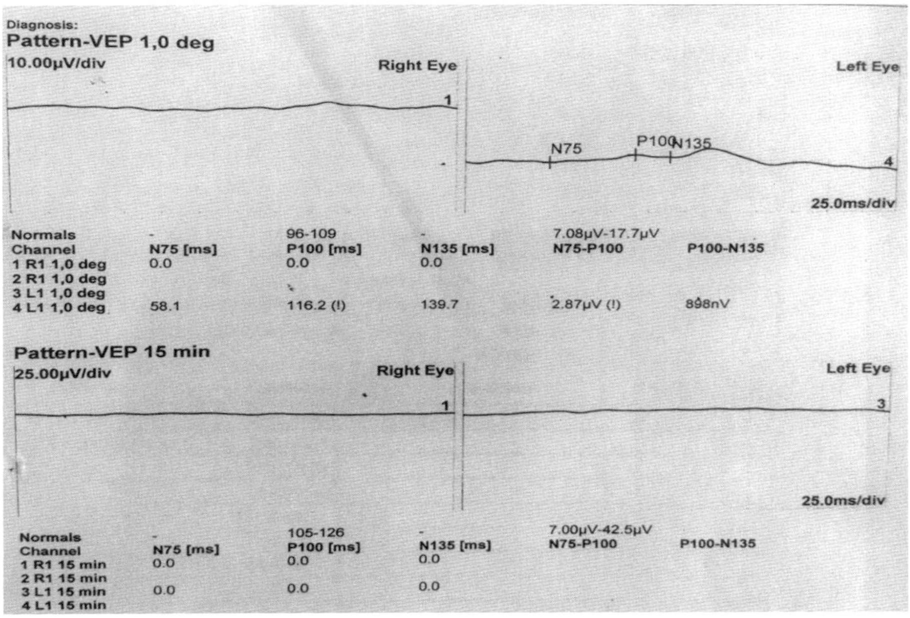


**图 2－2－3　2018 年 5 月 8 日双眼 PVEP 检查图**

右眼 1.0deg 模式未引出 P 波，左眼 1.0deg 模式潜伏时延长，振幅降低；双眼 15min 模式未引出 P 波。

2.2018 年 8 月 10 日眼科复查及 VEP 检查情况

OD,NLP;OS,0.12。车祸伤后右眼视物不见、双眼转动受限 9 个月。查体:右眼上睑下垂,遮盖瞳孔约 2/3,右眼角膜透明,前房适中,瞳孔直径约 4mm,对光反射消失,晶体轻混浊,玻璃体轻混,眼底见视盘色苍白,界清,c/d = 1.0,网膜平复在位。左眼上睑略下垂,角膜透明,前房适中,瞳孔直径约 2mm,对光反射迟钝,晶体轻混浊,玻璃体轻混,眼底见视盘色淡,界清,c/d = 0.8,网膜平复在位。

2018 年 8 月 10 日双眼 P-VEP 检查示:右眼 1.0deg 及 15min 均未引出波形;左眼 1.0deg 及 15min P100 波均明显下降(图 2-2-4)。

2018 年 8 月 10 日双眼闪光 VEP(F-VEP)检查示:右眼未引出明显 P2 波,左眼 P2 波幅明显减低(图 2-2-5)。

诊断:①双眼视神经萎缩;②右上睑下垂。

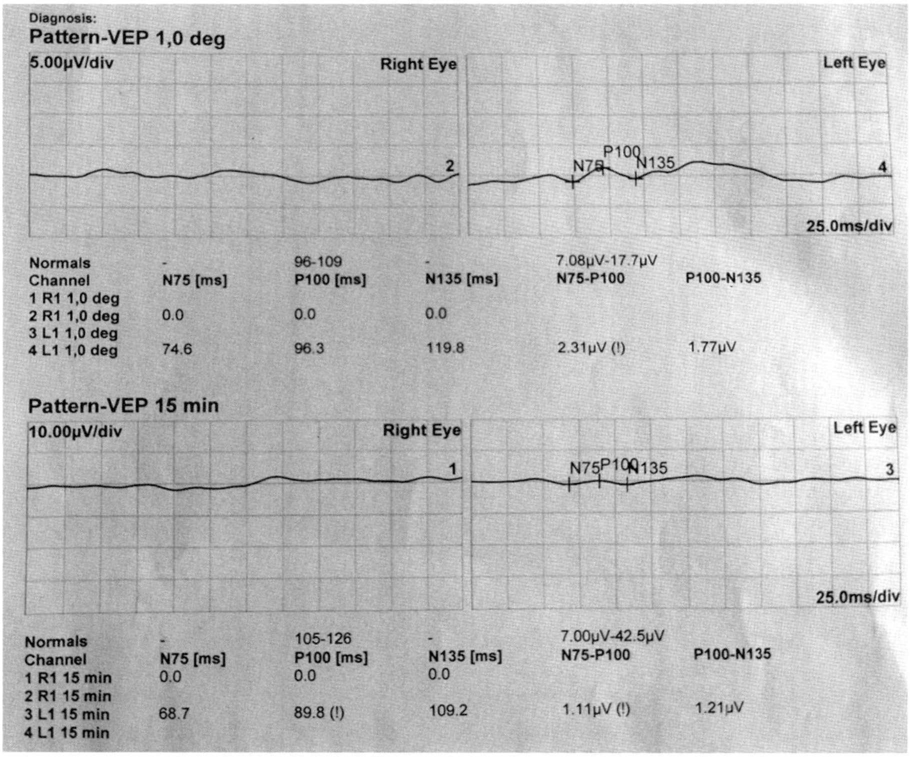


**图 2-2-4 2018 年 8 月 10 日双眼 P-VEP 检查图**

右眼未引出确定波形;左眼 P100 波振幅明显下降。提示:右眼视力丧失;左眼视力下降。

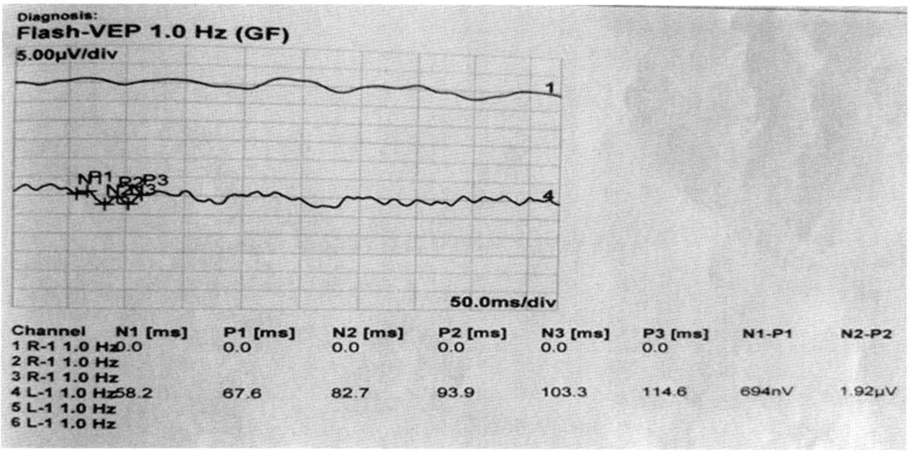


**图 2-2-5　2018 年 8 月 10 日双眼 F-VEP 检查图**

右眼未引出明显 P2 波，左眼 P2 波幅明显减低。支持右眼 NLP，左眼中(重)度视力损害。

## 二、法医学鉴定

### (一) 鉴定过程

**1. 检验日期**

2018 年 10 月 11 日。

**2. 被鉴定人自述**

感头痛、头晕，记忆力减退；右眼视物不能。

**3. 体格检查**

中年男性，神清，精神差，反应迟钝。右侧眼睑下垂，双眼眼压 Tn；V：NLP；0.12－。右眼角膜透明，对光反射消失，晶体轻度混浊，视乳头苍白，边界清。左眼角膜透明，对光反射迟钝，晶体轻度混浊，视乳头色淡，边界清。四肢肌力 5 级，生理反射正常。病理征(－)。

### (二) 鉴定意见

被鉴定人因交通事故致双眼损伤，右眼无光感，左眼中度视力损害，根据《人体损伤致残程度分级》5.5.2.2)条规定,评定为五级伤残。右眼上睑下垂,遮盖部分瞳孔,评定为十级伤残。

## 三、讨论

视神经损伤常见于头部外伤之后,视神经可被切断,但最常见的损伤是鞘间隙内或视神经本身的出血。其病变与脑白质受伤相同,即急性坏死,神经轴被破坏,髓鞘破裂,……,最后视神经萎缩、变细、变软,呈灰色[1]。

视神经萎缩临床上根据眼底表现,分为原发性和继发性视神经萎缩两大类:原发性视神经萎缩,为筛板后的视神经、视交叉、视束以及外侧膝状体的视路损害所致,其萎缩过程是下行的。视盘色淡或苍白,边界清楚,视杯可见筛孔,视网膜血管一般正常。继发性视神经萎缩,原发病变在视盘、视网膜、脉络膜,其萎缩过程是上行的,视盘色灰白、晦暗,边界模糊不清,生理凹消失。视网膜动脉变细,血管伴有白鞘[2]。

本案例中,被鉴定人颅脑损伤严重,伤后 CT 示:右侧额骨、蝶骨、眶内壁见多发骨折线,右视神经管粉碎骨折(图 2-2-1B、D),根据眼科检查情况分析:右眼视神经萎缩,最终导致右眼盲目 5 级(NLP),属外伤(颅底骨折)致视神经原发性损伤所致。同时,该损伤暴力程度较重,尤其是蝶骨体(图 2-2-1C)及眶内壁的骨折可导致左侧视神经挫伤、视神经萎缩。2018 年 8 月 10 日专科检查显示,左眼视神经萎缩导致左眼中度视力损害(0.12),眼底照相、视觉电生理检查(P-VEP、F-VEP)与左眼视盘 OCT 检查(RNFL 明显变薄)(图 2-2-6)及视野呈向心性缩小均支持左视神经损伤。故据《人体损伤致残程度分级》5.5.2.2)条评定五级残疾。

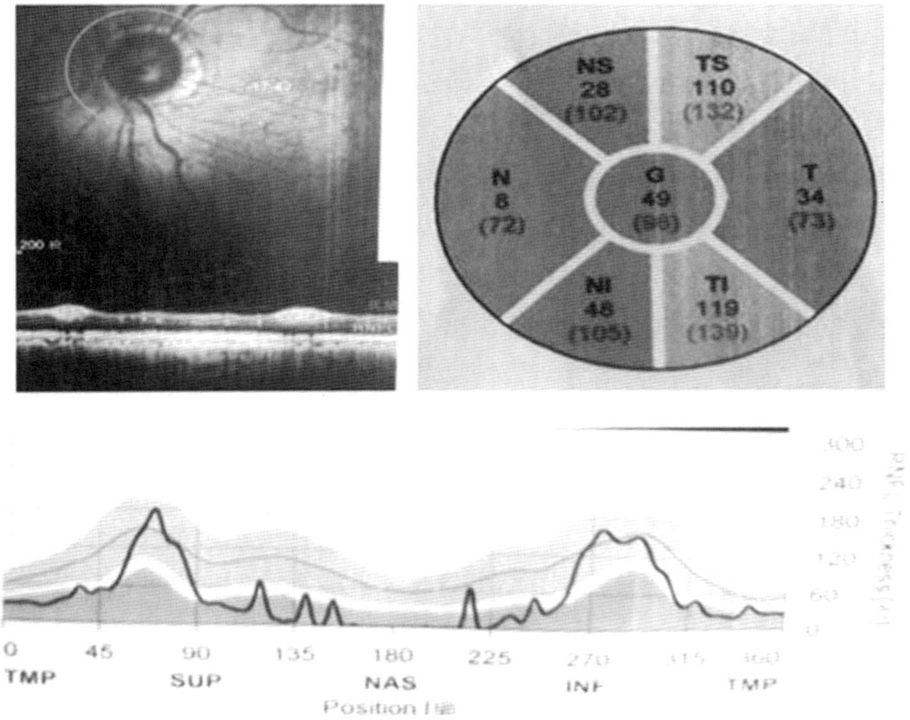


**图 2 –2 –6　2018 年 8 月 10 日左眼视盘 OCT 检查图像(见文末彩图 2 –2 –6)**

## 【评析】

视神经的损伤分为直接性外伤和间接性外伤。直接性外伤比较容易理解,比如:眶部或颅底骨折,破碎的骨片直接损伤视神经。伤后可立即失明,伴或不伴眼底改变。间接性损伤多见于猛烈的头部外伤,最多见的部位是视神经颅内段和管内段,外力的牵拉导致神经轴索受损、坏死。

视神经损伤的直接后果是视神经萎缩。临床检查显示:视乳头颜色变淡或苍白。伤者表现为视力丧失,轻者可保留一定视力。随着医学科学的飞速发展,像眼底照相、眼底荧光素血管造影(FFA)、视觉诱发电位、OCT 等客观检查可为明确诊断,为准确评定伤残等级提供强有力的证据支持。

该案比较肯定地认定右眼视神经萎缩与外伤有直接关系的一个重要原因是:鉴定人通过审阅伤者伤后 CT 原片,右视神经管骨折直接伤及视神经,再一次显示出影像学在法医鉴定中的重要作用。

该案第一次鉴定仅根据右眼 NLP，评定为七级伤残，把左眼视力减低排除在外。当事方不服提出重新鉴定，第二次鉴定分析认为，左眼损伤、视力下降与本次外伤有关，评定为五级伤残。左眼视神经萎缩诊断没有问题，关键是该损伤与本次外伤是否有直接关系？笔者认为，导致左眼视神经萎缩的证据不是很充分（没有伤后 1 个月之内眼底检查、眼底照相、OCT 检查等）的原因在于：一是颅脑损伤严重，专注于颅脑损伤的救治忽视了左眼损伤的检查；二是眶骨骨折主要在右侧。尽管如此，不能排除左眼视神经萎缩与本次外伤的关系，一是颅底、眶部多发骨折，尤其是蝶骨体部骨折可引起左眼视神经的挫伤、视神经萎缩；二多次眼底检查及眼底照相所显示的视乳头的动态变化支持与本次外伤有直接关系。因此笔者认为宜按五级伤残评定，可以商榷。

## 参考文献

[1] 刘家琦，李凤鸣. 实用眼科学[M]. 3 版. 人民卫生出版社，2019：66.
[2] 赵堪兴，杨培增. 眼科学[M]. 8 版. 人民卫生出版社，2014：236.

# 案例3：一眼视力障碍伤病关系分析

关键词：法医临床学；视力障碍；伤病关系

## 一、案例资料

### （一）简要案情

被鉴定人，男，35 岁。2018 年 7 月 2 日因交通事故致伤头面部，当即意识丧失，持续 1 分钟，醒后不能回忆受伤经过。急入院行“颅脑、眼眶 CT”，未见明显异常。行“右睑裂伤清创缝合”。住院治疗 11 天。审判庭委托鉴定机构对右眼视觉功能障碍与本次外伤的关系进行鉴定。

### （二）病历摘要

头面部伤后急入院行“右睑裂伤清创缝合”。感右眼视物不清，眼红、眼痛。专科检查：青年男性，发育正常，营养良好，VA，OD：CF/20cm，矫正无助；OS：1.0，矫正无助；IOP，OD：19mmHg，OS：19mmHg；右眼角膜透明，前房中深，房水清，KP（－），Tyndall（－）；晶状体密度高，玻璃体轻度混浊；视盘界清色可，C/D 约 0.3，视网膜平复，黄斑区视网膜萎缩，黄斑中心凹反光未见。左眼角膜透明，前房中深，房水清，KP（－），Tyndall（－）；晶状体密度高，玻璃体轻度混浊；视盘界清色可，C/D 约 0.3，视网膜平复，黄斑中心凹反光未见。

诊疗过程：抗感染、改善循环、营养神经，扩血管等对症治疗。

出院检查：双眼专科情况同入院时无变化。

出院诊断：①眼球钝挫伤；②外伤性视神经病变；③眼睑裂伤缝合术后。

2018 年 7 月 6 日 OCT 示：右眼黄斑中心凹视网膜明显萎缩、黄斑前膜；左眼黄斑中心凹视网膜正常（图 2－3－1、文末彩图 2－3－1）。

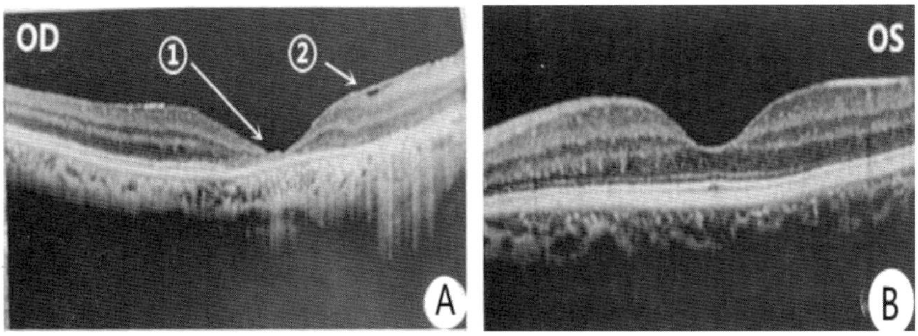


**图 2－3－1　2018 年 7 月 6 日双眼 OCT 图像**

A:①右眼黄斑中心凹视网膜内、外层均变薄,rPE/脉络膜反射信号不规则;②黄斑前膜。B:左眼黄斑中心凹视网膜正常。

2018 年 7 月 6 日眼底照相示:右眼黄斑区变性改变,显示团片状瘢痕;左眼无异常。2019 年 7 月 6 日静态视野检查示:右眼中心视野及鼻下侧视野缺失(图 2－3－2、文末彩图 2－3－2)。

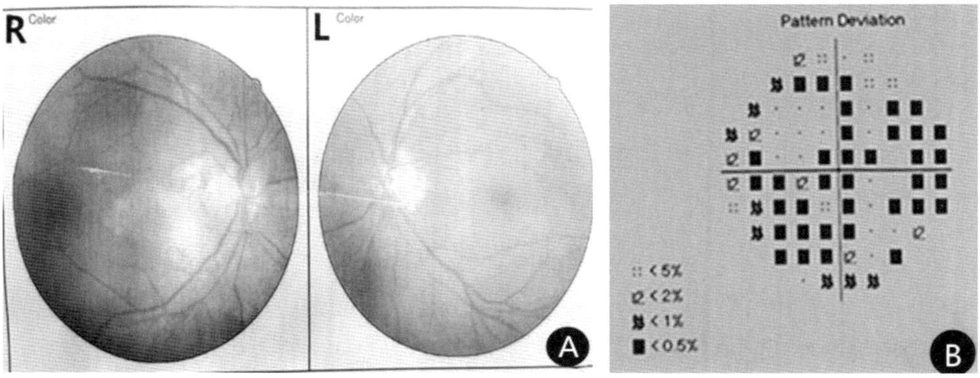


**图 2－3－2　2018 年 7 月 6 日双眼眼底照相图及计算机静态视野检查图**

A:眼底照相示:右眼视盘周围及黄斑区团片状瘢痕。B:右眼中心视野及鼻下侧视野缺失。

## 二、法医学鉴定

### (一)鉴定过程

**1. 检验日期**

2019 年 3 月 30 日。

**2. 专科检查**

青年男性,神志清,精神可。头颅无畸形,双眼睑裂等大;无上睑下垂,无斜视、复视,双侧眼球活动正常，双侧瞳孔直径3mm，左眼直接、间接对光反射正常，右眼直接对光反射迟钝，间接对光反射灵敏。左眼视力正常，右眼CF/30cm，矫正无助。对比法视野检查，OD中心及鼻下侧视野缺失；OS视野无异常。双眼压正常；右眼角膜透明，前房中深，房水清，KP(－)，Tyndall(－)；晶状体密度高，玻璃体轻度混浊；视盘界清色可，C/D约0.3，视网膜平复，黄斑区视网膜萎缩，黄斑中心凹反光未见。左眼角膜透明，前房中深，房水清，KP(－)，Tyndall(－)；晶状体密度高，玻璃体轻度混浊；视盘界清色可，C/D约0.3，视网膜平复，黄斑中心凹反光可。

3. **特殊检查**

2019年3月30日OCT示：右眼黄斑中心凹视网膜较左眼明显萎缩(图2－3－3A、B)。

2019年3月30日P-VEP检查：右眼P100峰值较左眼明显减低(图2－3－4)。

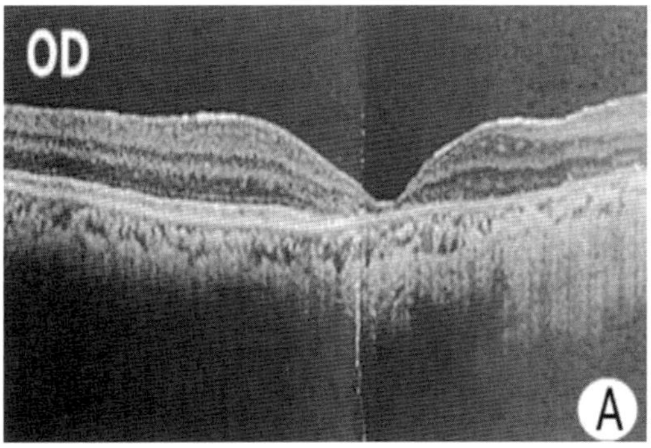


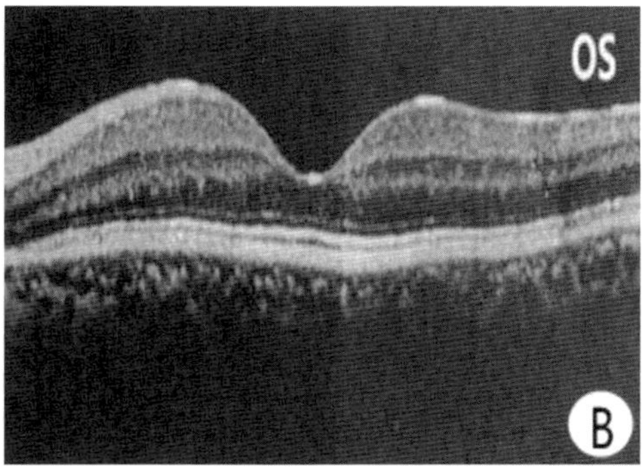


**图2－3－3　2019年3月30日双眼黄斑OCT图像与伤后OCT检查比对无变化**

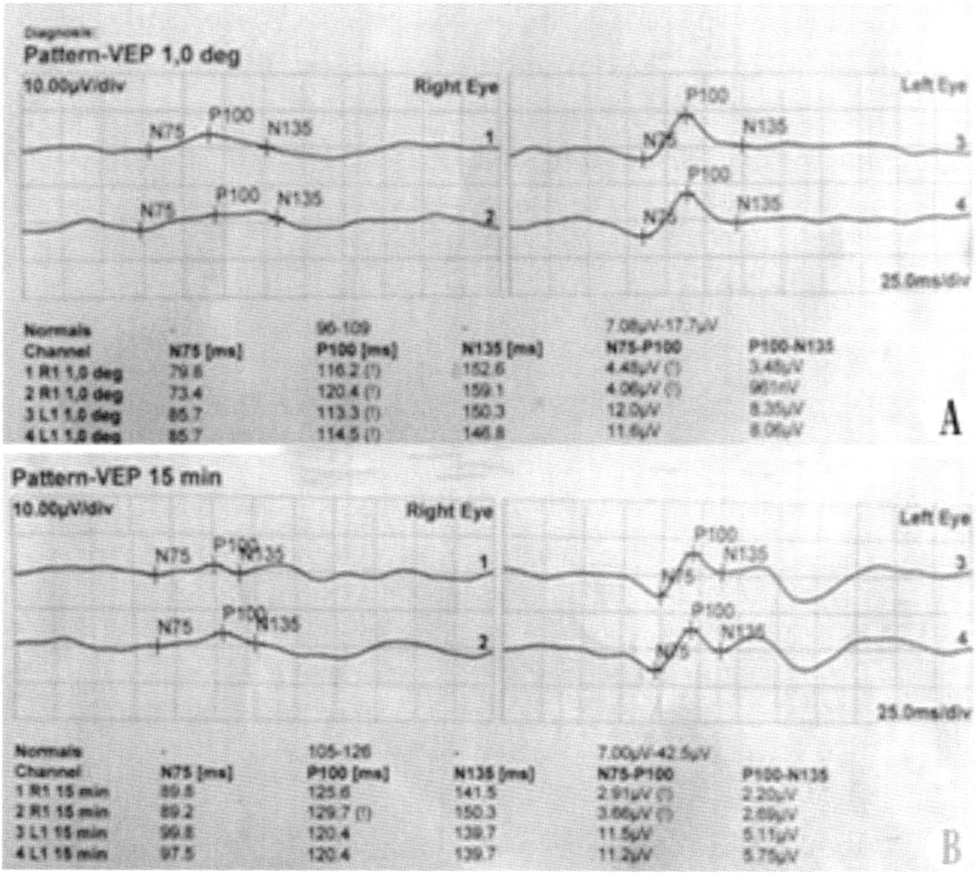


**图 2-3-4　2019 年 3 月 30 日右眼 P-VEP 检查图**

右眼 1.0deg 与 15min P-VEP 检查均示：P100 峰值明显减低。左眼正常。

(二)鉴定意见

根据损伤经过，医院病历及检查，该损伤致右眼钝挫伤，右眼睑裂伤属实。右眼视力 CF/30cm，部分视野缺损属实，与客观检查相吻合，但不属于本次外伤所致，属本身固有疾病或原有损伤所致，与本次外伤无关。

## 三、讨论

被鉴定人伤后右眼裂隙灯检查，前房、晶状体、玻璃体均未见明显异常。视网膜 OCT 检查，未见外伤性改变，黄斑区中心凹视网膜明显萎缩，但未见出血、渗出、裂孔、脱离等外伤性改变。

视网膜萎缩一般见于各种视网膜疾病的终末期，如年龄相关性黄斑病变（AMD）、糖尿病视网膜病变、视网膜色素变性等。眼底照相视盘周围及黄斑区团片状瘢痕与本次外伤不符。分析认为属于自身固有疾病或原有外伤所致。2019 年 3 月 30 日视网膜 OCT 复查与外伤后 OCT 检查几无任何改变（图 2－3－5）。

视觉诱发电位是受闪光或图形刺激后在枕叶视皮层诱发出的电活动。视皮层外侧纤维主要来自黄斑区，因此，VEP 也是判断黄斑功能的一种方法。[1]

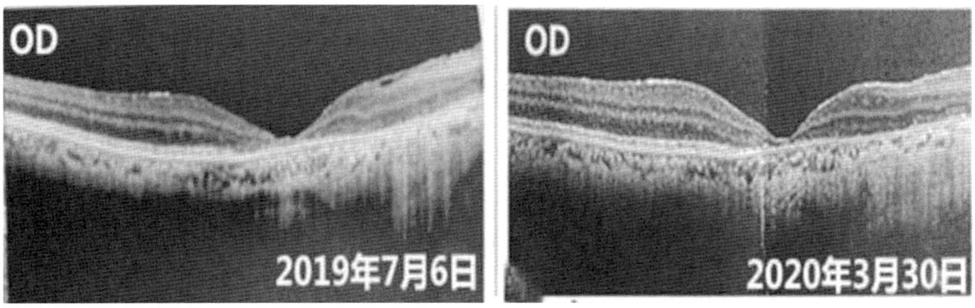


**图 2－3－5　不同时间节点黄斑 OCT 图像比较**

2019 年 7 月 6 日、2020 年 3 月 30 日两次 OCT 检查表现一致，无动态改变。

右眼 1.0deg 与 15min P-VEP 检查均示：P100 峰值明显减低，而视盘 OCT 检查示：视乳头及视神经正常（图 2－3－6、文末彩图 2－3－6），说明病变在黄斑部位，而上述不同时间节点黄斑 OCT 检查无改变证实该伤者右眼眼底异常（黄斑中心凹视网膜萎缩）与本次外伤无关，对其视力下降所致残疾不予认定。

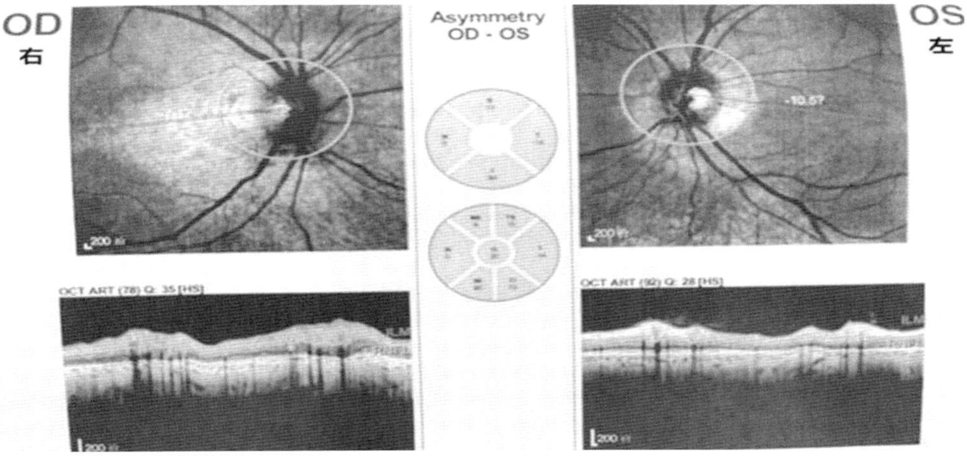


**图 2－3－6　2019 年 3 月 30 日双眼视盘 OCT 检查图像**

双眼视盘 OCT 示内界膜与神经纤维层正常。

## 【评析】

影响被鉴定人视力的原因为黄斑中心凹视网膜萎缩。视网膜萎缩的形成是一个慢性演变的过程,可谓“冰冻三尺非一日之寒”。而被鉴定人伤后检查即证实黄斑区视网膜萎缩的存在,动态检查几无改变,右眼 OCT 黄斑前膜也支持陈旧性眼底疾病。故认定本次外伤与视觉功能障碍无直接因果关系。

回访情况:鉴定一年半(2020 年下半年)以后对伤者进行回访,视力与鉴定时相一致,右眼黄斑区视网膜明显萎缩,视觉诱发电位检查(2020 年 6 月 29 日)与 2019 年 3 月 30 日检查基本一致。

### 参考文献

[1]赵堪兴,杨培增.眼科学[M].8 版.北京:人民卫生出版社,2014:47.

# 案例4：颅脑损伤致中度听力障碍

**关键词**：法医临床学；颅脑损伤；听力障碍

## 一、案例资料

### （一）简要案情

被鉴定人，女，53岁。2018年3月19日因车祸致伤头部，当即出现呕吐伴左侧肢体活动不灵，小便失禁，意识障碍。入院完善各种检查后，行“右侧颅内血肿清除+去骨瓣减压术”。住院治疗52天。自述头痛、头晕，双耳听力下降。

### （二）病历摘要

住院日期：2018年3月19日至5月10日。

入院时情况：因车祸致头部损伤。查体：中年女性，昏迷状，GCS6分。右侧瞳孔直径约6mm，光反射消失，左侧瞳孔直径约3mm，光反射测不清，右眼周围肿胀，球结膜出血水肿，颈部抵抗感（+）。双肺呼吸音粗，左侧肢体肌力0级，右侧2~3级，双侧巴氏征未引出。

入院诊断：①脑疝；②硬膜外血肿（右额颞顶）；③脑干损伤；④脑挫裂伤；⑤蛛网膜下隙出血；⑥颅骨骨折（右颞顶开放性）；⑦颅底骨折并脑脊液漏；⑧面颅骨骨折；⑨头皮血肿；⑩头皮裂伤；⑪视神经损伤；⑫肺挫伤。

治疗经过：入院后于2018年3月19日行右侧颅内血肿清除+去骨瓣减压术。术中于右颞部开骨窗，清除血肿彻底止血，剪开硬脑膜，见硬膜下少量出血，广泛蛛网膜下腔出血，额颞叶脑皮层多处挫裂伤，去骨瓣减压。经对症支持治疗，病情稳定出院。

出院情况：神志清，精神可，右瞳孔4mm，能视物，光反应迟钝，左侧瞳孔直径2mm，光反射正常。头部刀口愈合良好，左侧肢体肌力2~4级，右侧肢体肌力5级，肌张力正常。双耳听力下降。

影像学检查情况：2018年3月19日颅脑CT检查示：颅内可见多发积气，脑干受压、密度明显减低，周围脑池闭塞。右侧蝶骨可见多发骨质不连续表现，右侧蝶窦、鼻腔高密度影。右侧额颞顶部颅骨下可见弧形高密度影。右侧侧脑室受压变窄,中线结构向左移位。右侧额、颞骨可见骨质不连续表现,断端错位。右侧额颞顶部头皮血肿(图2-4-1A、B)。

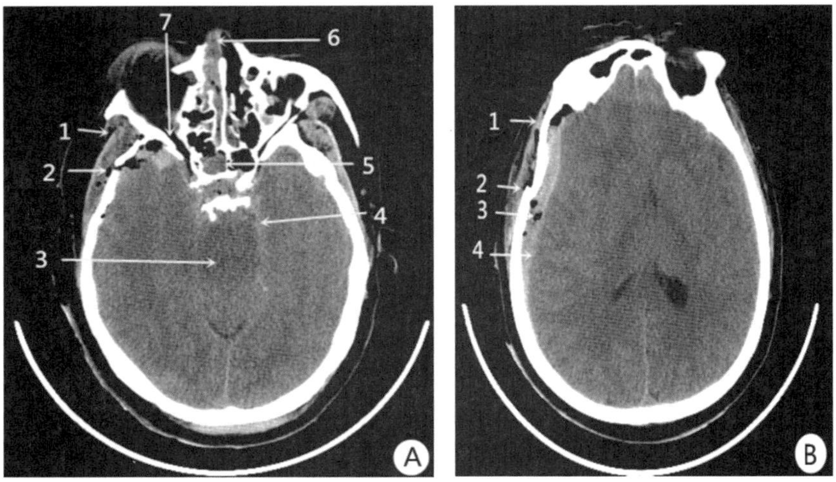


**图2-4-1　2018年3月19日颅脑CT图像**

A:蝶鞍层面,1:右侧额颞顶部头皮下血肿;2:右侧颞骨骨折;3:脑干受压,密度减低;4:周围脑池闭塞;5、6:右侧蝶窦、鼻腔积液;7:右侧蝶骨大翼骨折,颅内积气。B:基底节层面,1:头皮血肿;2:颞骨骨折;3:颅内积气;4:右颞部硬膜下血肿。

2018年3月21日颅脑CT检查示:右侧颅内术后改变,局部颅骨缺失,右侧额颞叶见团片状高低混杂密度灶;左侧侧脑室见少量积血(图2-4-2C、D)。

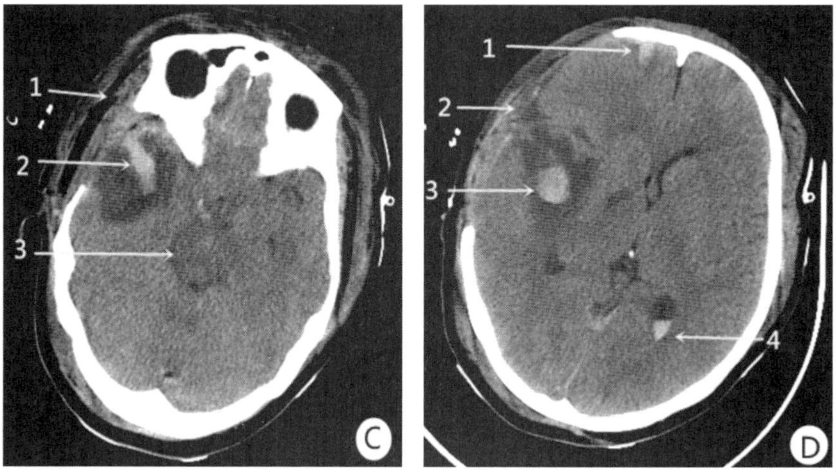


**图2-4-2　2018年3月21日颅脑CT图像**

C:中脑层面,1:颅骨缺损;2:脑内血肿;3:脑干密度减低。D:基底节层面,1:额部积血;2:颅骨缺损;3:脑内血肿;4:脑室出血。

2018 年 3 月 30 日(伤后 11 天)颅脑 CT 检查示:右侧颅内术后改变,局部颅骨缺失,右侧额颞叶见团片状高低混杂密度灶,较前有所吸收;脑干密度较前增高,环池显现(图 2－4－3E、F)。

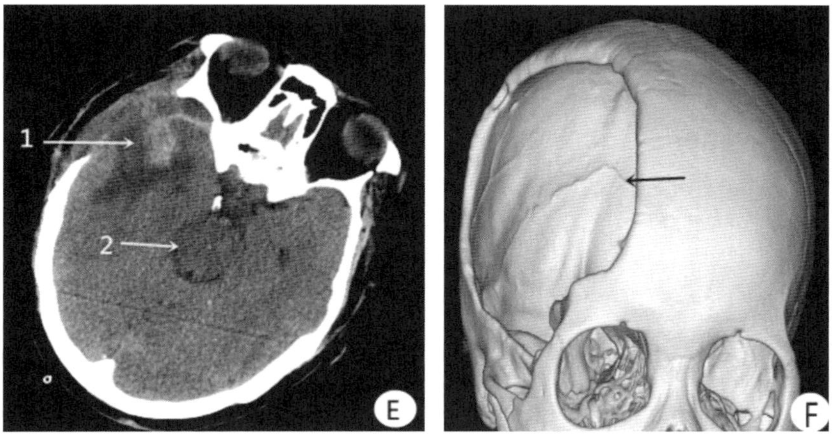


**图 2－4－3　2018 年 3 月 30 日 CT 图像**

E:中脑层面,1:右额颞部高低混杂密度灶;2:脑干密度减低,与前片比较明显好转。F:三维重组:右额颞顶部颅骨缺损(术后改变)。

2018 年 10 月 8 日颅脑 CT 复查情况示:颅内术后改变,右侧局部颅骨缺失,右侧颞叶见片状低密度灶,边界欠清。提示:右颞叶脑软化灶(图 2－4－4G)。右内囊后肢也有条片状水样低密度灶形成。提示:右内囊后肢软化灶形成(图 2－4－4H)。

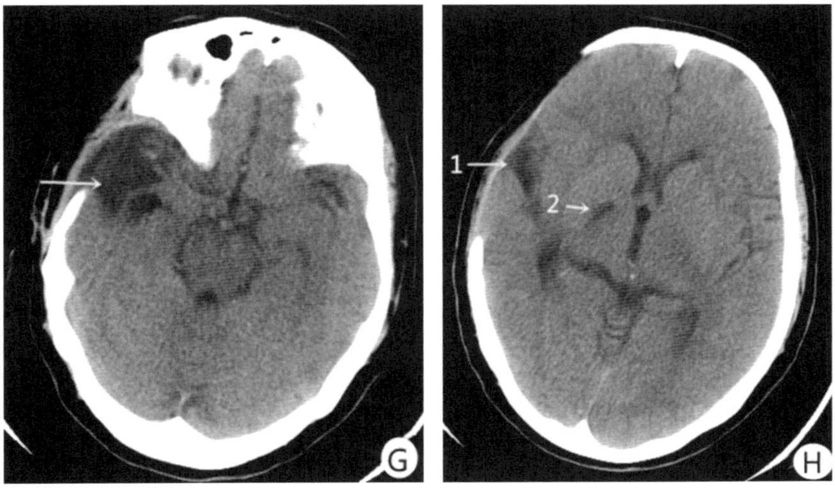


**图 2－4－4　2018 年 10 月 8 日颅脑 CT 图像**

G:右颞叶脑软化灶。H:1:示右颞叶脑软化灶;2:示右内囊后肢脑软化灶。

## 二、法医学鉴定

### (一)鉴定过程

**1. 检验日期**

2018 年 10 月 8 日。

**2. 被鉴定人自诉**

头痛、头晕,双耳听力下降。

**3. 体格检查**

中年女性,意识清,查体合作。右侧颞部可见一 9cm × 10cm 颅骨缺损区,双侧瞳孔等大等圆,对光反射存在,双眼动度可,双侧视力正常;余外伤部位外观未见明显异常。左侧肢体肌力略弱,肌力 5 级,肌张力可,右侧肢体肌力肌张力可。余( - )。

**4. 影像学阅片**

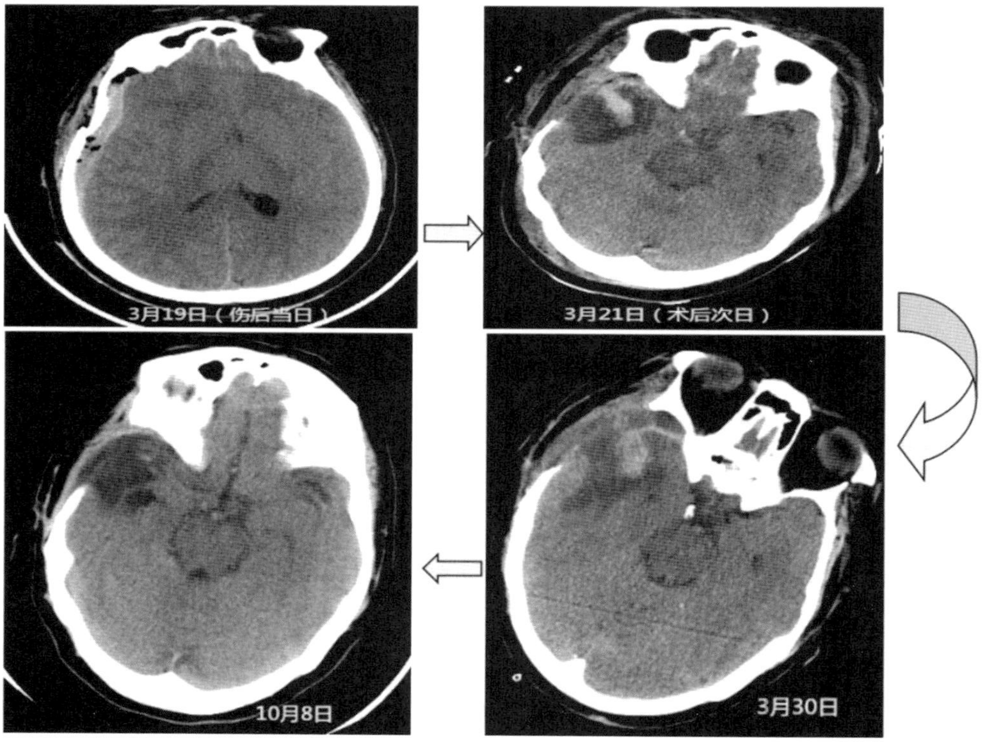


**图 2 - 4 - 5　被鉴定人不同时间节点 CT 检查图像(显示动态改变)**

2018 年 3 月 19 日、3 月 21 日、3 月 30 日、10 月 8 日 CT 图像。

5. **听力实验室检测**

2018 年 5 月 7 日纯音电测听检查(图 2－4－6)。

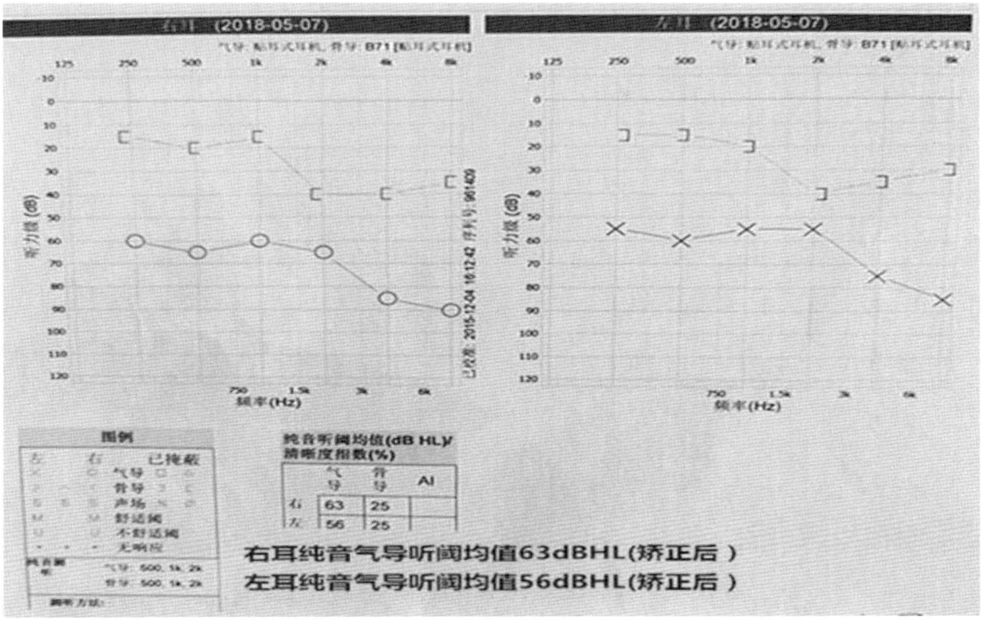


**图 2－4－6　2018 年 5 月 7 日纯音电测听检查图**

2018 年 5 月 7 日纯音电测听检查气导结果分析(表 2－4－1)。

**表 2－4－1　2018 年 5 月 7 日纯音电测听检查结果**

| 频率 | 0.5kHz | 1kHz | 2kHz | 4kHz | 均值 |
|---|---|---|---|---|---|
| 右耳 | 65dB(61) | 60dB(56) | 65dB(59) | 85dB(76) | 69dB(63) |
| 左耳 | 60dB(56) | 55dB(51) | 55dB(49) | 75dB(66) | 61dB(56) |
| 右耳听力障碍 63dBnHL;左耳听力障碍 56dBnHL(括号内为年龄修正后数值) | | | | | |

2018 年 10 月 8 日纯音电测听(气导)检查(图 2－4－7)。

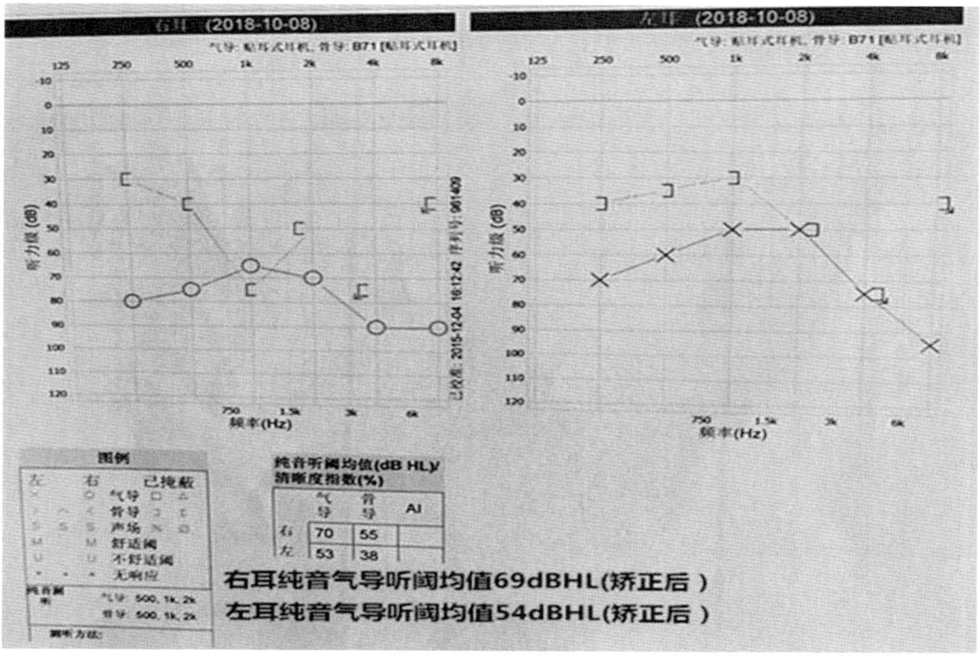


**图 2-4-7　2018 年 10 月 8 日纯音电测听检查图**

2018 年 10 月 8 日纯音电测听(气导)检查结果分析(表 2-4-2)。

**表 2-4-2　2018 年 10 月 8 日纯音电测听检查结果**

| 频率 | 0.5kHz | 1kHz | 2kHz | 4kHz | |
|---|---|---|---|---|---|
| 右耳 | 75dB(71) | 65dB(61) | 70dB(64) | 90dB(81) | 均值:75dB(69) |
| 左耳 | 60dB(56) | 50dB(46) | 50dB(46) | 75dB(66) | 均值:59dB(54) |
| 右耳听力障碍 69dBnHL;左耳听力障碍 54dBnHL(括号内为年龄修正后数值) | | | | | |

2018 年 10 月 8 日 40Hz 反应阈:频率为 0.5kHz 的 40Hz 反应阈,右耳:80dBnHL;左耳:65dBnHL。

校正后,右耳:65dB;左耳:50dB。

年龄修正后听阈,右耳:61dB;左耳:46dB(图 2-4-8)。

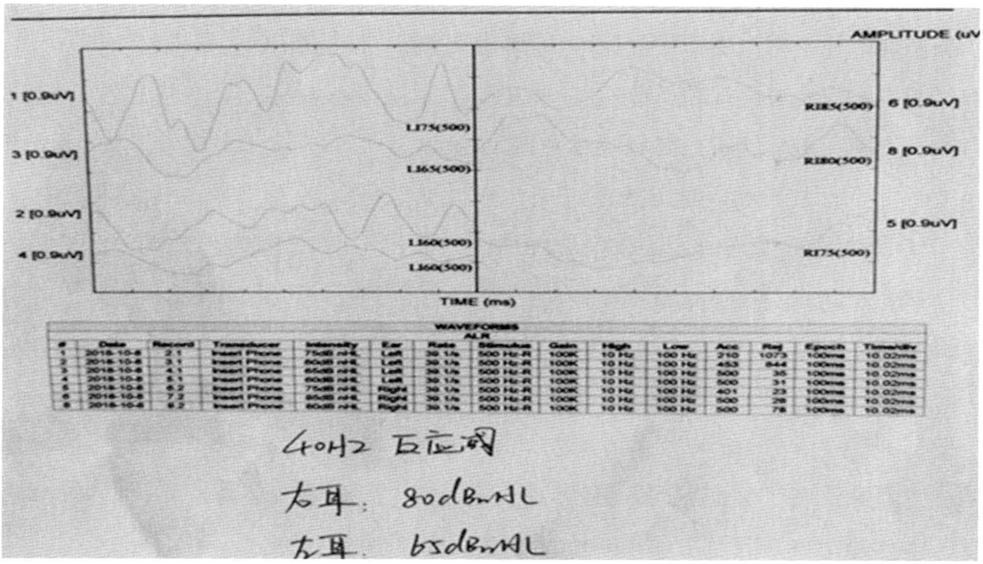


**图 2-4-8　2018 年 10 月 8 日频率为 0.5kHz 的 40Hz 反应阈图**

2018 年 10 月 8 日 ABR 检查 V 波反应阈：短声（click）刺激 V 波反应阈：右耳：80dBnHL；左耳：70dBnHL。

校正后，右耳：65dB；左耳：55dB。

年龄修正后听阈，右耳：61dB；左耳：51dB。

### （二）鉴定意见

被鉴定人入院后行“右侧颅内血肿清除 + 去骨瓣减压术”。根据《人体损伤致残程度分级》5.10.1.8）条之规定，属十级残疾。

被鉴定人颅脑损伤，手术证实：广泛蛛网膜下隙出血，额颞叶脑皮层多处挫裂伤。经治疗，后遗右侧颞叶、右内囊后肢软化灶。听觉传导通路及听觉中枢受损。两次纯音测听均值，右耳听力障碍 72dBnHL（中到重度听力障碍）；左耳听力障碍 60dBnHL（中度听力障碍）。40Hz 听觉相关单位检查、ABR 检查与纯音测听相符合，右耳听力障碍 > 61dBnHL，左耳听力障碍 > 41dBnHL。根据《人体损伤致残程度分级》5.9.2.19）条（一耳听力障碍≥61dBnHL，另一耳听力障碍≥41dBnHL）之规定，评定为九级残疾。

## 三、讨论

外伤所致听力障碍根据听力障碍的性质可分为外伤性传导性听力障碍、感音神经性听力障碍、混合性听力障碍。

外伤性传导性听力障碍常见原因:外耳道闭锁,鼓膜穿孔,听骨链损伤。即:外耳、中耳部位的损伤。若鼓膜损伤,耳镜及鼓膜摄像显示鼓膜新鲜穿孔具有外伤性特征;纯音听力测试表现为传导性听力障碍或听力损失轻微;声导抗鼓室图呈 B 型;ABR 测试可以有轻度听力障碍。若中耳损伤,颞骨 CT 检查提示中耳出血,或者颞骨骨折累及中耳,或者听小骨位置改变;纯音听力测试呈传导性听力障碍特征,听骨链损伤的表现为不同程度的气骨导差,最大可达 60dBnHL,单纯听骨链中断的声导抗测试提示鼓室图为 AD 型(峰值异常高),听性脑干反应可以出现各波潜伏期顺序延长,Ⅰ ~ Ⅴ波间期在正常范围。听觉诱发电位测试存在轻度或中度听力障碍。[1]

感音神经性听力障碍常见原因:内耳损伤;蜗后损伤。即内耳、耳蜗神经、脑干听觉通路及听觉中枢病变所致听力障碍的总称。

若内耳损伤或蜗后损伤合并中耳损伤的属混合性听力障碍。

也有学者把伤及大脑皮层听觉中枢(皮质颞横回)而引起的听力障碍称为中枢性听力障碍。主、客观听力测试均存在听力障碍。颅脑 CT、内耳 MRI 检查可以提示颅脑或听神经损伤的阳性体征。

鉴定实践中也可借助纯音测听气、骨导曲线图判断听力障碍的性质。传导性聋:骨导曲线正常或接近正常,气导曲线听力丧失在 30 ~ 60dB;一般低频听力损失较重。

感音神经性聋:听力曲线呈渐降型或陡降型,高频听力损失较重;骨导曲线与气导曲线接近或相互吻合(基本重叠),往往提示为感音神经性听力障碍。

混合性聋:骨导曲线下降,气导曲线又低于骨导曲线。

耳蜗神经将信息从外周传递到大脑皮层听觉中枢需经过多级神经元的交换,且听觉传导通路的一个重要特点是在延髓耳蜗神经核以上各级中枢都接收双侧耳蜗的信息,因此,一侧皮层中枢的损伤不会引起严重耳聋。因为第 2、3 级神经元既有交叉的纤维又有部分不交叉的纤维,因此一侧大脑皮层中枢的损伤又可引起双耳不同程度的听力障碍。

本鉴定案例有典型的颅脑外伤史,CT 检查证实伤者存在右额颞部头皮血肿。右额、颞、蝶骨骨折。右侧额颞顶部硬膜下血肿。额颞叶脑皮层多处挫裂伤。蛛网膜下隙出血。脑干损伤。GCS 评分 6 分(重度昏迷),肢体肌力 0 ~ 2 级。说明颅脑损伤严重。经积极治疗伤者症状体征基本消失,但遗有听力障碍。其影像学动态变化:硬膜下血肿、广泛脑挫裂伤 – 损伤部位高低混杂密度灶 – 右额颞叶脑软化灶形成 – 听觉中枢受损;确证有损伤基础。符合感音神经性听力障碍。一侧大脑皮层听觉中枢的损伤又可引起双耳不同程度的听力障碍;右侧颞骨骨折,存在右侧中耳损伤的基础,符合混合性听力障碍。

两次不同时期纯音测听结果基本一致,重复性好;40Hz 反应阈支持电测听检查结果,印证了纯音测听测试结果的准确性。2018 年 10 月 8 日的短声听性脑干反应仅能反应 2 ~ 4kHz 范围的听敏度,即高频听力障碍程度;而 40Hz 听觉相关单位检查 500HzV 波反应阈反应低频听力障碍。两者结合,印证主观测听,与纯音听力测试结果相一致。说明该听力障碍致残符合本次外伤所致。

## 【评析】

本案例,根据损伤基础,影像学检查,主、客观听力检测,认定外伤性听力障碍,并确定相应伤残等级,鉴定意见的准确性应该没有问题。但客观听阈测试不尽如人意。证据的充分性方面可能存在不足,即缺乏四个频率反应阈校正值的均值。这也是一个共性问题,客观听力的测试,比如 40Hz 听觉相关单位的检查、ASSR 的检查、镫骨肌试验的检查等,基层医院,甚至一些三级医院都开展得不尽如人意。这种不足在本鉴定中也同样有所体现。

对听力障碍的鉴定,要学会识图,通过对曲线图的分析得出准确的数据。同时,无论是对主观测试数据还是客观测试数据,均需完整掌握数据的校正与修正规律。否则,无法得出准确的鉴定意见。

### 参考文献

[1] 司法部司法鉴定管理局. 司法鉴定技术规范[S]. 北京:北京大学出版社,2016.

# 案例5：颅脑损伤致极重度听力障碍

**关键词**:法医学;颅脑交通伤;听力障碍

## 一、案例资料

### (一)简要案情

被鉴定人,男,30岁。2018年8月25日因车祸致伤头、胸、四肢多处。当即昏迷,头、耳、鼻腔流血。先后三次入院治疗。2019年7月18日法院委托鉴定机构对其进行伤残鉴定。他人代述:烦躁不安,双耳听力丧失。

### (二)病历摘要

**1. 第一次住院**

住院日期:2018年8月25日至10月1日。

入院时情况:头胸、四肢多处外伤后意识不清1小时。查体:青年男性,神志不清,躁动明显,被动体位,查体不合作。后枕部3cm横行裂口,双侧瞳孔等大等圆,直径4mm,光反应消失。左外耳道流新鲜不凝血,鼻腔流血。心、肺、腹未见异常,双肘部多处皮肤裂伤,左下肢可见长约20cm陈旧手术瘢痕,四肢肌力查不清。双侧巴氏征(-)。

入院诊断:①重度颅脑损伤,脑挫裂伤(双额叶);②右额叶硬膜下血肿;③外伤性蛛网膜下腔出血;④颅骨骨折(枕骨、颅底);⑤多发肋骨骨折(左1~10),左侧创伤性湿肺;⑥左锁骨骨折;⑦左肩胛骨骨折。

影像学检查情况:

2018年8月25日颅脑、胸部、腹部、盆腔CT平扫示:右枕部颅骨内板下小梭形高密度影,双额叶见斑片状高密度影,密度不均;双侧裂池及脑沟内见高密度影,双侧脑室后角内见高密度影;双侧小脑幕缘及后纵裂池内也见高密度影,中线结构居中(图2-5-1A、B)。枕骨骨折,断端无错位;左侧颞骨骨折、其乳突可见窦腔混浊;蝶骨体部骨折,蝶窦积液(图2-5-1C、D)。

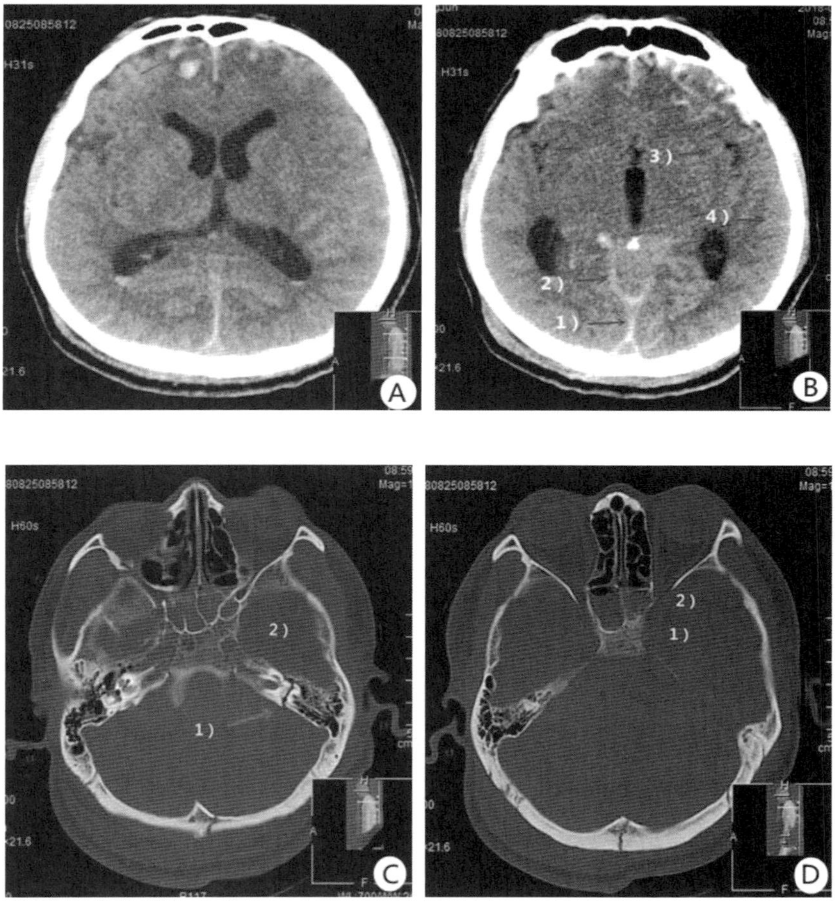


**图 2-5-1　2018 年 8 月 25 日 CT 图像**

A:脑组织窗,双额叶脑挫裂伤;双脑室后角、后纵裂池高密度影(脑室出血、蛛网膜下腔出血)。B:脑组织窗,脑沟、后纵裂池、双侧小脑幕缘高密度影(蛛网膜下隙出血)。C:骨窗,颞骨岩部横行骨折;乳突窦腔混浊。D:骨窗,蝶骨体部骨折,蝶窦积液。

双肺野后部见条片状高密度影,以双下肺为著,左侧胸腔见弧形积液;左侧 1 ~ 10 肋骨骨折,断端无错位,左肩胛骨也见骨折。

诊疗经过:入院后完善检查,ICU 科治疗,脑室扩张行脑室外引流术后拔出。稳定后转脑外科给予脱水、营养神经及对症、康复治疗。

出院时情况:神志恍惚,意识状态差。烦躁不安,不能正常交流。问而不答或答非所问。家属要求到外院诊治。

**2. 第二次住院**

住院日期:2018 年 10 月 1 日至 12 月 19 日。

入院时情况：头胸部外伤伴间断烦躁不安38天入院。查体：青年男性，神清，烦躁不安；语言欠流利，查体欠合作。双侧瞳孔等大等圆，对光反射存在；耳鼻及口腔内未见异常分泌物。颈软，气管切开术后瘢痕……双上肢肌力5级，双下肢肌力4级。

影像学检查情况：2018年12月5日MRI（颅脑+DWI、耳蜗平扫）示：左侧桥臂区显示小圆形长T1、长T2信号灶，边缘清晰；双侧额叶斑片状长T1、长T2信号灶，压水序列呈低信号；邻近蛛网膜下腔扩大，脑室系统扩大，以第三脑室以上扩张明显。右侧额部颅骨内板下显示新月形等T1、长T2信号影；边缘清晰，最厚处达0.6cm。DWI序列未见明显高信号（图2-5-2E、F、G）。

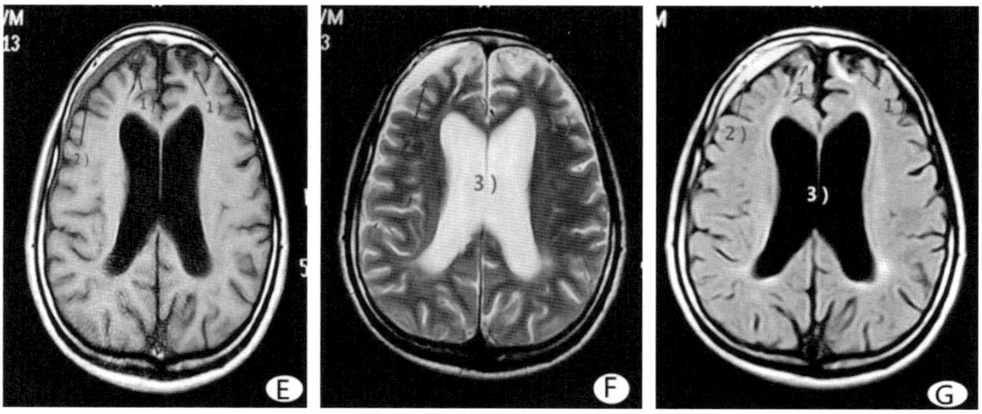


**图2-5-2　2018年12月5日MRI图像**

E：T1WI。F：T2WI。G：T2FLAIR；1）示：双侧额叶软化灶（长T1、长T2）；2）示：右额内板下慢性硬膜下血肿（长T1、长T2）；3）示：脑室扩张。

右眶内侧壁凹陷，边缘光滑；左侧颞部显示骨折线，骨折线通过左侧内耳前庭部，对位尚可；左侧前庭和耳蜗T2信号不连续，半规管大部分未见显示。左侧乳突部分小房内可见长T2信号影。右侧水平半规管显示不连续，后半规管仅前庭段显示，上半规管显示尚可；右侧乳突小房部分T2高信号。双侧内耳道显示尚可，其内神经走行正常。

2018年12月5日BAEP示：①双侧异常BAEP；②左侧听力损失94dB；③右侧听力损失74dB。

诊疗经过：入院后积极完善辅助检查，给予神经营养药物治疗。康复科功能锻炼；耳鼻喉科会诊，协助诊治。病情稳定，出院。

出院诊断：①脑挫裂伤（恢复期）；②硬膜下积液（右）；③颅骨骨折；④外伤性精神障碍；⑤气管切开术后；⑥肺挫伤（恢复期）；⑦内耳损伤（双）；⑧外伤性耳聋（双）。

**3. 第3次住院**

住院日期：2019年5月29日至5月30日。

入院时情况:9个月前因车祸导致意识障碍,双耳听力下降。查体:耳郭无畸形,双外耳道通畅,无脓性分泌物;双侧鼓膜正常,无穿孔;乳突区无红肿、无压痛。眼睑无水肿,双瞳孔等大等圆,对光反射灵敏。左上睑下垂。

入院诊断:创伤性耳聋;双侧感音神经性耳聋。

影像学检查情况:2019年5月29日颞骨CT检查示:左侧颞骨见横行骨折线,骨折线累及左侧前庭、耳蜗底转、上半规管、水平及后半规管、面神经管鼓室段锤砧关节间隙增宽、分离,前庭窗及镫骨底板未见显示,相应区域见撕脱小骨片。双侧外耳道通畅,双侧乳突蜂房气化良好,双侧中耳乳突蜂房、鼓室、鼓窦内未见明显异常密度影。右侧听小骨链完整,右侧耳蜗、半规管及面神经管结构未见明显异常(图2-5-3H、K)。

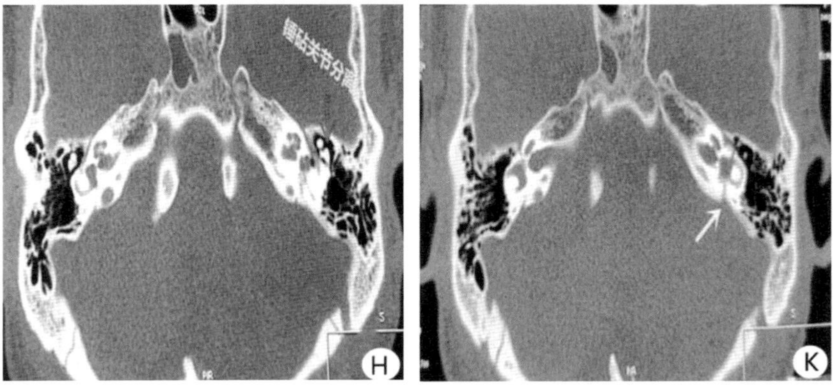


**图2-5-3　2019年5月29日颞骨CT图像**

H:颞骨骨折,锤砧关节分离。K:颞骨骨折,累及前庭、半规管。

2019年5月29日颅脑MRI+DWI+内耳示:额骨骨质不连续,左侧桥臂、左侧小脑半球、右侧岛叶见多发斑片状等长T1、长T2异常信号,T2FLAIR呈高低信号,DWI未见明显异常信号。左侧前庭增宽,左侧水平、上、后半规管T2WI未见异常,T1WI呈等信号,T2压水呈略高信号;右侧水平、后半规管T2WI、T1WI未见显示,右侧后骨壶腹呈短T1异常信号,T2压水呈高信号。双侧内听道增宽,其内神经走行自然,走行区未见明显异常信号。

听力学检查情况:

①2019年5月29日畸变产物耳声发射示:双耳DPOAE均未通过(图2-5-4、文末彩图2-5-4)。

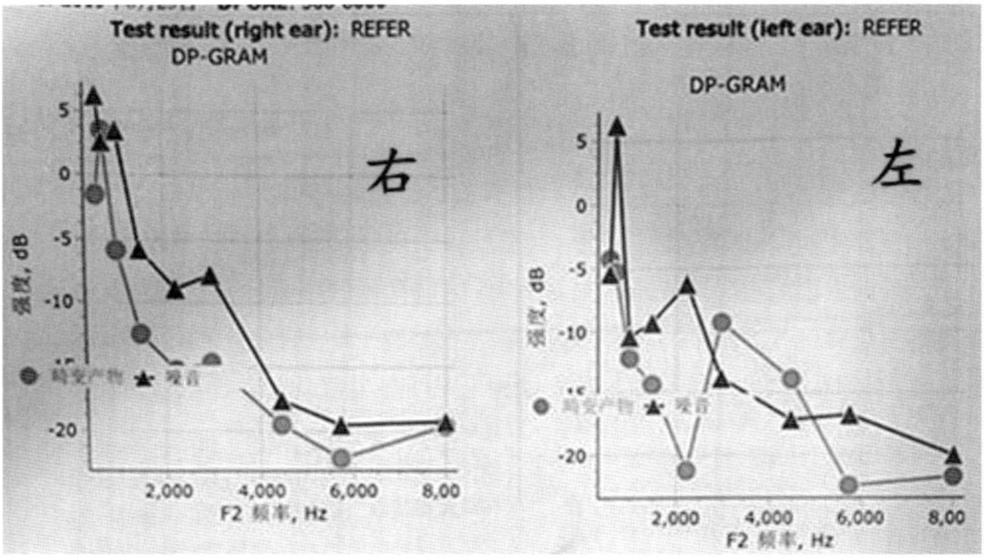


图 2-5-4　2019 年 5 月 29 日畸变产物耳声发射：双耳 DPOAE 均未通过（黑色示噪声）

②2019 年 5 月 29 日前庭诱发肌源性电位（CVEMP）检查示：双耳 CVEMP/OVEMP 均未见 P1N1 波形分化（图 2-5-5）。

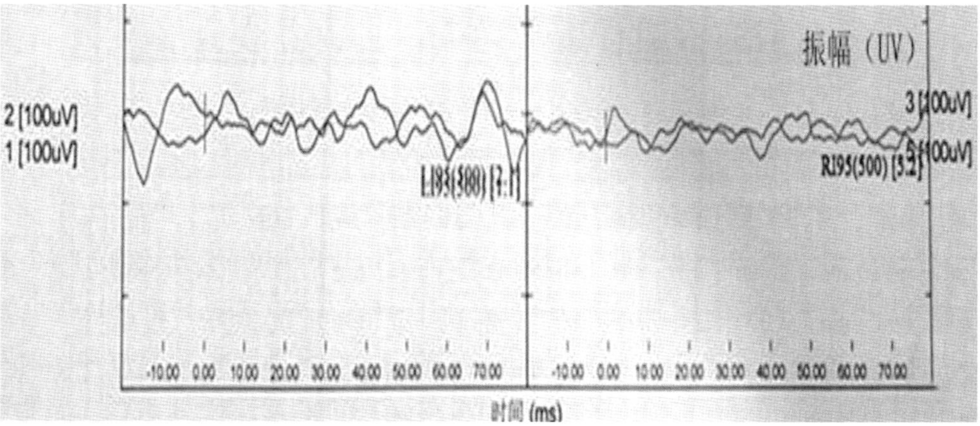


图 2-5-5　2019 年 5 月 29 日 CVEMP：双耳均未见 P1N1 波形分化

③2019 年 5 月 29 日平衡试验示：各半规管高频功能反应异常（图 2-5-6）。

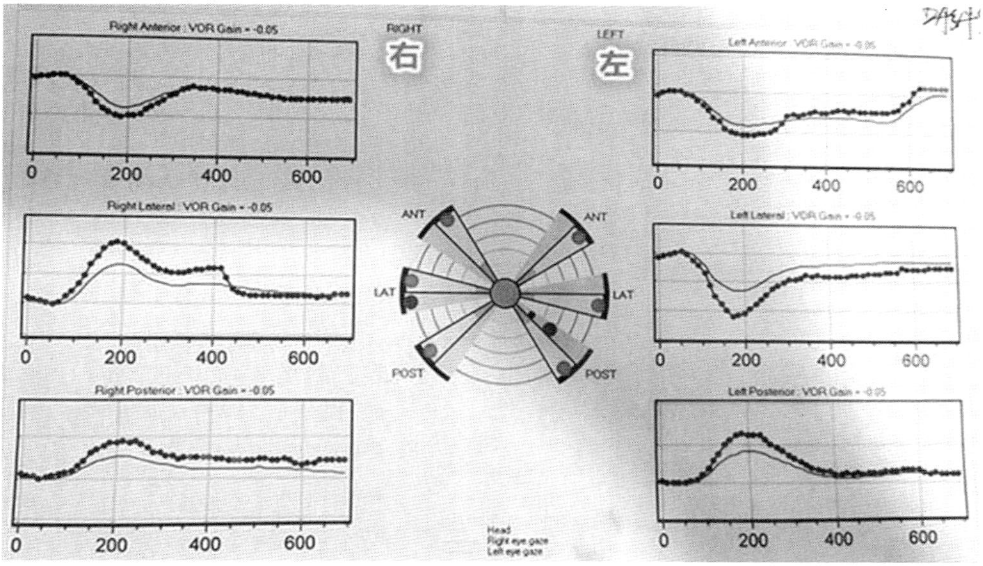


**图 2-5-6　2019 年 5 月 29 日平衡试验：各半规管高频功能反应异常**

④2019 年 5 月 29 日双耳纯音测听示：双耳极重度听力障碍（图 2-5-7）。

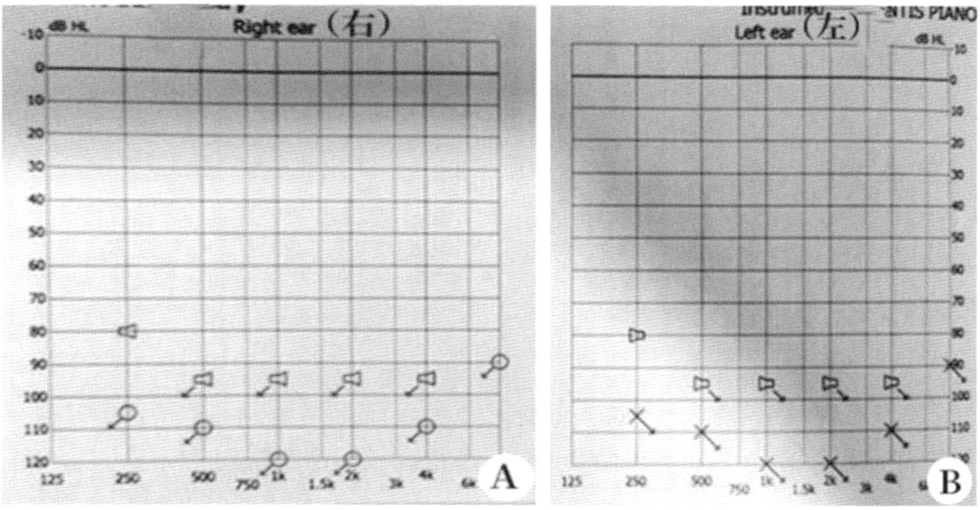


**图 2-5-7　2019 年 5 月 29 日双耳纯音测听听力图**

气、骨导曲线平行下降，呈混合性耳聋表现；0.5kHz、1kHz、2kHz、4kHz 纯音气导听阈均在 110dBnHL 以下。

⑤2019 年 5 月 29 日听觉诱发电位(ABR):双耳分别给 click 声刺激,双耳 99dBnHL 未见波形分化(图 2-5-8)。

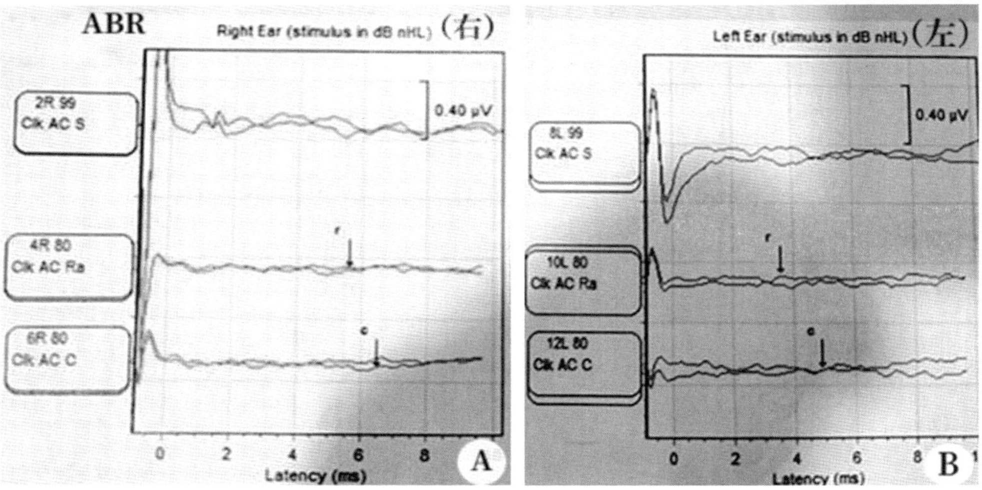


**图 2-5-8 2019 年 5 月 29 日双耳 ABR 检查:click 刺激 99dBnHL 均未引出 V 波**

出院诊断:①创伤性耳聋;②双侧感音神经性耳聋;③周围性面神经麻痹;④颅脑外伤后遗症。

## 二、法医学鉴定

### (一)鉴定过程

**1. 检验日期**

2019 年 7 月 17 日。

**2. 被鉴定人自诉**

双耳听力丧失。

**3. 体格检查**

青年男性,神清,精神可。不能听到和听懂大喊声;步态蹒跚,走路不稳,左上睑轻度下垂,鼓腮漏气。双侧鼓膜完整,外耳道无异常,口鼻无异常,四肢肌力正常,生理反射存在,病理反射未引出。

**4. 听力实验室检测复查**

2019 年 7 月 17 日纯音电测听检查(图 2-5-9)。

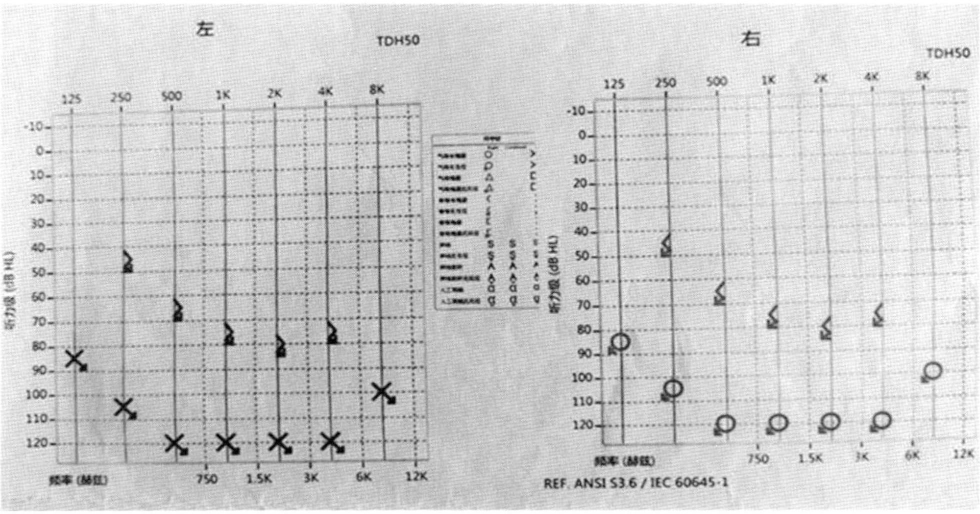


图 2-5-9　2019 年 7 月 17 日纯音电测听检查：极重度听力障碍

2019 年 7 月 17 日 ABR 检查示：双耳分别给予 click 声刺激，双耳 99dBnHL 下未见波形分化；双耳阈值均大于 99dBnHL（图 2-5-10）。

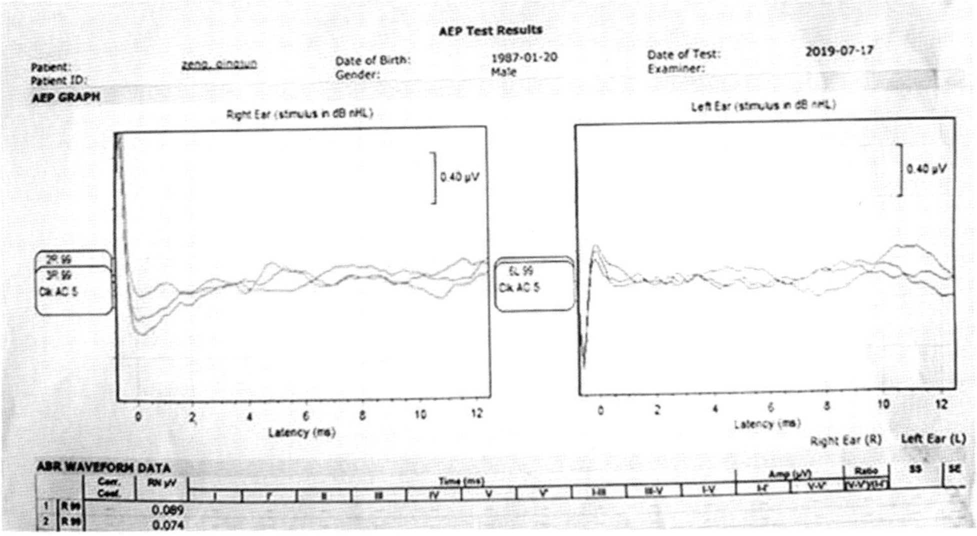


图 2-5-10　2019 年 7 月 17 日 ABR 检查：双耳极重度听力障碍

2019 年 8 月 13 日 ASSR 检查示：左耳 0.5kHz、1kHz、2kHz 语言频率 90dBnHL 脑干无反应，听阈均大于 90dBnHL；4kHz 语言频率听阈 70dBnHL；右耳 1kHz、2kHz、4kHz 语言频率 90dBnHL 脑干无反应，听阈均大于 90dBnHL；0.5kHz 语言频率听阈 80dBnHL（图 2-5-11）。

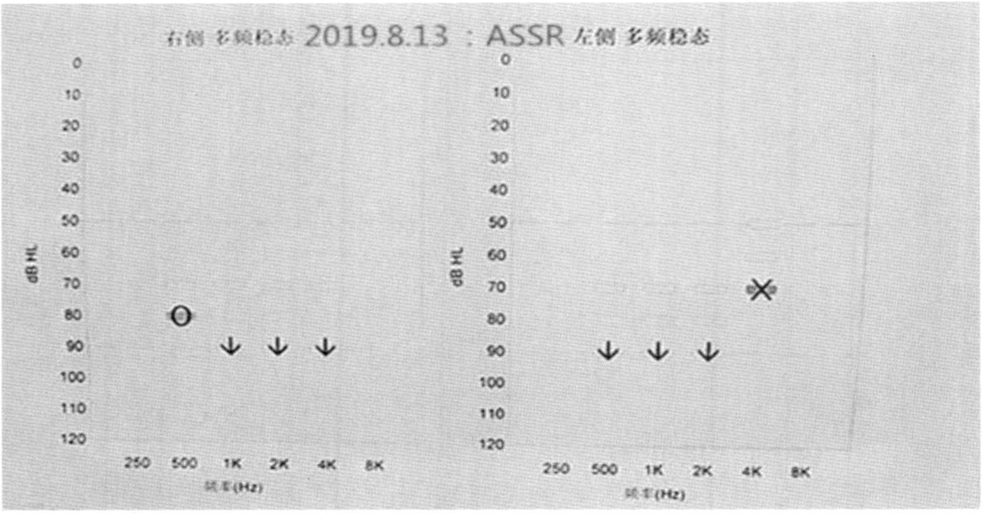


**图 2－5－11　2019 年 8 月 13 日 ASSR 检查，提示：极重度听力障碍**

## （二）鉴定意见

被鉴定人因交通事故致颅底骨折（颞骨骨折、蝶骨体部骨折）；双额叶脑挫裂伤；右额叶硬膜下血肿；广泛蛛网膜下隙出血；胸部损伤。经 CT 检查及 MRI 检查，该损伤累及颅脑听觉中枢，双内耳，前庭感受器、面神经管，导致被鉴定人听力障碍无疑。

2019 年 5 月 29 日纯音听阈测试：双耳 500Hz、1000Hz、2000Hz、4000Hz 最大输出强度（110dBnHL、120dBnHL、120dBnHL、110dBnHL）均无反应；2019 年 7 月 17 日纯音听阈测试：双耳 500Hz、1000Hz、2000Hz、4000Hz 最大输出强度（120dBnHL、120dBnHL、120dBnHL、120dBnHL）均无反应。提示极重度听力障碍。

2019 年 5 月 29 日、2019 年 7 月 17 日两次 ABR 检查，结果一致：99dBnHL 引不出波形。反应阈大于 99dBnHL。

2019 年 8 月 13 日 ASSR 检查，双耳 90dBnHL 刺激均有三个频率未引出波形。

被鉴定人纯音气导测试、双耳听力丧失均大于 91dBnHL；ABR 检查 click 刺激 99dBnHL 均引不出波形，ASSR 检查支持上述结果。据此，认定双耳极重度耳聋。根据《人体损伤致残程度分级》5.4.2.6）条之规定，属四级残疾。

该伤致左侧 1～10 肋骨骨折，断端无错位，无畸形愈合。根据《人体损伤致残程度分级》5.10.3.7）条之规定，属十级残疾。

左侧颞骨骨折累及左侧面神经管导致左侧面神经损伤，后遗左侧眼睑轻度下垂。根据《人体损伤致残程度分级》5.10.1.3）条之规定，构成十级残疾。

## 三、讨论

本鉴定案例有典型的颅脑外伤史。CT 检查证实:该左侧颞骨骨折累及左侧前庭、耳蜗底转、上半规管、水平及后半规管。导致锤砧关节间隙增宽、分离,前庭窗及镫骨底板未见显示,相应区域见撕脱小骨片。

颅脑 MRI + DWI + 内耳检查示:脑内多发软化灶并胶质增生;脑积水;颅底凹陷症。双侧半规管异常信号,符合外伤源性迷路炎。左侧岩尖异常信号(左侧桥臂、左侧小脑半球、右侧岛叶见多发斑片状等长 T1、长 T2 异常信号,T2FLAIR 呈高低信号,DWI 未见明显异常信号。左侧前庭增宽,左侧水平、上、后半规管 T2WI 未见异常,T1WI 呈等信号,T2 压水呈略高信号;右侧水平、后半规管 T2WI、T1WI 未见显示,右侧后骨壶腹呈短 T1 异常信号,T2 压水呈高信号)。

上述影像学检查说明左侧颞骨横行骨折严重伤及内耳无疑。

纯音听阈级测试时,如某一频率纯音气导最大声输出仍无反应时,以最大声输出值作为该频率的听阈级。[1] 110dBnHL、120dBnHL 声强刺激均无反应,属于极重度耳聋范畴。

ASSR 可以同时用四个频率对双耳进行检测,进而一次性地对多个频率的听力状况作出判断;其结果是由电脑自动完成的,可以通过事先编好的程序将客观检查结果转换成纯音听力图。在高频与重度耳聋者多频稳态的阈值与行为测听的阈值差异较小。本案例 ASSR 测试听阈,90dB 仍无电位反应,高于 90dB 长时间刺激有可能会对耳朵造成损伤,其行为听阈 >90dB;结合 DPOAE 异常、ABR 检查、纯音气、骨导听力图综合分析:该听功能严重障碍符合颅脑损伤、颅底骨折合并双内耳、中耳损伤所致。属于混合型耳聋。纯音测听、ASSR 测试及 ABR 检查结果相符。说明该听力障碍致残符合本次外伤所致。

## 【评析】

本案例,损伤机制清楚。主、客观听力检测较为全面。要熟悉和掌握颞骨横行骨折与纵行骨折的区别:颞骨横行骨折主要伤及内耳,对听力的影响会较重。颞骨纵行骨折主要伤及中耳,对听力的影响相对较轻。

掌握 HRCT 对正确定位颞骨骨折的意义,因为常规 CT 检查不易明确内耳的损伤情况。同时结合 MRI 检查进一步明确诊断。

回访情况:鉴定 2 年以后对伤者父亲进行了回访,其父称:伤者双耳什么也听不到,曾到北京某医院尝试“人工耳蜗植入”,经检查,因为损伤程度严重,“人工耳蜗植入”达不到预期效果,故放弃。目前呈“全聋”状态。

## 参考文献

[1]最高人民法院 最高人民检察院 公安部 国家安全部 司法部关于《人体损伤致残程度分级》的公告[S].2016:29.

# 案例 6：颅脑外伤致颈内动脉海绵窦瘘、面瘫、复视

**关键词**：法医临床学；海绵窦瘘；周围性面瘫；复视；红玻片试验

## 一、案例资料

### （一）简要案情

被鉴定人，男，24 岁。2019 年 11 月 12 日因交通事故致伤头、面部。诊断为：①脑挫伤；②创伤性蛛网膜下隙出血；③颅骨骨折；④颈内动脉海绵窦瘘；⑤面瘫；⑥复视。先后三次住院治疗，期间行“脑动脉造影 + 颈内动脉海绵窦瘘球囊辅助弹簧圈栓塞术”。

审判庭委托鉴定机构进行外伤与海绵窦瘘有无因果关系鉴定，伤残等级评定。

### （二）病历摘要

**1. 第一次住院**

住院日期：2019 年 11 月 12 日至 12 月 12 日。

入院时情况：1 小时前因交通事故致伤头、面部，当即昏迷，持续约 2 分钟，醒后头痛、头晕，全身多处疼痛。右耳及鼻腔流血伴恶心、呕吐，呕吐物为胃内容物，无肢体抽搐，无大小便失禁。专科查体：神志昏睡，双侧瞳孔直径 3.0mm，光反射灵敏。颈软，四肢肌力 5 级，肌张力正常，双侧 Babinski 征阴性。

诊疗经过：入院后完善相关辅助检查，给予镇静镇痛、神经营养、补液、脱水控颅压、抗生素抗感染治疗，定期复查颅脑 CT 和 MRI 来明确病情，病情逐渐好转。外伤后两周伤者自诉右耳听力下降。查体：左侧眼睑闭合不全，左侧鼻唇沟较右侧变浅；纯音测听显示：左耳听力大致正常，右耳低中频听力轻度传导性聋，高频中度聋。声导抗曲线呈 As 型。外伤后 4 周患者右眼出现肿胀不适，结膜红肿充血，进行性加重，完善 CTA 检查示颈动脉海绵窦瘘。

2019 年 11 月 12 颅脑 CT 片示：右侧颞骨、右侧蝶骨翼突、右侧蝶窦外侧壁、右侧蝶

骨大翼骨折;蛛网膜下隙出血、脑挫伤(图 2－6－1)。

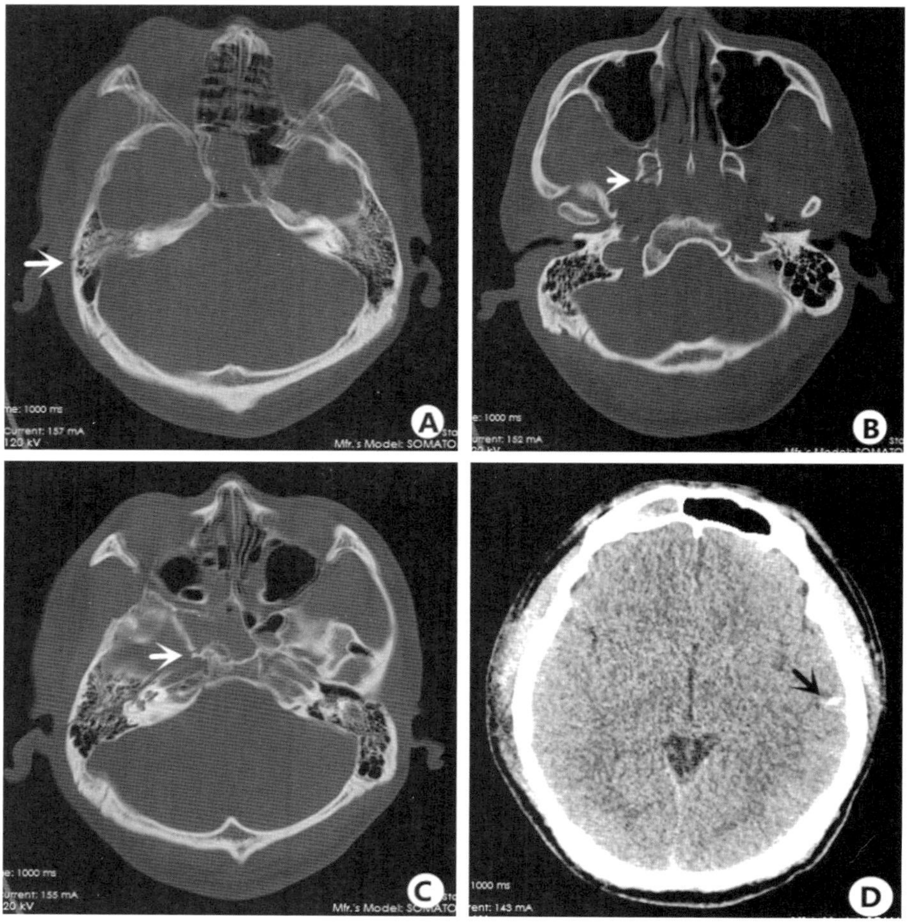


**图 2－6－1　2019 年 11 月 12 日颅脑 CT 检查图像**

A:右侧颞骨骨折,右侧蝶窦积液。B:右侧翼突骨折。C:右蝶窦外侧壁骨折。D:左颞脑挫伤。

2019 年 12 月 12 日颅脑 CT 示:右侧眼球较左侧眼球明显突出(图 2－6－2A),眼环无增厚,球内、球后未见异常密度影及占位性病变,眼外肌未见明显增粗,右上斜肌较左侧略增粗,其上方可见迂曲软组织密度影。双侧视神经形态位置及大小正常。右侧蝶骨翼突及右侧蝶骨外侧壁见透亮影,右侧上颌窦、蝶窦、筛窦可见高密度影填充。右侧眼上静脉迂曲、扩张(图 2－6－2B)。

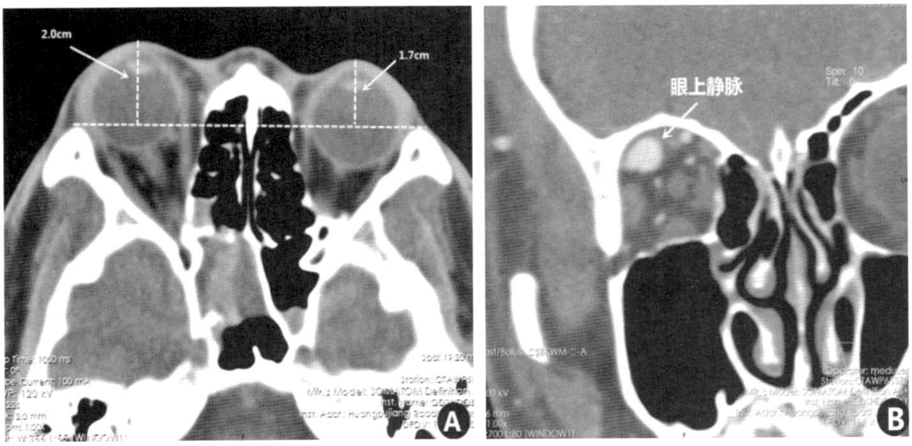


**图 2-6-2　2019 年 12 月 12 日眶部 CT 检查图像**

A：右侧眼球较左侧眼球明显突出。B：右侧眼上静脉增粗，迂曲，密度增高，提示：右侧颈内动脉海绵窦瘘。

2019 年 12 月 12 日头部 CTA、CTV 检查示：右侧海绵窦内见迂曲、增粗、扩张血管影（图 2-6-3）。

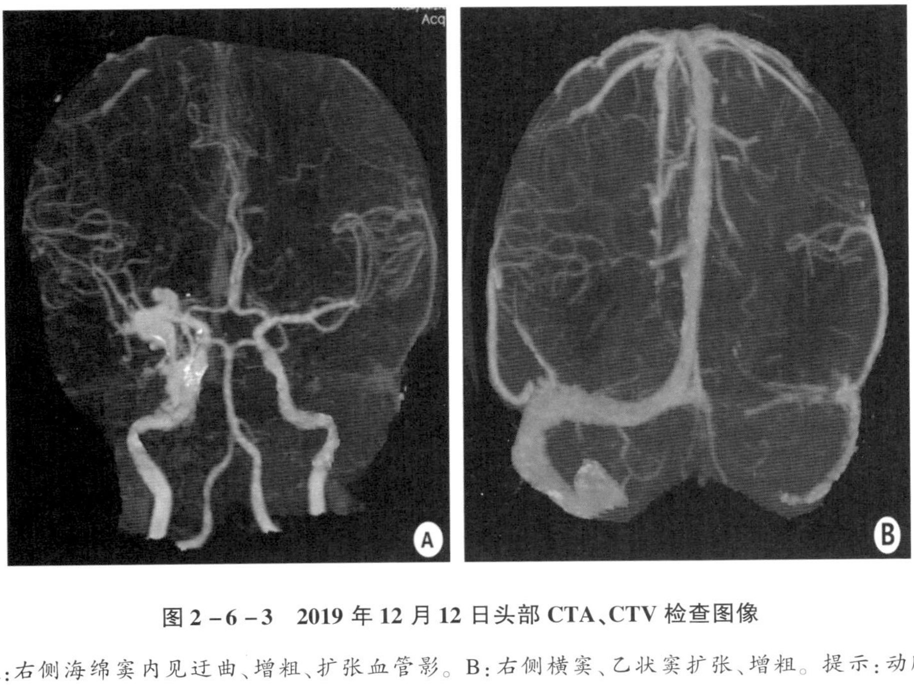


**图 2-6-3　2019 年 12 月 12 日头部 CTA、CTV 检查图像**

A：右侧海绵窦内见迂曲、增粗、扩张血管影。B：右侧横窦、乙状窦扩张、增粗。提示：动脉海绵窦瘘。

出院时情况：右眼肿胀不适，右耳听力较前下降。查体：右眼肿胀，突出，结膜红肿充血，左侧鼻唇沟变浅。CTA 检查示：右颈内动脉海绵窦瘘。转上级医院进一步治疗。

**2. 第二次住院**

住院日期：2019 年 12 月 12 日至 12 月 28 日。

入院时情况：头部外伤 1 个月，凸眼 1 周入院。查体：青年男性，神清语利，双侧瞳孔等大等圆，对光反应灵敏，右侧眼球突出，结膜充血，可闻及部分血管杂音，活动受限，复视，左侧眼睑闭合不全，左侧鼻唇沟较右侧变浅，余（－）。

2019 年 12 月 13 日颅脑 CT 平扫示：左侧颞叶见斑片状等低密度影，余双侧脑实质未见异常密度灶。双侧颞骨、右侧蝶骨大翼、蝶骨壁骨质中断，右眼上静脉增粗，右眼球突出。

2019 年 12 月 20 日行“颈内动脉海绵窦瘘球囊辅助弹簧圈栓塞术＋全脑血管造影术”，手术过程摘要：……双侧颈内动脉、颈外动脉、椎动脉造影，证实为右侧颈内动脉海绵窦瘘。将塑性好的微导管在微导丝导引下经瘘口进入海绵窦，球囊到达瘘口位置……充盈球囊，封堵瘘口，再次注入 ONYX，卸掉球囊，造影见颈内动脉海绵窦瘘不再显影。术毕。

出院诊断：①右侧创伤性颈内动脉海绵窦瘘；②颅底骨折；③左侧周围性面瘫。

## 二、法医学鉴定

### （一）鉴定过程

**1. 检验日期**

2021 年 5 月 16 日。

**2. 体格检查**

青年男性，神志清，精神可。自诉：右耳耳鸣，视物重影。查体：双眼球无突出及凹陷，双瞳孔等大等圆，光反应灵敏，眼球运动正常。左侧额纹及鼻唇沟变浅。余未见异常。

复视像检查示：红片遮右眼，垂直复视，红色在外侧，右下方向分离最大，指向右下直肌麻痹。

听觉脑干诱发电位（ABR）检查示：双耳分别给予 click 声刺激，左耳 1、3、5 波，波间期、各潜伏期正常，听阈 25dBnHL；右耳 1、3、5 波，波间期、各潜伏期稍延长，听阈 35dBnHL（图 2－6－4）。

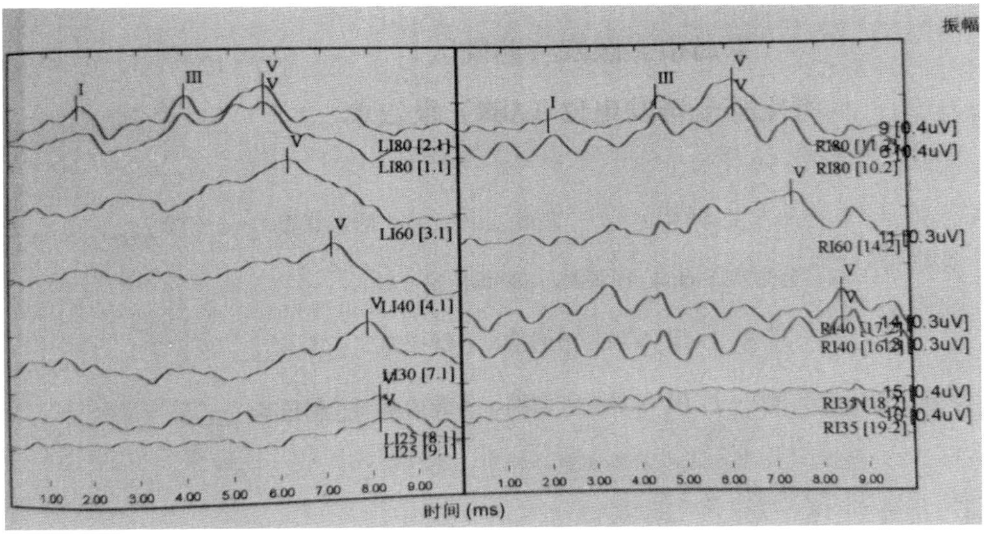


**图 2－6－4　2021 年 5 月 16 日 ABR 检查图**

左耳听阈 25dBnHL；右耳听阈 35dBnHL。提示：正常听力范畴。

## （二）鉴定意见

被鉴定人因交通事故导致颅脑损伤，先期 CT 检查示：①脑挫伤；②创伤性蛛网膜下隙出血；③颅骨骨折。伤后 1 个月颅脑 CT 检查示：右侧眼球较左侧眼球明显突出，其上方可见迂曲软组织密度影；右侧上颌窦、蝶窦、筛窦可见高密度影填充，右侧眼上静脉迂曲、扩张。并出现明显突眼症状。经血管造影证实为右侧颈内动脉海绵窦瘘，并行“颈内动脉海绵窦瘘球囊辅助弹簧圈栓塞术”。右侧颈内动脉海绵窦瘘的形成符合正常的损伤、形成、转归规律。属本次交通事故所致，与本次交通事故有直接因果关系。

被鉴定人因交通事故导致右侧颈内动脉海绵窦瘘、多发颅骨骨折、复视、左侧面瘫。右侧颈内动脉海绵窦瘘经手术治疗，恢复良好，构不成伤残；后遗复视和左侧部分面瘫，根据《人体损伤致残程度分级》5.10.1.3）条及 5.10.2.10）条规定，分别构成十级残疾。

# 三、讨论

海绵窦位于蝶鞍的两侧，前达眶上裂内侧部，后至颞骨岩部尖端，为一对重要的硬脑膜静脉窦，由硬脑膜两层间的腔隙构成。在海绵窦的外侧壁内，自上而下排列有动眼神经、滑车神经、眼神经与上颌神经；窦的前端与眼静脉、翼丛、面静脉和鼻腔的静脉相通；海绵窦的内侧壁上部与垂体相邻，下部借薄的骨壁与蝶窦相邻。[1]

颈动脉海绵窦瘘多因头部外伤引起，常合并颅底骨折。头部外伤后立即或几周后发生外伤性颈动脉海绵窦瘘。临床表现为颅内杂音、突眼、眼球搏动、眼球运动障碍及眼底变化等。

全脑血管造影（DSA）显示颈内动脉与海绵窦出现短路，海绵窦、蝶顶窦和眼静脉在动脉期显影并扩张，当压迫病侧颈内动脉时可发现瘘口。

选用可脱行乳胶球囊或弹簧圈等材料封闭瘘口。[2]

本案伤者因交通事故致颅底多发骨折，四周后出现明显突眼症状，经头部 CTA 检查及全脑血管造影证实：外伤性颈内动脉海绵窦瘘。由于骨折同时累及右眼外直肌及面神经，导致复视及周围性面瘫，听力下降。颈内动脉海绵窦瘘球囊辅助弹簧圈栓塞术后恢复良好；听力客观检查未达伤残等级最低标准，故构不成评残。经检查证实：后遗复视及一侧部分面瘫，分别评定为十级残疾。

## 【评析】

外伤性颈内动脉海绵窦瘘（CCF）常由颅底骨折直接切割颈内动脉或其分支所致，有时也可由没有造成颅底骨折的头部钝性外力引起，原因是颈内动脉进入和离开海绵窦时均被硬脑膜所固定，外界剪切应力和冲击力容易撕裂海绵内颈内动脉从而发生 CCF。[3]

该案颅底多发骨折导致颈内动脉海绵窦瘘行“颈内动脉海绵窦瘘球囊辅助弹簧圈栓塞术”，属于介入手术，可以理解为血管修补术。因为颈内动脉就目前资料看还不能认为是“大血管”的范畴，因此，无法依据《人体损伤致残程度分级》5.8.3.7）条定残。但能否参照《人体损伤致残程度分级》标准 5.8.3.2）条“颈总动脉或者颈内动脉严重狭窄支架置入或者血管移植术后”评定八级残疾，值得商榷。颞骨骨折影响听力，但听力损失的认定依据的是客观检查，因此，该听力障碍尚达不到伤残最低标准。鉴定时，离损伤已过 18 个月，复视与一侧部分面瘫可以认定，分别评定为十级残疾。

### 参考文献

[1] 崔慧先，李瑞锡. 局部解剖学[M]. 9 版. 北京：人民卫生出版社，2019：26.

[2] 陈孝平，旺建平，赵继宗. 外科学[M]. 9 版. 北京：人民卫生出版社，2019：216.

[3] 孙洪杰，张烨雯. 交通事故致颈内动脉海绵窦瘘损伤程度鉴定 1 例[J]. 法医学杂志，2018，34（1）：108.

# 案例7：颅脑外伤致视野缺损、失语残疾等级评定1例

**关键词**:法医临床学;颅脑外伤;同侧偏盲;感觉性失语

## 一、病案资料

### (一)简要案情

被鉴定人,男,53岁,2021年5月21日因交通事故致伤头面部,当时意识不清,急入院治疗,期间行开颅脑内血肿清除并去骨瓣减压术。因出现视觉功能障碍多次到医院就诊:视野及视力均受损,并遗留失语、认知障碍等症状。审判庭委托鉴定机构进行残疾等级鉴定。

### (二)病历摘要

**1. 第一次住院**

住院日期:2021年5月21日至6月5日。

入院时情况:因头部外伤后意识不清约1h入院,无恶心、呕吐,无四肢抽搐。查体:神志欠清,自行睁眼,刺痛定位,感觉性失语,双侧瞳孔等大等圆,对光反射存在;颈软,胸腹未见明显异常,四肢有自主活动,双侧巴氏征阴性。

2021年5月21日颅脑CT平扫示:左颞部颅骨内板下示带状高密度灶,左侧颞部脑实质示大片高密度灶,边界清,内密度不均,左侧外侧裂池、左侧额颞顶部脑沟内充盈高密度出血灶,左侧脑室受压变小,中线结构向右侧移位,左侧蝶骨、颞骨、顶骨骨质不连续,断端未见明显移位(图2-7-1)。

出院诊断:脑挫裂伤;外伤性蛛网膜下出血;急性硬膜下血肿;颅骨骨折。

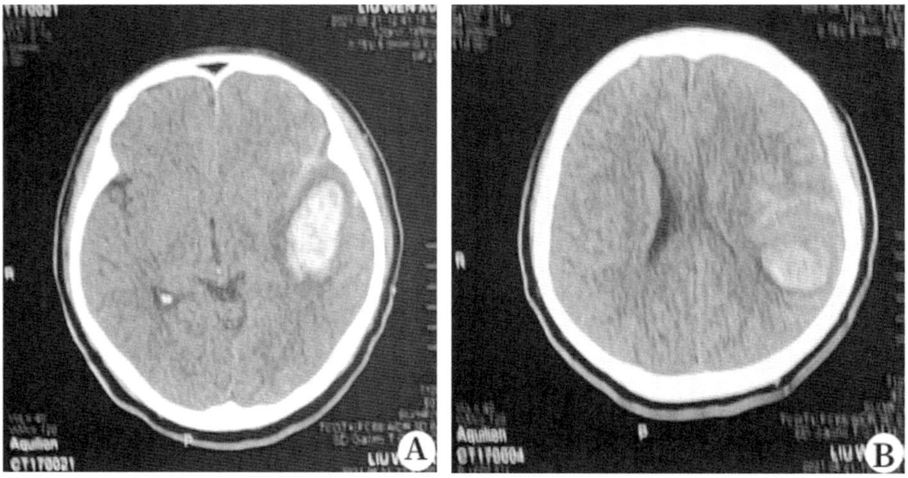


**图 2－7－1　2021 年 5 月 21 日颅脑 CT 平扫**

A：左颞部脑实质示大片高密度灶，周围低密度环绕；B：左额颞顶部脑沟内充盈高密度出血灶。提示：左颞部脑内血肿；蛛网膜下腔出血。

**2. 第二次住院**

住院日期：2021 年 11 月 25 日至 11 月 29 日。

入院时情况：患者半年前因交通事故伤及头部，伤后行开颅脑内血肿清除并去骨瓣减压术等治疗，术后混合性失语、视力、视野障碍症状加重。查体：头颅五官无畸形，左侧颅骨部分缺损，双侧瞳孔等大等圆，对光反射存在，脑膜刺激症阴性，四肢肌力无异常，巴氏征未引出。

2021 年 11 月 23 日头颅 CT 平扫示：左颞部脑内软化灶，左侧颅骨术后改变（图 2－7－2）。

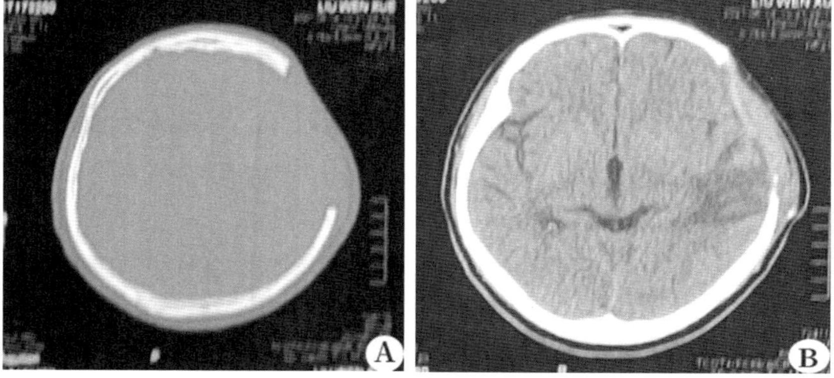


**图 2－7－2　2021 年 11 月 23 日头颅 CT 平扫**

A：左颞顶部颅骨缺损；B：左颞顶部软化灶形成。

2021 年 11 月 26 日眼科会诊：视力为右眼 0.4（矫正 1.0），左眼 0.6（矫正 1.0），眼压 Tn。双眼角膜透明，瞳孔圆，光反应迟钝，晶体透明。眼底视盘边清色可，视网膜平复，黄斑中心凹反射不清。视野检查：双眼右侧视野缺损。

诊断：同侧偏盲（双）。

**3. 2022 年 6 月 25 日某三甲医院病历记录**

车祸伤后双眼偏盲 1 年。查体：裸眼视力为右眼 0.6，左眼 0.6；医学验光结果是右眼 0.8，左眼 0.9。双眼角膜透明，瞳孔圆，直径约 3mm，对光反射可，晶体密度高。眼底为双眼视盘界清色可，视网膜平复。中心视野检查示右眼颞侧、左眼鼻侧偏盲（图 2－7－3、图 2－7－4）。

诊断：屈光不正（双）；偏盲（双）。

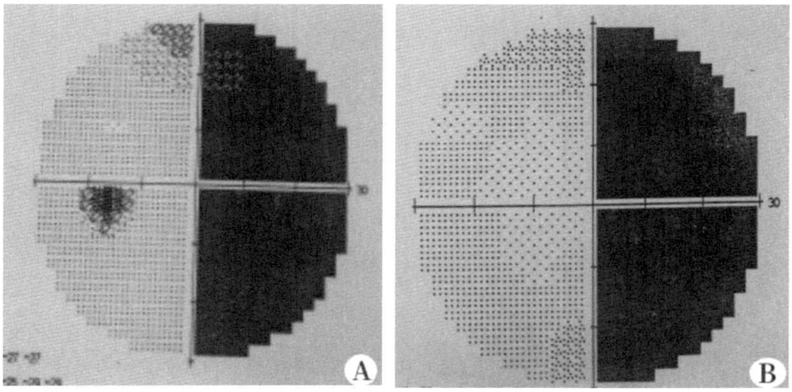


**图 2－7－3　双眼阈值视野灰度图**

A：左眼阈值视野灰度图；B：右眼阈值视野灰度图。提示：双眼右侧偏盲。

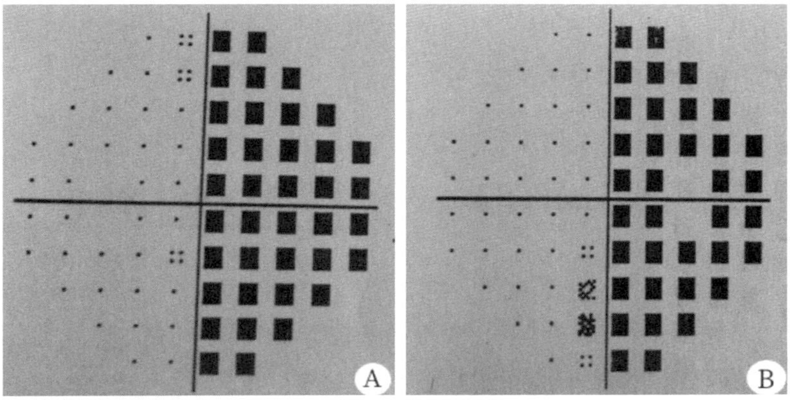


**图 2－7－4　双眼阈值视野概率图**

A：左眼阈值视野概率图；B：右眼阈值视野概率图。提示双眼右侧同向偏盲。

## 二、法医学鉴定

### (一)鉴定过程

**1. 鉴定日期**

2022年7月22日。

**2. 被鉴定人自述**

走路不平衡,说话时表达不出,双眼右侧视物障碍。

**3. 体格检查**

中年男性,搀扶入检室,神志清,言语表达困难,词不达意,因对复杂语句理解障碍而不能完整回答所提问题。左额颞部见8cm×10cm颅骨缺损。裸眼视力为右眼0.6,左眼0.6;医学验光显示右眼0.8,左眼0.9。双眼角膜透明,瞳孔圆,直径约3mm,对光反射可,晶体密度高。眼底显示双眼视盘界清、色可,视网膜平复,血管走行正常。视野检查,对比法视野检查(面对面法)显示右眼颞侧视野异常、左眼鼻侧视野异常;静态视野检查显示右侧同向性偏盲性视野缺损(图2-7-3、2-7-4)。颈软,四肢肌力5级,生理反射正常。病理征(-)。

**4. 双眼动态视野复查**

双眼右侧同向偏盲(图2-7-5)。

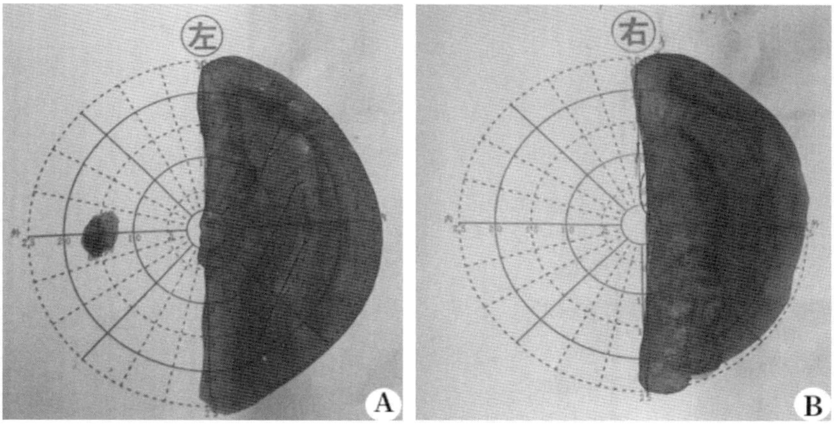


**图2-7-5 双眼动态视野检查图**

A:左眼鼻侧偏盲;B:右眼颞侧偏盲。

### (二)鉴定意见

被鉴定人因颅脑损伤致不完全感觉性失语、双眼同侧偏盲,依照《人体损伤致残程度分级》5.7.1.2)条及5.7.2.7)条之规定,分别构成七级残疾。

## 三、讨论

视觉传导通路由3级神经元组成。视网膜中层的双极细胞为第1级神经元,内层的节细胞为第2级神经元,节细胞的轴突在视神经盘处汇集成视神经。视神经由视神经管入颅腔,形成视交叉后延为视束。视束绕过大脑脚向后,主要终止于外侧膝状体,第3级神经元胞体在外侧膝状体内,由外侧膝状体核发出纤维组成视辐射,经内囊后肢投射到端脑距状沟上下的视区皮质。当视觉传导通路的不同部位受损时可引起不同的视野缺损,一侧视束及以后的传导通路(视辐射、视区皮质)受损,可致双眼病灶对侧半视野同向性偏盲(如左侧受损,则左眼视野鼻侧半和右眼视野颞侧半偏盲)[1]。

颞叶和顶叶视放射损害特点:①一致性的双眼同侧偏盲;②由于广泛的神经fiber束投射,可伴有黄斑回避;③无视神经萎缩及无Wernicke偏盲性瞳孔强直;④可伴有相应的大脑损害症状。枕叶病变的损害特点:①一致性的双眼同侧偏盲;②由于双重的血液供应,可伴有黄斑回避;③无视神经萎缩及无Wernicke偏盲性瞳孔强直;④一般不伴有其他神经症状[2]。

引用《人体损伤致残程度分级》标准中失语的相关条款应把握以下鉴定要点:①存在可能导致失语、失用、失写、失读、失认的脑器质性损伤;②后遗症的临床表现符合相关诊断标准;③多伴有神经系统症状或体征,如肢体瘫痪、视野缺损、偏身型感觉缺失等表现(若不伴有其他伴随体征而仅表现为失语,应注意此类失语很有可能获得好转);④有脑组织(语言功能区)损伤的影像学证据和/或局灶性脑损伤的电生理学证据;⑤排除语言发育性疾病、单纯运动性语言障碍(如口吃、构音障碍、言语失用)、原发性精神障碍(如精神分裂症等)、重度智能减退所致的语言障碍或者心理因素的影响[3]。

因视放射是联系外侧膝状体与枕叶皮质的神经纤维结构,故严重的脑组织损伤(如脑疝、脑水肿、脑出血、脑挫裂伤等)可造成视放射的损伤,导致双眼同向性偏盲。脑实质损伤发生在大脑优势半球,在导致双眼同向偏盲的同时,可伴有不同程度的失语。

该案颅脑损伤明确,遗左颞叶、枕叶软化灶形成,导致不完全性感觉失语、双眼同向偏盲。依照《人体损伤致残程度分级》5.7.1.2)条及5.7.2.7)条之规定,评定两个七级残疾。

## 【评析】

由于视神经纤维在视路各段排列不同所以在神经系统某部位发生病变时对视觉神经纤维的损害各异，表现为特定的视野异常。因此检出这些视野缺损的特征性改变，对中枢神经系统病变的定位诊断具有非常重要的意义。视束损伤出现偏盲眼轻度相对性传入性瞳孔障碍(RAPD)及特征性视神经萎缩表现，视放射、视皮质损伤则无此表现[4]。

随着多焦视觉电生理技术的研究进展，多焦视觉诱发电位(mfVEP)检查中的重要性日益凸显。与传统视觉诱发电位(VEP)相比，mfVEP通过将记录到的大量的不同部位的VEP波形，对应于视网膜各部位形成视野地形图，从而直接显示视野状况，可用于排除非器质性视野缺损[5]。但由于mfVEP技术尚未得到广泛推广、应用，故目前基层鉴定人员在鉴定实践中大多应用的是传统的VEP检查，有关文献[4]对传统VEP在视交叉及后部视路中的应用价值作了较为详尽的论述。

值得注意的是：由于视力、视野检查属于心理物理检查，主要依赖受试者的主观应答，故鉴定中要重视损伤基础的认定，结合现有检查技术，全面分析、综合判定。

有关文献指出[5]：静态视野的检查结果虽然并不能直接用于法医学鉴定中确定视野大小(范围)，但其与动态视野(周边视野)检查结果具有极好的相关性，且相对而言更容易检查也更有利于判断有无伪装，故对法医学鉴定而言同样具有重要意义。联系该案，根据损伤基础、后遗症状、体征及眼底、视野检查分析，颅脑损伤导致左颞叶、顶叶的结构性破坏，并造成相应残疾。

### 参考文献

[1]丁文龙，刘学政．系统解剖学[M]．9版．北京：人民卫生出版社，2018.

[2]杨培增，范先群．眼科学[M]．9版．北京：人民卫生出版社，2018.

[3]司法部司法鉴定管理局　最高人民法院司法行政装备管理局．《人体损伤致残程度分级》适用指南[M]．北京：法律出版社，2016.

[4]项剑，王旭，于丽丽，等．视交叉及后部视路损伤所致视野缺损的客观评定[J]．法医学杂志，203，39(4)：350－359.

[5]王萌，夏文涛，王旭．视觉功能检查及客观评定的法医学原则与方法[M]．1版．北京：科学出版社.

# 案例8：外伤致发声功能障碍残疾等级评定1例

**关键词**：法医临床学；颅底骨折；声带麻痹；发声功能障碍

## 一、案例资料

### （一）简要案情

被鉴定人，男，33岁。2022年8月26日因交通事故致伤头部。急入院行颅脑CT检查，结果显示：蛛网膜下腔出血，左侧硬膜下血肿；左侧枕骨骨折并累及颅底；双侧乳突骨折并颅内少量积气；左枕部皮下血肿。伤后出现声音嘶哑、饮水呛咳、吞咽困难等症状，先后多次住院治疗。审判庭委托：残疾等级鉴定。

### （二）病历摘要

**1. 第一次住院**

住院日期：2022年8月26日至9月10日。

被鉴定人因外伤后头痛、头晕4小时余入院。查体：神清，精神不振，声音嘶哑，粗糙，鼻音较重，双瞳孔等大等圆，直径约3mm、对光反射灵敏，双鼻腔血迹，两肺呼吸音粗、双肺可无湿啰音，四肢肌力、肌张力正常，Babinski氏征阴性。

诊疗经过：病人有声音嘶哑、饮水呛咳、吞咽困难等症状，考虑后组颅神经损伤，予以鼻饲流质饮食及其他对症处理；病情逐渐稳定，于今日出院行高压氧及康复治疗。

出院诊断：创伤性硬膜下出血；创伤性蛛网膜下腔出血；颅底骨折；左侧颞骨骨折并乳突积液；后组颅神经受损；听力减退。

**2. 第二次住院**

住院日期：2022年9月15日。

被鉴定人因脑外伤后头晕、声音嘶哑伴吞咽困难20天入院。

查体：青年男性，一般情况可，间断言语，声音嘶哑，吞咽困难。

诊疗经过:入院后完善各项检验、检查,给予鼻饲进食。左耳听力下降,请耳鼻喉科会诊,完善听力检查,结果显示左耳听力下降,鼓室积血,嘱患者继续锻炼吞咽动作及锻炼调节鼓室压力动作。给予改善脑代谢,营养支持,止晕,并给予高压氧治疗。

**3. 第三次住院**

住院日期:2023 年 5 月 17 日。

因头部外伤后饮水呛咳、声音嘶哑 10 个月入院。伤后有昏迷,后发现声音嘶哑及饮水呛咳,无喉部外伤。喉镜检查显示左侧声带旁中位固定,外展不能,闭合不严,声带张力减弱,呈萎缩改变。

诊断:声带麻痹(左侧迷走或喉返神经损伤)。

## 二、法医学鉴定

### (一)鉴定过程

**1. 检验日期**

2023 年 6 月 2 日。

**2. 被鉴定人自述**

头痛,头晕,声音嘶哑,吞咽困难,饮水呛咳。

**3. 体格检查**

青年男性,神志清,精神可,头颅对称无畸形,声音沙哑、粗糙、低调,带鼻音。头、颈、胸、腹无异常,四肢肌力正常,余(-)。

**4. 影像学阅片**

2022 年 8 月 26 日颅脑 CT 检查示:左枕骨骨折、左颞骨骨折累及颈静脉孔,左乳突积液;左枕部头皮下血肿(图 2-8-1)。

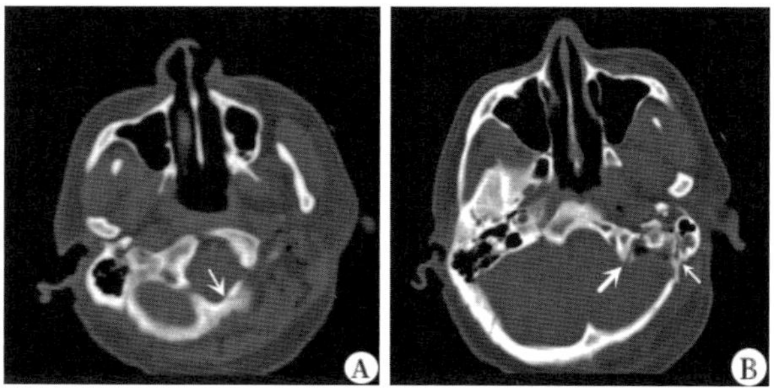

**图 2-8-1　2022 年 8 月 26 日颅脑 CT 平扫(骨窗)**

A:左枕骨骨折(箭头);B:左颞骨骨折累及颈静脉孔(粗箭头);左乳突积液(细箭头)。

5. **阅喉镜检查片**

喉腔可见偏斜，左侧声带旁中位固定，张力下降，声带闭合不全（图 2－8－2、文末彩图 2－8－2）。

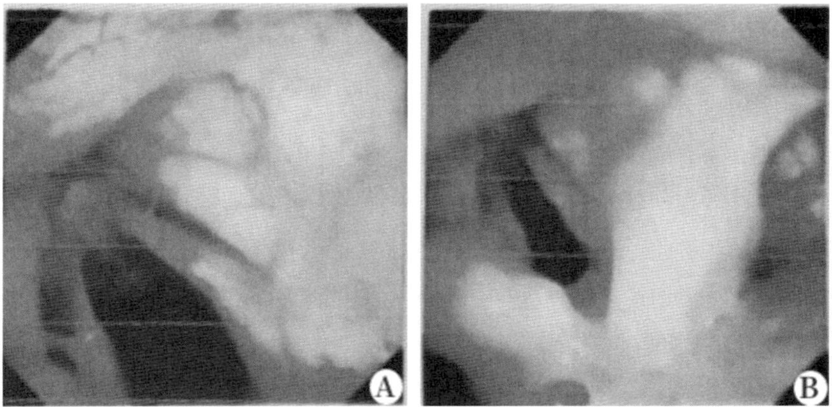

**图 2－8－2　2023 年 5 月 17 日喉镜检查图片**

A：左侧声带旁中位固定，张力下降；B：发声时声带闭合不全。

### （二）鉴定意见

被鉴定人外伤致发声功能轻度障碍，根据《人体损伤致残程度分级》5.9.2.25）条规定，构成九级残疾。

## 三、讨论

喉是重要的发声器官，创伤性发声障碍最多见于喉部的损伤。喉外伤主要包括软骨骨折、喉黏膜损伤、声带断裂、环杓关节脱位及喉返神经损伤等。喉返神经是迷走神经的分支，如颅脑损伤伤及迷走神经或是支配声带运动的神经中枢至神经末梢路径上的任何损伤，均有可能引起发声功能障碍[1]。

迷走神经出脑干后以及喉返神经至其支配喉内肌的行进通路上任意位置的损伤导致的喉麻痹，称为“外周性喉麻痹”。按病因性质可分为：①外伤，包括颅底骨折、颈部外伤、医源性外伤等；②肿瘤；③炎症。单侧喉返神经麻痹，主要表现为不同程度的声嘶，可伴有呛咳、误吸，起病初期症状往往较重，之后多有减轻，通常不会产生呼吸困难。间接喉镜与电子喉镜早期可见声带固定于旁正中位，这是由于内收外展肌完全麻痹所致。后期可能仅为运动受限，或完全固定于旁正中位至正中位不等，发声时声门闭合不全，吸气时声带不能外展。双侧喉返神经麻痹，临床表现大多以呼吸困难为主要症状，伴有声嘶、呛咳。喉镜早期表现为双侧声带固定于旁正中位，此为双侧内收外展肌均麻痹之故[2]。

对发声功能障碍或者构音功能障碍的鉴定，首先应明确是否存在发声或者构音功能障碍的病理基础。根据有无颅脑、口腔及颈部外伤史，伤后的临床表现，并通过观察发声器官的形态及粗大运动（包括间接喉镜及纤维喉镜观察声带的色泽、形态、运动及声门闭合等），结合头颈部影像学、肌电图等检查，明确是否存在发声与构音器官的器质性损伤，有无相应运动障碍[1]。

有关文献[3]认为：对颈部损伤后的语音障碍应多考虑系喉部损伤所致的发声障碍，其应具有"能懂、能说、说不好"的特点；左半球额颞叶颅脑损伤后的语言障碍应首先考虑失语，其中运动性失语应具有"能懂、可说、说不对"的特点；而若非语言中枢受损，其语言障碍可考虑为构音障碍，应具有"能懂、能说、说不清"的特点。笔者认为发声障碍中的"说不好"可理解为：声带麻痹导致的"声音嘶哑、毛糙"；失语中的"说不对"可理解为：由于语言不流畅，语句不合语法导致的"词不达意"；构音障碍中的"说不清"可理解为：由于音量、音质、音调的不协调导致将自己的真实思想通过语言传达到他人存在困难。

本案例中，被鉴定人因交通事故致颅底骨折，既有左枕骨骨折，又有左颞骨骨折，经审阅其伤后颅脑 CT 片显示，骨折累及颈静脉孔，分析认为：该损伤导致颅底骨折伤及经过颈静脉孔的迷走神经（喉返神经损伤），导致声带麻痹，虽经积极治疗，后遗轻度发声功能障碍；经对比委托方提供的伤前录音证实，被鉴定人既往身体健康，声音洪亮，无声音嘶哑，故该发声功能障碍与本次外伤存在直接因果关系。

由于发声功能障碍一般由喉部器质性损伤或颅脑损伤累及迷走神经所致，该案首先排除 5.10.3.4）条（器质性声音嘶哑），因为引用该条需同时满足以下 4 个条件：①存在喉部外伤史；②损伤后出现明显的声音嘶哑，经临床治疗难以恢复；③辅助检查如喉镜检查、喉部 X 线、CT 扫描等确诊喉部存在器质性改变；④排除喉返神经损伤所致的可能。《人体损伤致残程度分级》标准中于喉返神经损伤导致功能障碍的条文有 5.9.2.5 条（轻度发声功能或构音功能障碍）和 5.10.3.3）条（一侧喉返神经损伤，影响功能）。笔者认为，可把"喉返神经损伤所致发声障碍"看做"喉返神经损伤，影响功能"的一个特别条款（特别条款优于普通条款）；另外参照"定位"原则"：若损伤部位在头面部，宜引用 5.9.25 条（轻度发声功能或构音功能障碍）；若损伤部位在颈胸部，宜引用 5.10.3.3）条（一侧喉返神经损伤，影响功能）。基于以上两点，根据《人体损伤致残程度分级》5.9.25 条（轻度发声功能或构音功能障碍）评定九级残疾。

## 【评析】

经过颈静脉孔的神经包括舌咽神经、迷走神经和副神经。被鉴定人伤后出现声音嘶哑、呛咳、吞咽困难,住院期间曾经鼻饲,说明喉返神经损伤较重,损伤基础明确。该案的焦点在于条文的正确引用! 由于《人体损伤致残程度分级》标准中5.10.3.3)条在定性、定量方面难以把握,鉴定实践中可操作性较差。

《人体损伤致残程度分级》(送审稿)"轻度发声或构音功能障碍"改为评定十级残疾,因该新标准尚未正式颁布,故目前只能评定九级残疾,假若新标准正式颁布该案可按十级残疾评定。既然新标准欲将"轻度发声或构音功能障碍"改为评定十级残疾,"一侧喉返神经损伤,影响功能"是否还有必要保留? 在此提出,与大家商榷。

### 参考文献

[1]司法部司法鉴定管理局　最高人民法院司法行政装备管理局.《人体损伤致残程度分级》适用指南[M].北京:法律出版社,2016.

[2]孙虹,张罗.耳鼻咽喉头颈外科学[M].9版.北京:人民卫生出版社,2018.

[3]陈捷敏,王萌,刘瑞珏,等.外伤后发声、构音障碍及失语的法医学鉴定5例[J].法医学杂志,2018,34(6).

# 案例9：颅脑损伤致视觉功能障碍残疾等级评定1例

**关键词**：法医临床学；颅脑损伤；视神经管；视觉功能障碍

## 一、案例资料

### （一）简要案情

被鉴定人，男，27岁，2022年6月1日因颅脑外伤1h被送往医院。因伤情较重，入住ICU科室治疗，期间行“气管插管”等对症、支持治疗56天，病情稳定后于6月28日转入神经外科继续住院治疗28天。法院委托鉴定机构进行残疾等级鉴定。

### （二）病历摘要

**1. 住院病历摘要**

住院日期：2022年6月1日至7月27日，住院56天。

入院时情况：头面部大量血迹，昏迷状态，左颞部、左额部见皮肤裂伤，渗血不止，面部明显肿胀。双瞳孔等大等圆，直径约3mm，光反应迟钝，四肢刺激屈曲，病理征未引出。

2022年6月1日颅脑CT平扫示：双额叶见斑片状高密度灶，周围低密度影环绕，右额部颅骨内板下见弧形高密度影，边界尚清。左侧颞骨颅骨内板下见梭形高密度影。大脑纵裂、右侧脑室见条状高密度影，双侧顶叶脑沟高密度影；脑室系统无变形，脑中线结构无移位。额骨、左侧眶外壁、左侧眶内壁、左侧颞骨颧突、左侧上颌窦前壁、左侧上颌窦外后壁、左侧蝶骨大翼、左侧颞骨见骨折线影。左眶周、左额顶部皮下软组织肿胀（图2-9-1）。

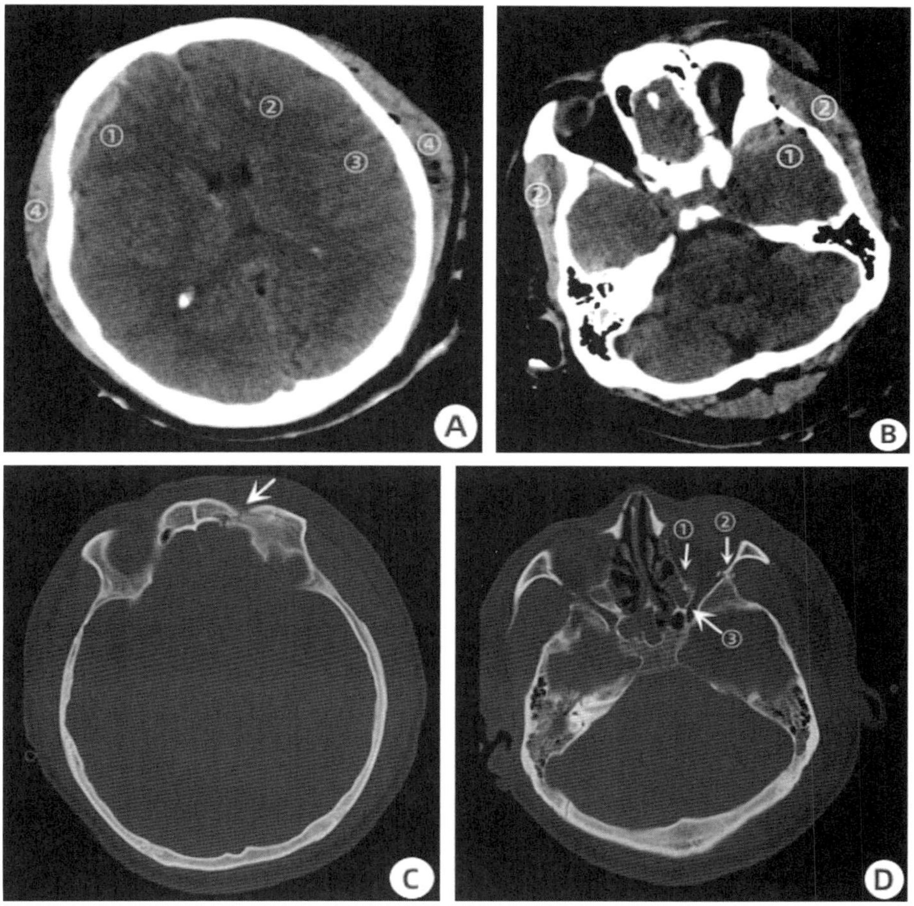


**图 2-9-1　2022 年 6 月 1 日颅脑 CT 平扫**

A:①右额硬膜下血肿;②左额脑挫裂伤;③左顶叶脑沟高密度影;④头皮软组织肿胀。B:①左颞部硬膜外血肿并颅内积气;②头皮软组织肿胀。C:左额眶板骨折。D:①左眶内壁骨折;②左眶外侧壁(蝶骨大翼)骨折;③左筛窦后壁与蝶骨交界处骨折。

住医病程记录摘要:

6 月 3 日:呼之能睁眼(右眼),能简单交流,气管插管接呼吸机辅助呼吸,模式为 SIMV,自主呼吸平稳。查体:左眼睑青紫肿胀,双瞳孔等大,直径约 3mm,对光反应可。……

6 月 10 日:患者偶有躁动,给予药物镇静,呼吸机辅助呼吸。查体:左眼肿胀,双侧瞳孔等大,对光反应可。……

6 月 11 日:偶有躁动,给予药物镇静,呼吸机辅助呼吸。查体:左眼肿胀,双侧瞳孔等大,直径约 3mm/3mm,右侧对光反应可,左侧对光反应迟钝。……

7月8日:神志清,精神可。自述:左眼视力下降,仅有光感。查体:右侧瞳孔直径3mm,对光反应可,左侧瞳孔直径4mm,对光反应迟钝。……

7月12日会诊记录:自述左眼视物不见,请眼科会诊,结果为左眼视力无光感,眼压Tn,角膜透明,瞳孔直径约4mm,直接光反应消失,间接光反应存在,眼底检查不合作。考虑视神经损伤,建议行眼眶CT平扫、眼底照相、视觉诱发电位检查。

出院诊断:①闭合型颅脑损伤(特重型),弥散性轴索损伤;②创伤性硬膜下血肿(右额顶);③创伤性硬膜外血肿(左额颞部);④脑挫裂伤(双额叶、胼胝体);⑤创伤性蛛网膜下腔出血;⑥多发性颅骨骨折(左额、颞、狂骨、蝶骨、颧弓、右侧下颌头);⑦视神经损伤;⑧左臂丛神经损伤。

**2. 2022年7月17日眼科诊疗记录摘要**

头部外伤后17天。检查:左眼视神经乳头苍白,边界清。

诊断:左眼视神经萎缩。

**3. 2022年8月15日神经科诊疗记录摘要**

脑外伤术后2月余,家属自述于6月1日脑外伤并手术治疗(具体术式不详)。体格检查:言语轻度障碍,意识模糊,左侧肢体活动受限,伴全身疼痛,左眼失明。

诊断:脑外伤综合征。

## 二、法医学鉴定

### (一)鉴定过程

**1. 检验日期**

2023年12月7日。

**2. 被鉴定人自述**

疼痛、头晕,左眼视物不见,右眼视物不清。

**3. 体格检查**

中年男性,神清语明,对答切题。查体:头颅无畸形,V,OD:0.2,矫正0.9+1;左眼NLP,矫正无助。眼压,右眼18mmHg,左眼19mmHg。右眼角膜透明,前房中深,房水清,瞳孔直径约3mm,对光反应可;晶体透明,右眼视盘界清,色可,视网膜平复。左眼角膜透明,前房中深,房水清,瞳孔直径约4mm,对光反射存在,晶体透明;左眼视网膜色苍白,视网膜平复。

**4. 视网膜光学相干断层扫描(OCT)检查**

视盘OCT:右眼视盘周围视网膜神经纤维层(RNFL)在正常范围;左眼视盘周围视

网膜神经纤维层厚度明显减低(图2-9-2、文末彩图2-9-2)

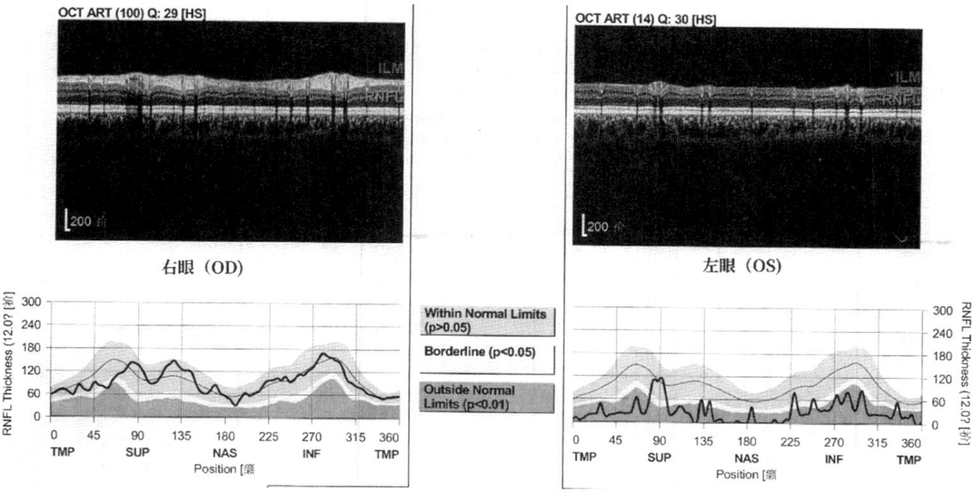


**图2-9-2 双眼视盘OCT图像,提示:左眼视力重度减低**

## 5.视觉电生理检查

①图形视觉诱发电位(P-VEP)检查

高空间频率(15'方格):右眼P100峰时正常,N75-P100波幅正常;左眼P100峰时正常,N75-P100波幅重度降低(图2-9-3)。

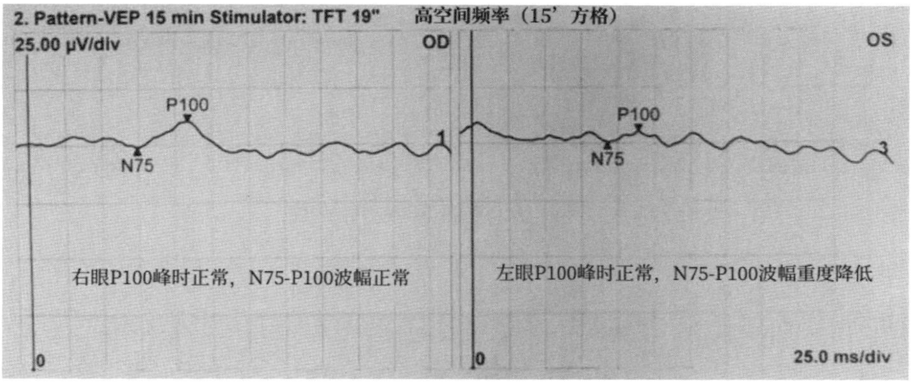


**图2-9-3 P-VEP高空间频率(15'方格)双眼检查图**

低空间频率(60'方格):右眼P100峰时正常,N75-P100波幅正常;左眼P100峰时正常,N75-P100波幅重度降低(图2-9-4)。

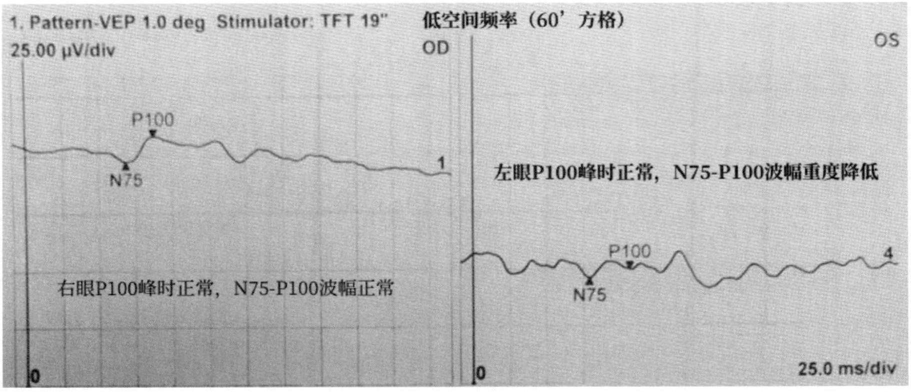


**图 2-9-4　P-VEP 低空间频率(60’方格)双眼检查图**

②闪光视觉诱发电位(F-VEP)检查

右眼 P2 波峰时值在正常范围内,N2-P2 波振幅反应在正常范围内;左眼 P2 波峰时值较右眼延迟,N2-P2 波振幅反应较右眼延迟(图 2-9-5)。

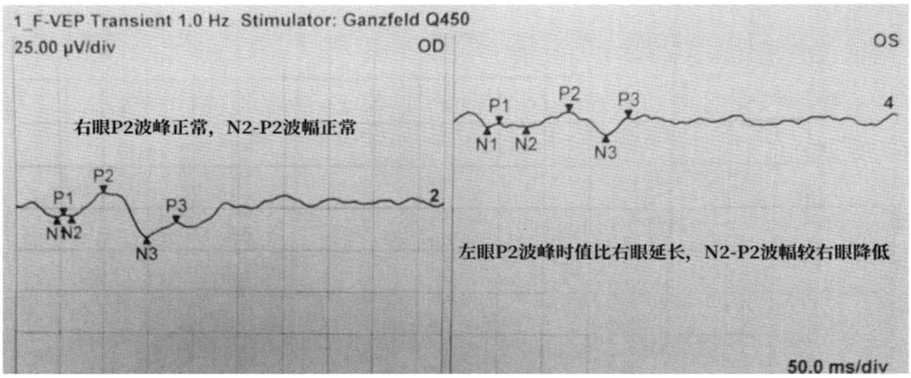


**图 2-9-5　双眼 F-VEP 检查图**

**6. 视力复查**

经审查,伤者左眼视力初查(NLP)与客观检查不符,因其对光反射存在、FVEP 与 PVEP 均能够引出波形,对其进行伪盲检验与视力重新检验,并综合分析,确定其视力为 0.1~0.3。

## (二)鉴定意见

被鉴定人左眼重度视力损害,右眼视力 0.9+1,评定等级为十级残疾。

## 三、讨论

视神经是指从视乳头起至视交叉前角止，全长约42～47mm。按其部位可划分为四段，即球内段，在巩膜内；眶内段，自眼球至视神经孔；管内段，在视神经管内；颅内段，出视神经管至视交叉[1]。

眼眶为底朝前外，尖向后内的一对四棱锥形深腔，可分为上壁、下壁、内侧壁、外侧壁四壁，容纳眼球及其附属结构。上壁由额骨眶部及蝶骨小翼构成；下壁主要由上颌骨构成，壁下方为上颌窦；内侧壁最薄，由前向后由上颌骨额突、泪骨、筛骨眶板和蝶骨体构成；外侧壁较厚，由颧骨和蝶骨大翼构成，眶尖指向后内，尖端的圆形孔即视神经管口，通入颅中窝[2]。

视神经萎缩指任何疾病引起视网膜神经节细胞及其轴突发生的病变，一般为发生于视网膜至外侧膝状体之间的神经节细胞轴突变性。临床上根据眼底表现，分为原发性和继发性视神经萎缩两大类。原发性视神经萎缩为筛板后的视神经、视交叉、视束及外侧膝状体的视路损害所致，其萎缩过程是下行的。视盘色淡或苍白、灰暗，边界模糊不清，视杯可见筛孔，视网膜血管一般正常。近年研究显示外侧膝状体后视路病变甚至枕叶皮质病变也可导致视网膜神经纤维层及神经节细胞缺损，即逆行性神经病变。由于正常视盘颞侧较鼻侧色淡，因此，不能单凭视盘色调诊断视神经萎缩，必须结合视力、视野及OCT等综合分析。学会观察视网膜神经纤维层的情况，有助于早期发现视神经萎缩[3]。

视神经损伤是视神经传导通路因直接或间接外伤所致传导功能障碍。坠落伤、车祸伤、打（撞）击伤等导致的颅脑损伤均可引发，是颅脑损伤常见的并发症之一，损伤多发生于颅内段和视神经管段，而以管内段最常见。直接损伤可致视神经因其骨折碎片被切断，出现立即失明，而间接损伤常见于头部受到剧烈撞击，外力导致鞘间隙内或视神经本身的水肿、出血及轴索受损，晚期可发生视神经萎缩，导致视力障碍和/或视野缺损。

F-VEP对低位视路（如视神经）损伤较为敏感，F-VEP的异常程度与计算机视野计检查所示的视野缺损程度（完全缺损、不规则缺损、无缺损）具有良好的对应关系。当视神经完全损伤时，其视野呈完全缺损状态，F-VEP表现为熄灭型[4]。

如在对某个被鉴定人的检验中发现，其伤眼主观视力差，但眼球结构检查未发现足以支持该主观视力的损伤基础，客观视功能检验也提示其存在较好的视力。此时，鉴定人应摒弃主观视力，在可能的情况下采用客观视力检验结果，或放弃以主观视力鉴定损伤程度、评定伤残等级[5]。

本案例中，被鉴定人损伤基础较为明确，但主观视力与视觉功能客观检查不相符合，若单纯依据主观视力（左 NLP）评定残疾明显有误，因为对光反射存在，F-VEP 能引出较为肯定的波形。通过对伤者伪盲检验及重新测定左眼视力，并结合 P-VEP 及视盘 OCT 检查，认为其左眼视力在 0.05 ~0.1，但由于另一眼（右眼）视力正常（0.9 +1），故尚未达到《人体损伤致残程度分级》5.9.2.12）条规定之标准属十级残疾；还有学者认为，经综合分析伤者所有检查，其视力宜认定为 0.1 ~0.3，即使如此，属中度视力损害，残疾等级也属十级。

## 参考文献


［1］刘家琦，李凤鸣. 实用眼科学［M］.3 版. 北京：人民卫生出版社，2019：22.

［2］丁文龙，刘学政. 系统解剖学［M］.9 版. 北京：人民卫生出版社，2018：26.

［3］杨培增，范先群. 眼科学［M］.9 版. 北京：人民卫生出版社，2018：211.

［4］项剑，王旭，于丽丽，等. 视交叉及后部视路损伤所致视野缺损的客观评定［J］. 法医学杂志，203，39（4）：350 －359.

［5］王萌，夏文涛，王旭. 视觉功能检查及客观评定的法医学原则与方法［M］.1 版. 北京：科学出版社，2015：145.

# 案例10：眼外伤致人工晶体脱位的损伤程度鉴定1例

**关键词**：法医临床学；眼外伤；人工晶体；损伤程度

## 一、案例资料

### （一）简要案情

被鉴定人李某，男，46岁，2022年5月24日，与他人发生肢体冲突受伤。

### （二）病历摘要

**1. 门诊病历**

左眼外伤后视物模糊1h。查体：右眼视力1.0，左眼光感，左眼外眼正常，结膜充血，角膜（-），前房浅，虹膜局部萎缩，瞳孔散大，人工晶体嵌顿，眼底朦胧。眼压右眼15mmHg，左眼42mmHg。诊断：人工晶体嵌顿，眼外伤，继发性青光眼。

眼科超声生物显微镜检查示：左眼前房内见点状回声光点，虹膜根部膨隆，6点、12点与角巩膜内面相贴，遮挡巩膜突，9点虹膜形态异常，见人工晶体及袢的强回声。B超报告：左眼人工晶体植入术后，玻璃体混浊，后巩膜葡萄肿。

**2. 第一次住院病历摘要**

住院日期：2022年5月25日至29日，共4天。

被人打伤左眼1天余入院。查体：右眼视力1.0，左眼视力HM/BE。右眼眼压16.0mmHg，左眼眼压30.2mmHg。右眼外睑（-），结膜无充血，角膜透明，前房深浅可，房水清，瞳孔圆，直径3mm，对光反射敏，晶状体透明，眼底视盘界清，色可，黄斑区反光可见，视网膜平伏；左眼睑青紫肿胀，结膜充血，鼻侧球结膜及其下纤维血管组织异常增生达角膜缘，角膜内皮皱褶，前房略浅，房水清，瞳孔欠圆，约5mm×4.5mm，对光反射消失，人工晶体嵌顿于虹膜上，眼底窥不进。左眼红绿色觉不可辨。眼眶CT：左侧额部软组织肿胀，左侧眼球形态欠规则，左侧晶状体条状高密度影。

诊疗经过：予以降眼压、抗炎、预防感染等治疗。

诊断：左眼人工晶体嵌顿，左眼球挫伤，左眼继发性青光眼，左眼玻璃体混浊，左眼后巩膜葡萄肿，左眼翼状胬肉。

**3. 第二次住院病历摘要**

住院日期：2022 年 6 月 1 日至 7 日，共 7 天。

因左眼外伤后眼痛伴视物模糊 8 天。20 余年前有“左眼外伤史”及“左眼白内障摘除 + 人工晶体植入术”手术史。查体：VOD1.0，VOS 手动/眼前。左眼外眼未见明显异常，眼球运动正常，结膜充血，鼻侧结膜增生肥厚达角膜缘内侧 2mm，余角膜透明，前房清、浅，虹膜局部萎缩，瞳孔欠圆，光反射消失，人工晶体嵌顿，眼底朦胧。眼压：右 17mmHg，左 16mmHg。

诊疗经过：2022 年 6 月 5 日行左眼人工晶体复位术 + 瞳孔成形术。术中分离人工晶体与粘连虹膜，晶体调位钩复位人工晶体，悬吊线缝合虹膜，行瞳孔成形术。

诊断：左眼人工晶体嵌顿，左眼继发性青光眼，左眼翼状胬肉。

## 二、法医学鉴定

### （一）鉴定过程

**1. 检验日期**

2023 年 4 月 2 日。

**2. 眼科检查**

被鉴定人主诉：30 年前左眼有外伤史，并行人工晶体植入。

右眼第一眼位正，眼球运动无明显受限；左眼第一眼位外斜，眼球运动无明显受限。

a. 视力表投影仪检查双眼远视力：右眼 1.0；左眼手动/眼前，-19.50DS -3.00DC × 20°→不提高。

b. 眼压：右眼 13.7mmHg；左眼 Tn。

c. 裂隙灯检查：右眼角膜明，KP（-），前房中深，Tyn（-），虹膜纹理清，瞳孔圆，直径 3mm，瞳孔缘完整，直接对光反射存在，间接对光反射存在，晶状体清。左眼角膜明，鼻侧结膜增生肥厚至角巩膜缘，KP（-），前房深，Tyn（-），虹膜纹理欠清，瞳孔上移、欠圆，直径 5～6mm，鼻侧虹膜缺损，直接、间接对光反射迟钝，晶体缺失，人工晶体在位，后发障形成。

d. 眼底照相：右眼视盘边界清，色正常，黄斑中心凹光反射可见。左眼眼底模糊，隐约见豹纹状眼底改变,视盘边界清,色稍淡,黄斑中心凹光反射欠清。

e.眼底光相干断层扫描(OCT)示:右眼黄斑中心凹形态和结构正常,右眼视乳头周围神经纤维层厚度在正常范围;左眼窥不入。

### (二)鉴定意见

被鉴定人李某与他人发生肢体冲突,致左眼人工晶体脱位并行手术修复,已构成轻伤二级;不宜依据被鉴定人万某左眼视力评定损伤程度。

## 三、讨论

被鉴定人受伤次日病历材料记载其“左眼睑青紫肿胀,结膜充血,人工晶体嵌顿于虹膜上”,且伤后短期内其左眼眼压较高,据此其左眼部外伤史明确,左眼人工晶体也具有新鲜脱位的特点。

法医检验:伤者左眼第一眼位外斜,左眼视力眼前手动,属左眼盲目4级范围,其左眼瞳孔上移、欠圆,直径5~6mm,鼻侧虹膜缺损,人工晶体在位,眼压基本正常。就现有送鉴材料,万某既往存在左眼部外伤史,且其左眼底存在病理性改变,故不宜依据其左眼视力评定损伤程度。

依照《人体损伤程度鉴定标准》5.12.4.1)及附则6.13之规定,本次外伤致左眼人工晶体脱位并行手术修复,已构成轻伤二级。

《人体损伤程度鉴定标准》5.12.4.1)规定,置入式假体装置损坏需要手术更换或者修复评定为轻伤二级,附则6.13中规定了人工晶体、义眼座及颅骨修补材料等均属假体范畴。

# 案例11：眼损伤后遗视觉功能障碍损伤程度评定1例

**关键词**：法医学；眼损伤；视觉功能；损伤程度

## 一、案例资料

### （一）简要案情

被鉴定人刘某，男，61岁，2021年5月4日被他人用木板打伤。公安机关委托鉴定机构进行伤情程度鉴定。

### （二）病历摘要

［**本次外伤后病历**］

**1. 2021年5月4日（损伤当日）门急诊病历**

右眼外伤后视物不清6小时。查体：右眼上睑皮肤裂伤，深达肌层，伴活动性出血。裂隙灯检查：右眼晶体缺失，右眼眼睑瘀血、高度肿胀，球结膜充血、出血、水肿，可见裂口，角膜水肿，瞳孔散大，余模糊不清。CT检查：右侧眼眶外侧眶壁骨折，双侧晶状体密度减低，右侧玻璃体内高密度影，右侧颧弓骨折内固定术后。诊断：右眼晶状体缺如，右眼结膜裂伤，右眼眼睑裂伤，右眼眶外侧眶壁骨折。

**2. 住院病历**

住院日期：2021年5月5日至6月3日，共28天。

右眼及头部被他人打伤1天余。查体：右裸眼视力手动，左0.3。右眼压测不出，左眼压12mmHg。右眼睑明显肿胀，皮下瘀血，睁眼困难，直径约5mm，对光反射迟钝，未看见晶体；左眼睑无肿胀，结膜无充血，角膜透明，前房中深，瞳孔圆，直径约3mm，人工晶体在位，眼底未见明显异常。

诊疗经过：2021年5月11日行右眼玻璃体切除+人工晶体悬吊术。术中见玻璃体内晶体脱入，周边有积血。切除玻璃体及脱入的晶体和积血。可见网膜尚平整。5月22

日行右眼视网膜脱离复位术＋硅油注入＋视网膜激光光凝术。术中可见颞侧网膜隆起，周边网膜锯齿缘不规则，较大裂孔。诊断：右眼钝挫伤，右眼上睑皮肤裂伤，右眼上睑下垂，右眼眶外侧壁外伤性改变可能，右眼下直肌麻痹，右眼房角后退，右眼外伤性瞳孔散大，右眼晶状体脱位，右眼玻璃体混浊（积血、晶体脱入），右眼视网膜脱离，头部外伤，右侧颧弓骨折术后，左眼白内障术后。

**3. 门诊复查病历**

2021 年 6 月 26 日：右眼眼压 32mmHg，左眼眼压 19mmHg。右视力 0.04。

2021 年 7 月 22 日：右眼视力手动。角膜清，前房大部深，部分前粘连，虹膜萎缩，瞳孔直径约 8mm，欠圆，IOL 在位，视盘色淡，网膜平，黄斑萎缩。左眼视力 0.2，人工晶体在位，视网膜未见明显异常。诊断：视网膜脱离术后，人工晶体植入状态，瞳孔散大，视神经萎缩。

2022 年 1 月 10 日：右眼眼压 44.4mmHg。查体：前房硅油乳化。诊断：右眼玻切术后，IOL 眼，硅油乳化，继发青光眼。

［**本次外伤前病历**］

**1. 2013 年 3 月 7 日至 5 月 4 日住院病历（共 57 天）**

外伤后胸痛、胸闷 4 小时。查体：右侧额面部、颧弓及鼻梁处可见挫伤，右侧眼睑肿胀，瘀血明显，右侧上眼睑缘可见一长约 6cm 伤口，已缝合，右眼球结膜可见出血。眼科会诊：右眼视力 0.15，左眼视力 0.08，玻璃体混浊，以左眼显著，左眼底光反射不清，眼底无法窥及。右眼底欠清，隐约见黄斑区片状出血。诊断意见：右眼玻璃体混浊，左眼玻璃体积血，双眼底出血。出院诊断：右侧颧骨骨折，右侧上颌骨骨折，右侧眶外侧壁骨折，鼻骨骨折，面部软组织挫裂伤，右眼玻璃体混浊，左眼玻璃体积血，双眼底出血，右侧第 7 肋骨骨折，右侧血气胸，右肺挫裂伤。

**2. 2013 年 5 月 5 日住院病历**

双眼车祸后视力下降 2 月。查体：右眼视力 0.2，矫正 −2.00DS −1.25DC × 5° = 0.3，眼睑无水肿，结膜无充血，角膜清，KP（−），前房中深，Tyn（−），虹膜纹理清，瞳孔圆，直径 4mm，对光反射灵敏，晶体 N1CtrP0，玻璃体轻混。散瞳查眼底：视盘边清色可，黄斑区中心凹反光未见，视网膜在位。查体：左眼视力 0.08，矫正 −5.00DS −2.25DC × 180° = 0.3，眼睑无水肿，结膜无充血，角膜清，KP（−），前房中深，Tyn（−），虹膜纹理清，瞳孔圆，直径 4mm，对光反射灵敏，晶体 N1CtrP0，玻璃体轻混。散瞳查眼底：视盘边清色可，黄斑区中心凹反光未见，视网膜在位。B 超示左眼玻璃体混浊。视野：双眼管状视野。视觉诱发电位：左眼 P100 较右眼延迟。诊断：左眼玻璃体混浊，双眼视神经损伤，双眼年龄相关性白内障。

**3. 2015 年 4 月 22 日至 27 日住院病历**

查体：右眼矫正视力 0.6，眼压 13mmHg；左眼矫正视力手动/眼前，眼压12.5mmHg。右眼角膜透明，前房轴深 3CT，瞳孔等大等圆，对光反射存在。右眼晶状体 C1N1P1，玻璃体混浊，眼底豹纹状，视盘边清色正，C/D 约 0.3，血管走形正常，A/V 约 1/2，黄斑中心凹光反射消失。

诊疗经过：2015 年 4 月 25 日行左眼白内障超声乳化 + 折叠人工晶体植入术。

## 二、法医学鉴定

### （一）鉴定过程

**1. 检验日期**

2023 年 1 月 16 日。

**2. 体格检查**

神志清楚，步入检查室，检查合作，对答切题。头颅外观无畸形，右眼上睑隐约见皮肤瘢痕。右上睑软组织菲薄，可触及皮下质硬瘢痕组织。平视时右上睑下垂，遮盖 1/2 瞳孔。皱额、抬眉时右上睑可提至瞳孔缘。

**3. 眼科检查**

a. 视力：右眼无光感；左眼 0.6 +1，+0.25DS −2.25DC ×2°→0.8。

眼压：右眼 Tn +1；左眼 16.7mmHg。

b. 裂隙灯检查示：右眼结膜充血，上半角膜内皮粘连白色硅油乳化颗粒，下方角膜水肿、混浊，且有大泡形成，前房中深，上方虹膜窥不清，颞侧及下方虹膜缺失，残留鼻侧少许虹膜，人工晶体在位，污浊、色素沉着，人工晶体后段粘附硅油乳化颗粒；左眼角膜明，KP（−），前房中深，虹膜纹理清，瞳孔圆，直径 2.5mm，瞳孔缘完整，直接对光反射存在，间接对光反射消失，人工晶体在位。

c. 眼底照相示：右眼窥不入；左眼视盘边界清，视盘周围萎缩弧，色可，黄斑中心凹光反射欠清。

d. 眼底光相干断层扫描（OCT）示：无法获取右眼底图像；左眼黄斑中心凹形态和结构正常，视乳头上方神经纤维层厚度下降。

e. 超声示：右眼硅油眼。

f. 图像翻转视觉诱发电位（PVEP）示：右眼 P100 波未引出，左眼 P100 波振幅尚可。

g. 闪光视觉诱发单位(F-VEP)示:右眼 NPN 波形分化不良。

**4. 影像学阅片**

2022 年 5 月 4 日头颅、眼眶 CT 扫描示:右眼睑高度肿胀,晶体脱位于玻璃体腔,上方眼球壁明显增厚;右颧弓陈旧性骨折后改变,内固定在位,右眼眶外侧壁骨折。

术后改变(图 2－11－1)。

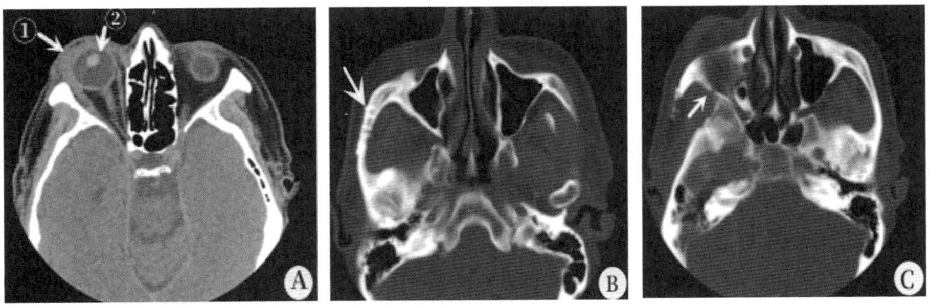


**图 2－11－1　本次外伤当日 CT 扫描图片**

A:①右眼睑明显肿胀;②晶状体脱位于玻璃体腔。B:右颧弓术后(本次外伤前)。C:右眼外侧壁陈旧性骨折。

### (二)鉴定意见

被鉴定人刘某被他人打伤,本次外伤与其右眼盲目的后果之间存在直接因果关系,外伤为完全作用;其右眼盲目构成重伤二级。

## 三、讨论

刘某右眼睑挫裂创、右眼晶体脱位、玻璃体出血及视网膜脱离诊断明确,符合外伤所致新鲜性损伤改变;其眼眶及颧面部骨折系本次外伤所致的依据不足。

2013 年徐某存在右侧颧面部、右眼部等处外伤史,临床记载“右眼底欠清,隐约见黄斑区片状出血”,该次外伤后 2 月复诊见“视盘边清色可,黄斑区中心凹反光未见,视网膜在位”,且右眼矫正视力达 0.3。现有材料记载 2015 年其右眼视力达 0.6,眼底检查“眼底豹纹状,视盘边清色正,黄斑中心凹光反射消失”。据此,徐某既往虽存在右眼外伤史,但后遗视力显著下降并眼球结构明显改变的依据尚不充分。鉴定时检见徐某右上睑软组织菲薄,平视时右上睑下垂,遮盖 1/2 瞳孔;检见其右眼眼压增高,硅油乳化颗粒溢入前房,角膜水肿、混浊,大泡形成,部分虹膜缺失,人工晶体在位。据此,分析徐某右眼存在继发性青光眼的情况。电生理检查提示其右眼未引出确切 NPN 波形。徐某本次右眼部原发性损伤及经治疗后的临床转归具有引起严重视力障碍的损伤基础。现有材料记载其本次外伤病程中右眼视力基本都在盲目范围。目前本院检见其右眼无光感(盲目5级)的视力与眼球结构改变、电生理检查之间可以相互印证。综上所述,依照《人体损伤程度鉴定标准》5.4.2a之规定,本次外伤致右眼部晶体脱位、玻璃体出血及视网膜脱离等并后遗盲目已构成重伤二级;本次外伤与其目前后果之间存在直接因果关系,系完全作用。

# 第三章

## 胸、腹部损伤

# 案例1：外伤致胸廓畸形、胸式呼吸受限

**关键词**：法医学鉴定；胸廓畸形；胸式呼吸

## 一、案例资料

### (一)简要案情

被鉴定人，男，46岁。2017年8月22日因交通事故致伤头、胸、腹部多处。临床诊断为：双侧血气胸；双肺挫裂伤；多发肋骨骨折。入院急行双侧胸腔闭式引流。于2017年8月23日行“右股静脉置管术”。住院治疗78天。

### (二)病历摘要

住院日期：2017年8月22日至10月20日。

入院时情况：1小时前车祸伤及头、胸、腹部。感胸部剧痛，不敢活动，呼吸困难。查体：胸部明显压痛，右胸部触及骨擦音；腹部压痛。四肢活动正常。

2017年8月22日头、胸、腹部、盆腔CT扫描示：双肺挫裂伤；双侧气胸；右侧胸腔积液；胸壁皮下血肿；右肩胛骨、右2～10肋骨骨折；左侧2、5、6、7、10、11、12肋骨骨折；腹盆腔积液(图3－1－1A、B、C、D)。

入院诊断：①双肺挫裂伤；②双侧气胸；③右侧胸腔积液；④胸壁皮下血肿；⑤右肩胛骨骨折；⑥多发肋骨骨折(右2～10肋骨骨折，左侧2、5、6、7、10、11、12肋骨骨折)；⑦腹盆腔积液。

诊疗经过：入院后完善辅助检查先后行“双侧胸腔闭式引流”与“右股静脉置管术”及其他对症支持治疗，病情稳定出院。

2017年9月6日术后CT检查示：右侧2～9肋骨及左侧1～12肋骨骨折并双侧胸腔积液引流术后；双肺挫裂伤复查所见：双侧胸腔积液，右侧为著，较前减少。引流管在位(图3－1－2E)。

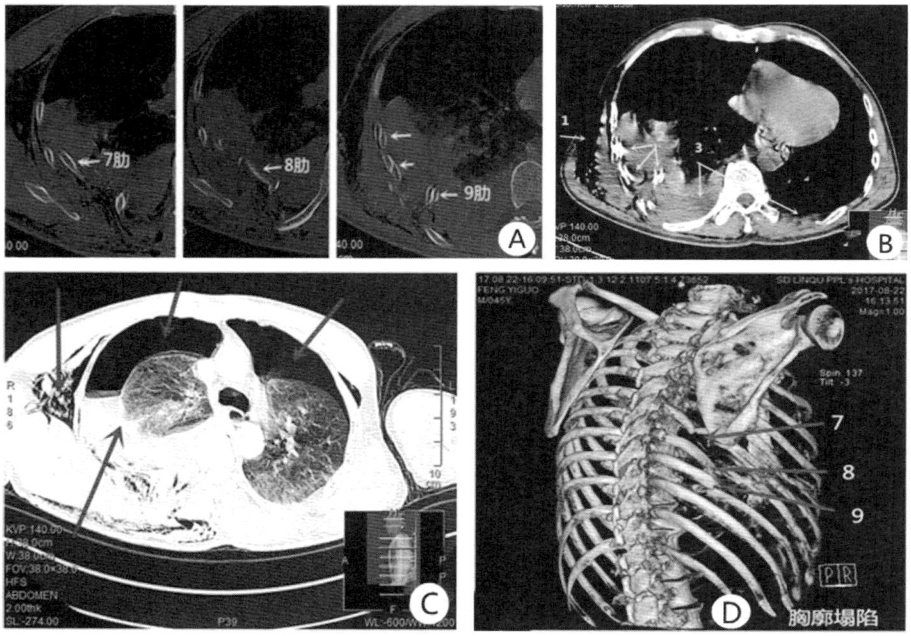


**图 3-1-1 2017 年 8 月 22 日 CT 图像**

A(骨窗)示:右侧 7、8、9 肋粉碎骨折并明显移位。B(软组织窗)示:胸壁皮下血肿-1;肋骨粉碎骨折-2;双侧胸腔积液-3。C 示:肺窗,双侧气胸;皮下气肿;肺挫伤。D 示:三维重建;右侧胸廓畸形(塌陷)。

出院情况:自诉右侧胸背部疼痛不适,活动、呼吸时加重。查体:神志清,精神差,两侧胸廓不对称,胸廓挤压征(+),右侧胸廓呼吸动度降低,右侧背部较对侧凹陷,呼吸明显受限。

## 二、法医学鉴定

### (一)鉴定过程

**1. 检验日期**

2018 年 5 月 17 日。

**2. 被鉴定人自诉**

右侧背部疼痛,呼吸受限。

**3. 体格检查**

神志清,精神可。两侧胸廓不对称,右侧明显塌陷,右侧胸式呼吸明显受限(图 3-1-2F),余未见异常。

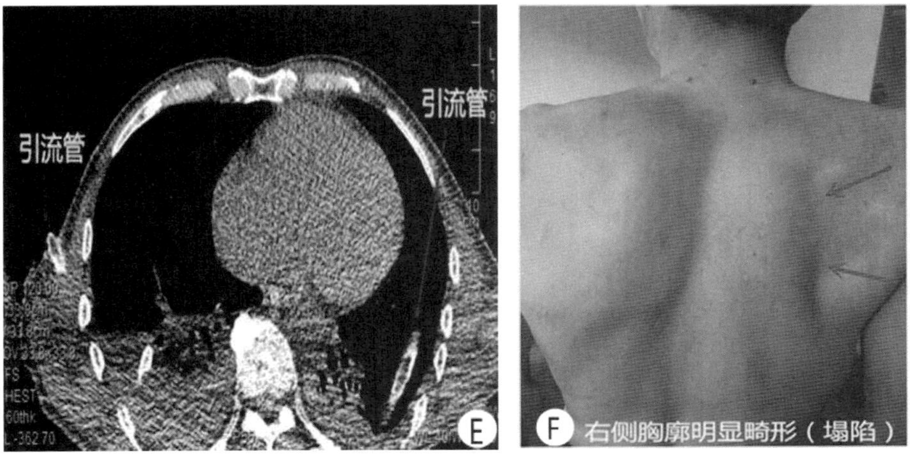


**图 3－1－2　2017 年 9 月 6 日 CT 检查图像及 2018 年 5 月 17 日查体照相**

E(软组织窗)示:双侧胸腔积液,持续引流。F 示:右胸廓明显塌陷。

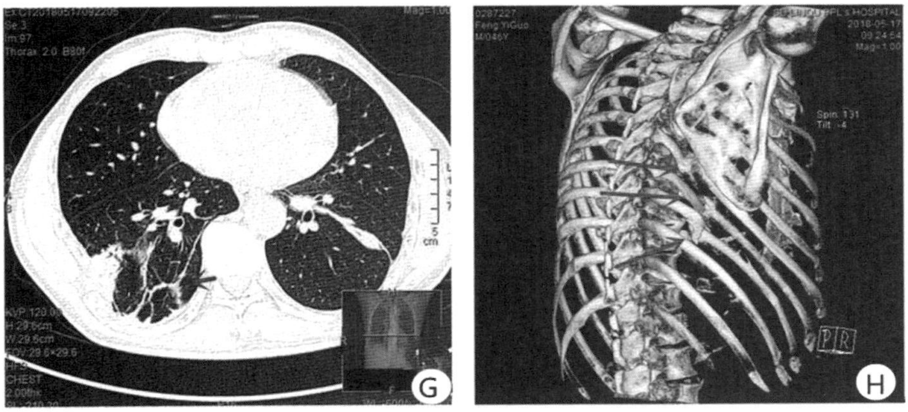


**图 3－1－3　2019 年 5 月 17 日 CT 复查图像**

G(肺窗)示:双肺下野条片状高密度影,肺纤维灶。H(三维重建)示:骨折断端骨痂形成,部分断端错位,右侧胸廓形状改变。

### 4. 影像学复查情况

多发肋骨骨折(右侧 2～9,左侧 1～12),骨折断端骨痂形成,部分断端错位。右侧 7、8、9 肋畸形愈合,胸廓形状改变。双肺下野可见条片状高密度影(图 3－1－3G、H)。

## (二)鉴定意见

该伤致胸、腹部联合伤。多发肋骨骨折并部分畸形愈合,导致右侧胸廓明显畸形,影响呼吸。根据《人体损伤致残程度分级》5.7.3.7)条(胸廓畸形,胸式呼吸受限),评定为七级残疾。

## 三、讨论

肋骨骨折是最常见的胸外伤。由于胸廓主要由肋骨构成,肋骨骨折可造成胸廓结构的破坏,胸廓结构的破坏可导致胸部两大器官——肺脏和心脏的损伤。比如,血胸、气胸、肺挫伤,食管裂伤,心包裂伤,心脏破裂等。较严重的胸部损伤经治疗可后遗胸廓畸形、胸膜粘连、呼吸动度降低、心包粘连、心律失常等。

某些疾病可使呼吸运动发生改变,肺或胸膜疾病如肺炎、重症结核和胸膜炎等,或胸壁疾病如肋间神经痛、肋骨骨折等,均可使胸式呼吸减弱而腹式呼吸增强。[1]

胸廓是胸腔壁的骨性基础和支架,主要由肋骨、胸骨、胸椎围绕而形成。正常人胸廓前后径小于左右径,两者比例约为1∶1.5,而且左右两侧形状基本对称。胸廓前后径与左右径的比例若偏离上述比值,或者两侧形状明显失去对称性,即为本标准所称的胸廓畸形。本标准所称的胸廓畸形主要是指愈合后的形态而言。[2]

胸式呼吸受限的判定,应重点观察胸廓两侧呼吸动度是否对称、有无反常呼吸。凡出现胸廓两侧呼吸动度不对称,损伤一侧(或损伤较重一侧)胸式呼吸明显受限,甚至出现反常呼吸征象者,均属于胸式呼吸受限的范畴。[2]

组成胸廓的肋骨、胸骨、胸椎发生多发性骨折,愈后遗留胸廓畸形,并致胸式呼吸受限者,均符合七级残疾标准。[2]

要正确引用《人体损伤致残程度分级》5.7.3.7)条(胸廓畸形,胸式呼吸受限)。鉴定为七级残疾时必须掌握好以下几点:①有明确的胸部外伤史,最常见原因是多发肋骨骨折使胸廓遭受严重创伤,胸壁的完整性遭到破坏;在造成胸廓畸形的同时,常伴有肺挫伤,胸腔或腹腔器官的损伤及血气胸。②符合胸廓畸形的概念。③符合呼吸功能分度中“轻度或轻度以上呼吸困难”。

本案例伤者肋骨多发骨折,尤其是右侧肋骨骨折并畸形愈合,三维重建及外观均显示:胸廓塌陷,两侧形状明显失去对称性,属胸廓畸形愈合;塌陷部位的肋间肌丧失功能,必然影响肋骨的动度,导致胸式呼吸受限。

## 【评析】

引用《人体损伤致残程度分级》5.7.3.7)条的依据是胸廓畸形与胸式呼吸受限。而胸廓畸形与胸式呼吸受限的认定靠的是体格检查与影像学检查,当然前提是有损伤基础。其中影像学的检查直观,易于被当事双方接受。

该案鉴定意见做出后,被告当事人对“意见”并不认可。要求重新鉴定。专家向被告方出示被鉴定人的两次 CT 图像。因为肋骨骨折三维重建图像显示非常直观,胸廓的塌陷显示清楚。故被告方放弃重新鉴定,案结事了。影像学在司法鉴定中的重要性再次彰显。

## 参考文献

[1]万学红,卢学峰.诊断学[M].9 版.北京:人民卫生出版社,2020:125.

[2]司法部司法鉴定管理局　最高人民法院司法行政装备管理局.人体损伤致残程度分级适用指南[M].北京:法律出版社,2016:171-173.

# 案例 2：外伤致主动脉夹层

**关键词**：法医学；头部交通伤；主动脉夹层；大血管

## 一、案例资料

### （一）简要案情

被鉴定人，男，50 岁。2019 年 8 月 16 日上午 6 时因交通事故致伤胸、腹部。即感伤处疼痛剧烈，伴胸闷、憋气、头晕。无意识障碍，无呼吸困难，无咳嗽、咳痰及咳血。急住院治疗，诊断为："主动脉夹层"并行手术治疗。

### （二）病历摘要

住院日期：2019 年 8 月 16 日至 9 月 12 日。

入院时情况：1 小时前驾车上班途中因交通事故致伤胸、腹部。即感伤处疼痛剧烈，伴胸闷、憋气、头晕。无呼吸困难，无咳嗽、咳痰及咳血，无意识障碍。在外未行处理，急入院。专科查体：胸廓无畸形，运动对称，胸骨明显压痛；双肺呼吸音清；心前区无隆起及异常波动，叩诊心脏大小正常，各瓣膜区未闻及杂音及额外心音，未闻及心包摩擦音；腹软，上腹部压痛，无反跳痛，余（－）。

2019 年 8 月 16 日 CT 检查示：胸骨体骨折（图 3－2－1A、B）；胸主动脉影像学改变（主动脉夹层）。

2019 年 8 月 16 日胸主动脉增强＋腹主动脉增强扫描 CT 检查示：胸、腹主动脉增宽，管腔内见线状低密度影，将血管分为真、假两腔，假腔范围大于真腔；范围约从降主动脉起始处至双侧髂总动脉水平；腹主动脉管腔水平可见多个破口；腹腔干、肠系膜上动脉、肠系膜下动脉及双肾动脉均起源于真腔（图 3－2－2C、D）。

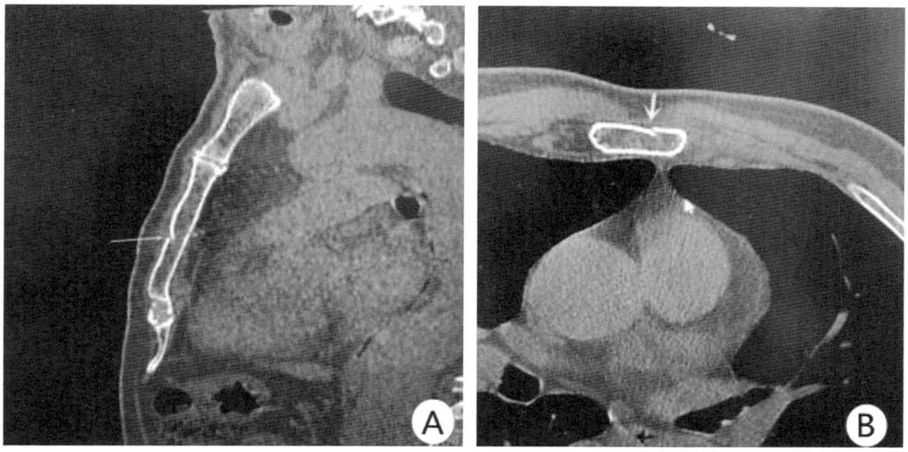


**图 3－2－1　2019 年 8 月 16 日 CT 检查图像示：胸骨体骨折**

A：矢状位。B：轴位。

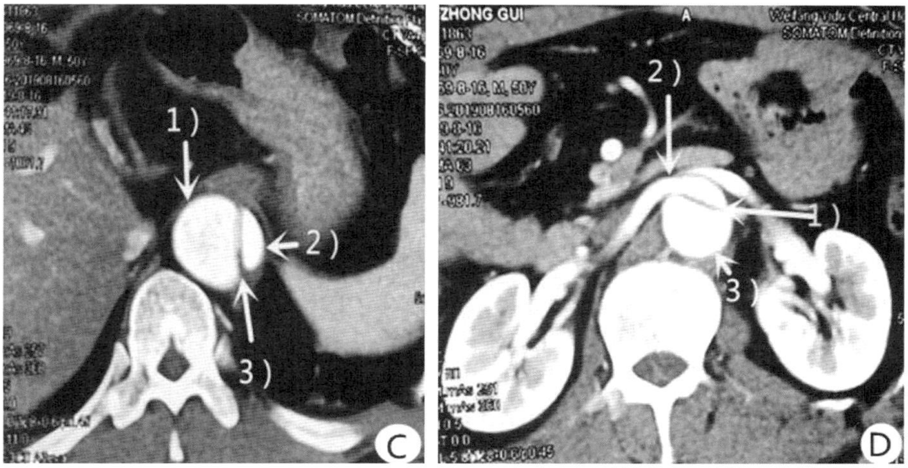


**图 3－2－2　2019 年 8 月 16 日胸主动脉增强扫描＋腹主动脉增强扫描**

C(胸主动脉夹层)示：1)假腔；2)真腔；3)内膜片。D(腹主动脉夹层)示：1)内膜片；2)肾动脉源于真层；3)假腔。

入院诊断：①主动脉夹层；②闭合性胸腹部外伤；③高血压病Ⅱ级。

2019 年 8 月 26 日胸主动脉增强扫描＋腹主动脉增强扫描＋髂动脉、股动脉增强扫描 CT 检查示：胸、腹主动脉增宽，管腔内见线状低密度影，将血管分为真、假两腔，假腔范围大于真腔；范围约从降主动脉起始处至双侧髂总动脉水平。部分层面周围可见低密度影环绕，腹主动脉管腔水平可见多个破口；腹腔干、肠系膜上动脉、肠系膜下动脉及双肾动脉均起源于真腔(图 3－2－3E、F)。

诊疗经过:入院后完善辅助检查,行“主动脉造影术+降主动脉覆膜支架植入术、腹主动脉覆膜支架植入术”及对症支持治疗。病情稳定后出院。

2019年9月8日术后首次病程记录摘要如下。

患者术前诊断为:①主动脉夹层;②闭合性胸腹部外伤;③高血压病Ⅱ级。今日全麻下行“主动脉造影术+降主动脉覆膜支架植入术、腹主动脉覆膜支架植入术”。术中造影见主动脉内膜破口位于降主动脉及腹主动脉、右髂动脉。术中定位左侧锁骨下动脉开口及腹腔干动脉开口,置入主动脉覆膜支架两枚;定位双肾动脉开口,置入髂肢覆膜支架1枚;再次造影见支架位置良好,无内漏,降主动脉假腔未见显影,腹主动脉、肾动脉以远假腔消失……

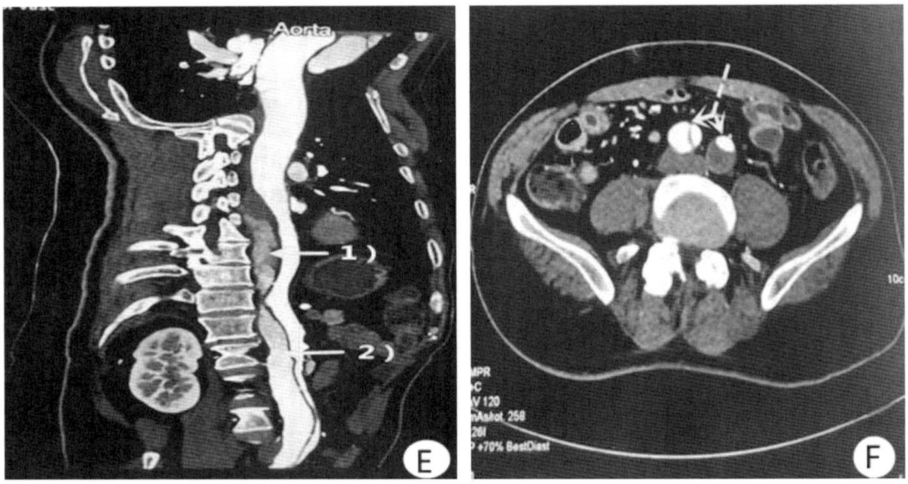


**图3-2-3　2019年8月26日胸主动脉增强扫描+腹主动脉增强扫描+髂动脉、股动脉增强扫描CT检查图像**

E:冠状位,降主动脉夹层。F:双侧髂总动脉夹层;左侧髂总动脉假腔内未见造影剂充盈。

出院时情况:病情稳定,一般情况可。无头晕、头痛;无胸闷、憋气;无腹痛、腹胀。查体:心音有力,律齐;双肺呼吸音清。腹软,全腹无压痛、反跳痛,无明显血管杂音。

## 二、法医学鉴定

### (一)鉴定过程

**1. 检验日期**

2020年3月10日。

2. **体格检查**

中年男性,神志清,精神可,头颅无畸形。双侧瞳孔等大等圆,对光反应灵敏。口鼻无异常,颈、胸、腹无异常。双侧腹股沟处可见介入手术痕迹。四肢活动自如。余(-)。

3. **影像学阅片**

阅“降主动脉覆膜支架植入术+腹主动脉覆膜支架植入术”后CT片检查(图3-2-4G、H)。

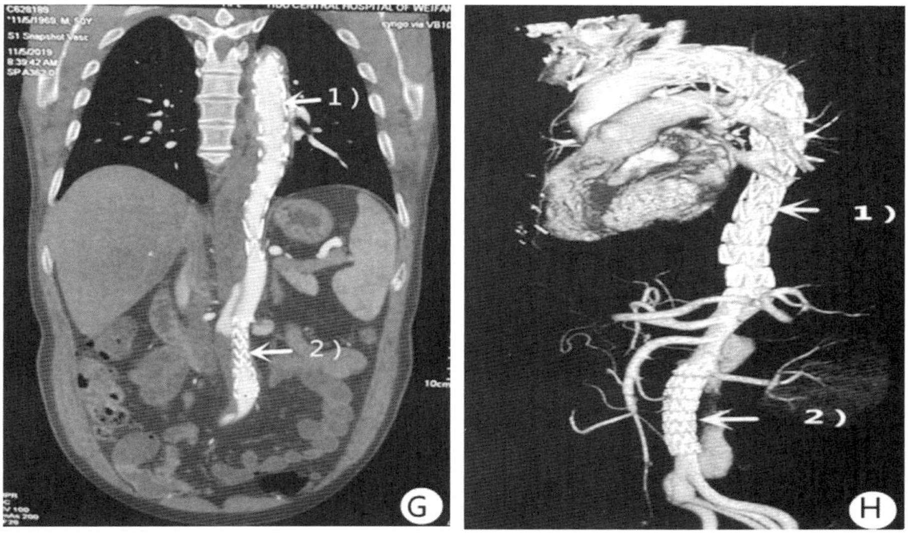


**图3-2-4 术后CT图像:胸主动脉、腹主动脉覆膜支架**

G:冠状位。H:三维重建。

## (二)鉴定意见

被鉴定人因交通事故致主动脉夹层,并行手术治疗。依据《人体损伤致残程度分级》5.8.3.7)条(心脏或大血管修补术后)规定,评定为八级残疾。

# 三、讨论

主动脉夹层是指主动脉内膜和中层弹力膜发生撕裂,血液进入主动脉壁中层顺行或逆行剥离形成壁间假腔,并通过一个或数个破口与主动脉真腔相交通。主动脉夹层形成后,假腔的体积与张力阻碍大动脉远端和分支的血流,导致相应器官和组织缺血。[1]

根据主动脉夹层发生部位和累及范围可分为Stanford A型和Stanford B型(表

3－2－1）。[1]

**表 3－2－1　主动脉夹层分型**

| | |
|---|---|
| Stanford A 型 | 内膜瓣破口位于升主动脉，病变累及升主动脉和弓部主动脉，夹层远端可终止于不同部位（降主动脉甚至腹主动脉） |
| Stanford B 型 | 内膜瓣破口位于主动脉峡部，累及降主动脉起始以远的部位（或腹主动脉），但不累及升主动脉 |

关于大血管的内涵，《人体损伤致残程度分级》标准中未作详细论述，学术界一般把主动脉及肺动脉主干及其发出的最大分支称为大动脉，包括胸主动脉、腹主动脉、髂总动脉；主动脉弓及其分支（左锁骨下动脉，左颈总动脉，头臂干、右锁骨下动脉，右颈总动脉）腋动脉、肱动脉、颈外动脉；肺动脉，以及相对应的静脉。《湖南省法医临床司法鉴定若干问题的执业指引（试行）》（湘司鉴协〔2002〕4 号）4.6条关于大血管的界定是这样描述的：大血管是指胸主动脉、主动脉弓及其分支（颈总动脉、左锁骨下动脉、头臂干及其主要分支右颈总动脉、右锁骨下动脉）肺动脉、肺静脉、上腔静脉和下腔静脉、腹主动脉、髂总动脉、髂外动脉、髂外静脉。山东司鉴协发布的《山东法医临床司法鉴定执业指引（试行）》中关于大血管的界定与湖南省的相同。

《人体损伤程度鉴定标准》附则 6.8 条规定的大血管范围是：胸主动脉、主动脉弓分支、肺动脉、肺静脉、上腔静脉和下腔静脉、腹主动脉、髂总动脉、髂外动脉、髂外静脉。[2] 主动脉弓分支中包括左颈总动脉、左锁骨下动脉、头臂干及其主要分支右颈总动脉、右锁骨下动脉。

《劳动能力鉴定职工工伤与职业病致残等级》附录 A4.11 条对大血管的认定表述为：本标准所指大血管是指主动脉、上腔静脉、下腔静脉、肺动脉和肺静脉。

从上述内容来看，《湖南省法医临床司法鉴定若干问题的执业指引（试行）》4.6 条关于大血管的界定、山东司鉴协发布的《山东法医临床司法鉴定执业指引（试行）》中关于大血管的界定与《人体损伤程度鉴定标准》附则 6.8 条规定的大血管范围是一致的。鉴定实践中可按照上述界定的大血管范围进行认定。当然本案例胸主动脉、腹主动脉作为大血管认定不会产生任何歧义。部分大动脉示意图（图 3－2－5、文末彩图 3－2－5）中左图的颈总动脉及右图的全部动脉均属“大血管”范畴。

《人体损伤致残程度分级》附则 6.8：“本标准中四肢重要血管是指与四肢重要神经伴行的同名动、静脉。”《人体损伤致残程度分级》适用指南对四肢重要血管的解释是：根据本标准附则 6.8 之规定，上肢重要动脉主要是指腋动脉、肱动脉、桡动脉、尺动脉等；下肢重要动脉主要是指股动脉、腘动脉、胫前动脉、胫后动脉等。鉴定实践中，要注意区分

“大血管”与“四肢重要血管”的内涵，防止出现张冠李戴。如《人体损伤致残程度分级》5.10.6.14)条：肢体重要血管循环障碍，影响功能。

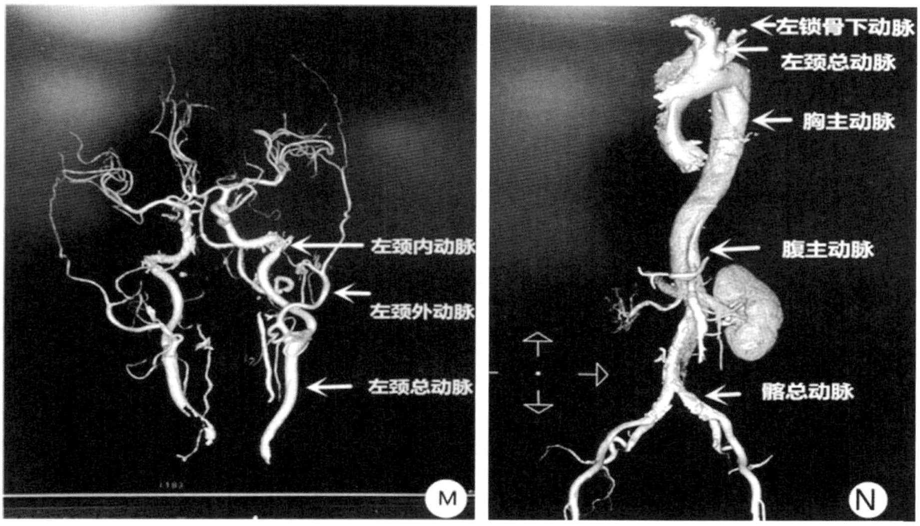


**图3－2－5　部分大动脉示意图**

M：部分血管CT血管成像(CTA)。N：部分血管照相。

主动脉夹层急性期90%的患者右前胸、后背或腹部突发性剧烈疼痛，疼痛可沿大动脉走行方向传导和转移。明确诊断主要依靠影像学检查，其中超声、CT、MRI为首选检查，特别是CT血管成像(CTA)。通过影像学检查，可以明确：①动脉夹层的内膜片，真、假腔及范围；②升主动脉是否受累；③内膜破口及发生部位；④主要分支血管受累情况；⑤左室和主动脉功能状况等。[3]

本案例中，伤者因交通事故致伤胸、腹部，当即出现胸、腹部剧烈疼痛，CT证实胸骨骨折，后强化CT检查示：胸主动脉中下段－腹主动脉－双侧髂总动脉夹层，多发撕裂口。腹主动脉主要大分支起自真腔，属AD中的Stanford B型。住院期间行“主动脉造影术＋降主动脉覆膜支架植入术、腹主动脉覆膜支架植入术”。损伤过程、临床表现以及影像学检查均支持本次主动脉夹层系外伤所致。覆膜支架植入术是目前治疗主动脉夹层，尤其是Stanford B型的主要治疗方法。不管什么样的微创手术，其目的与普通手术是一致的，较之外科手术具有创伤小、成功率高、恢复快、并发症少等优点，应视为与传统手术同等的“手术治疗”。因此，依据《人体损伤致残程度分级》5.8.3.7)条(心脏或大血管修补术后)，评定为八级残疾无疑。

## 【评析】

本案例中,外伤导致主动脉夹层没有歧义。住院后行“主动脉造影术+降主动脉覆膜支架植入术、腹主动脉覆膜支架植入术”。对覆膜支架植入手术是否属于《人体损伤致残程度分级》5.8.3.7)条中“大血管修补术”的范畴,鉴定实践中存在模糊认识。但《湖南省法医临床司法鉴定若干问题的执业指引(试行)》5.2.1.1)条明确:“大血管损伤行介入手术植入血管支架”可比照《人体损伤致残程度分级》标准中5.8.3.7)条“心脏或大血管修补术后”。随着现代医学的飞速发展以及高科技在医学中的应用,更加先进的具有创伤小、痛苦小、成功率高的现代手术方式广泛应用于临床。因此,本案评定为八级残疾符合《人体损伤致残程度分级》制定者的初衷。

### 参考文献


[1]陈孝平,汪建平.外科学[M].8版,北京:人民卫生出版社,2014:319.

[2]司法部司法鉴定管理局.人体损伤程度鉴定标准[M].北京:法律出版社,2013:31.

[3]白人驹,徐克.医学影像学[M].7版.北京:人民卫生出版社,2017:156.

# 案例 3：胸腹部损伤致脾破裂

**关键词**:法医学;颅脑损伤;胸腹联合伤;脾破裂

## 一、案例资料

### (一)简要案情

被鉴定人,女,55 岁。2018 年 8 月 26 日因交通事故致伤胸腹部。入院诊断为:①闭合性腹外伤,脾破裂;②创伤性血胸;③右肺挫伤;④多发肋骨骨折;⑤骨盆骨折。急诊行“脾破裂手术切除”。住院 27 天。

### (二)病历摘要

入院日期:2018 年 8 月 26 日至 9 月 18 日。

入院时情况:被鉴定人车祸伤后胸腹部疼痛 3 小时入院。查体:心率 104 次/分,血压测不出,睑结膜苍白,右胸壁压痛。腹平坦,腹肌稍紧,全腹压痛反跳痛,移动性浊音阳性,肠鸣音弱。骨盆挤压征阳性。双下肢活动受限。

2018 年 8 月 26 日胸腹部 CT 检查示:右侧胸腔积液;右侧 1 ~7 后肋见线状透亮影,断端对位、对线可。脾脏体积增大,密度不均,见条片状高密度影,边界不清(图 3 –3 –1A、B)。

入院后完善各种辅助检查,急诊行“脾破裂手术切除”。术中见脾脏多处裂伤,周围血块 300g,腹腔积血 2700ml。肋骨骨折保守治疗。胸腔积液行“胸腔闭式引流”。

2018 年 9 月 3 日胸腹部 CT 检查示:双侧胸腔内见引流管影,双侧胸腔后部仍见大量积液。右侧第 1 ~7 肋骨骨折同前。扫描野内脾脏缺如,腹腔内少量积液(图 3 –3 –2C、D)。

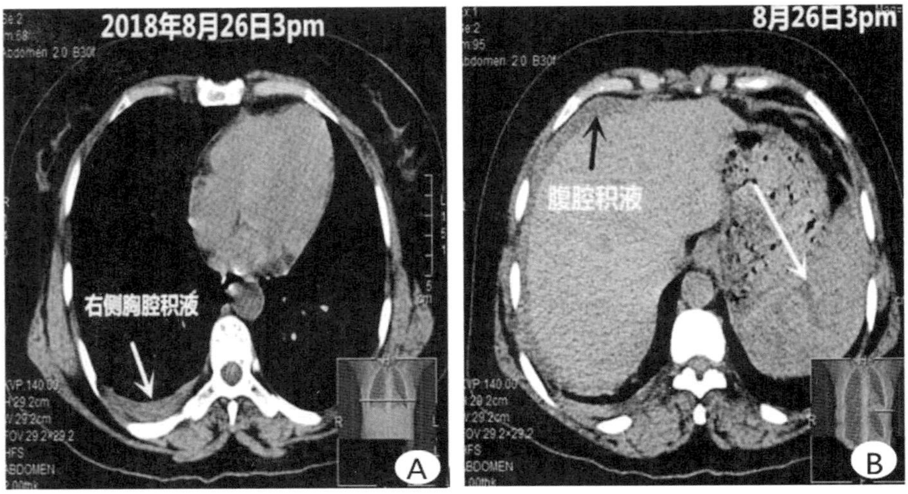


**图 3-3-1　2018 年 8 月 26 日胸腹部 CT 图像**

A(软组织窗)示:右侧胸腔积液。B(软组织窗)示:脾脏体积增大,密度不均,边界不清;腹腔积液。提示:脾脏破裂。

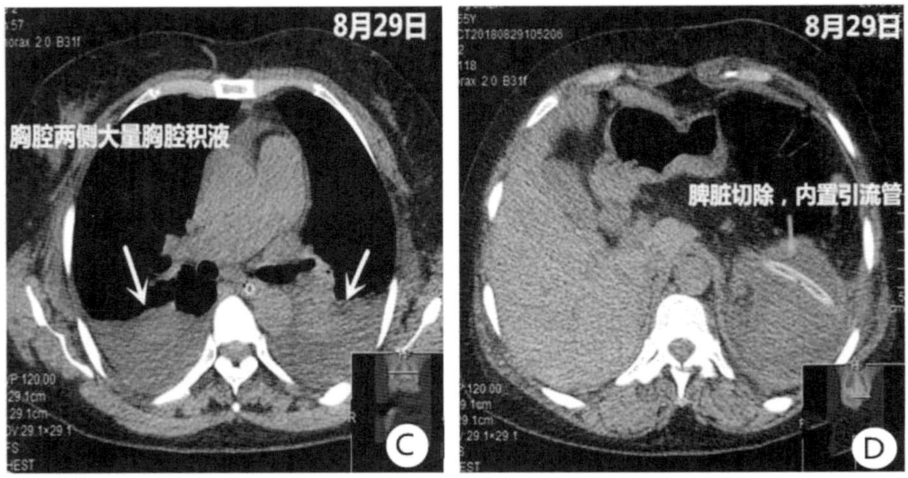


**图 3-3-2　2018 年 9 月 3 日 CT 图像**

C(软组织窗)示:双侧大量胸腔积液,闭式引流。D(软组织窗)示:脾脏切除,留置引流管。

出院时情况:一般情况可,无心慌、胸闷,腹痛、腹胀等不适。检查:双肺呼吸音清,未闻及干湿性啰音。律整。腹部平坦,刀口愈合良好。腹软,无压痛、反跳痛,肠鸣音正常。

## 二、法医学鉴定

### （一）鉴定过程

**1. 检验日期**

2018 年 12 月 20 日。

**2. 体格检查**

中年女性，神清语利。头面部无畸形及压痛。右侧胸壁压痛，胸廓无畸形，挤压征（－），双肺呼吸音正常，无干湿性啰音。左侧中上腹部 16cm 长手术瘢痕，腹平软，无压痛及反跳痛。骨盆无明显畸形，挤压分离征阴性；双下肢等长。余（－）。

**3. 影像学阅片**

阅被鉴定人术后 CT 片示脾脏切除，留置引流管（图 3－3－2D）。

### （二）鉴定意见

被鉴定人因交通事故致脾破裂并手术切除，根据《人体损伤致残程度分级》5.8.4.2）条规定，评定为八级残疾。根据 5.10.3.7）条规定，胸部损伤评定为十级残疾。

## 三、讨论

脾脏位于左下侧胸廓内季肋部的深处，重 75～150g，质地脆弱，是腹腔脏器中最易受损的器官之一。脾脏损伤较为常用的检查诊断方法是：脾脏 B 超、腹腔穿刺、CT 或 MRI 检查。

脾脏损伤程度的分级对治疗和愈后具有非常重要的意义。目前已被国内广泛采用的脾脏损伤程度分级如表 3－3－1 所示。[1]

手术方式的确定依"分级而定，经探查发现脾脏裂口小而浅，深度不超过 1.5cm（一级脾损伤和部分二级脾损伤），可首先采用"脾破裂缝合修补术"。[2]

"部分脾切除术"适用于三级脾破裂，损伤较局限，单纯修补难以止血或受损的脾组织已失去活力，部分脾切除后有半数以上的脾实质能够保留。而广义的脾切除包括脾段、半脾和脾次全切除术。一般认为脾脏部分切除范围不应包括全脾的 2/3，因保留 1/3 以上脾方能维持脾脏的正常功能。[2]

"全脾切除术"适用于四级脾破裂；脾切除术中若实施脾组织块移植入腹腔等操作，

视为“脾全切”。[2]

**表3-3-1　脾脏损伤程度分级**

| | |
|---|---|
| 一级 | 脾被膜下破裂或被膜及实质轻度损伤,手术所见脾裂伤长度≤5.0cm,深度≤1.0cm |
| 二级 | 脾裂伤长度≥5.0cm,深度≥1.0cm,但脾门未累及;或脾段血管受累 |
| 三级 | 脾破裂伤及脾门部,或脾部分离断,或脾叶血管受累 |
| 四级 | 脾广泛破裂;或脾蒂、脾动静脉主干受损 |

对明确可能保留脾脏的Ⅰ、Ⅱ级损伤,可根据伤情采用生物胶黏合止血、物理凝固止血、单纯缝合修补、脾破裂捆扎、脾动脉结扎以及部分脾切除等。[3]所采用的生物胶黏合止血、物理凝固止血、脾破裂捆扎、脾动脉结扎等,一般按缝合修补认定。

《人体损伤致残程度分级》标准中脾脏破裂致残等级的划分主要是依据手术方式而定,即:修补术,十级;部分切除,九级;成人脾切除,八级;未成年人脾切除,七级。

本案例是典型的“胸腹联合伤”。CT检查示:肺挫裂伤;右侧1~7肋骨骨折并皮下气肿;右侧胸腔积液;腹腔积液;脾破裂伤。手术探查,见脾脏多处裂伤,周围血块300g,腹腔积血2700ml,属脾损伤四级。急诊行“脾切除术”,评定为八级残疾。

## 【评析】

《人体损伤致残程度分级》5.8.4.2)条“成年人脾切除术后”,条文本身很容易理解。关键是脾切除的认定需具备以下三个要件:①脾脏损伤与外伤有直接因果关系;②具备脾切除指征;③手术记录或影像学检查证实已经施行“脾切除术”。当然,成年人是前提。

类似此类条文字面很简单,但鉴定意见书要做到环环相扣,方可做到鉴定准确无误。如果单靠病历记载,没有影像资料支持,也有可能会出现漏鉴或错鉴。

### 参考文献

[1]赵定麟,李增春,严力生.现代创伤外科学[M].北京:科学出版社,2013:371-372.

[2]司法部司法鉴定管理局　最高人民法院司法行政装备管理局.人体损伤致残程度分级适用指南[M].北京:法律出版社,2016:230-231.

[3]陈孝平,汪建平.外科学[M].8版.北京:人民卫生出版社,2014:337.

# 案例4：腹部损伤致迟发性脾破裂

**关键词**：法医临床学；迟发性脾破裂；脾动脉栓塞术

## 一、案例资料

### （一）简要案情

被鉴定人，男，61岁。2019年8月29日因车祸致伤头面部及胸腹部。短暂意识丧失，醒后感伤处疼痛。先后入多家医院住院治疗。期间行“胸腔积液引流术”“脾动脉栓塞术”。

### （二）病历摘要

**1. 第一次住院**

住院日期：2019年8月29日至9月1日。

入院时情况：神志清，精神差。左枕顶部触及一约5cm×5cm头皮血肿。双侧瞳孔等大等圆，直径2mm，对光反应灵敏。左胸部可触及握雪感，压痛，左肺呼吸音低，右肺呼吸音清。左季肋部压痛。左肩部擦伤、渗血。

2019年8月29日CT检查示：右额、颞、顶硬膜下血肿（图3－4－1A），右颞脑挫裂伤（图3－4－1B），颅底骨折。左侧第4、5、6、7肋骨骨折（图3－4－2C）。左胸腔积液（图3－4－3D），脾脏挫裂伤（图3－4－3E）。

诊疗经过：入院后完善辅助检查，给予对症支持治疗，并密切观察病情。住院2天，患者自动要求转上级医院治疗。

**2. 第二次住院**

住院日期：2019年9月1日至10月10日。

入院时情况：神志清，精神不振。查体：左侧头皮淤血、肿胀、压痛。胸部皮下气肿存在，握雪感存在。双肺呼吸音粗。双肺底闻及干湿性啰音。左上腹压痛，无反跳痛。四肢肌力、肌张力正常。

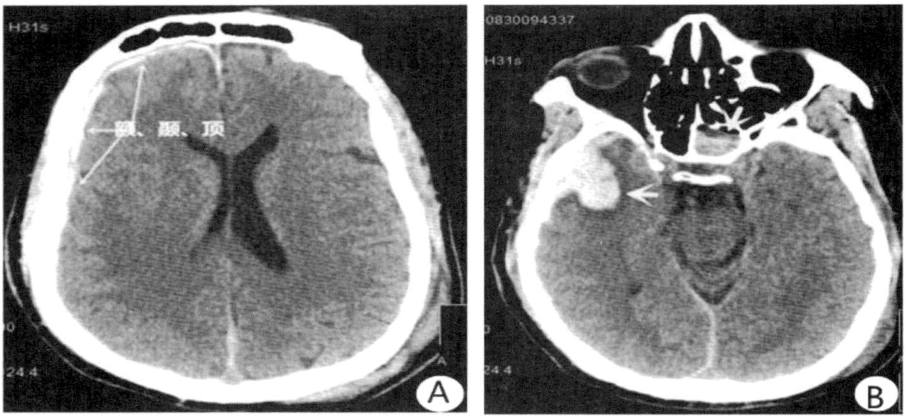


**图 3－4－1　2019 年 8 月 29 日颅脑 CT 检查图像**

A：右额、颞、顶硬膜下血肿。B：右颞脑挫裂伤。

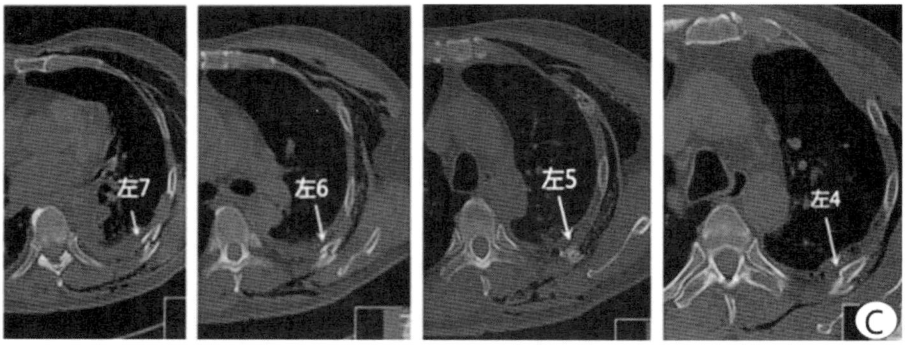


**图 3－4－2　2019 年 8 月 29 日胸部 CT 检查图像**

C：左 4、5、6、7 肋骨骨折并明显错位。

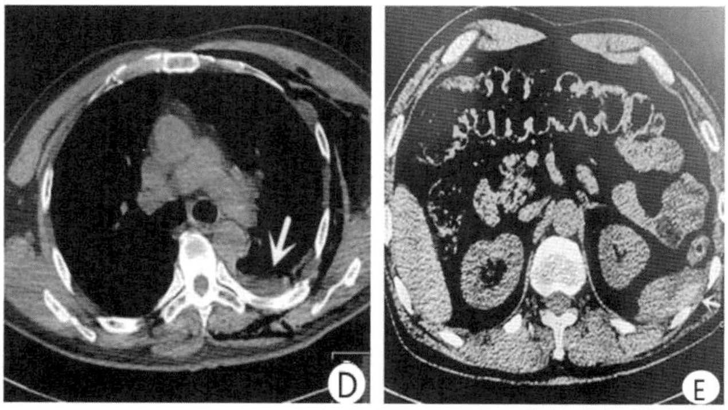


**图 3－4－3　2019 年 8 月 29 日胸、腹部 CT 检查图像**

D：左胸腔积液。E：脾脏见高低混杂密度影，下缘局部高密度影。提示：脾挫裂伤。

2019 年 9 月 1 日颅脑、胸、腹部 CT 检查示：左侧顶部部分脑沟内密度增高，大脑后纵裂及小脑幕右侧密度增高；大脑镰左侧旁可见条状液体密度影。左侧额叶顶部及右侧额颞叶可见多发斑片状密度增高影，周围可见低密度影环绕，右侧颞叶为著，右侧额颞顶部颅板下新月形密度增高影。左侧第 1～10 肋骨多发骨质连续性中断，胸腔。脾脏形态不规则，内见高低混杂不均匀密度影（图 3－4－4F）。

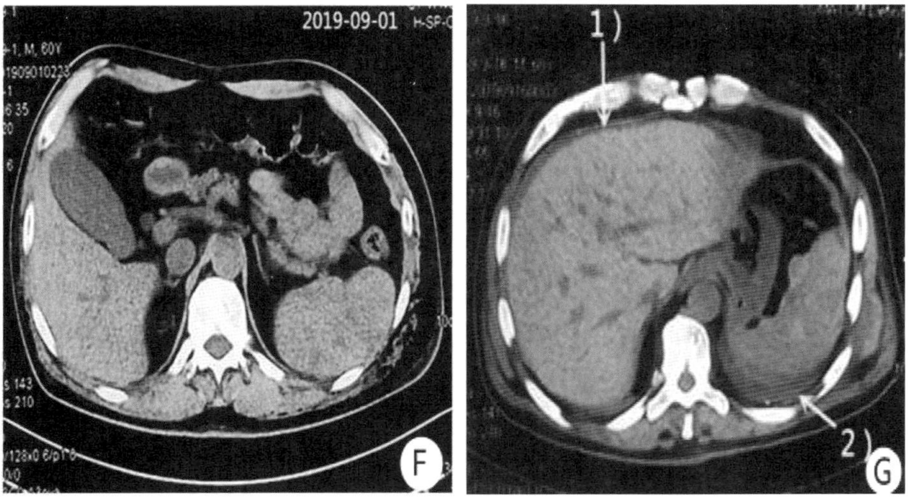


**图 3－4－4　2019 年 9 月 1 日及 9 月 16 日腹部 CT 图像**

F：脾脏形态不规则，内见高低混杂密度影。G：肝脏周围见液性密度积聚。脾脏形态不规则，实质密度不均匀，内见斑片状高低混杂密度，脾周见少许积液。提示：脾破裂。

2019 年 9 月 16 日颅脑、胸、腹部 CT 检查示：右侧额颞叶斑片状密度增高影较前大部分吸收，呈低密度区，占位效应较前稍减轻。右侧额颞顶部颅板下见新月形低密度，较前无显著变化。左颞叶见斑片状高低混杂密度，高密度较前变淡。左侧多发肋骨（约 2～10）见多发骨折，并部分断端嵌插、错位；右侧 5、6 前肋外侧皮质欠连续。肝脏周围见液性密度积聚。脾脏形态不规则，实质密度不均匀，内见斑片状高低混杂密度，脾周见少许积液（图 3－4－4G）。

2019 年 9 月 17 日行脾动脉栓塞术，手术摘要如下：

……取右侧腹股沟韧带下约 1cm 股动脉搏动最明显处为穿刺点，用 2% 利多卡因局麻成功、右股动脉穿刺成功后，引入 5F 动脉导鞘及动脉导管，选择性插管至腹腔动脉，注入对比剂，显示血管走行。造影示脾脏轮廓不整，局部见造影剂溢出。将微导管选择性插入，沿导管缓慢注入 PVA（500μm）、明胶海绵颗粒（560μm），出血动脉栓塞，冲管后拔出动脉导管及动脉鞘，术毕。

诊疗经过：入院后完善各项辅助检查，行“脾动脉栓塞术”及其他对症、支持治疗。

病情稳定后出院。

出院诊断：右额颞顶硬膜下血肿；右颞叶脑挫裂伤；蛛网膜下隙出血；多发肋骨骨折；左胸腔积液；脾破裂。

## 二、法医学鉴定

### （一）鉴定过程

**1. 检验日期**

2020 年 10 月 20 日。

**2. 被鉴定人自述**

头痛、头晕，失眠、健忘。

**3. 体格检查**

老年男性，意识清。自主体位，查体合作。左顶部有一 1.5cm×1.5cm 瘢痕。右肩部有一 7cm×2cm 瘢痕。右侧腹股沟处可见介入治疗瘢痕。余外伤部位外观未见明显异常。右上肢肌力偏低，肌力 5 级，肌张力正常。左上肢及双下肢肌力、肌张力可。余（－）。

**4. 影像学阅片**

阅 2020 年 9 月 28 日 CT 复查片示：右侧颞极及左侧放射冠区均见片团状较低密度灶，边界清（图 3－4－5H）。余脑实质内未见明显异常密度灶。颅骨未见明显异常。左侧 2～9 及右侧 5～6 肋骨局部可见高密度影，其中左 4～7 肋骨断端畸形著（图 3－4－5I）。

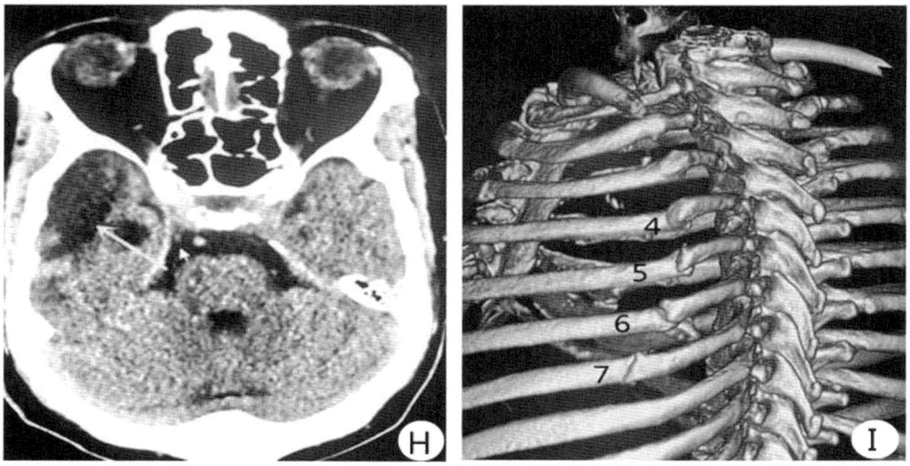


**图 3－4－5　2020 年 9 月 28 日 CT 复查图像**

H：右颞部低密度灶，提示脑软化灶。I：左 4～7 肋畸形愈合。

2020 年 10 月 20 日脾脏 CT 平扫示：内见 53mm × 41mm × 38mm 低密度灶，边界较清（图 3－4－6M）；脾脏增强扫描低密度灶区未见强化（图 3－4－6N）。

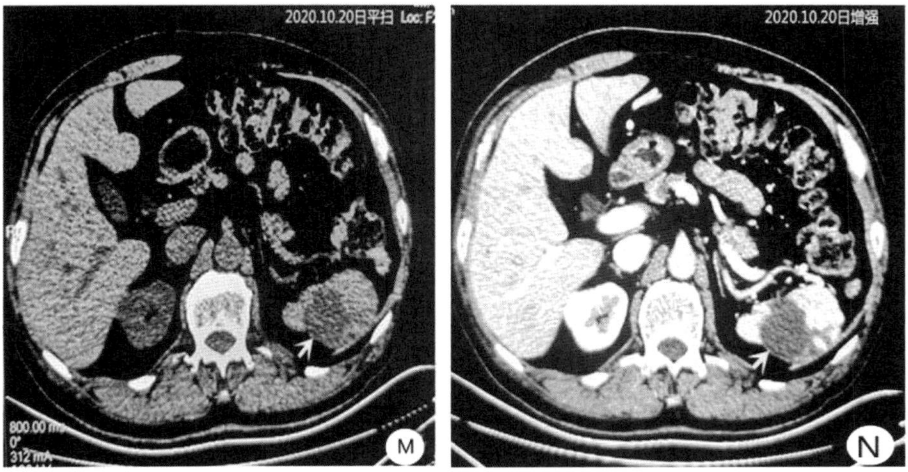


**图 3－4－6　2020 年 10 月 20 日脾脏 CT 图像**

M：CT 平扫局部低密度灶。N：CT 增强扫描未见强化。提示：脾动脉栓塞术后部分组织软化坏死，失去功能。

### （二）鉴定意见

（1）被鉴定人颅脑损伤后遗软化灶形成，并遗头痛、头晕及右上肢肌力减低 5 级等神经系统症状、体征。根据《人体损伤致残程度分级》5.10.1.2）条之规定，构成十级残疾。

（2）被鉴定人多发肋骨骨折（左侧 2～10、右侧 5、6），其中左侧第 4～7 肋骨断端畸形愈合。参照《人体损伤致残程度分级》5.9.3.11）条之规定，构成九级残疾。

（3）被鉴定人脾破裂而行栓塞术，经 CT 检查证实：脾脏部分组织坏死软化，失去正常功能。根据《人体损伤致残程度分级》附则 6.1、附录 A 规定，参照 5.9.4.2）条之规定，构成九级残疾。

## 三、讨论

按病理解剖，脾破裂可分为中央型破裂（破裂位于脾实质深部）、被膜下破裂（破裂位于脾实质周边部分）、真性破裂（累及被膜）。前两种破裂因被膜完整，出血量受到限制，故临床上可以无明显腹内出血征象，不易被发现，脾内血肿可被吸收。脾被膜下破裂形成的血肿和少数脾真性破裂后被网膜等周围组织包裹形成的局限性血肿，可因轻微外力影响或胀破被膜或血凝块而发展为延迟性脾破裂。一般发生在伤后两周，也有迟至数月以后的，临床上应特别注意，一旦发生，应立即手术。[1]

《人体损伤致残程度分级》附则 6.1：遇有本标准致残程度分级中未列入的致残情形，可根据致残的实际情况，依据附录 A 的规定，并比照最相似等级的条款，确定其致残程度等级。[2]

选择性脾血管栓塞疗法是一种行之有效的微创手术。可诊治并举：脾动脉造影可明确出血的部位、程度和速度，若结合 CT 则更能获得全面的伤情评估。栓塞止血后，可再次造影以明确止血效果。

脾梗死的影像学检查有以下特征：①彩色多普勒血流成像（CDFI）无血流；②CT 平扫呈边界清楚的楔形低密度区，增强检查，低密度区无强化，与周围正常强化脾实质对比更加清楚；③MRI 检查梗死区无强化。[3] 鉴定时做上述影像学检查能够明确脾脏的形态、大小、血供情况，根据不同情况确定伤残等级，比如，通过检查证实被栓塞血管所供应脾段或脾叶无强化，视为该部分脾脏切除，定为九级残；若脾脏不显影可定八级残。

本案例既有颅脑损伤，又有典型的“胸腹联合伤”。伤后 CT 检查示：脾挫裂伤；伤后两周 CT 检查提示脾破裂。行脾动脉栓塞术，属“延迟性脾破裂”。术后一年，经增强 CT 检查证实：脾脏部分组织坏死，失去正常功能，构成九级残疾。

## 【评析】

本案例损伤涉及头、胸、腹部，系多部位复合伤。头部软化灶形成，十级残；胸部肋骨骨折，九级残。没有歧义。“脾动脉栓塞术后”。一种观点按“脾修补术”定十级残，另一种观点按“术后效果”确定（可能十级残疾，可能九级残疾）。

第二种观点比较符合实际，因为术后本身就存在两种可能性：如果被栓塞血管供应区域被其他血管所代偿，脾脏结构与功能恢复正常；如果被栓塞血管供应区域缺血坏死，失去功能，此情况下可参部分脾切除评定九级残疾。尽管不是真正意义上的脾切除。《湖南省法医临床司法鉴定若干问题的执业指引（试行）》中也有类似内容：肝、脾、肾等实质性器官损伤行介入血管栓塞术后，止血治疗，致器官部分梗死萎缩的，比照器官部分切除相应条款评残；若完全丧失功能，则比照切除。

医学科学像其他学科一样，日新月异，治疗手段，尤其是手术方式也在不断改进、提高。比如：陈孝平、汪建平的《外科学》（第八版）是这样描述的：“延迟性脾破裂，一般发生在伤后两周，也有迟至数月以后的。此种情况下应切除脾。”而在第九版是这样描述的：“延迟性脾破裂，一般发生在伤后两周，也有迟至数月以后的。临床上应特别注意。一旦发生，应立即手术。”第九版讲的是“立即手术”，而未具体讲何种术式。因此，鉴定人在具体的鉴定工作中应当不再将思维局限于传统的手术方式，也应与时俱进。

## 参考文献


[1] 陈孝平，汪建平. 外科学[M]. 9版. 北京：人民卫生出版社，2019：323.

[2] 最高人民法院　最高人民检察院　公安部　国家安全部　司法部. 人体损伤致残程度分级[S]. 2016：17.

[3] 白人驹，徐克. 医学影像学[M]. 7版. 北京：人民卫生出版社，2017：205.

# 案例5：外伤致急性坏疽性胆囊炎

**关键词**:法医临床学;腹部交通伤;急性坏疽性胆囊炎;胆囊切除术

## 一、案例资料

### (一)简要案情

被鉴定人,男,68岁。2020年5月17日约5时因交通事故致伤头及背部。即感伤处疼痛剧烈,伴头部流血不止,无意识障碍。以“创伤性硬膜下出血、创伤性蛛网膜下隙出血、胸椎骨折、头皮裂伤”急收入院治疗。

### (二)病历摘要

住院日期:2020年5月17日。

入院时情况:因车祸致伤头及背部。疼痛伴流血3小时入院。感伤处疼痛剧烈,伴头部流血不止,无意识障碍。在外未行处理,急入院。

查体:神志清,精神差,GCS评分15分。头颅无畸形,前额部见一约3cm大小纵行皮肤裂伤,已缝合,轻度渗血,渗液。双侧瞳孔等大等圆,直径约2.5mm,直接、间接对光反射灵敏。颈软,心肺无异常。腹部平软,对称,无压痛、反跳痛,腹部无包块,肝脾肋下未及,肝肾区无叩击痛,无移动性浊音,肠鸣音正常。双侧肢体肌力5级、肌张力正常。双侧肱二头肌肌腱反射、肱三头肌肌腱反射、膝腱反射、跟腱反射(++),双侧巴宾斯基征(-),脑膜刺激征(-)。

2020年5月17日颅脑CT检查示:左侧硬膜外血肿;蛛网膜下隙出血。

2020年5月17日胸腰椎CT检查示:T4~T10棘突见骨质不连续,部分断端分离。

2020年5月20日胸腹部CT检查示:骨窗示T4~T10棘突见骨质不连续,部分断端分离;胆囊胆汁淤积(图3-5-1A)。

2020年6月3日(伤后16日)腹部B超检查示:胆囊壁厚;胆汁淤积。

2020年6月4日腹部CT检查示:胆囊体积增大,囊壁稍增厚(图3-5-1B)。

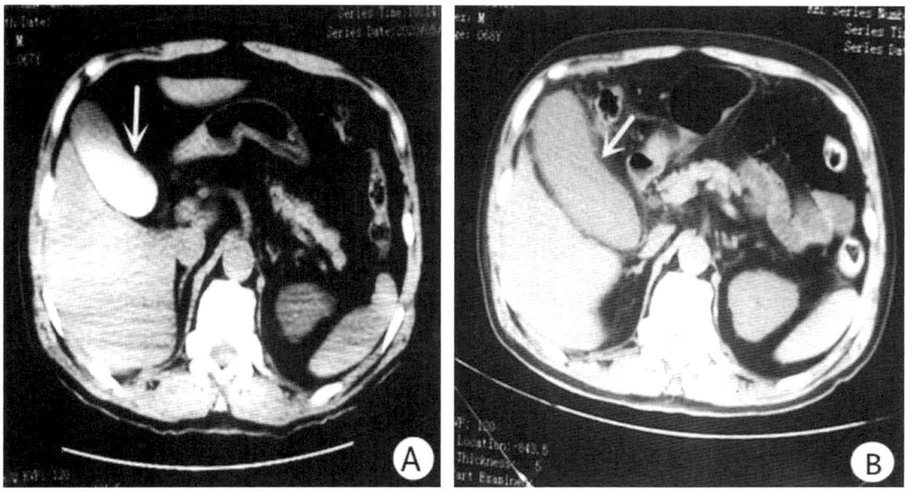


**图 3-5-1　2020 年 5 月 20 日、6 月 4 日 CT 图像**

A:2020 年 5 月 20 日腹部 CT 显示:胆囊胆汁淤积。B:2020 年 6 月 4 日腹部 CT 显示胆囊体积增大,胆囊壁增厚。

诊疗经过:入院后完善各项辅助检查,明确诊断,排除手术禁忌。于 2020 年 6 月 5 日全麻下行“腹腔镜下胆囊切除,肠粘连松解术”。手术顺利,患者好转出院。术后病理示:急性坏疽性胆囊炎。

2020 年 6 月 5 日手术记录摘要如下:

患者术前诊断为:①急性坏疽性胆囊炎;②创伤性硬膜下血肿;③蛛网膜下隙出血;④胸椎骨折;⑤头皮裂伤。今日全麻下行“腹腔镜下胆囊切除、肠粘连松解术”。术中探查见胆囊被大网膜所包裹,已坏疽穿孔,约 14cm×4cm×3cm 大小,腹腔内可见多处粘连,并可见中量胆汁样浑浊液体。分离胆囊周围粘连,以电凝钩依次分离出胆囊管、胆囊动脉,切断胆囊动脉,夹闭胆囊管并剪断,以超声刀将胆囊自胆囊床完整游离切除。

2020 年 6 月 5 日病理检查示:(胆囊)破碎的胆囊组织一堆,大小 7.5cm×6.5cm×3.5cm,浆膜面部分区域光滑,部分区域粗糙,黏膜面粗糙,绒毯样结构消失,壁厚 0.3~1cm,呈灰绿色(常规诊断:急性坏疽性胆囊炎)。

## 二、法医学鉴定

### (一)鉴定过程

**1. 检验日期**

2020 年 9 月 16 日。

2. **体格检查**

老年男性，自行步入检室。查体：神志清，精神可，言清语利，对答切题。头颅、面部对称无畸形。颈软，心、胸未见明显异常。腹部见5处1cm左右微创手术瘢痕，腹部平软，无压痛、反跳痛。脊柱、四肢自主活动良好，肌力正常。余(－)。

3. **影像学复查**

2020年9月16日颅脑＋胸腹部CT检查示：颅脑复查未见异常；胸4～10椎体棘突骨折愈合良好；腹部检查，胆囊缺失。

### (二)鉴定意见

被鉴定人因交通事故致急性坏疽性胆囊炎，行腹腔镜下胆囊切除、肠粘连松解术，依照《人体损伤致残程度分级》5.9.4.8)条之规定，构成九级残疾。

## 三、讨论

急性胆囊炎是由于胆囊管阻塞和细菌侵袭而引起的胆囊炎症。其典型临床特征为右上腹阵发性绞痛，伴有明显的触痛和腹肌强直。约95%的患者合并有胆囊结石，称为结石性胆囊炎；5%的患者未合并胆囊结石，称为非结石性胆囊炎。

急性非结石性胆囊炎病因仍不清楚，通常在严重创伤、烧伤、腹部非胆道手术后等危重患者中发生；致病因素主要是胆汁淤积和缺血，缺血可进一步导致胆囊坏疽、穿孔，形成急性坏疽性胆囊炎。[1]

由于胆囊的解剖位置相对表浅，且内有胆汁呈膨胀状，因此，任何类型损伤都可能导致胆囊炎而失去功能。[2]

本案例中，被鉴定人于2020年5月17日因交通事故致伤头部、胸腰部，导致硬膜下出血、蛛网膜下隙出血、胸椎骨折。暴力程度较重，如此严重暴力可以掩盖腹痛症状。2020年5月20日(伤后3日)腹部CT检查示：胆囊淤积。2020年6月3日(伤后16日)超声检查示：胆囊壁厚；胆汁淤积。2020年6月4日(伤后17日)CT检查示：胆囊体积增大，囊壁稍增厚。影像学检查胆囊之动态变化符合创伤致急性非结石性胆囊炎，缺血、坏疽进而形成急性坏疽性胆囊炎。

手术(腹腔镜胆囊切除术)记录及术后病理检查证实：胆囊坏疽、穿孔。根据《人体损伤致残程度分级》5.9.4.8)条规定，评定为定九级残疾。

被鉴定人颅脑外伤、胸腰椎骨折。但经检查，未遗相应部位功能障碍，该两部位损伤不评定伤残。

## 【评析】

根据《人体损伤致残程度分级》5.9.4.8)条,“胆囊切除术后”为九级残疾。被鉴定人住院期间行“胆囊切除术”予以确认。该案最终评定为九级残疾的关键或者说难点是:认定胆囊、坏疽穿孔是否系本次外伤所致。

被鉴定人属急性非结石性胆囊炎。此类胆囊炎通常发生在严重创伤之后。该案暴力损伤严重,通过审阅被鉴定人不同时间节点影像学检查动态演变及病历记录,分析认为,该急性坏疽性胆囊炎与本次外伤有直接因果关系。

慢性胆囊炎,多与胆囊结石合并存在,CT 平扫可见胆囊缩小。像这种对影像资料依赖度较高的鉴定案例,需要鉴定人具有一定水平的影像学知识和阅片的能力。否则,就要咨询专业人员,以确保鉴定意见的准确性。

### 参考文献

[1]陈孝平,汪建平.外科学[M].8版.北京:人民卫生出版社,2014:459-460.

[2]司法部司法鉴定管理局 最高人民法院司法行政装备管理局.《人体损伤致残程度分级》适用指南[M].北京:法律出版社,2016:229.

# 案例6：胸腹联合伤致肾萎缩伤残等级评定1例

**关键词**：法医学；胸腹联合伤；肾梗死；肾萎缩；增强CT；残疾

## 一、案例资料

### （一）简要案情

被鉴定人，女，8岁。2019年7月10日因交通事故致伤胸腹部。入院诊断为：①闭合性胸腹部外伤；②失血性休克；③双肺挫伤，右侧胸腔积液；④胰腺损伤并血肿；⑤腹腔积血；⑥右肾挫伤。急诊行“右侧胸腔积血置管引流”及“空肠营养管植入”以及其他对症、支持治疗。住院50天。

### （二）病历摘要

住院日期：2019年7月10日至8月29日。

入院时情况：被鉴定人车祸伤后胸腹部疼痛3小时入院。PE：T36.5℃，P136次/分，R18次/分，Bp94/39mmHg。右胸部25cm×20cm皮肤擦伤，右膝部10cm×5cm皮肤挫裂伤，下腹部见大片皮下淤血斑。右侧较左侧呼吸动度减低，叩浊音，左肺呼吸音清。腹肌紧，触压痛明显，腹部叩鼓音，移动性浊音，听诊肠鸣音减弱。脊柱、四肢活动可，余未见异常。

2019年7月10日胸腹部CT检查示：肺挫伤；右侧胸腔积液；胰头损伤并血肿形成；腹腔积血；右肾挫伤。

住院期间双肾及胰腺B超检查（表3-6-1）；右肾及胰腺CT检查（表3-6-2）。

**表3-6-1　住院期间双肾及胰腺B超检查情况**

| 检查日期 | 检查所见 |
|---|---|
| 2019年7月10日 | →胰腺轮廓清晰，内未探及明显异常回声，主胰管不宽；双肾大小形态正常，轮廓清晰，包膜光滑完整，皮质回声均质，皮髓分界清，集合系统无分离；胰腺后下方探及范围约6.5cm×4.3cm混合回声，边界欠清，内见小片状液性回声，右肾下极、脾周、下腹部及盆腔内探及大片状液性回声 |

续表

| 检查日期 | 检查所见 |
| --- | --- |
| 2019 年 8 月 4 日 | →胰头部饱满,胰体厚约 1.2cm,回声均匀,胰管无明显扩张。胰腺下方探及 1.8cm×2.8cm 囊性团块,边界清;双肾大小形态正常,包膜光滑,肾皮质回声均匀,皮髓质之间分界清楚,中心集合系统未见明显分散 |
| 2019 年 8 月 20 日 | →胰腺大小形态正常,回声均匀,胰管无明显扩张;左肾大小约 7.9cm×4.6cm,实质厚约 1.1cm,右肾大小约 5.1cm×2.3cm,实质厚约 0.7cm,形态正常,包膜光滑,肾皮质回声均匀,皮髓质之间分界清楚;腹膜后下腔静脉右前方胰腺下方水平见大小约2.3cm×1.4cm×2.5cm 混浊囊性团块 |

入院诊断:①闭合性胸腹部外伤;②双肺挫伤、右侧胸腔积液;③胰腺损伤并血肿;④右肾挫伤;⑤腹腔积血。

入院后 B 超引导下右侧胸腔置管引流,引流出陈旧积血,纠正失血性休克及电解质紊乱,病情稳定后行空肠置管入肠内营养、康复治疗。

**表 3-6-2 住院期间右肾及胰腺 CT 检查情况**

| 检查日期 | 检查所见 |
| --- | --- |
| 2019 年 7 月 11 日 | →胰腺头颈区形态饱满,内密度不均,邻近见团状稍高密度影;右肾形态欠佳,局部略示外凸,周围间隙毛糙(图 3-6-1A) |
| 2019 年 7 月 18 日 | →胰腺头颈区形态饱满,内密度不均,周围脂肪间隙混浊,见类圆形包裹性低密度影;右肾周筋膜增厚,周围脂肪间隙模糊(图 3-6-1B) |
| 2019 年 7 月 27 日 | →胰腺头颈区形态饱满,内密度不均,周围脂肪间隙混浊,见类圆形包裹性低密度影;右肾周筋膜增厚,周围脂肪间隙模糊 |

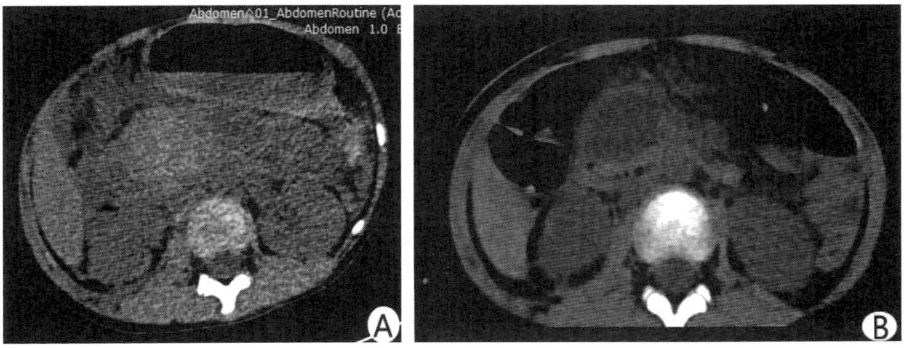


**图 3-6-1 双肾 2019 年 7 月 11 日及 7 月 18 日 CT 平扫**

A:2019 年 7 月 11 日 CT 平扫,右肾大小基本正常,形态欠规则,局部略示外突。B:2019 年 7 月 18 日 CT 平扫,右肾形态出现异常,周围筋膜增厚,周围脂肪间隙模糊。

出院时情况:一般情况好,无心慌、胸闷、腹痛、腹胀等不适。查体:腹肌软,全腹无压痛。B 超提示:胰腺下方 2.3cm×1.4cm×2.5cm 囊性团块,右肾偏小。不排除右肾萎缩,2 周后复查。

出院诊断:同入院诊断。

## 二、法医学鉴定

### (一)鉴定过程

**1. 检验日期**

2020 年 1 月 20 日。

**2. 体格检查**

幼儿女性,神清,精神可。头颈无异常,胸廓对称,双肺呼吸音清,腹软,无压痛、反跳痛,肠鸣音正常;右膝部见 2cm×0.5cm 瘢痕,四肢活动正常。余(—)。

**3. 2019 年 12 月 23 日双肾及胰腺 B 超复产情况**

胰腺轮廓清晰,内未探及明显异常回声,主胰管不宽;左肾大小约 8.3cm×4.4cm,皮质厚约 1.4cm,轮廓清晰,形态正常,右肾大小约 4.3cm×1.9cm,实质厚约 0.6cm,包膜光滑,肾皮质回声均匀,皮髓质之间分界清楚。彩色多普勒血流显像(Color Doppler Flow Imaging,CDFI)示:内部血流信号稀疏。

**4. 2020 年 1 月 8 日双肾 CT 平扫及增强检查情况**

右肾体积明显缩小(图 3-6-2),增强扫描肾动脉明显变细、减少,各期强化程度较左肾明显减弱,延迟扫描右侧肾盂、肾盏及输尿管内未见造影剂填充(图 3-6-3B、C、D)。左肾未见明显异常密度灶,肾盂、肾盏及输尿管未见异常。

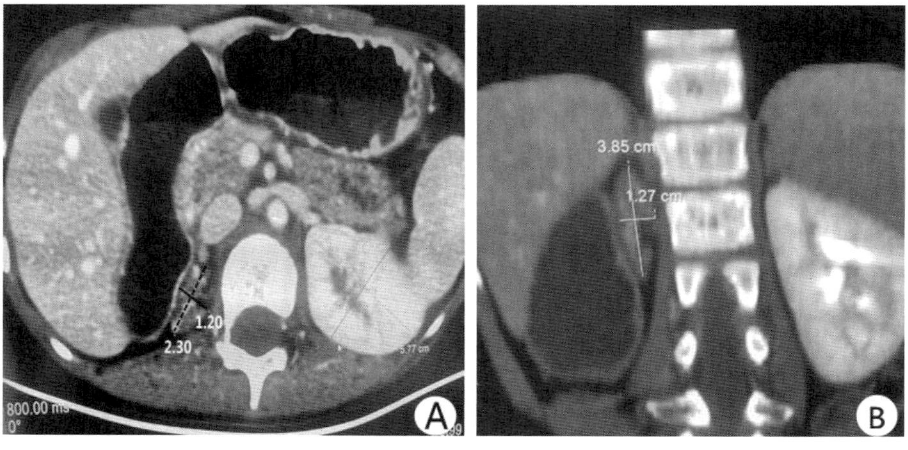


**图 3-6-2 右肾 CT 检查最大截面图像**

右肾明显缩小并形态不整。A:宽 1.2cm,厚 2.3cm。B:长 3.85cm。

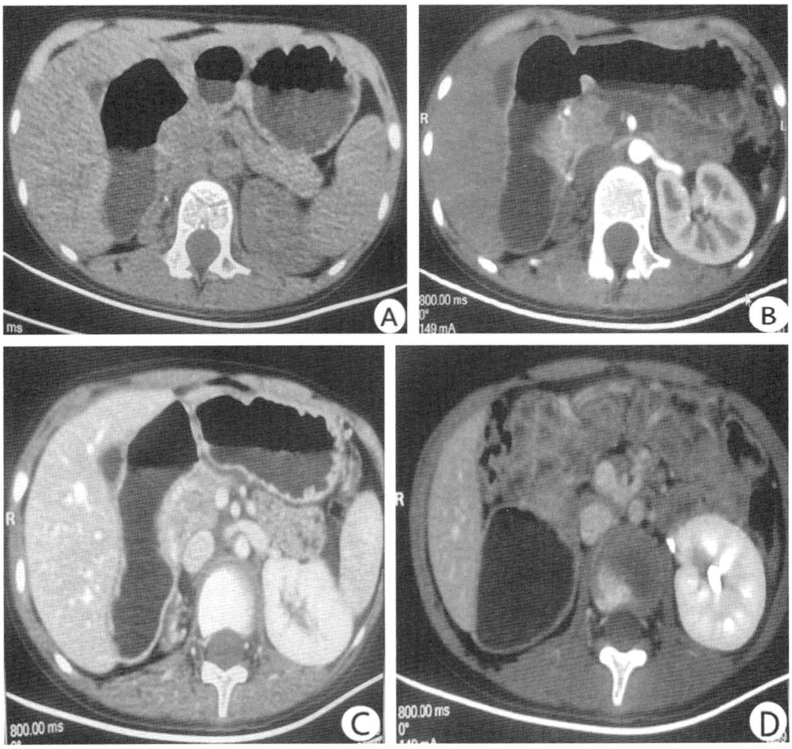


**图 3-6-3　双肾 CT 平扫及增强图像**

A:CT 平扫右肾明显缩小并形态不整,左肾大小形态正常。B 增强 CT 肾皮质期,右肾未见增强。C:增强 CT 肾实质期,右肾未见增强。D:增强 CT 肾盂期,右侧肾盂、肾盏及输尿管内未见造影剂填充。

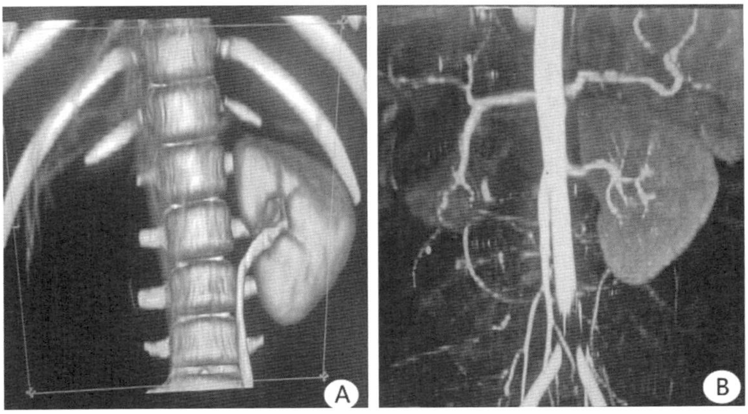


**图 3-6-4　双肾 CT 重组图像**

右肾均未见显示。A:容积再现(VR)。B:最大密度投影(MIP)。

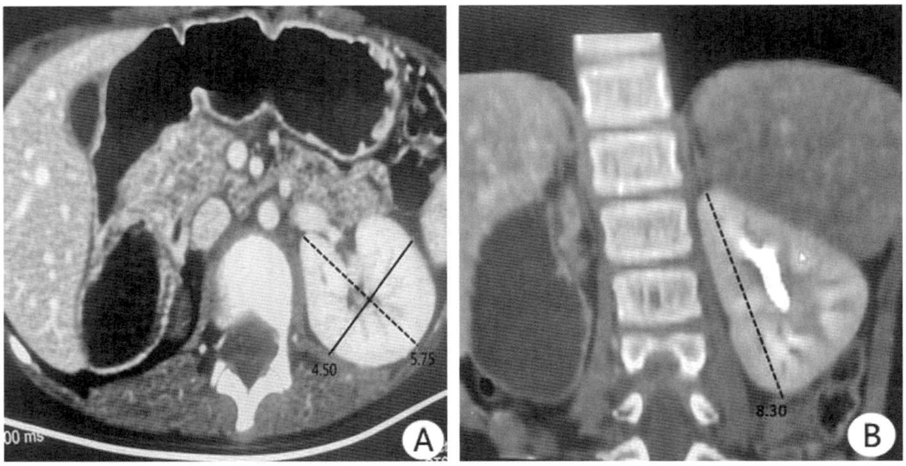


**图 3-6-5 左肾 CT 检查最大截面图像**

A:宽度 5.75cm,厚度 4.50cm。B:长度 8.30cm。

**5. 右肾缩小比例情况**

右肾缩小情况:[(8.30×4.50×5.75)-(3.58×2.30×1.20)]÷(8.30×4.50×5.75)=(214.76-9.88)÷214.76=95%

**6. 2020 年 1 月 20 日单光子发射计算机体层摄影(Single Photon Emission Computed Tomography,SPECT)检查情况**

①血流灌注:腹主动脉显影后 4s 见左肾血流灌注可,右肾血流灌注差;②功能期:于 3 分钟左肾显影清晰,右肾显影较小且不清晰。膀胱于 6 分钟后出现放射性,后充盈尚可;③排泄期:左肾排泄时间大致正常;④肾图(图 3-6-6、文末彩图 3-6-6):左肾肾图形态大致正常,右肾呈低水平延长线;⑤肾小球滤过率(Glomerular Filtration Rate,GFR):左肾58.21ml/min,右肾 2.33ml/min。

**7. 2020 年 1 月 20 日肾功检查情况**

尿素 4.3mmol/L[正常参考值 2.9-8.2],肌酐 51umol/L[正常参考值 44-132],尿酸 256umol/L[正常参考值 140-340]。

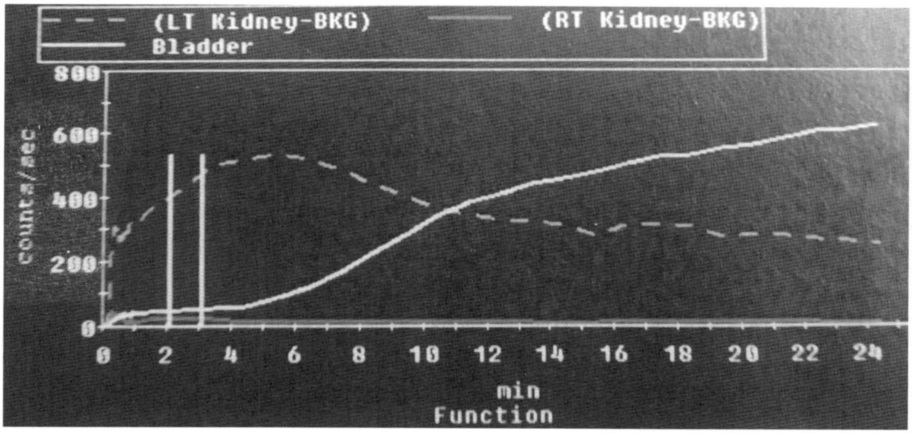


图 3-6-6　肾图示:左肾图形态大致正常(绿线);右肾呈低水平延长线(红线)

### (二)鉴定意见

被鉴定人因交通事故致伤胸腹部。入院诊断:①闭合性胸腹部外伤;②双肺挫伤、右侧胸腔积液;③胰腺损伤并血肿;④右肾挫伤;⑤腹腔积血。经治疗,后遗右肾明显缩小,缩小比例达 95%,经增强 CT 证实该肾血供丧失,功能近完全丧失,视为右肾切除。根据《人体损伤致残程度分级》附则 6.1 条规定,依据附录 A.7 七级残疾的划分依据,比照 5.7.4.2)条之规定,评定为七级残疾等级。

## 三、讨论

肾是实质性器官,左、右各一,肾长约 10cm(8 ~ 14cm),宽约 6cm(5 ~ 7cm)、厚约 4cm(3 ~ 5cm),重 134 ~ 148g,内侧缘中部的凹陷称肾门,为肾的血管、神经、淋巴管及肾盂出入的门户。出入肾门诸结构为结蹄组织所包裹称肾蒂。因下腔静脉靠近右肾故右肾蒂较左肾蒂短[1]。

肾皮质表面覆盖着平滑肌纤维与结缔组织构成的肌织膜。除肌织膜外,通常将肾的被膜分为三层:即由内向外依次为纤维囊、脂肪囊与肾筋膜[1]。

肾动脉在肾门处分两支,即前支与后支。前支较粗,再分出四个二级分支,与后支一起进入肾实质内。肾动脉的 5 个分支在肾内呈阶段性分布,称肾段动脉。肾段动脉阻塞可导致肾坏死[1]。

当前临床医学实践中,各种微创手术或非手术方法越来越受到医患各方的欢迎,临床上可采取栓塞的方式治疗肾脏严重损伤，经栓塞后可导致该侧肾脏缺乏血供，肾组织全部或部分梗死而失去功能。对此种情况可视为该侧肾脏切除或部分切除[2]。

超声检查能提示肾外伤的部位与程度，有无包膜下和肾周血肿、尿外渗等。须注意肾蒂血管情况，如肾动静脉的血流等。CT平扫及增强可清晰显示肾实质裂伤程度，尿外渗和血肿范围，以及肾组织有无活力[3]。

外伤性肾梗死在临床上较为少见。肾彩色多普勒超声检查、CT增强扫描与血管成像、血管造影、放射性核素扫描等可用于肾梗死的诊断[4]。

$^{99m}$Tc二乙三胺五醋酸($^{99m}$Tc－DTPA)几乎完全经肾小球滤过而清除，其最大清除率即为肾小球滤过率(GFR)。用SPECT测定弹丸式静脉注射后两肾放射性计数率的降低，按公式自动计算GFR，并可显示左右两侧肾GFR，灵敏度高[5]。

该案例属典型的外伤致肾梗死，进而导致肾萎缩案例。入院时行多普勒超声检查及CT检查，虽显示右肾损伤，但大小形态基本正常，逐渐出现肾萎缩。符合外伤导致右肾动脉损伤闭塞引起右肾缺血梗死、萎缩，该肾结构大部缺损并明显畸形，失去活力。与本次外伤存在直接因果关系。增强CT检查虽然侧重于定性，但该案经审阅元数据：增强CT肾皮质期(动脉期)、肾实质期(静脉期)及肾盂期(排泄期)，右肾均未见显示，提示该肾已近丧失全部功能。肾功能检查正常，属左肾功能正常，代偿使然。SPECT检查，双肾血流灌注显示：左肾可，右肾差；双肾功能动态显示：左肾显示清晰，右肾显示不清晰且影像较小；左肾图正常，右肾图呈低水平延长线；GFR：左肾58.21ml/min，右肾2.33ml/min。上述检查结果证实，右肾萎缩并肾功能重度受损，几无功能，符合手术切除指征。根据《人体损伤致残程度分级》附则及附录规定，并参照最相近条文评定为七级伤残比较符合实际。

## 【评析】

本例车祸致右肾外伤，肾梗死、萎缩。虽未行“一侧肾切除”，但经SPECT检查右肾功能严重下降[GFR ＜ 10mL(min.1.73㎡)]，比照《人体损伤致残程度分级》5.7.4.2)条之规定，评定为七级残疾。做好此类鉴定，应当熟悉肾梗死、萎缩的影像学表现，熟悉SPECT是诊断肾功能状况的金标准，熟悉“肾功能损害分期”。只有掌握这些基础知识、基础理论，类似鉴定方可得心应手。

**附:慢性肾脏病(CKD)肾功能损害分期(《人体损伤致残程度分级》标准 P26)**

**表 3-6-3　慢性肾脏病(CKD)肾功能损害分期**

| 分期 | 特征 | GFR[ml/(min. 1.73m²)] |
|---|---|---|
| 1 | GFR 正常 | ≥90 (肾功能正常) |
| 2 | GFR 轻度降低 | 60~89(肾功能轻度下降) |
| 3a<br>3b | GFR 轻到中度降低<br>GFR 中到重度降低 | 45~59(肾功能中度下降)<br>30~44(肾功能中度下降) |
| 4 | GFR 重度降低 | 15~29(肾功能重度下降) |
| 5 | 终末期肾脏病(ESRD) | < 15 或透析(肾衰竭) |

**表 3-6-4　单肾功能损害分期**

| 分期 | 特征 | GFR[ml/(min. 1.73m²)] |
|---|---|---|
| 1 | GFR 正常 | 45~50(肾功能正常) |
| 2 | GFR 轻度降低 | 30~45(肾功能轻度下降) |
| 3a | GFR 中度降低 | 10~30(肾功能中度下降) |
| 4 | GFR 重度降低 | < 10(肾功能重度下降) |

## 参考文献


[1]丁文龙,刘学政. 系统解剖学[M].9 版. 人民卫生出版社,2018.

[2]司法部司法鉴定管理局　最高人民法院司法行政装备管理局. 人体损伤致残程度分级适用指南[M]. 北京:法律出版社,2016.

[3]陈孝平,汪建平,赵继宗. 外科学[M].9 版. 人民卫生出版社,2018.

[4]王立广. 交通事故致肾梗死残疾等级评定 1 例[J]. 法医学杂志,2021,37(4).

[5]万学红,卢雪峰. 诊断学[M].9 版. 北京:人民卫生出版社,2018:344.

# 案例7：胸部外伤致肋骨骨折残疾等级重新评定1例

**关键词**：法医学；交通事故；胸部外伤；多根多处肋骨骨折；畸形愈合

## 一、案例资料

### （一）简要案情

张某，女，61岁，2022年11月16日因交通事故致伤头部、胸部、右上肢，当即意识丧失，约30分钟后意识恢复，急诊入A医院，行“颅脑、胸部、腹部CT平扫”，因伤情较重，次日转入B医院住院治疗21天，期间行“右锁骨骨折、右肱骨骨折切开复位内固定术”。伤后5个月初次鉴定依据肋骨骨折数量（12根）评定为九级残疾，被鉴定人以初次鉴定只考虑肋骨骨折数量，未对肋骨骨折的愈合情况（是否存在畸形愈合及畸形愈合的数量）进行评估为由，提出重新鉴定。审判庭委托鉴定机构根据《人体损伤致残程度分级》对张某肋骨骨折所致残疾重新鉴定。

### （二）病历摘要

**1. 第一次住院（A医院）**

住院日期：2022年11月16日～11月17日，共2天。

入院情况：头部及身体多处外伤半小时。查体：老年女性，神志清，痛苦貌，查体不能合作，呼吸动度降低，双侧胸部明显压痛，呼吸时疼痛加剧，右侧为著；胸部触及骨擦感，闻及骨擦音，右肩部及上肢广泛压痛，活动不能。左上肢及双下肢活动正常。病理征（－）。

颅脑及胸部CT平扫示：脑实质未见明显异常高或低密度灶，脑室形态、大小无异常，脑沟、脑池无扩大，中线结构无移位。右侧1～6，左侧2～9肋骨骨质中断，部分断端错位；右锁骨、肱骨骨质中断，部分断端错位。

因伤情较重，患者家属要求到上一级医院继续治疗，签署出院风险告知书后离院。

**2. 第二次住院(B 医院)**

住院日期:2022 年 11 月 17 日 ~12 月 8 日,共 21 天。

入院情况:患者 18 小时前因交通事故伤及头面部、胸部、右上肢,一般性意识丧失,醒后感伤处疼痛,伴胸闷、憋气,右上肢活动不能。于当地医院诊为多发肋骨骨折,右锁骨骨折、右肱骨骨折,为求进一步诊治转来我院。

诊疗经过:入院后完善相关辅助检查。复查头颅 CT 未见明显异常,复查胸部 CT 示:右侧第 1 ~4 肋骨前段、右侧第 2 ~5 肋骨后段、右侧第 2 ~4 肋骨腋段、左侧第 3 肋骨腋段可见骨皮质连续性中断;左侧第 2 肋骨及第 4 肋骨前段、左侧第 5 ~6 肋骨腋段、右侧第 5 肋骨前段、右侧第 5 ~7 肋骨腋段、右侧第 6 肋骨后段可见骨皮质扭曲。双侧创伤性改变(右侧为著),双侧胸腔积液(右侧为著),右侧少量气胸,右侧下颈部及右侧胸壁外软组织挫伤、积气,复查右肩关节、右肱骨、右手 CT 示:右锁骨骨折、右肱骨近中段骨折、右桡骨远端骨折。2022 年 11 月 20 日行右侧胸腔穿刺引流术,解除肺压迫;2022 年 12 月 2 日行右锁骨、肱骨骨折切开复位内固定术。

出院诊断:①右侧 1 ~7 肋骨骨折;②左侧 2 ~6 肋骨骨折;③双侧肺挫伤;④双侧胸腔积液;⑤右侧气胸;⑥右锁骨骨折;⑦右肱骨骨折。

**3. 2023 年 2 月 25 日胸部 CT 平扫**

右肺中叶见斑片、条索状密度增高影,边缘较清;右侧第 1 肋骨骨质不连续,断端错位分离;右侧第 2 ~6 肋骨骨折断端均见骨痂形成,左侧 2 ~7 肋骨骨折断端见骨痂形成。

## 二、第一次法医学鉴定

### (一)鉴定过程

于伤后 5 个月进行法医学检验。

老年女性,一般情况可查体,神志清,精神不振,胸、背部疼痛,伴轻度胸闷、憋气,呼吸时疼痛加剧。右肩部活动明显受限,余肢体活动正常。病理征(-)。

### (二)鉴定意见

被鉴定人因胸部外伤致右侧 1 ~7 肋骨骨折、左侧 2 ~6 肋骨骨折,根据《人体损伤致残程度分级》5.9.3.11)条(肋骨骨折 12 根以上)规定,评定为九级残疾等级;其右肩部功能障碍,因内固定尚未取出,未达鉴定时机,暂不宜评残,可待鉴定时机成熟时另行评定。

## 三、重新法医学鉴定

### (一)鉴定过程

1. **检验日期**

2023 年 5 月 20 日。

2. **体格检查**

老年女性,一般情况可。自诉:感颈、胸部及右上肢疼痛较著,时有憋气。查体:神志清,胸部压痛明显,胸廓不对称;右肩部见 8cm 手术瘢痕,右上臂近端见 12cm 手术瘢痕,右肩关节活动明显受限,右手麻木感,余肢体活动正常。

3. **影像学片**

(1)2022 年 11 月 16 日胸部 CT 平扫示:右侧 1 ~6,左侧 2 ~7 肋骨骨质中断,其中右侧第 1 前肋、第 2 肋前段、第 2 肋腋段、第 3 肋前段、第 3 肋后段、第 4 肋后段、第 5 肋后段、第 6 肋后段及左侧第 3 肋腋段属完全性骨折,呈分离或错位或成角或重叠状态(图 3 –7 –1)。

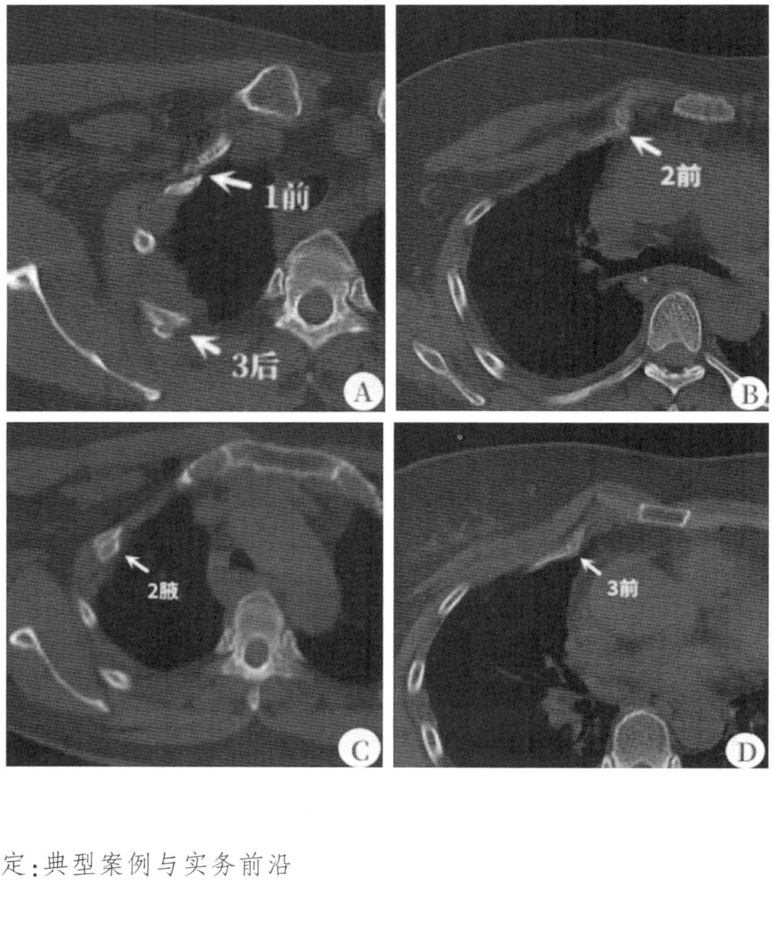

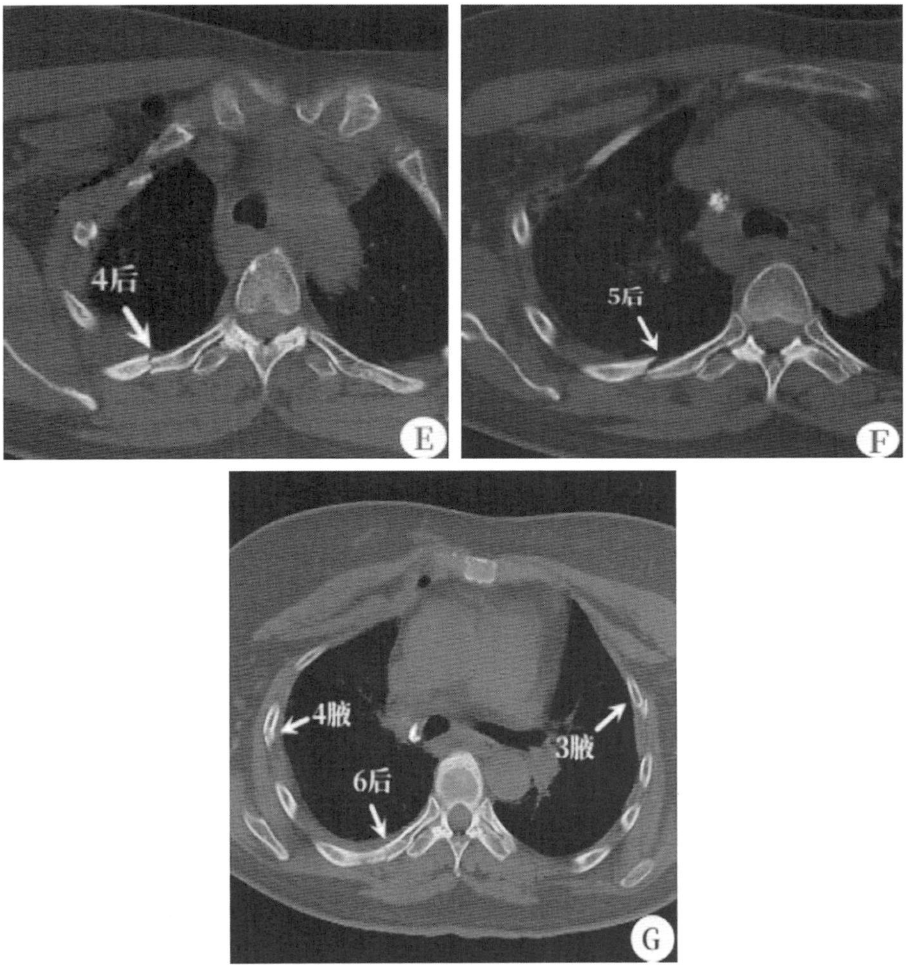


**图 3-7-1　伤后 CT 平扫，其中属肋骨完全性骨折部分**

A：右第 1 肋前段、第 3 肋后段。B：右第 2 肋前段。C：右第 2 肋腋段。D：右第 3 肋前段。E：右第 4 肋后段。F：右第 5 肋后段。G：右第 6 肋后段、第 4 肋腋段、左第 3 肋腋段。

(2)2023 年 2 月 24 日胸部 CT 平扫示：左侧第 2～7 肋骨及右侧第 2～6 肋骨骨折断端均见骨痂形成；右侧第 1 肋骨骨质不连续，断端错位分离。右侧锁骨、肱骨呈术后改变。

(3)2023 年 5 月 20 日胸部 CT 复查示：左侧第 2～7 肋骨及右侧第 1～6 肋骨骨质不连续，骨折断端均有骨痂形成；其中右侧第 1 肋前段断端错位、分离，右侧第 2、第 3 肋前段断端成角畸形，右侧第 2、第 4 肋骨腋段及右侧第 5 肋骨后段骨折断端错位、重叠，左侧第 3、第 4 肋骨腋段骨折断端错位、重叠(图 3-7-2)。

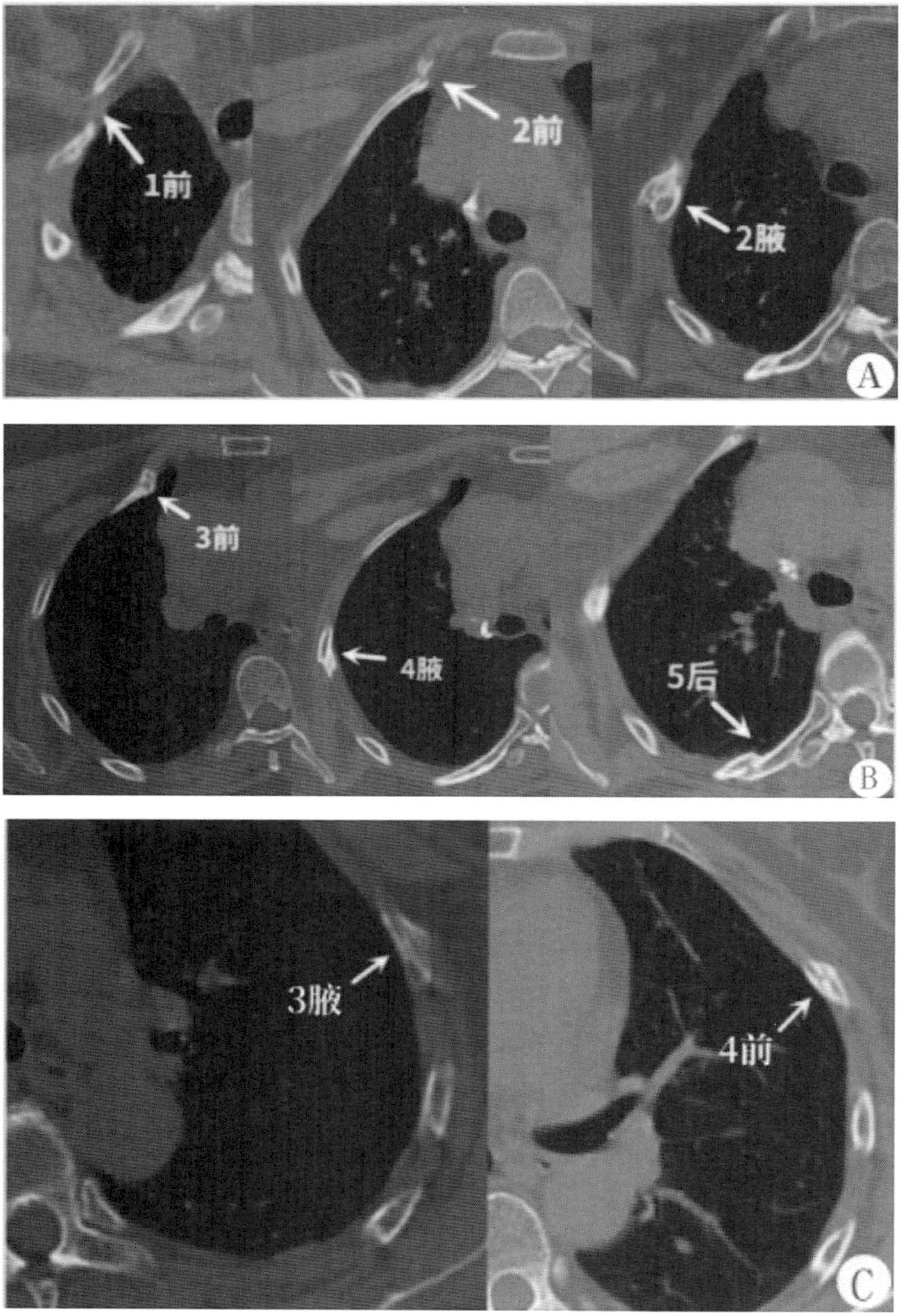


**图 3－7－2　2023 年 5 月 20 日胸部 CT 平扫，其中肋骨骨折断端畸形愈合部分图片**

A：右侧第 1 肋前段、第 2 肋前段、第 2 肋腋段分别显示分离、成角、错位重叠。B：右侧第 3 肋前段、第 4 肋腋段、第 5 肋后段分别显示成角、重叠、错位重叠。C：左侧第 3 肋腋段、第 4 肋前段错位、重叠。

（二）鉴定意见

被鉴定人胸部损伤致肋骨骨折12根以上，并8处畸形愈合，根据《人体损伤致残程度分级》5.8.3.6）条规定，评定为八级残疾等级；其右肩部功能障碍，因内固定尚未取出，未达鉴定时机，暂不宜评残，可待鉴定时机成熟时另行评定。

## 四、讨论

暴力直接作用于肋骨，可使受力处肋骨向内弯曲折断，前后挤压暴力使肋骨体段向外弯曲折断。第1～3肋骨粗短，且右锁骨、肩胛骨保护，不易发生骨折。但致伤暴力巨大时，也可能发生骨折，常常同时合并锁骨、肩胛骨和颈部、腋部血管神经损伤。第4～7肋骨较长且纤薄，易发生骨折。多根多处肋骨骨折是指在两根以上相邻肋骨各自发生2处或以上骨折，使局部胸壁失去完整肋骨支撑而软化，在自主呼吸时出现反常运动，即吸气时软化区胸壁内陷，呼气时相对外突，称为连枷胸[1]。

肋骨骨折的愈合大致可以分为3个时期：①血肿机化期，大约在骨折后2～3周完成；②原始骨痂形成期，一般需要28～56天；③骨痂改造塑性期，一般需要28～84天。肋骨骨折后30～90天内，薄层螺旋CT在诊断肋骨骨折时具有较高的诊断率，VR、CPR、MIP后处理图像的诊断能力均较高[2]。

认定肋骨骨折畸形愈合需要确定是完全性骨折并伴有断端明显移位（如断端错位1/3、成角移位或分离移位），而且要把握鉴定时机（至少需要伤后6个月进行），观察肋骨的愈合情况，待明确骨折愈合后失去正常的顺应性或者连续性，方可认定为畸形愈合[3]。

创伤性肋骨骨折后遗畸形愈合是指肋骨完全性骨折后因断端移位，致愈合后对位、对线不佳的情形，包括错合1/3以上以及分离、成角、旋转、重叠、肋骨间骨桥形成或连枷胸等。应综合考虑以下情形，全面分析综合评定：①原发性损伤应为完全性骨折并伴有断端移位；②待骨折愈合后再行判定；③影像学检查宜选用CT轴位扫描，采用骨算法重建，在骨窗下进行阅片观察[4]。

《人体损伤致残程度分级》所称肋骨骨折畸形愈合，系指肋骨完全性骨折愈合后造成的骨质畸形。按照条款规定，肋骨骨折畸形愈合的计量单位为骨质畸形部位的数量，即同一肋骨两处骨折且均符合畸形愈合者，记为两处[5]。

该伤者伤后当日胸部CT检查示：右侧1～6肋骨骨质中断、左侧2～7肋骨骨质中断;二次住院当日(伤后3天)胸部CT检查示:右侧1～7肋骨骨折、左侧2～6肋骨骨折;伤后3个月及伤后半年胸部CT复查显示:右侧1～6肋骨、左侧2～7肋骨均有骨痂形成,部分肋骨有两处骨痂形成,说明肋骨骨折≥12根无疑。经审查伤后及愈合期CT扫描,具备肋骨完全性骨折及畸形愈合两大要件至少有如下8处无疑:①右第1肋前段;②右第2肋前段;③右第3肋前段;④右第2肋腋后段;⑤右第4肋腋段;⑥右第5肋后段;⑦左第3肋腋段;⑧左第4肋前段,完全符合《人体损伤致残程度分级》5.8.3.6)条之规定。

## 【评析】

肋骨骨折残疾程度的评定貌似简单,但在鉴定实践中容易出现差错。笔者认为:做好肋骨骨折残疾程度的评定应当把握好以下几个大的原则:一是调取伤者影像学检查的元数据并认真阅片,根据《法医临床影像学检验实施规范》的要求,重点使用多层螺旋CT扫描并图像重组,骨算法重建并在骨窗下阅片,必要时可选择MPR、MIP、CPR及VR等图像后处理技术;二是清晰肋骨骨折按"根"数计算,畸形愈合按"处"计算;三是畸形愈合按后果认定,比如该案例中右侧第3、4肋骨后段完全性骨折并错位,但审查愈合期CT扫描未发现该存在畸形愈合的情况,故该处骨折未按畸形愈合认定。

有研究显示[6]:隐匿性肋骨骨折的最佳复查时间窗为伤后第4～6周,首选MSCT作为复查方式,SPECT具有高灵敏度的优点,与MSCT联合应用可以显著降低漏诊率和误诊率,起到相互补充的作用。也有学者认为伤后3～4周为复查隐匿性骨折的最佳时间,并不矛盾,因为不同个体其骨折愈合呈现不同特点。因此,肋骨骨折的认定有两个重要的时间节点,认定"根"数的最佳时间为伤后4周左右,因为隐匿性骨折初期难以发现,塑性期过后影像上也难以观察到,只有在纤维骨痂形成期或骨性骨痂形成期方容易发现(如图3-7-3所示)。认定骨折畸形愈合"处"数宜在6个月后,因为在塑性期前骨折的最终转归尚有不确定性。

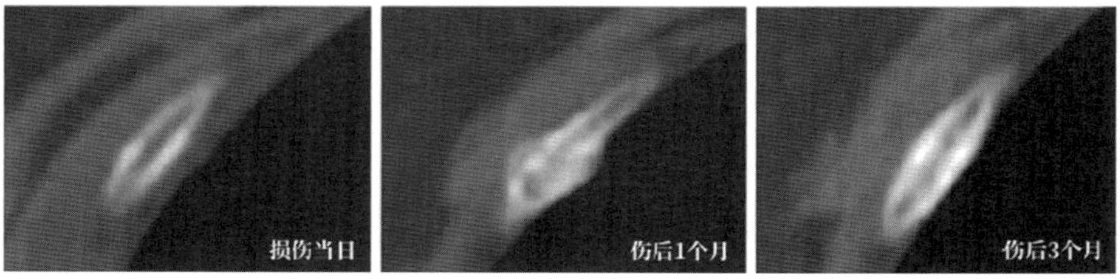


**图3-7-3　右侧第4肋前段骨折转归显示:骨折后4周骨折显示最为清晰**

总之，对不能确定的细微骨折或者需要发现更多的骨折，建议外伤后4周左右复查胸部CT并三维重建，也可做ECT骨扫描明确诊断。

## 参考文献


[1]陈孝平，汪建平，赵继宗. 外科学[M]. 9版. 北京：人民卫生出版社，2018.

[2]吕铭，黄建松，张运阁，等. 薄层螺旋CT扫描在肋骨骨折法医学鉴定中的应用分析[J]. 中国司法鉴定，2021(1).

[3]曹甲甲，张阳，卞士中，等. 肋骨骨折法医临床学鉴定的初步认识[J]. 法医学杂志，2018，34(2).

[4]中华人民共和国司法部. 法医临床检验规范：SF/T0111－2021[S]. 2021.

[5]司法部司法鉴定管理局　最高人民法院司法行政装备管理局.《人体损伤致残程度分级》适用指南[M]. 北京：法律出版社，2016.

[6]虢洪松，李长征，韦红红，等. SPECT联合MSCT在诊断早期隐匿性肋骨骨折中的法医临床学价值[J]. 中国司法鉴定，2022(4).

# 第四章

## 脊柱、骨盆及四肢损伤

# 案例1：椎体爆裂骨折、脊髓损伤致截瘫

**关键词**：法医临床学；椎体爆裂骨折；脊髓损伤；截瘫；护理依赖

## 一、案例资料

### （一）简要案情

被鉴定人，男，35岁。2017年6月14日劳动中被坠落物砸伤腰部，先后入多家医院住院治疗。临床诊断为：腰1椎体爆裂骨折；腰椎多发附件骨折；脊髓损伤伴截瘫。审判庭委托鉴定机构进行伤残等级评定、护理依赖程度评定。

### （二）病历摘要

**1. 第一次住院**

住院日期：2017年6月14日至8月11日。

入院时情况：5小时前不慎被重物砸伤腰背部，即感腰背部剧烈疼痛，双下肢活动不能并出现感觉障碍。无头晕、头痛，无恶心、呕吐。查体：神志清，痛苦貌，被动卧位。颈软，心、肺、腹无异常。腰背部广泛压痛、叩击痛，腰背部肌肉紧张，腰椎活动受限。髂嵴平面以下皮肤感觉消失，马鞍区皮肤感觉消失，双上肌力正常，双下肢肌力0级。双侧肱二头肌肌腱反射、肱三头肌肌腱反射可引出。双侧膝腱反射及跟腱反射消失；双侧霍夫曼征阴性，双侧巴氏征未引出。

2017年6月14日CT检查示：腰1椎体爆裂骨折；腰椎管内骨块占位（图4－1－1A、B、C）。

入院诊断：腰1椎体爆裂骨折；脊髓损伤。

2017年6月15日MRI检查示：腰1椎体粉碎性骨折，骨块后突，椎管明显狭窄（图4－1－2D、E）。

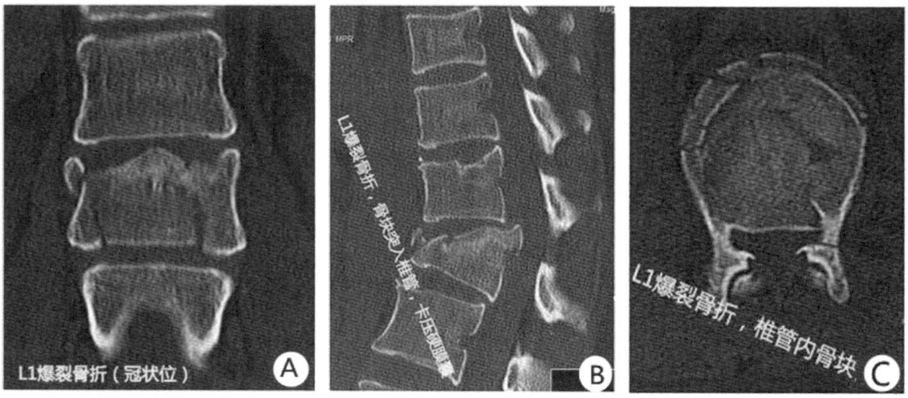


**图 4－1－1　2017 年 6 月 14 日腰椎 CT 图像**

A：冠状位示腰 1 椎体爆裂骨折。B：矢状位示腰 1 椎体前缘粉碎、压缩，后缘骨块突入椎管，卡压硬膜囊。C：轴位示多条骨折线及碎骨片，骨块后突，椎管明显狭窄。

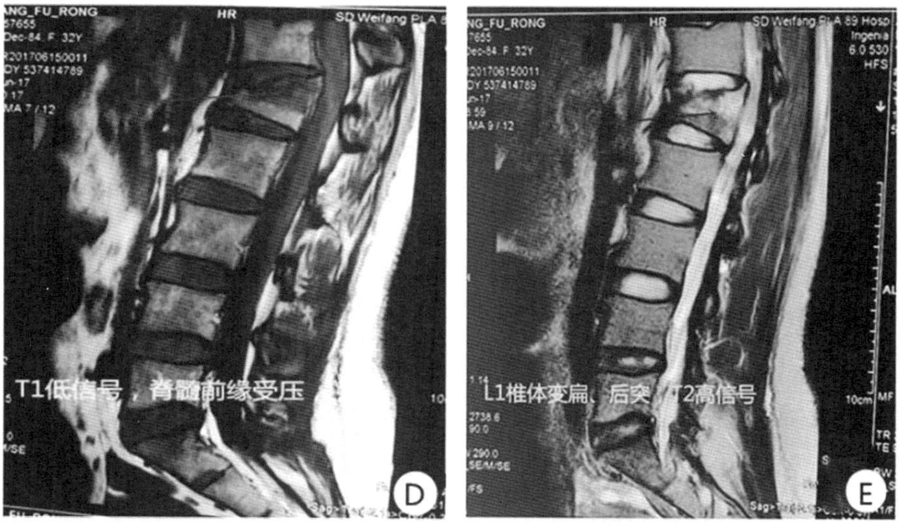


**图 4－1－2　2017 年 6 月 15 日 MRI 检查图像**

2017 年 6 月 15 日（伤后次日）MRI 检查，D：T1WI，L1 前缘压缩变扁，长 T1 信号。E：T2WI，长 T2 信号，骨块明显后突，硬膜囊受压。

2017 年 6 月 16 日全麻行腰椎骨折后路切开复位减压内固定术。手术记录摘要如下：俯卧位，常规消毒、铺巾，L1 为中心后正中纵行切口 10cm……探查见 T12/L1 棘上及棘间韧带断裂……探查见椎管内骨块占位，硬膜囊向后方突起，上纵行棒固定，加压器纵行撑开、复位，打骨器敲击突入椎管的骨块，探查见背侧骨块基本复位（图 4－1－3F）。

2017 年 6 月 16 日全麻行腰椎骨折后路切开复位减压内固定术。术后 X 线检查示：

腰椎序列正常,内固定在位(图 4 –1 –4G)。

出院情况:病情平稳,双下肢肌力 0 级,肌张力消失。X 线片复查示:腰椎骨折内固定术后,内固定位置良好,骨折复位满意。小便留置尿管,尿液外观正常。

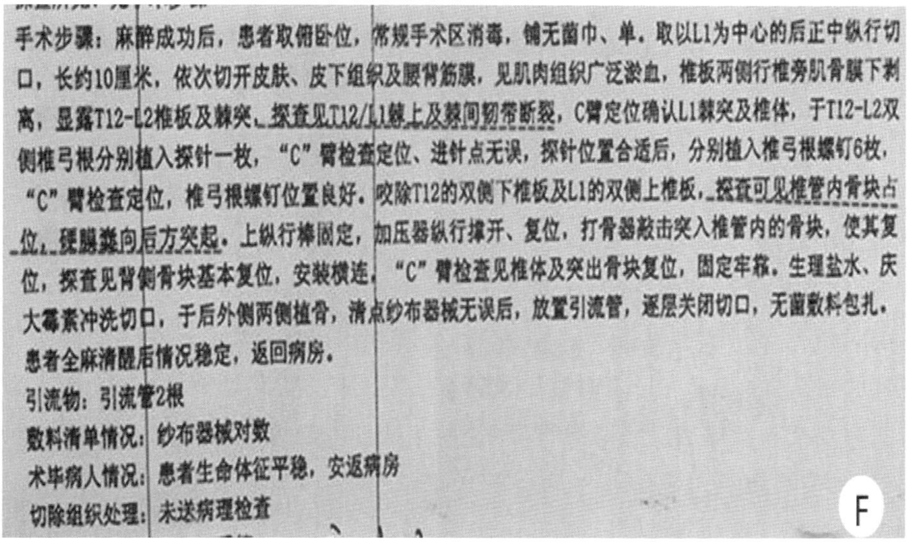
手术步骤：麻醉成功后，患者取俯卧位，常规手术区消毒，铺无菌巾、单。取以L1为中心的后正中纵行切口，长约10厘米，依次切开皮肤、皮下组织及腰背筋膜，见肌肉组织广泛淤血，椎板两侧行椎旁肌骨膜下剥离，显露T12-L2椎板及棘突，探查见T12/L1棘上及棘间韧带断裂，C臂定位确认L1棘突及椎体，于T12-L2双侧椎弓根分别植入探针一枚，“C”臂检查定位、进针点无误，探针位置合适后，分别植入椎弓根螺钉6枚，“C”臂检查定位，椎弓根螺钉位置良好。咬除T12的双侧下椎板及L1的双侧上椎板，探查可见椎管内骨块占位，硬膜囊向后方突起。上纵行棒固定，加压器纵行撑开、复位，打骨器敲击突入椎管内的骨块，使其复位，探查见背侧骨块基本复位，安装横连，“C”臂检查见椎体及突出骨块复位，固定牢靠。生理盐水、庆大霉素冲洗切口，于后外侧两侧植骨，清点纱布器械无误后，放置引流管，逐层关闭切口，无菌敷料包扎。患者全麻清醒后情况稳定，返回病房。

引流物：引流管2根

敷料清单情况：纱布器械对数

术毕病人情况：患者生命体征平稳，安返病房

切除组织处理：未送病理检查

F

图 4 –1 –3　2017 年 6 月 16 日腰椎骨折后路切开复位减压内固定术(手术记录原稿)

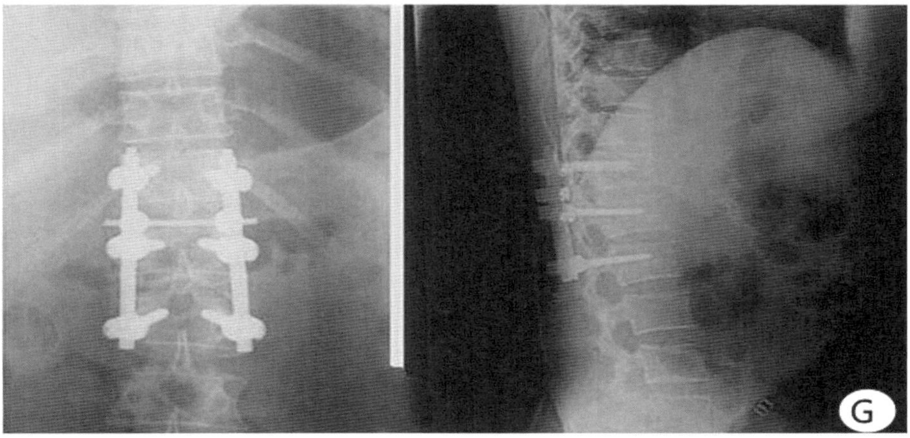


图 4 –1 –4　2017 年 6 月 16 日术后 X 线片图像

### 2. 第二次住院

住院日期:2017 年 8 月 12 日至 9 月 2 日。

入院时情况:2017 年 6 月 14 日不慎被重物砸伤致腰 1 椎体爆裂骨折;脊髓损伤。入院行“腰椎骨折后路切开复位减压内固定术”。经治疗感觉平面较受伤时有所下降。现

仍存在双侧腹股沟以下感觉、运动消失。二便不能主动控制。为求系统治疗，遂入我院。

专科检查情况：ASIA 分级为 A 级。双侧运动平面胸 11；感觉平面胸 11；运动功能评分 50 分。感觉功能评分 148 分。双侧胸 12 平面轻触觉及针刺觉消失。双上肢肌力、肌张力感觉正常。双下肢髂腰肌、股四头肌、胫前肌、踇背伸肌及小腿三头肌肌力 0 级，双下肢肌张力低，深感觉消失，鞍区皮肤感觉消失，球海绵体反射消失。双侧肱二头肌肌腱反射、肱三头肌肌腱反射可引出，双侧膝腱反射及跟腱反射消失。双侧霍夫曼征阴性，双侧巴氏征未引出。

诊疗经过：入院后完善辅助检查，明确诊断。对症、支持及康复治疗伤情稳定出院。

**3. 第三次住院**

住院日期：2018 年 8 月 20 日至 9 月 2 日。

入院时情况：因“腰椎骨折术后 14 个月，要求取出内固定物”入院。专科情况：轮椅入院，被动卧位。腰背部可见陈旧性手术瘢痕，双下肢皮肤感觉消失，双上肢肌力正常，双下肢肌力 0 级。双侧肱二头肌肌腱反射、肱三头肌肌腱反射可引出，双侧膝腱反射及跟腱反射消失；双侧霍夫曼征阴性，双侧巴氏征未引出。

诊疗经过：入院后完善辅助检查，于 2018 年 8 月 22 日全麻下行腰椎内固定物取出术。手术顺利。

出院情况：神清，精神可，一般情况可。术区敷料清洁、固定，无渗漏。大小便失禁，双下肢皮肤感觉消失，马鞍区左侧皮肤感觉减退，右侧皮肤感觉消失，双下肢肌力 0 级。

## 二、法医学鉴定

### （一）鉴定过程

**1. 检验日期**

2019 年 3 月 2 日。

**2. 被鉴定人自述**

大便不能控制，不能自主排便；排尿困难，靠留置尿袋。

**3. 体格检查**

青年男性，轮椅推入，神志清，查体合作。腰背部正中有一长约 13cm 瘢痕。腹股沟以下感觉消失，马鞍区感觉消失；双上肢肌力正常，腱反射正常；双下肢肌力 1 级，腱反射消失；肛门反射、提睾反射消失。巴氏征阴性。尿袋留置。

4. **护理依赖情况得分**(表4－1－1)

**表4－1－1　被鉴定人躯体伤残日常生活能力项目评分**

| 项目 | 进食 | 床上活动 | 穿衣 | 修饰 | 洗澡 | 床椅转移 | 行走 | 小便始末 | 大便始末 | 用厕 | 备注 |
|---|---|---|---|---|---|---|---|---|---|---|---|
| 得分 | 5 | 0 | 5 | 5 | 0 | 0 | 0 | 0 | 0 | 0 | |
| 总分 | 15 | | | | | | | | | | |

### (二)鉴定意见

根据损伤过程、医院病历、影像学检查及法医检验,被鉴定人于2017年6月14日因外伤导致腰部损伤属实,经治疗已达临床治疗终结,可据此评残。

该伤致腰1椎体爆裂骨折,骨块突入椎管,脊髓受压。虽经积极治疗后遗截瘫;神经源性膀胱;神经源性肠。双下肢肌力1级伴大小便功能障碍。根据《人体损伤致残程度分级》5.1.1.4)条规定,构成一级残疾。

该损伤,根据《人身损害护理依赖程度评定》4.2.2.3)条规定,构成完全护理依赖。

## 三、讨论

椎体爆裂骨折是指:椎体呈粉碎性,骨折块向四周移位,向后移位可压迫脊髓、神经。X线和CT片上表现为椎体前后径和横径增加,两侧椎弓根距离加宽,椎体高度减小。[1]

骶髓的横断性损害,可导致膀胱、直肠功能障碍,会阴部、盆部等处的皮肤感觉呈马鞍形缺损,若腰神经同时受累,可导致双下肢瘫痪。[2]

当椎体爆裂时由于前方及侧方均有坚强的前纵韧带阻挡,因此碎裂的椎体骨折片易向较为空虚的后方椎管方向移位,引起脊髓损伤;由于胸12～腰1椎体损伤多见,故脊髓圆锥常被累及。根据病理学研究,脊髓神经损伤主要由损伤椎骨折片或部分椎间盘突入椎管压迫脊髓神经所致。若是在受伤瞬间由于骨折对神经组织的撞击、牵拉造成脊髓神经的挫伤或牵拉伤,这种损伤几乎属于不可逆损伤,难以通过手术解除压迫达到神经功能恢复的目的。若神经症状、体征源于骨折片或椎间盘组织对神经组织的持续压迫,尽早手术解除压迫有望部分或全部恢复神经功能,脊髓神经受损其最佳手术时间宜在损伤6小时之内。

MRI不仅可以了解脊髓受压程度,还可以观察脊髓信号强度、脊髓信号改变的范围和脊髓萎缩情况等。[3]

本案例被鉴定人被高空坠物砸伤后,即腰背部剧烈疼痛,双下肢活动不能并出现感觉障碍。经 CT 及 MRI 检查证实:腰 1 椎体爆裂骨折,骨块突入椎管卡压硬膜囊致相应脊髓神经损伤,出现双下瘫痪。椎体爆裂骨折致神经完全损伤无疑。此种爆裂骨折所致脊髓神经损害一般不可逆。入院后第三日手术减压,骨折复位内固定。后又多次住院治疗。伤后一年半检查:大小便失禁,双下肢皮肤感觉消失,马鞍区左侧皮肤感觉减退,右侧皮肤感觉消失,双下肢肌力 0 级。属脊髓完全性损伤。

## 【评析】

本案例中,被鉴定人重度排便功能障碍、重度排尿功能障碍。损伤基础非常明确,但客观检查不充分,比如,直肠内压的测定,尿流动力学的测定。但根据损伤的部位及程度确认神经源性膀胱、神经源性肠以及性功能障碍没有问题。

根据脊髓与椎骨的对应关系(表 4-1-2),腰 1 椎体损伤,理论上讲会累及脊髓圆锥,一般会认为仅造成大小便及性功能障碍。而本案被鉴定人双下肢截瘫,肌力 0 级。需要说明的是:虽然脊髓圆锥终止于腰 1 椎体水平,但脊髓发出的腰、骶、尾神经根在椎管内垂直下行的过程中将脊髓圆锥包围。此解剖特征决定了腰 1 椎体的损伤可造成腰神经、脊髓圆锥与马尾的混合性损伤,同时由于脊髓遭受暴力程度较重,可使脊髓坏死的范围扩大。完全性脊髓损伤从中心坏死到大范围脊髓坏死,可长达 2~3cm。[1] 如此,不难解释该腰 1 椎体爆裂骨折可伤及相应脊髓及双侧腰神经根,进而造成双下肢瘫痪。

该案例与第一章中的"案例 7"损伤程度相近,但损伤的具体部位不同:第一章中的"案例 7"胸 3 椎体爆裂骨折并椎管狭窄;该案例是腰 1 椎体爆裂骨折并椎管狭窄。但导致的后果均为双下肢截瘫,伴大小便功能障碍。胸 3 椎体一般不易损伤,腰 1 椎体易受损伤。

鉴定实践中,不仅要重视损伤基础与愈合情况,还要学会运用医学理论解释损伤与结果之间存在的内在联系,不仅要掌握医学理论的普遍性,还要掌握其特殊情况。重视医学基础知识在法医学鉴定中的重要作用。

**表 4-1-2　脊髓与椎骨对应关系**

| 脊髓节 | 对应椎骨 |
|---|---|
| 上颈髓(颈 1~4) | 与同序数椎骨一致 |
| 下颈髓(颈 5~8)、上胸髓(胸 1~4) | 较同序数椎骨高一个椎骨 |
| 中胸髓(胸 5~8) | 较同序数椎骨高两个椎骨 |
| 下胸髓(胸 9~12) | 较同序数椎骨高三个椎骨 |

续表

| 脊髓节 | 对应椎骨 |
|---|---|
| 腰髓(腰1~5) | 平10~11胸椎 |
| 骶髓(骶1~5)、尾髓(尾1) | 平第12胸椎和第一腰椎 |

## 附:日常生活活动能力项目评定分值表(100分)(表4-1-3)

**表4-1-3　日常生活活动能力项目评定分值表**

| 项目 | 评定分值 | | |
|---|---|---|---|
| 进食 | 10分:自己到就餐处能自主完成 | 5分:依靠他人帮助把食物拿取到面前或身边才能完成 | 0分:完全依靠他人拿取食物和接触身体的帮助才能完成,或需他人喂食 |
| 床上活动 | 10分:能自主完成a)、b)、c)三项(即翻身、平移、起坐) | 5分:需要他人看护或扶助才能完成,或只能完成三项中的1项或2项,其余需依靠他人接触身体的帮助才能完成 | 0分:完全依靠他人接触身体的帮助才能完成a)、b)、c)三项 |
| 穿衣 | 10分:能自主完成a)、b)两项(即穿脱上身衣服;穿脱下身衣服) | 5分:需要他人帮助把衣服拿到身边或者只能完成a)或b) | 0分:完全依靠他人接触身体的帮助才能完成a)和b) |
| 修饰 | 5分:能自主完成a)、b)、c)、d)四项[即洗(擦)脸;刷牙;梳头;剃须] | | 0分:主要或完全依靠他人接触身体的帮助才能完成a)、b)、c)、d) |
| 洗澡 | 5分:能自主完成 | 0分:主要或完全依靠他人接触身体的帮助才能完成 | |
| 床椅转移 | 15分:能自主完成 | 10分:借助残疾辅助器具或其他用具才能完成 | |
| | 5分:依靠他人引领、看护或扶助才能完成。0分:完全靠他人接触身体的帮助才能完成 | | |
| 行走 | 15分:能自主完成a)、b)、c)三项(即平地行走、上楼梯、下楼梯) | 10分:借助残疾辅助器具或其他用具才能完成a)、b)、c) | 5分:借助残疾辅助器具只能完成a),其余需依靠他人看护或扶助才能完成;<br>0分:完全依靠他人接触身体的帮助才能完成a)、b)、c) |
| 小便始末 | 10分:能自主完成(注意:到规定地方) | 5分:需他人引领、看护或扶助才能去规定的地方完成小便 | 0分:长期在床上小便或长期依靠他人接触身体的帮助才能完成,并依靠他人帮助清理小便 |

续表

| 项目 | 评定分值 | | |
|---|---|---|---|
| 大便始末 | 10分:能自主完成 | 5分:长期需他人看护或扶助才能去规定的地方完成大便过程 | 0分:长期在床上大便或长期依靠他人接触身体的帮助才能完成,并依靠他人帮助清理大便 |
| 用厕 | 10分:能自主完成a)、b)、c)、d)四项[即蹲(坐)起;拭净;冲洗倒掉;整理衣裤] | 5分:只能完成3项以下,其余需依靠他人接触身体帮助或借助其他设施、辅助用具完成 | 0分:完全依靠他人接触身体帮助才能完成a)、b)、c)、d) |

A:总分值在60~41分,为部分护理依赖。B:总分值在40~21分,为大部分护理依赖。C:总分值在20分以下,为完全护理依赖。

## 参考文献

[1]陈孝平,汪建平,赵继宗.外科学[M].9版.北京:人民卫生出版社,2019.

[2]赵定麟,李增春,严力生.现代创伤外科学[M].北京:科学出版社,2013:840.

[3]贾建平,陈生弟.神经病学[M].7版.北京:人民卫生出版社,2016:88-89.

# 案例2：骨盆骨折严重畸形愈合影响骨产道

**关键词**：法医临床学；骨盆严重畸形愈合；小骨盆；骨产道

## 一、案例资料

### （一）简要案情

被鉴定人，女，30岁。2018年7月18日因交通事故致伤左髋部。即感伤处疼痛难忍，活动不能。急入院诊断为"骨盆多发骨折"。住院期间行"骨盆骨折切开复位内固定术"及对症支持治疗。审判庭委托鉴定机构进行伤残程度评定。

### （二）病历摘要

入院日期：2018年7月18日。

入院时情况：因车祸伤及腰背部、盆部。即感腰背部、盆部疼痛难忍，不敢活动。急送医院行X线、CT检查示：骨盆多发骨折。完善术前准备，于2018年7月26日行"骨盆骨折切开复位内固定术"，住院20天出院。

出院情况：自述：腰背部、盆部仍疼痛不适活动时加剧，行走困难。查体：神志清，精神可，患肢无肿胀，手术刀口愈合良好，无红肿、无渗出；关节活动正常。

影像学检查情况：

2018年7月18日X线检查示：左趾骨上肢骨折明显移位；左髂骨（坐骨切迹处）粉碎性骨折；左骶髂关节分离（图4－2－1A）。CT检查示：左趾骨上肢骨折明显移位；左髂骨（坐骨切迹处）粉碎性骨折；左骶髂关节分离，左髋骨翼骨折并移位明显（图4－2－1B）。

2019年2月26日骨盆X线检查示：左趾骨上肢骨折并移位，左坐骨切迹处粉碎性骨折并移位；左髂骨翼骨折内固定在位（图4－2－2C）。

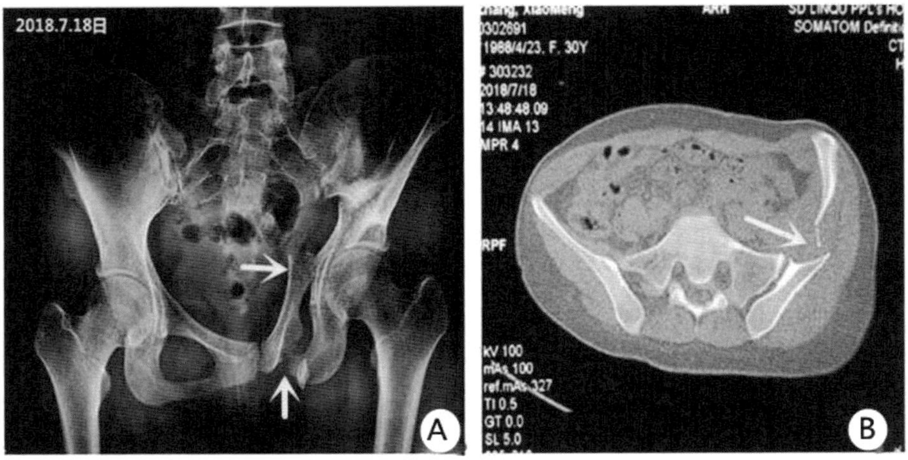


**图 4－2－1　2018 年 7 月 18 日影像学检查图像**

A:X 线检查示,左趾骨上肢骨折明显移位;左髋骨(坐骨切迹处)粉碎性骨折;左髂骨翼骨折。B:CT 示,左髂骨翼骨折明显移位。

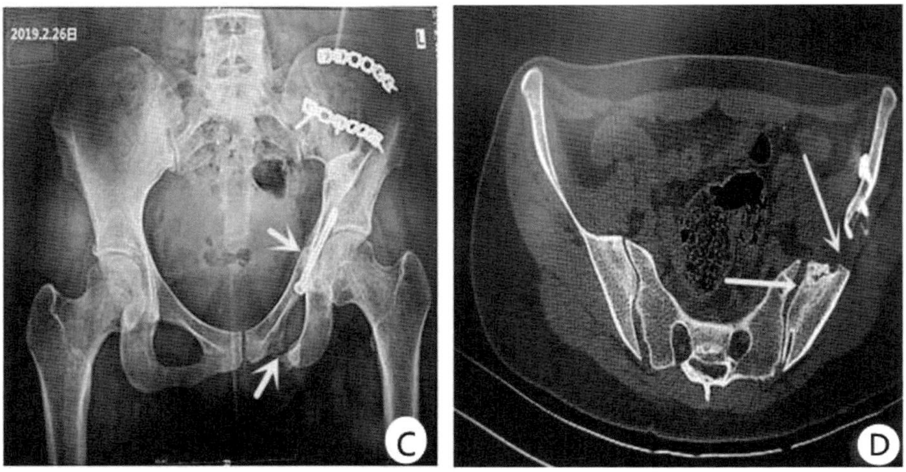


**图 4－2－2　2019 年 2 月 26 日影响学检查图像**

C:X 线检查示,左趾骨上肢骨折明显移位;左髂骨(坐骨切迹处)粉碎性骨折;左髂骨翼骨折内固定在位。D:CT 示,左骶髂关节分离,左髂骨翼骨折明显移位,骨不连征象。

2019 年 2 月 26 日 CT 示:左骶髂关节分离;左髂骨翼骨折显示骨不连征象(图 4－2－2D)。

## 二、法医学鉴定

### (一)鉴定过程

**1. 检验日期**

2019 年 3 月 4 日。

**2. 被鉴定人自诉**

左盆部活动时麻木、疼痛不适,活动受限。

**3. 体格检查**

青年女性,神清语利。颈软,心肺腹部正常。左侧髂嵴部、左趾骨上缘分别见 12cm、8cm 手术瘢痕,局部压痛不适。双下肢感觉、运动正常。关节活动正常。余( - )。

**4. 影像学复查**

2019 年 3 月 4 日 CT 检查示:左骶髂关节分离,左髂骨翼骨折内固定,骨折端显示骨不连征象;左趾骨、坐骨骨折两断端分离并畸形愈合(图 4 - 2 - 3E)。三维重建显示骨盆环完整性破坏,左侧向上、内倾斜明显(图 4 - 2 - 3F、G)。

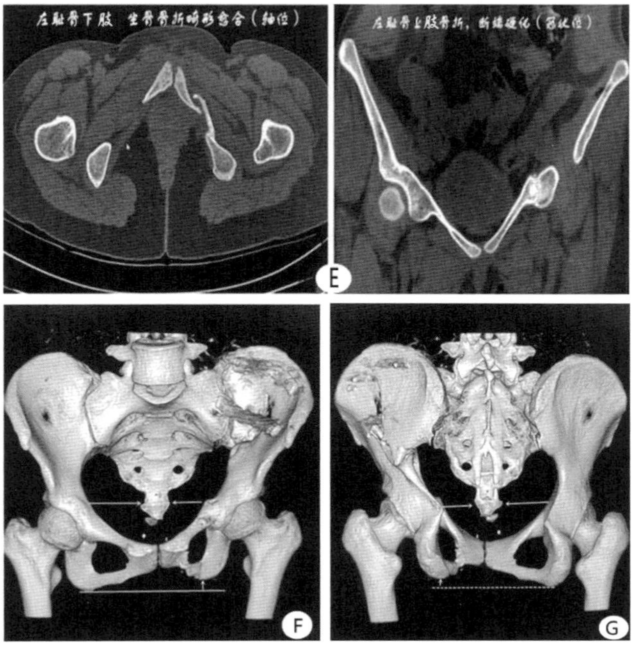


**图 4 - 2 - 3　2019 年 3 月 4 日 CT 检查图像**

E:左趾骨下肢、坐骨骨折并畸形愈合;左趾骨上肢骨折,两断端硬化。F:正面观。G:后面观:骨盆环状结构破坏,左侧向上、内明显倾斜。

（二）鉴定意见

被鉴定人因交通事故致伤腰背部、左盆部损伤属实。经 X 线与 CT 检查证实，该伤导致骨盆多处骨折；左趾骨上肢骨折明显移位；左髂骨（坐骨切迹处）粉碎性骨折；左髂骨翼骨折。入院后行“骨盆骨折切开复位内固定术”。术后 8 个月影像学检查证实：双侧闭孔明显不对称，骨盆环状结构的完整性破坏（图 4－2－3E、F、G）。左右径（出口横径、坐骨棘间径）明显短缩（图 4－2－4H）。左趾骨上肢骨折畸形愈合，骨痂向小骨盆腔内生长。坐骨粉碎性骨折畸形愈合，致骨产道出口狭窄。根据《人体损伤致残程度分级》5.8.6.3）条（女性骨盆骨折致骨产道变形，不能自然分娩）之规定，构成八级残疾。

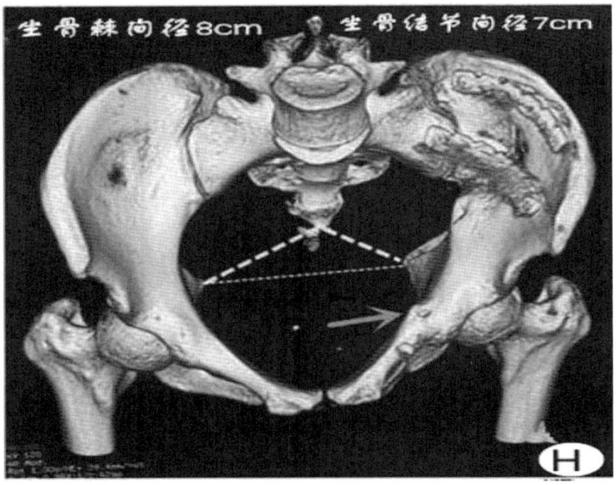


**图 4－2－4　H：坐骨棘间径（出口横径）8cm，小于正常值**

## 三、讨论

骨盆是一个完整的闭合骨环，由骶尾骨和两侧的髋骨组成，借助坚强有力的韧带将诸盆骨连接成为一个整体。髋骨包括髂骨、耻骨和坐骨。3 块骨融合处的外侧即髋臼。骶骨位于骨盆的后正中部，上 3 个骶椎两侧的耳状关节面和两侧髋骨的耳状关节面连接构成骶髂关节。两侧的耻骨体在骨盆前正中线连接形成耻骨联合。正常的耻骨联合间距为 0.1～0.6cm，平均为 0.5cm。

骨盆骨折，X 线检查可显示骨折类型及骨折块移位情况，但骶髂关节以 CT 检查更为清晰；CT 的三维重建可以更加直观地显示骨折类型及移位方向。

骨盆骨折的分型：按骨折的部位与数量可将骨折分为如下4型，[1]见表4－2－1。

骨盆骨折后遗畸形愈合（或者严重畸形愈合）构成伤残的前提条件是损伤致骨盆两处以上骨折或者粉碎性骨折，多应属第四型不稳定型骨盆骨折。根据骨盆骨折分型的理论，耻骨联合分离或骶髂关节脱位可视同为骨盆骨折。

若骨盆骨折后遗严重畸形愈合，可致骨盆环移位，伤侧髂嵴升高，下肢短缩，剑突至两侧髂前上棘或脐至两侧髂前上棘，脐棘距距离不等。

**表4－2－1　骨盆骨折的分型**

| |
|---|
| 1. 骨盆边缘撕脱型骨折：骨盆边缘肌附着点撕脱性骨折，骨盆环不受影响 |
| 2. 骶尾骨骨折：a）骶骨骨折，若发生在骶骨孔处或正中骶管区会分别引起骶神经根与马尾神经终端的损伤；b）尾骨骨折 |
| 3. 骨盆环单处骨折：包括：a）髂骨骨折；b）闭孔处骨折；c）轻度耻骨联合分离；d）轻度骶髂关节分离 |
| 4. 骨盆环双处骨折：包括：a）双侧耻骨上下肢骨折；b）一侧耻骨上下肢骨折合并耻骨联合分离；c）耻骨上下肢骨折合并骶髂关节脱位；d）耻骨上下肢骨折合并髂骨骨折；e）髂骨骨折合并骶髂关节脱位；f）耻骨联合分离合并骶髂关节脱位 |

骨盆严重畸形愈合影响骨产道的认定需同时满足以下四条[2]：①骨盆环多处骨折；②骨盆环正常结构破坏，形状明显不规则，前后径或左右径等显著短缩；③骨盆环内缘不光滑，有骨痂向小骨盆腔内突出生长，影响胎头入盆；④尾骨、坐骨、耻骨下肢等骨折畸形愈合，骨痂向骨盆出口突出生长致女性骨产道出口狭窄。

决定分娩的因素是产力、产道、胎儿大小及社会心理因素。各因素正常并相互适应，胎儿经阴道顺利自然娩出。[3]因此，《人体损伤致残程度分级》5.8.6.3）条“女性骨盆骨折致骨产道变形，不能自然分娩”，鉴定实践中比较难把握。《〈人体损伤致残程度分级〉适用指南》中作了如下解释：“育龄妇女或者育龄前妇女小骨盆骨折（包括耻骨联合分离或骶髂关节分离）经各种治疗后遗小骨盆正常结构破坏，前后径和/或左右径短缩，或骨盆入口、出口有骨痂突出性生长，影响胎儿通过，均符合本标准八级伤残的规定。”

根据上述解释，鉴定实践中对上述条文的引用便具有较强的可操作性，同时，应当熟悉小骨盆三个平面的各种正常值（表4－2－2）及骨盆平面狭窄的异常值（表4－2－3），可借助影像设备（CT）对个别关键数值进行客观测量，从而对骨产道破坏影响胎儿分娩提供证据支持。

表 4-2-2　骨盆平面正常平均值[3]

| 骨盆入口平面 | | | 中骨盆平面 | | 骨盆出口平面 | | |
|---|---|---|---|---|---|---|---|
| 入口前后径 | 入口横径 | 入口斜径 | 坐骨棘间径 | 中骨盆前后径 | 出口前后径 | 出口横径 | 出口后矢状径 |
| 11cm | 13cm | 12.75cm | 10cm | 11.5cm | 11.5cm | 9cm | 8.5cm |

表 4-2-3　骨盆三个平面狭窄的分级[3]

| 分级 | 入口平面狭窄（对角径） | 中骨盆平面狭窄（坐骨棘间径） | 出口平面狭窄 | | |
|---|---|---|---|---|---|
| | | | 坐骨棘间径 + 中骨盆后矢状径 | 坐骨结节间颈 | 坐骨结节间径 + 出口后矢状径 |
| Ⅰ级 | 11.5cm | 10cm | 13.5cm | 7.5cm | 15cm |
| Ⅱ级 | 10～11cm | 8.5～9.5cm | 12～13cm | 6～7cm | 12～14cm |
| Ⅲ级 | ≤9.5cm | ≤8.0cm | ≤11.5cm | ≤5.5cm | ≤11cm |

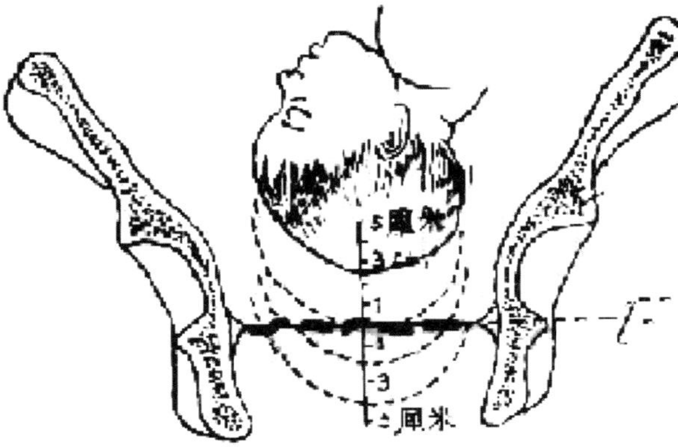

**图 4-2-5**

坐骨棘间径（小于 10cm，说明中骨盆平面出口狭窄）。

本案例中，伤者属育龄妇女，骨盆多处骨折，虽经积极治疗，左趾骨上肢、下肢骨折畸形愈合，坐骨骨折并畸形愈合，左髂骨翼骨折并骨不连，骶髂关节分离，导致骨盆环状结构的完整性破坏，左右径（出口横径、坐骨棘间径）明显短缩，致骨产道出口狭窄，影响分娩。符合八级残疾。

## 【评析】

《人体损伤致残程度分级》5.8.6.3）条所述："骨产道变形导致不能自然分娩"。至于骨产道变形到什么程度，没有明确界定，比如，各径线小于正常值的百分之多少作为衡量骨产道变形不能自然分娩的标准。况且，产道是决定分娩的重要因素，但不是唯一因素。决定分娩的因素有四种，即产力、产道、胎儿大小和社会心理因素。因此，单从字面上理解此条比较困难。

《人体损伤致残程度分级》指南对5.8.6.3）条的理解和应用做出了解释，即育龄妇女或者育龄前女性小骨盆骨折（包括耻骨联合分离或者骶髂关节分离），经治疗遗留小骨盆正常结构破坏、前后径和/或左右径短缩，或者骨盆入口、出口有骨痂突出性生长，影响胎儿通过，均可符合本标准八级残疾的规定。上述解释确定了定级的基本原则。但“影响胎儿通过”如何理解？骨盆三个平面的左右、前后径，尤其是坐骨棘间径（中骨盆横径）和坐骨结节间径（骨盆出口横径）可作为重要参考。至于上述径线数值的测量可行骨盆CT平扫+三维重建，然后通过电脑进行数据测量。本案例中，被鉴定人评定为八级残疾与上述释疑相一致。

育龄妇女是指处于生育年龄的妇女，一般15~49岁为生育年龄。但只是一个相对的概念。

**附：骨盆畸形愈合的影像学判定标准**[1]

符合下列条件之一的，可视为骨盆畸形愈合：

a）两侧闭孔形态不对称；

b）耻骨联合分离（包括内固定术后）；

c）骶髂关节分离（包括内固定术后）；

d）髋臼骨折术后；

e）其他各种类型骨折后的骨盆环明显偏斜或形态破坏，双侧坐骨结节、髂嵴或者髋臼不等高，并排除体位因素所致。

同时满足以下3条方可认定为骨盆严重畸形愈合：

a）通常至少应包括两处以上骨盆构成骨的骨折；

b）遗留骨盆环状结构的完整性和对称性破坏；

c）伴有骨盆倾斜、髋关节运动受限，或者坐、立、行走不适等功能影响。

骨盆严重畸形愈合影响骨产道的认定需同时满足以下四条：

a）骨盆环多处骨折；

b）骨盆环正常结构破坏，形状明显不规则，前后径或左右径等显著短缩；

c）骨盆环内缘不光滑，有骨痂向小骨盆腔内突出生长，影响胎头入盆；

d)尾骨、坐骨、耻骨下肢等骨折畸形愈合,骨痂向骨盆出口突出生长致女性骨产道出口狭窄。

## 参考文献

[1]司法部司法鉴定管理局　最高人民法院司法行政装备管理局.《人体损伤致残程度分级》适用指南[M].北京:法律出版社,2016:266.

[2]司法部司法鉴定管理局.司法鉴定技术规范[M].北京:北京大学出版社,2016:505.

[3]谢幸,孔北华,段涛.妇产科学[M].9版.北京:人民卫生出版社,2019.

# 案例3：外伤致左膝十字韧带、侧副韧带撕裂伤

**关键词**:法医学;前交叉韧带重建;侧副韧带

## 一、案例资料

### (一)简要案情

被鉴定人,男,40岁。2018年9月14日因交通事故致伤左下肢,当即感左膝部疼痛、活动受限。MRI检查示:左膝前交叉韧带、内侧副韧带损伤;左股骨外侧髁骨髓水肿;左膝关节腔及髌上囊少许积液。

入院后行“左膝关节镜下清理;前交叉韧带重建(半腱肌重建);内侧副韧带修复术”。

### (二)病历摘要

入院日期:2018年9月14日。

入院时情况:因交通事故致伤左下肢,当即感左膝部疼痛、活动受限。查体:左膝关节肿胀明显,局部青紫、渗血,压痛及叩击痛。浮髌试验及侧方挤压试验(-),前后抽屉试验因疼痛拒查。右小腿多处皮肤擦伤,局部渗出不多,患肢肢端活动感觉及血运良好。病理反射未引出。

影像学检查情况:

2018年9月14日MRI示:左膝前交叉韧带、内侧副韧带损伤;左股骨外侧髁骨髓水肿;左膝关节腔及髌上囊少许积液(图4-3-1A、B)。

2018年9月18日MRI示:左膝前交叉韧带损伤、内侧副韧带撕裂;内侧支持带挫伤;左膝股外侧髁挫伤;左膝关节囊积液(与9月14日片比较无变化)。

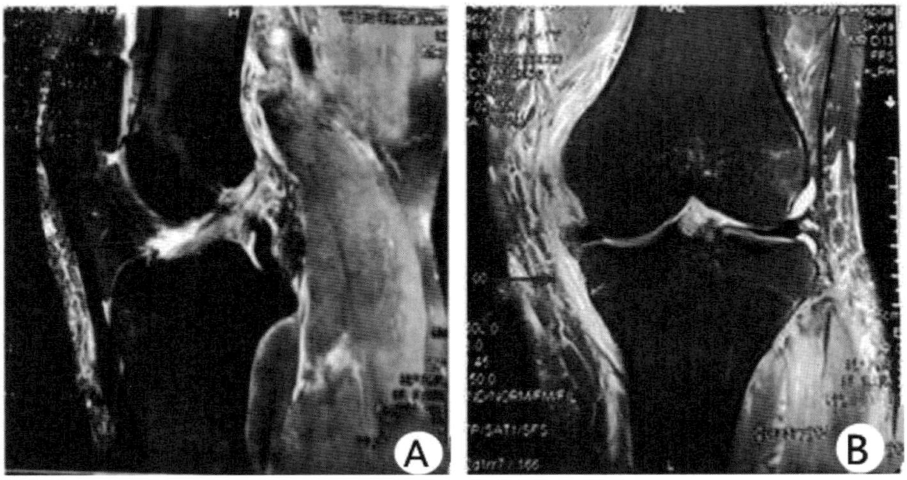


**图 4-3-1　2018 年 9 月 14 日磁共振检查图像**

A：左前交叉韧带（ACL）增粗、松弛，边缘毛糙；fsT2 信号增高；髌上囊少许积液。B：左内侧副韧带（MCL）增粗、边缘毛糙；fsT2 信号增高。

诊疗经过：入院后完善辅助检查，明确诊断。于 2018 年 9 月 26 日行"左膝前交叉韧带重建、内侧副韧带修复术"。

出院情况：神清，精神可。内、外翻应力试验阴性，过屈过伸试验阳性，左膝屈伸功能障碍。下肢感觉正常，足背动脉搏动良好。

## 二、法医学鉴定

### （一）鉴定过程

**1. 检验日期**

2019 年 3 月 15 日。

**2. 被鉴定人自诉**

左膝关节不适，活动受限。

**3. 体格检查**

中年男性，神清语利。扶拐入检室。左膝关节内侧可见 6cm 手术瘢痕，左胫前可见微创瘢痕，左膝关节活动受限。查体：左膝关节屈曲 90°（右 150°），伸展 -10°（右 0°）。计算左膝关节活动度丧失：[150-(90-10)]÷150=46.7%。

**4. 影像学复查情况**

2019 年 3 月 15 日 MRI 检查示：左膝前交叉韧带重建、内侧副韧带修复术后可见韧带形态、走形及固定位置可,信号基本正常。左股骨内外侧髁及胫骨上端可见术后骨隧道及局限伪影改变。左膝关节少许积液,周围软组织抑脂高信号影(图4－3－2C、D)。

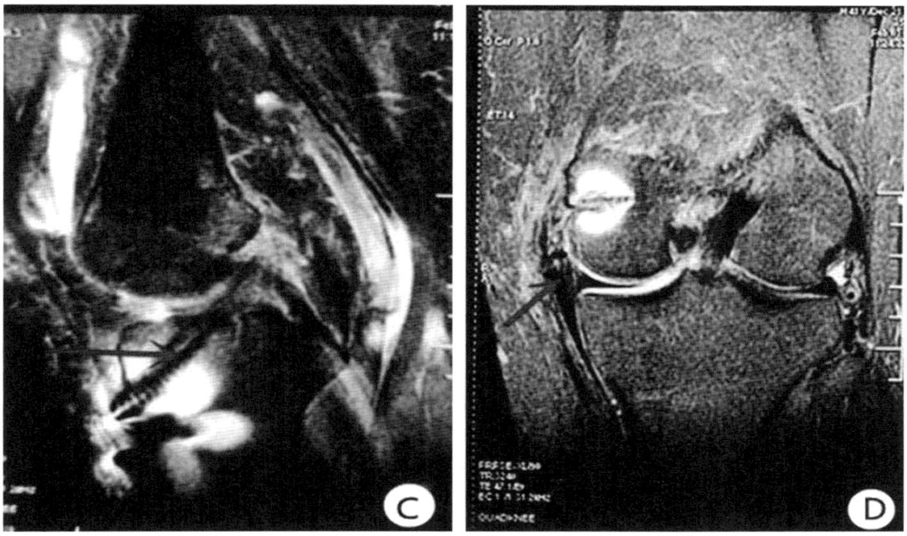


**图4－3－2　2019年3月15日磁共振复查图像**

C:前交叉韧带(ACL)形态、走形正常,fsT2信号正常;关节腔局部高信号;钢板在位。D:内侧副韧带形态、走形正常,股骨侧fsT2信号稍增高,周围软组织抑脂信号增高;锚钉在位。

### (二)鉴定意见

根据案情、医院病历、影像学检查、法医检验,被鉴定人因交通事故导致左膝部损伤情况属实。该伤致左膝前交叉韧带断裂,内侧副韧带撕裂。入院后完善术前准备并行“左膝前交叉韧带重建、内侧副韧带修复术”。已达临床治疗终结,可据此评残。

术后半年经MRI复查示:左膝前交叉韧带、内侧副韧带形态、走形基本恢复正常,局部高信号并关节腔少许积液。被鉴定人左膝功能活动度丧失达25%以上。根据《人体损伤致残程度分级》5.10.6.11)条之规定,评定为十级残疾。

## 三、讨论

膝关节附属结构主要包括关节囊、髌韧带、胫侧副韧带、腓侧副韧带,前、后交叉韧带及内、外侧半月板等。影像学检查首选MRI。前交叉韧带撕裂多于单独的后交叉韧带,显示韧带部分增粗,连续性部分或完全中断,部分撕裂表现为全段或局部信号增高、韧带边缘毛糙、韧带松弛扭曲。完全撕裂表现为韧带连续性中断,断端毛糙,呈“拖把”状。[1]

MRI 检查可以清晰地显示出前、后交叉韧带的情况，还可以发现意想不到的韧带结构损伤与隐匿骨折线；关节镜检查对诊断交叉韧带损伤十分重要。前交叉韧带完全断裂者，目前主张在关节镜下作韧带重建手术，可选用自体骨—髌韧带—骨、自体半腱肌股薄肌肌腱、异体肌腱或人工韧带作为移植材料。[2]

前交叉韧带损伤重建目前常用的手术方式：一是关节内替代手术，二是关节外加强手术，三是关节内外的联合手术。关节内手术是以各种移植物替代前交韧带（ACL）。最常用的替代物是半腱肌腱和髂胫束，以及人工材料。关节镜下交叉韧带重建手术特别是应用骨－髌腱－骨或半腱肌重建术是近年来膝关节镜外科中发展最为迅速和最受重视、最受欢迎的手术方式之一。自体组织包括带近远端骨块的髌腱中 1/3（BPB）、半腱肌肌腱、阔筋膜等，利用自体组织重建前交叉韧带，其优点是避免了人工材料重建引起的关节内组织反应，但也可导致自身结构的创伤以及由此而引起的并发症。任何韧带替代性的手术方式都不可能真正恢复与正常交叉韧带相同的复杂的解剖结构。韧带重建的目的是恢复其最重要的关节稳定功能。[3]

本案例伤者左膝前交叉韧带断裂、内侧副韧带撕裂。入院后完善术前准备并行“左膝前交叉韧带重建、内侧副韧带修复术”。术后半年经 MRI 检查上述二韧带形态、走形基本恢复正常，但由于自体组织韧带重建必然造成自身结构创伤，且重建的前交叉韧带无法完全恢复原来的解剖结构——损伤基础存在，且 MRI 检查左膝关节局部高信号并关节腔少许积液。法医检验证实：被鉴定人左膝功能活动度丧失达 25% 以上。故评定为十级残疾。

## 【评析】

本案例损伤基础明确，鉴定时要注意手术方式，即是韧带重建，还是修补。如果是韧带重建，说明韧带损伤程度较重，同时，关节功能的恢复也不尽如人意。关节活动度的丧失一般会达到十级残疾所规定的标准。当然，也不尽是如此，会因人而异、因手术效果而异。

本案例外伤后“韧带重建”，涉及膝关节活动度丧失的计算问题，关于膝关节功能活动度丧失的计算较为特殊。膝关节运动活动度是从中立位活动至屈曲位。膝关节的中立位就是它的功能位，也就是伸直位，因此，膝关节的活动度就是伸直至完全屈曲的度数，一般以伸直为 0，若不能完全伸直，就表述为“ －°”，如本案中伸直 －10°，就是不能完全伸直（也可以理解为屈曲 10°），最大伸直时距离 0°还有 10°。

这样本例的膝关节活动度就是 90° +（ －10）＝80°，从屈曲 10°开始到屈曲 90°，活动度范围为 80°。相比右侧的 150°，少了 70°，70/150 = 46.67%。这种方法也叫作"关节活动度丧失百分比"，因为膝关节其实只有一个方向的活动度，就是从伸直到屈曲(也就是屈曲)，不存在均分的必要。

另外，涉及关节韧带损伤评定伤残程度的需要把握好治疗终结与鉴定时机，否则，被告方有可能会对"鉴定意见"的正当性提出疑义。

### 附：肢体大关节功能丧失程度的评定方法

1. 总和法：丧失角度总数与正常角度总数的比。

2. 方向均分法：相应关节所有方位功能丧失值的之和再除以相应关节活动的方位数，即每个方位丧失的比例总和除以方位总数。

3. 关节活动度丧失百分比法：适用于膝关节、肘关节功能丧失的计算。

4. 查表法：查表法仅适用于四肢大关节骨关节损伤后运动活动度受限合并周围神经损伤后遗相关肌群肌力下降所致关节功能障碍的情形。单纯中枢神经或者周围神经损伤所致关节功能障碍的情形应使用专门性条款；另外，《人体损伤程度鉴定标准》中涉及关节活动度丧失的计算，也适用查表法。

单纯骨关节损伤(M5)，利用查表法计算关节活动度丧失值不妥。

注意事项：

1) 当关节活动受限于某一方位时，其同一轴位的另一方位功能丧失值以 100% 计算，假如腕关节活动限制在掌屈 40°(查表求得功能丧失值为 30%)，那么背屈功能丧失值为 100%。

2) 由于本方法对关节功能的评定已经考虑到肌力减退对于关节功能的影响，故在测量关节活动度时，应以关节被动活动度为准。[4]

## 参考文献

[1] 司法部司法鉴定管理局. 司法鉴定技术规范[M]. 北京：北京大学出版社，2016：507.

[2] 陈孝平，汪建平. 外科学[M]. 北京：人民卫生出版社，2014：687.

[3] 赵定麟，李增春，严力生. 现代创伤外科学[M]. 8 版. 北京：科学出版社，2013：679.

[4] 人体损伤致残程度分级[S]. 2016：31.

# 案例 4：外伤致一侧下肢髋、膝关节功能障碍

**关键词**:法医临床学;髋臼骨折;后交叉韧带重建;半月板损伤分度

## 一、案例资料

### (一)简要案情

被鉴定人,男,42 岁。于 2018 年 5 月 14 日因车祸致伤头面部及右下肢,当即感伤处疼痛、活动受限。先后两次住院治疗。委托鉴定机构进行伤残评定。

### (二)病历摘要

**1. 第一次住院**

入院日期:2018 年 5 月 14 日。

入院时情况:3 小时前因车祸伤及头部、右髋部、右膝部,即感伤处疼痛、流血、不敢活动。急入院行 CT 检查,诊断为“骨盆骨折”。查体:右髋部肿胀,压痛明显,无明显畸形。右膝前有一长约 3cm 皮肤裂口,无菌敷料包扎。

2018 年 5 月 16 日 CT 检查示:右侧股骨头骨质中断,断端向髋臼上方移位,髋臼内见数个碎骨片影(图 4－4－1A、B)。

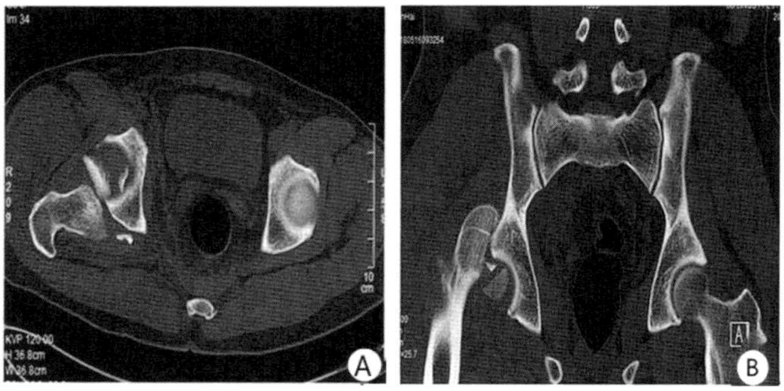

**图 4－4－1　2018 年 5 月 16 日 CT 检查图像**

A(轴位)示:右股骨头脱位,右髋臼骨折内见数个碎骨片影。B(冠状位)示:右侧股骨头骨质中断,断端向髋臼上方移位。

2018年5月16日MRI检查示:右胫骨近端、髌骨骨质内见斑片异常高信号。T1呈稍低信号,fsT2呈高信号,fsPD也呈高信号影。内侧半月板前角、体部空虚,于后角内侧见类似半月板结构,呈双后交叉韧带征。外侧半月板后角见条片水样信号影。后交叉韧带股骨侧不连续,局部见条片fsPD高信号影。右膝关节腔内及关节囊内见条片状水样信号影(图4-4-2C、D)。髌韧带迂曲。内侧副韧带走行可,其周边见条片压脂高信号。前交叉韧带、外侧副韧带及髌支持带走行自然,且未见明显异常信号。

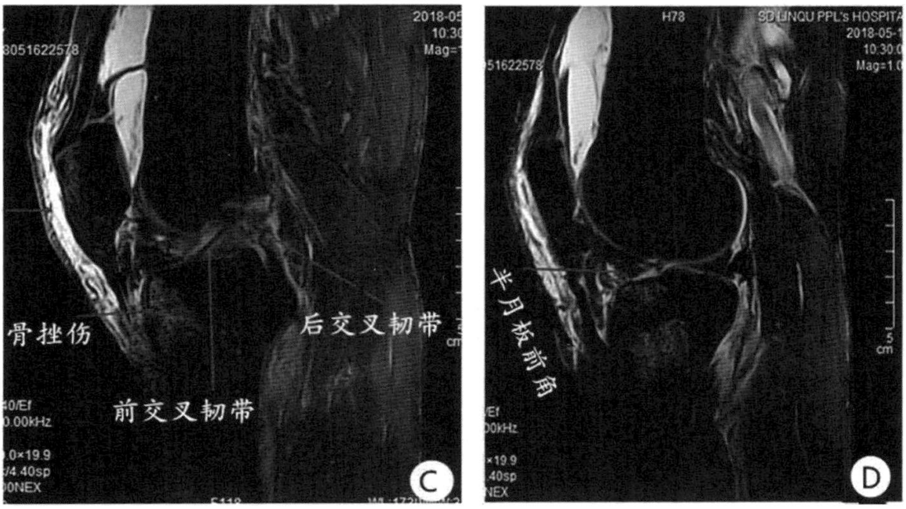


**图4-4-2 2018年5月16日磁共振检查图像**

C(矢状位)示:fsT2,右膝后交叉韧带股骨侧不连续,局部高信号。右胫骨近端、髌骨骨质内见斑片异常高信号;右膝关节腔内及关节囊内见条片状水样信号影。其周边见条片高信号。D(矢状位)示:外侧半月板后角见条片水样信号影。

诊疗经过:入院后完善辅助检查,明确诊断后于2018年5月17日行"右股骨头骨折+髋臼骨折切开复位内固定术"。术中见右股骨头骨折,髋臼后壁有一约2.5cm×1cm大小骨块游离,复位后空心钉固定。住院26天,于2018年6月9日伤情稳定出院。

出院诊断:①右股骨头骨折;②右髋关节脱位;③右髋臼骨折;④右膝十字韧带损伤;⑤右膝内侧半月板桶柄样撕裂;⑥右膝外侧半月板前角撕裂;⑦右膝内侧副韧带损伤。

**2. 第二次住院**

入院日期:2018年8月25日。

入院时情况:3个月前因交通事故致伤右髋、右膝部,当时右髋、右膝疼痛、肿胀,行走时膝关节不稳;偶有关节弹响、交锁。当地医院行"右股骨头骨折、右髋臼骨折切开复位内固定术"。并行MRI检查示:右膝后交叉韧带损伤、右膝半月板损伤,建议髋关节刀口愈合后行右膝关节手术治疗。

入院查体情况：右膝关节轻度肿胀，浮髌试验阴性。股四头肌抗阻试验阳性，膝外侧间隙压痛，内外侧麦氏征弱阳性，后抽屉试验阳性。膝屈伸 130° - 0° - 0°，下肢感觉正常，足背动脉搏动良好。

2018 年 8 月 27 日 MRI 检查示：右膝关节组成骨边缘见骨赘影，关节软骨厚薄不均匀，右髌骨边缘变尖，右髌骨、股骨内外侧髁及胫骨平台关节面下多发小片状高信号。外侧半月板前角、后角形态不规则，内侧半月板见多发不规则高信号，内侧半月板后角见线样高信号，达关节面，内侧半月板前角形态信号尚可。前交叉韧带、后交叉韧带肿胀，呈高信号。内侧副韧带走行自然，抑脂序列见条状高信号影。外侧副韧带形态及信号未见明显异常。髌上囊及关节腔内抑脂序列见片状高信号影。髌韧带可见高信号。股骨下段见条形高信号（图 4 - 4 - 3E、F）。

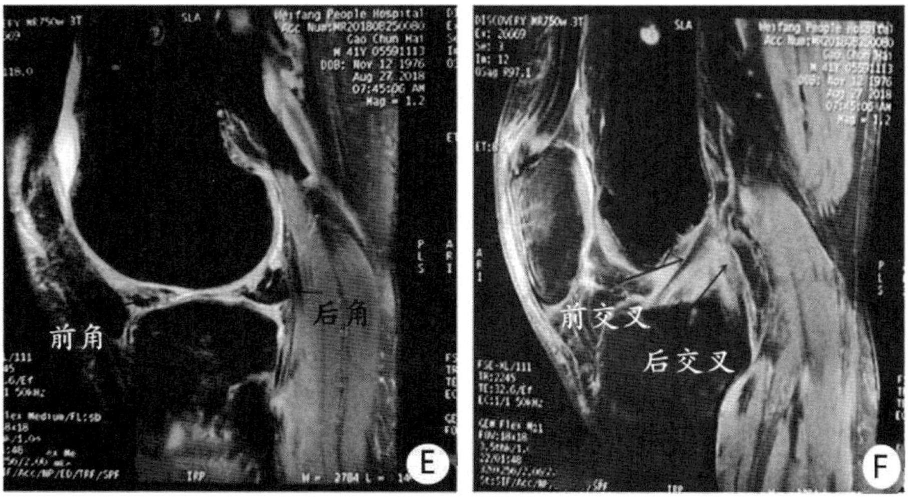


**图 4 - 4 - 3　2018 年 8 月 27 日磁共振检查图像**

E（fsT2 矢状位）示：右膝外侧半月板前、后角均呈三度撕裂。F（fsT2 矢状位）示：后交叉韧带失去正常形态，相应部位呈高信号改变，关节腔内抑脂序列见片状高信号影。

诊疗经过：入院后完善辅助检查，明确诊断。于 2018 年 8 月 28 日行“右膝关节镜清理 + 后交叉韧带重建 + 外侧半月板成形术”。术中见髌上囊滑膜增生，髌骨软骨呈 1 ~ 2 级退变，髁间窝骨质略增生。内侧半月板基本正常，外侧半月板前角至后根呈陈旧性桶柄裂损伤；后交叉韧带自体部断裂；前交叉韧带基本正常。经其他对症、支持治疗，伤情稳定后出院。

出院诊断：①右股骨头骨折；②右髋关节脱位；③右髋臼骨折；④右膝前交叉韧带损

伤;⑤右膝后交叉韧带损伤;⑥右膝内侧半月板桶柄样撕裂;⑦右膝外侧半月板后角撕裂;⑧右膝内侧副韧带损伤;⑨软组织损伤。

## 二、法医学鉴定

### (一)鉴定过程

**1. 检验日期**

2019 年 1 月 20 日。

**2. 体格检查**

中年男性,意识清,自主体位,查体合作。右侧臀部至右股外侧有一长 15cm 手术瘢痕。右膝前可见微创痕迹。右膝内侧有一长 3cm 手术瘢痕。右膝前内侧有一长 3cm 瘢痕。右髋、右膝关节活动受限,右髋关节活动度检查情况见表 4-4-1;右膝关节活动度检查情况见表 4-4-2。余(-)。

**表 4-4-1 右髋关节活动度丧失情况**

| | 伸展 | 前屈 | 外展 | 内收 | 内旋 | 外旋 | 右髋关节功能丧失百分比 |
|---|---|---|---|---|---|---|---|
| 右侧 | 10 | 100 | 30 | 15 | 40 | 30 | (5/15)+(40/140)+(15/45)+15/30)+(5/45)+(15/45)=31.6% |
| 左侧 | 15 | 140 | 45 | 30 | 45 | 45 | |

**表 4-4-2 右膝关节活动度丧失情况**

| | 屈曲 | 伸展 | 右髋关节功能丧失百分比 |
|---|---|---|---|
| 右侧 | 90° | -10° | (150-80)÷150=47% |
| 左侧 | 150° | 0° | |

**3. 影像学复查情况**

2019 年 1 月 20 日 X 线片示:右股骨内侧髁处及胫骨内侧近端处均示螺栓内固定。右髋关节关系良好,髋臼处可见 5 枚螺钉内固定。

### (二)鉴定意见

被鉴定人右髋臼骨折、右髋关节脱位、右股骨头骨折涉及关节面,影响右髋关节活动,目前被鉴定人右髋关节功能丧失达 32%(<50%)。根据《人体损伤致残程度分级》5.10.6.11)条之规定,构成十级残疾;“右髋臼粉碎骨折术后”符合骨盆畸形愈合影像学判定标准,根据《人体损伤致残程度分级》5.10.6.4)条规定,构成十级残疾。

被鉴定人右膝后交叉韧带断裂、外侧半月板撕裂、内侧副韧带损伤影响右膝关节活动，目前被鉴定人右膝关节功能丧失达47%。根据《人体损伤致残程度分级》5.10.6.11）条之规定，构成十级残疾。

## 三、讨论

关节镜下重建后交叉韧带尚未十分普及，但随着关节镜技术和专业器械的发展，关节镜下重建PCL越来越多地被临床骨科医生和运动医学医生所接受。

正常的半月板在MRI图像上呈均匀、类三角形的低信号影，半月板损伤后在低信号半月板内出现T2WI高信号影。半月板撕裂的形态多种多样，以内侧半月板后角斜形撕裂最为常见。此外，桶柄状撕裂也较常见，内侧多于外侧。[2]

膝半月板损伤通过MRI检查可分为三度，见表4-4-3。

**表4-4-3　半月板损伤分度**

| |
|---|
| Ⅰ°损伤：T2WI表现为半月板内点片状或类圆形高信号影，未达半月板的关节面缘，多为退行性改变造成 |
| Ⅱ°损伤：T2WI表现为水平或斜行条状高信号影，未达半月板关节面缘，可达关节囊缘。多为退行性改变造成 |
| Ⅲ°损伤：即为半月板部分撕裂，T2WI表现为半月板内的高信号影到达关节面缘。半月板形态变小或截断；半月板组织移位；常合并膝关节组成骨的骨挫伤，伴关节腔（多处）积液。多与急性外伤有关 |

《人体损伤致残程度分级》5.10.6.6）条规定："一侧膝关节交叉韧带、半月板伴侧副韧带撕裂伤，经手术治疗后影响功能"，是指一侧膝关节确证存在至少一条交叉韧带损伤、至少一条侧副韧带损伤（撕裂或断裂），且同时合并存在至少一侧半月板损伤（破裂、碎裂），伴有膝关节积液或积血。经手术治疗或者相应非手术治疗后。该膝关节活动度降低尚不足以符合肢体大关节功能丧失程度规定的条款，但确实存在关节周围肌肉容量降低和/或相应肌力下降、关节稳定性降低、关节负重能力减退等情形。[3]

本案例右膝关节损伤，既有交叉韧带损伤，又有侧副韧带损伤，又有半月板损伤，并行"后交叉韧带重建（人工韧带）+滑膜清理+半月板成形术"。根据《人体损伤致残程度分级》5.10.6.6）条规定（一侧膝关节交叉韧带、半月板伴侧副韧带撕裂伤，经手术治疗后影响功能），十级残疾无疑。之所以对右膝关节活动度进行检查，目的是确定该膝关节功能丧失情况的百分比。就高不就低确定该膝关节损伤的伤残等级。经检查：该膝关节活动度丧失情况符合《人体损伤致残程度分级》5.10.6.11）条，构成十级残疾标准。

根据《人体损伤致残程度分级》附则6.2条的规定(同一部位和性质的残疾,不应采用本标准条款两条以上或者同一条款两次以上进行鉴定),只能引用其中之一条文评定十级残疾。当然,如果通过检查该膝关节活动度损伤超过50%,那就就高定九级残疾。

右髋关节既有股骨头骨折,又有髋臼骨折,并行手术治疗。根据《法医临床影响学检验实施规范》,"髋臼骨折术后"属于骨盆畸形愈合,而该髋臼骨折可见数个碎骨片,因此,根据《人体损伤致残程度分级》5.10.6.4)条规定(骨盆两处以上骨折或者粉碎性骨折,畸形愈合),十级残疾无疑。经检查:右髋关节活动度损伤25%以上,与骨盆畸形愈合属于同一部位不同性质损伤,故再定一个十级残疾。

## 【评析】

本案例中,被鉴定人右髋关节、右膝关节两处损伤,每处损伤均在《人体损伤致残程度分级》中对应两个条文可以引用。《人体损伤致残程度分级》附则6.2规定:同部位和性质的残疾,不应采用本标准条款中两条以上或者同一条款两次以上。

本案例中,膝关节中的"三联征"可以根据《人体损伤致残程度分级》条文评定十级残疾;膝关节活动度丧失25%以上也可以根据《人体损伤致残程度分级》条文评定十级残疾。但关节活动度的丧失也是由于三联损伤所致。故属于同一部位同一性质,只能引用一次条文。而髋关节中髋臼属于骨盆,关节活动度的丧失是由髋臼骨折与股骨头骨折共同所致,性质不同。故评定两个十级残疾。鉴定实践中可能会存在争议,建议根据就高不就低的原则,该髋关节损伤评定两个十级残疾。

### 参考文献

[1]司法部司法鉴定管理局. 司法鉴定技术规范[M]. 北京:北京大学出版社,2016:507.

[2]胡春洪,汪文胜,方向明. MRI诊断手册[M]. 2版. 北京:人民军医出版社,2013.

[3]司法部司法鉴定管理局 最高人民法院司法行政装备管理局.《人体损伤致残程度分级》适用指南[M]. 北京:法律出版社,2016:280.

# 案例5：外伤致膝关节功能位强直固定

**关键词**：法医学；化脓性关节炎；十二指肠空肠 Roux-Y 吻合术；关节功能位强直固定

## 一、案例资料

### （一）简要案情

被鉴定人，男，30岁。2016年9月21日因交通事故伤及头面、胸、腹部及四肢先后三次住院治疗。遗左下肢功能障碍。

### （二）病历摘要

**1. 第一次住院**

住院日期：2016年9月21日至11月24日。

入院时情况：因车祸伤及头面、胸、腹部及四肢2小时入院。查体：神志清，精神差，强迫体位，查体合作。脉搏80次/分，血压93/65mmHg。腹膨隆，腹肌紧，压痛，肠鸣音弱。右大腿近端肿胀、畸形，压痛，触及骨擦感。右膝内上方有约5cm×5cm皮肤挫裂伤，左股骨中下段外侧有约4cm皮肤裂口，骨折断端外露，伤口污染重。左小腿近端前侧多处挫伤。左前臂肿胀、畸形、压痛，触及骨擦感，背侧大片皮肤挫伤。左前臂及双下肢活动受限，四肢皮肤感觉、末梢血运及手指足趾活动可。

2016年9月21日X线检查示：双股骨骨折（图4-5-1A）；左孟氏骨折（图4-5-1B）；右股骨内髁骨折，骨折移位明显。

入院诊断：①双股骨开放性骨折；②左孟氏骨折；③右股骨内髁开放性骨折；④多处软组织损伤。

诊疗经过：入院后完善辅助检查，明确诊断。根据伤情不断变化情况，先后施行四次手术治疗，四次手术治疗情况见表4-5-1。

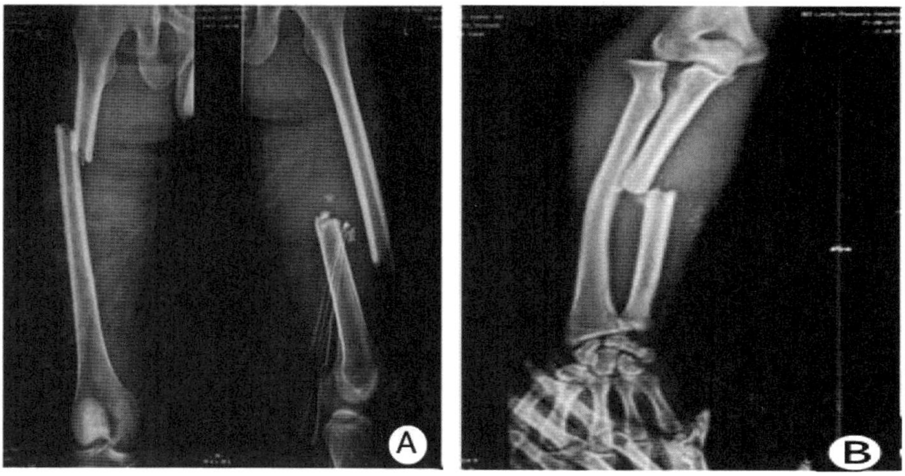

**图 4－5－1　2016 年 9 月 21 日 X 线检查图像**

A:双股骨骨折。B:左孟氏骨折。

**表 4－5－1　第一次住院期间手术情况**

| 手术时间 | 手术方式 |
|---|---|
| 2016 年 9 月 21 日 | ①左股骨骨折、右股骨内髁骨折清创切开复位内固定术＋右跟骨牵引＋清创缝合术;②剖腹探查,十二指肠空肠 Roux-Y 吻合术、切开洗胃术,Kocher 切口胰十二指肠探查、胰腺被膜切开减压术 |
| 2016 年 9 月 26 日 | 锁骨下静脉置管术 |
| 2016 年 10 月 3 日 | 右股骨骨折切开复位髓内钉内固定术＋左孟氏骨折切开复位钢板内固定术 |
| 2016 年 10 月 15 日 | 右膝关节感染清创冲洗引流术。术中探查见髌内侧支持带及部分股内侧肌坏死,脓性分泌物,髌骨边沿,股骨内侧髁处骨质侵蚀破坏,给予彻底刮除坏死骨质等处理 |

出院诊断:①双股骨开放性骨折;②术后切口感染;③创伤性十二指肠破裂;④手术后肠吻合口瘘;⑤桡骨骨折;⑥多处软组织损伤。

**2. 第二次住院**

住院日期:2016 年 11 月 24 日至 2017 年 1 月 26 日(于 2016 年 11 月 24 日转上级医院继续治疗)。

入院情况:车祸多发伤 2 月余,右膝关节感染近 2 个月。查体:一般情况差。双侧鼻腔分别留置胃肠减压管一根,鼻饲管一根过吻合口留置于空肠内。腹部略膨隆,腹正中可见大小约 15cm×8cm 创面、皮肤缺损,边缘有少许炎性渗出。创面右侧留置引流管两根,各引流出黄绿色分泌物。全腹柔软,腹部轻压痛。右膝敷料包扎。去除敷料见右膝红肿明显，皮温高，外侧可见一长约3cm纵行创口与关节腔相通，有脓性渗出物；内侧可见一长约10cm纵行创口。髌骨外缘部分外露，骨质侵蚀呈暗色。创口与关节腔相通，周围潜行剥脱，有脓性渗出物。双大腿、左前臂分别可见手术瘢痕，愈合良好。右足略肿胀、末梢血运感觉可，趾活动可。

诊疗经过：入院后针对腹部外伤后肠瘘，给予持续营养支持治疗；针对右膝关节感染，给予敏感抗生素控制感染治疗。于2016年12月15日行“右膝关节清创+髌骨骨髓炎病灶清除并切除，置管冲洗术”；“腹部清创缝合+VSD敷料覆盖术”。术后因右膝关节活动性出血，于2016年12月21日行“膝关节清创缝合探查止血术”。第二次住院期间手术治疗情况见表4-5-2。

**表4-5-2　第二次住院期间手术情况**

| 手术时间 | 手术方式 |
|---|---|
| 2016年11月30日 | 在局麻下行肠瘘DSA下十二指肠营养管置入术 |
| 2016年12月15日 | 全麻下行右膝关节清创术，髌骨骨髓炎病灶清除并切除术，置管冲洗术，腹部清创缝合+VSD敷料覆盖术；……右大腿止血带压力380mmHg，行右膝清创，探查见膝关节外侧创口延伸至膝后方。扩大创口，见大量坏死组织及炎性肉芽组织，以水刀清除失活及炎性组织，膝关节内侧创口也有大量坏死组织及炎性肉芽组织，髌骨粉碎性骨折并骨髓炎坏死，切除髌骨，见关节腔内积脓；股骨髁陈旧性骨折…… |
| 2016年12月21日 | 膝关节清创缝合、探查止血术 |

**3. 第三次住院**

入院日期：2017年9月18日至26日。

入院时情况：因右膝外伤术后持续流脓1年入院。查体：右膝部前内侧有2处纵行瘢痕，可见2处窦道形成，脓性物质流出，周围皮肤血肿。右膝关节屈曲20°畸形，屈伸不能，右髋关节、踝关节主、被动活动正常，足背动脉可触及。

2017年9月18日X线片示：右膝关节骨质破坏。

出院诊断：①右膝部外伤术后感染；②右股骨骨折术后；③左股骨骨折术后骨不连；④左尺骨骨折术后；⑤十二指肠破裂修复术后。

## 二、法医学鉴定

### （一）鉴定过程

**1. 检验日期**

2018年9月21日。

2. **体格检查**

青年男性,神志清,精神可。腹软,无明显压痛、反跳痛,肠鸣音正常。腹部偏右纵行 18cm×0.5cm~18cm×1.0cm 手术瘢痕(图4-5-2C);右腹中部不规则、斑片状皮肤瘢痕。左前臂 12cm 条状手术瘢痕(图 4-5-2D)。右股前 10cm 手术瘢痕(图 4-5-2E)。右膝前、右膝外侧条片状皮肤瘢痕,总长约 24cm,局部软组织凹陷(图4-5-2F)。右膝关节屈曲 20°位强直。右髋关节、踝关节活动无明显异常。左大腿外侧有 19cm 长手术瘢痕,左髋、膝、踝关节活动无明显异常。

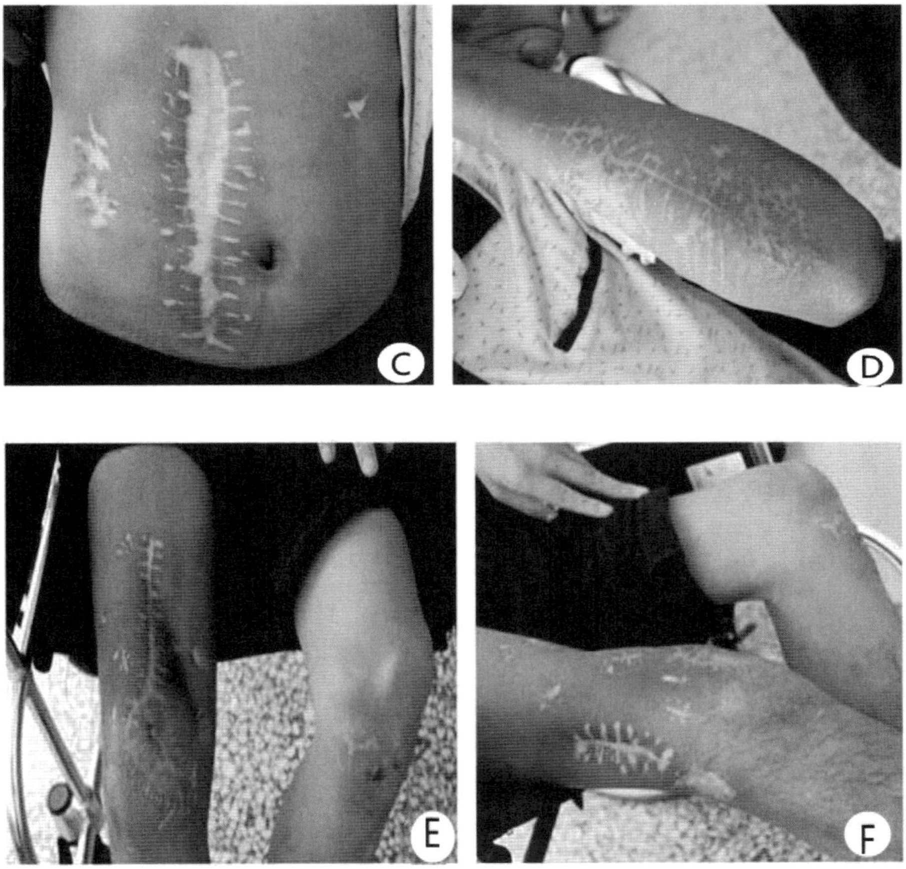


**图4-5-2　被鉴定人手术遗留瘢痕图**

C:腹部手术瘢痕。D:左前臂手术瘢痕。E:右股骨骨折手术瘢痕。F:右膝关节清创手术瘢痕。

3. **影像学复查情况**

2018 年 9 月 21 日 X 线检查示:左股骨骨折,骨折处部分骨质缺损,断端部分硬化(图4-5-3G)。右股骨见髓内针内固定,骨折线消失(图4-5-3H)。左尺骨骨折线模糊,断端对位对线良好,钢板螺钉内固定;右膝关节结构破坏,间隙变窄,部分消失(图

4－5－3K）。

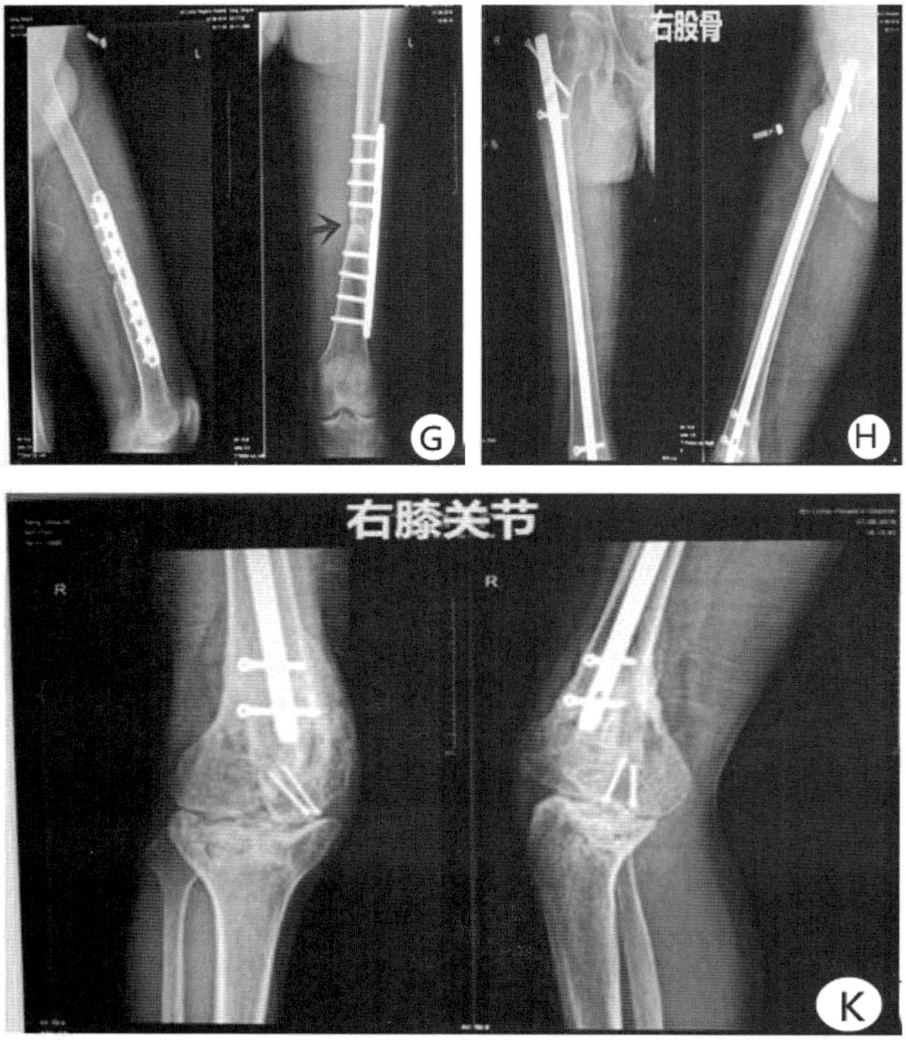


**图 4－5－3　2018 年 9 月 21 日 X 线检查图像**

G：左股骨骨折，骨折处部分骨质缺损，断端部分硬化。H：右股骨见髓内针内固定，骨折线消失。K：右膝关节结构破坏，间隙变窄，部分消失；胫骨平台骨质破坏，斑片状混杂密度影，边缘硬化明显。

## （二）鉴定意见

该损伤致右股内髁骨折，术后右膝关节腔感染虽经多次清创、冲洗等手术治疗，流脓达一年，伤后两年 X 线检查示：右膝关节结构破坏，间隙变窄，部分消失；胫骨平台骨质破坏,斑片状混杂密度影,边缘硬化明显。右膝关节屈曲 20°位强直固定(功能位强直固定)。根据《人体损伤致残程度分级》5.8.6.8)条规定[四肢任一大关节(踝关节除外)功能丧失 75%以上],构成八级残疾。

该伤致右髌骨粉碎性骨折,手术切除。根据《人体损伤致残程度分级》5.10.6.5)条规定,构成十级残疾。

该损伤致十二指肠降部断裂,行剖腹探查,十二指肠空肠 Roux-Y 吻合术、切开洗胃术,Kocher 切口胰十二指肠探查、胰腺被膜切开减压术,术后出现十二指肠吻合口瘘,经治疗,恢复良好。根据《人体损伤致残程度分级》5.9.4.6)条规定,构成九级残疾。

因治疗需要行胃壁切开,生理盐水冲洗胃并清除胃内容物。根据《人体损伤致残程度分级》5.10.4.3)条规定,构成十级残疾。

## 三、讨论

化脓性关节炎为关节内化脓性感染,好发于髋、膝关节。脓性渗出期炎症可侵犯至软骨下骨质,滑膜和关节软骨都已破坏,关节周围也有蜂窝织炎。渗出物已转为明显的脓性。修复后关节重度粘连甚至纤维性或骨性强直,病变为不可逆性,后遗有重度关节功能障碍。[1]

X 线平片仍是化脓性关节炎的基本检查方法,其愈合期表现为:骨质破坏逐渐停止,骨质修复同时进行,病变区出现骨质增生硬化,骨质疏松消失,若软骨与骨质破坏不明显,则关节间隙可部分保留,并有一部分功能;严重时则形成骨性强直。[2]

创伤性关节炎的概念:创伤性关节炎是指由关节内骨折引起关节面破坏、骨愈合后关节面不平整,且长期磨损致使关节活动时出现疼痛等主诉,常伴有相应关节活动受限。影像学检查可见关节面不平整,局部硬化,关节间隙变窄,关节边缘骨赘形成,关节内可能有游离体产生。[3]

十二指肠空肠 Roux－Y 吻合术:十二指肠第三、四段严重损伤,不宜缝合修补时,可将该肠段切除,近端与空肠行端侧吻合(或封闭两个断端,做十二指肠空肠侧侧吻合)。

该伤致右股骨内髁骨折,入院当日急行“右股骨内髁骨折清创切开复位内固定术”,术后右膝关节腔感染虽经多次清创、冲洗等手术治疗,流脓达一年,伤后两年 X 线检查示:右膝关节结构破坏,关节间隙明显变窄,部分消失;胫骨平台骨质破坏,斑片状混杂密度影,边缘硬化明显。右膝关节屈曲 20°位强直固定,从损伤基础、病程演变、预后 X 线检查综合分析,该伤致右膝关节创伤性、化脓性关节炎,构成八级残疾。

该损伤致十二指肠降部断裂,行剖腹探查,十二指肠空肠 Roux-Y 吻合术。根据《人体损伤致残程度分级》5.9.4.6)条规定,构成九级残疾。

因治疗需要行胃壁切开,生理盐水冲洗胃并清除胃内容物,修补。根据《人体损伤致残程度分级》5.10.4.3)条规定,构成十级残疾。

## 【评析】

本案例是一个重新鉴定案例,初次鉴定时,右膝关节按非功能位强直固定,评定为七级残疾。而"膝关节屈曲 20°位强直固定"属功能位强直固定,不是"非功能位强直固定"。初次鉴定时,将"十二指肠空肠 Roux – Y 吻合术"按"肠修补术"误评为十级残疾。初次鉴定时,遗漏"胃修补术"十级残疾。

应掌握四肢大关节功能位参考值,否则,在鉴定实践中对四肢大关节损伤"功能位强直"还是"非功能位强直"难以正确界定。应了解治疗过程中"手术的具体内容",否则,就会出现鉴定错误。比如,本案例中的"十二指肠空肠 Roux – Y 吻合术",应属于肠部分切除,而非"修补"。

另外,为治疗原发损伤的需要,采取应急措施而造成的后果,应按相应条文给予评定残疾等级。比如,本案例中的胃壁切开,生理盐水冲洗胃并清除胃内容物后的"胃修补术",评定十级残疾。

《人体损伤致残程度分级》5.8.6.8)条:四肢任一大关节(踝关节除外)功能丧失75%以上,八级残疾。5.7.6.3)条:四肢任一大关节(踝关节除外)强直固定于非功能位,七级残疾。没有"四肢任一大关节(踝关节除外)强直固定于功能位"或者说"四肢任一大关节(踝关节除外)功能完全丧失"如何定残的叙述。按照条款规定,"四肢任一大关节(踝关节除外)强直固定于功能位"或者说"四肢任一大关节(踝关节除外)功能完全丧失",按照四肢任一大关节(踝关节除外)功能丧失 75%以上,评定八级残疾。

每一个条文的背后均涉及相关的医学基础知识和规定。每一名鉴定人员唯有不断学习新知识,掌握新理论,方能永远立于不败之地。

### 参考文献

[1]陈孝平,汪建平.外科学[M].8版.北京:人民卫生出版社,2014:767.

[2]白人驹,徐克.医学影像学[M].7版.北京:人民卫生出版社,2017:308-309.

[3]司法部司法鉴定管理局　最高人民法院司法行政装备管理局.《人体损伤致残程度分级》适用指南[M].北京:法律出版社,2016:279-280.

# 案例6：外伤致跟骨粉碎性骨折

**关键词**:法医学;跟骨粉碎骨折;距下关节;sanders 分类法

## 一、案例资料

### (一)简要案情

被鉴定人,男,48 岁。2016 年 4 月 7 日劳动中不慎从高空坠落致伤右足。伤后住院治疗 22 天。期间行“右足清创缝合 + vsd 负压吸引术”及“右跟骨切开复位内固定术”。2017 年 11 月 27 日第二次住院治疗,期间行“右跟骨骨折术后内固定取出术”。审判庭委托鉴定机构进行伤残等级评定。

### (二)病历摘要

**1. 第一次住院**

住院日期:2016 年 4 月 7 日至 29 日。

入院时情况:2 小时前不慎高空坠落伤及右足,即流血、疼痛难忍,不能站立。急入院。查体:神志清,精神可,右足内踝下缘见约 15cm 横行开放伤口,创面出血迅速,污染严重;足跟部明显肿胀,足背动脉搏动可,各足趾远端活动尚可。

2016 年 4 月 7 日 X 线及 CT 检查示:右跟骨粉碎性骨折(图 4 - 6 - 1A)。

诊疗经过:入院后完善辅助检查,积极术前准备,于 2016 年 4 月 17 日行“右跟骨切开复位内固定术”。

手术记录摘要如下:足跟跖侧皮肤与跟骨外侧皮肤之间弧形切口长约 12cm,锐性切开皮肤、皮下组织,直至跟骨外侧壁,避开腓肠神经,将腓骨肌腱连同皮肤整个掀起。至跟骨后关节面上方……探查见:跟骨后关节面严重破坏、游离,骨质塌陷、缺损,较多空洞,填入同种异体骨修复材料 3 包,放置跟骨锁定钢板,逐个钻孔、探测,上螺钉,双氧水、生理盐水冲洗创面……

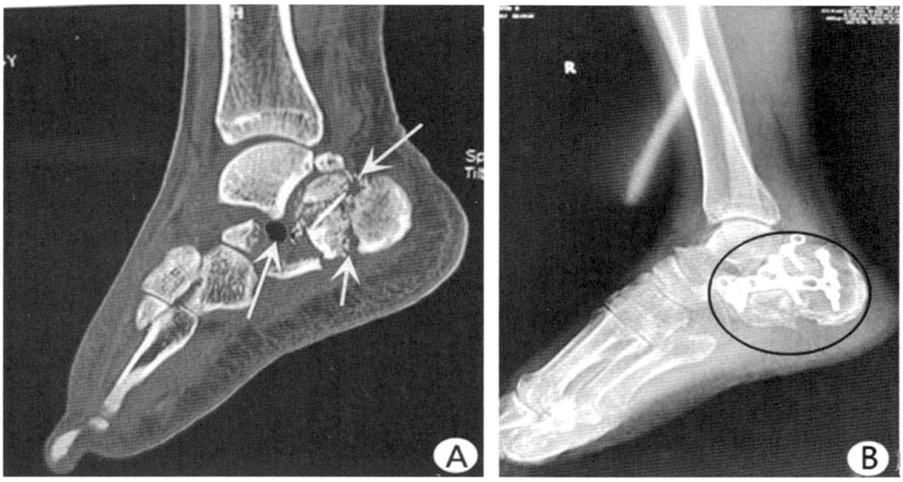


**图4-6-1　2016年4月7日CT检查及2016年4月18日术后X线检查图像**

A:2016年4月7日CT检查显示右跟骨粉碎性骨折,因骨质缺损形成空洞。B:2016年4月18日"跟骨钢板内固定术"后X线片。

2016年4月18日X线复查示:跟骨变短,下缘部分骨质缺如,骨折断端不规则高密度影,跟距关节间隙变窄,关节面欠光滑。2016年4月18日术后X线检查示:跟骨钢板内固定在位(图4-6-1B)。

出院记录:一般情况可,右足内、外侧见手术瘢痕,踝周肿胀,踝关节活动受限。足背动脉搏动良好。

**2. 第二次住院**

入院日期:2017年11月27日。

诊疗经过:入院后完善辅助检查,明确诊断,于2017年12月2日行"内固定取出术"。手术顺利,住院治疗10天出院。

## 二、法医学鉴定

### (一)鉴定过程

**1. 检验日期**

2019年5月16日。

**2. 被鉴定人自述**

右足跟部疼痛不适,行走受限。

**3. 体格检查**

中年男性，神清，精神可，查体合作；右足跟外侧见长 12cm 手术瘢痕，内侧斜行 6cm 手术瘢痕，右踝关节背伸 10°(30°)；跖曲 30°(40°)。右踝关节活动度丧失情况：[(30－20)÷30＋(40－30)÷40]÷2＝29%。诸趾关节活动正常。

**4. 影像学复查**

2019 年 5 月 16 日 X 线复查示：右跟骨变短，下缘部分骨质缺如，断端见不规则高密度影，跟距关节间隙变窄，关节面欠规整(图 4－6－2)。

2019 年 5 月 16 日 MRI 复查示：跟骨变形、变短，部分骨质明显缺如，相应部位呈等 T1、长 T2 信号，跟骨内不规则条片状长 T2 信号；跟距、跟骰关节间隙变窄，关节面毛糙，关节面下见长 T2 水肿信号(图 4－6－3)。

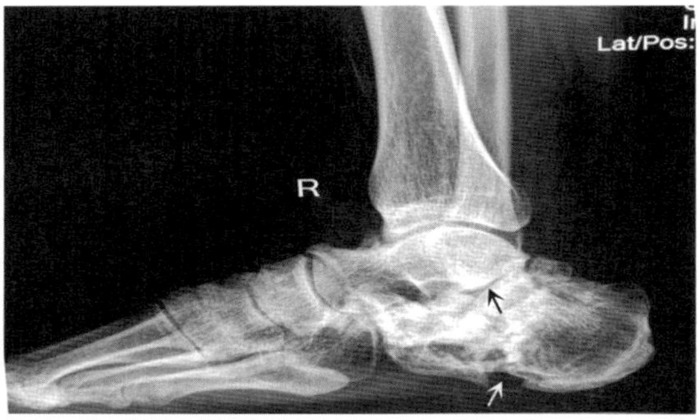


**图 4－6－2　2019 年 5 月 16 日 X 线复查图像**

右跟骨变短，下缘部分骨质缺如，断端见不规则高密度影，跟距关节间隙变窄，关节面欠规整。

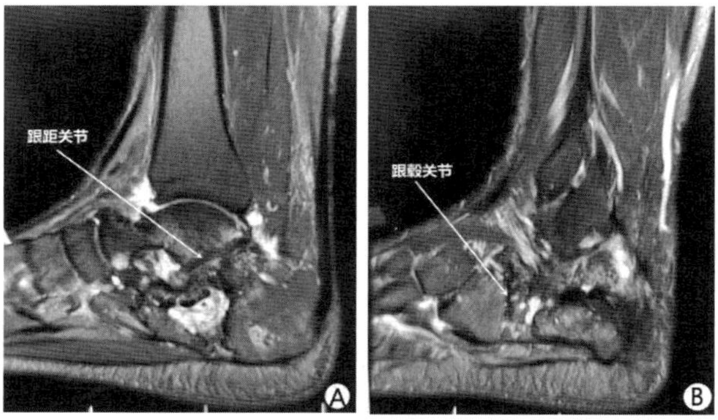


**图 4－6－3　2019 年 5 月 16 日 MRI 检查(矢状位，T2 抑脂)图像**

A：跟骨变形、变短，部分骨质明显缺如，相应部位呈等 T1、长 T2 混合信号，跟距关节面不规整。踝关节间隙变窄并少量积液。B：部分跟骨缺如，跟骨内见不规则条片状长 T2 信号。跟骰关节间隙变窄，关节面毛糙。

（二）鉴定意见

根据损伤过程、医院病历、影像学检查及法医检验，被鉴定人于2016年4月7日因外伤导致右跟骨粉碎性骨折损伤属实，经治疗已达临床治疗终结，畸形愈合，根据《人体损伤致残程度分级》5.10.6.17）条规定，评定为十级残疾。

## 三、讨论

跟骨是足骨中最大的骨，以松质骨为主，呈长而略有弓形。跟骨后端为足弓的着力点之一（跟骨结节）。跟骨结节与第一跖骨头和第五跖骨头形成足的三点负重，并形成足弓。跟骨上关节面与距骨远端形成距骨下关节（图4－6－4H），跟骨与骰骨形成跟骰关节。高处坠落，足跟着地是跟骨发生骨折的主要原因，常导致跟骨压缩或劈裂。[1]

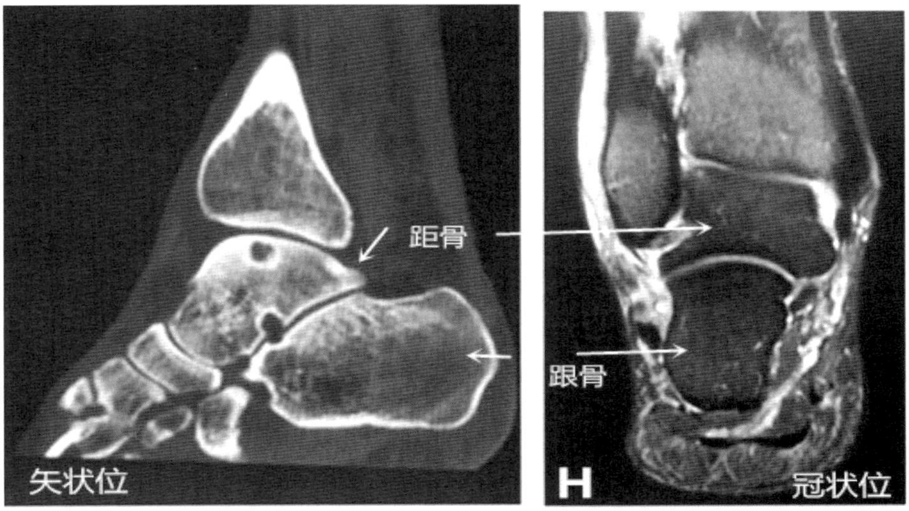


**图4－6－4　跟骨解剖结构**

左，矢状位；右，冠状位。

跟骨骨折一般分为不波及跟距关节的“关节外型”骨折和波及关节的“关节型”骨折；“关节外型骨折”分为跟骨前端骨折（仅波及跟骰关节）、跟骨结节垂直骨折、载距突骨折、跟骨结节的鸟嘴状骨折。“关节型”骨折按照跟骨距下关节后关节面骨折线和骨折块数的不同，可根据Sanders分类法分为以下四型：①Ⅰ型，无论有几条骨折线，但没有明显移位（＜2mm）；②Ⅱ型，有1条骨折线2个骨折块，骨折明显移位（≥2mm）；③Ⅲ型，有2条骨折线3个骨折块；④Ⅳ型，有3条骨折线和4个骨折块及以上的粉碎性骨折。

《人体损伤致残程度分级》中跟骨粉碎性骨折畸形愈合主要指 Sanders 分类中的Ⅲ型、Ⅳ型，尤其是波及距下关节的关节内骨折；若发生跟骨外侧壁膨出、距下关节不平整或距骨相对踝关节发生倾斜等，均可视为跟骨骨折畸形愈合。[2]

跟距关节创伤性关节炎约占跟骨骨折并发症的 20%，多系波及距骨面的塌陷性或粉碎性骨折所致。[3]

粉碎性骨折是完全性骨折的一种特殊形式，是指骨质碎裂成三块以上；骨折畸形愈合一般是指存在成角、旋转或者重叠畸形的骨质愈合情况，具体到跟骨粉碎性骨折的概念、分型、病理学基础以及跟骨骨折畸形愈合如何认定，《〈人体损伤致残程度分级〉适用指南》讲得非常详尽，具有较强的指导性。另外，鉴定实践中需要熟悉跟骨的相邻解剖及跟骨骨折的影像学检查。

本案例伤者右跟骨粉碎骨折，跟骨后关节面严重破坏、游离，骨质塌陷、缺损，属于典型的 Sanders 分型中Ⅳ型骨折，虽经手术内固定，三年后 X 线复查示：跟骨变短，下缘部分骨质缺如，骨折断端不规则高密度影，跟距关节间隙几近消失，相邻碎裂骨块骨髓水肿，踝关节积液，且上述关节间隙 MRI 抑脂高信号，符合跟骨粉碎性骨折畸形愈合，并跟距关节创伤性关节炎。

## 【评析】

掌握跟骨骨折的 Sanders 分型，结合影像学检查方可正确判定是否粉碎性骨折，是否畸形愈合。跟骨是足弓关键构成骨，跟骨粉碎性骨折可造成内外侧纵弓的破坏，同时可引起横弓结构受损，致全足弓破坏，该案的缺陷是注意力只集中到了“跟骨粉碎性骨折畸形”，而没有对足弓内、外侧纵弓角进行测量。鉴定实践中需引起重视。

跟骨粉碎骨折畸形愈合往往会有局部信号的改变。故 MRI 检查可支持畸形愈合的认定。

### 参考文献


[1] 陈孝平，汪建平. 外科学[M]. 8 版. 北京：人民卫生出版社，2014：700.

[2] 司法部司法鉴定管理局　最高人民法院司法行政装备管理局.《人体损伤致残程度分级》适用指南[M]. 北京：法律出版社，2016：288.

[3] 赵定麟，李增春，严力生. 现代创伤外科学[M]. 北京：科学出版社，2013：763.

# 案例7：碾压伤致足弓结构破坏

**关键词**:法医临床学;碾压伤;足弓破坏

## 一、案例资料

### (一)简要案情

被鉴定人,女,11岁。2017年8月13日因交通事故碾压伤左足,左足疼痛、皮肤、骨质缺损;流血不止。入院治疗49天,期间先后行“左足清创VSD负压吸引术”“左足清创游离对侧股前外侧皮瓣修复术”。3个月后再次住院治疗34天,期间行“带蒂腓骨皮瓣重建左足弓术”。

### (二)病历摘要

**1. 第一次住院**

入院日期:2017年8月13日至10月1日。

入院时情况:2小时前因车祸左足碾压车轮下,滑行约20米致左小腿皮肤挫伤,左足疼痛、流血,皮肤、骨质缺损。查体:左外踝至第2~5趾趾尖见大面积皮肤缺损,面积达25cm×15cm,边缘不整,2~5趾屈伸肌腱缺如,创面软组织结构紊乱,大量泥沙覆盖,重度污染,深达跖骨底部(图4-7-1A、文末彩图4-7-1A)。……左踝关节开放并脱位,第1跖跗关节脱位,左侧足背动脉断裂,左侧胫后动脉搏动有力。左足第1趾血运感觉良好,左足底血运感觉良好。

2017年8月13日X线检查示:左侧外踝、左跟外侧、距骨外侧部分骨质缺损;左足骰骨,中外侧楔骨、2~5跖骨,2~5近节趾骨缺损;2~5趾骨中远节残存;仅第1跖骨、第1趾骨完整(图4-7-1B、文末彩图4-7-1B)。

2017年8月13日行“左踝关节复位克氏针内固定术”;“第1跖跗关节复位克氏针内固定术”(图4-7-2);“左足清创VSD负压吸引术”。

2017年9月13日“左足清创游离对侧股前外侧皮瓣修复术”(图4-7-3A)。

万古霉素与骨水行重建左足外侧弓、横弓;2、3、5趾克氏针内固定(图4-7-3B)。

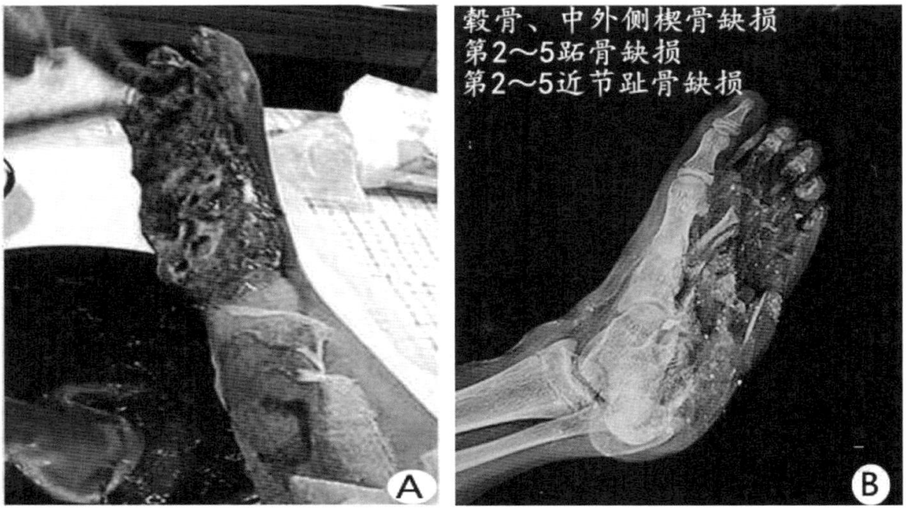


**图 4－7－1　2017 年 8 月 13 日左足外伤后清创及 X 线检查图片**

A：左足外伤清创图片。B：伤后 X 线片示：左外踝部分、跟骨外侧、舟状骨外侧、外中楔骨、骰骨、2～5跖骨、2～5趾骨缺损；仅残存内侧楔骨、第 1 跖骨、趾骨及 2～5 趾末节。

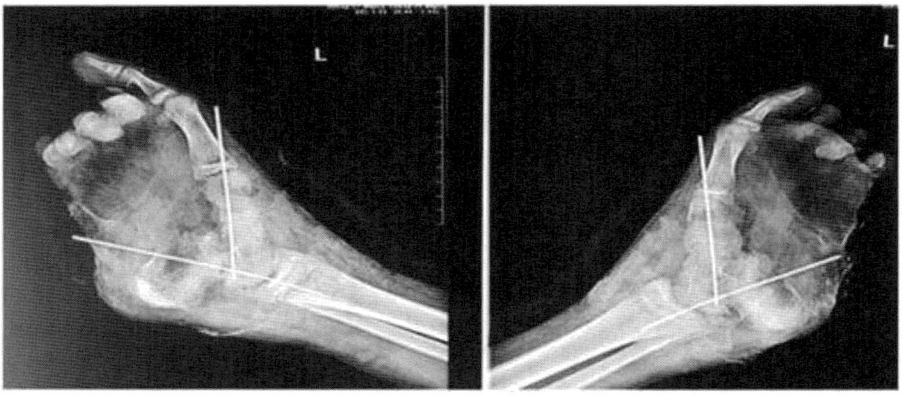


**图 4－7－2　2017 年 8 月 13 日克氏针内固定术**

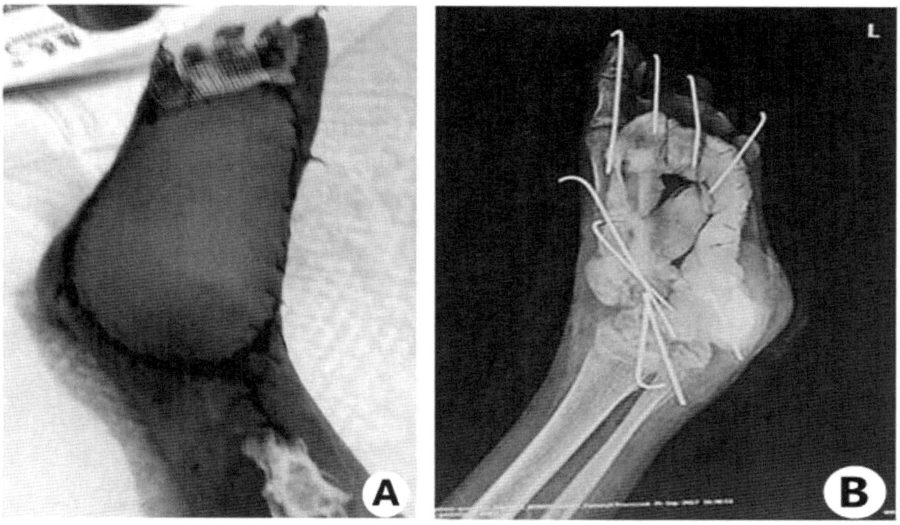

**图 4 -7 -3　2017 年 9 月 13 日“左足清创游离对侧股前外侧皮瓣修复术”及万古霉素与骨水泥重建左足外侧弓、横弓;2、3、5 趾克氏针内固定**

A:“左足清创游离对侧股前外侧皮瓣修复术”后。B:左足大部分骨质缺如;内见高密度填充影;内固定位置正常,骨质密度减低。

**2. 第二次住院**

住院日期:2018 年 1 月 9 日至 2 月 12 日。

入院时情况:4 个月前因交通事故致伤左足住院治疗。行“左足清创 VSD 负压吸引术”;“左足清创游离对侧股前外侧皮瓣修复术”。现因左足外伤骨缺损,活动受限再次入院。查体:左足游离皮瓣修复术后外观,皮瓣面积约 26cm × 16cm,皮瓣血运良好,皮温正常,皮瓣与周围皮肤愈合良好。左足 1、2、3、5 趾克氏针在位;左踝关节活动受限,左足各趾屈伸活动受限,右大腿外侧可见长约 30cm 纵行手术瘢痕。

2018 年 1 月 22 日行“带蒂腓骨皮瓣重建左足弓”术,手术摘要如下:

腓骨瓣近端用线锯锯出斜面,根据患足横弓的宽度,于腓骨瓣远端约 6cm 处锯断,呈直角。腓骨近端瓣重建外侧弓,远端骨瓣重建横弓(图 4 -7 -4A)。

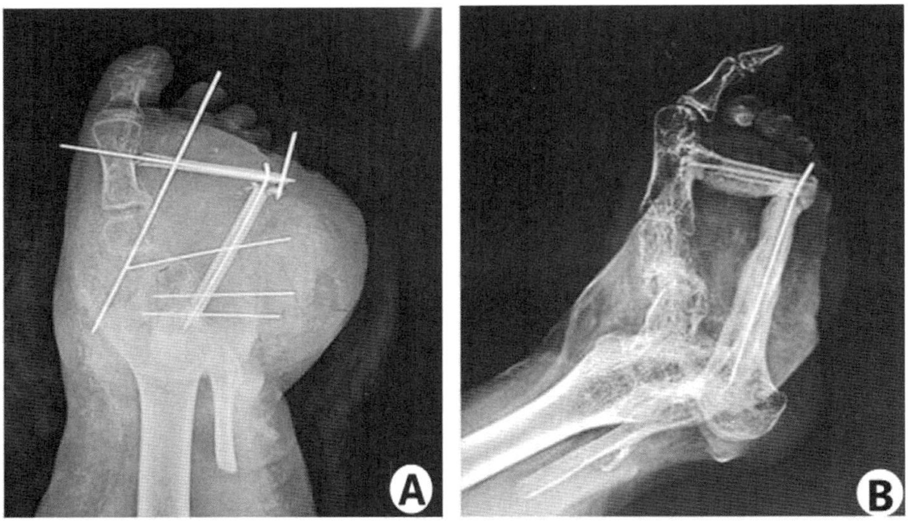


**图 4－7－4　2018 年 1 月 22 日及 2018 年 7 月 10 日 X 线检查图像**

A:2018 年 1 月 22 日左足外伤术后,左足大部骨质缺如,内固定位置正常,腓骨部分骨质缺如,断端整齐。B:2018 年 7 月 10 日 X 线复查示:重建足弓外形,移植骨间有骨痂形成。踝关节间隙消失。

出院诊断:左足外伤术后骨质缺损。

## 二、法医学鉴定

### (一)鉴定过程

**1. 检验日期**

2018 年 10 月 17 日。

**2. 体格检查**

右股外侧 29cm × 2cm 瘢痕(皮瓣移植);左小腿至足背 46cm 瘢痕,足背有 16cm × 10cm 隆起;左足 2 ~ 5 趾后仰(背伸),趾内翻;左足诸趾均强直固定;左踝关节强直固定(跖屈 10°),见图 4－7－5。

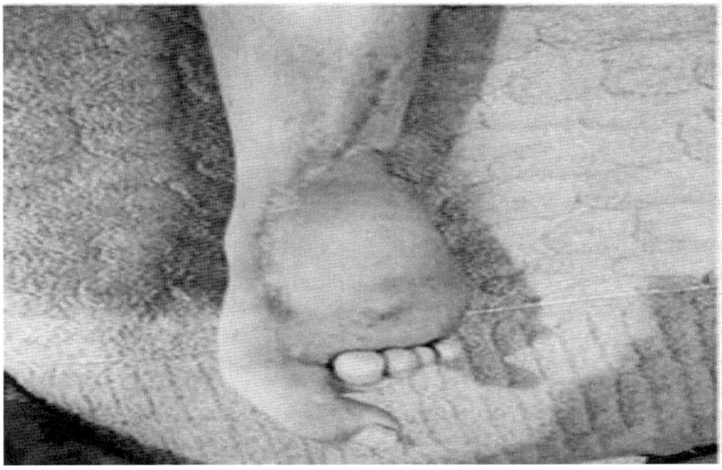

图 4-7-5　左足外观

（二）鉴定意见

被鉴定人因左足碾压伤致左侧外踝、左跟外侧、距骨外侧部分骨质缺损。左足骰骨、中外侧楔骨、2～5 跖骨、2～5 近节趾骨缺损；2～5 趾骨中远节残存。仅第 1 跖骨、第 1 趾骨完整。左足丧失分值约 45～50 分。根据《人体损伤致残程度分级》5.8.6.13）条（手或者足功能丧失分值≥40 分）及附则 6.1 规定，评定为八级残疾。

伤后 1 年，经 X 线检查证实：虽重建足弓外形。移植骨间有骨痂形成，但踝关节间隙消失，强直固定于功能位。根据《人体损伤致残程度分级》5.9.6.10）条（一踝关节功能丧失 75% 以上），评定为九级残疾。

## 三、讨论

足弓结构破坏的概念：足损伤致跟、跗、跖骨等足弓结构组成骨的骨折愈合后，足弓 X 线测量值异常（不在临床医学足弓正常参考值范围以内且与健侧存在明显差异）或/和维持足弓功能作用的肌肉、韧带严重损伤（挛缩、毁损、缺失）。[1]

足弓结构部分破坏与足弓结构完全破坏的概念：内侧纵弓角、外侧纵弓角和前弓角中任一角度不在相应临床医学正常参考值范围内，均视为足弓相应结构部分破坏；内侧纵弓角、外侧纵弓角和前弓角均不在各自正常范围内，则视为足弓结构完全破坏。事实上，鉴于纵弓和横弓的解剖结构特点，当内侧纵弓、外侧纵弓均破坏时，横弓结构也必然破坏，故理论上当内侧纵弓与外侧纵弓均破坏时，可视为足弓结构完全破坏。[1]

内侧纵弓角正常参考范围为 113°～130°，外侧纵弓角正常参考范围为 130°～150°；前弓角正常参考范围为 >13°。[2]

足弓测量，内侧纵弓角：以距骨头最低点为原点，分别向跟骨与水平面接触最低点及第一跖骨头与水平面接触最低点各作一直线，两直线相交形成的夹角（图 4－7－6）。

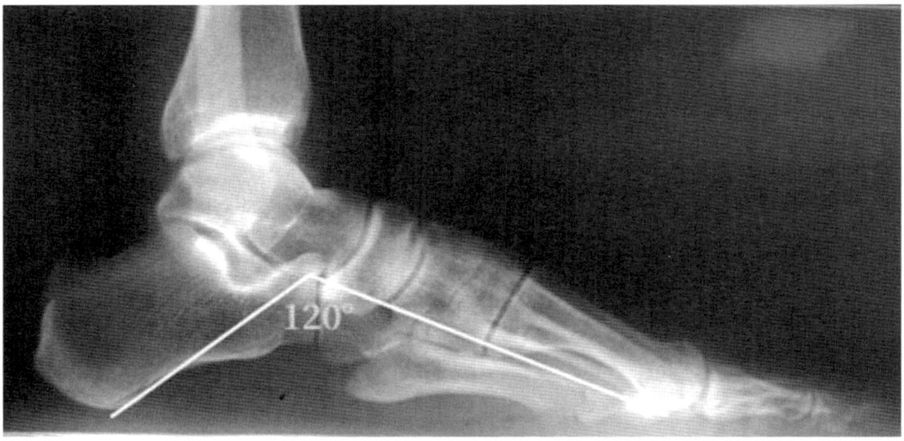


**图 4－7－6　内弓角正常值：113°～130°**

外侧纵弓角：以跟骰骨关节最低点为原点，分别向跟骨与水平面接触最低点及第五跖骨头与水平面接触最低点各作一直线，两直线相交形成的夹角（图 4－7－7）。

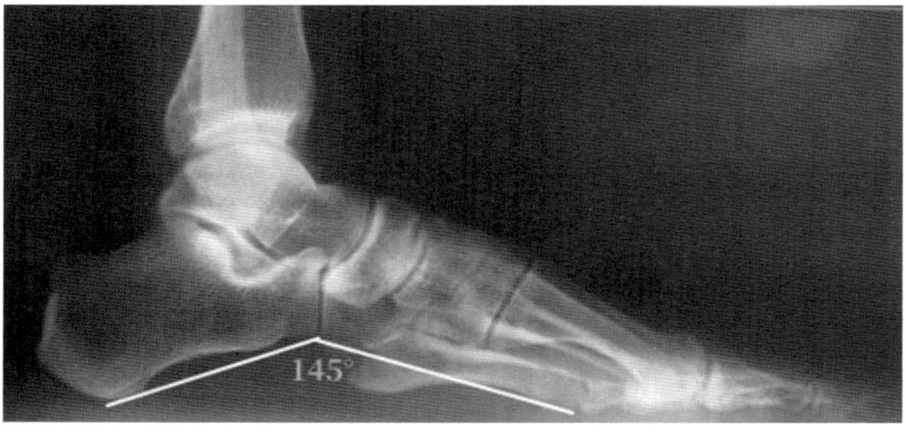


**图 4－7－7　外弓角正常值：130°～150°**

前弓角：以第一跖骨头与水平面接触最低点为原点，分别向第一跗跖关节最低点及跟骨与水平面接触最低点各作一直线，两直线相交形成的夹角（图 4－7－8）。[2]

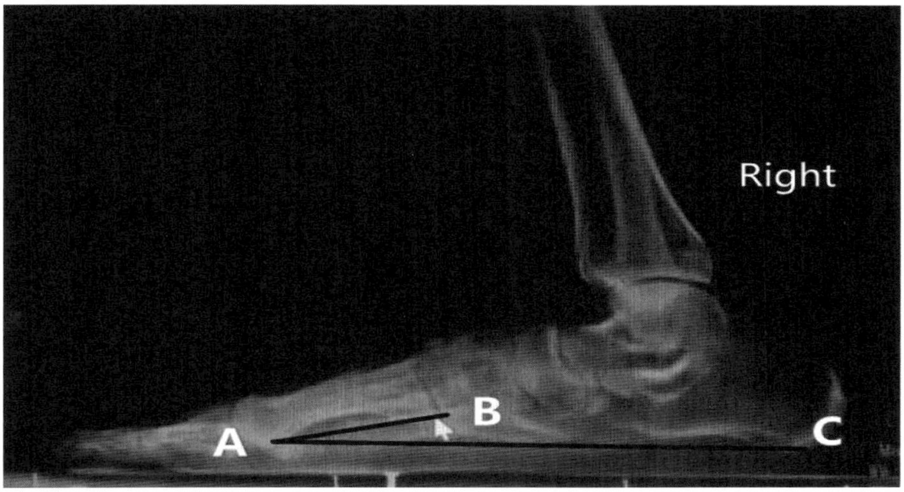


**图 4-7-8 横弓(前弓角)示意图,前弓角 >13°**

内侧纵弓、外侧纵弓损伤基础比较容易理解,横弓的损伤基础基于跖跗关节复合体(Lisfranc 关节)的损伤。Lisfranc 关节包括内侧柱(第一跖骨 + 内侧楔骨)、中柱(第 2、3 跖骨 + 中外楔骨)、外柱(第 4、5 跖骨 + 骰骨)。

肢体大关节强直固定的概念:肢体大关节虽处于功能位范围,但运动活动度完全丧失(无任何有效活动);或肢体大关节虽遗留部分活动功能,但运动活动度范围小于正常参考值(或者检测对照值)的 10%,且在某活动轴向不能达到功能位范围,关节基本不能实现任何生理功能。

限制于非功能位概念:当肢体大关节在任一轴向上活动但不能达到功能位范围时,该关节即属限制于非功能位。

肢体大关节强直固定于非功能位的概念:关节在任一轴向上限制于非功能位,且该关节运动活动度严重受限,达 90% 以上。[2]

本案例中,损伤累及四肢(踝关节)及足。经检查:左踝关节强制固定于功能位。《人体损伤致残程度分级》5.8.6.9)条"一踝关节强制固定于非功能位"(八级残疾);5.9.6.10)条"一踝关节功能丧失 75% 以上"(十级残疾)。该踝关节的损伤,只能按 5.9.6.10)条定九级残疾。

至于足损伤如何定残,有两种意见。第一种意见是:按足弓完全破坏定一个九级残疾(一足足弓结构完全破坏)。尽管伤者用自身腓骨、骨水泥重建外侧弓、前弓,但通过审阅其 X 线片,不影响对其足弓完全破坏的认定;按一足五趾功能完全丧失再定一个九级残疾,因为足弓的结构不包含趾骨,因此,足趾损伤可以另定残级。

第二种意见是：参照足趾缺失定残，经审阅其 X 线检查片，除第一跖骨、趾骨外，其余部分均自跖跗关节水以上平缺失，仅存留 2 ~ 5 趾末节，其丧失分值约 45 ~ 50 分（图 4 - 7 - 9）。根据《人体损伤致残程度分级》5. 8. 6. 13）条（手或者足功能丧失分值≥40 分）及附则 6. 1 规定，构成八级残疾。笔者倾向于第二种意见，故最终结论：足损伤八级残疾，踝关节损伤九级残疾。

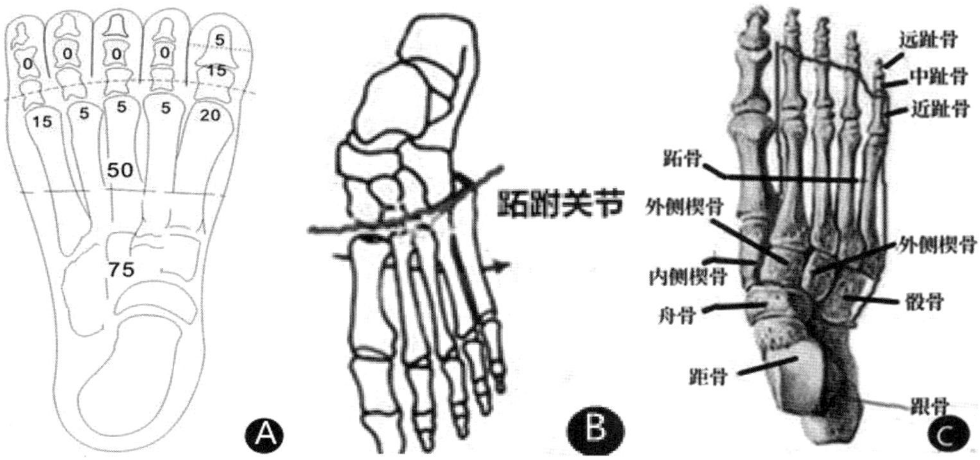


**图 4 - 7 - 9　骨质缺失丧失分值参考图**

A：足骨质缺失丧失分值示意图。B：黑线示跖跗关节。C：黑线内示本案骨质缺失部分。

## 【评析】

本案例中，被鉴定人左足损伤暴力程度严重，但骨质的缺失的评分与“足缺失评分示意图”比对发现，很难得出一个准确的丧失分值。从评分示意图来看：如果足部骨质的缺失超过了所有跖骨中、上 1/3，分值丧失达 75 分（图 4 - 7 - 9A）。而本案例骨质缺失的情况非常复杂：左侧外踝、左跟外侧、距骨外侧部分骨质缺损。左足骰骨、中外侧楔骨、2 ~ 5跖骨、2 ~ 5 近节趾骨缺损，2 ~ 5 趾骨中远节残存。仅第 1 跖骨、第 1 趾骨完整（图 4 - 7 - 9C黑线内部分所示）。笔者估计其丧失分值在 45 ~ 50 分，评定为八级残疾。在此，与各位同仁商榷，敬请指教，以期共同提高。

## 参考文献

[1]司法部司法鉴定管理局　最高人民法院司法行政装备管理局.《人体损伤致残程度分级》适用指南[M]. 北京:法律出版社,2016:287 - 288.

[2]司法部司法鉴定管理局. 司法鉴定技术规范. 北京:北京大学出版社,2016:505 - 506.

# 案例 8：肩袖损伤致肩关节功能障碍

**关键词**：法医学鉴定；肩袖损伤；肩关节功能障碍

## 一、案例资料

### (一) 简要案情

被鉴定人，男，51 岁。2018 年 9 月 4 日因车祸致伤右肩部、胸部。先后两次住院治疗。期间行"右肩关节镜检、清理 + 肩袖缝合修复 + 肩峰成形术"。审判庭委托鉴定机构进行伤残等级评定。

### (二) 病历摘要

**1. 第一次住院**

住院日期：2018 年 9 月 4 日至 9 日。

入院情况：3 小时前因外伤伤及右肩部、胸部等处，感伤处疼痛，右肩关节活动受限。查体：神清，痛苦貌，心肺未见异常；肩部外展明显受限，余肢体正常。

2018 年 9 月 4 日 X 线检查示：未见明显外伤性改变。

2018 年 9 月 4 日胸部 CT 检查示：右侧第 6、7 肋骨骨折。

2018 年 9 月 4 日右肩部 MRI 检查示：肩胛下肌层裂（图 4－8－1A）；右冈上肌腱撕裂（图 4－8－1B）；冈下肌腱损伤。

入院诊断：①右肩袖损伤；②右 6、7 肋骨骨折；③右肺挫伤；④软组织损伤。

**2. 第二次住院（转上级医院）**

住院日期：2018 年 9 月 9 日至 17 日。

入院时情况：6 天前乘坐汽车时发生车祸，车辆侧翻，右肩关节撞击车门，即感右肩疼痛，活动受限。急送某医院诊为：①右肩袖损伤；②右 6、7 肋骨骨折；③右肺挫伤；④软组织损伤。检查：右肩关节无肿胀，大结节、结节间沟压痛，小结节及喙突压痛；肩关节活动受限：10°/10°/S1；外旋肌力 3 级，内旋肌力 4 级。

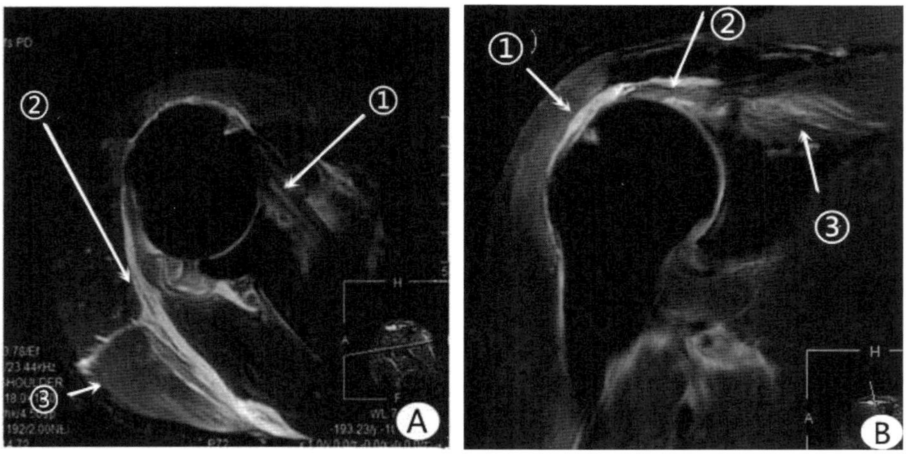


**图 4－8－1　2018 年 9 月 4 日 MRI 检查图像**

A(轴位 fsT2)示:1)肩胛下肌腱高信号;2)肌肉间(三角肌与冈下肌)积液;3)肌肉挫伤。B(冠状位 fsT2)示:1)三角肌下滑囊积液;肱骨骨头外侧局部骨髓水肿;2)冈上肌腱形态消失、相应部位高信号,提示肌腱断裂;3)右冈上肌挫伤。

诊断:①右肩袖损伤;②右肩峰撞击综合征;③右侧冻结肩;④右 6、7 肋骨骨折。

诊疗经过:入院后完善辅助检查,明确诊断,于 2018 年 9 月 12 日行"右肩关节镜检、清理＋肩袖缝合修复＋肩峰成形术"。手术摘要如下:……术中见盂肱关节内滑膜增生,肩胛下肌腱层裂,肱二头肌长头腱伴脱位并部分损伤,冈上肌、冈下肌肌腱自大结节处撕裂。……(修复肩胛下肌腱,冈上、冈下肌腱)。

## 二、法医学鉴定

### (一)鉴定过程

**1. 检验日期**

2019 年 8 月 27 日。

**2. 被鉴定人自述**

右肩关节不适感,活动受限。

**3. 体格检查**

中年男性,神清语明,查体合作。右肩部 0.5～2.0cm 大小不等手术瘢痕 5 处,右肩关节活动度见表 4－8－1。

**表 4 - 8 - 1　右肩关节活动度丧失情况**

| 方位 | 右 | 左 | 活动丧失度 |
|---|---|---|---|
| 前屈上举 | 90° | 170° | 47% |
| 后伸 | 30° | 45° | 34% |
| 外展上举 | 80° | 180° | 56% |
| 内收 | 20° | 30° | 34% |
| 内旋 | 40° | 80° | 50% |
| 外旋 | 40° | 70° | 43% |
| (47 + 34 + 56 + 34 + 50 + 43) ÷ 6 = 264 ÷ 6 = 44% | | | |

### 4. 影像学复查

2019 年 8 月 27 日 MRI 检查示：右冈上肌腱断裂术后所见，右侧肱骨大结节处见内固定影（图 4 - 8 - 2A）；肩峰下滑囊、肩锁关节间隙内仍见少量积液（图 4 - 8 - 2B）。

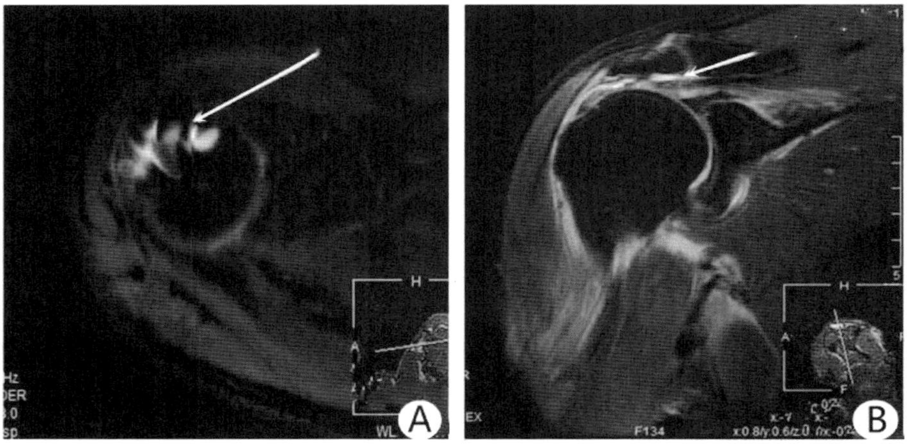


**图 4 - 8 - 2　2019 年 8 月 27 日磁共振检查图像**

A（轴位 fsT2）示：术后内固定。B（冠状位 fsT2）示：肩峰下滑囊、肩锁关节间隙高信号影；冈上肌腱局部高信号。

## （二）鉴定意见

被鉴定人因车祸致右肩部损伤。损伤当日磁共振（MRI）检查证实：右冈上肌腱断裂、右肩胛下肌腱层裂、右冈下肌腱挫伤。入院手术治疗属实。已达临床治疗终结。

MRI 复查右肩袖损伤后遗肩峰下滑囊、肩锁关节间隙积液；右冈上肌腱局部高信号；右肩关节功能障碍，关节活动度丧失 44%。根据《人体损伤致残程度分级》5. 10. 6. 11）条之规定,评定为十级残疾。

## 三、讨论

肩袖是包绕在肱骨头周围的一组肌腱复合体。肱骨头的前方为肩胛下肌腱,上方为冈上肌腱,后方为冈下肌腱和小圆肌腱。上述肌腱的运动可使肩关节旋内、旋外、上举,并将肱骨头稳定于肩胛盂上,维持肩关节的稳定。

肩袖损伤多为间接暴力所致,按损伤程度可分为部分和完全断裂。部分断裂以冈上肌腱最为多见;无论部分或完全肩袖断裂,往往有明显体征,肩外展试验阳性,即当肩关节外展 80°~100°时,外展动作突然停止,即疼痛弧征。肩袖广泛或完全撕裂者,臂下垂试验阳性,即当检查者将伤者肩关节被动外展 90°去除扶持,伤臂会迅速垂落于体侧。[1] 肩坠落试验阳性。另外,还有 Neer 撞击征、HawKins - Kennedy 撞击征。

肩袖撕裂通常是指肩袖的冈上肌腱撕裂。若部分撕裂 MRI 表现为冈上肌腱连续性部分中断,若完全撕裂多位于冈上肌腱的附着处,MRI 表现为冈上肌腱中断,中断处由液体信号填充。MRI 检查时首选冠状层面进行观察,脂肪抑制图像有助于病变的显示。[2] 横断面可以观察肩胛下肌形态与灰阶变化。

肩袖损伤是各种原因引起的肩袖水肿、部分撕裂和完全撕裂,其中肩关节撞击综合征是肩关节结构反复撞击形成,属于慢性肩袖损伤。肩袖损伤多见于冈上肌腱,其余肌腱单独损伤少见。影像学检查首选 MRI,但肩袖损伤诊断的金标准为关节镜检查。[3] 肩袖损伤不会是一种孤立的单纯的损伤,往往是与其他损伤,诸如骨折、脱位、肌肉损伤并存。

外伤性肩袖损伤的影像学认定原则:①肩关节外伤史,外伤导致的肩袖损伤,一般会存在肱骨骨折、大结节骨折、锁骨骨折或骨挫伤;②有相应影像学检查直接证据,MRI 检查存在肩关节周围软组织挫伤或肱骨头骨挫伤等间接证据有助于支持认定;③无明显肩关节退行性变,40 岁以上,肩部无明显的撞击、牵拉、外展,考虑退变因素造成。[3] X 线、肩关节造影、MRI 均有助于肩袖损伤的诊断。

本案例外伤导致右肩部、右胸部损伤,损伤暴力程度较重。MRI 及关节镜检查证实:右冈上肌腱、肩胛下肌腱撕裂、冈下肌腱损伤,行右冈上肌腱、肩胛下肌腱撕裂、冈下肌腱损伤修复手术。手术证实:不仅有肩袖的损伤,同时有肱二头肌长头键的脱位与损伤。经治疗后遗右肩关节功能障碍,右肩关节活动度丧失约 40%,构成十级残疾。

## 【评析】

通过临床表现、特殊检查、影像学检查，确定是否存在肩袖损伤并不难。难点在于确定肩袖损伤形成的原因，因为肩袖损伤的形成机制比较复杂，目前比较一致的是有以下四种学说：①退变学说；②血运学说；③撞击学说；④创伤学说。

认定肩袖损伤属于外伤所致，一般应具备以下几点：①年龄一般不超过 40 岁，当然此项仅作为参考；②肩部存在直接撞击、牵拉或外展损伤；③影像学(MRI)检查证实存在冈上肌和/或冈下肌和/肩胛下肌的损伤，尤其是外伤后短时间出现症状与 MRI 检查证实损伤存在；④若同时存在肱骨骨折和/或肩胛骨骨折和/或锁骨骨折等，说明暴力损伤程度严重，支持属外伤所致。

正确掌握肩袖损伤的形成机制与特殊检查方法是确认肩袖损伤与外伤关系的关键所在。虽然说关节镜检查是诊断肩袖损伤的金标准，但 MRI 检查是首选。通过审阅 MRI 图片判定肩袖损伤的程度，必要时可借助影像学专家的力量。鉴定实践中注意把握三个要点：一是确证肩袖损伤与外伤的关系；二是一般要经过手术治疗；三是通过肩关节被动活动度的检查，确认关节活动度丧失 25% 以上，以此类推。

### 参考文献

[1]赵定麟，李增春，严力生. 现代创伤外科学[M]. 北京：科学出版社，2013：496.

[2]胡春洪，汪文胜，方向明. MRI 诊断手册[M]. 2 版. 北京：人民军医出版社，2013：354－356.

[3]司法部司法鉴定管理局. 司法鉴定技术规范[M]. 北京：北京大学出版社，2016：506－507.

# 案例9：外伤与肩袖损伤因果关系分析

**关键词**:法医学鉴定;肩袖损伤;肩峰撞击综合征;因果关系

## 一、案例资料

### (一)简要案情

被鉴定人,男,65岁。2019年6月9日因车祸致伤及全身多处,以头、胸部为著。入院诊断为:①左侧多发肋骨骨折;②头、背部多处软组织损伤;③Ⅱ型糖尿病。住院治疗17天,病情稳定后出院。2019年7月29日因左肩部活动受限入院,入院诊断为:①左肩袖损伤;②左肩峰撞击综合征;③左侧冻结肩;④肋骨陈旧性骨折;⑤Ⅱ型糖尿病。住院治疗12天出院。

审判庭委托鉴定机构进行肩袖损伤与本次外伤的因果关系的鉴定。

### (二)病历摘要

**1. 第一次住院**

住院日期:2019年6月10日至27日。

入院时情况:头部、胸部等处外伤后疼痛1天。查体:老年男性,痛苦貌,强迫体位,查体合作。左颅顶5cm皮肤裂伤,左侧胸壁广泛触痛,及骨擦感,背部见不规则皮肤擦伤,心(-),腹部未见异常,四肢活动正常。

2019年6月9日颅脑CT检查示:未见明显外伤性改变。

2019年6月9日胸部+肩部CT检查示:左侧多发肋骨骨折(图4-9-1、图4-9-2),左T6横突骨折,双肺挫伤(图4-9-3A),左侧胸腔积液(图4-9-3B)。左肩部诸骨未见明显异常。

诊疗经过:入院后给予胸壁胸带外固定,抗生素预防感染,左侧胸腔积液B超下穿刺置管引流等其他对症支持治疗,病情稳定后出院。

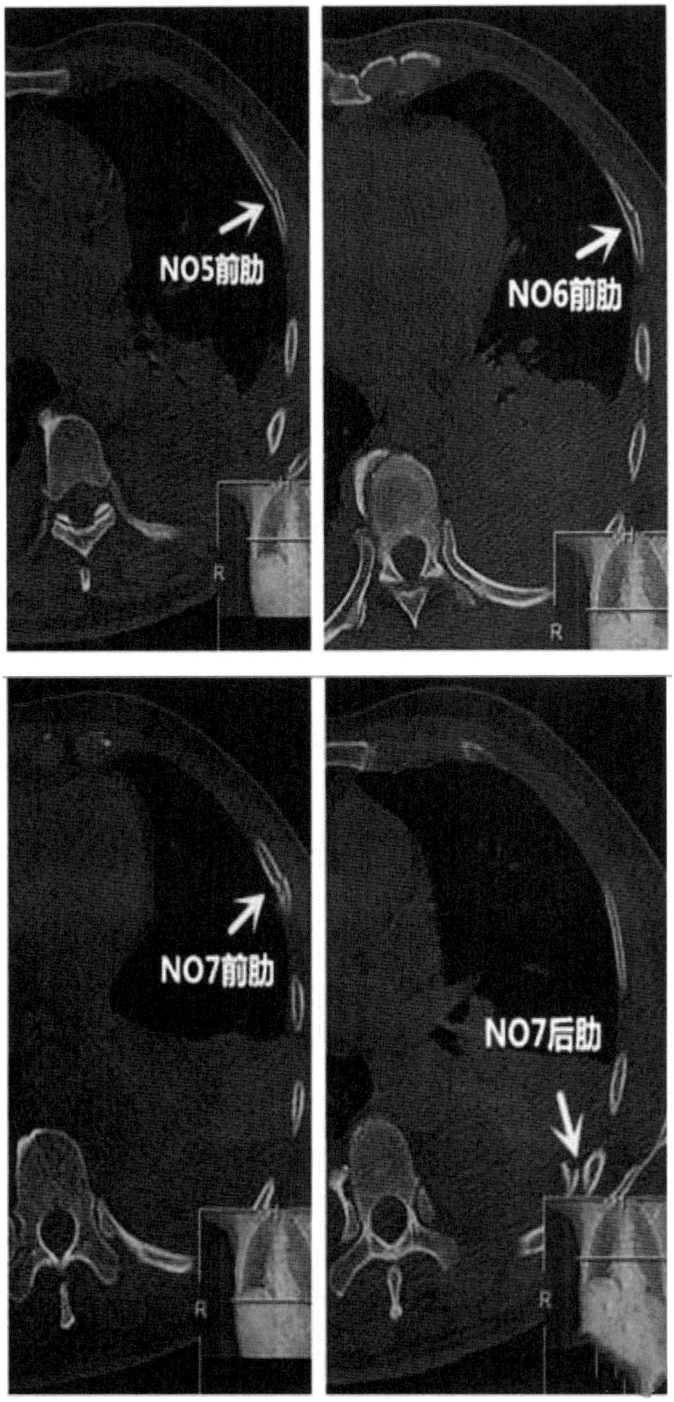


**图 4－9－1　2019 年 6 月 9 日胸部 CT 检查骨窗示肋骨骨折图像**

左第 5、6、7 前肋骨折，无错位；第 7 后肋骨折明显错位。

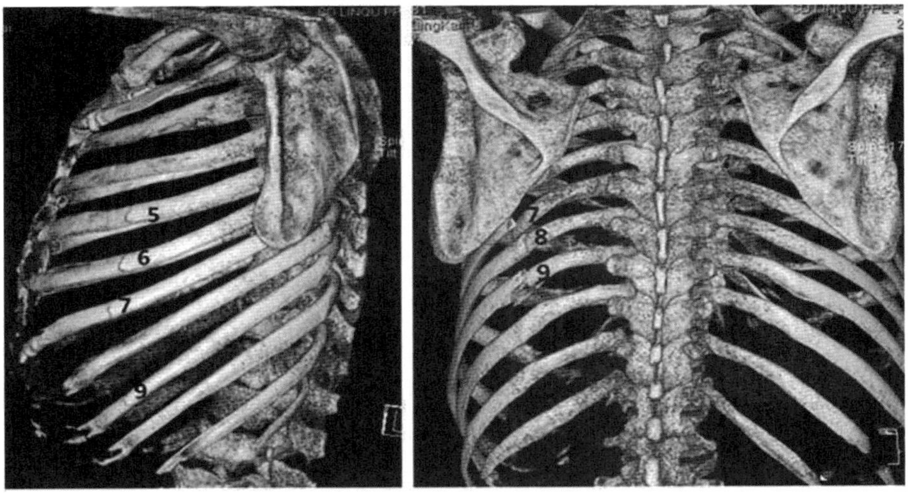


**图 4－9－2　2019 年 6 月 9 日胸部 CT 检查三维重建图像**

三维重建示:5、6、7、9 前肋骨折;7、8、9 后肋骨折。

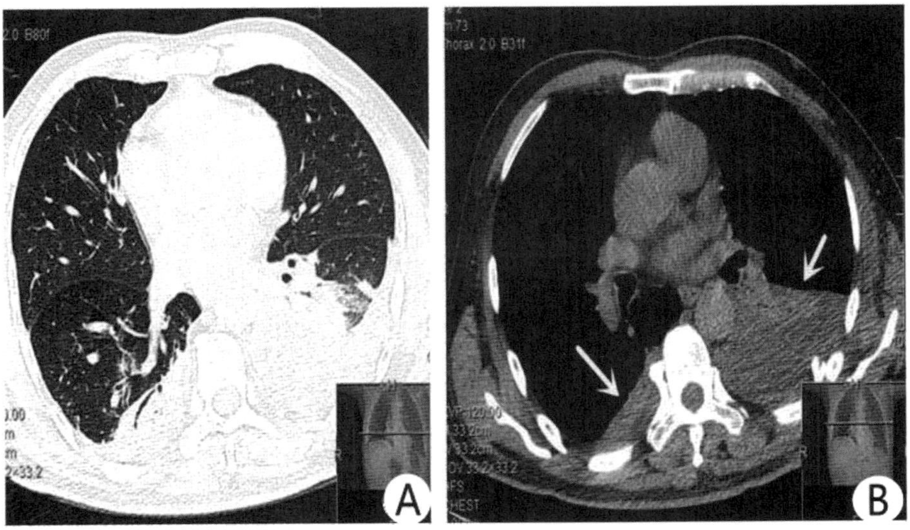


**图 4－9－3　2019 年 6 月 9 日胸部 CT 检查图像**

A:双肺挫伤。B:双侧胸腔积液,左侧著。

出院诊断:①左侧多发肋骨骨折;②双肺挫伤;③双侧外伤性血胸。

出院时情况:一般情况可,胸部疼痛减轻,无憋气,无头痛、头晕,双肺呼吸音清。复查 CT 示:双肺胸腔积液、肋骨骨折同前。

2019 年 7 月 15 日左肩关节 MRI 平扫示:左肩峰呈平坦型,远端下缘见骨质增生,相应肩峰－肱骨头间隙变窄约为0.7cm；左肱骨大结节骨质增生，局部见斑片状 fs－PD 高信号影（图4－9－4A）。左肩峰三角肌下滑囊内见线条状水样信号影（图4－9－4B）。肱二头长头肌腱腱鞘积液（图4－9－4C）。关节盂形态正常，未见明显异常信号；左冈上肌腱形态欠规整，可见条片状异常信号；左喙突下滑囊、肩胛下肌上隐窝、结节间沟内见条片水样信号影；左肩锁关节滑囊见 fs－T2 高信号影，肩胛下肌上隐窝滑囊水样高信号，关节腔积液（图4－9－4D）。左肱骨头囊性变（图4－9－4E）。提示：左肩峰下撞击综合征、左冈上肌腱撕裂、左冈上肌肌腹水肿、广泛滑囊积液。

**2. 第二次住院**

住院日期：2019年7月29日至8月10日。

入院时情况：左肩部疼痛、活动受限入院。两周前 MRI 检查示：左肩袖损伤；左侧肩峰撞击综合征。查体：DUGAS 征（－），Neers 试验（＋），Jobe 试验（＋），外展抗组试验（＋），落臂征（＋）。

入院诊断：①左肩袖损伤；②左肩峰撞击综合征；③左侧多发陈旧性肋骨骨折。

入院后完善辅助检查，明确诊断，于2019年8月3日行“左肩袖修补＋肩峰成形术”。手术记录摘要如下：右侧卧位，……探查见左冈上肌肌腱自大结节处撕裂，回缩、粘连，呈“U”形，肩胛下肌腱无裂伤，肱二头肌肌腱腱膜部分撕裂，未见损伤；盂唇毛糙、退变。术中诊断：左肩袖损伤。进入肩峰下间隙见肩峰下及喙突处大量骨赘形成，增生明显，诊断为肩峰撞击征。

出院诊断：①左肩袖损伤；②左侧肩峰撞击综合征；③左侧冻结肩；④Ⅱ型糖尿病；⑤肋骨多处陈旧性骨折。

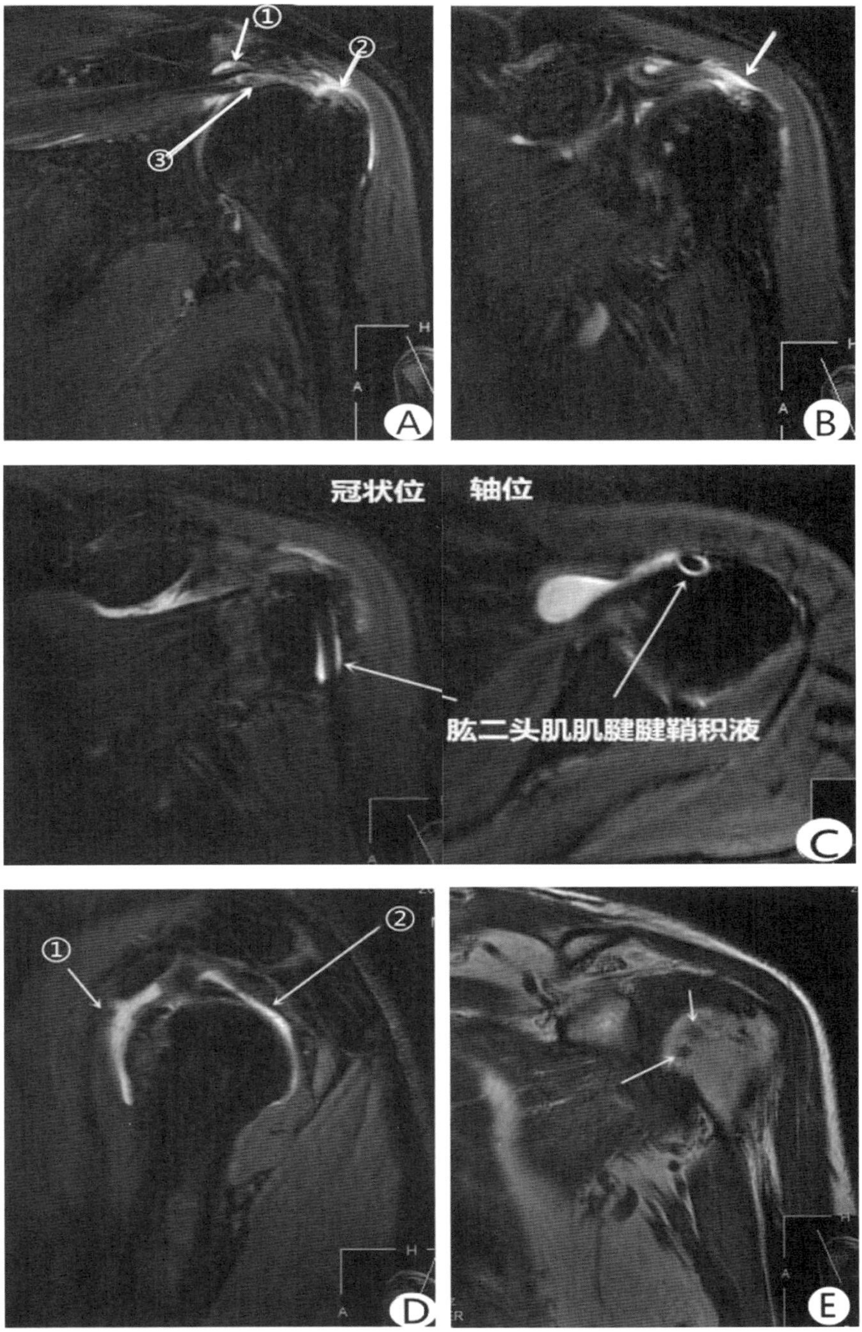


**图4－9－4　2019年7月15日左肩关节MRI检查图像**

A:①左肩峰下滑囊积液;②肱骨大结节局部片状高信号,提示退变;③左冈上肌腱形态欠规整,条片状高信号,尤以止点为著,提示撕裂。B:三角肌下滑囊水样信号。C:肱二头肌长头腱鞘积液。D:①肩胛下肌上隐窝滑囊水样高信号;②关节腔积液。E:肱骨头囊性变、退化。

## 二、法医学鉴定

### (一)鉴定过程

**1. 检验日期**

2020 年 2 月 10 日。

**2. 体格检查**

老年男性,神清语明,查体合作。左肩部 0.5 ~ 2.0cm 大小不等手术瘢痕 2 处,左肩关节前屈上举 130°(170°),后伸 40°(45°),外展上举 130°(180°),内收 20°(30°),内旋 70°(80°),外旋 50°(70°)。左肩关节活动度丧失情况见表 4 –9 –1。余肢体活动正常。

**表 4 –9 –1　左肩关节活动度丧失情况**

| 方位 | 左 | 右 | 活动丧失度 |
|---|---|---|---|
| 前屈上举 | 130° | 170° | 23% |
| 后伸 | 40° | 45° | 11% |
| 外展上举 | 130° | 180° | 28% |
| 内收 | 20° | 30° | 33% |
| 内旋 | 70° | 80° | 12% |
| 外旋 | 50° | 70° | 28% |
| (23 +11 +28 +33 +12 +28) ÷6 =135 ÷6 =23% | | | |

### (二)鉴定意见

本次交通事故与伤者肩袖损伤无直接因果关系,属轻微因素。

## 三、讨论

被鉴定人因车祸致左胸部损伤(左多发肋骨骨折、双肺挫伤伴血胸)。伤后 36 天经 MRI 检查及入院手术证实:左肩袖损伤、左肩峰撞击综合征。

肩袖损伤的有如下机制:一是退变学说。随着年龄的增长,肩袖内的细胞会发生变性,肌纤维容易断裂;同时,肌纤维在止点处排列紊乱、骨赘形成,这种肌腱止点的变化减低了肌腱的张力,成为肩袖断裂的重要原因。二是血运学说。即肩袖断裂与血液供应存在必然联系。三是撞击学说。肩撞击征的概念由 Neerll 于 1972 年提出,该学说认为,肩袖损伤是由肩峰下发生撞击所致，比如，冈上肌腱在大结节与肩峰、喙肩弓之间通过，肩关节外展上举时，肌腱往复运动，受到摩擦、挤压导致慢性损伤，早期可为囊性病变，中晚期出现肌腱的退化和断裂。

导致肩袖急性损伤的暴力类型一般有如下几种情形：一是上臂受暴力直接牵拉；二是上臂受暴力作用突然极度内收；三是腋部在关节盂下方受到自下而上的对冲性损伤；四是来自肩部外上方的直接暴力，对肱骨上端产生向下的冲击力。由于暴力导致的肩袖损伤往往合并与肩关节运动有关的其他损伤，即是一种复合型损伤，不会是一种单纯的肩袖损伤。

伤者虽由于交通事故导致胸部损伤程度较重，但导致肩袖急性损伤的证据不足。伤者车祸伤后36天MRI检查提示左肩袖损伤，MRI检查同时提示：①肩峰远端骨质增生、左肱骨大结节骨质增生、肩峰与肱骨头间隙变窄；②左冈上肌肌腹近肩胛冈处抑脂高信号影；③左喙突下滑囊、三角肌下滑囊水样高信号；④左肩锁关节滑囊抑脂高信号。手术所见：肩峰下、喙突处大量骨赘形成，增生明显。上述MRI检查与手术所见，结合伤者年龄，分析认为，该肩袖损伤（撕裂）主要肩袖自身的退变与撞击所致；车祸伤与肩袖损伤无直接因果关系。本次交通事故只是该肩袖损伤的诱发加重因素，对该肩袖损伤的形成属轻微作用。

# 案例10：肱骨近端骨折致骨骺损伤

**关键词**:法医临床学;骨骺骨折;Salter-Harris 分型

## 一、案例资料

### (一)简要案情

被鉴定人,男,2004 年 1 月出生。2019 年 9 月 30 日因交通事故致伤右肩部、下腹部。当即出现肿胀、疼痛,活动受限。入院治疗 13 天,期间行“右肱骨近端骨折闭合复位克氏针内固定术”。审判庭委托鉴定机构进行伤残等级评定。

### (二)病历摘要

入院日期:2019 年 9 月 30 日。

入院时情况:1 天前车祸伤及右肩部、下腹部,当即出现肿胀、疼痛,活动受限,于当地医院行 X 线检查示:右肱骨近端骨折、骨盆骨折,为求进一步治疗来我院。查体:右肩关节畸形,肿胀明显,皮肤无破溃,局部皮下淤青、压痛,右肩关节、肘关节、腕关节活动受限,手指末梢血运、感觉良好,右桡动脉搏动良好。双下肢末梢血运、感觉良好,双足背动脉搏动良好。

2019 年 9 月 30 日 X 线检查示:右肱骨近端骨折(图 4 - 10 - 1)。

2019 年 10 月 1 日肱骨 CT 检查示:右肱骨近端形态不规整,可见骨折征象;骨折端呈碎裂状,间隙部分增宽(图 4 - 10 - 2B、C、图 4 - 10 - 3D)。

诊疗经过:入院后完善辅助检查,于 2019 年 10 月 9 日在全麻下行“右肱骨近端骨折闭合复位克氏针固定术”。术后支持治疗。

2019 年 10 月 10 日术后 X 线复查报告示:右肱骨近端内固定术后,断端对位、对线可,内固定位置正常,关节间隙未见异常(图 4 - 10 - 3E)。

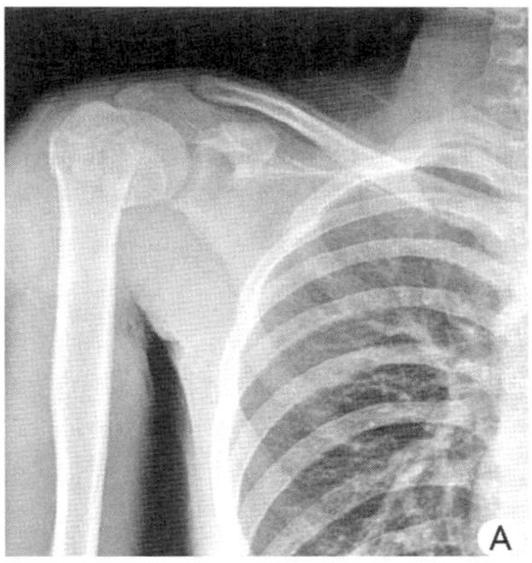


**图 4-10-1　2019 年 9 月 30 日 X 线检查图像(肱骨正位)**

右肱骨近端见两条骨折线,累及肱骨大结节、肱骨外科颈。提示:粉碎性骨折。

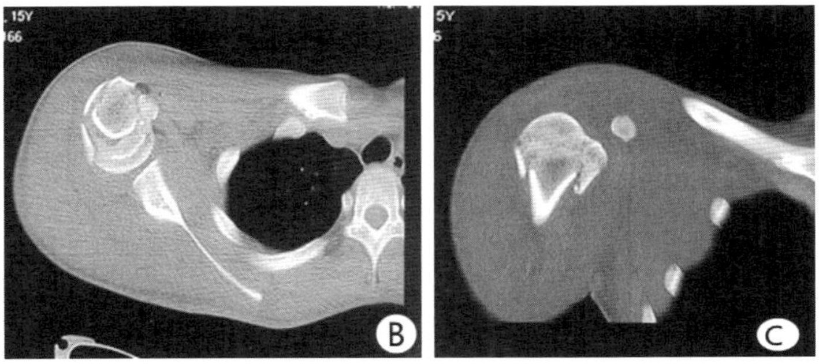


**图 4-10-2　2019 年 10 月 1 日肱骨 CT 检查图像**

B:轴位。C:冠状位,肱骨大结节、肱骨外科颈粉碎性骨折,骨折线累及骨骺。

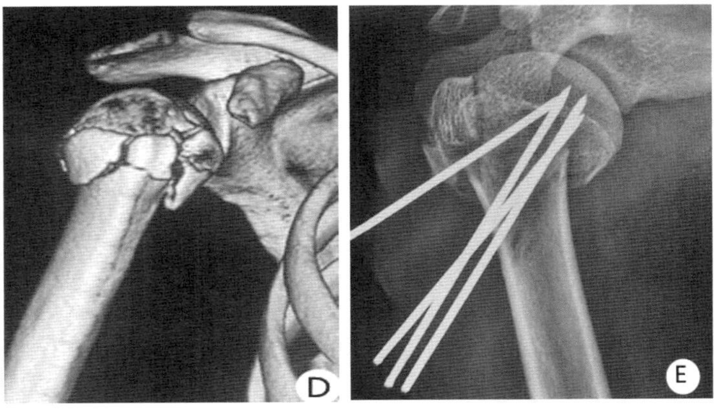


**图 4-10-3　2019 年 10 月 1 日右肱骨 CT 三维重建及 2019 年 10 月 10 日右肱骨近端骨折术后 X 线复查图像**

D:2019 年 10 月 1 日 CT 三维重建。E:2019 年 10 月 10 日术后 X 线复查。

出院诊断：右肱骨近端粉碎性骨折（Neer 分类Ⅲ型 a）；骨盆骨折（右骶骨骨折，耻骨支、坐骨支骨折）。

## 二、法医学鉴定

### （一）鉴定过程

**1. 检验日期**

2020 年 4 月 20 日。

**2. 被鉴定人主诉**

右肩关节活动受限。

**3. 体格检查**

神志清，精神可，言清语利，回答切题，头颅对称无畸形。右肱骨近端见 4 处手术后瘢痕（克氏针穿刺所致）。右肩关节活动度：前屈上举 80°（左 160°），后伸 30°（左 40°），外展上举 70°（左 150°），内收 35°（左 40°），贴臂内旋 45°（左 60°），贴臂外旋 30°（左 50°）。余肢体活动自如，肌力正常。

右肩关节活动度丧失：$[(80 \div 160)+(10 \div 40)+(80 \div 150)+(5 \div 40)+(15 \div 60)+(20 \div 50)] \div 6=(0.5+0.25+0.53+0.12+0.25+0.40) \div 6=34\%$

**4. 影像学复查**

2020 年 4 月 20 日右肱骨 X 线复查示：右肱骨近端骨折，内固定已去除，骨折线消失，局部骨密度减低，关节间隙正常（图 4－10－4F）。

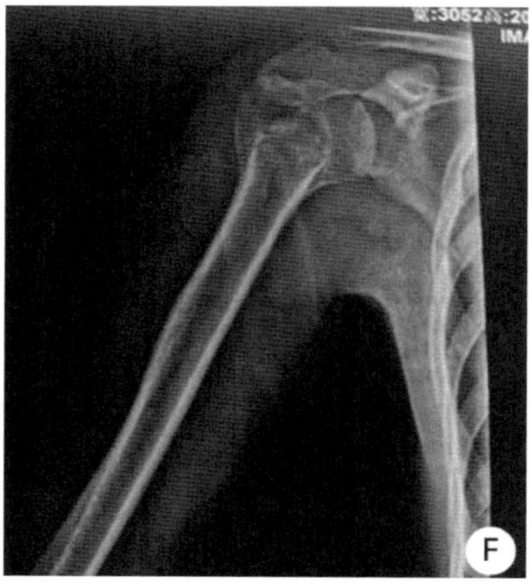


**图 4－10－4　2020 年 4 月 20 日右肱骨 X 线复查图像**

### (二)鉴定意见

被鉴定人外伤时16岁,属青少年,外伤导致右肱骨近端粉碎性骨折Neer分类Ⅲ型a,两条骨折线累及骨骺,且手术克氏针也斜行穿越骺线。根据《人体损伤致残程度分级》5.9.6.4)条规定,构成九级残疾。

## 三、讨论

骨骺是儿童出生后在不同的时间内出现的二次骨化中心。

骨骺损伤是处于生长发育过程中儿童和青少年特有的损伤类型,是涉及骨骺纵向生长结构损伤的总称,骨骺损伤按Salter-Harris分型分为五型:①Ⅰ型:单纯骺分离;②Ⅱ型:骺分离伴干骺端骨折;③Ⅲ型:骺骨折;④Ⅳ型:骺骨折伴干骺端骨折;⑤Ⅴ型:骺生长板纵向压缩性骨折。《人体损伤程度鉴定标准》5.10.6.7)条"四肢长骨骨折累及骨骺"是指:①Salter-Harris分型中任何一型骨骺损伤;②四肢长骨骨折线到达骺板;③四肢长骨骨折线虽未到达骨骺,但因治疗需要,手术使用的内固定物经过骺板;④小儿骨骺(骨化中心)尚未出现时四肢长骨骨折线累及骨骺始发部位,也可视为四肢长骨骨折累及骨骺。[1]

骨骺损伤Salter-Harris分型示意图见图4-10-5。

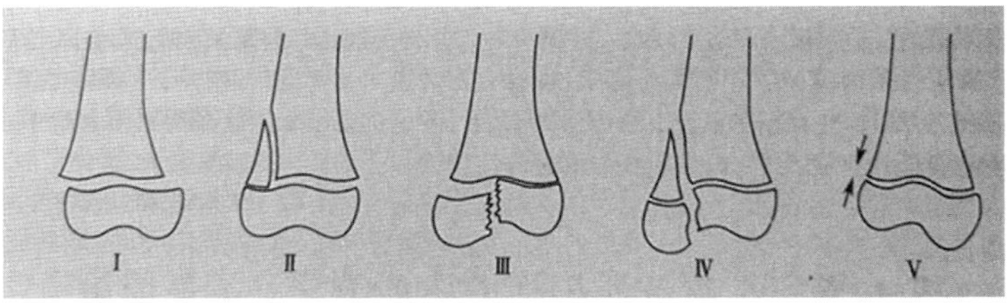


**图4-10-5 骨骺损伤Salter-Harris分型图解**

Ⅰ型:骺离骨折;Ⅱ型:干骺端骨折伴骺分离;Ⅲ型:骺骨折;Ⅳ型:既有干骺端骨折又有骨骺骨折;Ⅴ型:骺板压缩。

儿童骨折后的处理以不再损伤骨骺及骨骺板造成生长发育障碍为原则。常以手法复位保守治疗为主。[2]

需要手术治疗和内固定的伤者,手术治疗时应注意保护骨骺的血管,尽可能做到解剖复位。空心螺钉应尽可能采取平行骨骺板的方向,禁忌对骨骺直接穿透。若确需贯穿骨骺,宜采用斜向穿引的方式。同时,所有内固定器械的去除必须充分考虑避免去除时损伤骨骺。[3]

《人体损伤程度鉴定标准》5.9.6.4）条“四肢长骨骨骺粉碎性骨折”是指四肢长骨骨骺可见两条以上骨折线，碎裂成三块以上；或者四肢长骨两条以上骨折线累及骺板[4]。

肱骨近端骨折Ⅲ型 a 是指肱骨外科颈骨折、肱骨大结节骨折并移位。被鉴定人右肱骨近端骨折，属 Neer 分类Ⅲ型 a，呈粉碎性，多条骨折线累及骺板，且克氏针斜行穿越骨骺。评定为九级残疾。

## 【评析】

涉及骨骺损伤定残时要注意澄清两个概念：一是发生在儿童或青少年时期的四肢长骨骨折；二是损伤涉及骨骺。四肢长骨是指肱骨、桡骨、尺骨、股骨、胫骨、腓骨。澄清上述概念，对正确评定残疾非常重要。

累及骨骺的骨折，尤其是 SH－Ⅲ型或 SH－Ⅳ型骨折，有可能影响关节活动度。因此，在对伤者进行检查时，同时检查该关节活动度丧失情况。在骨骺损伤与关节活动度丧失两者之间，按照就高不就低原则确定伤残等级。

若是按照骨骺损伤评残，鉴定人要重视影像资料元数据的审阅，因为临床医生的报告，其侧重点与法医存在不同；必要时可借助专家意见。否则，容易出现漏鉴或误鉴。

CT 可清晰显示骨骺部位骨折线的走行，特别是利用薄层容积扫描后进行多平面重组（MPR），可以精确显示骨折部位和范围。MRI 检查能够准确认定急性期骺板损伤，急性期骺板损伤在 T2WI 为均匀高信号下的低信号，骨桥形成后可有细线状或条片状低信号连接骺板两端。

**附：附肢主要各骨骨化点出现及长合时间**

| 骨名 | 骨化点 | 骨化点出现时间 | | | 长合时间（天） |
|---|---|---|---|---|---|
| | 名称 | 数目 | 胎龄（周） | 生后（岁） | |
| 肱骨 | 肱骨头 | 1 | | 1 | 20～22 |
| | 肱骨大结节 | 1 | | 2～3 | 20～22 |
| | 肱骨小结节 | 1 | | 3～4 | 20～22 |
| | 肱骨体 | 1 | 8 | | |
| | 肱骨小头 | 1 | | 2 | 18～20 |
| | 内上髁 | 1 | | 6～8 | 18～20 |

续表

| 骨名 | 骨化点 | 骨化点出现时间 | | | 长合时间（天） |
|---|---|---|---|---|---|
| | 名称 | 数目 | 胎龄（周） | 生后（岁） | |
| 肱骨 | 肱骨滑车 | 1 | | 9～10 | 18～20 |
| | 外上髁 | 1 | | 12～13 | 18～20 |
| 尺骨 | 上端（鹰嘴） | 1 | 8 | 8～11 | 16～17 |
| | 体 | 1 | 8 | | |
| | 下端（头） | 1 | 8 | 7～8 | 20 |
| 桡骨 | 上端 | 1 | 8 | 5～6 | 17～18 |
| | 体 | 1 | 8 | | |
| | 下端 | 1 | 8 | 1～2 | 20 |
| 股骨 | 股骨大转子 | 1 | | 3～4 | 17～18 |
| | 股骨小转子 | 1 | | 9～14 | 17～19 |
| | 股骨头 | 1 | | 1 | 17～24 |
| | 体 | 1 | 7 | | 19～24 |
| | 下端 | 1 | 36 | | 19～24 |
| 胫骨 | 上端 | 1 | 8 | | 19～20 |
| | 体 | 1 | 8 | | 16～20 |
| | 下端 | 1 | 8 | | 16～20 |
| 腓骨 | 上端 | 1 | 8 | | 22～24 |
| | 体 | 1 | 8 | | 20～24 |
| | 下端 | 1 | 8 | | 20～24 |

## 参考文献


[1]司法部司法鉴定管理局　最高人民法院司法行政装备管理局.《人体损伤致残程度分级》适用指南[M].2016:278.

[2]阎景铁,许桂东,胡屹峰.小儿外科疾病临床诊治[M].长春:吉林科学技术出版社,2019.

[3]祝益民,周小渔.临床小儿外科进展[M].北京:人民卫生出版社,2014.

[4]司法部司法鉴定管理局　最高人民法院司法行政装备管理局.《人体损伤致残程度分级》适用指南[M].2016:279.

# 案例 11：手指挤压伤致手功能障碍

**关键词**:法医临床学;手部结构缺失评分;手指关节功能障碍评分

## 一、案例资料

### (一)简要案情

被鉴定人,女,52 岁。2020 年 3 月 29 日劳动中被机器挤压伤右手。入院诊断为:①右手 1~3 指脱套离断;②右手环、小指脱套毁损;③右手皮肤软组织撕脱伤。先后四次手术治疗。右手食指功能障碍,其余四指不同程度结构缺失。审判庭委托鉴定机构进行伤残等级评定。

### (二)病历摘要

**1. 第一次住院**

入院日期:2020 年 3 月 29 日。

入院时情况:1 小时前工作中被机器挤伤右手,当即疼痛、流血,急入院,拍片示:“右手多发骨折”。

专科检查:右手拇指皮肤软组织自掌指关节下缘、骨质自远指关节处脱套离断,远端肢体仅屈肌腱与近端相连,可见指间关节面外露,双侧血管神经束及背侧皮下静脉撕脱外露,创缘不齐,周围组织挫伤严重,皮下组织大部分呈糜状改变,远端血运、感觉无。食指掌侧皮肤软组织广泛挫裂,背侧皮肤逆行撕脱至远指关节处,双侧血管神经束断裂,指腹处见 1.0cm×0.8cm 皮肤软组织缺损。右手中指皮肤自手掌创面处完全脱套,双侧血管神经束撕脱,撕脱皮肤无血运。右手环、小指皮肤软组织自近指关节处撕脱离断、骨质自远指关节处离断,双侧血管神经撕脱且挫伤严重,远端血运感觉无。

2020 年 3 月 29 日右手正斜位 X 线检查示:右手拇指、环指、小指末节缺损,软组织结构紊乱。腕关节在位,形态正常(图 4-11-1)。

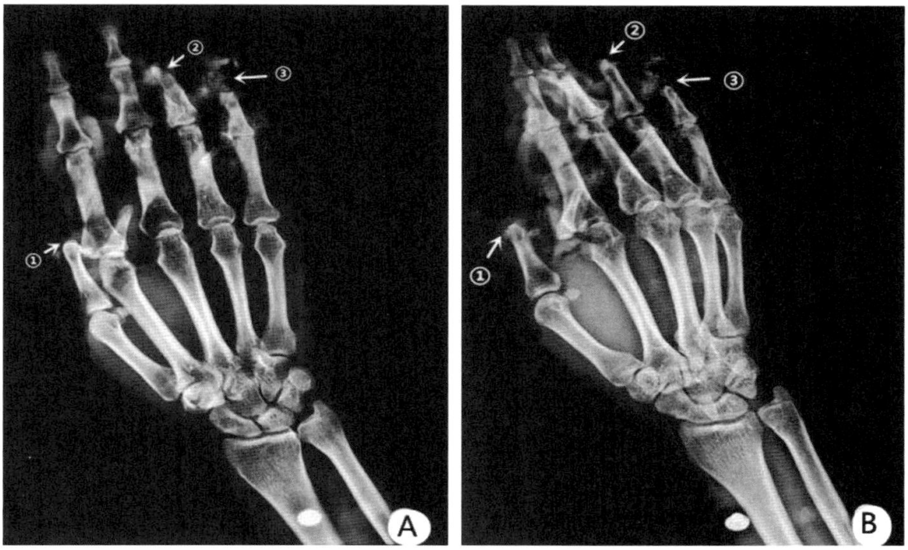


**图 4－11－1　2020 年 3 月 29 日 X 线检查图像**

A:右手正位。B:右手斜位。①、②、③分别示右手拇指、环指、小指末节缺失。

**表 4－11－1　第一次住院期间手术情况**

| 手术时间 | 手术方式 |
|---|---|
| 2020 年 3 月 29 日 | 右手 1～3 指断指再植术＋右手环小指清创 VSD 负压吸引术＋皮肤软组织原位回植术 |
| 2020 年 4 月 9 日 | 右拇指及 3～5 指 VSD 负压吸引术 |
| 2020 年 4 月 14 日 | 右拇指腹部带蒂皮瓣修复术＋右手 3～5 指人工真皮修复 |

### 2. 第二次住院

入院日期:2020 年 5 月 12 日。

入院时情况:1 个月前因右手挤压伤入院。诊为:①1～3 指脱套离断;②右手环、小指脱套毁损;③右手皮肤软组织撕脱伤。急行“1～3 指断指再植＋环小指清创 VSD 负压吸引术”。因指体挫伤严重,再植拇中指出现坏死,二期“行拇指腹部带蒂皮瓣修复术＋3～5指人工真皮修复术”。为求断蒂及行植皮再入院。

专科检查:右拇指残端被腹部皮瓣包绕,皮瓣血运良好,创面愈合可,右手 3～5 指残端被人工植皮覆盖,真皮层增生良好,仅中指残端增生欠佳。

入院后完善辅助检查,行“右拇指断蒂＋3～5 指游离植皮 VSD 负压吸引术”。

## 二、法医学鉴定

### (一)鉴定过程

**1. 检验日期**

2021 年 5 月 16 日。

**2. 体格检查**

中年女性,神志清,精神可。右手拇指末节缺失,掌指关节伸直位强直固定;右手食指掌指关节屈曲 0°～5°,近、远侧指间关节伸直位强直固定;中指仅残留小部分近节指骨,掌指关节伸直位强直固定。环指近节指骨残留,掌指关节伸直位强直固定。小指末节及中节大部缺失,掌指关节屈曲 0°～5°,近侧指间关节伸直位强直固定。余未见异常(图 4－11－2、文末彩图 4－11－2)。

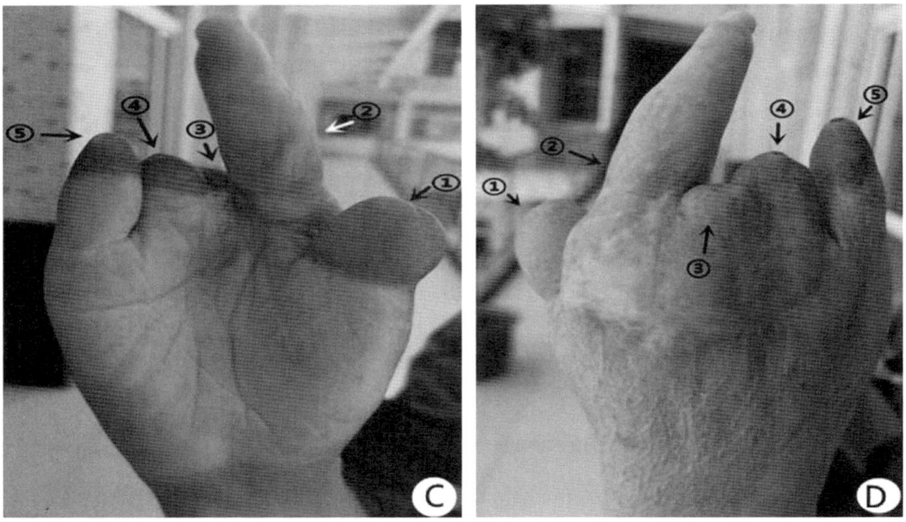


**图 4－11－2　2021 年 5 月 16 日右手诸指检查图**

C:右手掌面观。D:右手背面观。①、②、③、④、⑤分别表示右手拇、食、中、环、小指。

**3. 影像学复查**

2021 年 5 月 16 日双手 X 线复查示:右手拇指自近节指骨远端以下缺失;中指自近节指骨近端以下缺失;无名指自近节指骨远端以下缺失;小指自末节指骨远端以下缺失(图 4－11－3)。

**4. 右手指缺失与功能障碍丧失分值情况**

①右手拇指掌指关节非功能位强直固定 20 分,右手拇指自近节指骨远端以下缺失

25 分,计 45 分。②右手食指行对应“掌指指间关节均受累”、列对应“非功能位强直”,对应分值为 20 分。③右手中指掌指关节功能位强直固定 5 分,中指自近节指骨近端以下缺失 15 分,计 20 分,根据规定按 15 分计。④右手环指掌指关节功能位强直固定 5 分,自近节指骨远端以下缺失 10 分,计 15 分。⑤小指 5 分(图 4－11－4 及表 4－11－2)。

丧失分值总数:45＋20＋15＋15＋5＝100(分)。

拇指“掌指、指间单一关节受累”“非功能位强直”,20 分;

中指“掌指或近侧指间关节受累”,功能位强直,5 分。

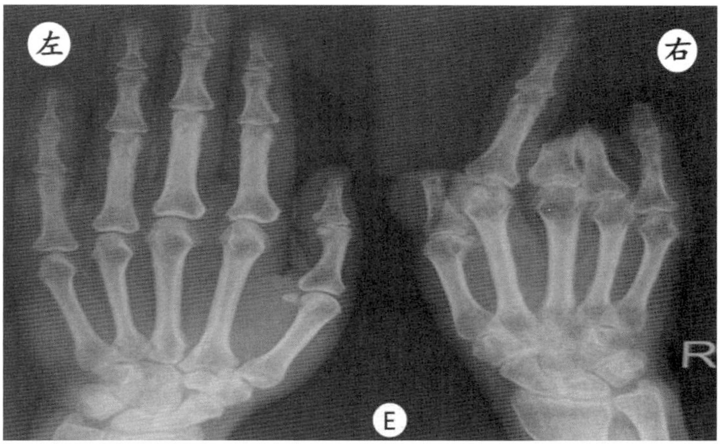


**图 4－11－3　2021 年 5 月 16 日双手 X 线复查图像**

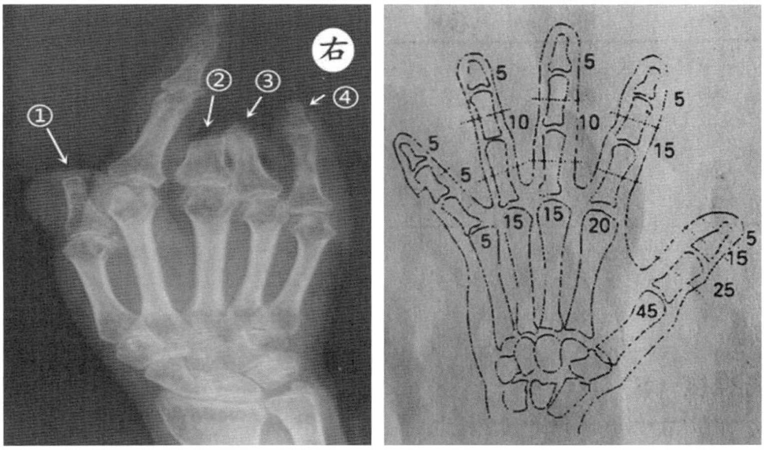


**图 4－11－4　右手手指结构缺失丧失分值比对**

①右手拇指自近节指骨 1/2 平面以下缺失(25 分);②中节指骨自近节指骨 1/2 平面以上缺失(15 分);③环指自近节指骨 1/2 平面以下缺失(10 分);④小指末节缺失(5 分)。

表 4-11-2　右手手指相关关节功能障碍及丧失分值情况

| 部位 | 相关关节活动度 | 功能位给定值 | 功能属性 | 丧失分值 |
|---|---|---|---|---|
| 拇指 | 掌指关节伸直位强直固定 | 10°~30° | 非功能位强直 | 20 |
| 食指 | 右手食指掌指关节屈曲 0°~5°;近、远侧指间关节伸直位强直固定 | 掌指关节 0°~15°;近端指间关节 10°~30° | 非功能位强直 | 20 |
| 中指 | 掌指关节伸直位强直固定 | 掌指关节 0°~15° | 功能位强直 | 5 |
| 环指 | 掌指关节伸直位强直固定 | 掌指关节 0°~15° | 功能位强直 | 5 |

### (二)鉴定意见

被鉴定人右手挤压伤致指部分缺失及功能障碍,丧失分值计 100 分。根据《人体损伤致残程度分级》5.6.6.4)条规定,构成六级残疾。

## 三、讨论

《〈人体损伤致残程度分级〉适用指南》明确规定:一手多个手指损伤造成缺失的,分别评定各指缺失分值,再简单相加。双手多个手指损伤造成缺失的,应首先分别评定各手缺失分值,再进行加权累计计算。一手多个手指损伤造成功能障碍的,分别评定各指功能障碍的分值,再简单相加,双手多个手指损伤造成功能障碍的,应首先分别评定各手功能障碍对应分值,再进行加权累计计算。[1]

鉴定实践中经常会遇到同一手指既有骨质结构缺失又有关节功能障碍的情形。这种情况下,该指分值评定不可两种分值简单相加。要么按结构缺失评分,要么按指关节功能障碍评分,按高分值取其一;即使是结构缺失与指关节功能障碍损伤基础不同,也不能分别计算再累加。一个手指的丧失分值只对应一种情况按规定取得的分值;任何情况下同一手指只对应一个评分。[2]

部分省出台的鉴定执业指引是这样描述的:"缺失手指与功能障碍为同一手指时,如基于同一损伤基础则不能相加,以分值高者为准;如基于不同损伤基础可以相加,但不得重复相加,且相加的分数不能超过各指近节指骨 1/2 缺失平面的分值,即拇指不超过 45 分,食指不超过 20 分,中、环指不超过 15 分,小指不超过 5 分。"不同手指结构缺失也好,功能障碍也罢,分值直接相加比较好理解也比较好操作。关键是同一手指既有结构缺失,又有指关节功能障碍的情形,操作起来较为棘手。就本案例来讲,存在四种评分方法:

第一种就是“鉴定过程”中的打分方法(表4－11－3),这种打分方法所依据的就是部分省司法鉴定协会出台的鉴定执业指引中“手指缺失与功能障碍同时存在,且基于不同损伤基础”时的有关规定。

**表4－11－3 (第一种方法)基于不同损伤基础**

| 部位 | 计分说明 | 丧失分值 |
|---|---|---|
| 拇指 | 掌指关节非功能位强直固定20分,自近节指骨远端以下缺失25分 | 45 |
| 食指 | 行对应“掌指指间关节均受累”、列对应“非功能位强直”,20分 | 20 |
| 中指 | 掌指关节功能位强直固定5分,自近节指骨近端以下缺失15分 | 最高分15 |
| 环指 | 掌指关节功能位强直固定5分,自近节指骨远端以下缺失10分 | 15 |
| 小指 | | 5 |
| 丧失分值总数:100分 | | |

第二种就是部分省司法鉴定协会出台的鉴定执业指引中“手指缺失与功能障碍同时存在,且基于相同损伤基础”时的有关规定(表4－11－4)。

**表4－11－4 (第二种方法)基于相同损伤基础(结构缺失与功能障碍按高分取其一)**

| 部位 | 计分说明 | 丧失分值 |
|---|---|---|
| 拇指 | 掌指关节非功能位强直固定20分,自近节指骨远端以下缺失25分 | 25 |
| 食指 | 行对应“掌指指间关节均受累”、列对应“非功能位强直”,20分 | 20 |
| 中指 | 掌指关节功能位强直固定5分,自近节指骨近端以下缺失15分 | 15 |
| 环指 | 掌指关节功能位强直固定5分,自近节指骨远端以下缺失10分 | 10 |
| 小指 | | 5 |
| 丧失分值总数:75分 | | |

第三种就是按指关节功能障碍评分(表4－11－5)。

第四种就是按指结构缺失评分(表4－11－6)。

本案例拇指按功能障碍评分为30分(指间关节缺失按非功能位强直固定认定),按结构缺失评分为25分;食指只有功能障碍;中指、环指、小指按两种评分方式得分相同。

本案例按照四种评分方法丧失分值中的最高分评定的伤残等级,也与所在地区鉴定执业指引相吻合;放到全国范围讲,这种鉴定意见是否存在瑕疵,可以商榷。

**表 4-11-5 (第三种方法)指关节功能障碍评分**

| 部位 | 计分说明 | 丧失分值 |
|---|---|---|
| 拇指 | 掌指指间关节均受累、非功能位强直 | 30 |
| 食指 | 掌指指间关节均受累、非功能位强直 | 20 |
| 中指 | 掌指指间关节均受累、非功能位强直 | 15 |
| 环指 | 掌指指间关节均受累、非功能位强直 | 10 |
| 小指 | 掌指指间关节均受累、非功能位强直 | 5 |
| 丧失分值总数:80 分 | | |

**表 4-11-6 (第四种方法)按指关节结构缺失评分**

| 部位 | 计分说明 | 丧失分值 |
|---|---|---|
| 拇指 | 自近节指骨远端以下缺失 | 25 |
| 食指 | 掌指指间关节均受累、非功能位强直 | 20 |
| 中指 | 自近节指骨近端以下缺失 15 分 | 15 |
| 环指 | 自近节指骨远端以下缺失 | 10 |
| 小指 | 按末节缺失对应 | 5 |
| 丧失分值总数:75 分 | | |

## 【评析】

本案例鉴定意见准确的关键是掌握同一手指既有结构缺失,又有功能障碍时如何正确评定分值。鉴定实践中个别鉴定人员把结构缺失分值与功能障碍分值直接相加作为该损伤手指的评定分值。这种评定方法是错误的。

本案例中被鉴定人伤后与愈后两次 X 线对比来看,伤后当时骨质缺损不明显,但软组织紊乱,经过正规治疗后右手诸指骨质大部分缺损。反映出挤压伤的特点,皮肤、软组织、血管、神经束、肌腱广泛、大面积损伤。上述广泛挫灭伤导致相应骨质失去供养与保护,为最大限度保留生存组织,需要进行相应的截肢与皮肤移植等手术治疗。该案例中,有部分手指结构的缺失即是由于临床治疗需要所导致,应当予以认定。

本案例中,右手拇指中的结构缺失与功能障碍是基于同一损伤基础,还是基于不同损伤基础,不好界定,此情况下只能按不同损伤基础(高分)认定。

《人体损伤致残程度分级》关于手损伤的鉴定,看似简单,实则内涵非常丰富。比如要准确把握"非功能位强直固定"就需掌握诸指关节功能位的给定值;要把握好"功能位强直固定,或关节活动度≤1/2 参考值”就需掌握诸指关节活动度的正常值等。

夏文涛、夏晴发表于 2017 年《法医学杂志》第 4 期的《〈人体损伤致残程度分级〉之手损伤条款的理解与应用》一文对手损伤的鉴定作了非常详尽的论述,该文对做好手损伤的鉴定具有很好的指导作用。

## 参考文献

[1]司法部司法鉴定管理局　最高人民法院司法行政装备管理局.《人体损伤致残程度分级》适用指南[M].2016:282－283.

[2]夏晴,夏文涛.《人体损伤致残程度分级》之手损伤条款的理解与应用[J].法医学杂志,2017,33(4):406－410.

# 案例 12：胫骨开放性、粉碎性骨折致慢性骨髓炎

**关键词**：开放性骨折；慢性骨髓炎；大块死骨；死腔；窦道

## 一、案例资料

### （一）简要案情

被鉴定人，男，61 岁。2018 年 12 月 25 日因车祸致伤头面部及双下肢。双下肢疼痛难忍，活动不能，急入院。先后行：①左胫腓骨骨折清创内固定术；②胫骨骨折切开复位钢板内固定术；③左小腿切开减压神经血管探查负压吸引术等多次手术治疗。审判庭委托鉴定机构进行伤残评定。

### （二）病历摘要

**1. 第一次住院**

住院日期：2018 年 12 月 25 日至 2019 年 5 月 24 日，住院 150 天。

入院时情况：车祸伤及双下肢及头面部，即疼痛、畸形、出血、活动受限，急入院。专科检查：左小腿中段前内侧可见 2 处长约 2cm 开放口，皮肤及皮下组织挫烂，出血，小腿明显肿胀、畸形，触及骨擦感、闻及骨擦音。右膝关节见 1cm × 3cm 皮肤擦伤，膝关节肿胀触及骨擦感。

2018 年 12 月 25 日 X 线检查示：左胫骨多段粉碎性骨折；左腓骨多段骨折；左腓骨小头骨折；左小腿碾压伤伴神经血管损伤；右胫骨平台骨折；右胫骨髁间隆突骨折；右髌骨骨折（图 4－12－1）。

诊断：①左胫骨多段粉碎性骨折；②左腓骨多段骨折；③左腓骨小头骨折；④左小腿碾压伤伴神经血管损伤；⑤右胫骨平台骨折；⑥右胫骨髁间隆突骨折；⑦右髌骨骨折。

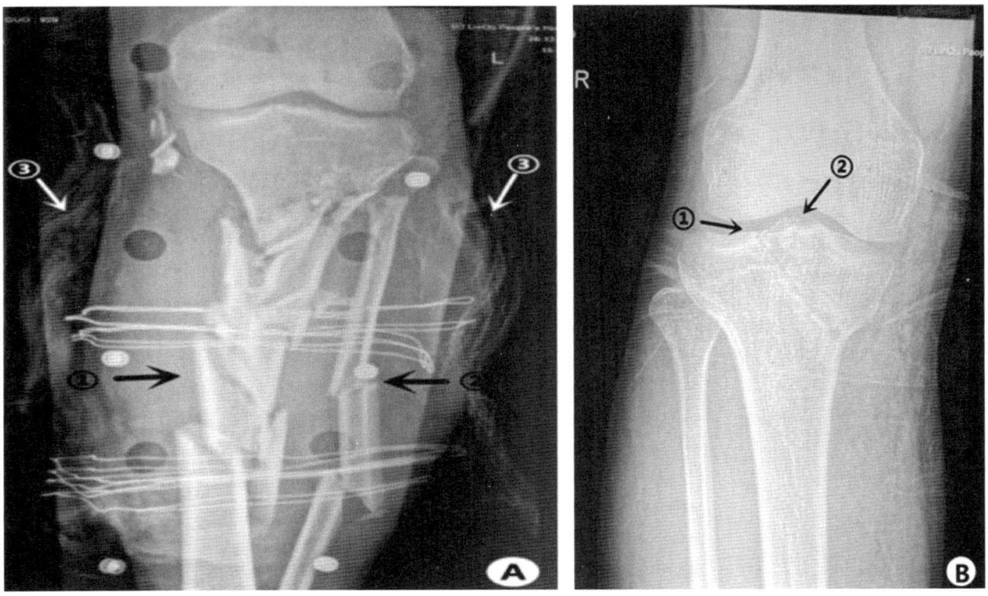


**图 4－12－1　2018 年 12 月 25 日双下肢 X 线检查图像**

A:①左胫骨多段粉碎性骨折;②左腓骨多段骨折;③左小腿肌肉、软组织肿胀。B:①右胫骨平台骨折;②右髁间嵴骨折。

诊疗经过:入院后对症、支持治疗,完善术前准备,于 2018 年 12 月 25 日行:①左胫腓骨骨折清创内固定术;②胫骨骨折切开复位钢板内固定术;③左小腿切开减压神经血管探查负压吸引术。

出院情况:一般情况可,左小腿减张口敷料包扎固定,少量渗出,左膝关节屈伸活动受限,右膝关节活动基本正常,双下肢远端血运、感觉可。

2019 年 1 月 3 日左胫腓骨中上段正位及中下段侧位片示:断端对位对线好,骨折线清晰,内固定在位;胫骨平台上缘见骨块影;腓骨中段错位;周围软组织肿胀(图 4－12－2)。

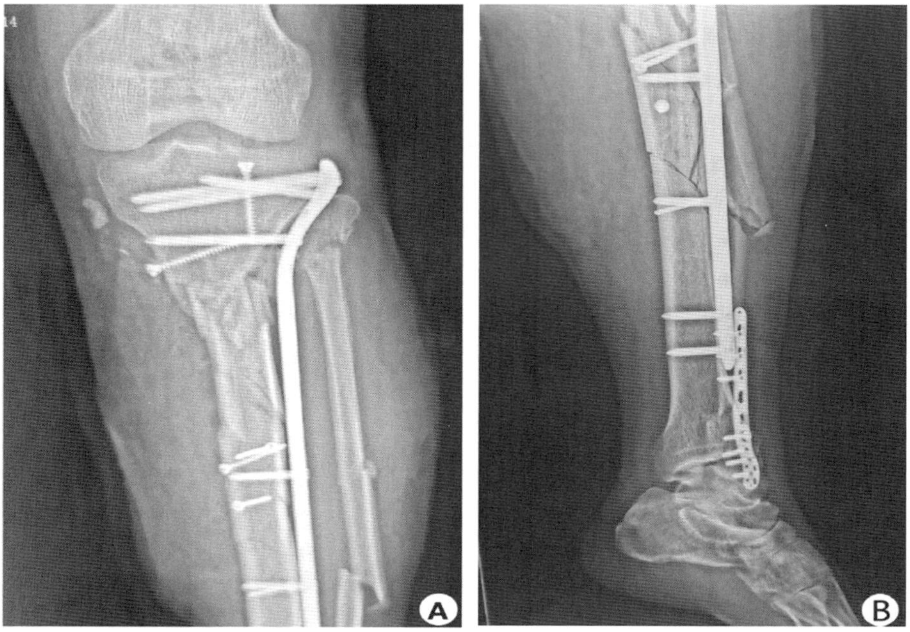

图 4-12-2　2019 年 1 月 3 日术后左胫腓骨中上段正位(A)及中下段侧位片(B)

2. 第二次住院

住院日期:2020 年 11 月 8 日至 25 日。

入院时情况:左小腿骨折内固定术后 22 个月,求取出内固定入院。查体:左小腿前侧可见长约 40cm 手术瘢痕,小腿内、外侧分别见长约 15cm 手术瘢痕,小腿外侧远端见长约 10cm 手术瘢痕。愈合良好;左膝关节可触及髌骨向股骨近端脱位。

入院后完善辅助检查,积极术前准备,于 2020 年 11 月 11 日行:①左胫腓骨骨折内固定取出术;②左腓骨骨折内固定取出术;③左髌骨脱位复位固定术。

出院时情况:神志清,精神可。心、肺、腹未见明显异常,伤口敷料包扎牢固,原挫伤瘢痕处少量渗出,远端血运可,各趾可自主活动。

2020 年 11 月 12 日左胫腓骨(术后)X 线片示:左胫腓骨骨折,对位、对线可,骨折线消失;胫骨近端见内固定影,中上段骨干、骨皮质增粗,骨密度不均,部分骨质密度增高,骨髓腔变窄;周围软组织肿胀(图 4-12-3)。

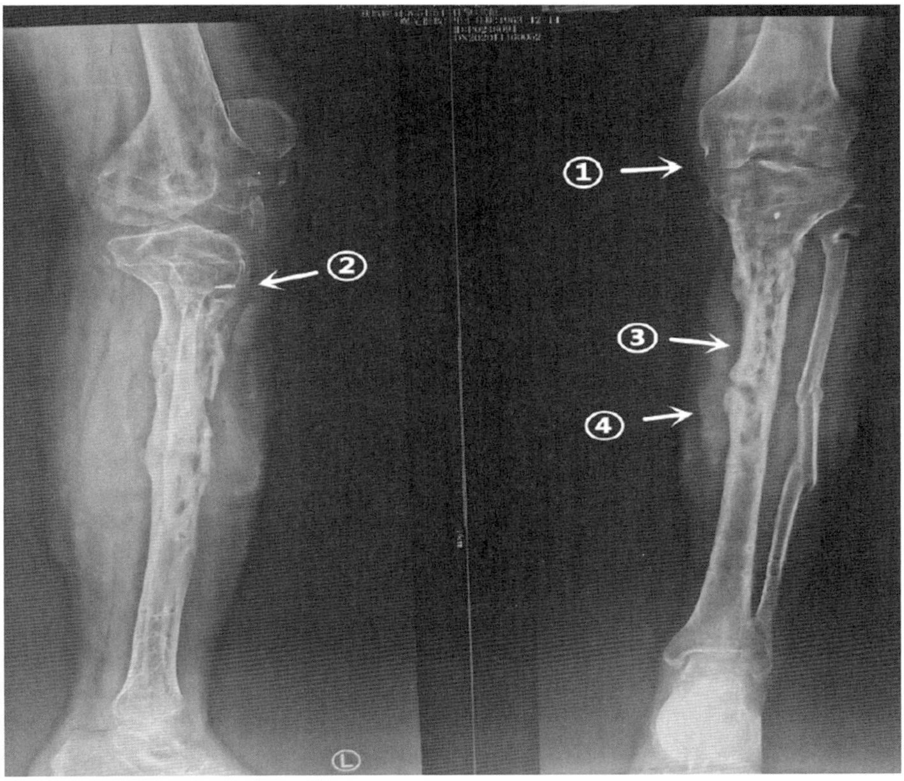


**图 4-12-3　2020 年 11 月 12 日(伤后 22 个月)左胫腓骨内固定取出术后 X 线检查图**

①膝关节间隙明显变窄;②近端内固定影;③左胫骨中上段骨皮质增粗,骨密度增高,髓腔变窄;④周围软组织肿胀,密度不均。

## 二、法医学鉴定

### (一)鉴定过程

**1. 检验日期**

2021 年 10 月 12 日。

**2. 被鉴定人自述**

左下肢站立、行走困难,不敢用力;左膝关节伸、屈功能障碍;自二次手术取出内固定(2020 年 11 月 12 日)小腿前发现一溃破口,流出淡黄色液体。

**3. 体格检查**

老年男性,意识清。轮椅代步,自主体位,查体合作。左小腿前侧可见长约 38cm 手术瘢痕,小腿内、外侧分别见长约 15cm 手术瘢痕,小腿外侧远端见长约 10cm 手术瘢痕,手术瘢痕周边皮肤变白,失去正常形态(图4-12-4、文末彩图4-12-4);胫前中上1/3见1cm×0.8cm窦道,少量渗出,呈淡黄色;左膝关节屈65°,伸-15°;右膝关节屈125°,伸0°;余肢体关节功能基本正常。

2021年10月12日医院诊断证明:

检查结果:外伤伤及左小腿,行手术治疗,现局部窦道,分泌物细菌培养结果阳性。

诊断意见:左小腿外伤术后感染(骨髓炎)。

处理意见:伤口换药,抗菌药物治疗,必要时手术治疗。

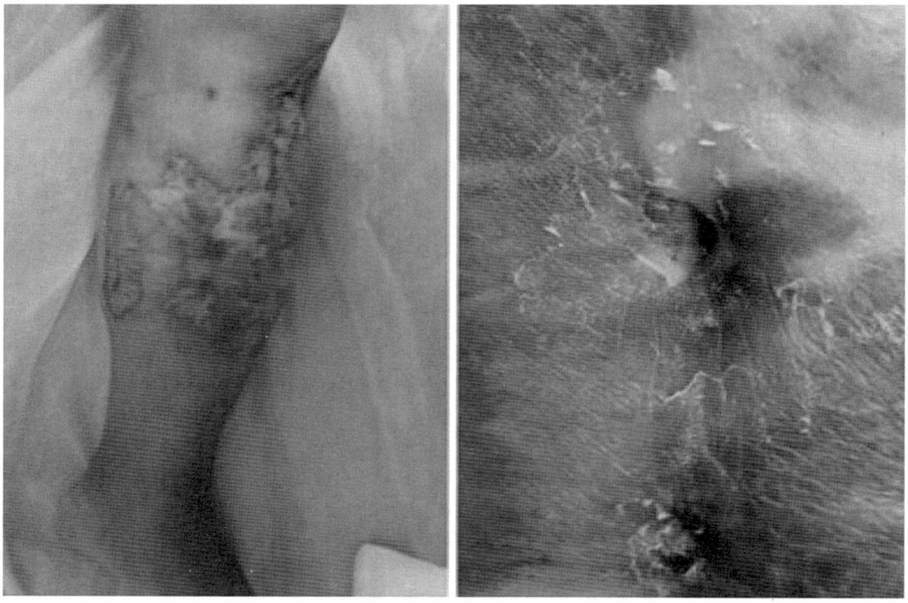

**图4-12-4 左小腿皮肤形态及窦道检查图**

**4.影像学复查**

2021年10月12日左胫腓骨X线检查示:胫骨近端见内固定影,中上段骨干、骨皮质增粗,骨密度不均,部分骨质密度增高,骨髓腔变窄;见低密度骨质破坏区及其内高密度死骨影(图4-12-5)。

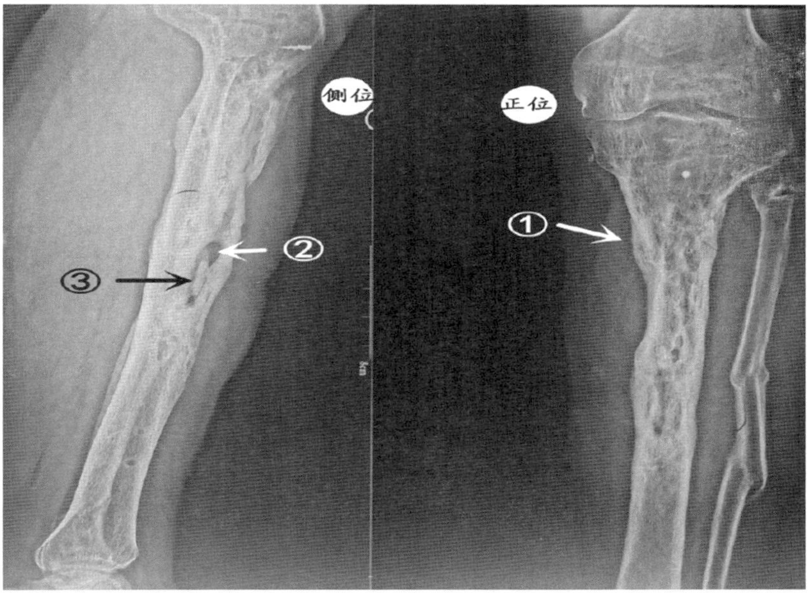


**图 4-12-5　2021 年 10 月 12 日左胫腓骨 X 线检查图**

①胫骨中上段骨皮质增粗，虫蛀状骨破坏与骨密度增高（硬化）共存，边缘不规则；②低密度骨质破坏区（死腔）；③死骨形成。

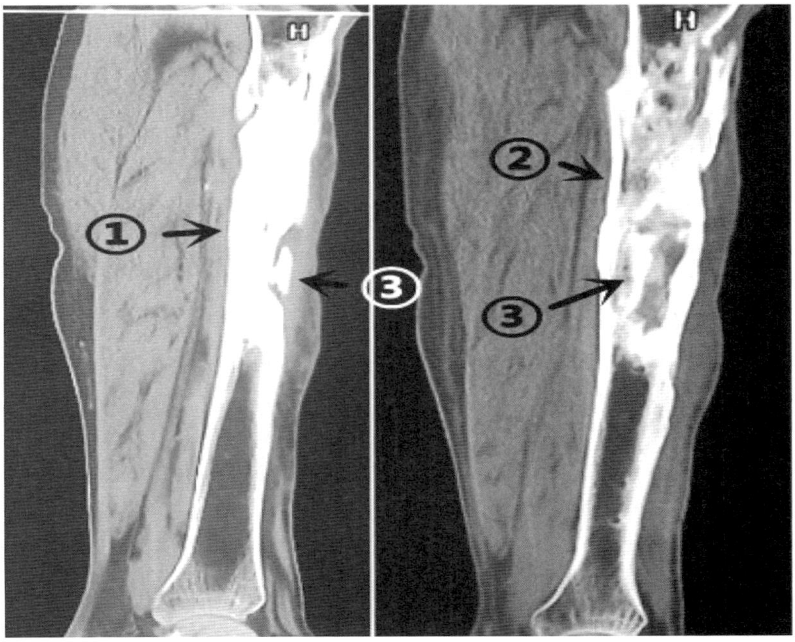


**图 4-12-6　2021 年 10 月 12 日左胫腓骨 CT 检查图**

①骨中上段骨质密度增高；②骨干及骨皮质增粗，低密度骨质破坏区；③死骨形成。

2021 年 10 月 12 日左胫腓骨 CT 检查示：胫骨中上段骨干、骨皮质增粗，骨密度增高，骨髓腔变窄；见低密度骨质破坏区及其内高密度死骨影（图 4－12－6、文末彩图 4－12－6）。

### （二）鉴定意见

（1）被鉴定人因车祸致左胫骨多段粉碎性骨折；左腓骨多段骨折；左腓骨小头骨折；左小腿碾压伤伴神经血管损伤；右胫骨平台骨折；右胫骨髁间隆突骨折；右髌骨骨折。入院后行手术内固定治疗，后遗左胫骨慢性骨髓炎、大块死骨形成，病程迁延不愈超过 1 年。根据《人体损伤致残程度分级》5.8.6.5）条之规定，构成八级残疾。

（2）被鉴定人左膝关节功能障碍，关节活动度丧失：$(75° \div 125°) \times 100\% = 60\%$。根据《人体损伤致残程度分级》5.9.6.9）条之规定，构成九级残疾。

## 三、讨论

创伤后骨髓炎最常见原因是开放性骨折术后感染，其次为骨折切开复位或其他骨关节手术后出现感染。可为急性或慢性，病变都在骨折端附近急性期的感染以髓腔内感染最为严重，有高热、寒战等毒血症症状，与急性血源性骨髓炎相似。另一种为骨折附近的皮肤肌肉坏死感染，使失去血供的骨折端干燥坏死，病程转入慢性。[1]

慢性化脓性骨髓炎的 X 线和 CT 显示：①骨质破坏区周围大量骨质增生硬化，骨小梁增粗增多，骨密度明显增高。②死骨呈长条形或不规则高密度影，其长轴与骨干平行，骨小梁结构模糊，周围有骨质增生硬化；死骨外围可见到环形低密度区，系死骨与正常骨质间的肉芽组织或脓液所致。③髓腔骨质破坏趋向减少或停止，内部的脓液和肉芽组织在新骨包裹下形成死腔，其内可有块状死骨。④骨膜新生骨显著，与残存的骨皮质融合，骨外轮廓不规整。[2]

骨髓炎愈合的 X 线征象表现为：①无死骨存在；②浓腔消失，骨髓内看不到破坏透亮区；③骨干的轮廓整齐密实，髓腔再通；④若骨干仍有增粗硬化，虽无骨破坏，并非真正愈合，遇有机体抵抗力减低，仍可复发。[3]

本案例外伤致左胫骨多段开放性、粉碎性骨折，相应皮肤、皮下组织、肌肉挫伤严重，伴神经血管损伤。虽经积极治疗，损伤部位皮肤失去正常形态，局部窦道形成，分泌物细菌培养结果阳性。X 线与 CT 检查证实：慢性骨髓炎并大块死骨形成，病程迁延不愈超过 1 年，构成八级残疾。由于左胫骨骨折近端靠近膝关节，关节长期制动近 3 年，影像学检查显示关节间隙明显狭窄,导致左膝关节活动度丧失50%以上,构成九级残疾。

## 【评析】

本案例损伤涉及双下肢,难点在于慢性骨髓炎的认定与条文的正确引用。《〈人体损伤致残程度分级〉适用指南》对《人体损伤致残程度分级》5.8.6.5)条的引用作了较为详细的阐述:是指四肢长骨骨折伴有皮肤软组织开放性损伤致骨折端或深部骨性组织与外界相通,因骨与软组织愈合环境差,并发慢性骨髓炎,经影像学检查显示有肉眼可见的大块死骨形成,且病程迁延不愈超过1年。[4]

本案例有两个显著特点:一是骨折本身严重程度高;二是皮肤肌肉组织挫伤重,虽然内固定术后未明显出现窦道,但该损伤血管破坏较重,损伤部位血供遭到破坏。内固定取出后出现窦道并渗出,且内固定取出后的X线检查显示左胫骨已经出现骨髓炎的影像学表现,内固定取出术一年以后的影像学复查显示:慢性骨髓炎,有肉眼可见的大块死骨形成。

### 参考文献

[1]陈孝平,汪建平.外科学[M].9版.北京:人民卫生出版社,2019.

[2]白人驹,徐克.医学影像学[M].7版.北京:人民卫生出版社,2017:205.

[3]最高人民法院 最高人民检察院 公安部 国家安全部 司法部.人体损伤致残程度分级[S].2016:17.

[4]孟庆学,田军,王军峰,等.实用放射诊断学[M].1版.北京:中国医药科技出版社,2013.

[5]司法部司法鉴定管理局 最高人民法院司法行政装备管理局.《人体损伤致残程度分级》适用指南[M].北京:法律出版社,2016.

# 案例13：外伤致腰椎爆裂骨折、骨性占位

**关键词**：法医临床学；椎体爆裂骨折；骨性占位

## 一、案例资料

### （一）简要案情

被鉴定人，女，30岁。2020年2月26日因车祸致伤头部、腰部，伤后无意识丧失，感腰部疼痛难忍、活动受限，急入院，行腰椎CT检查，以腰3椎体骨折收入院。审判庭委托鉴定机构进行伤残等级评定。

### （二）病历摘要

因车祸致伤头部、腰部，伤后无意识丧失，感腰部疼痛难忍、活动受限，急入院。

体格检查：腰椎部分棘突及两侧压痛，活动受限，双下肢肌张力可，肌力3级，双下肢自膝部以下皮肤感觉减退，双膝反射、跟腱反射减弱，巴氏征（－）。

2020年2月26日腰椎DR检查示：腰3椎体压缩骨折（图4－13－1A）。

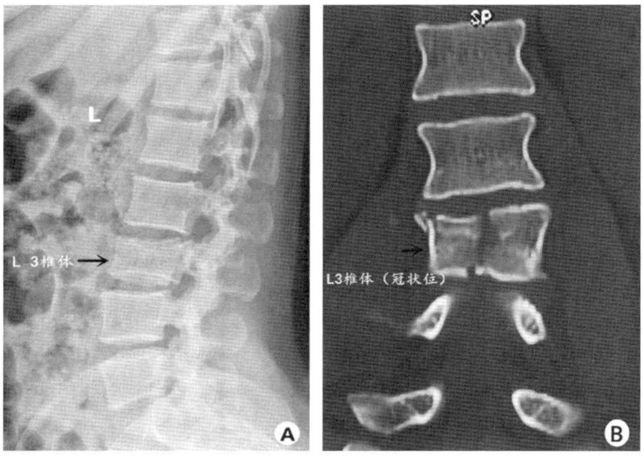


**图4－13－1　2020年2月26日腰椎DR及CT检查图像**

A：DR检查：腰3椎体上缘骨皮质连续性中断，椎体压缩，呈楔形改变。B：CT检查，冠状位：腰3椎体爆裂骨折，累及中柱。

2020 年 2 月 26 日腰椎 CT 检查示:腰 3 椎体爆裂骨折(图 4 -13 -1B、图 4 -13 -2)。

诊疗经过:入院后完善辅助检查,积极术前准备,于当日行“腰 3 椎体爆裂骨折切开复位内固定术 + 椎管减压 + 植骨融合术”。给予营养支持治疗,住院 21 天出院。

手术记录摘要如下:全麻成功后取俯卧位……;给予椎管减压形成一大小约 6cm × 1.2cm的骨窗,探查见腰 3 椎体后缘突向椎管,牵开硬膜囊,给予腰 3 椎体后缘挤压复位,探查见腰 3 椎体后缘复位满意,椎管上下通畅,脊髓膨胀良好……术后 X 线复查图片见图 4 -13 -3。

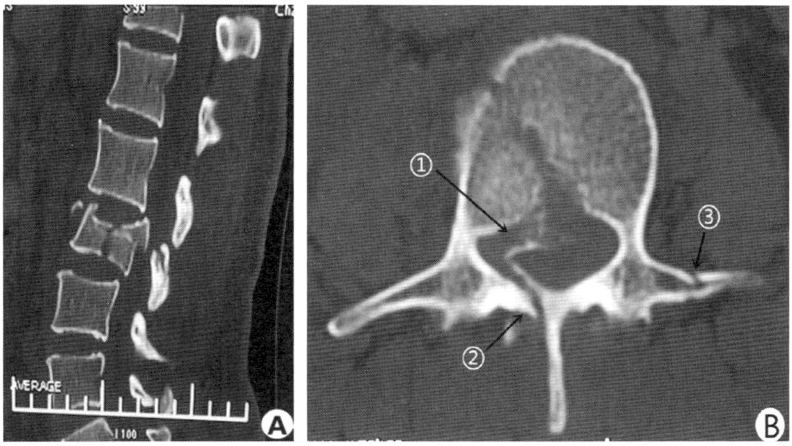


**图 4 -13 -2　2020 年 2 月 26 日腰椎 CT 检查图像**

A:矢状位显示骨块突入椎管。B:轴位显示骨块突入椎管,右侧椎弓骨折;左侧横突骨折。

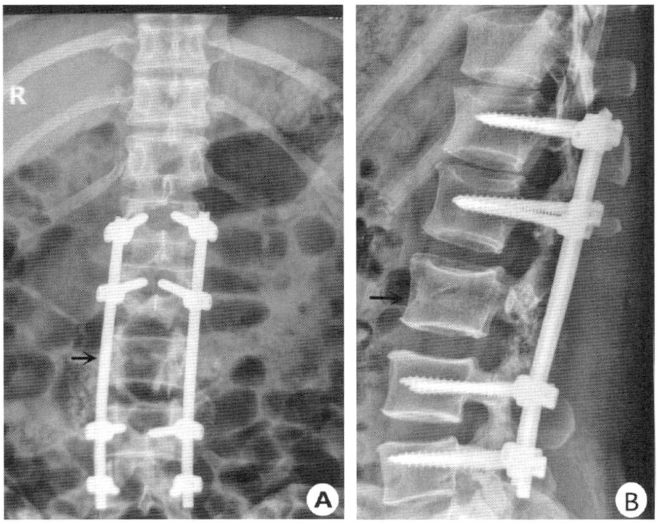


**图 4 -13 -3　2020 年 2 月 26 日术后 X 线检查图像**

A:正位。B 侧位,腰 3 椎体高度恢复,腰 1 ~5 椎体间支架固定影。

出院时情况：一般情况可，体温正常，二便可，切口处敷料干燥固定，无渗出，双下肢肌力4+，双下肢感觉、血运、活动可。

## 二、法医学鉴定

### （一）鉴定过程

**1. 检验日期**

2021年9月18日。

**2. 体格检查**

青年女性，一般情况可，神志清，精神可，查体合作。头、颈、胸无异常；腰背部正中有一长约18cm手术瘢痕。腰部活动基本正常，四肢肌力及感觉正常，四肢活动自如。

**3. 影像学复查情况**

内固定已取出，腰椎稍侧弯，椎间隙正常，腰3椎体形态正常，骨折线消失，余椎体未见异常。

### （二）鉴定意见

根据损伤过程、医院病历、影像学检查及法医检验。被鉴定人于2020年2月26日因外伤导致腰部损伤属实，经治疗已达临床治疗终结，可据此评残。

该伤致腰3椎体爆裂骨折，骨块突入椎管，硬膜囊、脊神经根受压；腰3左侧横突骨折，椎弓骨折。经手术治疗，恢复良好。根据《人体损伤致残程度分级》5.9.6.1)条规定，构成九级残疾。

## 三、讨论

椎体爆裂骨折与粉碎性骨折在各类文献资料及2014年3月17日实施的《法医临床影像学检验实施规范》中均有叙述，内容虽然不完全一致，但其要义基本一致。椎体爆裂性骨折主要包含以下两层意思：①骨折线累及中、后柱；②碎骨块突入椎管致椎管占位，可伴有硬膜囊、脊髓或脊神经根受压。椎体粉碎性骨折主要包含以下两层意思；③两处或两处以上骨折；④骨折线累及中、后柱，和/或椎体后缘有碎骨块突入椎管致椎管狭窄。拟新版的《法医临床影像学检验实施规范》对椎体爆裂性骨折与椎体粉碎性骨折作了更为详尽的描述：爆裂性骨折多系遭受纵向暴力所致，CT扫描可显示X线与MRI不易发现的骨折线和碎骨片，骨折线累及中柱甚至后柱，可因碎骨块向后突入椎管内致椎管骨性占位（狭窄），伴硬脊膜囊、脊髓，或者脊神经根受压。椎体粉碎性骨折是指确证椎体两处或两处以上骨折线并至少一处累及中柱，或者椎体骨折线累及椎体后缘，或者骨折仅发生于椎体前柱，但确证两条以上骨折线并造成前柱碎裂成 3 块以上（碎骨块应达 5mm 以上）。

本案例中，腰 3 椎体骨折既符合粉碎性骨折的范畴，也符合爆裂性骨折的范畴。因为腰 3 椎体同时存在附件骨折，因此，有两个条文均可评定九级残疾，即，《人体损伤致残程度分级》5.9.6.1）条："一椎体粉碎性骨折，椎管内骨性占位"；5.9.6.2）条："一椎体并相应附件骨折，经手术治疗后"。根据《人体损伤致残程度分级》附则 6.2"同一部位和性质的残级，不应采用本标准条款两条以上或者同一条款两次以上进行鉴定"。因为以上两条评定出的残级是相同的，故可任选一条款进行残级评定，均为九级残疾。

## 【评析】

本案例虽然属于既普通又常见的案例，但有两个特点需要注意：一是涉及《人体损伤致残程度分级》中附则 6.2 条的理解与应用；二是对 5.9.6.1）条："一椎体粉碎性骨折，椎管内骨性占位"的理解与应用。关于"一椎体粉碎性骨折，椎管内骨性占位"，鉴定实践中，有的认为伤后存在骨性占位即可满足本条；有人认为需待治疗终结后存在骨性占位方可满足本条。如果治疗终结后仍存在骨性占位的话，势必会程度不同地压迫硬膜囊，或脊髓，或脊神经根，就会导致肢体的运动、感觉功能障碍，会引用"颅脑、脊髓、周围神经损伤"有关条文进行伤残等级的评定。从这层意义上来讲，该条似是一个"兜底"条款。因此，笔者认为，只要伤后通过影像学检查证实存在骨性占位即可满足本条。

当然，像这种情况分析论证中《人体损伤致残程度分级》5.9.6.1）条："一椎体粉碎性骨折，椎管内骨性占位"；5.9.6.2）条："一椎体并相应附件骨折，经手术治疗后"两个条文都需要引用，免得引起当事人误解。但结论需根据《人体损伤致残程度分级》附则 6.2 规定，只评定一个九级残疾。

# 案例14：足外伤致足弓部分破坏残疾等级评定1例

**关键词**：法医学；足弓部分破坏；横弓；Lisfrance 关节

## 一、案例资料

### (一) 简要案情

张某，女，39岁，某年3月13日因车祸致伤右侧上下肢，感伤处疼痛不适，右足趾活动受限。经颅脑、右肩部、右足CT平扫检查后住院治疗。现根据《人体损伤致残程度分级》对张某进行残疾等级评定。

### (二) 病历摘要

某年3月13日，张某因车祸致伤右侧肢体3小时入院。查体：右肩周广泛压痛，未扪及骨擦感，关节无空虚，被动活动度正常，前屈、后伸、外展受限。右足背部肿胀，跖骨基底部触压痛，右足诸趾活动受限。颅脑及右肩部CT平扫未见异常。右足CT平扫示：右足第1～4跖骨基底部及内侧楔骨、外侧楔骨、骰骨骨折。行右前臂悬吊、右足部石膏外固定治疗半月出院。

张某出院时一般情况良好，右肩部活动基本正常；右足石膏外固定在位，嘱4周后复诊，根据复诊情况确定下步治疗措施。

出院诊断：右足第1～4跖骨基底部骨折；右足内、外侧楔骨骨折；右足骰骨骨折；右肩部软组织损伤。

## 二、法医学鉴定

### (一) 鉴定过程

**1. 检验日期**

于伤后1年进行法医学检验。

2. **被鉴定人自述**

右足部活动不适感,阴天时为著。

3. **体格检查**

青年女性,一般情况良好,四肢活动正常,右足背部轻压痛,右足诸趾活动正常,右足背皮肤感觉正常。

4. **影像学片**

受伤当日右足 CT 片(图 4 - 14 - 1)示:右足第 1 ~4 跖骨基底部见骨折线,周围小骨片游离;内、外侧楔骨及骰骨见撕脱小骨片。

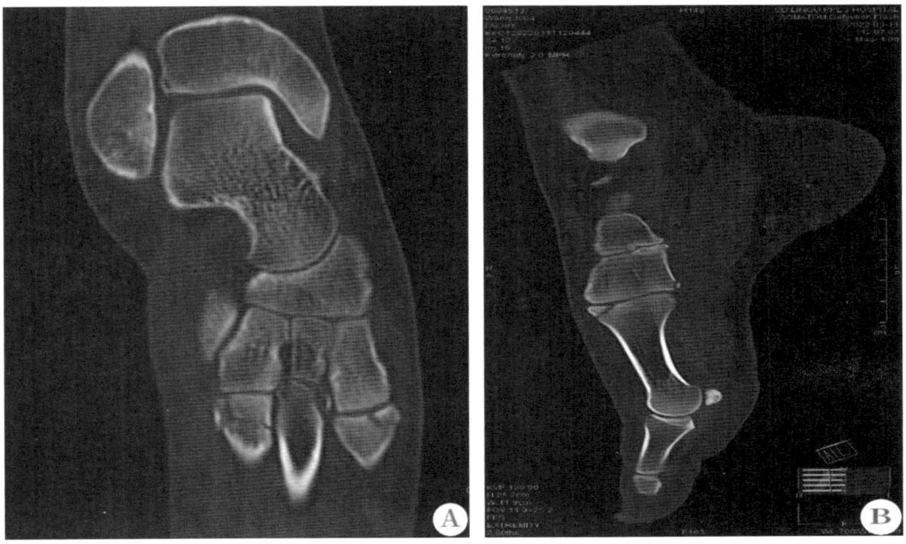

**图 4 - 14 - 1　伤后当日右足 CT 平扫**

A:冠状位,右足第 1、2、3 跖骨基底部骨折。B:矢状位,右足第一跖骨基底部及内侧楔骨撕脱骨折。

伤后 1 年双足 CT 片示:右足第 2、3 跖骨基底部局部骨质不连续,边缘变钝,右足舟状骨与内侧楔骨关节间隙明显变窄并部分融合;左足组成骨骨质未见异常。

5. **横弓最高点测量**

伤后 1 年双足 CT 平扫横断面图像(图 4 - 14 - 2)示:经测量伤足(右足)第 3 跖骨基底部至第 1、5 跖骨低点连线的垂直距离较健侧足(左足)第 3 跖骨基底部至第 1、5 跖骨低点连线的垂直距离缩短 10% 以上,伤足横弓呈塌陷状。

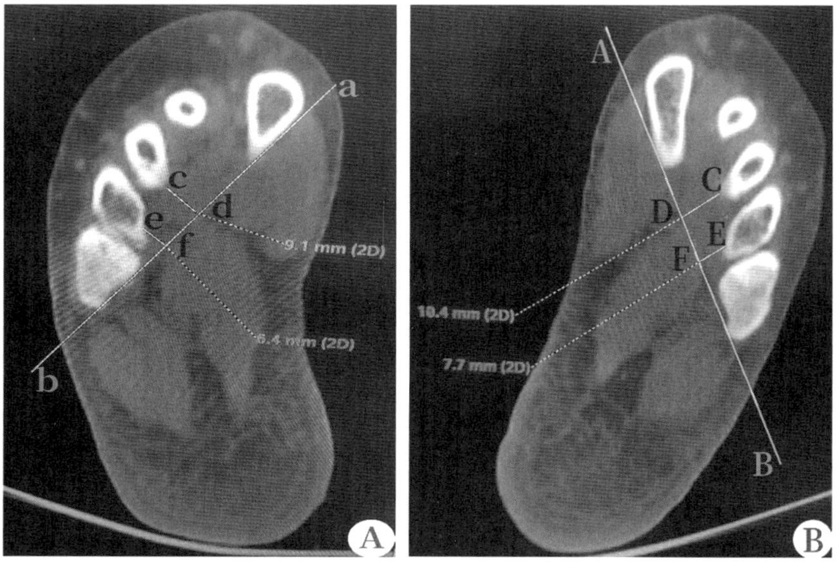


**图 4－14－2　伤后 1 年双足 CT 平扫横断面图**

A:右足(伤足)。B:左足(健侧)。右足最高点距离 cd＝9.1mm,左足最高点距离 CD＝10.4mm;伤足较健侧低 12%。

### (二)鉴定意见

外伤致右足弓部分破坏,根据《人体损伤致残程度分级》第 5.10.6.18)条评定为十级残疾。

## 三、讨论

足弓为跗骨和跖骨借其连接形成凸向上的弓。足弓是动态的,它与肌肉、韧带一起构成了功能上不可分割的复合体。足弓分为前后方向的内外侧纵弓和内外方向的一个横弓。横弓由骰骨、3 块楔骨和跖骨连接而成,横弓呈半穹窿形,其足底的凹陷朝内,当两组紧紧并拢时,则形成一完整的穹隆[1]。跗跖关节(Tatsometatarsaljoint)又称 Lisfranc 关节(由三块楔骨和骰骨的前端与 5 块跖骨的底构成[1])。

足弓破坏通常见于足损伤致跗骨、跖骨或根骨骨折后畸形愈合,致足弓测量点移位、破坏、缺失,也可见于维持足弓的肌肉、韧带严重损伤(挛缩、毁损、缺失)影响足弓测量点。横弓破坏(横弓最高点异常)应存在 Lisfranc 关节损伤[2]。

足弓破坏的认定原则:首先应确定存在足弓破坏的损伤基础,其次应具有明确的临床表现,且经检验其足弓测量值异常,方可判定为“足弓破坏”。一足内侧纵弓角、外侧纵弓角、前弓角、后弓角或者横弓最高点中任一测量值显示异常,则说明“足弓部分破坏”[3]。

本例伤者 Lisfranc 关节组成骨骨折,存在横弓破坏的基础。经治疗,1 年后 CT 检查示:后遗右足第 2、3 跖骨基底部局部骨质缺损、横弓结构破坏。经测量,伤足横弓高度较健侧低 10% 以上。评定为十级残疾。

## 【评析】

导致足弓破坏的损伤基础理论上讲存在以下三种情形:①足损伤致跟、跗、跖骨等足弓结构组成骨损伤;②足损伤致维持足弓功能作用的肌肉、韧带严重损伤(挛缩、毁损、缺失);③足损伤致跟、跗、跖骨等足弓结构组成骨损伤及维持足弓功能作用的肌肉、韧带同时损伤。在损伤基础确定的情况下,还应存在明确的临床表现及相应的足弓测量值异常。

本案例伤者右足损伤致横弓破坏无疑。关键是如何认定的问题。相关行业标准[3]关于横弓破坏的测量有明确规定:应行双足 MSCT 扫描并多平面图像重组,在标准横断面图像中,以第 1 和第 5 跖骨低点作一连线,取伤足横弓最高点(一般位于第 2 和第 3 跖骨基底部低点)至上述连线作垂直线,测量其长度,并与健足比较,以判定是否存在最高点异常。鉴定实践及专家共识将伤侧上述所测数值较健侧高出或低于 10% 以上,作为符合《人体损伤致残程度分级》标准中 5.10.6.18 条(十级残疾)的要件。该案例测量数值符合上述标准。需要说明的是:本案例之所以以第 3 跖骨基底部低点至第 1 和第 5 跖骨低点连线的垂直线作为伤足横弓最高点的依据,是因为经审阅伤者伤后 CT 片示:第 3 跖骨基底部骨折较其他跖骨损伤严重,故按上述测量数值与健侧比较更有说服力。无论上述所测数值高出或低于健侧均属异常,即足弓部分破坏。

### 参考文献

[1] 丁文龙,刘学政. 系统解剖学[M]. 9 版. 北京:人民卫生出版社,2018.

[2] 夏文涛.《法医临床影像学检验实施规范》及实践中相关问题探讨[Z]. 济宁:2021 年首届山东省法医影像学高级研修班培训资料,2009.

[3] 中华人民共和国司法部. 法医临床影像学检验实施规范:SF/T0112 - 2021 [S]. 2021.

# 案例15：胫腓骨骨折残疾程度重新评定1例

关键词：法医学；交通事故；胫骨骨折；腓骨骨折；骨折不愈合

## 一、案例资料

### （一）简要案情

张某，女，36岁，2021年12月5日因交通事故致伤左下肢，入住某3乙医院手术治疗。因骨折断端间隙扩大，无骨痂生成，某鉴定所初次鉴定为八级残疾。被告以伤者具有手术适应征而尚未采取二次植骨手术治疗，未达治疗终结为由申请重新鉴定。伤者二次入某3甲医院行植骨手术，现二次手术后已半年。审判庭委托鉴定机构根据《人体损伤致残程度分级》对张某进行残疾等级评定。

### （二）病历摘要

**1. 第一次住院摘要**

2021年12月5日，张某因交通事故致伤左下肢疼痛、活动不能1小时入院。查体：青年女性，痛苦貌，左小腿内侧见约15cm横行伤口，渗血，胫骨骨折断端外露。左踝及左足软组织明显肿胀、压痛。左下肢皮肤感觉大致正常，足背动脉搏动有力。X线检查示：左胫骨粉碎性骨折；左腓骨骨折，断端错位、分离；左内踝骨折（图4－15－1A）。完善术前准备，当日行“左胫骨骨折切开复位，克氏针固定游离骨块，外固定架装置固定术”“左腓骨切开复位髓内针固定术”“左内踝切开复位空心钉固定术”（图4－15－1B）。住院治疗30天。

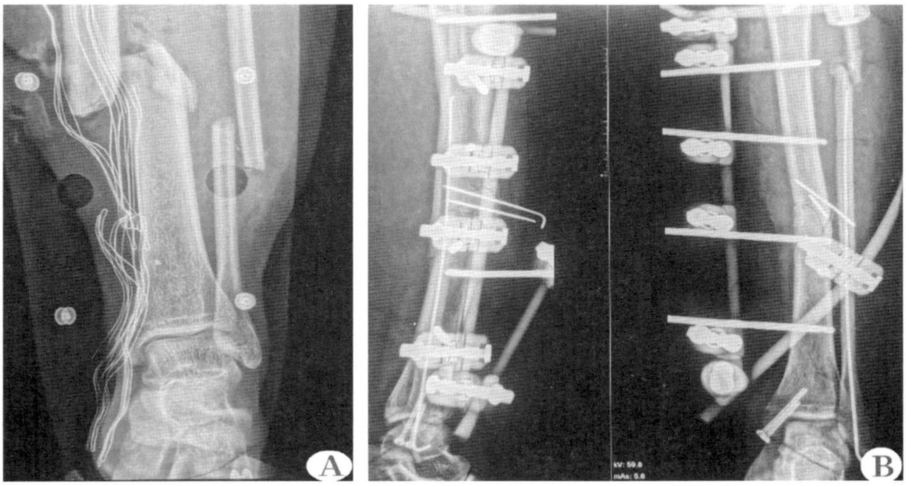


**图 4－15－1　伤后当日左小腿 X 线片**

A：受伤当日（术前）。B：克氏针固定＋外固定固定术后。

**2. 2022 年 8 月 5 日某三甲医院左小腿 X 线复查**

8 个月前因左胫骨开放性骨折行骨折切开复位内固定及外固定架固定，克氏针已拔出，外固定架在位，左腓骨骨折断端大量骨痂形成。左胫骨骨折断端无骨痂形成，骨折间隙骨质缺损。呈骨不连征象。

**3. 2022 年 12 月 10 日某三甲医院左小腿 X 线复查**

左胫腓骨骨折术后 1 年，左腓骨骨折断端愈合，左胫骨骨折断端分离，骨质缺损约 2cm 宽，断端无骨痂生成（图 4－15－2A）。

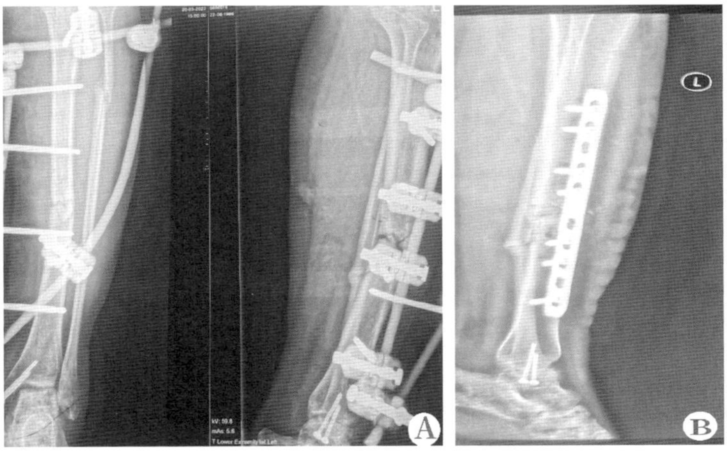


**图 4－15－2　伤后 1 年左小腿 X 线片**

A：伤后 1 年（二次植骨术前）。B：二次植骨术后

## 二、第一次鉴定

### （一）鉴定过程

**1. 检验日期**

于伤后 1 年进行法医学检验。

**2. 体格检查**

青年女性，一般情况良好，自行步入检查室。左小腿前可见一长约 22cm 陈旧性纵行手术瘢痕，左内踝见一长约 6cm 手术瘢痕，左小腿中远段见长约 16cm 横行手术瘢痕，均愈合良好。

**3. 影像学阅片**

术后 1 年 X 线复查示：断端部分骨质缺损（宽约 2cm），无骨痂生成。

### （二）鉴定意见

外伤致左胫骨骨折，骨不连，评定为九级残疾。

## 三、重新鉴定

### （一）病历及影像学检查

张某于 2022 年 12 月 20 日入住某三甲医院，入院后拆除外固定架，完善术前准备，于 2022 年 12 月 23 日行“左胫骨骨缺损自体髂骨植骨、富血小板血浆治疗、钢板内固定术”（图 4－15－2B）。

植骨术后半年左小腿 X 线片示：胫骨及内踝内固定在位，骨折断端对位、对线良好，胫骨中断大量骨痂形成，两断端骨密度增高；内踝骨折线消失，大量骨痂形成（图 4－15－3）。

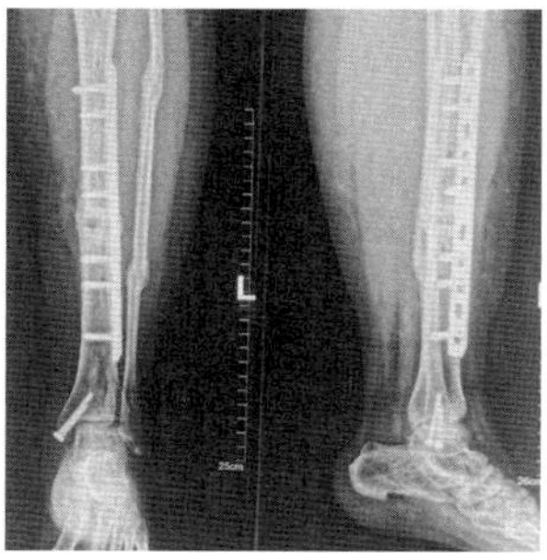


**图 4－15－3　植骨术后半年左小腿 X 线片**

植骨术后 1 年左小腿 X 线片示：胫骨中下段及内踝示金属内固定，骨折断端对位、对线良好，胫骨中段大量骨痂，骨折线消失；左内踝骨折线消失；左腓骨骨折对位、对线可，梭形骨痂形成(图 4－15－4)。

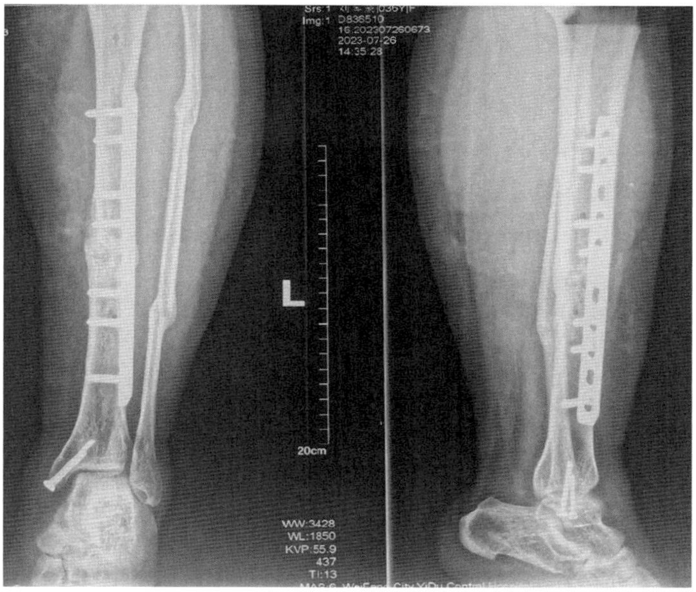


**图 4－15－4　植骨术后 1 年左小腿 X 线片**

(二)鉴定意见

外伤致左胫骨骨折骨性愈合，不构成残疾。

## 四、讨论

骨折经过治疗，超过一般愈合时间(9 个月)，且经再度延迟治疗(时间 3 个月)，仍达不到骨性愈合，称之为骨折不愈合(Nonunion)。骨折不愈合根据 X 线平片表现分为肥大型和萎缩型两种。前者 X 线平片表现为骨折端膨大、硬化，呈象足样。后者骨折端无骨痂，断端分离、萎缩，说明骨折端血运差，无骨再生，骨髓腔被致密、硬化的骨质所[1

不连接往往是由于外科医生的无能，而不是骨细胞的无能，所以是能够避免

如果确实固定能保持足够时间，所有骨折是能够最终连接的。若骨不连接，

是手术刺激骨修复，至今仍常被使用的是 Phemister 所惯用的骨移植术。对

这类骨移植的有效作用毋容置疑[2]。

对大关节组成骨骨折后骨不连接的情形,应注意须同时满足以下条件:①该骨折在损伤后已经采取符合临床一般治疗原则的治疗措施;②鉴定时距离骨折损伤已满 12 个月,且骨折仍不能愈合,医学影像学检验发现骨折端硬化,继续自行愈合机会极小;③针对骨折不连接,若具有实施手术适应征且不存在手术禁忌征的,已经采取至少一次手术治疗,若无法(或难以)手术的,也已经采取适当的非手术治疗,且经上述针对性治疗后骨折仍无愈合迹象;④经委托人确认或者被鉴定人本人同意其伤情已治疗终结,经评估继续治疗价值不大或很可能仍无法(难以)治愈。确认为肢体大关节组成骨骨折后骨不连接的,该骨折以远(以下)相邻肢体大关节的功能视为丧失 75% 以上[3]。

本案例中,伤者因交通事故致左胫腓骨粉碎骨折,左内踝骨折。经骨折切开复位内固定后 1 年内 X 线复查示:左胫骨骨折断端无骨痂形成,且分离,间隙约 2cm。据此,评定为九级伤残。但骨不连的认定未能满足上述四要件,属于证据明显不足,故启动重新鉴定。经二次植骨手术后,伤者胫骨骨折已达骨性愈合,骨折线消失。达到评残条件,不构成残疾。

## 【评析】

本案例初次评定为九级残疾的主要依据是《〈人体损伤致残程度分级〉适用指南》有关解释,但未能准确理解其全部含义。其中解释④经委托人确认或者被鉴定人本人同意其伤情已治疗终结。笔者提出自己的看法与大家商榷:是否认定为治疗终结应当符合科学,即基础医学与临床医学所涉及的专门知识,应当由相应技术规范作出认定。而“经委托人确认或被鉴定人本人同意”与“通则”中“司法鉴定机构和司法鉴定人进行司法鉴定活动,应当尊重科学,遵守技术操作规范”的精神相悖。

### 参考文献

[1]陈孝平,汪建平,赵继宗.外科学[M].9 版.北京:人民卫生出版社,2018.

[2]吴肇汉,秦新裕,丁强.实用外科学[M].4 版.北京:人民卫生出版社,2020.

[3]司法部司法鉴定管理局　最高人民法院司法行政装备管理局.《人体损伤致残程度分级》适用指南[M].北京:法律出版社,2016:274.

# 案例16：外伤致寰椎骨折残疾程度鉴定1例

关键词：法医学；寰椎骨折；寰枢关节半脱位；残疾程度

## 一、案例资料

### （一）简要案情

井某，女，58岁，某年11月21日因交通事故致伤头、颈、胸部，伤后意识不清，醒后感头痛、头晕伴胸痛，颈部活动明显受限。急入院并明确诊断后住院治疗20天，审判庭委托鉴定机构进行残疾等级程度鉴定。

### （二）病历摘要

住院日期：某年11月21日至12月11日。

入院时情况：1小时前因交通事故致伤头、颈、胸部，即感伤处疼痛剧烈，活动受限，在外未行处理，急入院。查体：中年女性，神清语利，额部见皮肤裂伤，已清创缝合包扎；颈部明显压痛，活动受限；呼吸动度降低，右侧胸部压痛，四肢肌力、肌张力正常。

头、颈、胸部CT平扫示：双侧顶叶脑挫裂伤；双侧顶部皮下血肿；颈1椎体前后弓骨折、寰枢椎半脱位；右侧第1~5肋骨骨折。

颈椎MRI平扫示：寰枢椎间隙见条斑片状STIR高信号，C4~C5、C5~C6椎间盘向后突出约2mm、2.5mm，硬膜囊受压变形，C4~C5节段脊髓内斑片状稍长T2信号，咽后壁至C4水平椎前软组织增厚呈长T2信号，C2~C5节段棘突周围软组织不均匀长T2信号，边界不清。入院后完善相关检查，给予持续颌枕带牵引，消肿、止痛药物治疗。

出院医嘱：继续绝对卧床，颌枕带牵引四周；出院后1月、3月、6月、1年门诊复查。

## 二、法医学鉴定

### (一)鉴定过程

**1. 检验日期**

次年 8 月 23 日。

**2. 被鉴定人自诉**

颈部前、后,左、右活动时疼痛、受限。

**3. 体格检查**

中年女性,一般情况可,头颅无畸形,颈部活动受限,前屈 30°,后伸 35°,左屈 30°,右屈 35°,左旋 50°,右旋 55°。四肢肌力、肌张力正常,生理反射存在,病理征阴性。计算颈部活动度丧失 23.8%。

**4. 影像学阅片**

某年 11 月 21 日(损伤当日)颅脑、颈部、胸部 CT 平扫示:右额顶叶脑沟、右侧裂池、纵裂池左额叶脑沟见条形高密度影;寰椎前后弓骨折,前弓断端分离;寰枢椎齿突与寰椎侧块之间间隙不对称,右侧较对侧宽(图 4 - 16 - 1)。

次年 8 月 24 日(伤后 9 个月)颈椎 CT 平扫示:寰椎后弓骨性愈合,对位良好;前弓骨折断端对位差,形态欠规整;齿状突与左、右侧块间距不等,右侧 ab = 6.3mm,左侧 cd = 3.2mm(图 4 - 16 - 2)。

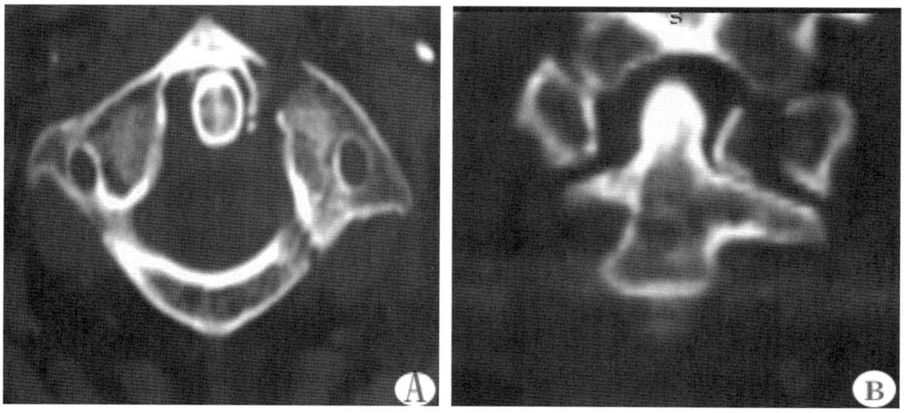


**图 4 - 16 - 1　损伤当日颈椎 CT 平扫图片**

A:轴位,寰椎前后弓骨折,前弓断端分离;寰枢椎齿突与左、右两侧块间间距不等,右侧较对侧宽。B:冠状位,左侧侧块骨折,左侧寰椎与寰枢椎间隙失常。

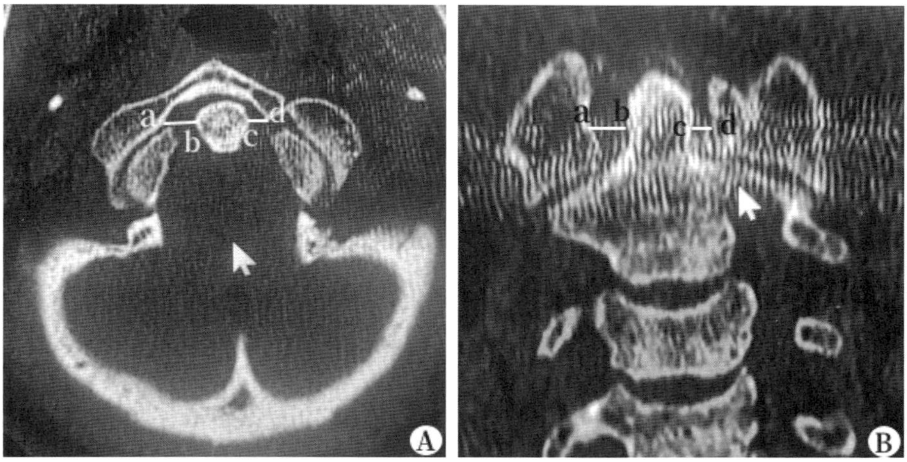


**图 4-16-2　次年 8 月 24 日(损伤后 9 个月)颈椎 CT 平扫图片**

A:轴位。B:冠状位,寰椎骨折,骨质呈连续征象,形态不规整;齿状突与左、右侧块间距不等,右侧 ab = 6.3mm,左侧 cd = 3.2mm,提示:寰椎骨折畸形愈合,寰枢关节半脱位。

### (二)鉴定意见

被鉴定人因外伤致寰椎骨折、寰枢关节半脱位,遗留活动功能丧失 23.8%,评定为十级残疾。

## 三、讨论

寰椎骨折,多系垂直挤压暴力引起,由垂直于寰椎前后弓与侧块组成的环状结构的瞬间纵向暴力作用于两侧块或者寰椎前后弓与两块交界皮质骨薄弱处而发生骨折。大部分学者将寰椎骨折分为 5 种类型:①单纯寰椎前弓骨折;②单纯寰椎后弓骨折;③寰椎前后弓复合骨折(Jefferson 骨折);④单纯寰椎侧块骨折;⑤单纯寰椎横突骨折。目前,薄层 CT 是诊断寰椎骨折的最好方法,可以清楚地显示寰枢椎骨性结构变化;CT 矢状位图像重建、三维重建可以清晰地显示重建骨折形态。MRI 检查可以观察寰椎横韧带断裂及脊髓损伤情况[1]。

寰椎前后弓骨折:即 Jefferson 骨折。骨折块向椎管四周移位,不压迫颈髓,不产生脊髓受压症状。

寰枢椎脱位:寰枢椎可以无骨折,但因寰枢横韧带、翼状韧带、齿突尖韧带断裂,而致寰枢椎齿突与寰椎前弓间发生脱位[2]。

寰枢关节脱位时常出现脊髓损伤,可致命或发生四肢瘫痪。急性的寰枢关节半脱位则较少出现脊髓压迫症状,仅表现为颈部的疼痛和颈部偏斜。临床上常见的半脱位压迫脊髓的患者多为迟发性或陈旧性。根据C1移位程度寰枢关节半脱位可分为四种类型。Ⅰ型:C1相对于C2前移位小于3mm;Ⅱ型:C1相对于C2前移位3~5mm;Ⅲ型:C1相对于C2前移位大于5mm;Ⅳ型:C1相对于C2后移位。寰椎横韧带损伤主要是通过影像学测量寰齿间距(Atlas Dens Interval,ADI)这一指标来进行诊断。在成人,ADI一般不超过3mm,并且颈椎伸屈时无改变,当ADI为3~5mm时,可诊断为横韧带撕裂,寰枢关节不稳;当ADI为5~10mm时,提示横韧带有断裂,且有部分辅助韧带撕裂;当ADI为10~12mm时,则可确诊为横韧带全部撕裂。CT和MRI有助于明确脱位程度和脊髓受累情况[1]。

如何认定是否属于"创伤性寰枢关节脱位"?相关技术规范[3]作出了较为详尽的论述:①有明确的颈部外伤史及致伤方式;②存在相应临床症状及体征;③损伤初期MRI检查见软组织和/或关节周围韧带损伤及滑膜积液、水肿信号;④有确切的影像学证据支持,即满足"寰枢关节脱位的影响学认定"条件,比如:寰枢椎齿突与寰椎两侧块之间间距相差>3.0mm,或寰枢椎齿突前缘与寰椎前弓后缘之间间距>3.0mm;⑤排除体位不正和成像不对称造成的伪像。

本案例中,伤者有明显的头颈部外伤史,伤后CT检查证实:除严重的颅脑损伤外,颈部损伤致寰椎Jefferson骨折。MRI检查示:寰枢椎间隙及颈前软组织广泛损伤,暴力程度较重。经住院治疗、颌枕带牵引,伤后9个月检查,寰椎骨折畸形愈合,寰枢关节半脱位,导致颈部功能障碍,活动度丧失达20%以上,根据《人体损伤致残程度分级》附则6.1条规定,依据附录A.7七级残疾的划分依据,比照5.10.6.1)条"枢椎齿状突骨折,影响功能"之规定,评定为十级残疾等级。

## 【评析】

寰椎,呈环状,无椎体、棘突和关节突,由前弓、后弓及侧块组成。前弓较短,后面正中有齿突凹,与寰枢椎的齿突相关节。侧块连接前后两弓,上面各有一椭圆形关节面,与枕髁相关节[4]。寰椎的这一特殊解剖结构,决定了寰椎的损伤必然会影响颈部的活动度,实际上影响的是头部活动。而2017年实施的《人体损伤致残程度分级》既无"寰枢关节半脱位"评定残疾程度的条款,也无"寰椎骨折"评定残疾程度的条款。《人体损伤致残程度分级》(送审稿)有相关条款,鉴于尚未正式颁布实施,只能参照最相近条款

5.10.6.1条，评定为十级残疾。另外，在认定寰枢关节半脱位时注意排除体位(头位)不正造成的伪像，可通过颈部CT三维重建对体位进行确认。

## 参考文献

[1]吴肇汉，秦新裕，丁强．实用外科学[M].4版．北京：人民卫生出版社，2020.

[2]陈孝平，汪建平，赵继宗．外科学[M].8版，人民卫生出版社，2019：685.

[3]中华人民共和国司法部．法医临床影像学检验实施规范：SF/T 0112-2021[S].2021.

[4]丁文龙，刘学政．系统解剖学[M].9版．北京：人民卫生出版社，2018.

# 案例 17：骨骺损伤致残疾程度等级重新评定 1 例

**关键词**：法医学；交通事故；骨骺粉碎骨折；骺板

## 一、案例资料

### （一）简要案情

马某，男，14 岁，2021 年 7 月 9 日因交通事故致伤右下肢，急入 A 医院行 X 线检查后诊断为：右胫腓骨粉碎性骨折；右内外踝骨折；右踝皮肤裂伤。给予简单包扎后转 B 医院，急诊检查示：右胫腓骨开放性骨折；右内外踝粉碎性骨折。行"右胫腓骨、内外踝清创探查 + 切开复位内外固定术"。伤后半年 A 鉴定机构出具鉴定意见：马某右下肢损伤评定为十级残疾。被鉴定人以鉴定程序严重违法为由要求重新鉴定，审判庭委托鉴定机构根据《人体损伤致残程度分级》对马某右下肢损伤所致残疾重新鉴定。

### （二）病历摘要

**1. A 医院诊疗记录**

住院日期：2021 年 7 月 9 日。

入院时情况：1 小时前车祸伤及右小腿，伤处疼痛、右踝部伤口流血，由"120"接入我院。查体：右小腿、右足肿胀、畸形，右内踝见皮肤裂口，出血，皮肤感觉正常。右胫腓骨正位（包踝）、右膝关节正位示：右胫腓骨下段粉碎性骨折，右内外踝骨折；右膝关节未见明显外伤性改变。

处理意见：收住院手术治疗，患者家属要求转上级医院治疗。

**2. B 医院住院记录摘要：**

住院日期：2021 年 7 月 9 日～24 日，共 15 天。

入院时情况：4 小时前车祸致伤右小腿，即感伤处疼痛流血、活动障碍，于当地医院检查后急来我院。查体：右内踝处长约 7cm 横行裂口，创缘不齐，断端不整，创口内大量脂肪组织外露，周围皮肤挫伤严重，肢体严重肿胀，远端足背动脉未触及，肢体血运正常。诊断：右胫腓骨开放性骨折；右内外踝粉碎性骨折。

诊疗经过：入院后完善相关检查，急诊行“右胫腓骨、内外踝清创探查 + 切开复位内外固定术”，后行“右小腿外固定调整 + PRP 植入术”。

出院诊断：①右胫腓骨开放性骨折；②右内外踝粉碎性骨折（右内踝骨骺损伤）；③头面部外伤。

## 二、第一次鉴定

### （一）鉴定过程

**1. 检验日期**

于伤后半年进行法医学检验。

**2. 体格检查**

少年男性，14 岁，拄拐入检室。查体：神志清，精神可，右胫前纵行 15cm × 0.5cm 手术瘢痕，右内踝见 8cm × 7cm 皮肤挛缩瘢痕，右外踝见约 8cm × 0.7cm 纵行手术瘢痕。右胫骨下段内、外、前见多个克氏针拔出后遗留痕迹。右踝关节功能障碍，右踝关节背伸 10°（左 25°），跖屈 20°（左 45°），其余肢体诸关节活动正常。

### （二）鉴定意见

被鉴定人右下肢损伤后遗右踝关节功能障碍，关节活动度丧失 50% 以上（58%），根据《人体损伤致残程度分级》5.10.6.12）条规定，评定为十级残疾等级。

## 三、重新鉴定

### （一）鉴定过程

**1. 检验日期**

2022 年 4 月 9 日。

**2. 体格检查**

少年男性，15 岁，步行入检室。查体：神志清，精神可。右胫前纵行 13cm × 0.4cm 手术瘢痕，右内踝见 8cm × 6cm 皮肤挛缩瘢痕，右外踝见约 8cm × 0.5cm 纵行手术瘢痕。右胫内、外、前不见多个克氏针拔出后遗留痕迹。右踝周皮肤颜色较正常略深，右踝关节轻度功能障碍，右踝关节背伸 15°（左 25°），跖屈 25°（左 45°），其余肢体诸关节活动正常。

(二)手术记录摘要

患者取仰卧位,常规消毒铺巾,手术开始:……,踝管表面韧带破裂,内容物露出,探查见各肌腱及神经均有明显挫伤,创口层面未见明显肌腱及神经断裂征象,连续性尚好。将内踝创口向远端延长,暴露内踝骨折断端,见断端粉碎并有骨质缺损,复位后克氏针固定,于胫骨骨折断端处做切口,暴露断端,见断端粉碎并伴有骨质缺损,以克氏针固定后打入外固定。于外踝前方处做切口,暴露腓骨骨折断端,见腓骨尖及腓骨均粉碎,有长约2cm 骨质缺损,予以贯穿克氏针固定……

(三)影像学阅片

①2021 年 7 月 9 日(损伤当日)X 线检查示:右胫腓骨下段粉碎性骨折;右内踝(右胫骨远端内侧骨骺)见数条骨折线,骨折线累及骺板,并见多个骨折块;右外踝(右腓骨远端骨骺)呈粉碎性骨折(图 4-17-1A)。

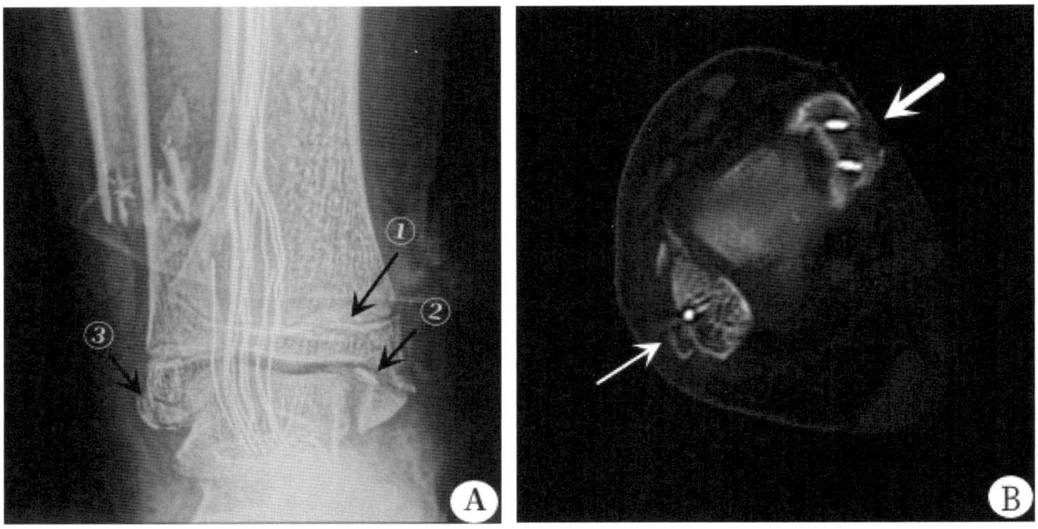


**图 4-17-1　伤后(A)及术后(B)影像学检查**

A:伤后当日 X 线检查,右胫骨远端干骺端骨折、内侧骨骺粉碎性骨折,骺软骨板纵向挤压;右腓骨远端骨骺粉碎性骨折。B:术后 CT 扫描(轴位)显示,右胫骨远端内侧骨骺粉碎性骨折,两枚克氏针固定(粗箭头);右腓骨远端骨骺粉碎性骨折,克氏针固定(细箭头)。

②2021 年 7 月 11 日术后右胫腓骨 CT 扫描+三维重建:胫骨骨折断端对位、对线良好,内固定在位,外置支架影;腓骨骨折对位、对线可,内固定在位。内踝骨折断端对位、对线可,内固定在位,外踝内固定在位(图 4-17-1B、图 4-17-2A、B)。

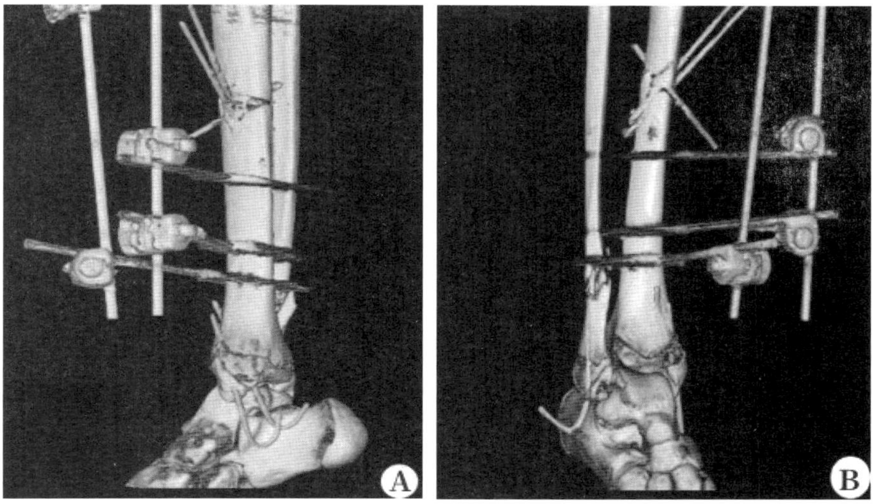

**图 4－17－2　术后三维重建图**

A：三维重建显示右胫骨内侧骨骺多个骨折块及克氏针内固定；B：三维重建显示右腓骨骨骺多个骨折块及内固定。

③2022 年 4 月 8 日双踝关节正位片示：右胫腓骨远端骨折线消失，双踝关节间隙正常；左胫骨远端内侧及左腓骨远端干骺端与骨骺之间见透亮影，右胫骨远端内侧及右腓骨远端干骺端与骨骺之间见密度增高线影（图 4－17－3A、B）。

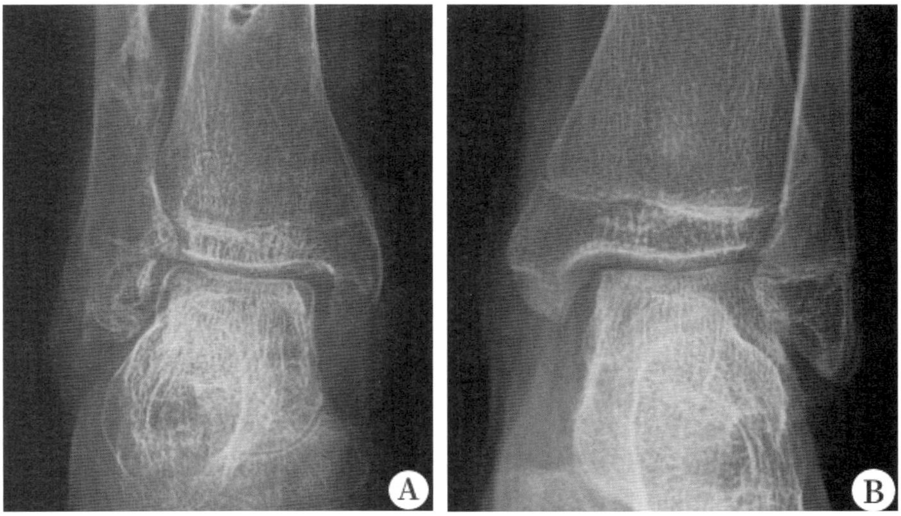

**图 4－17－3　2022 年 4 月 8 日双踝关节正位片**

A：右踝关节正位片，右胫骨远端内侧及右腓骨远端干骺端与骨骺之间见密度增高线影，提示：骺板已骨化。B：左踝关节正位片：左胫骨远端内侧及左腓骨远端干骺端与骨骺之间见透亮影，提示：骺板尚未闭合。

（四）重新鉴定意见

被鉴定人右下肢损伤，根据《人体损伤致残程度分级》5.9.6.4）条规定，评定为九级残疾。

## 四、讨论

儿童骺板损伤颇为常见，从新生儿到骨发育成熟前皆可发生。骺板损伤有时比较困难，临床易误诊或漏诊。对儿童关节部位损伤首先应考虑到骺板损伤，因儿童期骺软，骨板的强度远不及关节囊及韧带，肌腱和韧带的强度是骺板的2~5倍，当作用于关节部位的暴力尚不足以引起韧带及关节囊损伤之前，已经超过了骺板所承受的程度。因此，儿童期关节部位的损伤首先要考虑骨骺损伤的可能性。对骨骺损伤的司法鉴定出现错鉴、误鉴、漏鉴的情况较常见，主要原因是：①临床医生对儿童骨骺损伤的状况缺乏一定的认识；②对青少年四肢长骨干骺端的骨折虽已累及骨骺，但报告中提及的比较少见；③部分鉴定人对骨骺解剖结构缺乏了解。上述原因导致对儿童及青少年骨骺损伤出现错鉴、误鉴、漏鉴的发生[1]。

法医临床影像学报告通常也称为鉴定人的“阅片所见”，应包含影像学资料的客观信息，描述损伤的部位、形态以及能够反映损伤性质、程度及转归等影像学变化的特征，并给出法医临床影像学诊断或者诊断性提示。当影像学意见不明确或存有争议时，应邀请相关医学影像学专家提供专业咨询，由鉴定人综合形成最终认定意见[2]。

有关文献显示[3]：《人体损伤致残程度分级》5.9.6.4）条中“四肢长骨骨骺粉碎性骨折”是指四肢长骨骨骺可见两条以上骨折线，碎裂成三块以上；或者四肢长骨两条以上骨折线累及骺板。小儿骨骺（骨化中心）尚未出现时四肢长骨两条以上骨折线累及骨骺始发部位，也可视为骨骺粉碎性骨折。

骨骺损伤是儿童及青少年时期特有的损伤。包括骺板、骨骺、骺板周围环的损伤。由于临床医师对上述损伤在法医学鉴定中的重要性认识不足（这也是其行业特点所致），而鉴定人对骨骺损伤的影像学表现往往不够专业，导致骨骺损伤在法医学鉴定中成为难点。本案例由于外伤导致骨骺粉碎性骨折，但初次鉴定时鉴定人没有完整阅片，或者说没有邀请影像学专家提供专业咨询，整个鉴定过程均未提及“骨骺损伤”，仅根据踝关节活动度丧失程度评定为十级残疾。重新鉴定时，鉴定人对伤者伤后及术后影像学资料进行了完整的解读从而得出“右胫骨远端内侧骨骺及右腓骨远端骨骺粉碎性骨折”的结论,进而根据有关规定评定为九级残疾。关节活动度丧失程度达不到50%,不够残,这也与影像学表现相吻合,因为从影像学资料来看:右踝关节间隙正常,踝周部分瘢痕远达不到残疾程度。

本案例再次昭示了影像学在法医学鉴定中的极其重要性。

## 参考文献

[1]郭满珍. 人体损伤医学影像学与司法鉴定[M]. 1版. 郑州:郑州大学出版社,2022.

[2]中华人民共和国司法部. 法医临床影像学检验实施规范:SF/T0112－2021[S]. 2021.

[3]司法部司法鉴定管理局　最高人民法院司法行政装备管理局.《人体损伤致残程度分级》适用指南[M]. 北京:法律出版社,2016.

# 案例 18：双侧跟骨粉碎性骨折残疾等级重新评定 1 例

**关键词**：法医临床学；距下关节；跟骨粉碎性骨折；跟骨骨折畸形愈合

## 一、案例资料

### （一）简要案情

刘某，男，40 岁，2022 年 11 月 28 日因从高处坠落致伤双足跟部，当即疼痛难忍、不敢活动，急入院诊断为双侧跟骨粉碎性骨折并住院治疗。入院后完善相关辅助检查，于 2022 年 12 月 7 日行"双侧跟骨骨折切开复位钢板内固定术"。伤后半年 A 鉴定机构出具鉴定意见：刘某双足跟骨粉碎性骨折畸形愈合，评定为九级残疾。被告认为：伤者右侧跟骨虽为粉碎骨折，但经手术治疗未达畸形愈合相关标准，即仅左侧跟骨符合畸形愈合，应评定为十级残疾。审判庭委托鉴定机构根据《人体损伤致残程度分级》对刘某双侧跟骨粉碎性骨折残疾等级重新鉴定。

### （二）病历摘要

某三甲医院住院病历摘要：

因双足跟部摔伤后疼痛、不敢活动入院。查体：双侧足跟部局部肿胀明显，活动受限，可闻及骨擦音，双下肢足背动脉搏动可，皮温、皮色正常。

双足 CT 扫描 + 三维重建示：双足跟骨骨质多发连续性中断，断端稍移位、错位，周围软组织肿胀，可见多发游离骨片影；左足骰骨骨质欠规整、欠连续，断端稍分离、移位（图 4 – 18 – 1）。

2022 年 12 月 7 日"双侧跟骨骨折切开复位内固定术"记录摘要如下：……，取右侧跟骨外侧 L 形切口，长约 15cm，依次切开皮肤及皮下组织，钝性分离骨膜，显露跟骨及骨折线，克氏针钻入后撬拔复位，克氏针临时固定，透视见跟骨复位良好，使用钢板螺钉进行固定，透视见跟骨骨折复位满意，钢板位置良好，……。同法处理对侧跟骨，见骨质部分缺如，行人工骨植骨，透视见骨折复位满意，钢板位置良好，反复冲洗、仔细止血，放置引流瓶后间断缝合切口。

## 二、第一次鉴定

### (一)鉴定过程

**1. 检验日期**

2023 年 4 月 2 日。

**2. 体格检查**

中年男性，神清，查体合作，轮椅推入。右足跟外侧见长 14cm 手术瘢痕，左足跟外侧长约 15cm 手术瘢痕，双足跟肿胀，尤以左侧为著；双踝关节活动正常。

**3. 影像学阅片**

2022 年 11 月 28 日双足跟骨 CT 扫描示：右足跟骨见多条骨折线，断端少许移位，未累及距下关节，右骰骨骨质连续性中断，对位尚可；左足跟骨多条骨折线影，跟骨呈碎裂状，累及距下关节，左足骰骨骨质欠连续性中断，断端稍分离、移位(图 4－18－1)。

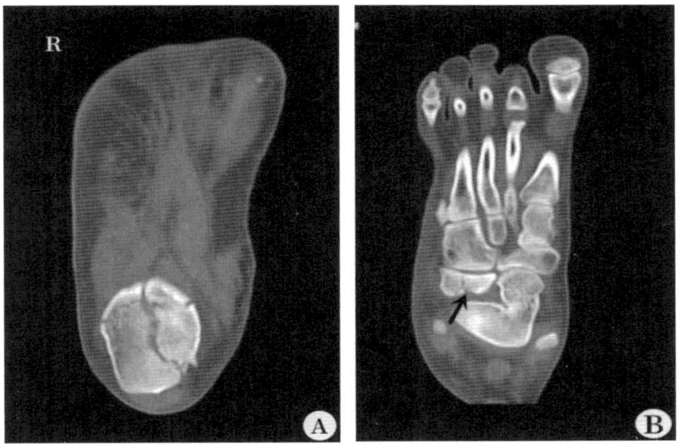

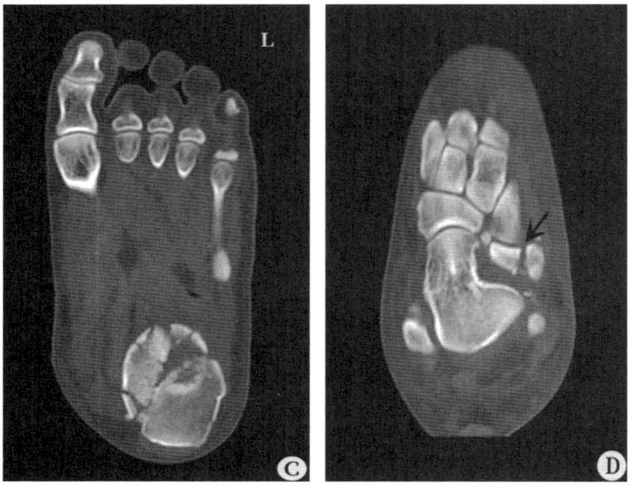


**图 4 –18 –1　2022 年 11 月 28 日双足跟骨 CT 检查图**

A:右足跟骨粉碎性骨折。B:右足骰骨骨折。C:左足跟骨粉碎性骨折,部分骨质缺如。D:左足骰骨骨质连续性中断,断端分离。

2023 年 4 月 2 日双足跟骨 CT 复查示:右足跟骨内固定在位,骨折线模糊,骨质密度减低,距下关节跟骨侧密度增高影;左跟骨内固定在位,骨折断端密度增高,两断端呈分离状,间隙 >2mm,骨质密度高低不均(图 4 –18 –2)。

## (二)鉴定意见

被鉴定人双侧跟骨粉碎性骨折并畸形愈合,根据《人体损伤致残程度分级》5.9.6.13)条规定,评定为九级残疾。

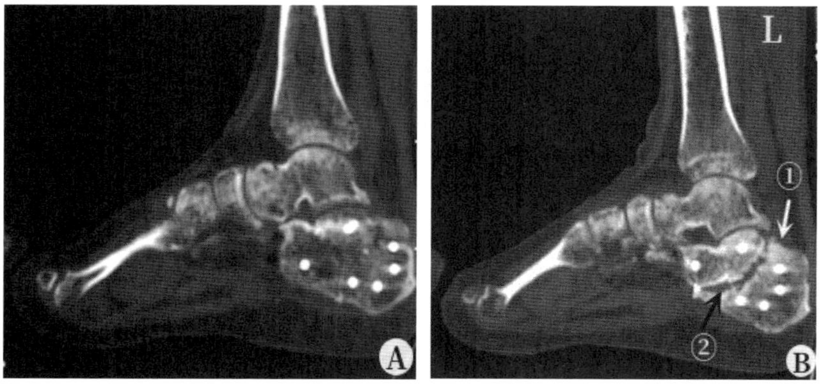


**图 4 –18 –2　2023 年 4 月 2 日双足跟骨 CT 检查图**

A:右足跟骨内固定在位,骨折线模糊,骨质密度减低,外形正常。B:左跟骨内固定在位,骨折断端硬化,两断端呈分离状,间隙 >2mm,骨质密度高低不均。

## 三、重新鉴定

### （一）鉴定过程

**1. 检验日期**

2023 年 6 月 7 日。

**2. 体格检查**

中年男性，神清，查体合作，轮椅推入。右足跟外侧见长 13cm 手术瘢痕，左足跟外侧长约 14.5cm 手术瘢痕，右足跟轻度红肿，左足皮肤肿胀；双踝关节活动正常。

**3. 影像学阅片**

①2022 年 11 月 28 日及 2023 年 4 月 2 日双足跟骨 CT 扫描示：同上述描述。

②2023 年 5 月 29 日双侧跟骨 CT 扫描示：右足跟骨内固定在位，骨折线消失，骨质密度稍减低，距下关节间隙正常；左跟骨内固定在位，骨质连续性中断，断端硬化、分离，间隙 >2mm，见碎骨片游离，骨质密度高低不均，距下关节面跟骨侧欠规整（图 4－18－3）。

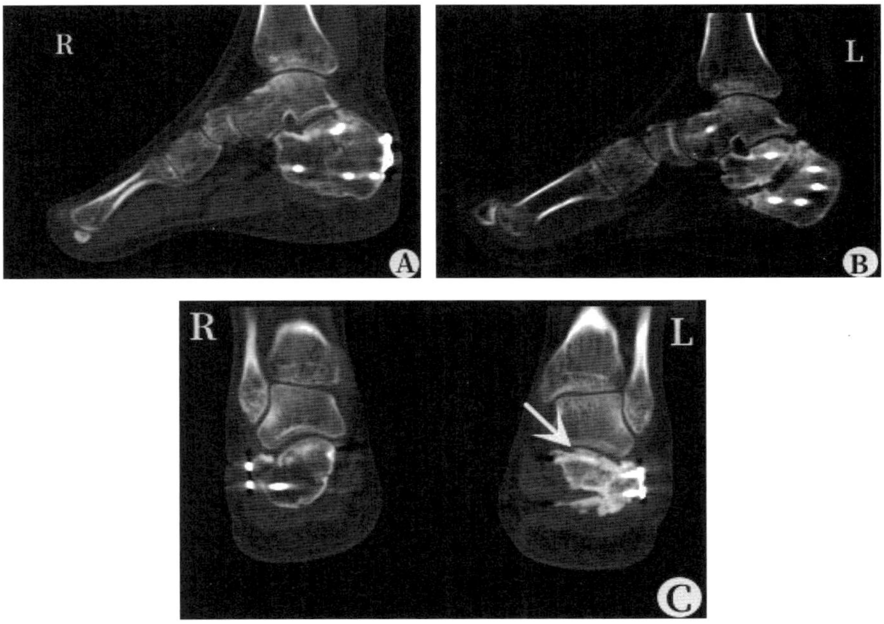


**图 4－18－3　2023 年 5 月 29 日双足跟骨 CT 检查图**

A：右足跟骨内固定在位，骨折线消失，距下关节间隙正常。B：左跟骨内固定在位，骨折断端密度增高，两断端呈分离状，见碎骨片游离，间隙 >2mm，骨质密度高低不均。C：冠状位 CT 扫描显示，右距下关节间隙正常，左距下关节间隙欠规整。

### (二)重新鉴定意见

被鉴定人双足跟骨粉碎性骨折,左跟骨后遗畸形愈合,根据《人体损伤致残程度分级》5.10.6.17)条规定,评定为十级残疾。

## 四、讨论

Sanders 制定了根据跟骨后关节面半冠状位 CT 扫描图像来分类的系统,该分类根据跟骨后关节面骨折块的数量和位置进行分类。Ⅰ型骨折是指无论有几条骨折线,但没有移位;Ⅱ型骨折是指后关节面损伤成两部分的骨折;Ⅲ型骨折是指后关节面损伤成 3 个部分的骨折;Ⅳ型骨折是指后关节面损伤成 4 个及 4 个以上的骨折块[1]。

跟骨骨折畸形愈合的认定原则是:影像学检验确证跟骨骨折后遗外侧缘膨隆、距下关节不平整或距骨相对踝关节发生倾斜等情形。跟骨骨折若疑有足弓破坏应按照"足弓破坏"的相关规定进行检验[2]。

本案例由于外伤导致双侧跟骨粉碎骨折,但初次鉴定时鉴定人没有完整阅片,或者说没有邀请影像学专家提供专业咨询,没有依据《法医临床影像学检验实施规范》完整分析跟骨骨折是否符合畸形愈合,评定九级残疾证据不足。重新鉴定时,鉴定人通过审阅伤者术后 4 个月双足跟骨 CT 元数据,并在此基础上进行相关影像学复查:左侧跟骨骨折断端呈分离状,愈合几无可能,距下关节面欠规整,属畸形愈合无疑。而右侧跟骨骨折经影像学检查显示骨折线已消失,跟骨形态正常,距下关节间隙正常,属正常愈合。故重新评定为十级残疾。

跟骨粉碎性骨折经手术治疗,一般达不到"足弓结构破坏"的影像学诊断规定的标准,本案例伤者进行 CT 扫描的同时进行双足 X 线侧位检查,经检查其内、外侧纵弓角均在正常范围(图 4－18－4、文末彩图 4－18－4)。

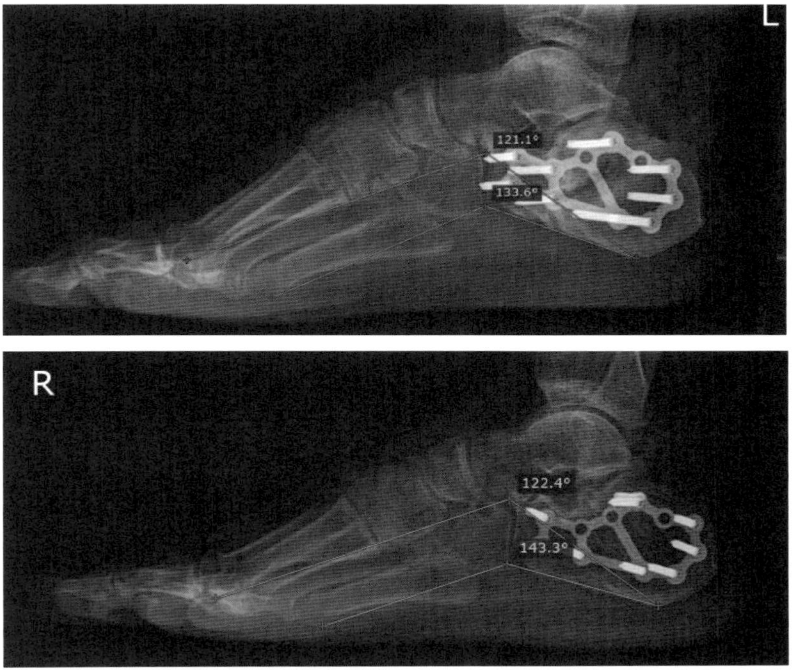


**图 4-18-4　上为左足，下为右足；内、外侧纵弓角均在正常范围**

## 参考文献

[1] 陈孝平，汪建平，赵继宗. 外科学[M]. 8 版，人民卫生出版社，2019.

[2] 中华人民共和国司法部. 法医临床影像学检验实施规范：SF/T0112－2021[S]. 2021.

# 案例19：桡骨远端骨折致伤方式鉴定1例

**关键词**:法医临床学;Colles 骨折;间接暴力;致伤方式

## 一、案例资料

### (一)简要案情

被鉴定人黄某,女,56 岁,2022 年 11 月 30 日自称被他人打伤。

### (二)病历摘要

住院日期:2022 年 11 月 30 日至 2023 年 1 月 1 日,共 31 天。

被鉴定人自述:被人打伤后右侧腕部疼痛伴畸形 5 小时。查体:右侧腕部肿胀明显,正面观呈“枪刺样”畸形,侧面观呈“银叉”改变,腕关节压痛(+),骨擦感(+),腕关节活动功能受限,右侧手部末梢循环存在,浅感觉存在。右侧腕关节正侧位片示:右侧桡骨骨折。

诊疗经过:予以手法复位石膏外固定。12 月 8 日复查腕骨提示右桡骨远端骨折位置较前移位,患者拒绝行手术治疗,再次予以复位、更换石膏。予以消肿、止痛等对症支持治疗。

出院诊断:右侧桡骨骨折。

## 二、法医学鉴定

### (一)鉴定过程

**1. 检验日期**

2023 年 6 月 25 日。

**2. 被鉴定人自诉**

系被对方拳头打到右腕部,过程中存在摔倒情况。

3. **体格检查**

神清，步入检查室，对答切题，查体合作。右腕关节外观尚可，右腕部压痛（+），腕关节活动受限。右手大小鱼际萎缩，各手指较为僵硬，2～5 指近侧指间关节部分屈曲、伸直受限。

4. **影像学阅片**

2022 年 11 月 30 日右腕关节 X 线示：右桡骨远端骨折，骨折线呈横斜形，骨折远端向桡、背侧移位，断端略嵌插（图 4－19－1）。

2022 年 12 月 2 日、12 月 8 日、12 月 25 日右腕关节 X 线示：右桡骨远端骨折手法复位后改变，骨折线呈横斜形，断端略嵌插，移位较前好转。

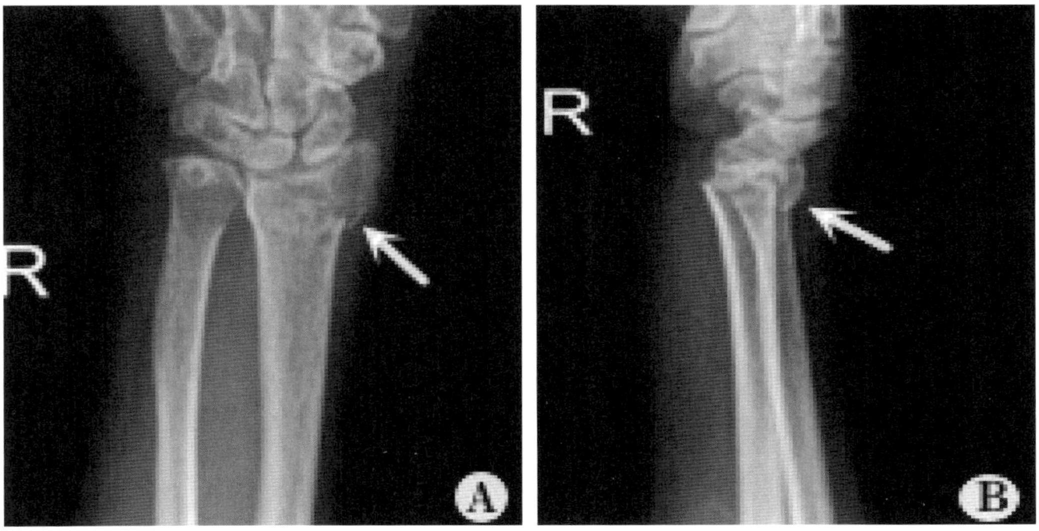


**图 4－19－1　2022 年 11 月 30 日 X 线图片**

A：骨折远端向桡侧移位，断端略嵌插。B：骨折远端向背侧移位。

5. **送鉴的现场监控显示**

肢体冲突过程中，黄某右上肢似乎与他人所持的铁锹在挥动过程中存在过接触，另外过程中存在右腕背伸、手掌撑地摔倒情况。

## （二）鉴定意见

被鉴定人黄某右桡骨远端骨折符合腕关节处于背伸、手掌着地（或接触面）时暴力向上传导所致。跌倒时右腕背伸、手掌撑地更容易形成，而遭他人直接击打则较难以形成。

## 三、讨论

桡骨远端骨折，多为间接暴力引起，跌倒时，手部着地，暴力向上传导，发生桡骨远端骨折。桡骨远端骨折根据受伤机制不同，可分为伸直型骨折、屈曲型骨折、关节面骨折伴腕关节脱位。

伸直型骨折，也称为Colles骨折，多为腕关节处于背伸位、手掌着地，前臂旋前时受伤，伤后可出现典型畸形姿势，侧面看呈“银叉”畸形，正面看呈“枪刺样”畸形。X线拍片可见骨折远端向桡、背侧移位，近端向掌侧移位。

屈曲型骨折，也称为Smith骨折，常由于跌倒时，腕关节屈曲，手背着地引起，也可由腕背部受到直接暴力打击发生。X线拍片可发现典型移位，骨折近端向背侧移位，远端向掌侧、桡侧移位。

桡骨远端关节面骨折伴腕关节脱位，也称为Barton骨折，多为在腕背伸、前臂旋前位跌倒，手掌着地，暴力通过腕骨传导，撞击桡骨关节背侧发生骨折，腕关节也随之向背侧移位。当跌倒时，腕关节屈曲、手背着地，可发生与上述相反的桡骨下端掌侧关节面骨折及腕骨向掌侧移位。

本案例中，黄某右桡骨远端骨折符合典型的伸直型骨折形态，即为腕关节处于背伸、手掌着地（或接触面）时暴力向上传导所致。结合案情材料，黄某右桡骨远端骨折由本次跌倒时右腕背伸、手掌撑地所更容易形成，而遭他人直接击打则较难以形成。

# 第五章
## 研究前沿

# 论文1：浅析肩关节功能障碍的法医学鉴定

**摘　要**：肩关节（盂肱关节）是人体运动中最灵活的关节，由肱骨头和关节盂构成，属于肩关节的骨性结构。维持肩关节正常运动功能还需依赖附着于肩关节周围的韧带、肌腱、肌肉在神经的支配下通过收缩引起肩关节的运动，从而完成外展、内收、内旋、外旋等多种功能。

**关键词**：法医学鉴定；肩关节；肩袖；肩关节活动度

## 一、肩关节的组成

肩关节也称盂肱关节，关节周围主要由关节囊、韧带、滑膜囊、肩关节周围肌、肩袖组成。

### （一）关节囊

起于关节盂及盂唇的周缘，前部有时可达喙突根部；向远侧上部止于解剖颈，下步止于肱骨干。关节囊由外表薄而松弛的纤维层和内面的滑膜层组成。

### （二）肩关节周围韧带

主要包括喙肩韧带、喙肱韧带和盂肱韧带。盂肱韧带包括盂肱上韧带、盂肱中韧带、盂肱下韧带。上述韧带的主要功能就是稳定和保护肩关节（图5－1－1）。

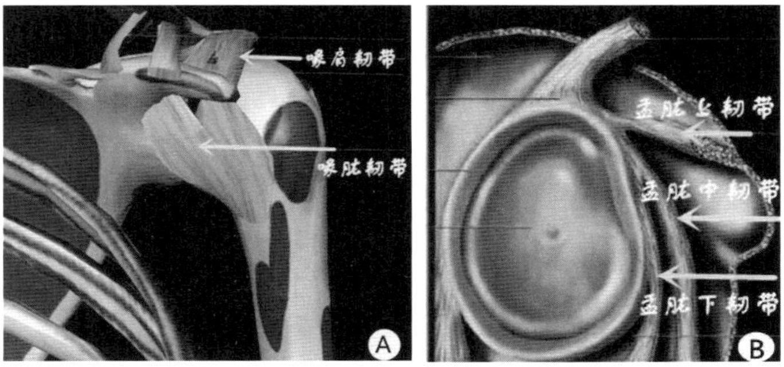


**图5－1－1　肩关节周围韧带的组成**

A：喙肩韧带、喙肱韧带。B：盂肱上、中、下韧带。

## (三) 肩关节周围肌与肩袖

### 1. 三角肌

三角肌既是动力肌又是稳定肌，肌束分前、中、后三部；前部纤维可使上臂在肩关节处前屈和旋内，中部纤维可使上臂外展，后部纤维可使上臂在肩关节处后伸与旋外。

### 2. 肩袖

冈上肌、冈下肌、小圆肌、肩胛下肌的腱经过肩关节周围时，与关节囊愈合着，并相互连接形成一接近环形的腱板，围绕肩关节，称为肩袖（图 5－1－2）。

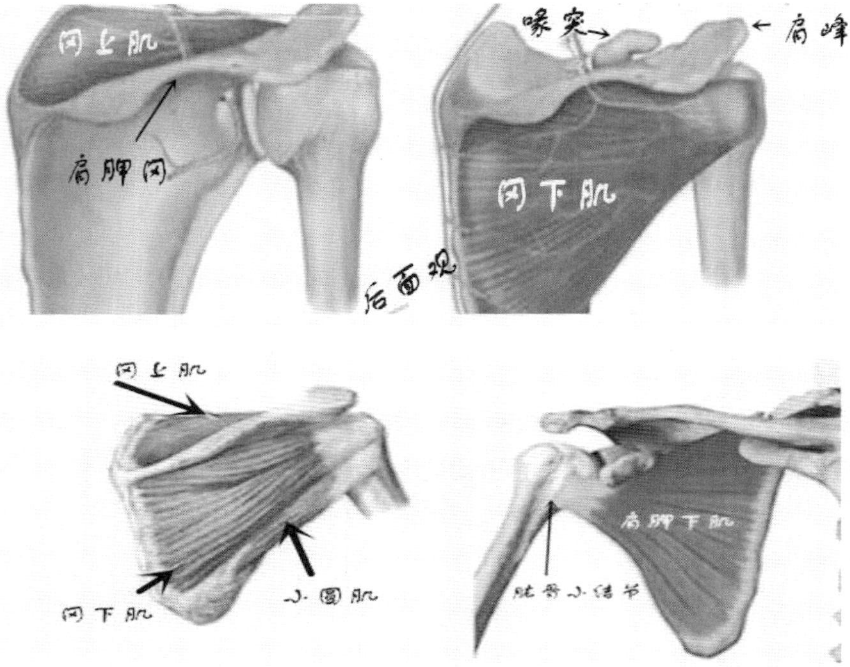


图 5－1－2　肩袖组成肌（冈上肌、冈下肌、小圆肌、肩胛下肌）

### 3. 肩袖肌肉肌腱起止点及功能（表 5－1－1）

表 5－1－1　肩袖肌肉肌腱起止点

| 肌肉名称 | 起点 | 止点 | 功能 |
|---|---|---|---|
| 冈上肌 | 肩胛骨冈上窝 | 肱骨大结节上部 | 肩外展 |
| 冈下肌 | 肩胛骨冈下窝 | 肱骨大结节中部 | 肩外旋 |
| 小圆肌 | 肩胛骨外侧缘背面 | 肱骨大结节下部 | |
| 肩胛下肌 | 肩胛下窝 | 肱骨小结节 | 肩内收、内旋 |

## 二、肩关节功能障碍的常见原因

### (一)肩胛骨骨折

肩胛骨是一扁宽而不规则骨,位于胸廓两侧偏后,在肩关节活动中起重要的作用。根据骨折的解剖部位,临床分 A、B、C、D、E 五型[1](表 5-1-2)。

表 5-1-2 肩胛骨骨折的分型

| 类型 | 骨折解剖部位 |
|---|---|
| A 型 | 肩胛骨体部骨折 |
| B 型 | 肩胛骨突起部骨折 |
| C 型 | 肩胛颈骨折 |
| D 型 | 累及关节面的骨折 |
| E 型 | 肩胛骨合并同侧锁骨骨折 |

肩胛骨骨折是否导致肩关节功能障碍,最终还要看骨折部位愈合情况,A 型骨折预后较好,对关节功能影响不大;B 型骨折包括喙突、肩胛冈、肩峰骨折(图 5-1-3A),会对肩关节造成不同程度的影响;C 型骨折时肩盂骨折块会内侧移位或旋转移位,影响肩关节功能;D 型骨折需要手术治疗重建关节面,对肩关节功能造成不同程度损害;E 型骨折比较典型的属肩胛颈骨折合并同侧锁骨骨折(图 5-1-3B)。

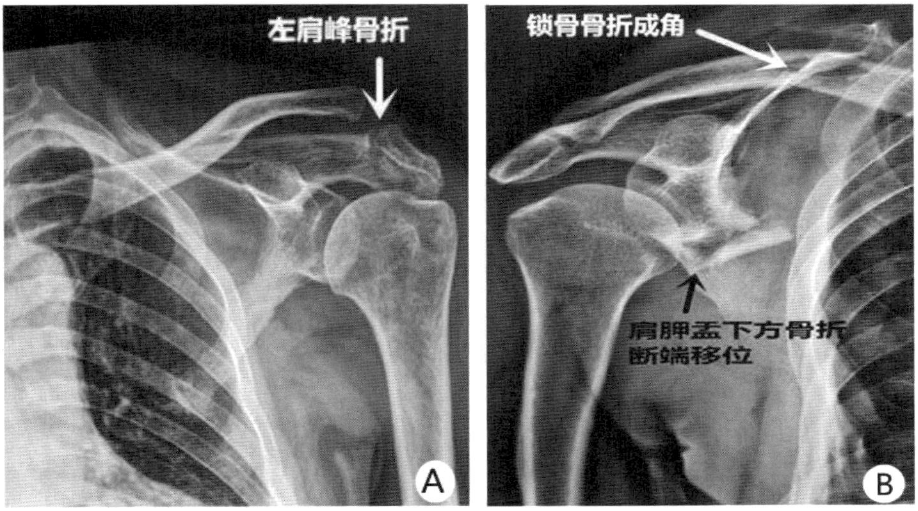


图 5-1-3 肩胛骨 B 型骨折与 E 型骨折 X 线图像

A:肩峰骨折(B 型)。B:肩胛颈合并锁骨骨折(E 型)。

## (二)锁骨骨折

锁骨骨折的好发部位位于锁骨中外1/3处，ALLman分型法将锁骨骨折分为三型：Ⅰ型为锁骨中1/3骨折(图5-1-4A)；Ⅱ型为锁骨外1/3骨折(图5-1-4B)；Ⅲ型为锁骨内1/3骨折。[1]

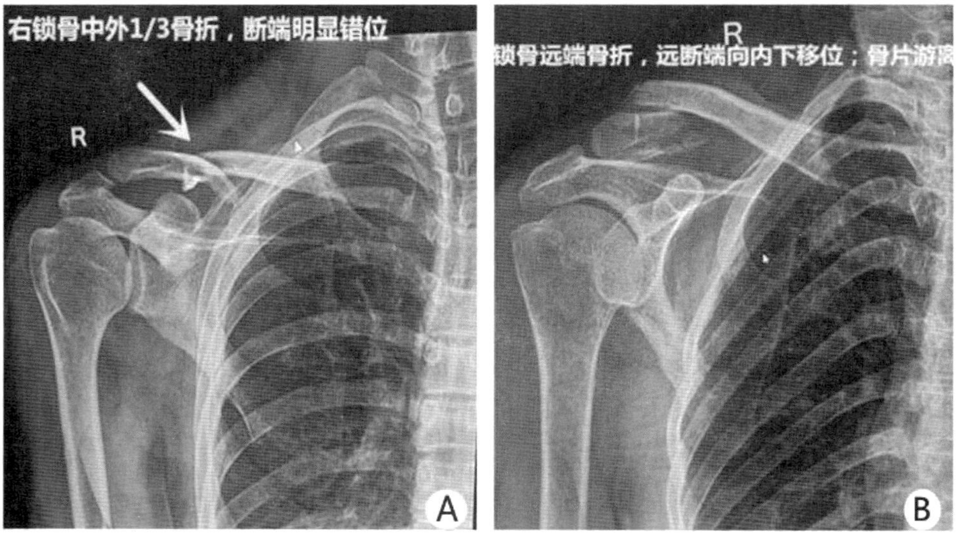


**图5-1-4 锁骨Ⅰ型、Ⅱ型骨折X线图像**

A：锁骨中1/3骨折(Ⅰ型)。B：锁骨远端骨折并成角(Ⅱ型)。

## (三)肱骨近端骨折

肱骨近端骨折是指肱骨外科颈以上部位的骨折。肱骨近端骨折常用Neer分型[2](表5-1-3、图5-1-5)。

## (四)肩袖损伤

肩袖损伤以慢性损伤多见，本文涉及的是急性损伤，急性损伤常见以下暴力类型：①上臂受暴力直接牵拉；②上臂受暴力突然极度内收；③腋部在关节盂下方受到自下而上的对冲性损伤；④来自肩部外上方的直接暴力，对肱骨上端产生向下的冲击力，肩袖受到牵拉。急性损伤可导致肩袖撕裂。

表 5－1－3　肱骨近端骨折的分型(Neer 分型)

| 类型 | 骨折解剖部位 |
| --- | --- |
| 一部分骨折 | 肱骨近端骨折,无论骨折线数量多少,只要未达到移位标准(以移位大于 1cm 或成角畸形大于 45°为移位标准),称为“一部分骨折”或轻微骨折 |
| 两部分骨折 | 仅一个部位骨折并移位。有四种形式:解剖颈骨折、大结节骨折、小结节骨折或外科颈骨折(图 5－1－4A、B) |
| 三部分骨折 | 肱骨近端有 2 个部位骨折并移位;常见类型:大结节、外科颈骨折;小结节、外科颈骨折 |
| 四部分骨折 | 肱骨近端 4 个部位都发生骨折并移位,形成 4 个分离的骨块,此时肱骨头向外侧脱位,成游离状态 |

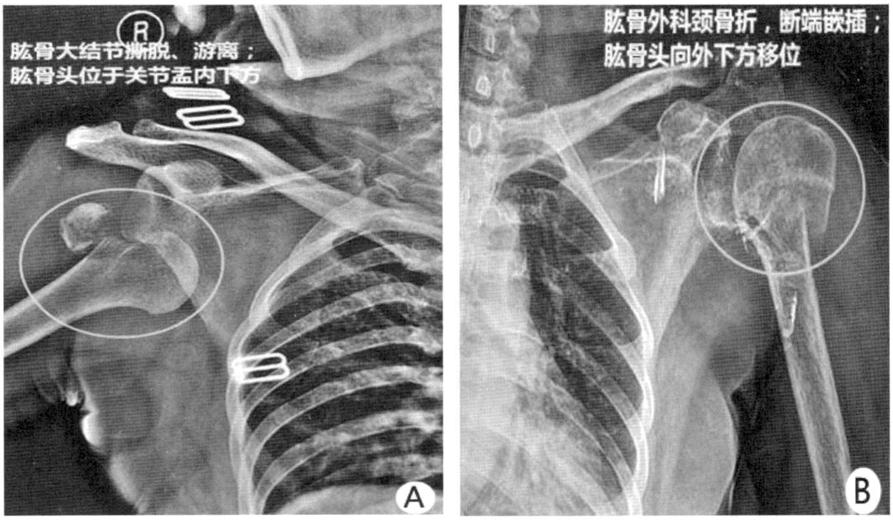


图 5－1－5　肱骨骨折(两部分骨折)X 线图像

A:大结节骨折并移位。B:外科颈骨折并移位。

1. **肩袖损伤的 MRI 分级法**

正确判断肩袖损伤的程度,对治疗和预后意义重大,临床常用 MRI 分级法(表 5－1－4)。

表 5－1－4　肩袖损伤的 MRI 分级

| 分级 | MRI 表现 |
| --- | --- |
| 0 级 | 正常,肌腱为均匀一致的低信号 |
| 1 级 | 肌腱完整,稍长 T2 信号 |
| 2 级 | 肌腱变细、萎缩,信号增高 |
| 3 级 | 肌腱完整性中断,信号增高累及整个肌腱 |

**2. 肩袖损伤的主要临床表现**

肩袖损伤对肩关节不同方位的影响有所差异,包括主动活动与被动活动。其主要表现为:①局部疼痛,疼痛局限于肩周及三角肌,肩外展会诱发疼痛加剧;②关节活动受限,主要表现为肩关节内收、外展、内旋、外旋主动和被动活动范围下降。

**3. 肩袖损伤的特殊检查**

①冈上肌试验,也称 Jobe 试验或空罐试验:上肢外展 90°在肩胛骨平面,拇指指尖向下并要求病人抵抗外展的动作。阳性提示冈上肌撕裂。

②冈下肌和小圆肌试验,也称外旋和拉力试验:伤者屈肘 90°,上肢完全外旋,并且释放。如果前臂向前下落,提示冈下肌撕裂。

③肩胛下肌试验,也称 Gerber 试验;伤者手背置于背后,向后将检查者的手推离后背,阳性说明肩胛下肌损伤。

**4. 肩袖撕裂的概念**

肩袖撕裂多由间接暴力引起。按损伤程度分为部分和完全两种撕裂。前者又分为肩袖滑囊面撕裂、肩袖滑膜面撕裂、肌腱内撕裂三种。造成肩袖撕裂的原因有三种学说,即退变学说、血运学说、撞击学说。

**5. 常见肩袖损伤的 MRI 表现**

0 级:肌腱为均匀一致的低信号(图 5 – 1 – 6A、B);

1 级:退变导致肩袖损伤,或撞击综合征:常呈滑囊积液、骨髓水肿表现(图 5 – 1 – 5C),并伴有肌腱损伤;

2 级:肌腱萎缩,部分信号增高(图 5 – 1 – 6D);

3 级:肌腱完整性中断,信号增高累及整个肌腱(图 5 – 1 – 6E);

肱二头肌长头肌腱损伤(图 5 – 1 – 6F)。

需要说明的是:本文所说的"肩袖损伤"指的是急性损伤,即暴力所致损伤。此类肩袖损伤不会是一种孤立的单纯的损伤,往往会合并肩关节骨性损伤、韧带损伤或关节囊损伤,因此在鉴定肩关节功能时需全面检查、综合分析,同时具备暴力与损伤部位具有一致性和时间上的连续性。全面了解肩部肌肉、肌腱损伤的 MRI 特征表现,能够正确认定损伤与外伤的关系,从而能够得出客观、准确的鉴定意见。

肩袖损伤不是脑、脊髓、周围神经损伤,故不能用肌力评残,应检查被动活动度。若影响肩关节功能使关节活动度丧失 25%,可比照《人体损伤致残程度分级》5.10.6.11)条,评定十级残疾,以此类推。

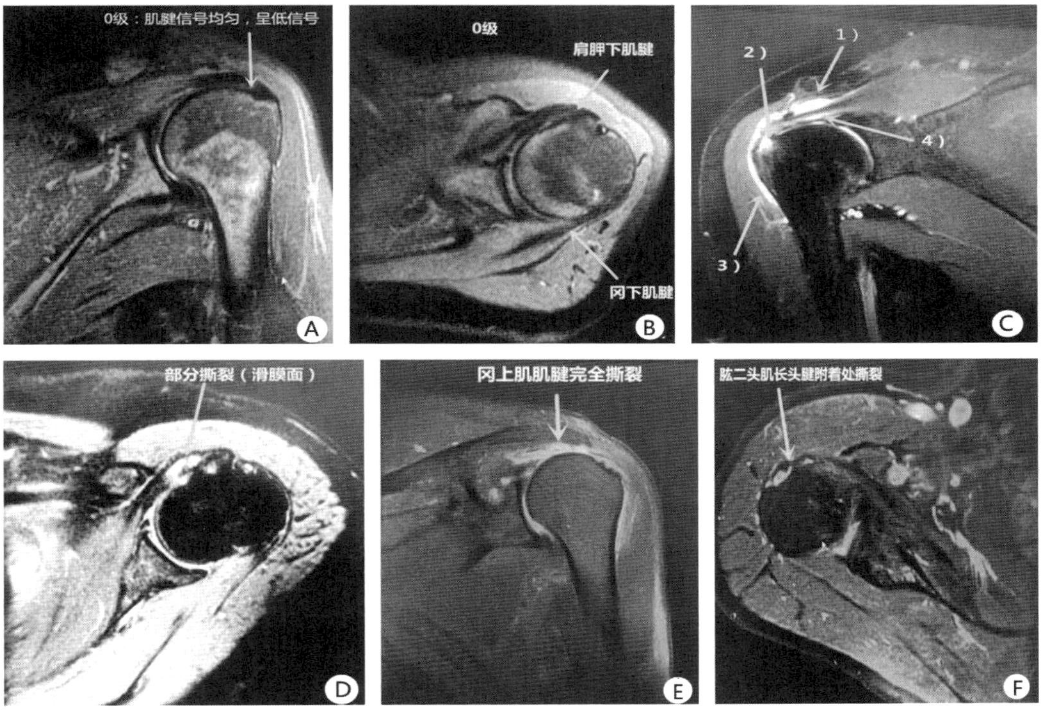


**图 5－1－6　常见肩袖损伤的 MRI 图像**

A：冈上肌腱正常。B：冈下肌腱、肩胛下肌腱正常。C：1）肩峰下滑囊积液；2）肱骨头大结节骨髓水肿；3）三角肌下滑囊积液；4）示冈上肌腱部分撕裂，提示：肩袖损伤为退变所致。D：肩胛下肌腱部分撕裂。E：冈上肌腱断裂。F：肱二头肌长头肌肌腱附着处撕裂。

### （五）臂丛神经损伤

臂丛神经上干损伤（C5、C6 神经联合组成臂丛神经上干），腋神经、肌皮神经、肩胛上神经即出现麻痹。由于腋神经支配三角肌、肩胛上神经支配冈上肌与冈下肌，故当上述神经损伤时会出现肩部肌肉萎缩，肩关节外展、外旋功能障碍。由于臂丛神经上干损伤导致的支配肩关节运动的相关肌力下降，适用颅脑、脊髓及周围神经损伤中“四肢重要神经损伤，遗留部分肌群肌力下降”的相应条款。

导致臂丛神经上干损伤的原因是多方面的，比如颈椎损伤、锁骨骨折、肩胛骨骨折等。全臂丛神经损伤不但导致肩关节功能障碍，也可累及肘关节、腕关节。

除上述常见的影响肩关节活动度的五种因素外，尚有其他多种影响肩关节功能的因素，诸如肩关节脱位、肩锁关节脱位、胸锁关节脱位、关节囊损伤、滑膜囊损伤、肱二头肌长头腱损伤、上盂唇从前到后撕裂（SLAP）等，因为当肩外展超过 40°～90°继续抬高时，常伴有胸锁关节、肩锁关节的运动及肩胛骨的旋转运动。肩部一旦因暴力造成损伤，往往是多种损伤共存的复合伤。

如果是涉及伤残评定或以“临床治疗效果”为导向的伤情鉴定，务必掌握好鉴定时机。不论当时损伤程度如何，究竟够不够残要以最后治疗效果而定。

## 三、肩关节功能障碍的检查

肩关节活动度的检查一般包括3三个轴位、6个方位。即：①前屈、前屈上举；②后伸；③外展、外展上举；④内收；⑤内旋；⑥外旋。

### (一)肩关节活动度的检查方法[3]

(1)首先确定中立位，上肢自然下垂贴于身体两侧，肘部伸直。

(2)前屈、前屈上举方位的检查要点见表5-1-5。

**表5-1-5　前屈、前屈上举检查要点**

| | |
|---|---|
| 体位 | 坐位、直立位或仰卧位 |
| 轴心 | 肱骨头中点外侧面 |
| 固定臂 | 与躯干腋中线重合 |
| 活动臂 | 置于肱骨外侧中线上，以尺骨鹰嘴为骨性标志 |

正常参考值，前屈：0°～90°；前屈上举：0°～(150°～180°)。

(3)后伸的检查要点见表5-1-6。

**表5-1-6　后伸检查要点**

| | |
|---|---|
| 体位 | 坐位、直立位或俯卧位 |
| 轴心 | 肱骨头中点外侧面 |
| 固定臂 | 与躯干腋中线重合 |
| 活动臂 | 置于肱骨外侧中线上，以肱骨外上髁为骨性标志 |

正常参考值，后伸：0°～(45°～50°)。

(4)外展与外展上举的检查要点见表 5 –1 –7。

**表 5 –1 –7　肩关节外展与外展上举检查要点**

| | |
|---|---|
| 体位 | 坐位、直立位或仰卧位 |
| 轴心 | 肩关节前或后部中点,并与肩峰成一直线 |
| 固定臂 | 平行于腋前线或腋后线 |
| 活动臂 | 置于肱骨内侧或外侧中线上,以肱骨外上髁为骨性标志 |

正常参考值,外展上举:0° ~(160° ~180°)。

(5)内收的检查要点见表 5 –1 –8。

**表 5 –1 –8　内收检查要点**

| | |
|---|---|
| 体位 | 坐位、直立位或仰卧位 |
| 轴心 | 肩关节前部中点,并与肩峰成一直线 |
| 固定臂 | 平行于腋前线 |
| 活动臂 | 置于肱骨外侧中线上,以肱骨外上髁为骨性标志 |

正常参考值,内收:0° ~(20° ~45°)。

(6)水平位外旋、内旋的检查要点见表 5 –1 –9。

**表 5 –1 –9　水平位外旋、内旋的检查要点**

| | |
|---|---|
| 体位 | 坐位、直立位或仰卧位、俯卧位,肩关节外展 90°,肘关节屈曲 90°,前臂旋前,掌心向下 |
| 轴心 | 尺骨鹰嘴 |
| 固定臂 | 与地面垂直 |
| 活动臂 | 沿尺骨纵轴放置,以尺骨茎突为骨性标志;前臂向上转动即为水平位外旋,向下转动即为水平位内旋 |

正常参考值,水平位外旋:0° ~(60° ~90°);水平位内旋:0° ~(70° ~90°)。

(7)贴臂外旋、内旋的检查要点见表 5 –1 –10。

**表 5 –1 –10　贴臂外旋、内旋的检查要点**

| | |
|---|---|
| 体位 | 坐位,上臂自然下垂,肱骨内髁紧贴躯干,屈肘 90°,前臂中立位并身体冠状面垂直 |
| 轴心 | 肩峰 |
| 固定臂 | 与躯干冠状面垂直 |
| 活动臂 | 平行于桡骨纵轴,以桡骨茎突为骨性标志;前臂向腹侧运动即为贴臂内旋,向腹外侧运动即为贴臂外旋 |

正常参考值,贴臂外旋:0° ~(45° ~60°);贴臂内旋:0° ~(45° ~70°)。

### (二)肩关节活动度的检查原则

肩关节功能的检查,即肩关节活动度的检查,包括主动活动度与被动活动度。先检验主动活动度,如主动活动度在正常范围,不必进一步检验被动活动度;如主动活动度小于正常范围,需进一步检验被动活动度。

检查肩关节内、外旋时,如果肩关节外展能够达到90°,检查水平位内、外旋即可。只有当肩关节外展不能够达到90°时,用检查肩关节贴臂内、外旋方法;或者进行8个方位的检查,选取有利于伤者的原则确定用水平内、外旋或贴臂内、外旋数值评定伤残等级。

(殷汉池　毕世亮)

## 参考文献


[1]王一民,等.实用创伤骨科学[M].1版.北京:科学技术文献出版社,2019:452.

[2]陈孝平,汪建平.外科学[M].9版.北京:人民卫生出版社,2019.

[3]中华人民共和国公安部.法医学关节活动度检验规范[S].北京:中国标准出版社,2019.

# 论文 2：浅析膝关节功能障碍的法医学鉴定

**摘　要**：膝关节是人体最大、最复杂的关节，由股骨下端、胫骨上端和髌骨组成，属于膝关节的骨性结构。髌骨与股骨的髌面相接，股骨的内外侧髁分别与胫骨的内外侧髁相对。维持膝关节正常运动功能还需依赖附着于膝关节周围的韧带、半月板、滑膜囊等，完成负重和运动功能。

**关键词**：法医学鉴定；膝关节；膝关节韧带；膝关节活动度

## 一、膝关节的组成

### （一）骨性结构

由股骨下端、胫骨上端和髌骨组成。

### （二）韧带

膝关节的囊外韧带包括内、外侧副韧带，髌韧带、髌支持带、腘斜韧带等；囊内韧带主要有膝交叉韧带。

**1. 内侧副韧带**

扁宽呈带状，起自股骨内上髁，止于胫骨内侧髁和胫骨体内侧（图 5－2－1A）。

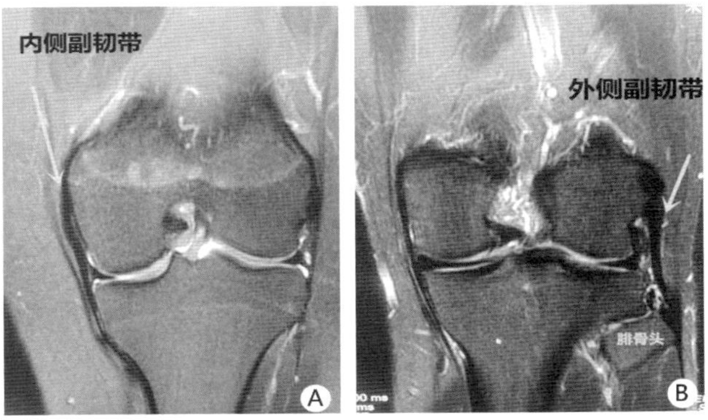


**图 5－2－1　膝关节侧副韧带 MRI 图像**

A：正常内侧副韧带。B：正常外侧副韧带。

2. **外侧副韧带**

圆索状,起自股骨外上髁,止于腓骨头外侧面的中部(图5－2－1B)。

3. **髌韧带**

髌韧带为股四头肌腱的中央部纤维索,自髌骨向下止于胫骨粗隆。髌韧带扁平而坚韧,是膝反射的叩击部位。

4. **腘斜韧带**

由半膜肌腱延伸而来,起自胫骨内侧髁,斜向外上方,止于股骨外上髁。

5. **前交叉韧带**

起自股骨外侧髁的内侧面,斜向前内下方,止于胫骨髁间隆起的前部和内、外侧半月板的前角(图5－2－2A)。

6. **后交叉韧带**

起自股骨内侧髁的外侧面,斜向后外下方,止于胫骨髁间隆起的后部和外侧半月板的后角(图5－2－2B)。

由于膝交叉韧带居关节深处,并有囊外韧带的保护,不易受伤;尤其是后交叉韧带的损伤更为少见。一旦损伤常与内侧副韧带或半月板同时发生。

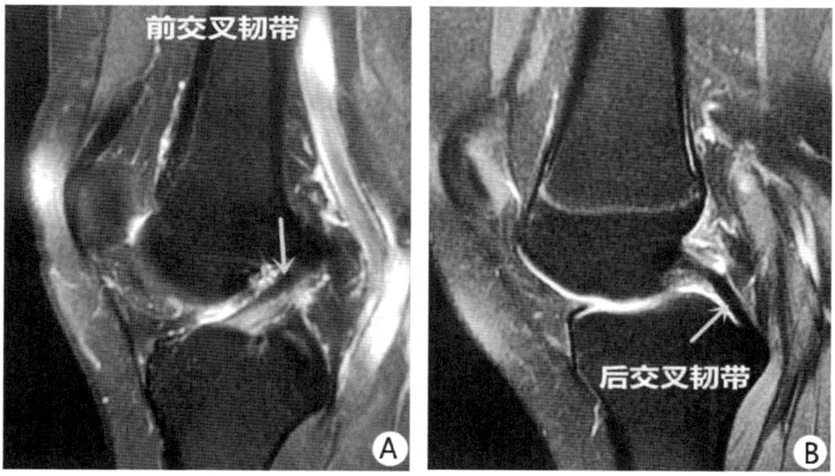


**图5－2－2　膝关节十字韧带MRI图像**

A:正常前交叉韧带。B:正常后交叉韧带。

## (三)半月板

为纤维软骨板,内、外侧各一,呈半月形,位于胫骨平台与股骨内、外侧髁之间。在髌韧带两侧的凹陷处,向后可扪及膝关节间隙,此处相当于半月板的前端(图5－2－3)。

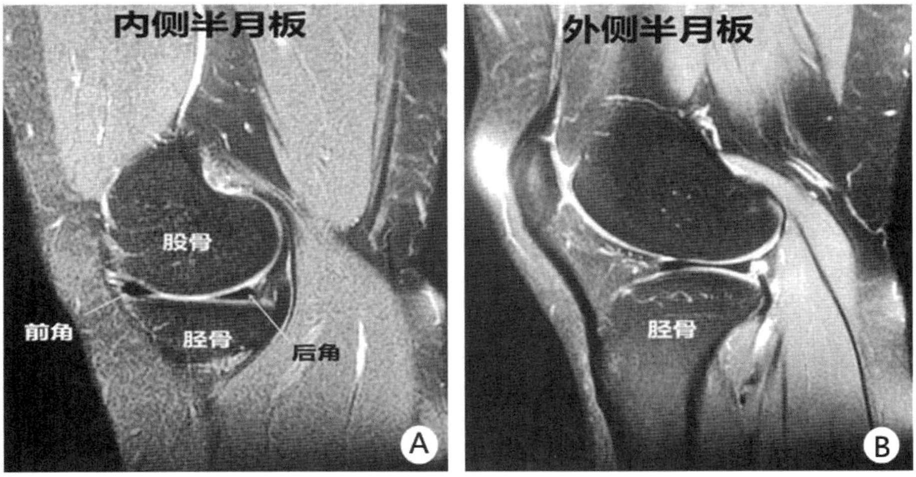


**图 5-2-3 内、外侧半月板 MRI 图像**

A：正常内侧半月板。B：正常外侧半月板。

### （四）髌上囊

滑膜衬于关节囊内面，几乎覆盖关节内全部结构，部分滑膜突向关节腔外，形成与关节腔相通的滑膜囊，其中以髌上囊最大。位于股四头肌腱与股骨之间。

组成膝关节的结构还有髂胫束、髌支持带等，不再一一赘述。

## 二、膝关节功能障碍的常见原因

### （一）股骨远端骨折

股骨远端骨折包括股骨髁上骨折、股骨髁间骨折和累及股骨远端关节面的股骨髁骨折三种类型（表 5-2-1）。由于股骨髁周围有关节囊、韧带、肌肉、肌腱附着，骨折块易受这些组织的牵拉发生移位，同时可伴有腘部血管、神经及周围软组织的损伤。[1]

股骨髁上骨折是指发生于股骨髁至股骨远端干骺端，即密质骨与松质骨移行部位（图 5-2-4）。

**表 5-2-1 股骨远端骨折的分型**

| | |
|---|---|
| 股骨髁上骨折 | 发生于股骨髁至股骨远端干骺端，即密质骨和松质骨移行部位的骨折 |
| 股骨髁骨折 | 分股骨内髁骨折和股骨外踝骨折，股骨髁骨折可损伤关节面或改变下肢负重力线 |
| 股骨髁间骨折 | 常见类型为“T”形或“Y”形骨折 |

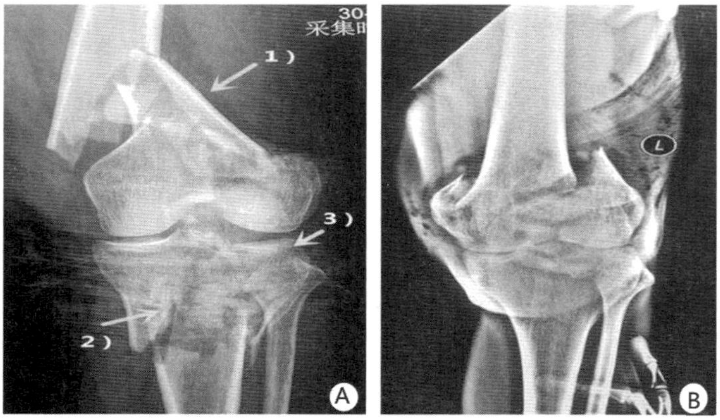


**图 5-2-4 股骨髁上骨折 X 线图像**

A:1)股骨远端(髁上)粉碎性骨折,断端成角移位,散在多个碎骨片;2)胫骨近端粉碎性骨折,胫骨干与干骺端分离;3)胫骨平台分离、外侧塌陷(Ⅵ型)。B:股骨髁上骨折,骨折远端嵌入股骨内外髁并移位。

## (二)髌骨骨折

髌骨是全身最大的籽骨,呈倒三角形,底边在上,尖端朝下,连接股四头肌腱与髌韧带。髌骨后面的软骨面与股骨前面的髌骨关节面构成髌股关节。髌骨的内外两侧有髌支持带或股四头肌腱扩张部附着。

髌骨骨折可分为横断、粉碎、纵裂和上(下)极撕脱骨折四种类型。[2]

膝关节侧位片检查更能清楚显示骨折的类型及移位程度(图 5-2-5),同时要注意对髌骨骨折患者行 MRI 及膝关节镜检查,因为髌骨骨折合并交叉韧带、侧副韧带、半月板损伤的概率较高。

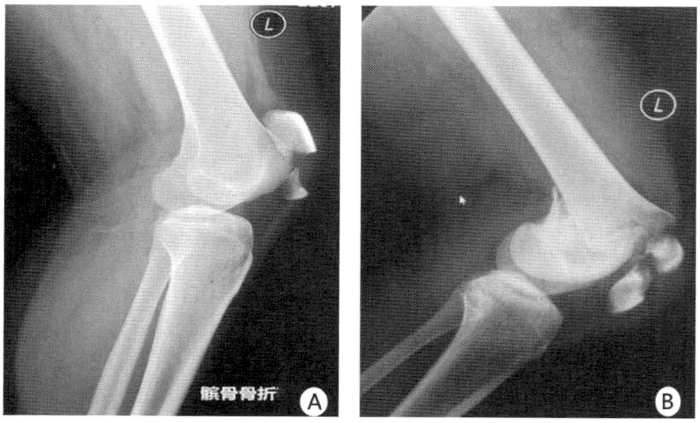


**图 5-2-5 髌骨骨折 X 线图像**

A:髌骨骨折并分离。B:股骨远端骨折并髌骨骨折。

### (三)胫骨平台骨折

胫骨上端与股骨下端形成膝关节。与股骨下端接触的面即为胫骨平台,胫骨平台是膝的重要载荷结构,一旦发生骨折使内外平台受力不均,久之易发生骨关节炎。另外,胫骨平台骨折往往合并半月板损伤及交叉韧带损伤。

正、侧位 X 线平片是检查胫骨平台骨折的首选。CT 可以了解骨折块移位和关节面塌陷的形态,MRI 可清楚地显示半月板、韧带、关节软骨及关节周围软组织改变,Ⅳ型、Ⅴ型、Ⅵ型骨折常合并半月板、韧带、关节软骨及周围软组织的损伤。

**1. 胫骨平台骨折的分型**

胫骨平台骨折的受伤机制和临床表现复杂,分型较多,Schatzker 分型[1]是当前应用最广泛的分型(表 5-2-2)。

**表 5-2-2　胫骨平台骨折的 Schatzker 分型**

| 类型 | 骨折解剖部位及特征 |
| --- | --- |
| Ⅰ型 | 外侧平台劈裂骨折,无关节面塌陷 |
| Ⅱ型 | 外侧平台劈裂,关节面塌陷 |
| Ⅲ型 | 外侧平台单纯压缩骨折 |
| Ⅳ型 | 胫骨内侧平台骨折,多由中等至高能量暴力所致,常合并膝关节脱位、血管损伤 |
| Ⅴ型 | 双侧平台骨折,高能量暴力所致,易合并血管损伤 |
| Ⅵ型 | 双侧平台骨折加胫骨干与干骺端分离,高能量暴力所致,在 X 线平片上显示粉碎性骨折,常易合并膝部软组织损伤、筋膜室综合征和严重神经血管损伤 |

**2. 常见几种胫骨平台骨折的 X 线表现**

①Ⅰ型:外侧平台劈裂骨折,无关节面塌陷(图 5-2-6)。

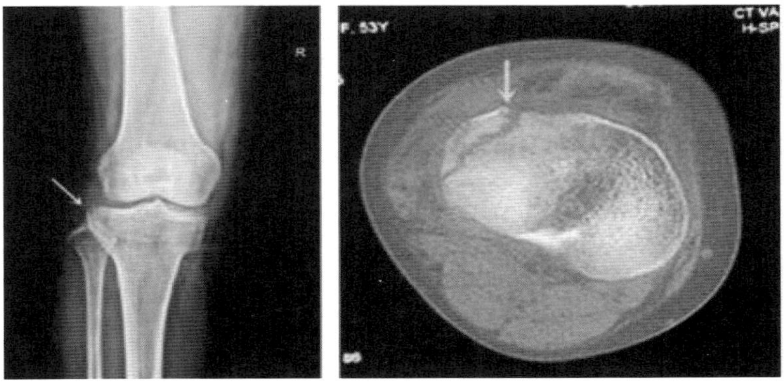


**图 5-2-6　Ⅰ型:外侧平台劈裂骨折,无关节面塌陷**

②Ⅱ型:外侧平台劈裂,关节面塌陷(图5－2－7A)。

③Ⅵ型:双侧平台骨折加胫骨干与干骺端分离(图5－2－7B)。

④Ⅴ型:双侧胫骨平台骨折(图5－2－8)。

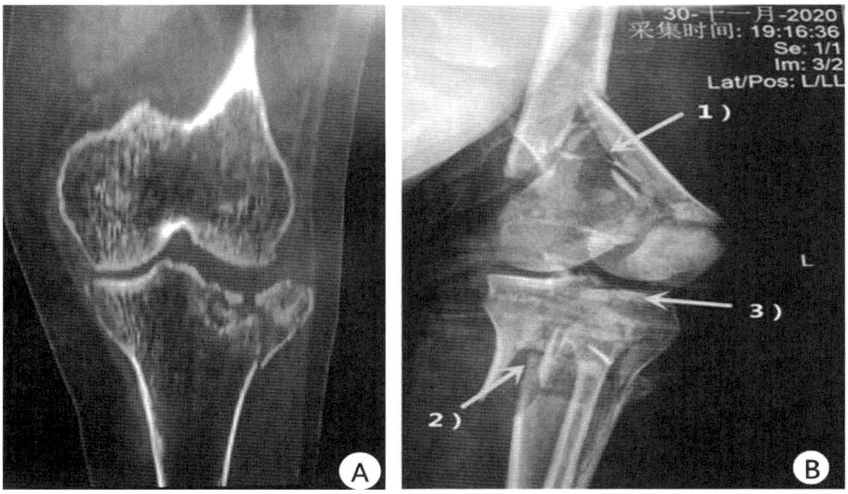


**图5－2－7　胫骨平台Ⅱ型、Ⅵ型骨折X线图像**

A:外侧平台骨折并塌陷(Ⅱ型)。B:双侧平台骨折加胫骨干与干骺端分离(Ⅵ型)。

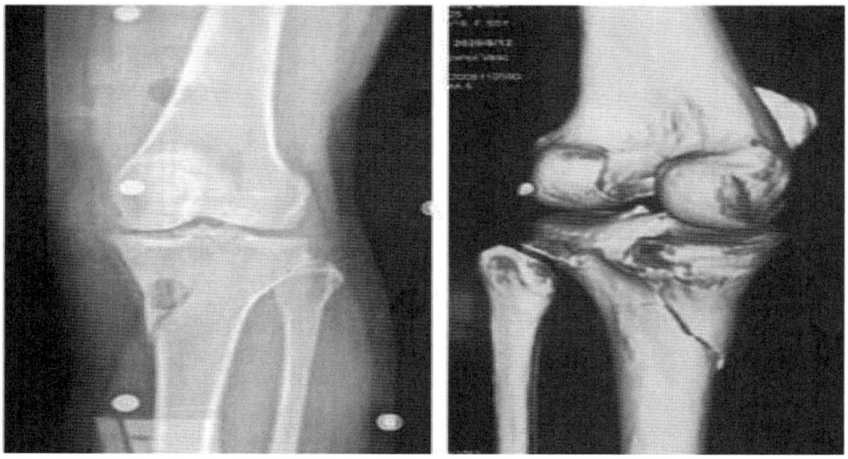

**图5－2－8　双侧胫骨平台骨折(Ⅴ型)X线及CT图像**

左示X线正位片:显示内侧平台骨折;右示CT重组后面观,显示胫骨平台骨折累及内外侧。

## (四)膝关节韧带损伤

膝关节韧带主要指十字韧带、内外侧副韧带。膝关节韧带损伤分以下几种类型:

①扭伤(韧带部分纤维断裂);②部分韧带断裂;③完全断裂;④联合性损伤。如前交叉韧带断裂可以同时合并内侧副韧带与内侧半月板损伤,称为 O'Donoghue 三联征。《人体损伤致残程度分级》5.10.6.6)条:"一侧膝关节交叉韧带、半月板、伴侧副韧带撕裂伤经手术治疗后,影响功能",属十级残。韧带的断裂常见下列几种情形:一是韧带体部断裂;二是韧带与骨骼连接处断裂;三是韧带附着处的撕脱性骨折(图 5-2-9、图 5-2-10)。

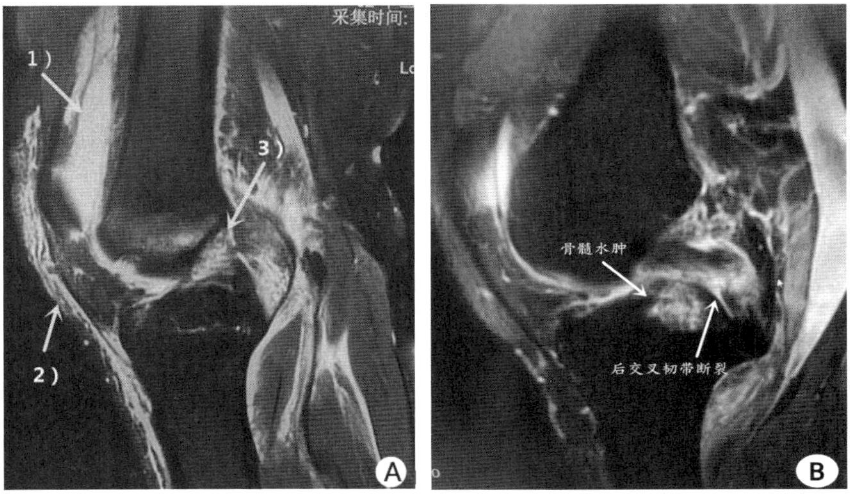


**图 5-2-9　膝关节十字韧带损伤 MRI 图像**

A:1)髌上囊积液;2)脂肪挫伤积血;3)前交叉韧带似拖把状,高信号,提示完全断裂。B:后交叉韧带近胫骨端变形,相应部位高信号,提示:后交叉韧带断裂。

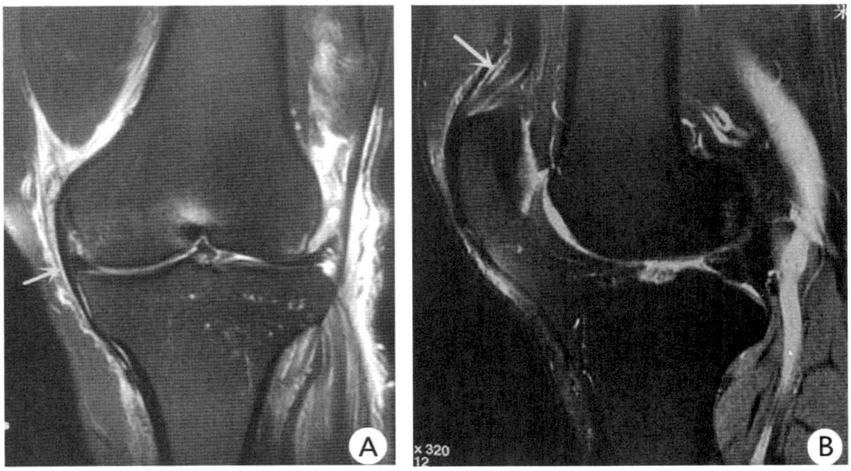


**图 5-2-10　膝关节侧副韧带及股四头肌肌腱损伤 MRI 图像**

A:内侧副韧带Ⅰ°损伤(周围脂肪水肿,但连续性正常)。B:股四头肌肌腱挫伤、水肿。

## (五)半月板损伤

半月板是一种月牙状的纤维软骨,充填在股骨与胫骨关节间隙内,每个膝关节有两个半月板,即内侧半月板与外侧半月板。周围部分较厚,附着于胫骨平台边缘,而中央部分较薄。半月板的中内部分无血液供应,其营养主要来自滑液,只有与胫骨缘连接的边缘部分能从滑液中得到血液供应。[2]

### 1. 半月板撕裂的类型

按 O'Connor 分类法可分为以下类型:①纵行撕裂,其中"桶柄状撕裂"作为纵行撕裂的一种特殊形式,即:穿过半月板全层的纵行撕裂,会产生可移动的内侧撕裂瓣片。如果内侧撕裂瓣片移位进入髁间窝,常称为"桶柄状撕裂"。②水平撕裂。③斜形撕裂。④横形撕裂,也称放射状撕裂。⑤变异性撕裂,包括瓣状撕裂、复合撕裂及退变半月板的撕裂。

### 2. 半月板损伤的影像学检查

X 线平片检查不能显示半月板形态;MRI 检查可以清晰地显示出半月板有无变性、撕裂,还可以察觉有无韧带的损伤,它是目前诊断半月板撕裂敏感性和特异性最高的影像学检查方法,术前主要依据 MRI 做出诊断。半月板的 MRI 检查常用 SE 序列,主要采用矢状位和冠状位,前者有利于显示前后角,后者有利于显示体部(图 5-2-11)。

半月板损伤 MRI 分度[3]见表 5-2-3。

**表 5-2-3　半月板损伤 MRI 分度**

| 分度 | 半月板 MRI 表现 |
|---|---|
| 0 度 | 半月板形态正常,表面光滑完整,呈均匀低信号 |
| Ⅰ度<br>(退行变早期) | 半月板形态正常,表面光滑,内部出现点状高信号区,范围小于半月板断面的 1/2 |
| Ⅱ度<br>(退行变晚期) | 半月板形态及表面结构正常光滑,内部条状高信号区大于半月板断面的 1/2,但未达关节面 |
| Ⅲ度(撕裂) | 半月板内部出现纵行、横行、斜行或放射状线状高信号,并达关节面,半月板形态正常或变薄,表面不连续 |
| Ⅳ度 | 半月板破裂成多块,并向关节腔内移位,半月板结构部分或全部消失,病变局部呈明显的 T2WI 高信号 |

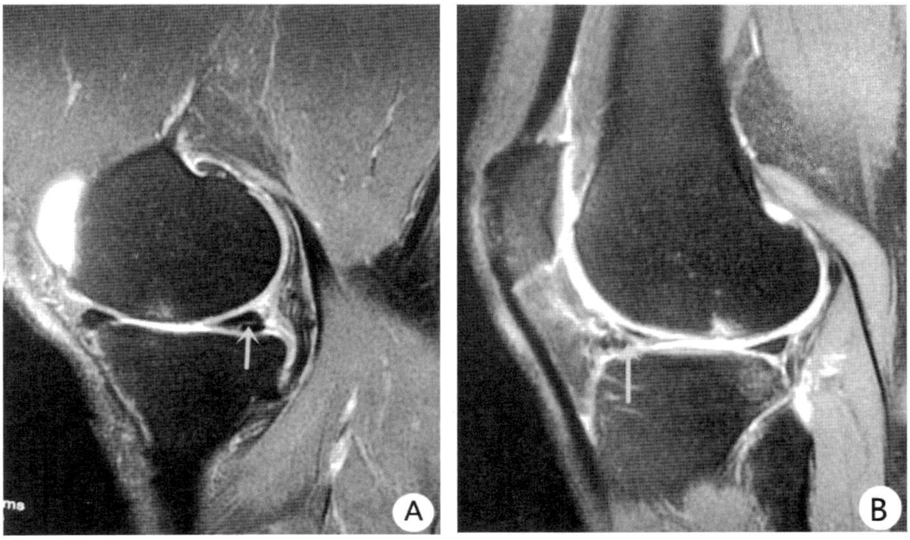


**图 5-2-11 膝关节内、外侧半月板损伤 MRI 图像**

A:内侧半月板后角线状高信号达关节面(Ⅲ°撕裂)。B:外侧半月板前角条状高信号达双侧关节面,半月板结构部分缺失(Ⅳ°撕裂)。

## (六)腰骶丛神经损伤

与膝关节功能有关的周围神经主要有股神经与坐骨神经。股神经为腰丛中最大的一支,属于混合性神经。主要分布于股四头肌,大腿部的大部分皮肤和小腿内侧皮肤。股神经损伤后最主要的临床体征为股四头肌功能障碍导致的伸膝受限。

骶丛神经损伤可导致坐骨神经干损伤,从而导致腘绳肌(包括股二头肌、半腱肌、半膜肌)损伤,导致屈膝功能障碍。

当然,腰骶丛神经的损伤往往不是单一的损伤,会同时伴有腰骶椎骨折或骨盆后部骨折。换句话说,腰骶椎骨折或骨盆后部骨折往往会导致腰骶丛神经的损伤,进而引起相应的功能障碍。

除上述常见的影响膝关节活动度的六种因素外,尚有其他多种影响膝关节功能的因素,诸如股四头肌的损伤、腘绳肌的损伤、髌支持带、髌韧带的损伤等,膝关节如果是涉及伤残评定或以“临床治疗效果”为导向的伤情鉴定,务必掌握好鉴定时机。不论当时损伤程度如何,究竟够不够伤残要以最后治疗效果而定。

## 三、膝关节功能障碍的检查

### (一)膝关节活动度的测量

膝关节活动度的检查包括膝关节屈曲和伸展两个方位。

测量体位:俯卧位、仰卧位、直立位或坐位,一般会采用俯卧位。

测量方法:轴心位于股骨外上髁,固定臂置于股骨外侧中线,以股骨大转子为骨性标志。活动臂置于小腿外侧中线,以外踝为骨性标志。小腿向臀部方向的运动为屈曲,相反方向的运动为伸展。

正常参考值:屈曲0°~(120°~150°);伸展:0°~10°(过伸)。

### (二)膝关节活动度的检查原则

膝关节功能活动度丧失的计算采用关节活动度丧失百分比法。若按有关规定需要采用查表法计算关节活动丧失时(伤情鉴定或膝关节同时存在骨性损伤和神经损伤),考虑到膝关节同一轴位屈伸活动相互重叠,膝关节功能丧失程度的计算方法与其他关节略有不同,即根据屈曲与伸展运动活动度查表得出相应功能丧失程度,再求和即为膝关节功能丧失程度。当二者之和大于100%时,以100%计算。[4]

(殷汉池　毕世亮)

## 参考文献

[1]陈孝平,汪建平.外科学[M].9版.北京:人民卫生出版社,2019.

[2]王一民,等.实用创伤骨科学[M].1版.北京:科学技术文献出版社,2019:457.

[3]王滨,贺文.影像诊断学[M].4版.北京:北京大学医学出版社,2018:308.

[4]最高人民法院　最高人民检察院　公安部　国家安全部　司法部关于《人体损伤致残程度分级》的公告[S].2016.

# 论文3：浅析手功能障碍的法医学鉴定

**摘　要**：手是人体上最有特色的器官之一，通过人类的手能使世间万物变得五彩缤纷，人类的一切发明创造、人间奇迹无一不与手有关。法医临床工作中，《人体损伤程度鉴定标准》《劳动能力鉴定、职工工伤与职业病致残等级》均有较多条文涉及手功能障碍的评定。本文仅就新版的《人体损伤致残程度分级》中涉及手功能障碍评定的有关内容简要进行阐述。

**关键词**：法医学鉴定；手功能障碍；手肌瘫

## 一、手部损伤致残的常见原因

手部损伤是外伤中最常见的之一，导致手部损伤较为常见原因大致归纳为以下五部分。

1. 外伤导致手指缺失致残。

①手指严重毁损无法重建而行截肢术；

②手指严重损伤造成缺血坏死而行截肢术；

③手指损伤后发生严重感染而行截肢术；

④手指离断无法行断指再植术。

2. 手部皮肤、软组织损伤致残。

比如，手部烧、烫伤形成增生性瘢痕或者瘢痕疙瘩，瘢痕范围跨越指关节，导致手指功能障碍。

3. 手部肌肉、肌腱损伤致残。

4. 手部骨、关节附属结构（关节囊、韧带）损伤致残。

5. 手部神经损伤致残（正中神经、桡神经、尺神经等）。

## 二、手部诸指关节正常功能活动度及功能位的界定

### (一)手部诸指关节运动活动度正常范围参考值[1](表5-3-1)

**表5-3-1 手部诸指关节运动活动度正常范围参考值**

| 部位 | 活动方位 | 关节活动度(正常参考值) |
|---|---|---|
| 拇指 | 掌指关节屈曲 | 屈曲0°~(70°~80°) |
| | 掌指关节背伸 | 0°~(5°~15°)过伸 |
| | 指间关节屈曲 | 0°~(70°~85°) |
| | 桡侧外展 | 0°~80° |
| | 掌侧外展 | 0°~40° |
| 食指中指环指小指 | 掌指关节屈曲 | 屈曲0°~(70°~85°) |
| | 掌指关节过伸 | 0°~45° |
| | 近侧指间关节屈曲 | 0°~(90°~100°) |
| | 远侧指间关节屈曲 | 0°~(70°~85°) |
| 特别说明 | 示、环、小指外展0°~25°;指间关节只有屈曲,伸展0° | |

### (二)手部诸指关节运动功能位正常范围参考值(表5-3-2)[1]

**表5-3-2 手部诸指关节运动功能位正常范围参考值(给定值)**

| 部位 | 相关关节 | 功能位(正常参考值) |
|---|---|---|
| 拇指 | 第一掌指关节 | 屈曲10°~30° |
| | 指间关节 | 屈曲0°~15° |
| | 桡侧外展 | 30°~35° |
| | 掌侧外展、内收 | 15°~40° |
| 食指中指环指小指 | 掌指关节 | 屈曲0°~15° |
| | 近侧指间关节 | 屈曲10°~30° |
| | 远侧指间关节 | 屈曲0°~15° |
| 特别说明 | 掌指关节或者指间关节损伤后遗留功能障碍,不能活动至上述功能位范围的,无论其是否存在一定的运动活动度,均符合"非功能位强直"[2] | |

手的功能主要体现在手指的功能,而每一手指的权重系数是不一致的,也就是说手诸指功能大小不一。原《道路交通事故受伤人员伤残评定标准》中对手诸指诸节在手部

运动功能中所占的比例作过具体界定(表5-3-3)。

表5-3-3 手诸指诸节在手部运动功能中所占的比例

| |
|---|
| a:一手拇指占一手功能的36%,其中末节和近节指节各占18% |
| b:食指、中指各占一手功能的18%,其中末节指节占8%,中节指节占7%,近节指节占3% |
| c:无名指和小指各占一手功能的9%,其中末节指节占4%,中节指节占3%,近节指节占2% |
| d:一手掌占一手功能的10%,其中第一掌骨占4%,第二、第三掌骨各占2%,第四、第五掌骨各占1% |

现行的《人体损伤程度鉴定标准》关于“手缺失和丧失功能的计算”仍按表5-3-3规定执行。新的《人体损伤致残程度分级》对“以手部结构缺失为主的损伤”以及“手部结构虽然完整但以后遗功能障碍为主要表现的损伤”两种情形如何评定作了详细规定(将在下文中详细介绍),可操作性更强。

## 三、手部功能障碍丧失分值的认定

### (一)手结构缺失时的伤残评定

手结构缺失,系指因外伤伤情严重或者临床治疗需要所导致的手部分或者全部解剖结构的永久缺失,且难以再植(再造)成活的情形。[2]

手损伤导致结构缺失时,可按量化图表计算分值,但《人体损伤致残程度分级》条款中有专门列举的伤情,应优先依据相应条款(特别条款)定级;如果残级条款中没有具体的条款时,可依据下图标识量化成具体丧失分值后,依据相应丧失分值条文定级。

第一处是拇指远节指骨远端1/3水平;第二处是拇指远节指骨近端1/3与示、中、环、小指中节指骨1/2水平;第三处是拇指与示、中、环、小指近节指骨1/2水平;第四处是第1~5掌指关节(图5-3-1A)。

举例说明分值计算方法:

如图5-3-1B所示:食指末节缺失,计5分。

如图5-3-2所示:右手食指中节指骨中、远1/3以下缺失,计5分;中指末节缺失,计5分。共计10分。

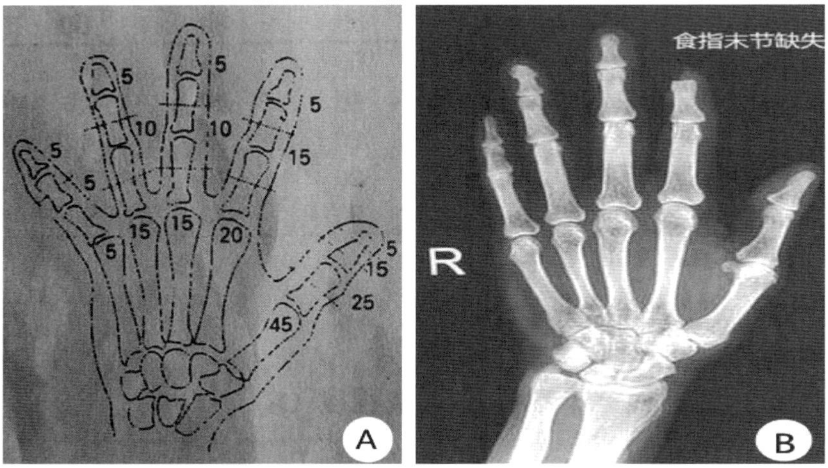

图 5-3-1　A：手缺失评分示意图。B：食指末节缺失，5 分；不够残

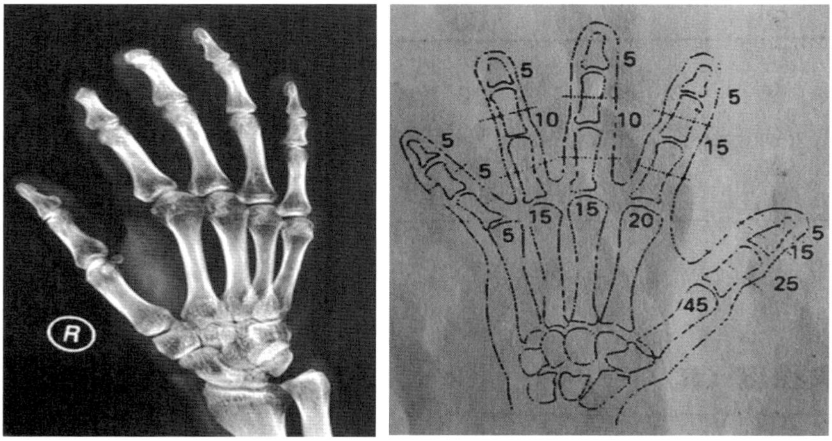

图 5-3-2　右手食指中节指骨中、远 1/3 以下缺失，计 5 分；中指末节缺失，计 5 分；十级残疾

（二）手解剖结构虽然完整，但后遗指间关节、掌指关节功能活动障碍时的分值评定

需要说明的是，表 5-3-4 中所述"掌指、指间关节均受累"的，是指只要有掌指关节与远、近侧指间关节中任一关节受累，且仅需上述受累关节中任一关节符合"非功能位强直""功能位强直或关节活动度≤1/2 参考值""关节活动度 >1/2 但≤3/4 参考值"，即可按"就高不就低"的原则评分，但不得重复评分。一手多个手指损伤造成功能障碍的，分别评定各指功能障碍的分值，再简单相加。

表 5-3-4 中的"非功能位强直"是指关节活动不能达到功能位；若关节活动范围

大于 3/4，且能达到功能位，即关节活动度丧失达不到 25% 不属于“受累”的情形。

在用表 5－3－4 进行手功能评分时，先确定哪一行再确定哪一列，就能找到对应的丧失分值了。一手指损伤的只能产生一个评分分值（取最高分值），不能产生两个或两个以上的分值。而一手多个手指存在功能障碍的，将各手指的丧失分值直接相加即可。[4]一手指多关节均受累时，如拇指第二行“掌指指间关节均受累”当掌指关节属于“非功能位强直”，指间关节属于“功能位强直时”，以分值高者为准，即评分为“非功能强直”一列中的 30 分。反之，假如指间关节属于“非功能位强直”，掌指关节属于“功能位强直时”，也是对应 30 分。

**表 5－3－4　手指关节功能障碍相当于手功能丧失分值评定表**

| 受累部位 | | 功能障碍程度与分值定级 | | |
|---|---|---|---|---|
| | | 非功能位强直 | 功能位强直或关节活动度≤1/2 参考值 | 关节活动度＞1/2 活动度但≤3/4 参考值 |
| 拇指 | 第 1 掌腕/掌指/指间关节均受累 | 40 | 25 | 15 |
| | 掌指、指间关节同时受累 | 30 | 20 | 10 |
| | 掌指、指间单一关节受累 | 20 | 15 | 5 |
| 食指 | 掌指、指间关节均受累 | 20 | 15 | 5 |
| | 掌指或近侧指间关节受累 | 15 | 10 | 0 |
| | 远侧指间关节受累 | 5 | 5 | 0 |
| 中指 | 掌指、指间关节均受累 | 15 | 5 | 5 |
| | 掌指或近侧指间关节受累 | 10 | 5 | 0 |
| | 远侧指间关节受累 | 5 | 0 | 0 |
| 环指 | 掌指、指间关节均受累 | 10 | 5 | 5 |
| | 掌指或近侧指间关节受累 | 5 | 5 | 0 |
| | 远侧指间关节受累 | 5 | 0 | 0 |
| 小指 | 掌指、指间关节均受累 | 5 | 5 | 0 |
| | 掌指或近侧指间关节受累 | 5 | 5 | 0 |
| | 远侧指间关节受累 | 0 | 0 | 0 |
| 腕 | 手功能大部分丧失时的腕关节受累 | 10 | 5 | 0 |

比如，右侧拇指指间关节屈 60°，伸 －30°；健侧屈 80°，伸 0°；右侧指间关节伸 －30°，实为已经屈 30°；而拇指指间关节功能位是 0°～15°，显然已不在功能位状态，符合“非功能位强直固定”。

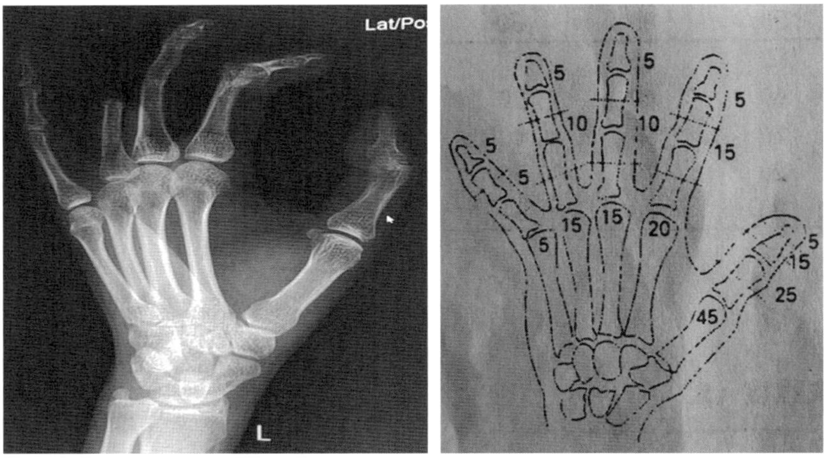


**图 5－3－3　手指部分缺失与指关节功能障碍示意图**

左手拇指指间关节活动度≤1/2,15 分;食指近侧指间关节非功能位强制固定 15 分;中指近侧指间关节功能位强直固定 5 分;环指中节、末节缺失 10 分。丧失分值计:45 分,八级残。

### (三)双手结构部分缺失及功能障碍丧失分值的计算方法

双手多个手指损伤造成功能障碍的,应分别计算各手功能障碍对应的分值,再行加权累计计算,不得简单相加;设一手功能为 100 分,双手总分为 200 分;设分值较高一手分值为 A,分值较低一手分值为 B,最终双手计分:$A + B \times (200 - A)/200$。[3]

案例说明:王某,男,42 岁因油罐爆炸烧伤双上肢导致手功能大部丧失(图 5－3－4 及图 5－3－5、文末彩图 5－3－4 及图 5－3－5)。双手诸指功能障碍丧失分值见表 5－3－5。

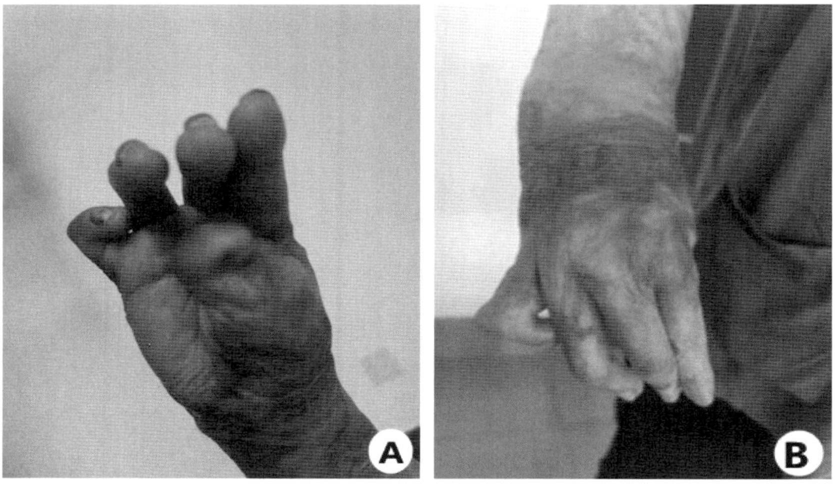


**图 5－3－4　右手诸指功能障碍图**

A:右手掌面。B:右手背面。

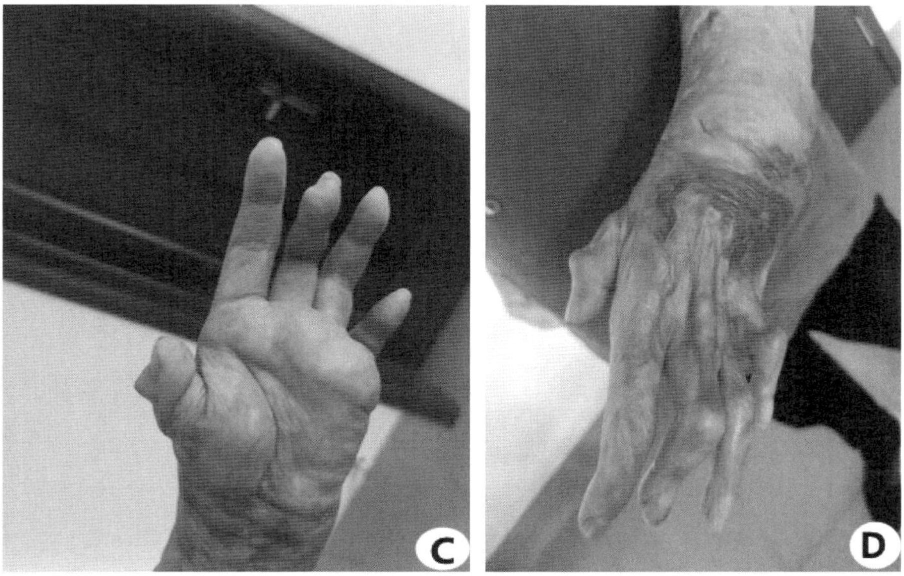

**图 5-3-5　左手诸指功能障碍图**

C：左手掌面。D：左手背面。

**表 5-3-5　双手诸指功能障碍对应分值表**

| 双手 | 诸指 | 掌指关节 | 近侧指间关节 | 远侧指间关节 | 得分 |
|---|---|---|---|---|---|
| 右手 | 拇指 | 第一腕掌及掌指关节均非功能位强直固定 | 背伸 80°强直固定 | | 40 |
| | 食指 | 屈曲 25°强直固定 | 屈曲 15°强直固定 | 屈曲 15°强直固定 | 20 |
| | 中指 | 屈曲 15°强直固定 | 屈曲 60°强直固定 | 屈曲 15°强直固定 | 15 |
| | 无名指 | 屈曲 15°强直固定 | 屈曲 75°强直固定 | 屈曲 15°强直固定 | 10 |
| | 小指 | 屈曲 15°强直固定 | 屈曲 85°强直固定 | 屈曲 10°强直固定 | 5 |
| 左手 | 拇指 | 第一腕掌及掌指关节均非功能位强直固定 | 屈曲 15°强直固定 | | 40 |
| | 食指 | 屈曲 10°强直固定 | 屈曲 15°强直固定 | 屈曲 10°强直固定 | 15 |
| | 中指 | 伸直位强直固定 | 屈曲 60°强直固定 | 屈曲 10°强直固定 | 15 |
| | 无名指 | 伸直位强直固定 | 屈曲 60°强直固定 | 屈曲 10°强直固定 | 10 |
| | 小指 | 屈曲 45°强直固定 | 屈曲 60°强直固定 | 屈曲 60°强直固定 | 5 |

右手分值 90 分，左手分值 85 分，双手总分：$90+85\times[(200-90)\div200]=137$（分）。

若涉及评定伤残，因为双侧腕关节均属功能位强直，其对应分值计算为：$95+90\times[(200-95)\div200]=142$（分）。属于五级残疾。

(四)《人体损伤致残程度分级》手损伤的普通条款(表5－3－6)与特别条款(表5－3－7)

表5－3－6　普通条款

| 条款序号 | 条款内容 |
|---|---|
| 5.4.6.3) | 手功能丧失分值达150分 |
| 5.5.6.3) | 手功能丧失分值≥120分 |
| 5.6.6.4) | 手或者足功能丧失分值≥90分 |
| 5.7.6.7) | 手或者足功能丧失分值≥60分 |
| 5.8.6.13) | 手或者足功能丧失分值≥40分 |
| 5.9.6.15) | 手或者足功能丧失分值≥25分 |
| 5.10.6.19) | 手或者足功能丧失分值≥10分 |

表5－3－7　特别条款

| 条款序号 | 条款内容 |
|---|---|
| 5.7.6.5) | 一手除拇指外,余四指完全缺失 |
| 5.8.6.11) | 一手拇指缺失达近节指骨1/2以上并相应掌指关节强直固定 |
| 5.10.6.15) | 一手小指完全缺失并第5掌骨部分缺损 |

鉴定实践中,特别条款优先原则。

举例说明:“一手除拇指外,其余四指完全缺失”,若普通条款(分值)评定八级残;若按特别条款即可评定七级残疾。若在鉴定实践中遇到此类情况,遵循“就高不就低的原则”。比如,小指近节基底部以远缺失,相应部分掌骨缺损。若按分值(5分),不够残(即使小指＋第五掌骨缺失,也5分);若按特别条款,评定为十级残疾。

## 四、手部功能障碍鉴定中的几种特殊情况

### (一)关于对“第一腕掌关节功能障碍程度”的理解

**1. 腕关节的组成**

腕关节包括由大多角骨和第一掌骨底构成的第一掌腕关节、桡腕关节和腕骨间关节(图5－3－6)。第一掌腕关节的功能主要包括拇指的内收、外展和对掌、对指。有文献报道,第一腕掌关节占一手拇指功能的3/4,因此,正确评估第一腕掌关节功能对确定一

手拇指功能情况显得尤为重要。

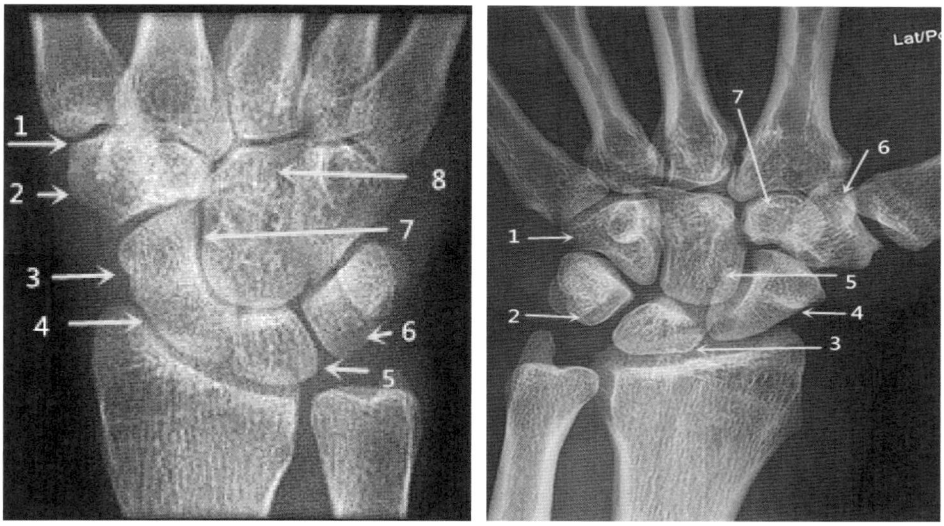


**图 5－3－6　腕关节组成示意图**

左图：1. 第一腕掌关节；2. 大多角骨；3. 舟状骨；4. 桡腕关节；5. 月骨；6. 三角骨；7. 腕骨间关节；8. 头状骨。右图：1. 勾骨；2. 三角骨；3. 月骨；4. 舟状骨；5. 头状骨；6. 大多角骨；7. 小多角骨。

**2. 第一腕掌关节的功能**

中立位为拇指沿食指方向伸直。①内收：伸直位可与食指桡侧并贴；②桡侧外展：在与手掌保持同一平面的情况下充分伸展，其纵轴与第二掌骨纵轴的夹角为 0°～（75°～85°）；③掌侧外展：0°～40°；④对掌：不易量出度数，注意拇指横越手掌之程度，一般用拇指指尖端到小指掌指关节的距离表示，5cm 左右；⑤对指：拇指指腹与示、中、环、小指指腹想捏的动作。

鉴定时若需评价第 1 掌腕关节功能，仅通过拇指桡侧内收、外展功能来体现即可，无须再考虑拇指对掌、内收功能；主要是参考拇指桡侧外展情况，因为拇指的对掌是由拇短展肌、拇对掌肌、拇收肌、拇长短屈肌共同作用完成，因此，通过对掌功能反应第一腕掌关节功能意义不大。[4]

## （二）关于对“手功能大部分丧失时腕关节受累”的理解

只有当一手功能大部分丧失（一手功能丧失超过 50%，即一手功能丧失分值超过 50 分）伴腕关节受累，并且再加上腕关节受累对应的分值后，手功能丧失最终分值能使致残程度有进一步提高时，方可加用该条的规定进行评分（表 5－3－8），同样此时的评分也才有实际意义，鉴定实践中要注意以上要件的有机结合。

**表 5-3-8 手功能大部分丧失时腕关节受累丧失分值情况**

| 手功能大部分丧失时腕关节受累 | 非功能位强直 | 功能位强直或活动度≤1/2 参考值 | 关节活动度 >1/2,但≤3/4 参考值 |
|---|---|---|---|
| | 10 | 5 | 0 |

例如,根据一手各指功能障碍的程度进行评分为 55 分(八级残疾),伴有腕关节活动度≤1/2(八级残疾),此时符合该手功能大部分丧失时腕关节受累的情况(对应的丧失分值为 5 分),且 55 分 +5 分 =60 分,可以使致残程度从两个八级残疾提高至一个七级残疾。

再比如:一手功能障碍分值 80 分(七级残疾),腕关节非功能位强直固定(七级残疾,对应分值 10 分);若分别评定,两个七级残疾;若引用“手功能大部分丧失时腕关节受累”,可提高至六级残疾。

再比如:若一手功能丧失分值 80 分(七级残疾),腕关节丧失功能 30%(十级残疾),若按腕关节受累综合评定(85 分)还是七级残疾,因为手功能丧失分值≥90 分,才能构成六级残疾,没有提高;这时可以分别评定一个七级残疾,一个十级残疾。

这种情况下可以援引功能障碍评分表中的最后一行的规定进行评分。因此,也可以理解评定手功能的一个特别条款,因为通常情况下腕关节与手功能障碍的评定是分开的。当然,腕关节功能障碍此时即不得再援引肢体关节功能的条款另行定残,应就高不就低。

### (三)关于“同一手指中结构缺失与功能障碍并存时”手功能丧失分值的认定问题

总的原则是:同一手指中结构缺失与功能障碍并存时不适合直接相加。要么选择缺失评分,要么选择功能障碍评分,缺失的关节可视为“非功能位强直”。鉴定实践中存在两种情况:一类是结构缺失与功能障碍的损伤基础相同,即功能障碍的发生系受到结构缺失影响;另一类是结构缺失与功能障碍的损伤基础不相同,即功能障碍的发生系不受结构缺失影响。

举例说明 1:一手食指近节指骨近端以远缺失(残留小部分近节指骨)并遗有掌指关节功能障碍,且未发现能导致掌指关节功能障碍的其他损伤基础(如掌骨头骨折、近节指骨近端骨折等),此时食指掌指关节功能障碍是因为食指大部分缺失导致掌指关节的正常解剖结构(包括肌腱、韧带)不完整,使掌指关节不能正常活动。即:掌指关节功能障碍是由于肢体缺失所致,故不宜再另行评分。另一角度分析,食指近节指骨近端以远缺失评分为 20 分，若掌指关节功能障碍再行评分，就会出现结构尚存时评分反而高于结构完全缺失的情形，有悖常理。

举例说明 2：食指中节与远节缺失（缺失平面在近侧指间关节水平）伴有掌骨头骨折后遗掌指关节非功能位强直。此时掌指关节解剖结构完整，应当针对功能障碍进行评分，可以将结构缺失（15 分）包含的指间关节（远侧指间关节和近侧指间关节）与掌指关节视为均有功能受累的情况，已缺失的指间关节功能障碍程度对照"非功能位强直"，查表评分（20 分）；另一种观点就是理解为按食指完全缺失的分值认定，也是 20 分。总之，不得将手指中节、远节结构缺失的评分与掌指关节功能障碍的评分直接相加（35 分）。否则，同样就会出现结构尚存时评分反而高于结构完全缺失的情形，有悖常理。

总结：同一手指既有结构缺失，又有关节功能障碍时，要么按结构缺失评分，要么按指关节功能障碍评分，按高分值取其一；即使是结构缺失与指关节功能障碍损伤基础不同，也不能分别计算再累加。一个手指的丧失分值只对应一种情况按规定取得的分值；任何情况下同一手指只对应一个评分。

部分省司法鉴定协会陆续公布的司法鉴定执业指引，对手指缺失与功能障碍同时存在如何处理的规定，本文作出如下解释：缺失手指与功能障碍手指为同一手指时，如基于同一损伤基础则不能相加，以分值高者为准；如基于不同损伤基础，可以相加，但不得重复加分，且相加后的分数不能超过各指近节指骨 1/2 缺失平面的分值，即拇指不超过 45 分，食指不超过 20 分，中指环指不超过 15 分，小指不超过 5 分。由此，鉴定人根据本省执业指引对同一手指既存在结构缺失又存在功能障碍的情况进行分值评定时，只要在本省范围内不会引起当事人的异议，并且有较强的可操作性，即为恰当。至于是否符合《人体损伤致残程度分级》制定者的初衷，笔者不作评论。

## 五、手结构缺失或手功能障碍评分中的几种特殊情况

### （一）"掌指、指间关节均受累"是指掌指关节与任一指间关节均受累

比如，食指掌指关节（MP）与近侧指间关节（PIP）同时受累，或食指 MP 与远侧指间关节（DIP）同时受累，均属于"掌指、指间关节均受累"。计算分值时，对应的列选择功能障碍程度高的数值，遵循一行对一列原则，不可重复相加。

假如，食指 MP 与 PIP 同时受累，经检查：MP 功能位强直，PIP 非功能位强直，选择对应分值最高一列：20 分，不可两项相加（表 5－3－9 加粗部分）。

表 5－3－9　食指受累部位及指关节功能障碍分值计算

| 食指受累部位及情形 | 功能障碍程度及手功能丧失分值 | | |
|---|---|---|---|
| | 非功能位强直 | 功能位强直或关节活动度≤1/2 参考值 | 关节活动度 >1/2，但≤3/4 参考值 |
| **掌指、指间关节均受累** | 20 | 15 | 5 |
| 掌指或近侧指间关节受累 | 15 | 10 | 0 |
| 远侧指间关节受累 | 5 | 5 | 0 |

## （二）近侧指间关节与远侧指间关节均受累时，分别评分取其一，就高不就低

如表 5－3－9 倒数第一、二行所示：食指近侧指间关节与远侧指间关节均受累，分别确定出对应列数值，取高分。假如，食指近侧指间关节（PIP）与远侧指间关节（DIP）均受累，近侧指间关节（PIP）所对应列是 10 分，远侧指间关节（DIP）所对应列是 5 分，丧失分值按高值取其一（10 分），不可两项相加。

## （三）当手结构缺失正好位于上、下两个区域的交界处，即区间分割线位置时的分值计算

原则：就高不就低。比如，如下图中指黑线处缺失，正好位于两区间分割线，按就高不就低原则，计 10 分（图 5－3－7 左图）。至于如何认定手指具体缺失的部位，则需要测量健侧手指相应节段的长度与伤指残余节段进行比对认定。[4]

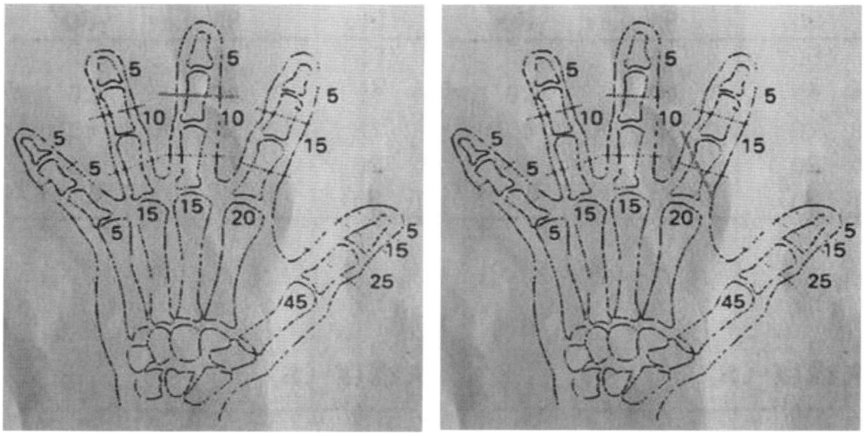


图 5－3－7　特殊位置手指部分缺失分值计算（文末有彩图）

### （四）当手结构缺失位于区间分割线两侧时的分值计算

原则：就高不就低。比如图 5－3－7 右图中指黑线处缺失，正好位于两区间分割线两侧，按就高不就低原则，计 20 分。

上述（三）、（四）两种情况，笔者感觉鉴定实践中很少会遇到，但也不能排除。假如当事双方矛盾尖锐，手指缺失平面不好界定时，可通过影像学检查并利用电脑进行准确测量。

## 六、周围神经损伤导致手肌瘫的评定原则

手的运动靠相关肌肉的收缩与舒张来完成，而肌肉的收缩与舒张来自神经的支配。手功能障碍可以源自肌肉本身的损伤，也可源自神经的损伤，手的运动、感觉功能受桡神经、正中神经、尺神经的支配。

《人体损伤致残程度分级》所列有关手部肌瘫的条款是指支配手指运动的肌肉发生完全性瘫痪或不完全性瘫痪，而不包括仅位于手部但不涉及手指运动的肌肉。因此，与手肌瘫有关的神经主要是指支配手部肌肉的周围神经，即桡神经、正中神经与尺神经。[2]

### （一）桡神经损伤

桡神经的功能可简单概括为四伸：即伸肘、伸腕、伸指及桡侧外展。此外，肱桡肌还有屈肘的功能，浅支还有桡侧手背的感觉功能。桡神经所支配的肌肉如表 5－3－10 所列，表 5－3－10 列出了能够体现桡神经功能的重要肌肉，其中加粗部分所示为支配手指运动的肌肉；自旋后肌以下部分肌肉受桡神经深支（也称“骨间背神经”）支配。

**表 5－3－10　桡神经支配肌肉及功能一览表**

| | |
|---|---|
| 肱三头肌 | 伸肘 |
| 桡侧腕长伸肌、桡侧腕短伸肌、尺侧腕伸肌 | 伸腕 |
| 肘后肌、旋后肌 | 前臂旋后 |
| **指总伸肌（PIN）** | **使第 2～5 指的掌指关节、第一指节伸直并有伸腕作用** |
| **拇长展肌（PIN）** | **拇指桡侧外展** |
| **拇长伸肌（PIN）** | **伸拇指指间关节** |
| **拇短伸肌（PIN）** | **伸拇指掌指关节** |
| **小指伸肌（PIN）** | **伸小指** |
| **示指伸肌（PIN）** | **伸示指掌指关节、指关节** |
| PIN：骨间后神经 | |

1. **能够体现桡神经主要功能的部分肌肉**

指总伸肌损伤说明桡神经支配的手功能肌肉全部受累,故指总伸肌是判断全肌瘫的分水岭肌肉;桡侧腕长伸肌损伤,腕关节背伸障碍,符合桡神经肘部以上损伤,故桡侧腕长伸肌是判断桡神经肘部以上损伤的分水岭肌肉。

认定手全肌瘫损伤部位必须高于图 5-3-8 桡神经支配肌肉图旋后肌与指总伸肌之间的横线。

受桡神经支配的具有引起手指运动功能的肌肉属于前臂肌后群,也就不难理解其基本功能:伸指。

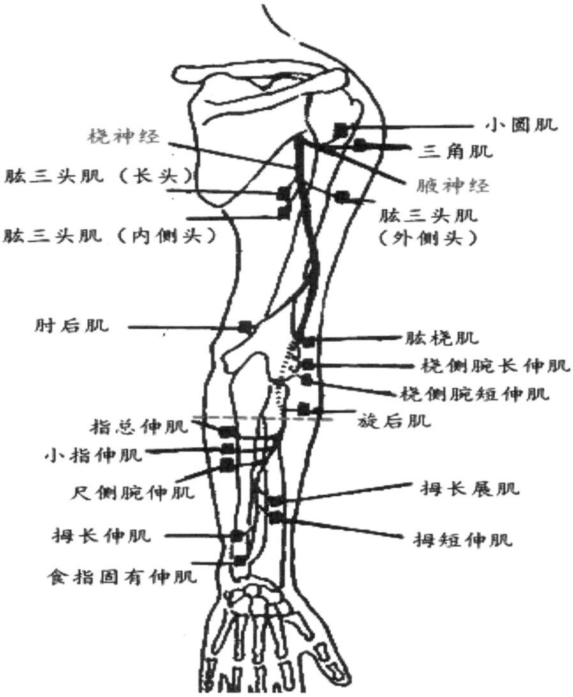


图 5-3-8 桡神经支配肌肉图解(文末有彩图)

表 5-3-11 桡神经不同部位损伤主要表现[5]

| | |
|---|---|
| 腋部损伤 | 上臂、前臂的伸肌群和唯一支配的屈肌(肱桡肌)萎缩,伸肘、伸腕、伸指(包括拇指桡侧外展)和前臂旋后功能障碍,呈垂腕畸形,上臂外侧、前臂背侧、手背桡侧感觉障碍 |
| 上臂段损伤 | 伸肘功能可,伸腕、伸指、前臂旋后功能障碍,上臂外侧、前臂背侧、手背桡侧感觉障碍 |
| 前臂段损伤 | 伸腕功能基本正常,伸指功能障碍(包括拇指桡侧外展),手背虎口区感觉障碍 |

2. **桡神经损伤的表现**

桡神经在肱骨中段和桡骨颈处骨折时最易发生损伤。肱骨中段或中、下1/3交界处骨折容易合并桡神经损伤，导致前臂伸肌群的瘫痪，表现为抬前臂时呈“垂腕”状，同时第1、2掌骨间背面皮肤感觉障碍明显。桡骨颈骨折时，可损伤桡神经深支，出现伸腕无力，不能伸指。

## （二）正中神经损伤

1. **能够体现正中神经功能的部分肌肉**

指浅屈肌损伤说明正中神经支配的手功能肌肉全部受累，故指浅屈肌是判断全肌瘫的分水岭肌肉；桡侧腕屈肌损伤，腕关节掌屈障碍，符合正中神经肘部以上损伤，故桡侧腕屈肌是判断正中神经肘部以上损伤的分水岭肌肉。

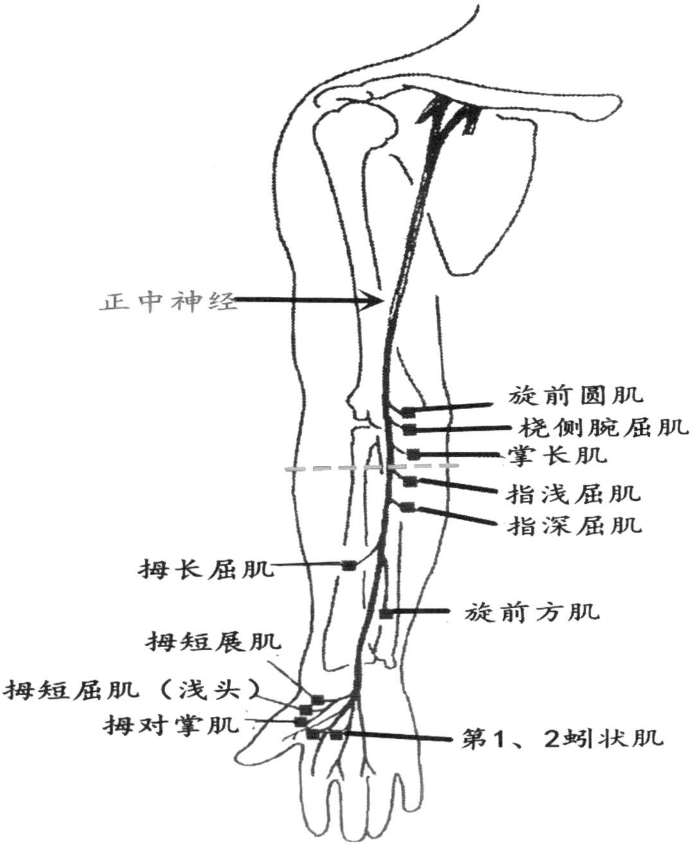


图5－3－9　正中神经支配肌肉图解（文末有彩图）

表 5－3－12　正中神经支配肌肉及功能

| | |
|---|---|
| 旋前圆肌 | 屈肘,前臂旋前 |
| 桡侧腕屈肌 | 屈肘、屈腕、腕外展 |
| 掌长肌 | 屈腕 |
| 旋前方肌 | 前臂旋前 |
| 指浅屈肌 | 屈腕,2～5 掌指关节及第 2～5 近侧指间关节屈曲 |
| 指深屈肌 | 屈 2～5 指的远侧指间关节,协助屈近侧指间关节、掌指关节,屈腕 |
| 拇长屈肌、拇短屈肌 | 拇长屈肌:指间关节屈曲;拇短屈肌:第一掌指关节屈曲 |
| 掌肌 | 使拇指对掌 |
| 拇短展肌 | 拇指外展(第一腕掌关节掌侧外展) |
| 1、2 蚓状肌 | 示中指屈曲掌指关节,伸直指间关节 |

认定手全肌瘫损伤部位必须高于图 5－3－9 正中神经支配肌肉图掌长肌与指浅屈肌之间的横线。

2. **正中神经与所支配肌肉对应关系(表 5－3－13)**

表 5－3－13　正中神经与所支配肌肉对应关系

| | |
|---|---|
| 正中神经 | 旋前圆肌、桡侧腕屈肌、掌长肌、指浅屈肌 |
| 骨间前神经 | 指深屈肌、拇长屈肌、旋前方肌 |
| 指掌侧总神经 | 拇短展肌、拇对掌肌、拇短屈肌、第 1、2 蚓状肌 |

注:指深屈肌的神经支配由正中神经和尺神经共同完成,即尺侧半(4、5 指)由尺神经支配;2、3 指由正中神经支配。

3. **正中神经损伤的表现(表 5－3－14)**

表 5－3－14　正中神经不同部位损伤主要表现

| | |
|---|---|
| 腋部损伤 | 桡侧三指(拇、食、中指)屈曲功能障碍,前臂屈肌萎缩,拇指不能外展、对掌、对指。大鱼际肌萎缩,手掌面的桡侧三个半指皮肤感觉障碍 |
| 肘部损伤 | 同腋部 |
| 腕部损伤 | 拇指不能外展、对掌、对指。大鱼际肌萎缩,桡侧三个半指皮肤感觉障碍,拇、食指捏物功能障碍 |

## (三)尺神经损伤

尺神经在腋部和上臂部无分支,在前臂也只有尺侧腕屈肌和指深屈肌尺侧半两个分支。尺神经主要支配手的内在肌,包括小鱼际肌群,第 3、4 蚓状肌、骨间掌侧肌、骨间背侧肌、拇内收肌及手指一个半皮肤感觉。

### 1. 能够体现尺神经功能的部分肌肉(表 5 – 3 – 15)

指深屈肌损伤说明尺神经支配的手功能肌肉全部受累,故指深屈肌是判断全肌瘫的分水岭肌肉;尺侧腕屈肌损伤,腕关节掌屈障碍,符合尺神经肘部以上损伤,故尺桡侧腕屈肌是判断正中神经肘部以上损伤的分水岭肌肉。认定手全肌瘫损伤部位高于图 5 – 3 – 10 尺神经支配肌肉图中尺侧腕屈肌与指深屈肌之间的横线。

**表 5 – 3 – 15　能够体现尺神经功能的关键肌肉**

| | |
|---|---|
| 尺侧腕屈肌 | 屈腕,腕内收 |
| 指深屈肌 | 屈 4、5 指远侧指间关节 |
| 小鱼际肌 | ①小指展肌(使小指外展);②小指对掌肌(小指对掌);③小指短屈肌(小指屈曲) |
| 3、4 蚓状肌 | 屈环、小指掌指关节时伸指骨间关节 |
| 骨间掌侧肌 | 使第 2、4、5 指向中指靠近(内收) |
| 骨间背侧肌 | 以中指的中线为中心外展第 2、4、5 指(示、环、小指外展)。由于骨间肌也绕至第 2 ~ 5 指背面,止于指背腱膜,故能协同蚓状肌屈掌指关节、伸指骨间关节 |
| 拇内收肌 | 拇指内收,屈拇指近节指骨 |

### 2. 尺神经与所支配肌肉对应关系(表 5 – 3 – 16、图 5 – 3 – 10)

**表 5 – 3 – 16　尺神经支配肌肉**

| | |
|---|---|
| 尺神经 | 尺侧腕屈肌、指深屈肌 |
| 尺神经深支 | ①小指展肌(使小指外展);②小指对掌肌(小指对掌);③小指短屈肌指屈曲;④ 3、4 蚓状肌;⑤骨间掌侧肌;⑥骨间背侧肌;⑦拇内收肌 |

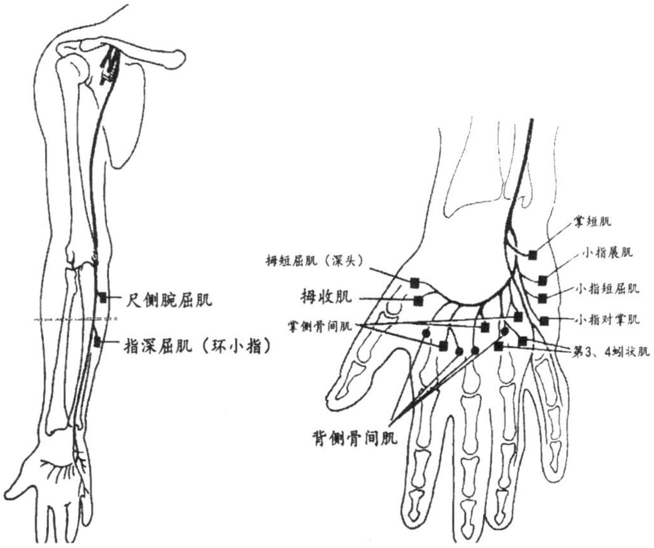


**图 5 – 3 – 10　尺神经支配肌肉图解**

3. 尺神经损伤的表现(表5－3－17)

表5－3－17　尺神经损伤的表现

| | |
|---|---|
| 腋部损伤 | 腕关节屈曲不能,环、小指末节屈曲功能障碍;小鱼际肌、骨间肌和第3、4蚓状肌萎缩,爪形手畸形;手指内收、外展功能障碍;手部尺侧半和尺侧1个半手指感觉功能障碍 |
| 肘部损伤 | 同腋部 |
| 腕部损伤 | 尺侧腕屈肌和环、小指指深屈肌功能存在,小鱼际肌、骨间肌和第3、4蚓状肌萎缩,爪形手畸形;手指内收、外展功能障碍;手部尺侧半和尺侧1个半手指感觉功能障碍 |

## (四)手部诸指功能所对应肌肉、神经支配汇总(表5－3－18)

表5－3－18　手部诸指功能所对应肌肉、神经支配汇总

| 部位 | 功能 | 肌肉支配 | 支配神经 |
|---|---|---|---|
| 四指 | MP屈曲 | 蚓状肌 | 正中神经、尺神经 |
| | PIP屈曲 | 指浅屈肌 | 正中神经 |
| | DIP屈曲 | 指深屈肌 | 正中神经、尺神经 |
| | MP伸展 | 指总伸肌 | 桡神经 |
| | 内收 | 骨间掌侧肌 | 尺神经 |
| | 外展 | 骨间背侧肌 | 尺神经 |
| | 外展 | 小指展肌 | 尺神经 |
| | 对掌 | 小指对掌机 | 尺神经 |
| 拇指 | MP屈曲 | 拇短屈肌 | 正中神经 |
| | IP屈曲 | 拇长屈肌 | 正中神经 |
| | MP伸展 | 拇短伸肌 | 正中神经 |
| | IP伸展 | 拇长伸肌 | 桡神经 |
| | 外展 | 拇短展肌、拇长展肌 | 正中神经、桡神经 |
| | 内收 | 拇收肌 | 尺神经 |
| | 对掌 | 拇指对掌机 | 正中神经 |

## (五)手肌瘫的应用说明

需要强调的是,手、足肌瘫是指支配手指或足趾运动功能的肌肉发生瘫痪,而非位于手或足部的肌肉发生瘫痪,《人体损伤致残程度分级》中,手、足肌瘫包括的肌肉(尤其是肌腹)既可以位于手或足部,也可以位于前臂或小腿。例如,支配手指屈曲的屈指伸肌、

屈指浅肌,其肌腹位于前臂,各肌肉的腱性部位位于手部。[5]

1. **一手全肌瘫**

一手全肌瘫的损伤基础为:上肢桡神经、正中神经和尺神经全部损伤,其中桡神经的损伤水平在肘部以上(肌肉标志为旋后肌段,骨性标志为桡骨颈),正中神经的损伤水平也在肘部以上(肌肉标志为旋前圆肌以上,骨性标志为桡骨颈水平);尺神经损伤水平一般在肘部水平或肘部以上(肌肉标志为尺侧腕屈肌段,骨性标志为桡骨近端)。

2. **一手大部分肌瘫**

一手大部分肌瘫的鉴定要点:所谓一手大部分肌瘫,是指一上肢桡神经、正中神经、尺神经中有任意两支神经损伤,导致支配一手五指的大部分肌肉发生完全性或者不全性瘫痪。其中桡神经的损伤水平在前臂段以上(桡神经深支),正中神经的损伤水平也在前臂段以上,尺神经的损伤水平也在腕部以上(豌豆骨、钩骨处)。

3. **一手部分肌瘫**

一手部分肌瘫的鉴定要点:所谓一手部分肌瘫,是指一上肢桡神经、正中神经、尺神经中其中一支神经损伤,导致支配一手五指的部分肌肉发生完全性或者不全性瘫痪。一手部分肌瘫的损伤基础为:上肢桡神经、正中神经和尺神经中任意一根神经损伤,其中桡神经的损伤水平在前臂段以上(桡神经深支),正中神经的损伤水平在腕部以上(腕骨处),尺神经的损伤水平也在腕部以上(豌豆骨、钩骨处)。[2]

正确判定神经损伤的定位对认定一手全肌瘫、大部分肌瘫或部分肌瘫意义重大。不同神经、不同部位损伤后的运动功能障碍有其典型的表现:正中神经在肘上损伤可表现为猿手畸形;桡神经在上臂中部损伤可出现腕下垂;尺神经在前臂损伤可出现爪形手。[6]

### (六)对“一手全肌瘫损伤基础”的思考

《〈人体损伤致残程度分级〉适用指南》对“一手全肌瘫损伤基础”的描述,大意是:正中、桡、尺神经(简称三神经)全部损伤,且损伤部位均在肘上。根据三神经所支配肌肉的解剖位置推断,只要桡神经损伤位置在指总伸肌以上,正中神经损伤位置在指浅屈肌以上,尺神经损伤位置在指深屈肌以上均会导致全部手肌受累。但是若要单纯周围神经同时满足:(1)一手全肌瘫;(2)相应腕关节功能丧失 75% 以上,损伤必须在肘上。故笔者认为,上述对“一手全肌瘫损伤基础”的解释是指损伤的解剖定位,同时也能满足《人体损伤致残程度分级》中 5.6.1.8)条“一手全肌瘫(肌力 2 级以下),伴相应腕关节功能丧失 75% 以上”。

当然,《人体损伤致残程度分级》5.6.1.8)条中涉及的腕关节功能不仅限于周围神经损伤所致的功能丧失75%以上。此条中的腕关节功能,即要求其运动功能丧失达75%以上。若腕关节伴有骨性损伤的,按方向均分法计算,其功能丧失需达75%以上;若腕关节功能障碍既有骨性损伤,又有周围神经损伤,则按照查表法的计算方法,计算腕关节功能丧失达75%以上;若是因为周围神经损伤所致腕关节功能丧失,其腕关节功能丧失75%的认定,需满足腕关节各方向活动的肌力均在2级以下。

掌握和熟悉指总伸肌、指浅屈肌、指深屈肌的起、止点,能够帮助了解上述三肌的功能。

指总伸肌,起点:肱骨外上髁及邻近深筋膜;止点:第2~5中节和远节指骨底。

指浅屈肌,起点:肱骨内上髁及尺桡骨前面;止点:第2~5指中节指骨体两侧。

指深屈肌,起点:尺骨上端前面及附近骨间膜;止点:第2~5远节指骨底掌面(图5-3-11)。

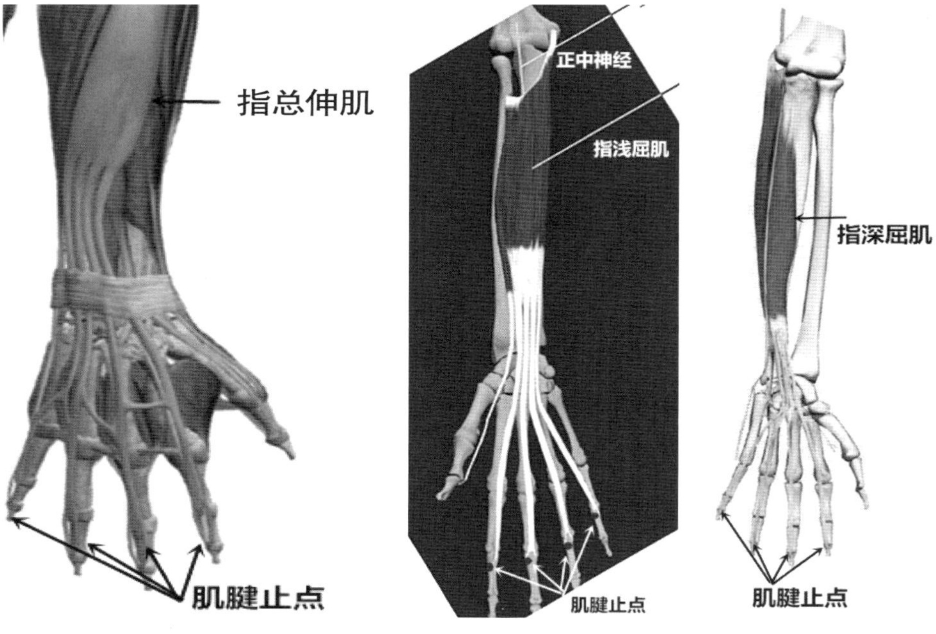


图5-3-11 指总伸肌、指浅屈肌、指深屈肌起、止点示意图

## （七）涉及手肌瘫、手肌肌力的检查与认定及相关条文

### 1. 桡神经、正中神经、尺神经损伤重点检查的肌肉（表 5－3－19 至表 5－3－21）

**表 5－3－19　桡神经损伤重点检查的肌肉**

| 肌肉名称 | 检查要点 |
| --- | --- |
| 指总伸肌 | ①受检者坐位，前臂旋前置于检查台面上；②腕关节功能位；③检查时受检者的指关节处于屈曲状态，检查者一手压放在被检手近节指骨远端，令受检者抵抗阻力伸掌指关节，即可在手背看到或触摸到指伸肌腱的隆起 |
| 拇长伸肌 | ①受检者坐位，前臂置于检查台面上；②检查者一手固定被检手指近节指骨，另一手置于被检拇指远节指骨背面向掌面用力，令受检者抵抗阻力伸直拇指指间关节，可感受到拇长伸肌的收缩 |
| 拇短伸肌 | ①受检者坐位，前臂置于检查台面上，拇指处于内收位；②检查者一手固定被检手第一掌骨，另一手置于被检拇指近节指骨背面向掌面用力，令受检者抵抗阻力伸直拇指掌指关节，可感受到拇短伸肌的收缩 |
| 拇长展肌 | ①受检者坐位，手掌平放于台面；②受检者拇指用力向桡侧外展，检查者一手置于被检拇指近节桡侧，可感受到拇长展肌的收缩 |

**表 5－3－20　正中神经损伤重点检查的肌肉**

| 肌肉名称 | 检查要点 |
| --- | --- |
| 指浅屈肌 | 检查者一手握住受检者被检指以外的各指使其固定于伸直位，然后用另一手抵于被检手指近节，令被检指近侧指间关节屈曲，远侧指间关节伸直。说明被检指指浅屈肌功能尚存，可按抵抗阻力大小确定其肌力 |
| 拇长屈肌 | 检查者一手固定受检者拇指近节，然后令其屈曲拇指指间关节，若能完成该动作，说明拇长屈肌有收缩功能，可按抵抗阻力大小确定其肌力 |
| 拇短展肌 | ①受检者坐位，手掌垂直于检查台面；②受检者拇指离开掌平面并在水平面上外展，检查者加阻力于拇指尖，另一手就可在大鱼际外侧部感受该肌的收缩情况，可按抵抗阻力大小确定其肌力 |
| 拇对掌肌 | 受检者坐位，令受检者拇指向小指指腹做接触动作，检查者另一手向相反方向加阻力于第一掌骨，即可感受该肌的收缩情况，可按抵抗阻力大小确定其肌力 |

**表 5－3－21　尺神经损伤重点检查的肌肉**

| 肌肉名称 | 检查要点 |
| --- | --- |
| 指深屈肌 | 检查者一手固定受检者近侧指间关节于伸直位，然后令其末节向手掌侧屈曲，若能完成该动作，说明指深屈肌有运动功能，可按抵抗阻力大小确定其肌力 |
| 拇收肌 | ①受检者坐位，手掌平放于台面，手掌朝下；②受检者拇指桡侧外展与手掌平面一致，使其处于外展约 60°；③检查者一手置于被检拇指内侧，令受检者抵抗阻力内收拇指，使其由 60°位至 0°位，可在第一指蹼深部触及拇收肌收缩情况。可按抵抗阻力大小确定其肌力 |

续表

| 肌肉名称 | 检查要点 |
| --- | --- |
| 骨间肌 | ①受检者坐位,手掌平放于台面,手掌朝下;②检查掌侧骨间肌时,令被检手之食指、环指、小指由外展位向中指轴线内收即让三指向中指靠拢;③检查背侧骨间肌时令被检手之食指向桡侧外展,环指向尺侧外展,即两指离开中指。如能完成上述两动作,说明相应的骨间掌侧肌、骨间背侧肌有运动功能,可按抵抗阻力大小确定其肌力 |
| 蚓状肌 | 受检者坐位,检查者一手固定被检腕关节于伸直位,此时令受检者屈曲第2~5指的掌指关节同时伸直指间关节,若能完成此动作,说明蚓状肌有运动功能,可按抵抗阻力大小确定其肌力 |

2. 涉及手肌瘫的有关条文(表5-3-22)

表5-3-22 《人体损伤致残程度分级》涉及手肌瘫的有关条文

| 条款 | 条款内容 |
| --- | --- |
| 5.6.1.7) | 双手部分肌瘫(肌力3级以下) |
| 5.6.1.8) | 一手全肌瘫(肌力2级以下),伴相应腕关节功能丧失75%以上 |
| 5.7.1.7) | 一手大部分肌瘫(肌力2级以下) |
| 5.8.1.7) | 一手大部分肌瘫(肌力3级以下) |
| 5.9.1.5) | 一手部分肌瘫(肌力3级以下) |

(般汉池)

## 参考文献

[1]中华人民共和国公安部. 法医学关节活动度检验规范[S]. 北京:中国标准出版社,2019:23-26.

[2]司法部司法鉴定管理局 最高人民法院司法行政装备管理局.《人体损伤致残程度分级》适用指南[M]. 北京:法律出版社,2016.

[3]最高人民法院 最高人民检察院 公安部 国家安全部 司法部关于《人体损伤致残程度分级》的公告[S]. 2016:35.

[4]夏晴,夏文涛.《人体损伤致残程度分级》之手损伤条款的理解与应用[J]. 法医学杂志,2017,33(4):406~410.

[5]司法部司法鉴定管理局. 司法鉴定技术规范[M]. 北京:北京大学出版社,2016:439.

[6]高东,夏晴. 肢体周围神经损伤法医学鉴定和检验[M]. 1版. 上海:上海科学技术出版社,2020.

# 论文 4：损伤性听觉功能障碍法医学鉴定

**摘　要**：与听觉功能障碍有关的创伤包括外伤性骨膜穿孔、头部外伤（包括颞骨骨折或/和颅脑损伤）、耳毒性药物性聋、爆震伤、噪声聋、医源性损伤等。而鉴定实践中遇到最多的导致听觉功能障碍的外伤为外伤性鼓膜穿孔、颞骨骨折及颞骨骨折与颅脑损伤同时并存等情形。无论是损伤程度鉴定还是残疾等级鉴定均需要对听觉功能障碍程度进行评估，虽然纯音气导和骨导听阈级检测是了解听敏度最基本的方法，但是司法鉴定的性质与特点决定了不能单纯依赖纯音气导和骨导听阈级检测判定听觉功能障碍的程度，因为其受被鉴定人主观意识与行为配合的影响。该文意在介绍用客观测听法评估听觉功能障碍的具体操作思路与步骤，以获取实际的听觉功能水平。

**关键词**：法医学；听觉功能障碍；听觉诱发电位；纯音听阈级；预估听阈级

## 一、听觉系统的组成及听觉功能的形成

听觉系统包括外耳、中耳、内耳、蜗神经、听觉中枢五部分。声音的传导分为空气传导和骨传导两条路径，正常情况下以空气传导为主，即声波由外耳道传至骨膜，引起骨膜振动，继而使听小骨链随之运动，将声波转换成机械振动并加以放大，经镫骨底传至前庭窗，引起前庭阶的外淋巴波动。外淋巴波动经前庭膜传至内淋巴，内淋巴的波动刺激基底膜上的螺旋器，产生神经冲动，再经蜗神经传入中枢，产生听觉[1]。听觉系统的组成及功能见表 5－4－1。

**表 5－4－1　听觉系统的组成及其功能**

| | | |
|---|---|---|
| 外耳 | 耳郭 | 收集声波 |
| | 外耳道 | 传导声波 |
| | 鼓膜 | 感应由外耳道传入的声波，将声波产生的振动传递给听小骨，使声波的刺激传入中耳 |

续表

| | | |
|---|---|---|
| **中耳** | 鼓室 | 鼓室内的三块听小骨依靠韧带和关节相互连接,形成听骨链;通过听骨链的运动将声波传至内耳 |
| | 咽鼓管 | 为沟通鼓室与鼻咽的管道,其作用是使鼓室的气压与外界的大气压相等,以保持鼓膜内、外两面的压力平衡,利于鼓膜的振动,传导声波 |
| | 乳突窦、乳突小房 | |
| **内耳** | 骨迷路 | 由骨密质构成的管道,包括耳蜗、前庭、半规管 |
| | 膜迷路 | 套在骨迷路内的膜性管与囊 |
| **听神经** | 也称蜗神经,其神经元的周围突分布于内耳膜迷路的螺旋器,中枢突在内耳道聚成蜗神经,在面神经外侧入脑干,终于蜗神经核。由蜗神经向上经过2、3级神经元的交换,由听辐射到达听觉中枢 | |
| **听觉中枢** | 位于颞横回,接受听辐射的投射,其特点是一侧听区接受双侧听觉冲动的传入,但以对侧为主,所以一侧听区损伤可致双侧听力下降。但一般不会导致重度耳聋。若一侧通路在外侧丘系以上损伤不会产生明显症状,但若损伤到听神经、内耳、中耳,将会导致不同程度的听力障碍 | |

## 二、听觉功能障碍的常见原因

鉴定实践中,由外伤导致听觉功能障碍的常见原因是鼓膜穿孔、颞骨骨折、颅脑损伤。其中,颞骨骨折导致听觉功能障碍的鉴定最为复杂。

### (一)颞骨骨折导致听觉功能障碍是由耳的解剖结构所决定的

**1.耳与颞骨的关系**

耳的主要结构位于颞骨中,包含外耳道骨部、中耳、内耳和内耳道。

外耳道鼓部:外耳道鼓部的后上方由颞骨鳞部组成,其深部与颅中窝仅隔一层骨板。外耳道骨部的前壁、下壁和部分后壁由颞骨骨部构成。

中耳:介于外耳和内耳之间,是位于颞骨中的不规则含气腔和通道。包括鼓室、咽鼓管、鼓窦及乳突四部分。

内耳:由内耳又称迷路,埋藏于颞骨岩部,结构复杂而精细,内含听觉和前庭器官。按解剖和功能可分为前庭、半规管和耳蜗3个部分。

内耳道:内耳道是位于颞骨岩部内的骨性盲管,平均长约10mm,垂直平均5.9mm。内有面神经、蜗神经、前庭神经、中间神经及迷路动脉、迷路静脉通过。内耳道向后、外侧伸入颞骨岩部,与岩部的长轴几乎成直角,硬脑膜经内耳门延伸入内耳道,并铺贴于其表面内耳道外端由一垂直而有筛状小孔的骨板所封闭,此骨即为内耳道底,内听道底构成前庭和耳蜗内壁的大部分[2]。

2. **颞骨骨折的分型与影像学判定**

颞骨高分辨率 CT 扫描根据骨折线的走行轴向可分为纵行骨折、横行骨折与混合性骨折。

纵行骨折：骨折线与颞骨岩锥长轴平行，常起自颞骨鳞部，常通过外耳道后上壁、鼓室天盖，沿颈动脉管到颅中窝的棘孔或破裂孔附近。由于骨折线多从骨迷路前方或外侧穿过，主要伤及外耳、中耳结构，可出现中耳出血/积血，较少伤及内耳。听骨链三维成像可见听小骨位置改变，如砧镫关节分离或松弛、砧骨脱位等(图 5－4－1A)。

横行骨折：骨折线与颞骨岩锥长轴垂直，常起自枕骨大孔，横过岩锥到颅中窝。由于骨折线通过骨迷路，常伤及内耳及面神经(图 5－4－1B)。

混合性骨折：既有纵行骨折，又有横行骨折，骨折线为多向性，可同时伤及外耳、中耳、内耳结构。

同时，内耳 MRI 检查可提示有无内耳损伤征象[3]。

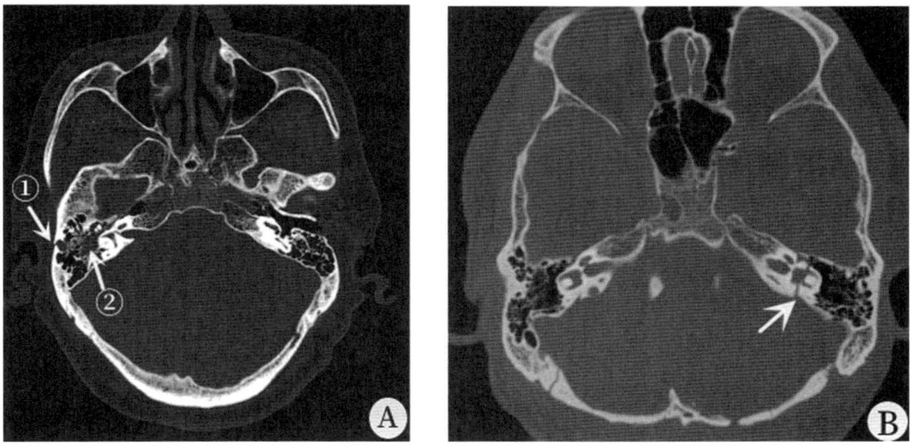


**图 5－4－1　颞骨骨折 CT 扫描图**

A：右侧颞骨乳突呈条状低密度影，乳突小房、鼓室高密度影，显示积血征象。B：左侧颞骨岩部横行骨折，骨折线累及前庭、半规管，提示：骨迷路、膜迷路均受损。

为使鉴定人更深入了解纵行骨折与横行骨折的区别列表如下(表 5－4－2)：

**表 5－4－2　纵行骨折与横行骨折的区别**

| 症状与体征 | 纵行骨折 | 横行骨折 |
|---|---|---|
| 与颞骨纵轴关系 | 与岩部纵轴平行 | 与岩部纵轴垂直 |
| 主要累及部位 | 中耳 | 内耳 |

续表

| 症状与体征 | 纵行骨折 | 横行骨折 |
| --- | --- | --- |
| 耳出血 | 常见 | 少见 |
| 面瘫 | 发生率低,常为暂时性 | 约半数发生,常为永久性 |
| 听力减退程度 | 部分恢复 | 重度感音神经性耳聋,难以恢复 |
| 眩晕 | 轻,且多为暂时性 | 重,持续久 |
| 前庭功能 | 正常或轻度减退 | 消失 |

### (二)鼓膜穿孔是导致听觉功能障碍的常见原因

虽然鼓膜穿孔较为常见,但鼓膜穿孔通过“耳部一般检查”即可判定:观察鼓膜的颜色、透明度,以及是否完整,有无钙化灶,有无鼓膜穿孔,若有鼓膜穿孔需描述鼓膜穿孔的位置、形态、大小及穿孔边缘是否有出血;在上述观察基础上通过耳内镜行鼓膜照相或/和鼓膜摄像作为客证据[3],如图5-4-2(文末彩图5-4-2)所示。

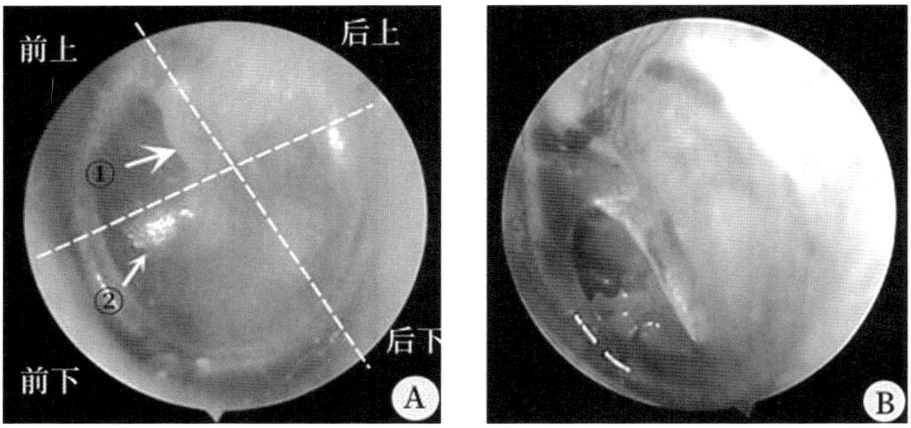


**图5-4-2 鼓膜照相图**

A:左耳正常鼓膜,①示锤骨柄;②示光锥。B:左耳紧张部呈梭形大穿孔,锤骨柄及鼓膜充血,尤以穿孔周边明显,出血痕迹。符合左耳外伤性鼓膜穿孔特征。

### (三)颅脑外伤/颞骨骨折是导致听觉功能障碍的原因之一

颅脑外伤可导致听觉功能障碍,但由于一侧听觉中枢接受双侧听觉冲动的传入,因此一侧听觉中枢损伤不会导致重度听觉功能障碍。颅脑损伤常合并颞骨骨折,单纯的脑干听觉通路损伤或大脑皮质损伤并不多见,听觉功能障碍亦多表现为感应神经性听觉功能障碍或混合性听觉功能障碍[3]。

## 三、推断导致听觉功能障碍损伤部位组合

推断听觉功能障碍部位的测试项目组合一般包括:①纯音听阈级检测;②声导抗测试;③耳声发射;④听性脑干反应(ABR)。

### (一)纯音听阈级检测

纯音听阈级测试检测结果可用表或纯音听力图的形式表示,实践中大多以“听力图”表示,通过对“听力图”的分析,可了解是①传导性听觉功能障碍? ②感音神经性听觉功能障碍? ③混合性听觉功能障碍? 进而推断损伤的部位。

**1. 传导性听觉功能障碍“纯音听力图”解读(见表5-4-3)**

**表5-4-3　传导性听觉功能障碍“纯音听力图”解**

| 几种常见情形 | 纯音听力图特征 |
|---|---|
| 基本特征 | 各频率骨导听阈正常或接近正常,气导听阈提高,气导听阈提高以低频为主,呈上升型曲线,气骨导间距以低频区明显,>10dB(介于30dB~60dB,一般不会>60dB)(图3A) |
| 鼓膜穿孔 | 气导曲线平坦,各频率气骨导差基本相同;若合并听骨链中断,气骨导差可达40dB |
| 听骨链完全固定或中断(耳硬化症或听骨畸形) | 气导曲线平坦,气骨导差可达60DB |

**2. 感音神经性听觉功能障碍“纯音听力图”解读**

由于气导和骨导的传导路径最终都进入内耳,故感音神经性聋的气、骨导听力曲线呈一致性下降,通常高频听力损失严重,故听力曲线呈渐降型或陡降型。严重感音神经性聋低频听阈也提高,其曲线呈平坦型。

**3. 混合性听觉功能障碍“纯音听力图”解读**

兼有传导性聋与感音神经性聋的听力曲线特点,其特征是气、骨导听力都下降,但存在气、骨导差。常表现以低频传导性聋的特点为主,而高频的气、骨导曲线呈一致性下降[2](图5-4-3B)。

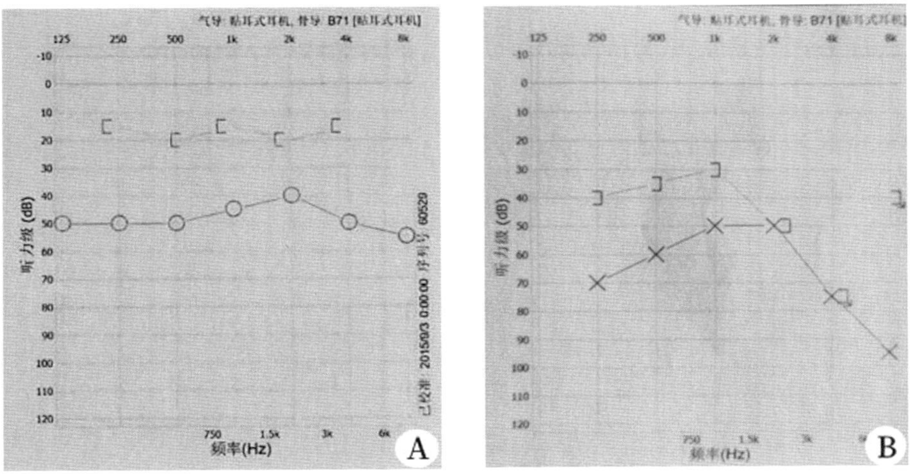


**图 5 -4 -3　纯音听力图**

A:左耳外伤性鼓膜穿孔听力图,气导曲线平坦,各频率起骨导差相同,气骨导差:27.5(45 -17.5)。
B:左耳混合性耳聋听力图,低频气骨导差,高频气骨导曲线呈一致性下降。

经过对纯音听力曲线图的分析,可以了解损伤的大致部位:中耳? 内耳? 蜗后? 前提是伤者主观配合,所得到的听力图客观、真实;欲确定损伤的具体部位及程度还需要其它客观检查作为依据。

## (二)声导抗测试

声导抗测试包括鼓室导抗图、声反射阈、声反射衰减实验。

### 1. 鼓室导抗图(鼓室图)

鼓室图可反映鼓膜与鼓室病变或损伤,并有助于判断咽鼓管功能。鼓室图的类型与对应的损伤(疾病)见表 5 -4 -4。

**表 5 -4 -4　鼓室图的类型与对应的损伤(疾病)**

| 鼓室图类型 | 对应的损伤(病变) |
|---|---|
| A 型 | 正常型 |
| As 型 | 低峰型:中耳传音系统活动度受限,如耳硬化、听骨固定和鼓膜明显增厚等 |
| Ad 型 | 高峰型:鼓膜活动增高,如听骨链中断、鼓膜萎缩、愈合性穿孔以及咽鼓管异常开放时 |
| B 型 | 平坦型:鼓室积液和中耳明显粘连者 |
| C 型 | 负压型:咽鼓管功能障碍,中耳负压 |
| D 型 | 切迹型 |

下图 5 –4 –4 为听骨链中断及对应鼓室图；图 5 –4 –5（文末彩图 5 –4 –5）为鼓室积液及对应鼓室图。

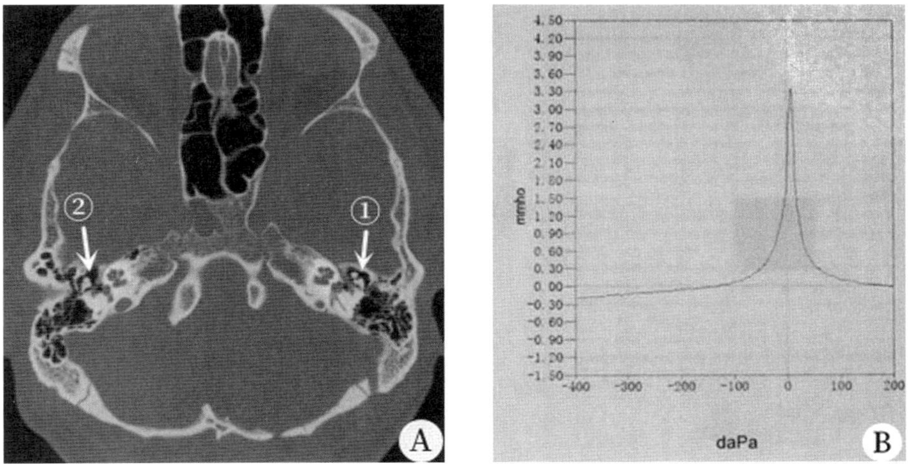


**图 5 –4 –4　听骨链中断对应鼓室图**

A：左耳听骨链中断（锤砧关节分离），右耳示锤砧关节正常。B：损伤所对应鼓室图（Ad 型）。

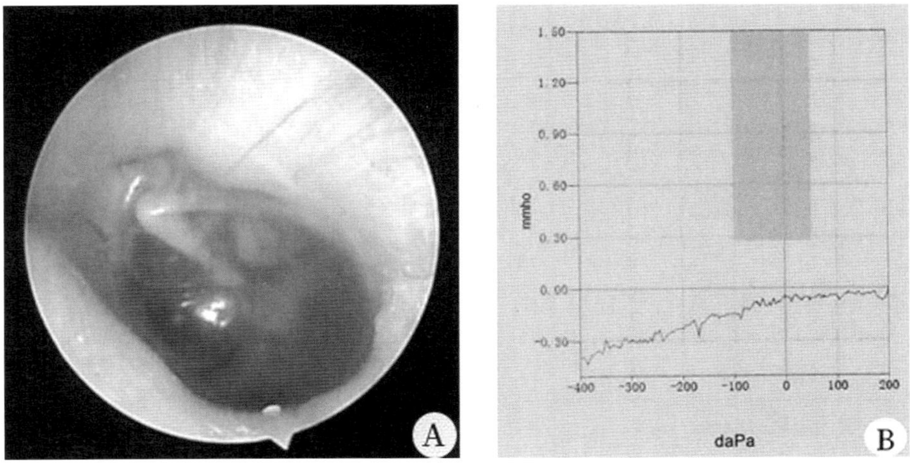


**图 5 –4 –5　鼓室积液对应鼓室图**

A：左耳鼓室积液，中耳粘连。B：与 A 图疾病所对应鼓室图（平坦型）。

**2. 镫骨肌声反射阈（以下简称声反射阈或镫骨肌反射）**

声刺激在内耳转为听神经冲动后，经蜗神经传至脑干耳蜗腹侧核，再经面神经引起所支配的镫骨肌收缩，鼓膜顺应性发生变化，由声导抗仪记录，称镫骨肌声反射。

镫骨肌反射对于鉴别听觉系统损伤部位及性质具有重要意义（表 5 –4 –5）：

**表 5－4－5　镫骨肌反射与听觉系统损伤部位的鉴别**

| 镫骨肌反射的意义 | 机理 |
|---|---|
| 鉴别传导性聋与感音神经性聋 | ①传导性耳聋，若镫骨固定、听骨链中断或分泌性中耳炎产生传导功能障碍，同侧及对侧镫骨肌反射均不能引出。②感音神经性耳聋，当刺激正常耳时，可以在病变耳得到反射，因为病变耳的中耳机能是正常的。③纯音气导听阈级与声反射阈之差小于 60dB 为重振现象阳性，提示耳蜗病变，但重度蜗性病变，同侧及对侧肌反射均不能引出 |
| 声反射衰减试验确定音衰变用以鉴别蜗性和蜗后性聋 | 当声反射在 5s 内振幅减少 50% 时，声反射衰减试验呈阳性，提示蜗后损伤或病变 |
| 识别非器质性聋 | 主观反映听不到声音，而镫骨肌反射正常，可排除器质性耳聋 |
| 了解耳蜗的刺激信号是否到达听神经及听神经是否受损 | 耳蜗及听神经是镫骨肌声反射弧的组成部分 |
| 鉴别脑干性感音神经性聋 | 脑桥中线的脑干病变对侧声刺激时，肌反射消失；同侧声刺激肌反射存在，因为反射途径存在交叉与不交叉两种情形 |
| 鉴别中枢性聋 | 因反射弧中枢在脑桥，大脑皮质损害不影响脑干，双侧肌反射均存在 |
| 对周围性面瘫做定位诊断和预后预测 | 若面瘫的损伤部位在镫骨肌分支以上，刺激对侧耳时不能测得麻痹测耳的肌反射；而刺激患耳时可测得对侧肌反射。镫骨肌反射出现是面瘫恢复的早期征象[4] |

### (三)畸变产物耳声发射(DPOAE)

耳声发射(OAE)是一种产生于耳蜗，经听骨链及鼓膜传导释放入外耳道的音频能量，其分类较多，其中畸变产物耳声发射(DPOAE)具有准确的频率特性。

DPOAE 的结果分析见表 5－4－6。

**表 5－4－6　DPOAE 结果分析与判定**

| DPOAE 检测结果 | 结果提示 |
|---|---|
| DPOAE 引出的判定 | 将频谱中大于噪声 3dB 的频谱判定为 DPOAE 引出 |
| DPOAE 引出的意义 | 提示耳蜗外毛细胞功能良好(图 5－4－6)，若此时存在感音神经性聋，可以确定为蜗后病变 |
| DPOAE 未引出的提示 | 耳蜗外毛细胞损伤或功能障碍，或中耳功能异常，或听觉功能障碍程度严重(图 5－4－7)。欲确定是否耳蜗外毛细胞病变，需进行纯音测听及声导抗测试明确中耳功能是否正常 |

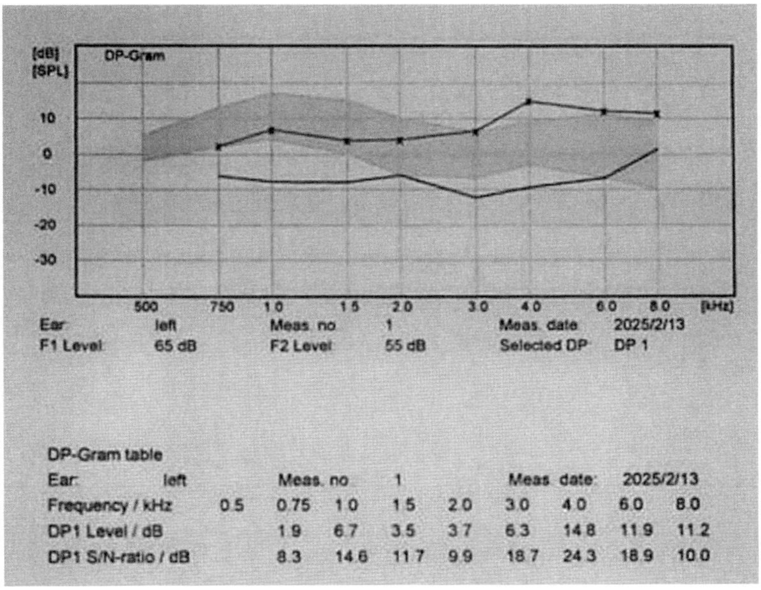


**图 5-4-6　DPOAE 通过，提示：耳蜗外毛细胞功能良好**

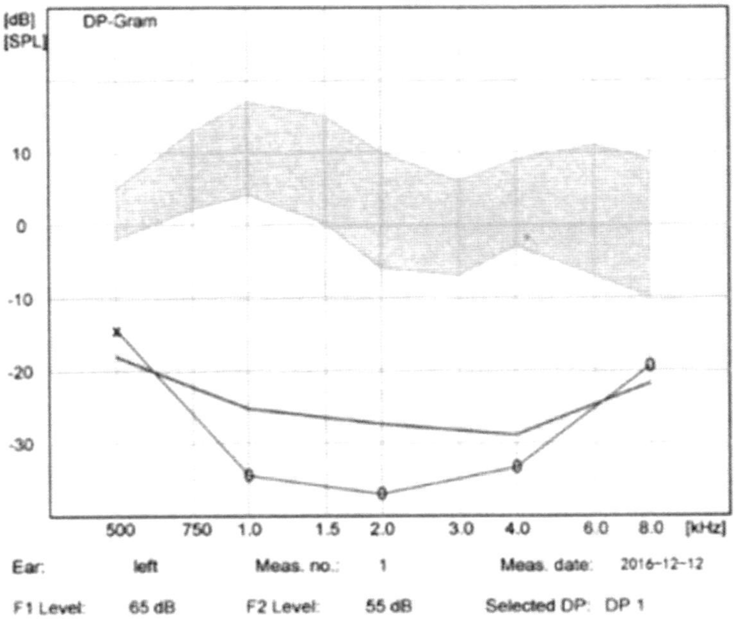


**图 5-4-7　DPOAE 未通过，提示：耳蜗外毛细胞损伤或功能障碍，或中耳功能异常，或听觉功能障碍程度严重**

声导抗与耳声发射联合应用可以确定损伤部位，同侧和对侧镫骨肌声反射的消失或存在有助于定位听神经或面神经的损伤部位。若听力损失者的声导抗和耳声发射正常，而 ABR 异常，提示损伤为蜗后型，中耳和耳蜗功能正常。若声导抗正常，耳声发射异常或耳蜗电图（ECochG）异常，提示蜗性病变。

### （四）听性脑干反应（ABR）

ABR 由潜伏期 1 ~ 10ms 的 7 个正波组成，临床上采用最稳定的Ⅰ、Ⅲ、Ⅴ波潜伏期，Ⅰ ~ Ⅲ、Ⅲ ~ Ⅴ、Ⅰ ~ Ⅴ波的峰间期，以及两耳Ⅴ波峰潜伏期和Ⅰ ~ Ⅴ波峰间期差，来判断听觉和脑干功能，并用Ⅴ波阈值判断中高频听阈。下表为Ⅰ、Ⅲ、Ⅴ波的起源及潜伏期（表 5 -4 -7）。

**表 5 -4 -7　Ⅰ、Ⅲ、Ⅴ波的起源及潜伏期**

| 波形 | 起源 | 潜伏期 |
| --- | --- | --- |
| Ⅰ波 | 听神经 | (1.9 ±0.3)ms |
| Ⅲ波 | 上橄榄核（桥脑） | (4.1 ±0.3)ms |
| Ⅴ波 | 下丘脑 | (5.9 ±0.3)ms |

#### 1. 听性脑干反应（ABR）特征

ABR（click）能够客观反映 2kHz ~ 4kHz 频率范围的听敏度，以及听神经至下丘核听通路状况，有助于听觉功能障碍部位的分析。下图为一高频突发性耳聋听力图及 ABR 图（图 5 -4 -8）：

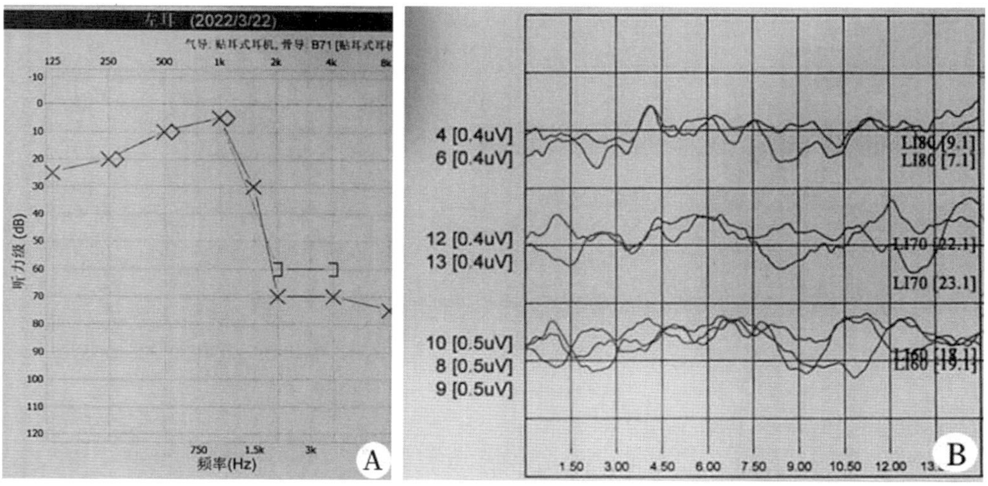


**图 5 -4 -8　高频听觉功能障碍纯音听力及对应的 ABR 图**

A：左耳纯音听力图，高频陡降，提示：感音神经性耳聋。B：对应的短声（click）听性脑干反应（ABR），80dBc 刺激未引出波形。

2. **听性脑干反应（ABR）与蜗后病变**

蜗后病变的主要表现为Ⅰ波正常，Ⅴ波延长，和波间潜伏期延长。比如，听神经瘤患者两侧Ⅴ波潜伏期差值增大（>0.3ms）；Ⅰ波和Ⅴ波间潜伏期延长（>4.4ms）。重度感音神经性耳聋对各种强度的刺激均无反应，但不等于没有残余听力，因为ABR的最大输出声强为95dBnHL。

### （五）影像学检查

鉴定实践中需重视影像学检查对听觉功能障碍损伤部位的重要作用，能够对确定损伤部位提供更直接的证据。

1. **耳部CT扫描**

耳部CT扫描能够清晰地显示颞骨的细微解剖结构，如外耳道、3个听小骨、面神经管、内耳道、乙状窦、前庭水管和耳蜗水管开口、耳蜗、前庭及3个半规管等。

2. **耳部MRI**

磁共振成像（MRI）可显示内耳和内耳道软组织结构显示与颞骨病变有关的桥小脑角及颞叶、脑室等软组织解剖结构变化，如肿瘤、脓肿、出血等[2]。了解磁共振内耳成像技术（在此不再赘述）。

## 四、听觉功能障碍的客观评定

听觉功能障碍的客观评定，最终还要归结到行为听阈的大小，通俗讲就是听力丧失的程度。短纯音（tone burst）或短音（tone pip）为刺激声的ABR有频率特性，可用于不同频率听阈评估；40Hz听觉相关单位（40Hz AERP）具有频率特性，客观反映检测频率的听阈；听性稳态反应（ASSR）具有频率特性，检测频率范围为250Hz～8000Hz，检测结果通过仪器客观判断。Click刺激的ABR上述已进行介绍，在此不再赘述。

### （一）40Hz听觉相关单位（40Hz AERP）

40Hz AERP除掌握其具有频率特性，能够客观评定听阈外，鉴定实践中应注重识图及对鉴定报告的解读。下图为检测频率为1000Hz时的双耳反应阈（图5－4－9）。

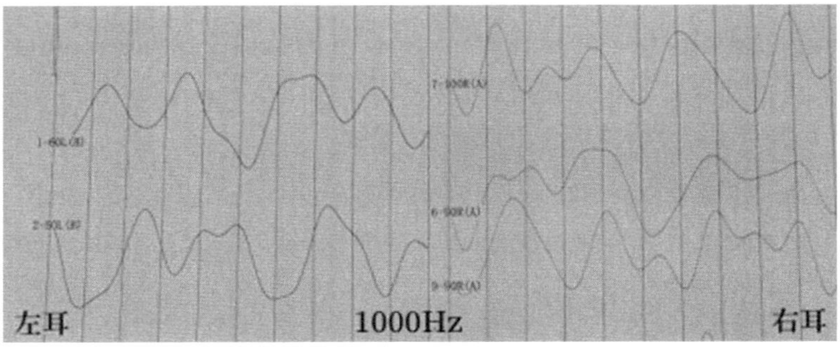


**图 5 -4 -9　检测频率为 1000Hz 时的双耳反应阈图**

左耳(L)刚能引出反应波形的刺激声强为 50dBnHL;右耳刚引出反应波形的刺激声强为 90dBnHL。故检测频率为 1000Hz 时,左耳反应阈为 50dBnHL,右耳反应阈为 90dBnHL。

### (二)听性稳态反应(ASSR)

ASSR 优于 ABR 的特点是:①反映不同频率的听力阈值;②最大声输出强度可达 120dBnHL;③对于中、重度耳聋检测的准确率高[2]。

听力正常和轻度听力损失者,纯音测听和 ASSR 所测听阈的阈值差在 20dB 以内;对于中度听力损失者,二者之差在 10dB 以内;而对于重度到极重度听力损失者,二者所测的阈值差异小于 5dB。

下图为一患者双耳 ASSR 检查图,图中显示预估听力(图 5 -4 -10):

ASSR 检查:右耳 15dB HL0. 5kHz、25dB HL 1kHz、30dB HL 2kHz、50dB HL 4kHz,平均阈值 30 dB HL;左耳 30dB HL0. 5kHz、30dB HL 1kHz、40dB HL 2kHz、45dB HL 4kHz,平均阈值 36 dB HL。

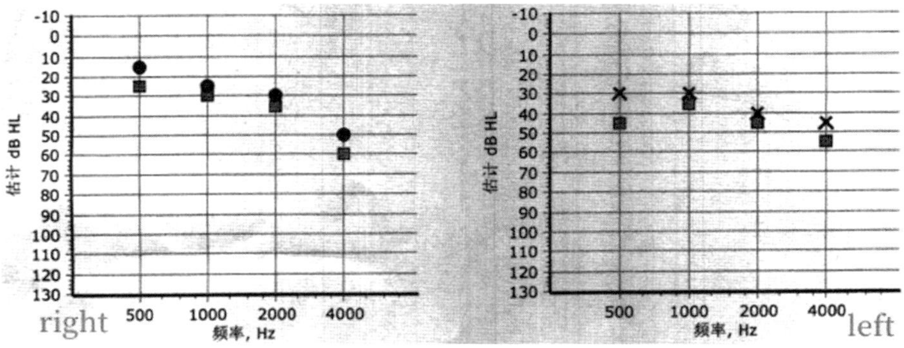


**图 5 -4 -10　双耳 ASSR 检查预估听力图**

右耳 15dB HL(0.5kHz)、25dB HL (1kHz)、30dB HL( 2kHz)、50dB HL( 4kHz),平均阈值 30 dB HL;左耳 30dB HL(0.5kHz)、30dB HL( 1kHz)、40dB HL(2kHz)、45dB HL (4kHz),平均阈值 36 dB HL。

## 五、听觉功能障碍的计算方法

### (一)纯音听阈级评估听阈

用纯音听阈级检测结果评估时,将经年龄修正后的0.5KHz、1KHz、2KHz、4KHz 4个言语频率纯音气导听阈级直接进行相加,再除以4得出的平均值即为纯音听阈级。行纯音听阈级检测时,某一频率最大输出声强引不出反应时,以该最大输出声强作为该频率纯音气导听阈值。

### (二)具有频率特性的听觉诱发电位评估听阈

40HzAERP、ASSR检测获得的4个言语频率气导反应阈评估时,将经过实验室校正和年龄修正后得出的预估听阈值进行相加,再除以4得出的平均值即为预估听阈级。40HzAERP、ASSR检测,某一频率最大输出声强引不出反应波形时,以该最大输出声强级作为反应阈。

### (三)特殊情形

在无法完整获得0.5KHz、1KHz、2KHz、4KHz 4言语频率听觉诱发电位反应阈时,可用ABR反应阈代替2KHz、4KHz 2个频率的反应阈,用40HzAERP检测0.5KHz、1KHz气导反应阈,将上述反应阈值行实验室校正和年龄修正后得出的预估听阈值进行相加,再除以4得出的平均值即为预估听阈级。当40HzAERP某一频率或ABR最大输出声强引不出反应波形时,以该最大输出声强级作为反应阈。

## 六、涉及听觉功能障碍的有关条文

### (一)《人体损伤致残程度分级》有关条文(表5-4-8)

**表5-4-8 《分级》标准中涉及听觉功能障碍的条文**

| 条款序号 | 条款内容 |
|---|---|
| 5.4.2.6) | 双耳听力障碍≥91dBnHL |
| 5.5.2.6) | 双耳听力障碍≥81dBnHL |
| 5.5.2.7) | 一耳听力障碍≥91dBnHL,另一耳听力障碍≥61dBnHL |

续表

| 条款序号 | 条款内容 |
|---|---|
| 5.7.2.9) | 一耳听力障碍≥81dBnHL,另一耳听力障碍≥61dBnHL |
| 5.8.2.11) | 一耳听力障碍≥91dBnHL |
| 5.8.2.12) | 双耳听力障碍≥61dBnHL |
| 5.9.2.18) | 一耳听力障碍≥81dBnHL |
| 5.9.2.19) | 一耳听力障碍≥61dBnHL,另一耳听力障碍≥41dBnHL |
| 5.10.2.18) | 一耳听力障碍≥61dBnHL |
| 5.10.2.19) | 双耳听力障碍≥41dBnHL |

## (二)《人体损伤程度鉴定》有关条文(表5-4-9)

**表5-4-9 《伤情鉴定》标准中涉及听觉功能障碍的条文**

| 条款序号 | 条款内容 |
|---|---|
| 5.3.1.a) | 双耳听力障碍≥91dBnHL(重伤一级) |
| 5.3.2.a) | 一耳听力障碍≥91dBnHL(重伤二级) |
| 5.3.2.b) | 一耳听力障碍≥81dBnHL,另一耳听力障碍≥41dBnHL(重伤二级) |
| 5.3.2.c) | 一耳听力障碍≥81dBnHL,伴同侧前庭功能障碍(重伤二级) |
| 5.3.2.d) | 双耳听力障碍≥61dBnHL(重伤二级) |
| 5.3.3.a) | 双耳听力障碍≥41dBnHL(轻伤一级) |
| 5.3.4.a) | 外伤性鼓膜穿孔6周不能自行愈合(轻伤二级) |
| 5.3.4.b) | 听骨骨折或者脱位;听骨链固定(轻伤二级) |
| 5.3.4.c) | 一耳听力障碍≥41dBnHL(轻伤二级) |
| 5.3.4.d) | 一侧前庭平衡功能障碍,伴同侧听力减退(轻伤二级) |
| 5.3.5.a) | 外伤性鼓膜穿孔(轻微伤) |
| 5.3.5.b) | 鼓室积血(轻微伤) |
| 5.3.5.c) | 外伤后听力减退(轻微伤)。注:纯音气导听阈级两次检测结果均≥26dBnHL,提示听觉功能异常 |

## 参考文献

[1]丁文龙,刘学政.系统解剖学[M].9版.北京:人民卫生出版社,2018:264.

[2]孙虹,张罗.耳鼻咽喉头颈外科学[M].9版.北京:人民卫生出版社,2021.

[3]GB/T43640-2024.听觉功能障碍法医临床鉴定技术规范[S].北京,2024.

[4]葛贤锡,葛能泓,邵维如.耳科显微手术[M].1版.北京:人民卫生出版社,2010.

[5]范飞,武娟,邓振华.听力学客观检测技术在法医临床学中的应用进展[J].法医学杂志,2023,39(4):364.

# 论文5：损伤性视觉功能障碍的法医学鉴定

**摘　要**：眼是人体十分重要的感觉器官，能够接受外部的光刺激，并将光冲动传送到大脑中枢而引起视觉。常言道：眼睛是心灵的窗户，具有良好的视觉功能对于一个人事业成功和生活幸福美满具有十分重要的意义。一个人的视觉功能状态主要通过视力、视野、双眼视、色觉等检验进行评估[1]。

视力包括远视力和近视力。新的《视觉功能障碍法医临床鉴定技术规范》（以下简称新技术规范）规定：法医临床鉴定以最佳矫正远视力为依据，成人正常视力的判定标准为≥0.8。

导致视觉功能障碍的原因非常复杂，本文仅就损伤所致的视觉功能障碍进行探讨。即由于损伤所致视觉系统解剖结构完整性遭受破坏或者功能障碍，出现的视觉功能障碍。司法鉴定的特殊性（伤者有可能存在伪装）决定了仅仅依靠心理物理学检验难以正确评判视觉功能状态。正确判定视力、视野需要结合外伤史、心理物理学检查、眼部结构的相关检验、视觉电生理检验等综合判断。

**关键词**：法医学鉴定；视觉功能障碍；视力；视野；双眼视；视路；视觉电生理

## 一、视觉系统的解剖结构及其相应功能

### （一）视觉系统的解剖结构

视觉系统主要包括眼球、眼附属器、视路三大部分。眼球由眼球壁和眼内容物组成，眼球壁由外层的角膜、巩膜，中层的脉络膜和内层的视网膜组成；眼内容物包括房水、晶状体、玻璃体。眼附属器包括眼眶、眼睑、结膜、泪器、眼外肌。视路包括视神经、视交叉、视束、外侧膝状体、视辐射、视皮质（表5-5-1）。

眼球、眼附属器、视路三者并不是独立的，而是有机的统一。视觉功能障碍的法医学鉴定应运用临床眼科学、视觉科学、法医学理论与技术，结合司法鉴定实践，在客观检验的基础上，全面分析，综合判定。

**表 5－5－1　视觉系统解剖结构简表**

<table>
<tr><td rowspan="5">视器</td><td rowspan="4">眼球</td><td rowspan="3">眼球壁</td><td>外膜:前 1/6 的角膜和 5/6 的巩膜</td></tr>
<tr><td>中膜:包括虹膜、睫状体、脉络膜</td></tr>
<tr><td>内膜:视网膜</td></tr>
<tr><td colspan="2">眼内容物:房水,晶状体,玻璃体</td></tr>
<tr><td>眼附属器</td><td colspan="2">眼眶、眼睑、结膜、泪器、眼外肌</td></tr>
<tr><td rowspan="6">视路</td><td colspan="3">视神经:自视盘起至视交叉前脚,全长约 40mm,按部位分为眼内段、眶内段、管内段和颅内段四部分</td></tr>
<tr><td colspan="3">视交叉:两侧视神经交汇处,来自两眼视网膜的鼻侧纤维交叉至对侧,来自颞侧的纤维不交叉</td></tr>
<tr><td colspan="3">视束:为视神经纤维经视交叉后位置重新排列的一段神经束</td></tr>
<tr><td colspan="3">外侧膝状体:位于大脑脚外侧,卵圆形,由视网膜神经节细胞发出的神经纤维在此与外侧膝状体的节细胞形成突触,交换神经元后进入视放射</td></tr>
<tr><td colspan="3">视辐射:联系外侧膝状体与枕叶皮质</td></tr>
<tr><td colspan="3">视皮质:位于大脑枕叶;每侧与双眼同侧一半的视网膜相关联,即左眼视皮质与左眼颞侧和右眼鼻侧视网膜相关。由于视觉纤维在视路各段排列不同,神经系统某部位发生损害时会表现为特定的视野缺损。因此,检出这些视野缺损的特征性改变,对定位诊断具有重要意义</td></tr>
</table>

## (二)视觉传导通路

视觉的形成需要如下要件:光线→角膜→瞳孔→晶状体→玻璃体→视网膜成像→视神经→视觉中视→形成视觉,即视觉通路(图 5－5－1)。

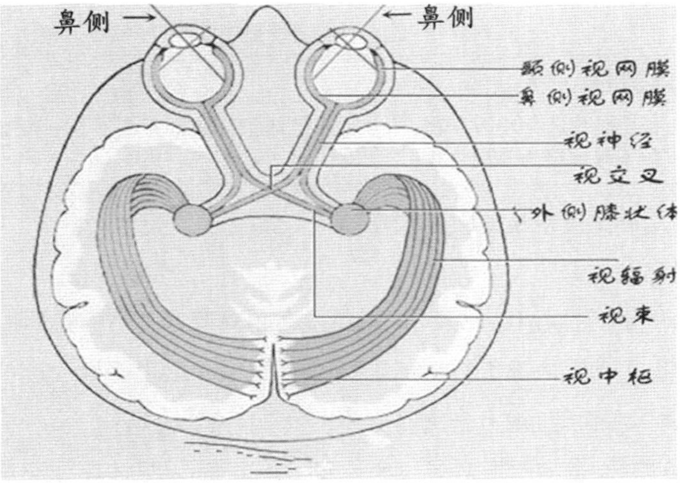


**图 5－5－1　视觉传导通路简图(见文末彩图 5－5－1)**

## 二、外伤性视力障碍的原因及影像学表现

眼损伤有多种分类方法。按致伤原因可分为机械性和非机械性;按照损伤程度可分轻、中、重度损伤。因为视觉通路中的任何一个部位损伤均可引起视力障碍,因此按照视觉系统的结构组成,本文按照眼球损伤、眼球附属器损伤、视神经损伤、视中枢损伤四部分分别进行叙述,且着重以机械性损伤为导引。

### (一)眼球损伤

根据眼球壁的完整性将眼球外伤分为开放性和闭合性两大类。此种分类中的眼球壁特指眼球壁外层(角膜与巩膜)。眼球壁全层裂开称为开放性眼外伤;无眼球壁的全层裂开称为闭合性眼外伤。

开放性眼外伤分为眼球破裂与眼球裂伤。眼球裂伤又可细分为眼球穿通伤、贯通伤、眼内异物。闭合性眼外伤分为眼球钝挫伤、板层裂伤、表浅异物。

眼球损伤分类见表 5－5－2。

**表 5－5－2　眼球损伤分类简表**

| | | |
|---|---|---|
| **开放性眼外伤** | 眼球破裂:钝器所致眼球壁裂开 | |
| | 眼球裂伤 | 穿通伤:锐器造成单一伤口的眼球壁全层裂开 |
| | | 贯通伤:既有入口又有出口 |
| | | 眼内异物:进入眼球内的异物致眼球壁全层裂开 |
| **闭合性眼外伤** | 钝挫伤: | |
| | 板层裂伤或伴浅表异物:外力所致眼球壁部分部分裂开称板层裂伤,如有异物存留于眼球壁为表浅异物 | |

下面仅介绍几种比较常见的眼球损伤。

**1. 眼球破裂**

眼球破裂由严重的钝挫伤所致。常见部位在角巩膜缘,也可在直肌下,破裂处常有眼内组织脱出或嵌顿。眼内部组织会随破裂程度的不同出现不同程度的损伤,如:角膜变形、前房或玻璃体积血等;视力光感或更差。

CT 或 B 型超声检查显示眼环连续性中断、眼球变形、眼体积缩小或眼球轴径缩短以及其他眼内结构受损的表现(图 5－5－2、图 5－5－3A)。

眼球破裂的结局,一是根据伤情实际保留眼球外形,如果眼球萎缩可根据相关条文

评七级残；二是眼球摘除，同样构成七级残。

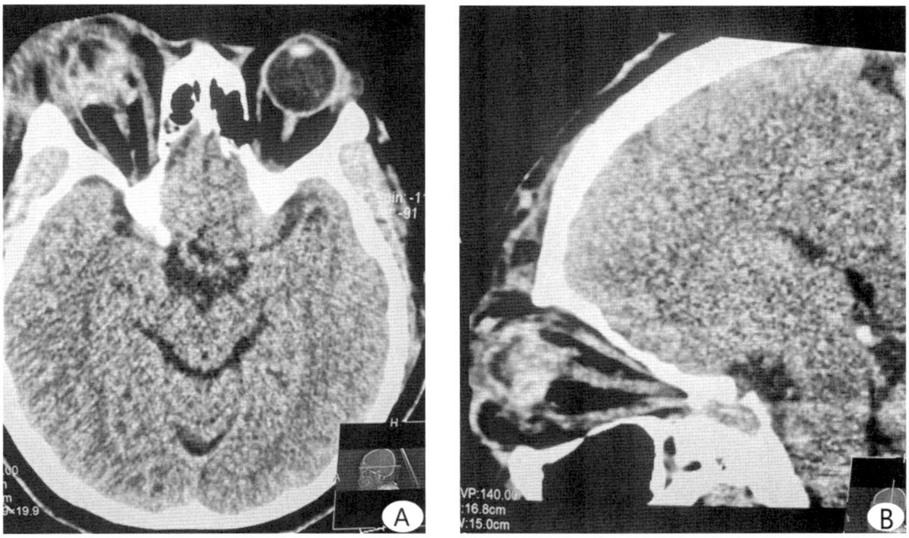

**图 5-5-2　右眼球破裂 CT 检查图像**

A:CT 横断面。B:CT 矢状面。右侧眼球眼环模糊，失去连续性；眼球变形，失去正常形态，体积缩小；玻璃体积血，晶体未见显示。眼球周围软组织肿胀明显。

### 2. 眼球穿通伤

眼球穿通伤由锐器所致，造成眼球壁全层裂开，伴或不伴有眼内损伤或组织脱出。视力障碍程度取决于伤口的部位、范围，损伤程度及预后。

眼球穿通伤的分类与并发症见表 5-5-3。

**表 5-5-3　眼球穿通伤的分类与并发症**

| 眼球穿通伤的分类 | 常见并发症 |
|---|---|
| 角膜穿通伤 | 外伤性感染性眼内炎 |
| 角巩膜穿通伤 | 交感性眼炎 |
| 巩膜穿通伤 | 外伤性增生性玻璃体视网膜病变 |

眼内异物为眼穿通伤的一种特殊情况，损伤程度依异物的大小、性质以及损伤部位而定。影像学检查可采用 X 线摄片、B 超、UBM、CT 等（图 5-5-3B）。

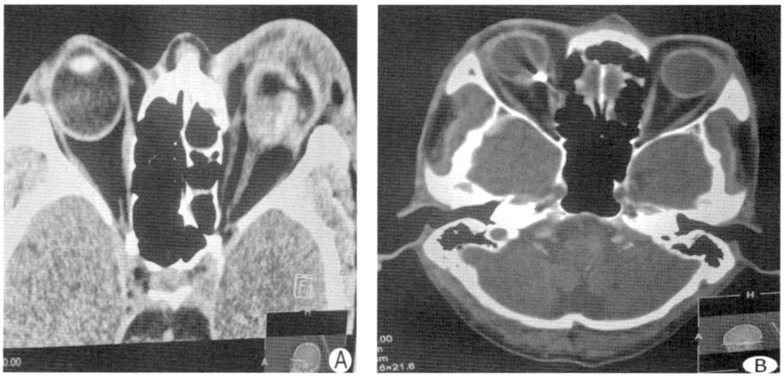

图 5－5－3　眼球破裂与眼球异物 CT 检查图像

A:左眼眼环连续性中断,眼球变形、形态失常,眼球体积变小玻璃体密度增高,内见高密度影及气体影。提示:眼球破裂。B:右眼后金属异物。

3. 视网膜裂孔与脱离

鉴定实践中常见的视网膜损伤有外伤性黄斑裂孔与锯齿缘离断(表 5－5－4)。

表 5－5－4　常见的外伤性视网膜损伤

| 外生性黄斑裂孔 | 锯齿缘离断 |
|---|---|
| 为全层裂孔,因局部挫伤坏死和玻璃体牵拉所致或发生在黄斑水肿、脉络膜破裂、视网膜下出血或玻璃体后脱离之后 | 是眼外伤引起视网膜脱离的一种典型表现,常发生于鼻上象限或颞下象限。视网膜周边其他部位也可因外伤诱因诱发视网膜裂孔,引起视网膜脱离 |

4. 晶状体损伤

晶状体损伤可导致晶状体脱位或半脱位、外伤性白内障(表 5－5－5)。

表 5－5－5　常见的晶体损伤

| 晶状体脱位或半脱位 | 外伤性白内障 |
|---|---|
| 由悬韧带全部或部分断裂所致,部分断裂时,晶状体向悬韧带断裂的相对方向移位;晶状体全脱位时,可向前脱入前房,也可向后脱入玻璃体 | 眼球钝挫伤、穿通伤、爆炸伤均可引起晶状体混浊,形成白内障 |

晶体全脱位时,可向前脱入前房,或嵌顿于瞳孔区,引起急性继发性青光眼;也可向后脱入玻璃体(图 5－5－4)。此时前房变深,虹膜震颤,出现高度远视。

导致外伤性白内障的常见原因有:①眼球钝挫伤;②眼球穿通伤;③眼部爆炸伤。眼球钝挫伤所致白内障大致可分为五类:①晶体表现出现浅淡的 Vossius 环;②放射状混浊;③点状白内障;④板层白内障;⑤全白内障。

对于外伤后无晶体眼,包括晶体缺失眼及人工晶体眼,即便是其矫正视力良好,但考虑到其自身的晶体缺失，伤眼缺少或丧失了晶体的调节功能，也应直接引用 5.10.2.14）条（一眼无晶体或人工晶体植入术后）评定十级残。

若白内障手术治疗后，仍然存在严重视力障碍的，可再行检验、鉴定，明确视力障碍的原因并评定等级程度[3]。

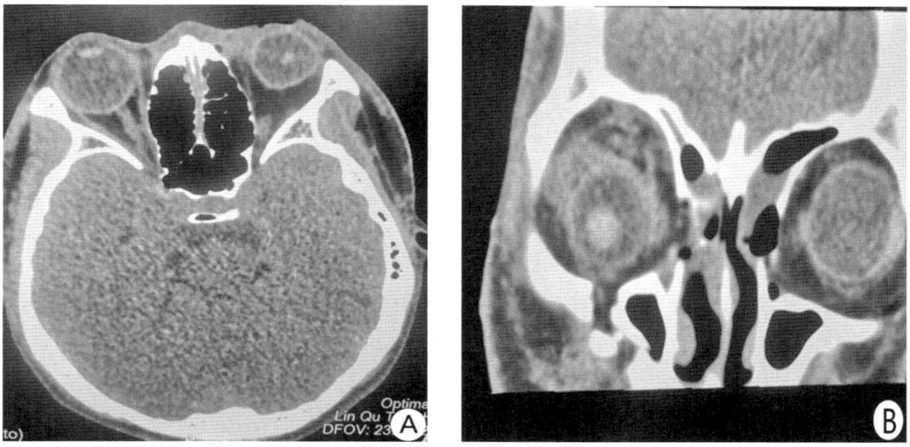


**图 5－5－4　晶状体脱位 CT 图像**

A：轴位，左眼晶状体全脱位，移位至玻璃体内，前房变深。B：冠状位，右眼晶状体脱位至玻璃体内。

## （二）视路损伤

### 1. 视神经挫伤

视神经挫伤也称外伤性视神经病变，损伤可发生在球后段到颅内段的任何部位，分为直接损伤和间接损伤两种。直接损伤源自视神经本身的撕裂或由骨折碎片或其他异物引起的撕裂伤，也可由视神经管骨折、眶内或鞘内出血造成的压迫性损伤；间接损伤是最常见的形式，可发生于头颅外伤，前额部外伤最常见。典型表现为视力即可丧失，存在相对性传入性瞳孔障碍（RAPD），通常在发病时视盘正常，4～8 周内出现视神经萎缩。

眼内段挫伤：主要指视盘的挫伤。多由于眶缘附近外伤，眼球与视神经之间发生急剧挫伤，或视网膜裂孔波及视神经。

眶内段挫伤：眼球挤压伤造成球后视神经扭转，视力急剧下降或丧失；传入性瞳孔障碍（图 5－5－5A）。

管内段挫伤：颅脑外伤致视神经管管壁骨折，管腔变形，伤及视神经（图 5－5－6）。

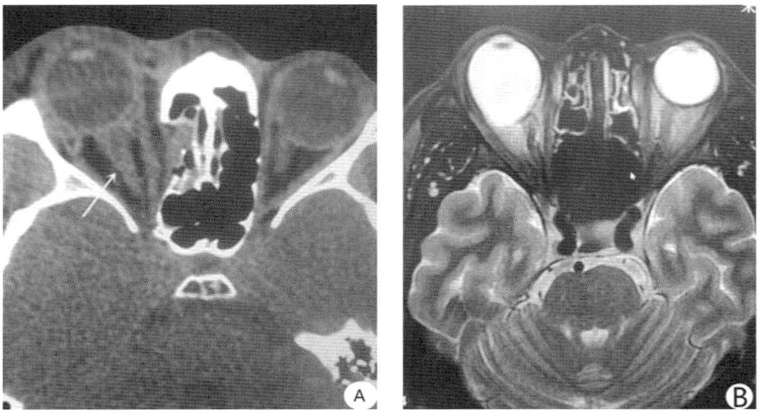


**图5－5－5　右眼视神经挫伤CT图像及右眼视神经脱位MRI图像**

A：右眶内侧壁骨折，内直肌增粗，筛窦积液（血））视神经挫伤增粗、模糊（挫伤）。B：右眼球变形，右视神经向内侧移位。

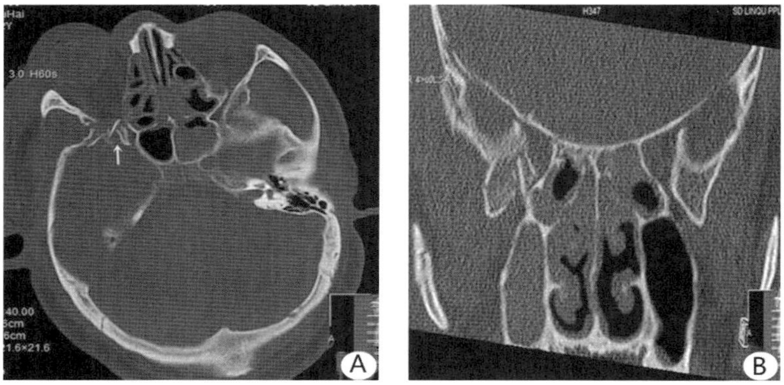


**图5－5－6　右眼视神经管粉碎骨折CT图像（A：轴位；B：冠状位）**

## 2. 视神经撕脱

外伤致眼球受力极度旋转，向前移位，或挤压使眼压突然升高致筛板破裂，或眶穿通伤示视神经向后牵拉所致（图5－5－5B）。神经撕脱的常见原因及后果见表5－5－6。

**表5－5－6　视神经撕脱的常见原因及后果**

| 视神经撕脱的原因 | 视神经撕脱的后果 |
| --- | --- |
| ①眼球受力极度旋转，向前移位<br>②挤压使眼内压突然升高筛板破裂<br>③穿通伤使视神经向后牵拉 | 从巩膜管向后脱位，引起视神经撕脱；检查可见视盘处呈坑状凹陷，后部出血；视力丧失 |

### 3. 外伤性蛛网膜下腔出血

多由颅底骨折引起，由于视神经的外面是由神经鞘膜包裹，由三层脑膜（硬脑膜、蛛网膜、软脑膜）延续而来。颅脑损伤导致的蛛网膜下腔出血可波及视网膜。眼底检查可见视盘水肿、视网膜下出血及玻璃体积血。

视神经损伤的严重后果即是视神经萎缩，出现视神经萎缩后，眼底检查可见视乳头色淡或苍白。视盘 OCT 检查可见视神经纤维层明显变薄（图 5－5－7）。

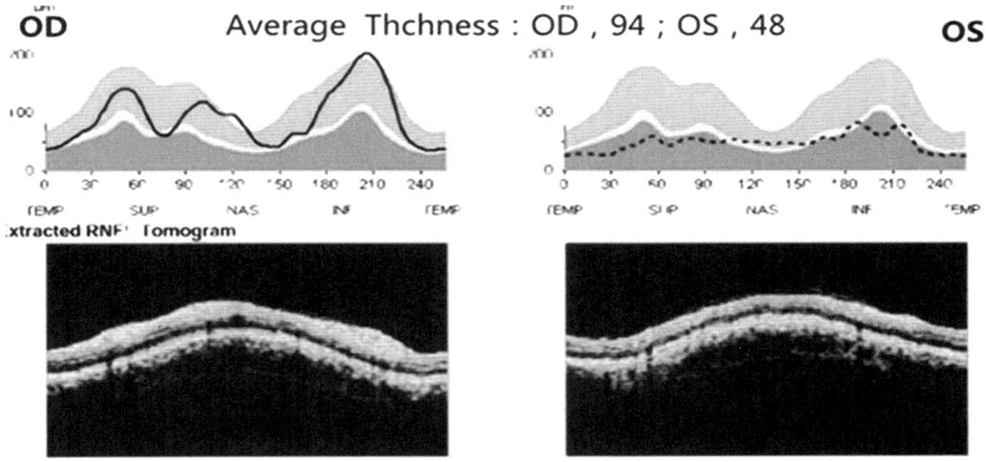


图 5－5－7　双眼视盘 OCT 检查图：左眼视神经纤维层明显变薄，提示：左眼视神经萎缩

### 4. 视觉中枢损伤

视觉信息从视网膜光感受器到大脑枕叶视中枢的传导途径称为视路。枕叶为视觉皮质中枢，枕叶病损时不仅发生视觉障碍，并且出现记忆缺陷和运动知觉障碍等症状，但以视觉症状为主。

当枕叶性视野缺损波及全视野时，就形成皮质盲（皮质视中枢病变所导致的视觉缺失称为皮质盲）。单侧枕叶皮质病变仅引起同位性偏盲，只有双侧枕叶功能障碍才能引起双侧视觉丧失。其临床特征是：①双眼全盲；②瞳孔对光反射正常；③眼底正常；④VEP 检查异常[2]。

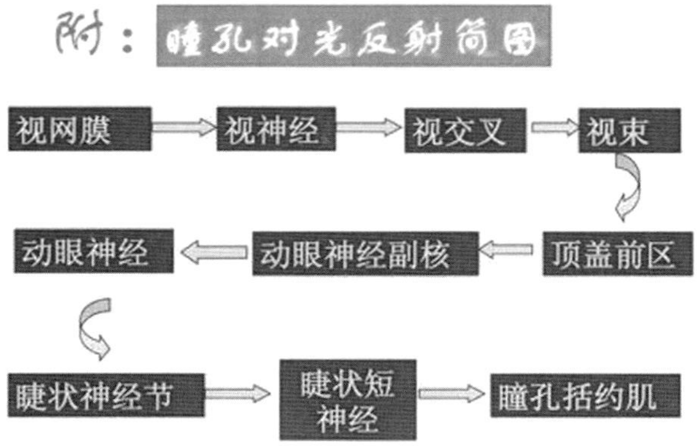


**图 5－5－8　瞳孔对光反射示意图**

**5. 视路上不同部位的损伤可以引起相应的视野缺损**

不同部位视路病变引起的视野缺损呈现不同的表现。鉴定实践中经常遇到的是如下三种情形：①左眼视神经损伤可引起左眼失明；左眼直接对光反射消失，间接对光反射存在（图 5－5－9A）。②交叉正中部位损伤可引起双眼颞侧偏盲；直接对光反射存在；间接对光反射消失（图 5－5－9B）。③左侧视束损伤可引起左眼鼻侧、右眼颞侧视野缺损（双眼右侧同向偏盲）；直接、间接对光反射均消失（图 5－5－9C）。

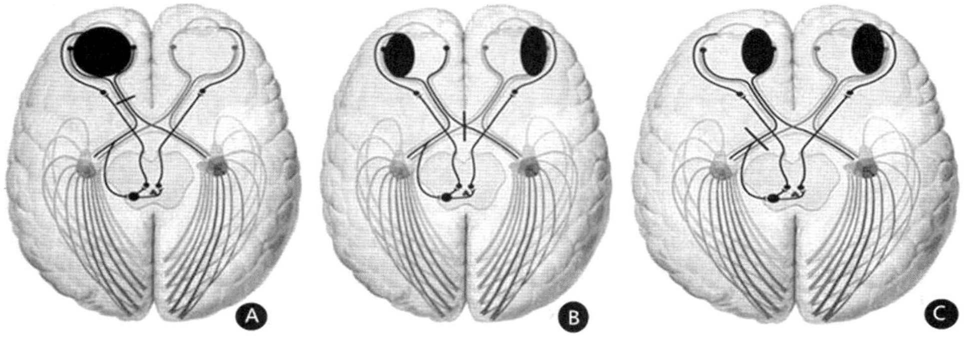


**图 5－5－9　左眼视神经损伤、视交叉正中部位损伤、左侧视束损伤所致视野缺损示意图（见文末彩图 5－5－9）**

鉴定实践中经常遇到的由颅脑损伤所致视交叉以上视路损伤，有时还同时伴有偏瘫或失语等其他症状、体征。其视觉功能障碍的典型表现是，病变对侧同偏盲。图 5－5－10 为一左侧颅脑损伤患者颅脑 CT 扫描图像，图 5－5－11 为颅脑损伤后对应的视野检查图。

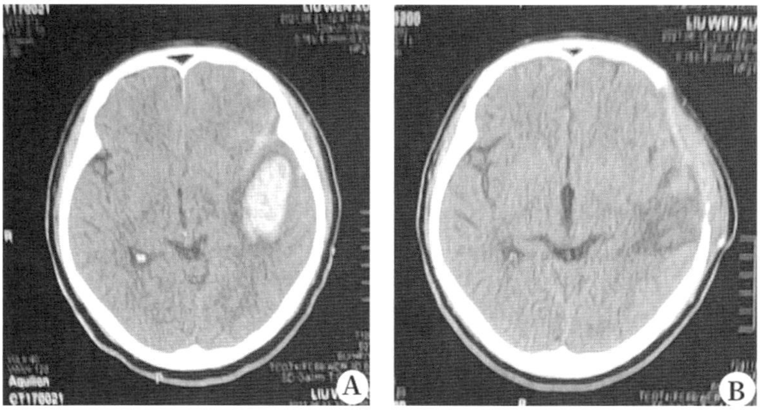


**图 5－5－10　颅脑损伤 CT 扫描图像**

A：损伤当日图像，左颞部脑内出血。B：半年后图像示，左颞部软化灶形成。

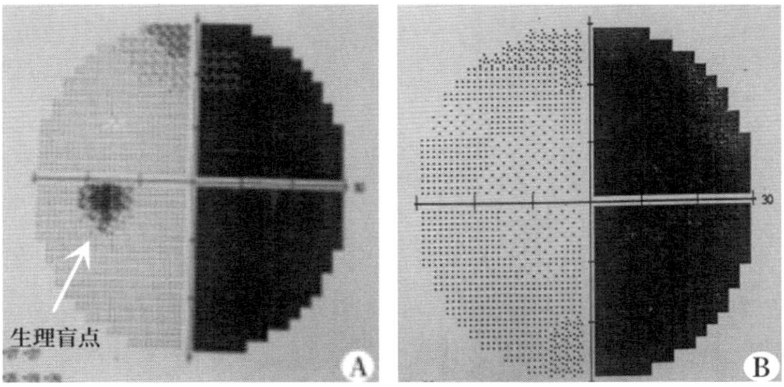


**图 5－5－11　颅脑损伤 CT 扫描图像**

A：左眼阈值视野灰度图。B：右眼阈值视野灰度图。提示：双眼右侧偏盲（左侧颅脑损伤）。

## 三、眼部结构的检查

### 1. 眼部结构的一般检查

眼附属器检查：包括眼眶、眼睑、结膜、眼球突出度、眼位、眼压、泪器以及眼球活动度。

眼前段的检查：包括角膜、巩膜、前房、虹膜、瞳孔，晶状体及前段玻璃体的检查；采用裂隙灯活体显微镜和手电照射法检查。

眼后段结构的检查：包括玻璃体、眼底；直接检眼镜检查，为扩大眼底的检查范围和准确性,在无禁忌的情况下可行扩瞳检查。

**2. 眼部结构的特殊检查**

A 超:A 型超声常用于测量眼轴。帮助白内障手术时人工晶体度数计算。

B 超:B 型超声可显示眼球整体图像,可用于高度近视、玻璃体混浊、视网膜脱离、脉络膜脱离、眼内异物、玻璃体后脱离、玻璃体积血、玻璃体机化膜、晶状体脱位等诊断。下图为一视网膜、脉络膜脱离患者 B 超图(图 5-5-12)。

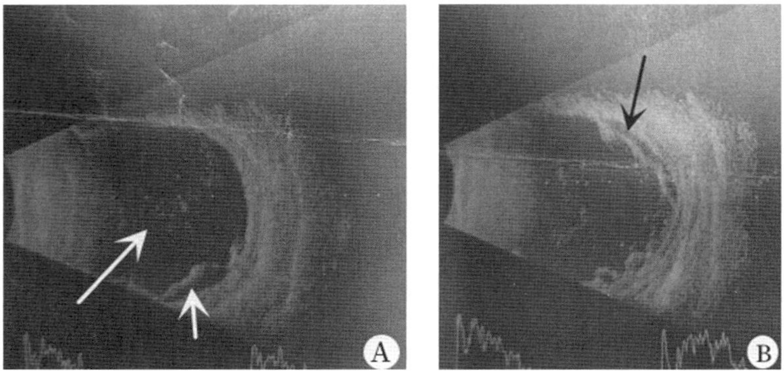


**图 5-5-12 左眼 B 超检查图像**

A:左眼视网膜脱离(短箭头),玻璃体浑浊(长箭头)。B:左眼脉络膜脱离。

超声生物显微镜(UBM):适应于对眼前段结构的检查,可观察角膜混浊、角膜厚度、房角宽度、虹膜离断或萎缩,晶状体脱位等形态特征。对于虹膜后的、难于直视的睫状体及其周围结构的检查是 UBM 的特点。在现有的仪器和设备中,UBM 是唯一能在活体状态下了解后方和睫状体的检查方法。下图为显示眼前段结构的 UBM 检查图像(图 5-5-13)。

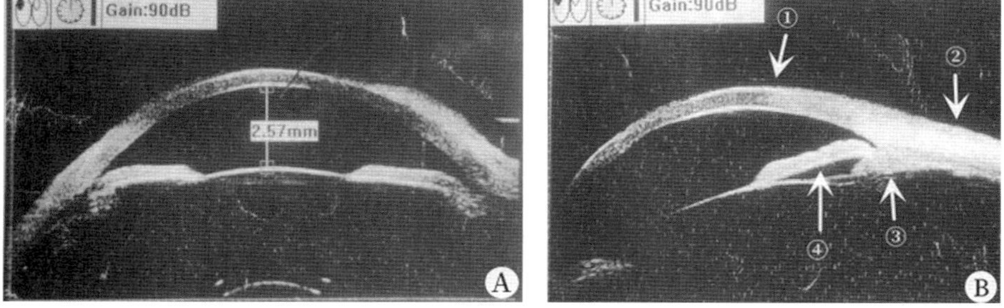


**图 5-5-13 右眼 UBM 检查图**

A:眼前段全景(前房深 2.57mm)。B:眼前段结构:①角膜,②巩膜,③睫状体,④虹膜。前房角极度狭窄。

眼底照相:眼底照相可了解眼底是否存在形态改变,为进一步检查提供参考。是眼底荧光素血管造影(FFA)检查前的常规检查项目(图 5 - 5 - 14/文末彩图 5 - 5 - 14)。

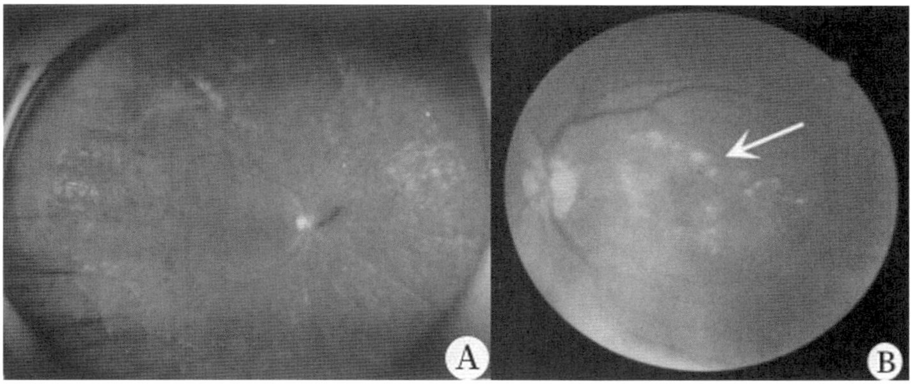


**图 5 - 5 - 14　眼底照相检查图**

A:全视网膜眼底全景照相,见大量激光斑,提示:行视网膜光凝治疗术。B:眼底后部照相,见黄斑区点片状硬性渗出,视盘界清、色淡红。

眼底荧光色血管造影(FFA):FFA 是通过静脉注射荧光素在眼内血液循环时所发出的荧光,利用装有特殊滤光组合的眼底照相机,真实地记录下眼底情况的动态变化。对于研究视网膜血管和黄斑部病变有独特优势。

下图为一糖尿病视网膜病变(NPDR)患者 FFA 检查图(图 5 - 5 - 15/文末彩图 5 - 5 - 15)。

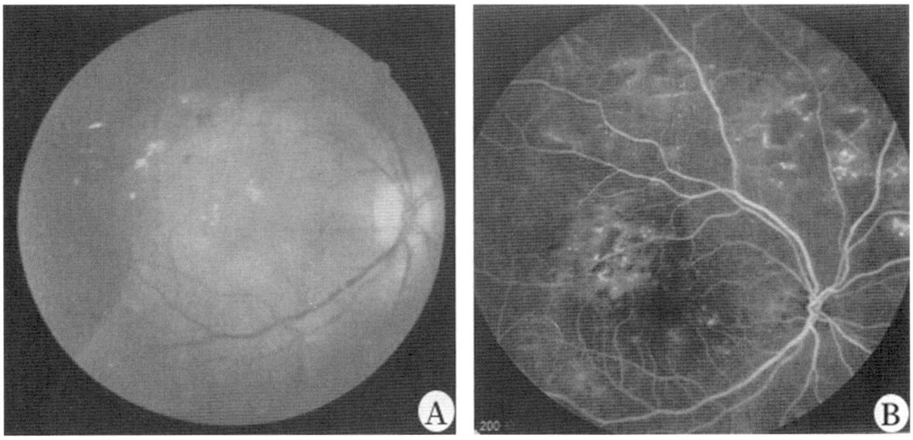


**图 5 - 5 - 15　FFA 检查图**

A:FFA 检查前眼底照相,眼底黄白色硬性渗出及少量出血点。B:FFA 检查,眼底点状荧光,提示:微血管渗漏。

光学相干断层扫描(OCT):OCT 是一种无创性检查方法,可在不扩瞳的条件下进行;可分别进行眼前段和眼后段的 OCT 检查,尤其是对黄斑部多种疾病,如黄斑水肿、裂孔、劈裂、神经上皮及色素上皮脱离、玻璃体视网膜牵拉等诊断价值较大(图 5－5－14、文末彩图 5－5－16)。

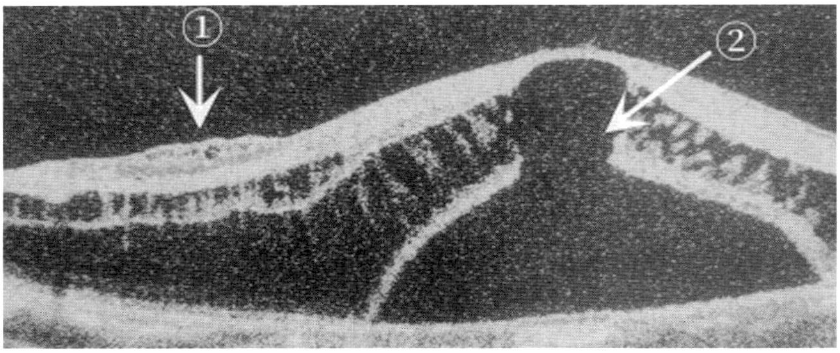


**图 5－5－16 左眼黄斑 OCT 检查图**

①黄斑前膜;②示视网膜劈裂。

## 四、视觉电生理检查

### (一)视网膜电图(ERG)

视网膜电图是闪光或图形刺激视网膜时通过角膜电极记录到的一组视网膜电位波形,它代表了从光感受器到无长突细胞的视网膜各层细胞对光刺激电反应的总和。通过改变背景光、刺激光及记录条件,分析 ERG 不同的波,可辅助一些视网膜疾病的诊断。若需评估视路功能,应先检查视网膜的功能。ERG 是评价视网膜功能的较佳选择。ERG 包括全视野闪光视网膜电图(f-ERG)和图像视网膜电图(p-ERG)。

1. **闪光** ERG(f-ERG)

f-ERG 检查受检者应做好必要的准备工作:①充分扩瞳;②明适应或暗适应至少 20 分钟(如先前曾进行过眼底照相等检查,则暗适应需 1 个小时);③保持眼球固视。

检查内容包括五部分:①视杆细胞反应;②暗适应最大反应;③振荡电位(OPs);④视锥细胞反应;⑤闪烁光反应。

f-ERG 五种反应示意简图(图 5－5－17)。

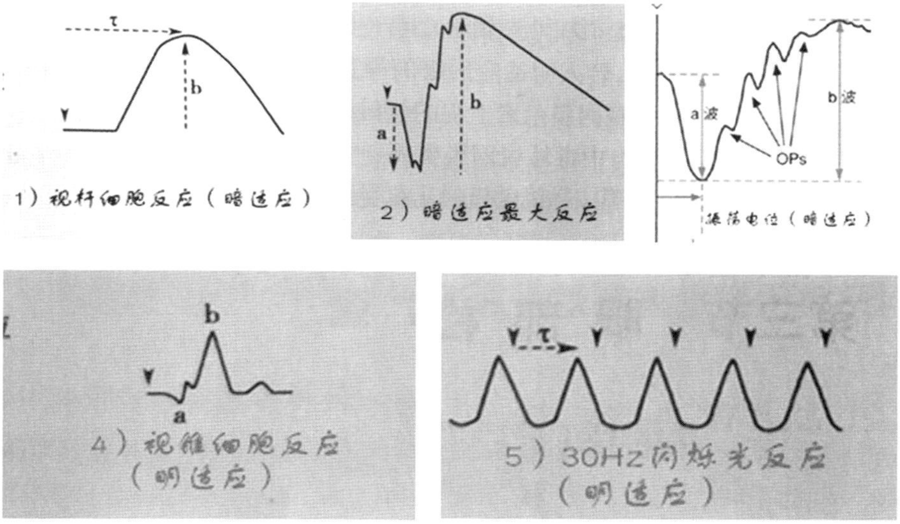


**图 5－5－17　全视野闪光视网膜电图示意图**

全视野闪光视网膜电图各波改变的临床意义（表 5－5－7）。

**表 5－5－7　全视野闪光视网膜电图各波改变的临床意义**

| | |
|---|---|
| ①a 波和 b 波振幅均下降 | 反应视网膜内层和外层均有损害，见于视网膜色素变性、玻璃体积血、脉络膜视网膜炎等 |
| ②b 波振幅下降，a 波振幅正常 | 提示视网膜内层功能障碍 |
| ③ERG 视锥细胞反应异常，视杆细胞反应正常 | 见于全色盲、进行性视锥细胞营养不良等 |
| ④Ops 波振幅下降或消失 | 见于视网膜缺血状态，如糖尿病视网膜病变、缺血性视网膜中央静脉阻塞等 |

2. **图形** ERG（p-ERG）

图形 ERG 主要由 P1（P－50）的正相波和其后 N1（N－95）的负相波组成。P50 振幅正常参考值：2.5～5uV；N95 振幅正常参考值：3.5～6.5uV。对于原发性开角型青光眼 p-ERG 的改变早于 p-VEP 的诊断。

f-ERG 主要反应视网膜功能，a 波反应视干、视锥细胞功能，b 波反应双极细胞功能；p-ERG 主要反应黄斑和视神经功能，黄斑病变 P50 振幅明显降低，视神经病变主要影响 N95 的振幅。

全视野闪光视网膜电图与图像视网膜电图的区别见表 5－5－8。

表 5-5-8 全视野闪光视网膜电图与图像视网膜电图的区别

| f-ERG | P-ERG |
| --- | --- |
| ①由一个负相的 a 波和正相的 b 波以及叠加在 b 波上的 Ops 波组成 | ①由 N35、P50、N95 三个波组成 |
| ②a 波表达了光感受器的超极化活动,b 波产生于视网膜内层 Muller 细胞及双极细胞电活动 | ②图形 ERG 视网膜内层的神经节细胞 |
| ③通过观察 a 波、b 波、Ops 波波幅的变化,有助于帮助明确视网膜病变的性质 | ③P50 异常提示黄斑病变 |

3. 多焦 ERG(mf-ERG)

形 mf-ERG,即多位点视网膜电图,它主要反映了后极部视网膜(25°)的局部功能,对诊断黄斑部疾病有重要意义。下图显示黄斑功能正常(图 5-5-18、文末彩图 5-5-18)。

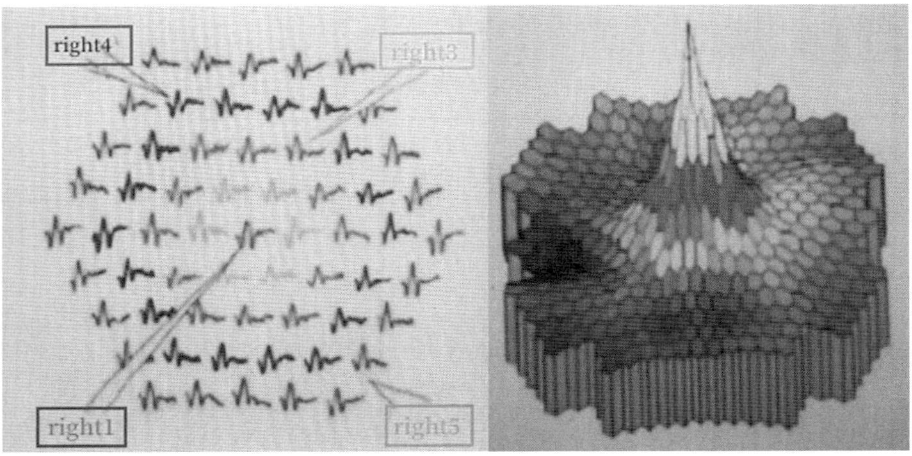


图 5-5-18 mf-ERG 检查图

提示,黄斑功能正常。

## (二)视觉诱发电位(VEP)

VEP 是视网膜受闪光或图形刺激后在枕叶视皮层诱发的电活动。反应的是视觉通路的功能状态;从视网膜神经节细胞到视皮层任何部位神经病变均可导致 VEP 异常。因为视皮层的外侧纤维主要来自黄斑区,因此 VEP 也是判断黄斑功能的一种方法。按刺激光形态可分为 f-VEP 和 p-VEP。

f-VEP 适合于视力严重受损不能行 p-VEP 检查者,需要受检者的合作程度不如 p-VEP 那样高,但其振幅和潜伏期变异较大;p-VEP 波形较稳定,重复性好。F-VEP 含 N1、P1、N2 三个波;p-VEP 含 N75、P100、P135 三个波(图 5-5-19,其中 P100 的波峰最明显且稳定。比如,视神经、视路的损伤可表现为 P100 波峰时延长、振幅下降,1.0, deg 模式主要反映视神经功能,15min 模式 P-VEP 主要反映黄斑功能,最终意见需根据多种检测综合认定。

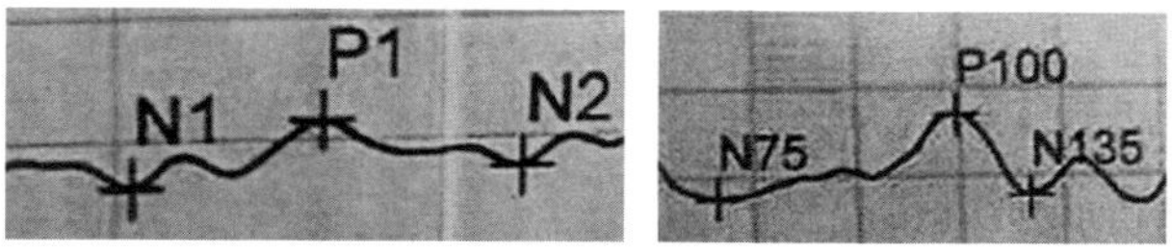


**图 5-5-19　视觉诱发电位示意图**

左:闪光诱发电位,含 N1、P1、N2 三个波形。右:图形诱发电位,含 N75、P100、N135 三个波形。

闪光视觉诱发电位与图像视觉诱发电位的区别见表 5-5-9。

**表 5-5-9　f-VEP 与 p-VEP 比较**

| f-VEP | p-VEP |
|---|---|
| ①适合视力严重受损,不能做 p-VEP 检查 | ①视力 >0.1 者,首选 |
| ②受检者要求合作程度低 | ②受检者要求合作程度高 |
| ③含 N1、P1、N2 三个波,振幅和潜伏期变异较大 | ③含 N75、P100、N145 三个波,波形较稳定,可重复性好 |

**P-VEP 检测指标参考值**

| | |
|---|---|
| P100 峰引出标准 | P100 峰的振幅≧3uv;70ms≦P100 峰的峰时≦130ms |
| P100 峰未引出标准 | P100 峰的振幅 <3uv,或 P100 峰的峰时 <70ms,或 P100 峰的峰时 >130ms,或波形分化紊乱 |

鉴定实践中,视觉诱发电位可应用于鉴别伪盲、伪装视力降低。比如:被鉴定人主观视力 FC/50cm,但 P-VEP 检查,波形能够引出(图 5-5-20),存在伪装视力减低嫌疑。

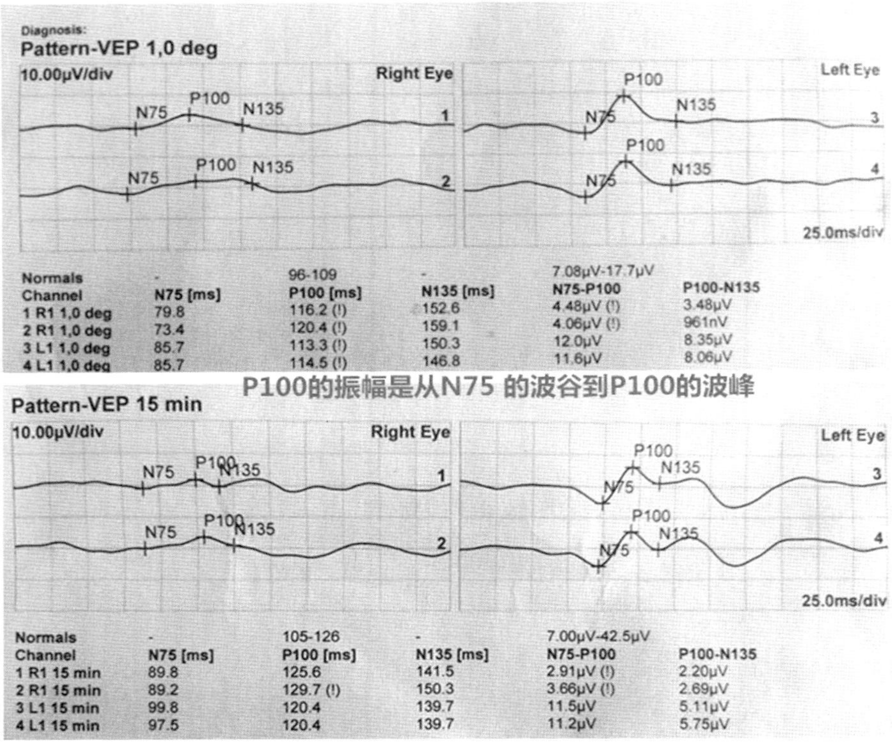


**图 5－5－20 “1.0deg”模式与 15min 模式 P-VEP 检查图**

左眼正常，右眼 P100 振幅明显降低，但波形引出，推测右眼视力一般在 0.1 以上（主观视力 50cm 数指）。推测存在伪装视力降低嫌疑，故需要做进一步的客观检查。

通过观察记录 P100 波的振幅与峰时对图形 VEP 做出基本判定。表 5－5－10 可作为 VEP 异常改变程度的参考。

**表 5－5－10 图形 VEP 异常改变参考表**

| 分度 | 峰时延迟（较正常参考值） | 振幅降低（较正常参考值） |
|---|---|---|
| 轻度 | ＜10ms | ＜30% |
| 中度 | 10～20ms | 30%～70% |
| 重度 | ＞20ms | ＞70% |
| 极重度 | | 无波形 |

因为不同实验室，不同环境图形 VEP 峰时与振幅的正常值有所不同，因此上表数值在鉴定实践中仅供参考使用；也有专家学者将 P100 波幅降低 50% 视为显著异常；降低 30% 视为轻度异常。将 P100 峰时延迟 30% 视为显著异常，将峰时延迟 10% 视为轻度异常。

### (三)视觉电生理在视路损伤中的应用

鉴定实践中,通过对伤者电生理检查的解读可以帮助明确损伤的具体部位,提高鉴定意见的准确率。表 5 –5 –11 示 ERG 与 VEP 联合应用对损伤部位的诊断。

**表 5 –5 –11　ERG 与 VEP 检查在视路损伤定位中的应用**

| | |
|---|---|
| **视力 >0.1,P-VEP 异常** | |
| P50 正常,N95 正常 | 提示:视神经病变 |
| P50 异常,f-ERG 正常 | 提示:黄斑病变 |
| P50 异常,f-ERG 异常 | 提示:视网膜病变 |
| **视力 <0.1,f-VEP 异常** | |
| f-ERG 正常 | 提示:视神经病变 |
| f-ERG 异常 | 提示:视网膜病变 |

图形视网膜电图(P-ERG)中 P50、N95 的潜伏期是从光刺激开始到各波的波峰或波谷的时间,也称"峰时"。

## 五、视力检查

### (一)裸眼视力的检查

常规为先查右眼、后查左眼;也可先查健眼,后查伤眼。

若受检者在 5 米处不能看清 0.1 行视标,测出能够看清最大视标的距离,通过换算得出受检眼的准确视力。例如:若受检者走近 1 米处时才能看清 0.1 行视标,则该裸眼视力为:$1/5 \times 0.1 = 0.02$。

几种特殊情形视力的描述见表 5 –5 –12。

**表 5 –5 –12　几种特殊情形视力的描述**

| | |
|---|---|
| 数指(CF) | 若仅能辩清距受检眼 50cm 的手指数,记录为:CF/50cm |
| 手动(HM) | 若仅能辩清距受检眼 20cm 手的晃动,记录为:HM/20cm |
| 光感(LP)或 | 检查光感能力时若能看到光属光感(LP),比如 LP/2m |
| 无光感(NLP) | 不能看到光属无光感(NLP) |

### (二)屈光不正视力的检查

《人体损伤致残程度分级》标准中所指的视力均为"矫正视力"。对于存在屈光异常的需要通过针孔镜及插片视镜确定出其“矫正视力”。当然,无论是裸眼视力还是矫正视力的确定都需要伤者的配合。如:裸眼视力为0.2,针孔镜下视力为0.6,则记录:0.3,+针孔镜→0.6;如,裸眼视力为0.2,插-2.00Ds球镜下视力为0.8,则记录为:0.3,-2.00Ds→0.8。

### (三)伪盲的检查

“伪盲”主要指伪装受检眼失明(无光感)[1]。指完全失明(无光感),即盲目5级。伪盲有双眼伪盲和单眼伪盲之分;在此仅简要介绍单眼伪盲的鉴别。

**1.障碍阅读法**

嘱受检者读距离30cm远的横排书报,头与读物都不动,然后在双眼和读物之间置一垂直笔杆,距眼10cm左右;若仅用单眼阅读必然会因眼前笔杆遮挡部分视线出现障碍,若受检者阅读未受干扰,提示该眼为伪盲。

**2.瞬目试验**

将健眼遮盖,用手指或棉棒,在受检者不注意时,作突然刺向盲眼的动作,但不要触及睫毛或眼睑,若为真盲则无反应,伪盲者立即出现瞬目动作。此法简便易行、可信度高。

**3.瞳孔对光反射试验**

对受检者所称“盲眼”作对光反射试验,若直接对光反射存在,另一眼间接对光反射也存在,则属“伪盲”。由于瞳孔对光反射的反射中枢位于中脑顶盖前区,故外侧膝状体以上损害造成的失明,如双侧皮质盲。对光反射仍然正常,当然,这属特殊情况。

**4.视觉诱发电位检查**

伪盲者,主观视力下降,但VEP检查正常,提示非器质性损害。

**5.柱镜重合试验**

将-5.00Dc柱镜与+5.00Dc柱镜两轴重合,此时镜片屈光度等于零,放于健眼前查双眼视力;然后转动任何一个柱镜片使其与另一柱镜片轴呈垂直,则健眼视物模糊,再查视力。若视力仍不变则伪盲。当然若同时存在屈光不正,应注意调整球镜片的度数。

**6.雾视法**

于健眼前置+6.00Ds以上球镜,在所谓盲眼前置-0.25Ds或+0.25Ds的球镜,若能看清视力表上的视标时,提示伪盲。对于原有屈光不正者,检验前应先调整镜片屈光度。

**7.三棱镜试验**

嘱受检眼注视眼前一点,以一底向上或向下的6△三棱镜置于健眼前,若出现复视,提示其为伪盲。

鉴别是否伪盲还有其他很多方法，鉴定机构可根据配置情况选择合适的方法，上述“7”中描述的“三棱镜”试验即是简便易行的检查方法。

### （四）伪装视力降低的检查

伪装视力降低即视力表视力检验结果与实际视力不相符，受检者存在夸大视力下降（但未达无光感）程度的情况[1]。

伪装视力降低的方法有：①变换测试距离法；②视野检验法；③雾视法；④对比度视力检测法。列表说明变换测试距离法、视野检查法、雾视法的检验方法（表5-5-13）。

**表5-5-13　鉴别伪装视力减低的检查方法**

| 变换测试距离法 | 视野检查法 | 雾视法 |
|---|---|---|
| 举例说明：遮盖健眼，若5m处视力0.2；缩短检查距离，若在2m处仍只能看到0.2，提示伪装视力降低 | 不同距离、不同光标检查的视野，若结果显示范围无变化，可能伪装视力降低 | 将镜架戴于受检者眼前，健眼前放+12.0Ds球镜，低视力侧放-0.25Ds球镜，如双眼同时查视力，较单独查低视力眼的视力要好，则该眼为伪装视力降低 |

### （五）视力障碍的分级

根据“新技术规范”视力障碍分级如下（表5-5-14）。

**表5-5-14　视力障碍的分级标准**

| 分类 | 视力 |
|---|---|
| a：视力接近正常 | 0.5＜VA＜0.8 |
| B：轻度视力损害 | 0.3≤VA≤0.5 |
| C：中度视力损害（视力损害1级） | 0.1≤VA＜0.3 |
| D：重度视力损害（视力损害2级） | 0.05≤VA＜0.1 |
| e：盲目3级 | 0.02≤VA＜0.05 |
| F：盲目4级 | 光感≤VA＜0.02 |
| G：盲目5级 | 无光感 |

## 六、视野的检验

法医临床鉴定标准中的视野缺损（范围）及视野有效值的计算以周边视野为准[1]。

(一)周边视野改变的几种类型[2]

1. **向心性收缩或低下**

视野形状不变,仅周围界限均等地收缩,患者常有一般性的视力减退,这是由于视网膜周边部的功能相应丧失所致。典型的视野向心性缩小为"管状视野"。

2. **不规则收缩**

不规则收缩常见的有以下几种情形:①扇形尖端位于生理盲点,如中心动脉某一分支栓塞;②扇形尖端位于中心注视点,如视路疾患;③象限盲:为1/4视野缺损,如视放射的前部损伤→不对称的上象限盲(图5-5-21.6)及视放射区的内部→轻度不对称的下象限盲(图5-5-21.7);④鼻侧视野显著收缩,如青光眼;⑤颞侧视野显著收缩如视路疾患或视网膜鼻侧疾患。

3. **偏盲性收缩**

①同侧性偏盲:为一眼的颞侧偏盲和另一眼的鼻侧偏盲,多为视交叉以后视路的病变所引起(图5-5-21.4.5.8.9);②双眼颞侧偏盲,为视交叉病变所致(图5-5-21.3)。

上述仅是常见的几种视野改变,正确判断视野改变对于损伤定位有非常重要意义。为便于理解列表5-5-15及图5-5-22/文末彩图5-5-22。

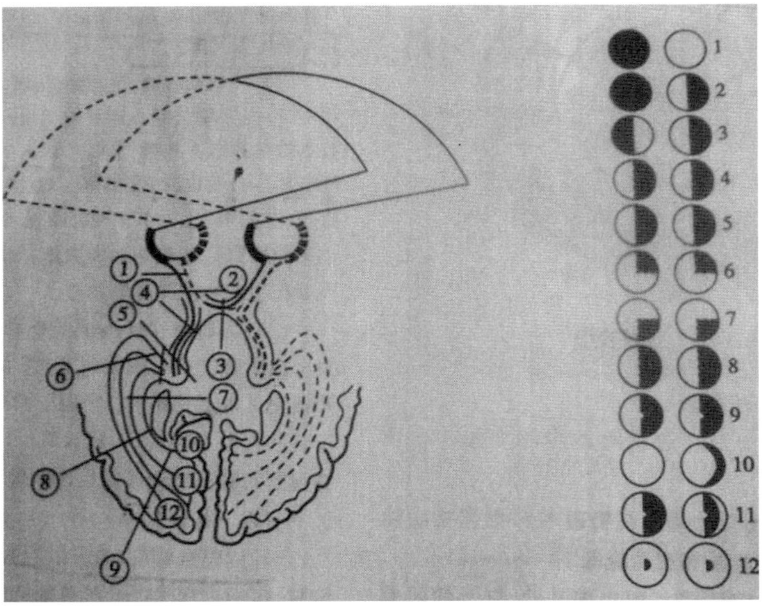

**图5-5-21　不同部位视路病变引起的视野缺损示意图**

表 5-5-15　常见的几种视野改变与损伤部位对应表

| 病变或损伤部位 | 视野缺损表现 |
|---|---|
| 右眼视交叉前视神经 | 右眼全盲 |
| 视交叉平面损伤 | 双眼颞侧偏盲 |
| 右侧视束完全损伤 | 双眼左侧偏盲(OD 鼻侧、OS 颞侧) |
| 右侧视束外侧束 | 双眼象限性偏盲(OD 鼻上、OS 颞上) |
| 右侧视束内侧束 | 双眼象限性偏盲(OD 鼻下、OS 颞下) |

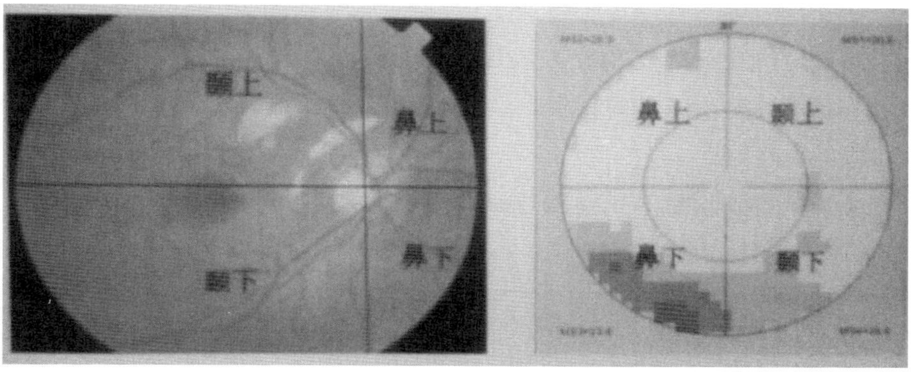


图 5-5-22　眼底与视野的对应关系

## (二)视野检查方法

### 1. 对比法视野检验

检验者与受检者相距 1m 相对而坐,检验受检者右眼时,另其自行遮蔽左眼,检验者遮蔽自己的右眼,嘱受检者右眼始终固视检验者左眼;

检验者伸出左手持一白色圆形视标或用手指自颞侧向中心区域缓慢移动,另受检者在右眼余光看见该视标或手指时立即示意,再分别检验上方、下方、鼻侧,必要时增加颞上、颞下、鼻上、鼻下,比较各方向视野与检验者有无差异。

注意:检验者自身视野应无异常。

### 2. 计算机自动视野计检验

1)动态视野检验:应用同一刺激强度的视标从视野范围以外的某一不可见区向视野中心点方向缓慢移动,探测视野范围的边界。记录不同方向刚能感受到视标出现的点构成受检眼的等视线,用于衡量视野范围,评定视野缺损程度。

法医临床鉴定中的视野缺损及视野有效值的计算以周边视野为准。读取周边视野在上方、下方、鼻侧、颞侧、颞上、颞下、鼻上、鼻下八个方向的数值,并计算其合计值除以

500,获得视野有效值,据此评定视野缺损程度。视野缺损分级见表5-5-16。

**表5-5-16 视野缺损分级表**

| 视野缺损分级 | 视野有效值 | 视野直径 |
| --- | --- | --- |
| 轻度视野缺损 | 48% < 视野有效值≤80% | 60° < 视野直径≤100° |
| 中度视野缺损 | 16% < 视野有效值≤48% | 20° < 视野直径≤60° |
| 重度视野缺损 | 8% < 视野有效值≤16% | 10° < 视野直径≤20° |
| 极度视野缺损 | 4% < 视野有效值≤8% | 5° < 视野直径≤10° |
| 接近完全缺损 | 视野有效值≤4% | 视野直径≤5° |

2)静态视野检验:检验过程由计算机程序自动控制,根据检验所见的感觉阈值分为绝对缺损和相对缺损,用于定量评价受检眼视网膜不同区域的功能水平,主要用于检验、评估受检眼的中心视野。

静态视野检验报告除包括受检者基本信息外,还包括灰度图、数值图概率图等六个视野图,比较直观阅读的便是灰度图、概率图(图5-5-23/文末彩图5-5-23)。

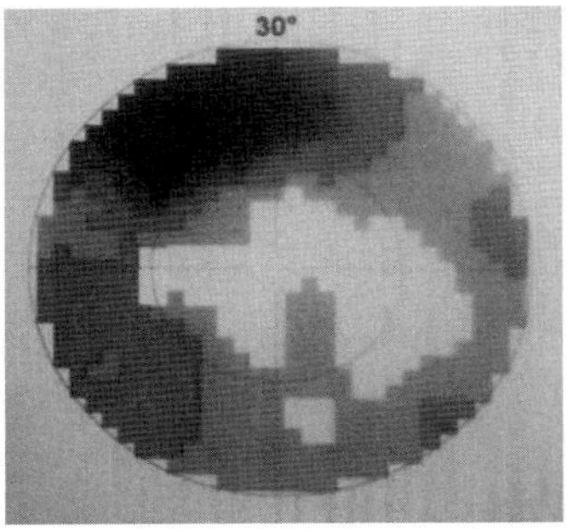


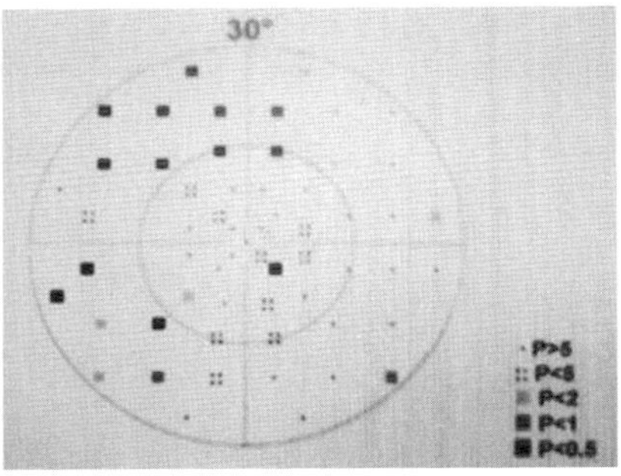


**图5-5-23 左,灰度图;右,概率图**

**3. 多焦图形视觉诱发电位(mfPVEP)在视野评定中的重要性**

传统视野检查,如动态、静态视野检查均属心理物理学检查 mfVEP 检查摆脱了视野检查由被鉴定人感知反应的检查模式,在视野检查结果不可信或可疑时,mfVEP 作为一种客观的视功能检测技术,凸显出较大的法医学价值。mfVEP 在客观视野检查中的法医学应用价值主要体现在客观视野评定及视路损伤的定位诊断[3]。下图显示静态视野检测与 mfPVEP 视野的一致性(图5-5-24、文末彩图5-5-24)。

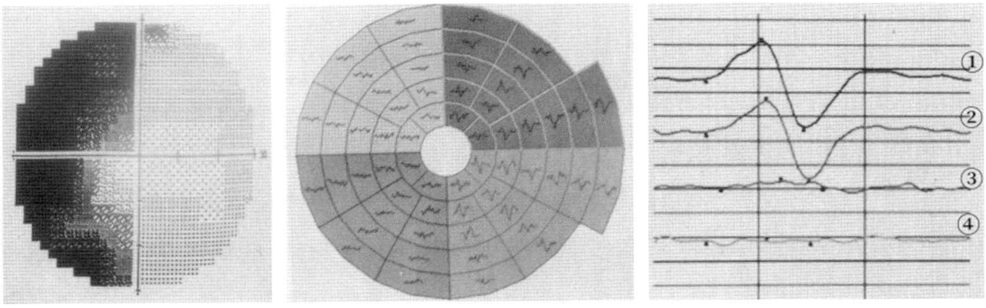


**图 5-5-24　左,静态视野灰度图;右,mfVEP 左眼鼻侧视野各刺激位点引出 VEP 波,颞侧视野基本未引出 VEP 波**

## 七、斜视与复视

### (一)斜视形成的原因与检测方法

**1. 外伤导致斜视的常见原因**

麻痹性斜视是由于神经核、神经干或肌肉本身损伤所致,导致斜视的常见原因有:①眼外肌肌腱断裂;②眶壁骨折导致眼外肌陷入或嵌顿;③眼外肌外伤后瘢痕形成;④支配眼外肌的神经损伤,动眼神经损伤多见;⑤眼球移位。

**2. 斜视的检查方法**

斜视的检查方法有:交替遮盖法、遮盖去遮盖法;CT、MRI 检查可提示神经或肌肉损伤情况。另外角膜映光法、同视机检测还可测出斜视的度数。

角膜映光法测量斜视度数,若映光点在瞳孔边缘,约相当于斜视 15°,若映光点在角膜边缘,约相当于斜视 45°,若映光点在瞳孔边缘与角膜边缘的中点,约相当于斜视 30°(图 5-5-25、文末彩图 5-5-25)。此法简便易行,缺点是不够精确。

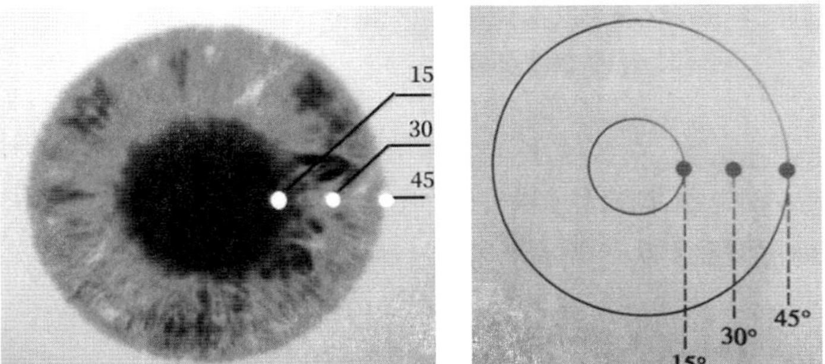


**图 5-5-25　角膜映光法测量斜视度示意图**

临床上用同视机可以测量客观斜视度,同视可以协助判断麻痹性斜视的受累肌肉。

### (二)复视的视形成的原因与检测方法

**1. 复视的概念及形成原因**

复视属于斜视后的异常双眼视觉。斜视后,外界同一物体投射在两眼视网膜非对应点上,即投射在注视眼中心凹折和斜视眼周边视网膜上,中心凹的物像在正前方,周边视网膜的物像在另一视觉方向上,因此一个物体被感知为两个物像。

当存在眼位异常或不存在明显眼位异常但存在眼肌麻痹等因素可导致双眼视物重影,具体原因跟前面提及的斜视形成的原因基本一致。

**2. 复视的检查方法**

复视常用的检查方法有红玻片法和同视机法。

1)红玻片法:受检者头保持正位、固定。在其眼前放一红色镜片,注视 1m 远处的灯光,若有复视则见一红色灯光和一白色灯光;若见粉红色单一灯光,则表示无复视。然后分别检查各诊断眼位,距离中心约 20°[4]。

在麻痹肌方向上影像分离最大。

2)同视机检验:同视机就按、检验科同视检验双眼的同时知觉功能、融合功能、立体视觉。复视者常不能融合双眼物像,有的融合范围会发生偏离,在出现复视的方向难以形成良好的立体视。若双眼同时视功能正常,受检者能够将两张完全不同的画面融合成一个画面,比如,若将两张画片(狮子和笼子)置于双眼的镜筒内,受检者推动扶手可将狮子推入笼子。

复视后麻痹肌的判断,通过眼位及眼球运动检查,结合外伤史及必要的影像学检查即可得出判定。

## 八、关于视觉功能障碍特殊情形残疾等级评定的问题

眼作为一种典型的对称性器官,其伤后残疾等级的评定越来越引起人们的重视。《分级》标准中对对称性器官简单损伤的残疾等级评定比较明确,但是对于单眼或双眼伤前即存在视觉功能障碍,本次外伤又导致单眼或双眼功能障碍加重的情形,目前的《分级》标准中没有详细规定,GB《分级》(送审稿)中,笔者也未查见相应具体规定。多个省鉴定协会发布的“法医临床司法鉴定若干问题的执业指引”对对称性器官(眼、耳、肾等)原有一侧丧失或者基本丧失功能(视觉、听觉、肾功能等),另一侧(健侧)损伤致功能障

碍的评残作出了较为明确的描述,并用举例的方式作了详细说明,即:“将现存双侧最终结局和患侧原有残情分别评定致残程度等级,取二者级差的中间值(四舍五入取整数)与健侧损伤致残程度级别相加。如一眼原为盲目5级,本次损伤致另一眼盲目3级,按《分级》5.3.2.1),一眼盲目5级,另一眼盲目3级为三级伤残,原患侧眼盲目5级按照《分级》5.8.2.7)为八级伤残,二者级差为5,中间值(四舍五入取整数)为3个级别,伤侧眼盲目3级按《分级》5.9.2.11)为九级伤残,在此基础上增加3个级别,则最终确定为六级伤残。

鉴定实践中并非仅存在上述情形,还有其它多种情形,比如:①一侧在此次损伤前已存在残疾,本次损伤致该侧残疾加重;②一侧在此次损伤前已存在残疾,本次损伤致双侧损伤;③双侧伤前均有残疾,本次损伤致一侧或双侧均加重等,至于上述列举的其他特殊情形如何评定残疾,笔者查到的比较翔实的报道便是《中国司法鉴定》2022年3期“人体对称性器官功能障碍的残疾评定”。在此不再赘述,可以自行查阅、学习,并在实践中逐步完善。

## 九、涉及视觉功能障碍的有关条文

### (一)《人体损伤致残程度分级》涉及视觉功能障碍有关条文

#### 1. 涉及视力障碍有关条文

| 条款序号 | 条款内容 |
|---|---|
| 5.2.2.4 | 双眼盲目5级 |
| 5.3.2.1 | 一眼球缺失、萎缩或者盲目5级,另一眼盲目3级 |
| 5.3.2.2 | 双眼盲目4级 |
| 5.4.2.3 | 一眼球缺失、萎缩或者盲目5级,另一眼重度视力损害 |
| 5.4.2.4 | 双眼盲目3级 |
| 5.5.2.2 | 一眼球缺失、萎缩或者盲目5级,另一眼中度视力损害 |
| 5.5.2.3 | 双眼重度视力损害 |
| 5.6.2.5 | 一眼球缺失、萎缩或盲目5级,另一眼视力≤0.5 |
| 5.6.2.6 | 一眼重度视力损害,另一眼中度视力损害 |
| 5.7.2.5 | 双眼中度视力损害 |
| 5.7.2.6 | 一眼盲目3级,另一眼视力≤0.5 |
| 5.8.2.7 | 一眼盲目4级 |

续表

| 条款序号 | 条款内容 |
| --- | --- |
| 5.9.2.11 | 一眼盲目3级 |
| 5.9.2.12 | 一眼重度视力损害,另一眼视力≤0.5 |
| 5.10.2.15 | 一眼中度视力损害 |
| 5.10.2.16 | 双眼视力≤0.5 |

2. 涉及视野缺损有关条文

| 条款序号 | 条款内容 |
| --- | --- |
| 5.3.2.3 | 双眼视野接近完全缺损,视野有效值≤4%(直径≤5°) |
| | |
| 5.4.2.5 | 双眼视野极度缺损,视野有效值≤8%(直径≤10°) |
| 5.5.2.4 | 双眼视野重度缺损,视野有效值≤16%(直径≤20°) |
| 5.6.2.7 | 双眼视野中度缺损,视野有效值≤48%(直径≤60°) |
| 5.7.2.7 | 双眼偏盲 |
| 5.8.2.8 | 一眼视野接近完全缺损,视野有效值≤4%(直径≤5°) |
| 5.9.2.13 | 一眼视野极度缺损,视野有效值≤8%(直径≤10°) |
| 5.9.2.14 | 双眼象限性视野缺损 |
| 5.10.2.17 | 一眼视野中度缺损,视野有效值≤48%(直径≤60°) |

## (二)《人体损伤程度鉴定标准》中涉及视觉功能障碍有关条文

1. 涉及视力障碍有关条文

| 条款序号 | 条款内容 |
| --- | --- |
| 5.4.1.c | 双眼盲目4级(重伤一级) |
| 5.4.2.a | 一眼盲目3级(重伤二级) |
| 5.4.2.b | 一眼重度视力损害,另一眼中度视力损害(重伤二级) |
| 5.4.3.c | 一眼重度视力损害;双眼中度视力损害(轻伤一级) |
| 5.4.4.d | 斜视;复视(轻伤二级) |
| 5.4.4.f | 一眼矫正视力减退至0.5以下(或者较伤前视力下降0.3以上);双眼矫正视力减退至0.7以下(或者较伤前视力下降0.2以上);原单眼中度以上视力损害者,伤后视力降低一个级别(轻伤二级) |

2. 涉及视野缺损有关条文

| 条款序号 | 条款内容 |
| --- | --- |
| 5.4.1.b | 一眼视野完全缺损，另一眼视野半径20°以下（视野有效值32%以下）（重伤一级） |
| 5.4.2.c | 一眼视野半径10°以下（视野有效值16%以下）（重伤二级） |
| 5.4.2.d | 双眼偏盲；双眼残留视野半径30°以下（视野有效值48%以下）（重伤二级） |
| 5.4.3.d | 一眼视野半径30°以下（视野有效值48%以下）；双眼视野半径50°以下（视野有效值80%以下）（轻伤一级） |
| 5.4.4.g | 一眼视野半径50°以下（视野有效值80%以下）（轻伤二级） |

## 参考文献

[1]GB/T43640－2024. 视听觉功能障碍法医临床鉴定技术规范[S]. 2024.

[2]刘家琦，李凤鸣. 实用眼科学[M]. 3版. 北京：人民卫生出版社，2019.

[3]王萌，夏文涛，王旭. 视觉功能客观检查及客观评定的法医学原则与方法[M]. 1版. 北京：科学出版社，2015.

[4]赵堪兴，范先群. 眼科学[M]. 9版. 北京：人民卫生出版社，2021.

# 论文 6：浅析肢体周围神经损伤的法医学鉴定

**摘　要**：周围神经是指中枢神经（脑和脊髓）以外的神经。它包括 12 对脑神经、31 对脊神经和植物性神经（交感神经、副交感神经）。本文涉及的是法医鉴定中常见的臂丛及其主要分支、腰骶丛及其重要分支，主要包括肩胛上神经、腋神经、肌皮神经、正中神经、桡神经、尺神经和股神经、坐骨神经、腓总神经、胫神经。

《人体损伤程度鉴定标准》《劳动能力鉴定、职工工伤与职业病致残等级》均有涉及周围神经损伤的鉴定内容。本文仅就《人体损伤致残程度分级》中涉及周围神经损伤评定的有关内容简要进行阐述。

**关键词**：法医学鉴定；周围神经；外伤；肌电图

## 一、臂丛及其主要分支的解剖结构及其相应功能

### （一）臂丛的组成及其主要分支

**1. 臂丛的组成**

臂丛由颈 5 ~ 8 前支及胸 1 前支组成，自斜角肌间隙传出，经锁骨后方进入腋窝。颈 C5、C6 神经根的纤维合成上干，颈 7 神经根纤维组成中干，颈 8、胸 1 神经根纤维合成下干；上、中、下干分别分出前、后两股；由上干、中干的前股合成外侧束，下干的前股组成内侧束，三干的后股合成后束。

**2. 臂丛主要分支**

①肩胛上神经←发自臂丛上干；②腋神经←发自后束；③肌皮神经←发自外侧束；④正中神经←发自外侧束与内侧束；⑤桡神经←发自后束；⑥尺神经←发自内侧束。

臂丛及其主要分支结构见图 5 – 6 – 1、文末彩图 5 – 6 – 1。

### （二）臂丛神经损伤的发生机制

臂丛神经损伤的分类方法有多种，如开放性损伤和闭合性损伤；直接损伤和间接损伤；医源性损伤和非医源性损伤。因为无论哪一种损伤都是由于不同性质的暴力所致，

因此,根据引起损伤的暴力性质作如下分类。

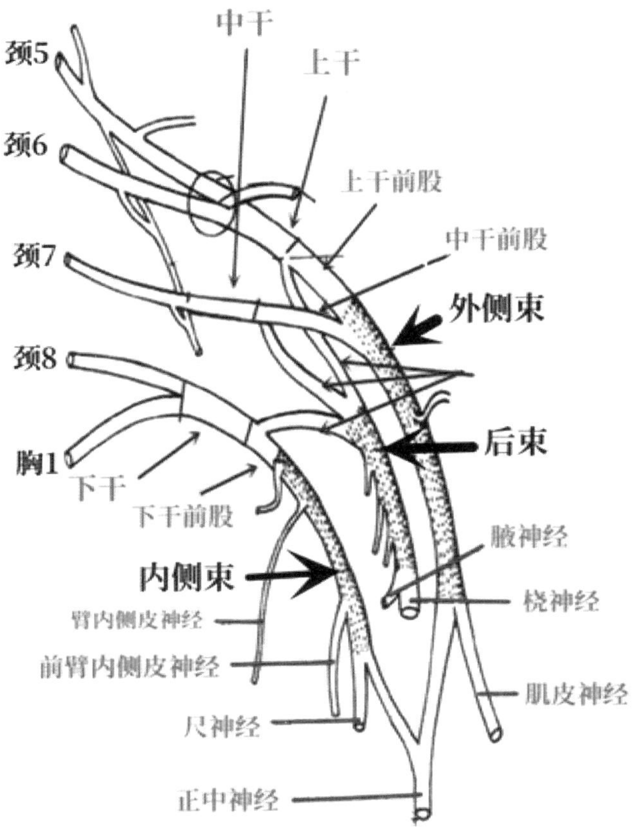


**图 5-6-1　臂丛及其主要分支结构简图**

1. **直接损伤**

如压砸、切割、枪弹、手术误伤等。

2. **间接损伤**

一类为对撞性损伤,如:①车祸时高速运动中的肩部或头部被撞击;②重物压伤颈肩部;③胎儿难产分娩时,暴力使婴儿头部与肩部分离。此种间接暴力最易引起臂丛上干损伤,严重时可累及整个臂丛神经。另一类是水平方向的肢体持续性牵拉,如患肢被皮带或运输带卷入,由于这种损伤力量过大极易引起根性损伤,甚至合并其他混合型损伤。

3. **混合暴力损伤**

如肩关节脱位或骨折中,臂丛神经不仅受到牵拉,而且还受到脱位的肱骨头或骨折片的直接压迫或损伤。肱骨中下 1/3 骨折易并发桡神经牵拉伤、挫伤或断裂伤。

### （三）臂丛及其主要分支损伤的表现

**1. 臂丛上干损伤的表现**

表现为上肢近端瘫痪，即表现为腋神经及肩胛上神经麻痹，致使肩关节不能外展及上举；肩关节不能内旋或者外旋；肌皮神经麻痹，致使肘关节不能屈曲。上臂、前臂外侧的感觉异常；肱二头肌肌腱反射及桡骨膜反射减弱或消失（图 5－6－2）。[1]

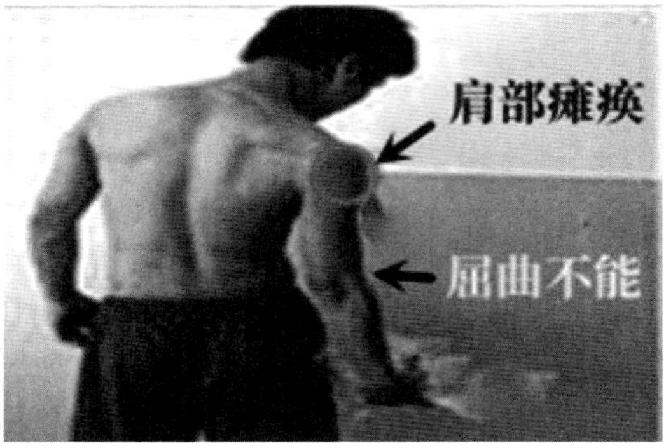


**图 5－6－2　臂丛上干损伤示意简图**

**2. 臂丛下干损伤的表现**

主要表现为手部的功能障碍：即表现为正中神经麻痹，致使手指与拇指不能屈曲、拇指不能对掌；尺神经麻痹使小指处于外展位，手指不能内收与外展，指间关节不能伸直。感觉异常发生在上臂、前臂及手部内侧面与第 4、5 指；下干分支支配的胸大肌胸肋部功能障碍。[1]

**3. 臂丛中干损伤的表现**

较为少见，表现为桡神经支配的肌肉收缩无力。

**4. 全臂丛根性损伤**

主要表现为上干与下干损伤的联合症状，并出现中干损伤的主要症状——桡神经损伤，上肢呈全肌瘫。除上臂内侧外，感觉均丧失。[1]

**5. 正中神经损伤的表现**

正中神经由内侧束和外侧束各发出一根合成，支配着前臂大部分屈肌及旋前肌，手大鱼际肌及手掌面桡侧三个半指的皮肤。

正中神经损伤表现：①运动障碍。前臂不能旋前，屈腕力减弱，拇指、食指、中指不能屈曲，拇指不能做对掌动作。②感觉障碍。手掌桡侧 2/3 皮肤、桡侧 3 个半指掌面皮肤，尤以拇指、食指、中指远节为著。③肌肉萎缩。鱼际肌萎缩，手掌变平坦，成为“猿手”。

6. **尺神经损伤的表现**

尺神经损伤的表现:①运动障碍。屈腕力减弱,拇指不能内收,其他各指不能内收与外展,环指与小指末节不能屈曲。②感觉障碍。尺神经分布区感觉迟钝,小鱼际及小指感觉丧失(手掌面尺侧1个半指及背面2个半指)。③肌肉萎缩。小鱼际平坦由于骨间肌及蚓状肌萎缩,掌骨间隙出现深沟,各掌指关节过伸,第4、5指的指间关节屈曲,表现为“爪形手”(图5-6-3A)。

7. **桡神经损伤的表现**

桡神经损伤的表现:①运动障碍。不能伸腕和伸指,拇指不能外展,前臂旋后功能减弱。②感觉障碍。前臂背侧皮肤及手背桡侧半感觉迟钝,“虎口”区皮肤感觉丧失;抬前臂时由于伸肌瘫痪及重力作用,出现“垂腕”征(图5-6-3B)。

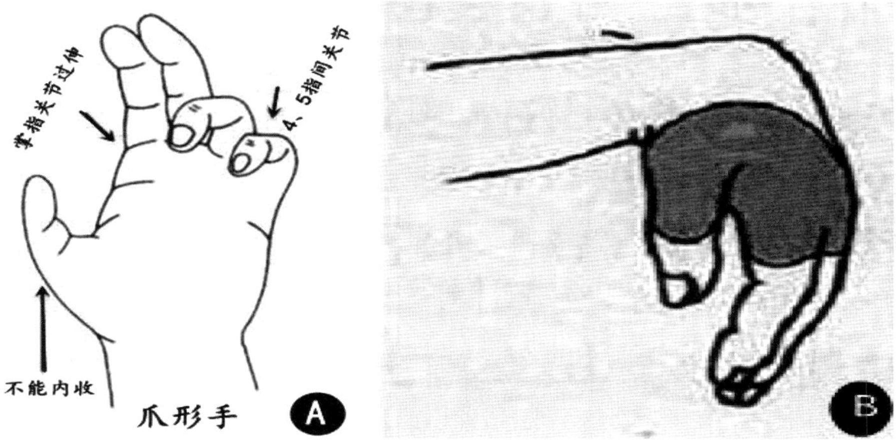


**图5-6-3 尺神经与桡神经损伤的典型表现示意图**

A:爪形手(尺神经损伤典型表现)。B:垂腕征(桡神经损伤典型表现)。

以上描述是正中神经、桡神经、尺神经损伤的典型表现。实际上不同部位损伤其体征是不一样的,比如,桡神经腋部损伤、上臂段损伤、前臂段损伤其表现并不完全一致。

正中神经、尺神经、桡神经损伤运动障碍见表5-6-1。

**表5-6-1 正中神经、尺神经、桡神经损伤运动障碍简表**

| | |
|---|---|
| 正中神经 | 前臂不能旋前,屈腕力减弱,拇指、食指、中指不能屈曲,拇指不能做对掌动作 |
| 尺神经 | 屈腕力减弱,拇指不能内收,其他各指不能内收与外展,环指与小指末节不能屈曲;第4、5指的指间关节屈曲,表现为“爪形手” |
| 桡神经 | 不能伸腕和伸指,拇指不能外展,前臂旋后功能减弱;抬前臂时由于伸肌瘫痪及重力作用,出现“垂腕”征 |

## (四)臂丛神经损伤的检查

### 1. 常规检查

正中神经损伤检查要点见表5-6-2。

**表5-6-2 正中神经损伤检查要点**

| | |
|---|---|
| 腕部损伤 | ①检查手掌桡侧半、桡侧3个半手指掌面和近侧指间关节以远背侧的感觉功能;②检查大鱼际肌和第1、2蚓状肌是否存在萎缩;③检查是否存在拇指对掌功能障碍和拇、食指捏物功能障碍 |
| 肘部损伤 | 除检查上述项目外,还应注意是否存在拇、食、中指屈曲功能障碍 |

桡神经损伤检查要点见表5-6-3。

**表5-6-3 桡神经损伤检查要点**

| | |
|---|---|
| 肱骨中、下1/3损伤 | ①检查手背桡侧和桡侧3个半手指背侧近侧指间关节近端的感觉功能;②检查是否存在伸腕、伸指和前臂旋后功能障碍;③注意是否存在手背虎口区麻木及垂腕畸形 |
| 前臂近端损伤 | 常仅损伤桡神经深支,仍检查上述项目,但伸腕功能基本正常 |

尺神经损伤检查要点见表5-6-4。

**表5-6-4 尺神经损伤检查要点**

| | |
|---|---|
| 腕部损伤 | ①检查手部尺侧半和尺侧1个半手指的感觉功能;②检查小鱼际肌、骨间肌和第3、4蚓状肌是否存在萎缩;③检查是否存在爪形手畸形、Froment征和手指内收、外展功能障碍 |
| 肘部损伤 | 除检查上述项目外,还应注意是否存在环、小指末节屈曲功能障碍 |

Froment试验:尺神经损伤的表现;伤者用拇指和食指捏住一张纸,检查者用力将纸拽出。尺神经损伤的患者,因拇指内收功能丧失,会在拇指指间关节处弯曲来阻止纸张被拉出。因Froment最早发现了这一现象,故称Froment试验(图5-6-4)。

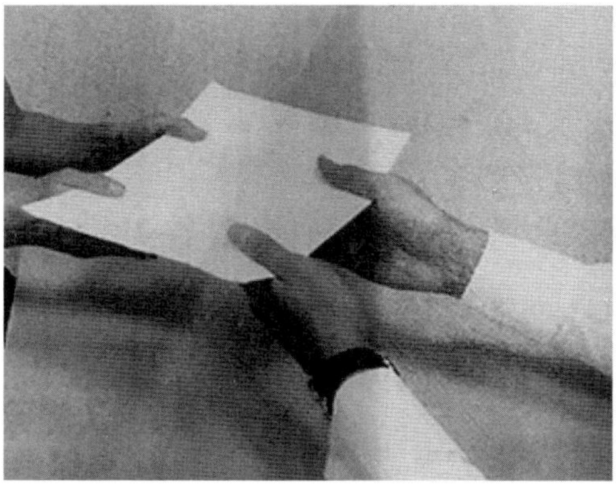

**图5-6-4 Froment试验示意图**

2. **肌电图检查**

对疑有周围神经损伤的,应在伤后 2 ~4 周对被检查肌肉神经行 EMG 检查,进而对损伤部位、程度作出判断,必要时进行复查。

3. **神经诱发电位检查**

对疑有周围神经损伤的,应进行体感诱发电位(SEP)和运动诱发电位检查,进而对损伤部位、程度作出客观判断,必要时进行复查。

### (五)臂丛神经损伤的概念与定位诊断

1. **臂丛神经损伤的概念**

出现上肢 6 根神经(正中、尺、桡、肌皮、腋神经及前臂内侧皮神经)中任何两根神经联合损伤(非切割伤)即可诊断为臂丛神经损伤。

臂丛以锁骨为界,上部为根干部,下部为束支部。臂丛根干部损伤累及胸大肌与背阔肌。臂丛束支部损伤则不累及。[1]

2. **臂丛神经损伤的定位诊断**

臂丛神经损伤的诊断分四个层面考虑:①有无损伤。②损伤是在锁骨上还是锁骨下。③进一步明确是根、干、束、支哪一部分的损伤。④如果是根性损伤,是节前还是节后。

耸肩无力,斜方肌萎缩提示上干节前的根性撕脱伤;Horner 征提示下干的节前损伤。电生理学检查有助于根性撕脱伤节前、节后损伤的鉴别。

节前损伤体感诱发电位(SEP)异常,完全损伤时 SEP 消失,但可引出感觉神经动作电位(SNAP);节后损伤既有 SEP 异常,又有 SNAP 异常;完全损伤时 SEP 与 SNAP 均消失。

(1)通过临床检查所得阳性体征进行推断:通过对上肢运动及感觉功能的检查,确定损伤累及的神经;通过损伤神经的组合可进一步推定损伤的部位(表 5 -6 -5)。

**表 5 -6 -5　由神经损伤定位损伤部位简表**

| 神经损伤组合 | 损伤部位推断 |
|---|---|
| 腋神经合并肌皮神经 | 臂丛上干 |
| 腋神经合并桡神经 | 后侧束 |
| 腋神经合并正中神经 | C5 根部 |
| 肌皮神经合并正中神经 | 外侧束 |
| 肌皮神经合并桡神经 | C6 根部 |

续表

| 神经损伤组合 | 损伤部位推断 |
|---|---|
| 桡神经合并正中神经 | C7 根部 |
| 正中神经合并尺神经 | 臂丛下干或内侧束 |
| 尺神经合并桡神经 | T1 神经根 |

（2）通过感觉支配检查对损伤部位进行推断。

比如：三角肌表面及上臂桡侧感觉障碍代表 C5 神经根损伤；前臂桡侧感觉障碍代表 C6 神经根损伤；环指、小指感觉障碍代表 C8 神经根损伤；前臂尺侧感觉障碍代表 T1 神经根损伤。[2]

（3）通过对手部感觉障碍的检查可以准确定位桡神经、正中神经、尺神经的损伤部位。

比如，桡神经在肱骨外上髁下方分为深、浅两支，如果损伤部位在肱骨外伤髁上方，则深、浅两支均受损害，既可引起伸腕障碍（深支支配），又可引起手背桡侧感觉障碍（浅支支配）；如果损伤部位在前臂段，仅累及深支，仅表现为伸指、伸拇、拇指外展障碍，能伸腕，桡神经支配区皮肤感觉正常。反之，通过对手部感觉与运动功能障碍的检查，也可推断神经损伤的阶段。

再如，尺神经在前臂下段分出手背支（纯感觉神经）支配手背尺侧及尺侧 1 个半指背部皮肤感觉，向下经过腕管前分出尺神经深支与浅支，浅支支配手掌尺侧、环指尺侧及整个小指的感觉。因此，通过检查手部尺侧感觉功能可以精确推测尺神经损伤部位（是前臂上段还是下段）。

正中神经经过腕管后，分为桡侧支、中间支、尺侧支三个分支。桡侧支分布于拇指的桡侧缘，达远侧端的皮肤，拇指尺侧缘，第二指掌面桡侧；中间支、尺侧支分布于食指、中指、环指桡侧缘皮肤。

手部感觉与神经支配对应关系见表 5－6－6。

**表 5－6－6　手部感觉区与支配神经对应关系**

| 感觉功能区 | 神经支配 | 神经来源 |
|---|---|---|
| 手背虎口区及桡侧两个半指近侧指节背面 | 桡神经浅支 | 自肱骨外上髁下缘由桡神经发出 |
| 手背及手背尺侧一个半指 | 尺神经手背支 | 自前臂下段由尺神经发出 |
| 小鱼际肌及掌部一个半指 | 尺神经浅支 | 自腕管由尺神经发出 |
| 大鱼际肌及掌部三个半指及背侧两个半指中、远节 | 掌侧固有神经 | 由正中神经的终末支指掌侧总神经自手掌部发出三支掌侧固有神经 |

（4）绝对支配感觉区。尺神经：小指掌侧；正中神经：食指掌侧；桡神经：虎口区背

侧、拇、食指近节背侧。[3]

(5)通过神经电生理及神经诱发电位检查进行验证。

鉴定实践中经常应用的有针极肌电图、神经传导速度(NCV)、神经诱发电位、F 波、H 反射等。

## 二、腰骶丛及其主要分支的解剖结构及其相应功能

### (一)腰骶丛的组成及其主要分支

腰丛由 T12 前支一部分及 L1～3 前支及 L4 前支一部分组成,其主要分支是股神经(图 5－6－5)。

骶丛由腰骶干、全部骶神经前支、尾神经前支组成,其主要分支是坐骨神经、胫神经、腓总神经(图 5－6－5、文末彩图 5－6－5)。

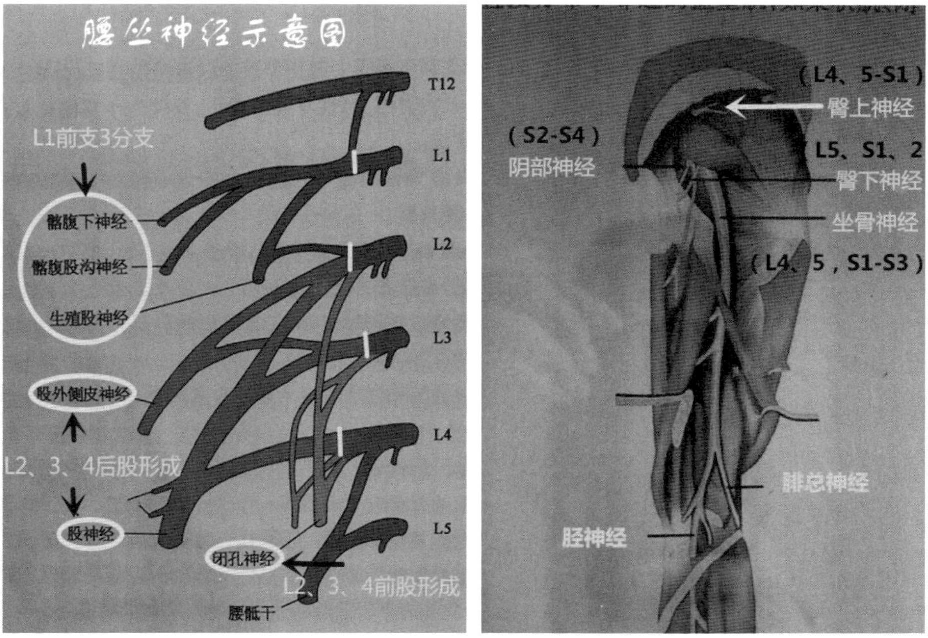


**图 5－6－5　腰骶丛组成及其分支简图**

### (二)腰骶丛主要分支损伤的表现

#### 1. 股神经损伤的表现

股神经损伤的表现:①运动障碍。股前肌群瘫痪,行走时抬腿困难,不能伸小腿。②感觉

障碍。股前面及小腿内侧面皮肤感觉障碍。③股四头肌萎缩，髌骨突出。④膝反射消失。

**2. 坐骨神经损伤的表现**

坐骨神经损伤的表现：①高位损伤时，小腿后外侧和足部的感觉功能障碍，膝关节不能屈曲、踝关节与足趾运动功能完全丧失、足下垂等，股后部肌肉及小腿和足部肌肉萎缩。②股后中部、下部损伤时，膝关节屈曲功能保存。

**3. 胫神经损伤的表现**

胫神经损伤的表现：①运动障碍。足不能跖屈，不能屈趾，足内翻。②感觉障碍。小腿后边及足底感觉迟钝或消失。③足畸形，呈背屈外翻状态，"仰趾足"。

**4. 腓总神经损伤的表现**

腓总神经损伤的表现：①运动障碍。足不能背屈，足下垂，轻内翻，不能伸趾。②感觉障碍。小腿外侧、足背及趾骨感觉迟钝或消失。③足畸形，久之呈"马蹄内翻足"。

### (三)腰骶丛神经损伤的检查

**1. 股神经损伤的检查**

股神经损伤的检查主要包括：①大腿前面及小腿内侧面皮肤感觉是否正常。②屈髋、屈膝的肌力及膝反射情况。③是否存在股四头肌萎缩。

**2. 坐骨神经损伤的检查**

坐骨神经损伤的检查包括：①高位损伤时，小腿后外侧和足部的感觉功能障碍是否正常，是否存在膝关节不能屈曲、踝关节与足趾运动功能完全丧失、足下垂等，是否存在股后部肌肉及小腿和足部肌肉萎缩。②股后中、下部损伤时，仍检查上述项目，但膝关节屈曲功能保存。

**3. 胫神经损伤的检查**

胫神经损伤的检查包括：①小腿后边及足底感觉功能。②是否存在足跖屈、内收、内翻功能障碍，是否存在足趾跖屈、外展、内收障碍。

**4. 腓总神经损伤的检查**

腓总神经损伤的检查包括：①小腿前外侧、足背、内侧感觉功能。②是否存在背屈、外翻功能障碍。③是否存在伸趾功能障碍、足内翻下垂畸形等。

## 三、肌电图在臂丛神经损伤诊断中的应用

### (一)肌电图(EMG)的概念

肌电图是记录肌肉静息、随意收缩及周围神经受刺激时各种电特性的一门专门

技术。

狭义肌电图指针极肌电图；广义肌电图除记录肌肉静息和随意收缩时的各种电特性外，还包括神经传导检测、重复神经电刺激、F 波、H 反射、巨肌电图等。[1]

### 1. 正常针极肌电图的表现

在鉴定中要熟练运用肌电图，首先需要掌握正常肌电图的情况。正常肌电图的静息电位、运动单位电位、募集电位必须熟记于心。为使读者理解和记忆，先将正常针极肌电图的表现汇总如表 5－6－7、文末表 5－6－7 所列。

**表 5－6－7　正常针极肌电图的表现（文末表 5－6－7）**

| 状态 | 肌电图表现 | 示意图 |
| --- | --- | --- |
| 静息时 | 当肌肉完全放松时，不应出现任何失神经电位（纤颤电位、正锐波）；呈现一条直线 |   |
| 插入电位 | 静息状态下，针电极插入肌纤维或神经末梢所诱发；针电极一旦停止移动，插入电位即消失 | 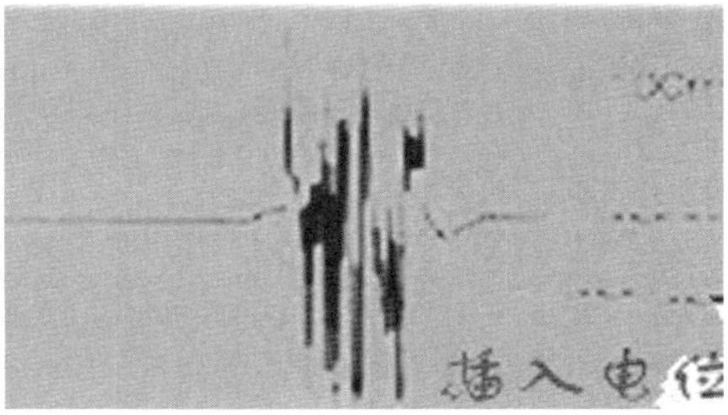  |
| 轻度收缩 | 运动单位电位 | 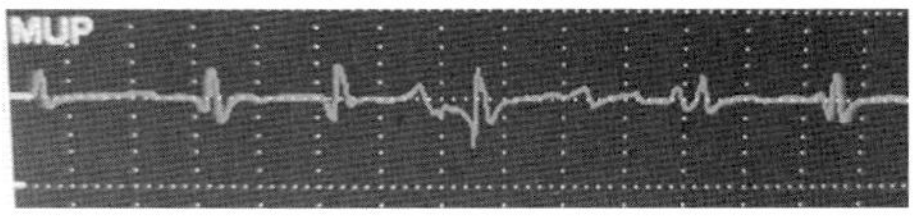  |
| 大力收缩 | | 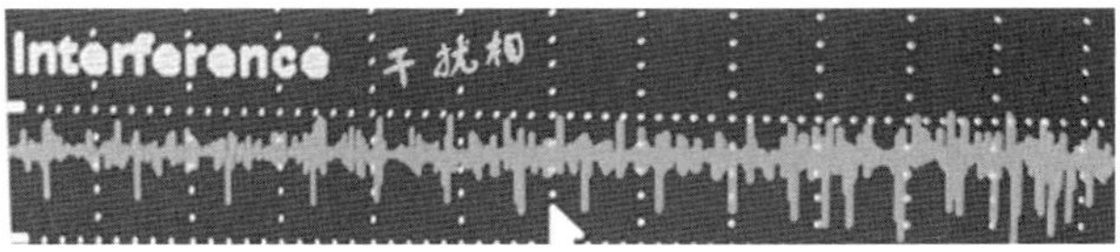  |

### 2. 异常针极肌电图的表现

肢体周围神经损伤发生后，NCV 检测可以首先表现异常，nEMG 自发电位在伤后 2～3周开始出现异常。疑有周围神经损伤时，宜在伤后 2～4 周行 EMG 检查。

异常针极肌电图的表现概括为以下 4 条：

（1）插入电位增多或减少，或者时限延长。

（2）出现自发电位，包括正尖波、纤颤电位、束颤电位等。在一块肌肉 2～3 个部位出现自发电位（纤颤电位、正尖波）是神经源性损害的可靠表现。

（3）运动单位电位异常，神经源性损害表现为时限增宽、波幅升高及多相波百分比增多。肌源性损害表现为时限缩短、波幅降低和多相波百分比增多。

（4）募集电位异常，神经源性损害表现为高波幅的单纯相或混合相。肌源性损害表现为低波幅的病理干扰相。

以上 4 条中必须具备（1）、（2）两条之一，尤其是（2）条最为可靠；然后参考其他两条，方可认定为神经源性损害。[1] 异常肌电图的表现见表 5－6－8、文末表 5－6－8。

**表 5－6－8　nEMG 异常表现（文末表 5－6－8）**

| 异常情况 | 肌电图表现 | 示意图 |
|---|---|---|
| 出现自发电位（包括纤颤电位、正尖波、束颤波） | 纤颤电位：纤颤电位主要出现在周围神经及脊髓前角细胞病变时；纤颤电位的出现提示肌肉的失神经支配 | 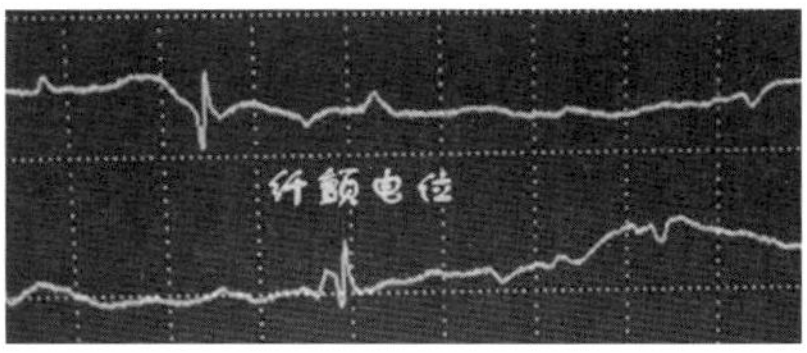 |
| | 正锐波：自发出现的正相波，常伴纤颤，时限 4ms；意义同纤颤 | 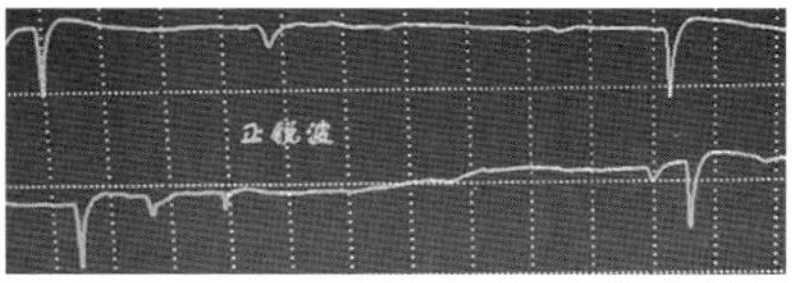 |
| 运动单位异常 | ①神经源性损害：时限增宽、波幅增高、多相波百分比增多；②肌源性损害：时限缩短、波幅减低、多相波百分比增多 | 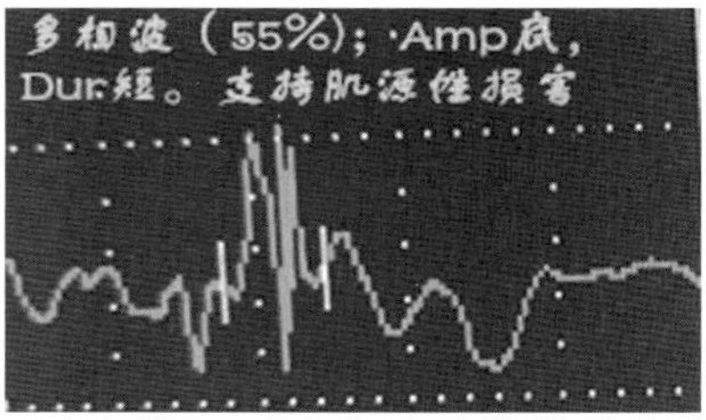 |
| 募集电位异常 | 募集电位减少 | 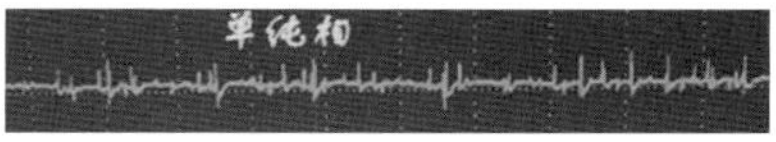 |
| | 低波幅的干扰相（肌源性损害） |  |

### 3. 轻收缩运动单位电位（MUP）解读

轻收缩时重点观察肌肉运动单位电位（MUP）的数量和单个 MUP 的时限、波幅和波形。

MUP 的组成：①时限（DUR）。时限是指 MUP 发生电位变化的时间总和。②波幅（AMP）。最高正相波与最低负相波的峰—峰值。③有单相、双相与多相之分。动作电位波形在 5 相以上的称多相波（图 5－6－6、文末彩图 5－6－6）。

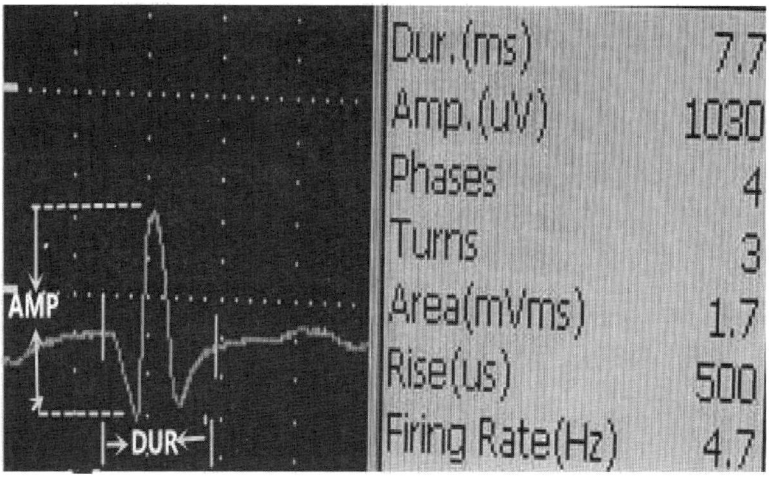


**图 5-6-6　运动单位电位组成图(DUR):7.7ms;波幅(AMP):1030μV;波形:3 相**

MUP 的收集:一般选择 4 个方向进针,收集 15~20 个 MUP,计算各项指标。如下图为收集 20 个 MUP,如图 5-6-8 所示收集到 20 个运动单位电位的情况,多相波(poly)20%;平均时限 7.5ms;平均波幅 1057μV。

MUP 检查的意义:神经源性损害表现为时限(dur)增宽、波幅(amp)升高、多相波百分比增多;肌源性损害表现为时限缩短、波幅降低、多相波百分比增多。

针极肌电图检测可以对神经支配的部分关键肌肉或者全部肌肉进行逐个检测从而较为准确地判定神经损伤的位置。肌电图检测对周围神经损伤的功能定位价值可以说是现有其他技术无法取代的。[6]例如,肘部正中神经发生损伤后,通过针极肌电图由远及近逐个检查该神经支配的指浅屈肌、掌长肌、桡侧腕屈肌、旋前圆肌等,若发现指浅屈肌以远支配肌出现异常(正尖波、募集电位减少等),而掌长肌、桡侧腕屈肌等正常,可以准确判定正中神经损伤部位位于掌长肌与指浅屈肌之间。

图 5-6-7 是一右臂丛神经根干部撕脱伤患者术后治疗 2 年后的肌电图检测报告,出现失神经电位、募集电位呈现单纯相,或少量募集电位。显示全臂丛神经重度损伤,肌肉失神经支配。

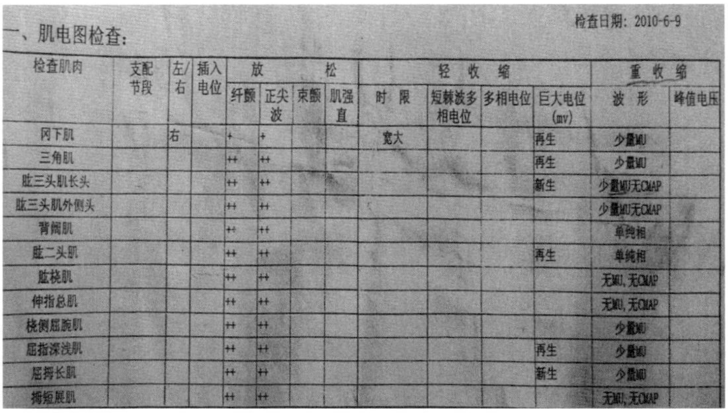

一、肌电图检查：

检查日期：2010-6-9

| 检查肌肉 | 支配节段 | 左/右 | 插入电位 | 放松 | | | | 轻收缩 | | | | 重收缩 | |
|---|---|---|---|---|---|---|---|---|---|---|---|---|---|
| | | | | 纤颤 | 正尖波 | 束颤 | 肌强直 | 时限 | 短棘波多相电位 | 多相电位 | 巨大电位(mv) | 波形 | 峰值电压 |
| 冈下肌 | | 右 | | + | + | | | 宽大 | | | 再生 | 少量MU | |
| 三角肌 | | | | ++ | ++ | | | | | | 再生 | 少量MU | |
| 肱三头肌长头 | | | | ++ | ++ | | | | | | 新生 | 少量MU无CMAP | |
| 肱三头肌外侧头 | | | | ++ | ++ | | | | | | | 少量MU无CMAP | |
| 背阔肌 | | | | ++ | ++ | | | | | | | 单纯相 | |
| 肱二头肌 | | | | ++ | ++ | | | | | | 再生 | 单纯相 | |
| 肱桡肌 | | | | ++ | ++ | | | | | | | 无MU，无CMAP | |
| 伸指总肌 | | | | ++ | ++ | | | | | | | 无MU，无CMAP | |
| 桡侧屈腕肌 | | | | ++ | ++ | | | | | | | 少量MU | |
| 屈指深浅肌 | | | | ++ | ++ | | | | | | 再生 | 少量MU | |
| 屈拇长肌 | | | | ++ | ++ | | | | | | 新生 | 少量MU | |
| 拇短展肌 | | | | ++ | ++ | | | | | | | 无MU，无CMAP | |

图 5-6-7　针极肌电图检查报告

提示全臂丛神经损伤；手术证实全臂丛神经根性撕脱。

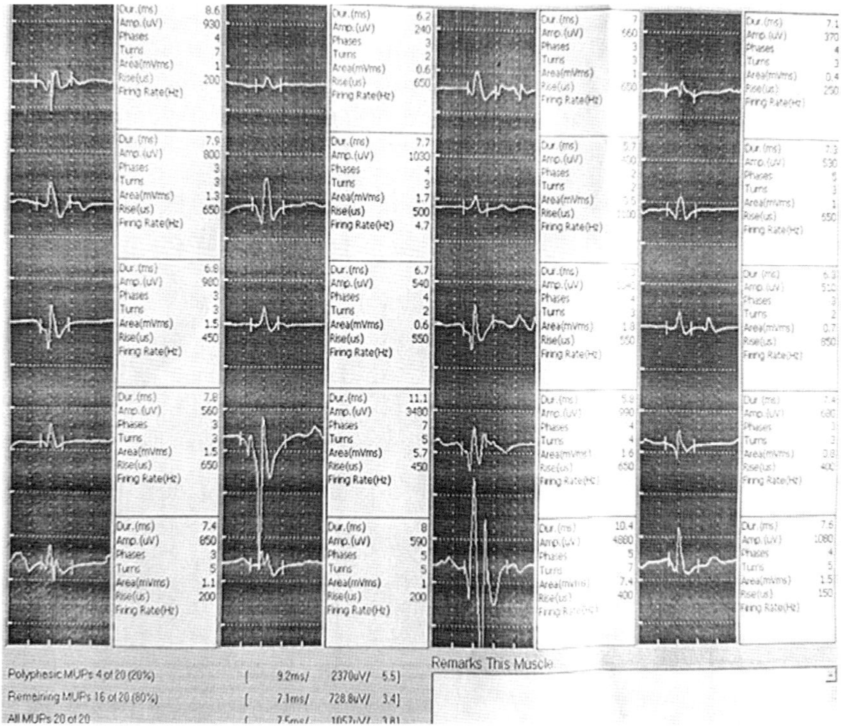


图 5-6-8　收集到 20 个运动单位电位的情况，多相波(poly)20%；平均时限 7.5ms；平均波幅 1057μV

### 4. 重收缩时肌肉检查指标的解读

募集的常见波形：正常募集为干扰相。

异常募集相：①单纯相。MUP 数量减少，募集图中不仅看得见基线，还可清晰看见每个动作电位如一个个小棍样垂直在基线上,单纯相多提示为神经源性损害。②病理干扰相:募集电位好,但电压低,基本看不到基线,也看不到小棍子样的 MUP,提示肌源性损害。③募集单位明显减少甚至没有,提示严重神经损害。

某省立医院时限正常参考值见表 5 -6 -9。

**表 5 -6 -9 某省立医院时限正常参考值(ms)**

| 年龄岁 | 第一骨间肌 | 肱二头肌 | 三角肌 | 股四头肌 | 胫前肌 | 年龄岁 | 臂大肌 | 股二头肌 | 股直肌 | 股内侧肌 | 股外侧肌 | 胫前肌 | 腓骨长肌 | 腓肠肌 | 比目鱼肌 | 外展拇指肌 |
|---|---|---|---|---|---|---|---|---|---|---|---|---|---|---|---|---|
| 0 | 7.9 | 8.0 | 8.3 | 8.5 | 7.8 | 0 | 9.2 | 8.5 | 8.7 | 7.9 | 9.7 | 9.5 | 7.6 | 7.2 | 7.7 | 6.5 |
| 5 | 8.5 | 8.7 | 8.9 | 9.0 | 9.1 | 5 | 9.8 | 9.1 | 9.2 | 8.4 | 10.3 | 10.1 | 8.1 | 7.8 | 8.2 | 7.0 |
| 10 | 9.1 | 9.2 | 9.4 | 9.5 | 10.2 | 10 | 10.2 | 9.4 | 10.0 | 8.7 | 10.7 | 10.5 | 8.4 | 8.0 | 8.5 | 7.2 |
| 15 | 9.5 | 9.7 | 9.8 | 9.9 | 11.0 | 15 | 10.7 | 9.9 | 10.0 | 9.1 | 11.2 | 11.0 | 8.7 | 8.4 | 8.9 | 7.6 |
| 20 | 9.8 | 10.1 | 10.1 | 10.2 | 11.6 | 20 | 10.9 | 10.1 | 10.3 | 9.3 | 11.5 | 11.2 | 8.9 | 8.6 | 9.1 | 7.7 |
| 25 | 10.0 | 10.4 | 10.5 | 10.5 | 12.1 | 25 | 11.3 | 10.4 | 10.6 | 9.6 | 11.8 | 11.6 | 9.2 | 8.8 | 9.4 | 8.0 |
| 30 | 10.2 | 10.6 | 10.7 | 10.8 | 12.4 | 30 | 11.5 | 10.9 | 10.7 | 9.8 | 12.1 | 11.7 | 9.4 | 8.9 | 9.6 | 8.2 |
| 35 | 10.3 | 10.8 | 10.9 | 11.1 | 12.6 | 35 | 11.8 | 10.9 | 11.1 | 10.0 | 12.3 | 12.1 | 9.6 | 9.2 | 9.8 | 8.4 |
| 40 | 10.4 | 11.0 | 11.0 | 11.3 | 12.7 | 40 | 12.0 | 11.1 | 11.3 | 10.2 | 12.6 | 12.3 | 9.6 | 9.4 | 10.0 | 8.5 |
| 45 | 10.5 | 11.1 | 11.2 | 11.5 | 12.7 | 45 | 12.4 | 11.4 | 11.6 | 10.6 | 13.0 | 12.7 | 10.1 | 9.7 | 10.3 | 8.8 |
| 50 | 10.6 | 11.3 | 11.3 | 11.6 | 12.7 | 50 | 12.7 | 11.8 | 12.0 | 10.8 | 13.4 | 13.1 | 10.4 | 10.0 | 10.6 | 9.0 |
| 55 | 10.7 | 11.4 | 11.5 | 11.7 | 12.7 | 55 | 13.1 | 12.1 | 12.3 | 11.1 | 13.7 | 13.4 | 10.7 | 10.2 | 10.8 | 9.3 |
| 60 | 10.9 | 11.5 | 11.6 | 11.8 | 12.7 | 60 | 13.3 | 12.3 | 12.6 | 11.3 | 14.0 | 13.6 | 10.9 | 10.4 | 11.1 | 9.4 |
| 65 | 11.1 | 11.7 | 11.8 | 11.8 | 12.8 | 65 | 13.4 | 12.4 | 12.7 | 11.4 | 14.1 | 13.8 | 11.0 | 10.5 | 11.2 | 9.5 |
| 70 | 11.4 | 11.8 | 12.0 | 11.8 | 12.9 | 70 | 13.7 | 12.7 | 12.9 | 11.6 | 14.4 | 14.0 | 11.2 | 10.7 | 11.4 | 9.7 |
| 75 | 11.8 | 12.1 | 12.3 | 11.9 | 13.1 | 75 | 13.9 | 12.9 | 13.1 | 11.8 | 14.6 | 14.3 | 11.4 | 10.9 | 11.6 | 9.9 |
| 80 | 12.4 | 12.4 | 12.6 | 11.8 | 13.4 | 80 | 14.3 | 13.2 | 13.3 | 12.1 | 15.0 | 14.3 | 11.7 | 11.2 | 11.9 | 10.2 |
| 85 | 13.0 | 12.8 | 13.0 | 11.8 | 13.8 | 85 | 14.6 | 13.5 | 13.7 | 12.4 | 15.4 | 15.0 | 12.0 | 11.5 | 12.2 | 10.4 |
| 90 | 13.8 | 13.2 | 13.5 | 11.7 | 14.5 | 90 | 14.9 | 13.8 | 14.0 | 12.6 | 15.6 | 15.3 | 12.2 | 11.7 | 12.4 | 10.6 |
| 95 | 14.8 | 13.7 | 14.1 | 11.6 | 15.3 | 95 | 15.1 | 14.0 | 14.2 | 12.8 | 15.9 | 15.5 | 12.4 | 11.8 | 12.6 | 10.8 |
| 100 | 15.9 | 14.3 | 14.7 | 11.5 | 16.3 | 100 | 15.4 | 14.2 | 14.4 | 13.0 | 16.1 | 15.7 | 12.6 | 12.8 | 12.8 | 11.0 |

某省立医院波幅正常参考值见表5－6－10。

**表5－6－10　某省立医院波幅正常参考值(μV)**

| 本组年龄岁 | 各鸡肉运动电位波幅(μV)与年龄的关系 | | | | | | |
|---|---|---|---|---|---|---|---|
| | 三角肌 138例 | 肱二头肌 139例 | 股四头肌 130例 | 胫前肌 138例 | 拇短展肌 115例 | 小拇展肌 115例 | 第一骨间肌 115例 |
| 5 | 269.3 | 272.0 | 281.2 | 315.7 | — | — | — |
| 8 | 275.1 | 276.4 | 289.5 | 323.7 | 228.0 | 272.2 | 261.4 |
| 10 | 279.0 | 279.3 | 294.9 | 328.8 | 231.3 | 277.0 | 266.4 |
| 13 | 284.8 | 283.6 | 303.2 | 336.7 | 236.3 | 284.3 | 273.9 |
| 15 | 288.7 | 286.5 | 308.7 | 341.9 | 239.6 | 289.2 | 278.9 |
| 18 | 294.7 | 290.9 | 316.9 | 349.8 | 244.6 | 296.5 | 286.4 |
| 20 | 298.4 | 293.8 | 322.4 | 355.0 | 248.0 | 301.3 | 297.4 |
| 25 | 308.1 | 301.0 | 336.1 | 368.2 | 256.3 | 313.5 | 303.9 |
| 30 | 317.9 | 308.3 | 349.9 | 381.3 | 264.6 | 325.6 | 316.4 |
| 35 | 327.6 | 315.5 | 363.6 | 394.4 | 273.0 | 337.7 | 328.9 |
| 40 | 337.3 | 322.8 | 377.3 | 407.5 | 281.3 | 319.9 | 341.4 |
| 45 | 347.0 | 330.1 | 391.0 | 420.7 | 289.6 | 362.0 | 353.9 |
| 50 | 356.7 | 337.3 | 404.8 | 433.8 | 298.0 | 374.2 | 366.4 |
| 55 | 366.4 | 344.6 | 418.5 | 446.9 | 306.3 | 386.3 | 378.9 |
| 60 | 376.2 | 351.0 | 432.2 | 460.0 | 314.6 | 398.5 | 391.4 |
| 65 | 389.0 | 359.1 | 445.9 | 473.2 | 322.9 | 410.6 | 403.9 |
| 70 | 395.6 | 366.3 | 459.7 | 486.2 | 331.3 | 422.7 | 416.4 |
| 75 | 405.3 | 373.6 | 473.4 | 499.4 | 340.0 | 434.9 | 428.9 |
| 80 | 415.0 | 380.8 | 487.8 | 512.5 | 347.9 | 447.0 | 441.4 |

### (二)神经传导速度(NCV)检查

**1. 运动神经传导速度检查**

运动神经传导诸指标的测算:

运动神经传导的主要检测指标包括近端、远端潜伏期;近端、远端复合肌肉动作电位波幅;神经传导速度。

从刺激到诱发电位波形开始出现的时间,称潜伏期。分别测定近端刺激点和远端刺激点的潜伏期,两者之差即为该段神经两刺激点之间的传导时间。运动神经传导速度为两刺激点之间的距离除以两刺激点潜伏期之差。即：MNCV = Dist ÷ interval。

运动神经传导速度的计算举例如图 5－6－9、文末彩图 5－6－9 中所示。

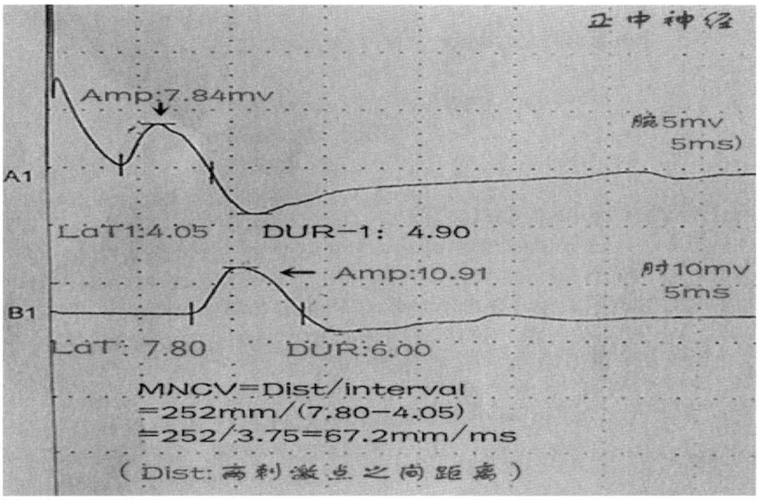


**图 5－6－9　运动神经传导速度检查图像**

2. **运动神经传导速度结果判断与应用**

神经传导速度的结果对推定神经损伤程度有一定参考价值：无法测出神经传导速度，提示神经完全断裂；减低 50% 以上提示神经大部分损伤；减低 50% 以下提示部分损伤；减低 30% 以下提示粘连、压迫。

LAT、AMP 异常（LAT 延长、AMP 减低）均提示神经损伤，具体损伤情况需结合其他检查来综合认定。[4]

3. **感觉神经传导速度检查**

感觉神经传导速度（SNCV）的计算：

感觉神经传导检测的主要指标包括潜伏期、感觉神经动作电位（SNAP）、波幅、神经传导速度。SNCV = 刺激点与记录点之间的距离（毫米）÷ 传导时间（毫秒）。

感觉神经传导速度的计算如图 5－6－10、文末彩图 5－6－10 所示。

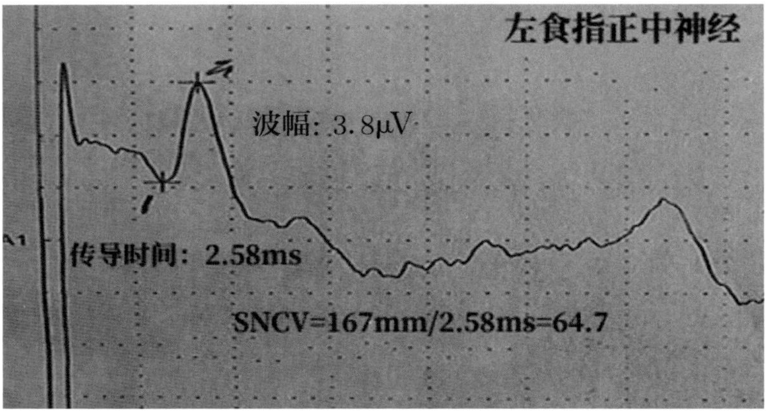


图 5-6-10 感觉神经传导速度检查图像

感觉神经传导速度（SNCV）的异常结果判断：

SNCV 较健侧减慢 20% 以上，或小于正常平均值——2 个标准差；

AMP 较健侧减低 20% 以上，或小于正常平均值——2 个标准差。

## （三）F 波与 H 反射

**1. F 波**

F 波是以超强电刺激神经干在 M 波（CMAP）后的一个较晚出现的小的肌肉动作电位运动神经传导速度检查方法。

F 波有助于周围神经病变的早期诊断、病变部位的确定。由于 F 波可以反映运动神经近端的功能，对神经根病变的诊断有重要价值，可弥补 MCV 的不足，临床用于 GBS、遗传性运动感觉神经病变、神经根型颈椎病的诊断。

**2. H 反射**

H 反射是利用较小电量刺激神经，冲动经感觉神经纤维向上传导至脊髓，再经单一突触连接传入下一运动神经元而引发肌肉活动。

H 反射相对稳定地出现于正常成人 S1 神经根所支配的肌肉，若 H 反射消失则表示该神经根或其相关的反射弧病损。临床用于 GBS、腰椎病、腰骶神经根病的诊断。

### （四）神经源性损害肌电图检查的选择组合与正常参考值的选择

**1. 肌电图检查的一般选择组合（表5-6-11）**[1]

**表5-6-11 肌电图检查的一般选择组合**

| 损伤神经 | 肌电图组合 |
| --- | --- |
| 混合性周围神经损伤 | 针极肌电图 + MNCV + SNCV |
| 单纯运动神经损伤 | 针极肌电图 + MNCV |
| 单纯感觉神经损伤<br>单纯感觉神经损伤 | 针极肌电图 + SNCV<br>SNCV（若不需要排除运动神经损伤） |

**2. 肌电图检查正常参考值的选择原则**

（1）神经传导

MNCV与SNCV正常参考值的选择，推荐与自身健侧相比；若不能与健侧相比，则与实验室正常参考值比对。尚未建立的，推荐参照北京协和医院神经科肌电图实验室或复旦大学附属华山医院手外科肌电图实验室公布的数据。

（2）针极肌电图

对针极肌电图而言，主要是定性指标；对部分可定量指标，如MUP和募集电位的波幅，若确有比较的需要，可与自身检测同组肌肉检测结果进行对照。笔者认为，通过对被检肌肉的肌电图检查，可以推定是某一神经损伤，或某一神经的分支损伤，进而结合损伤部位确定神经损伤的部位，即具有帮助定位的功能。当然，做到这一点需要熟悉神经与肌肉的对应关系。鉴定过程中，尤其是在出具鉴定报告之前，需要进行一次肌电图复查，否则证据不充分。

定位包括神经损伤的解剖定位与功能定位，前者是指神经损伤的具体位置，后者是指神经损伤累及的支配肌肉；准确定位的前提是损伤基础。定性主要解决神经损伤的机制类型、损伤类型，比如，是牵拉伤还是切割伤、是挫伤还是裂伤、是完全断裂还是部分断裂等。定量主要是通过损伤神经所支配肌肉的肌力大小反映出来，而肌力的检查目前还是靠徒手肌力评估，为最大可能做到定量准确，需结合肌电图多种测试项目组合，进行全面分析、综合认定。

总之，认定肢体周围神经损伤需同时满足损伤基础、相应体征、神经电生理检查印证，三者缺一不可。

## 四、四肢重要神经损伤在单肢瘫、手(足)肌瘫与遗留相应肌群肌力下降三种情形下的应用

### (一)四肢重要神经损伤与单肢瘫

《〈人体损伤致残程度分级〉适用指南》中的肢体瘫是指大脑、脊髓严重损伤引起的所有肌肉瘫痪,不包括周围神经损伤或肌肉疾病引起的某些肌群肌力下降、肢体部分肌肉及功能性(或癔症性)瘫痪。肢体周围神经损伤遗留某些肌群肌力下降、肢体部分肌肉瘫痪等,应参照本标准有关部分肌群肌力下降等专门性条款进行伤残程度鉴定。

《人体损伤致残程度分级》中对肢体瘫痪的具体累及范围及相应的周围神经损伤基础并没有明确规定。目前较为一致的共识是:单肢瘫应当为一上肢或一下肢的三大关节相应支配肌群均有所累及,例如,臂丛神经根性或干性损伤遗肩关节、肘关节、腕关节均有部分或全部肌群瘫痪,可属于单肢瘫。下肢单肢瘫的累及范围也应符合类似要求,例如,腰骶丛神经损伤累及髋、膝、踝关节各自部分或全部肌群,可以适用单肢瘫条款进行评定。[2]

综上所述,只有当全臂丛神经损伤(上干、下干、中干均损伤)且累及三大关节肌群时,才可按单肢瘫条文评定残级,下肢类推;单纯一干损伤或束、支部损伤,只会导致一肢部分肌群瘫痪,不可按单肢瘫评定残级。

部分省司法鉴定执业指引关于臂丛神经损伤的致残程度条款适用有如下论述:全臂丛神经损伤表现为上肢全肌瘫,比照颅脑、脊髓及周围神经损伤中“单肢瘫相应条款”。当肢体近端肌力与远端肌力不一致时,取二者的中间值即平均肌力,中间值不是整数的取整数低值。

鉴定实践中,有时会遇到周围神经损伤导致部分肌群瘫痪按单肢瘫认定伤残等级的情况,这种做法应予纠正。

### (二)四肢重要神经损伤与手(足)肌瘫

鉴定实践中经常遇到肢体周围神经损伤既遗留大关节肌群瘫,又遗有手(足)肌瘫的情况,存在条款竞合的情况。

四肢重要神经按是否支配与手(足)指(趾)运动肌肉有关分为两类,其中,与手(足)指(趾)运动有关的肌肉受桡神经、正中神经、尺神经、腓总神经、胫神经支配,上述神经当然属于四肢重要神经范畴。既然如此,上述神经的损伤所导致的被支配肌肉

功能障碍是按手(足)肌瘫有关条文评定残级？还是按遗留相应肌群肌力下降评定残级？

上述问题存在两种情况：一种是损伤神经仅仅引起所支配手(足)肌肉功能障碍；另一种情况是损伤神经所导致的肌瘫既包括手(足)肌，也包括手(足)肌以外的其他肌肉损伤(大关节肌群瘫痪)。应当遵循《人体损伤致残程度分级》附则6.2的规定，对后遗大关节肌群瘫痪和手(足)肌瘫分别适用条款评出相应的残级，最后以等级更高者作为神经损伤的致残等级。[6]即遵循就高不就低的原则。

上述论述只是原则性概括，鉴定实践中还存在一些模糊认识。部分省司法鉴定执业指引关于臂丛神经损伤的致残程度条款适用有如下论述：①上臂丛(颈5～7)损伤。腋神经、肌皮神经、肩胛上神经及肩胛背神经麻痹，桡神经、正中神经部分麻痹。表现为肩关节不能外展与上举，肘关节不能屈曲，腕关节虽能屈伸但肌力减弱，前臂旋转也有障碍，手指活动尚属正常。适用颅脑、脊髓及周围神经中“四肢重要神经损伤，遗留部分肌群肌力下降”的相应条款。②下臂丛(颈8、胸1)损伤。尺神经麻痹，臂内侧皮神经、前臂内侧皮神经受损，正中、桡神经部分麻痹。主要表现为手的功能障碍，而肩、肘、腕关节活动尚好。适用颅脑、脊髓及周围神经中“手、足肌瘫”的相应条款。

部分省司法鉴定执业指引对相关地区来说具有较强的可操作性，可借鉴执行。

鉴定实践中，如果是马尾神经损伤后遗大、小便功能障碍，性功能障碍，应适用大、小便，性功能障碍的专门条款，而对遗留的肢体功能障碍，也可适用四肢周围神经损伤的相应条款。[6]熟悉马尾神经的组成与走向，对正确引用条款具有重要的意义。

高东、夏文涛、程亦斌、范利华发表于2017年《法医学杂志》第六期的《〈人体损伤致残程度分级〉之四肢周围神经损伤条款的理解与应用》一文对肢体周围神经损伤的鉴定作了较为详尽的论述，对做好肢体周围神经损伤的鉴定具有很好的指导作用。

### (三)四肢重要神经损伤遗相应肌群肌力下降与手、足肌瘫相关条文

四肢重要神经损伤与手(足)瘫或相应肌群肌力下降的有关条文见表5－6－12。

**表5－6－12 《人体损伤致残程度分级》关于四肢重要神经损伤与手(足)瘫或相应肌群肌力下降的有关条文**

| | |
|---|---|
| 5.9.1.5) | 一手部分肌瘫(肌力3级以下) |
| 5.9.1.6) | 一足大部分肌瘫(肌力3级以下) |
| 5.9.1.7) | 四肢重要神经损伤(上肢肘关节以上，下肢膝关节以上)，遗留相应肌群肌力3级以下 |

## 五、面神经损伤的鉴定

### (一)面神经的解剖结构及生理功能

面神经属于混合性神经,含运动纤维、感觉纤维、副交感神经纤维,其主要成分是运动神经。

运动纤维发自脑桥下部被盖腹外侧的面神经核,于脑桥下缘邻近听神经处出脑;此后与位听神经并行,共同进入内耳孔;在内听道底部,面神经与位听神经分离,再经面神经管下行,在面神经管转弯处横过膝状神经节,沿途分出镫骨肌神经和鼓索神经;最后经茎乳孔出颅。在面部分为颞支、颧支、颊支、下颌缘支、颈支(图 5-6-11A)。

运动神经支配除咀嚼肌和上睑提肌以外的面部诸表情肌及耳部肌、枕肌、颈阔肌及镫骨肌。

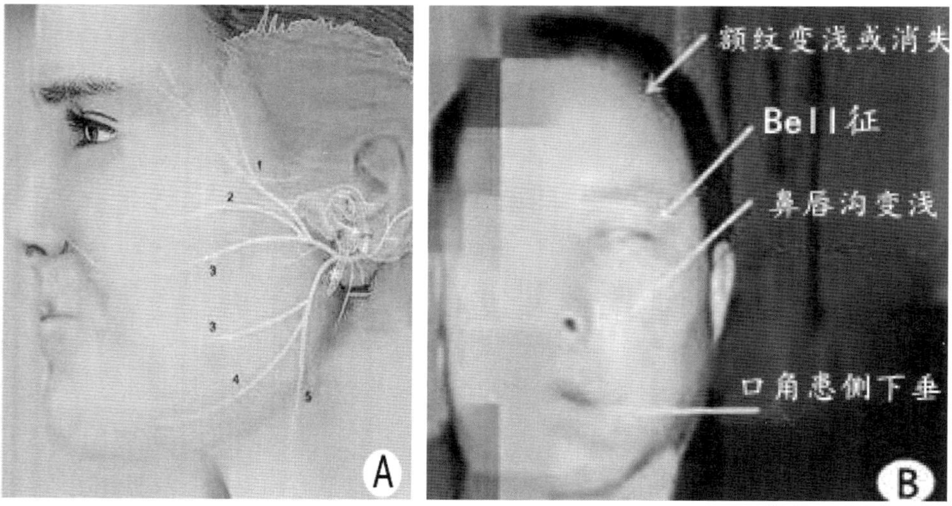


**图 5-6-11　面神经面部分支及周围性面瘫的表现图**

A:1:颞支;2:颧支;3:颊支;4:下颌缘支;5:颈支。B:诸支损伤表现示意图。

### (二)面神经损伤(面瘫)的分类及其临床表现

面瘫根据损伤部位的不同分为中枢性面瘫与周围性面瘫。

1. **中枢性面瘫**

病变部位在中央前回下部或皮质延髓束,临床表现为病变对侧下面部表情肌瘫痪。即鼻唇沟变浅,口角轻度下垂。睑裂以上能皱眉、提眉、闭眼、眉毛高度与睑裂大小均与对侧无异。额纹与对侧深度相等。

常伴有面瘫同侧肢体偏瘫、腱反射异常、Babinski 征等。

**2. 周围性面瘫**

病变在面神经核或核以下周围神经，临床表现为同侧（患侧）面肌瘫痪。即：①患侧额纹变浅或消失，不能皱眉。②眼裂变大，眼睑闭合无力，用力闭眼时眼球向上外方转动，显露白色巩膜，称 Bell 征。③鼻唇沟变浅。④口角下垂，微笑或露齿时口角歪向健侧，鼓腮及吹口哨时病变侧漏气（图 5 – 6 – 11）。面神经诸支损伤临床表现见表5 – 6 – 13。

眼睑闭合不全是指平视闭目时部分眼球暴露；口角歪斜是指口唇中线偏离面部中线 0.7cm 以上（静态时健侧口角偏离中线）。[5]

**表 5 – 6 – 13　面神经诸支损伤临床表现**

| 面神经分支 | 支配肌肉 | 损伤后临床表现 |
|---|---|---|
| 颞支 | 额肌、眼轮匝肌 | 额纹消失，不能皱眉 |
| 颧支 | 眼轮匝肌、颧肌 | 闭眼困难或者不能；Bell 征 |
| 颊支 | 颊肌、口轮匝肌、其他周围口肌 | 表情肌活动减少，表情僵硬 |
| 下颌缘支 | 下唇诸肌 | 口角歪斜，鼓腮时口角漏气 |
| 颈支 | 颈阔肌 | 颈阔肌功能受限 |

**3. 周围性面瘫的分级（表 5 – 6 – 14）**

完全性面瘫是指面神经五个分支（颞支、颧支、颊支、下颌缘支、颈支）支配的全部肌肉瘫痪。大部分面瘫是指面神经 3 支以上分支支配肌肉瘫痪，主要是指面神经除颈支以外的四支神经中 2 支以上支配的肌肉瘫痪，同时遗留眼睑闭合不全和口角歪斜。部分面瘫是指面神经分支中有 1 个分支支配的肌肉瘫痪。[5]

**表 5 – 6 – 14　周围性面瘫的分级**

| | |
|---|---|
| 完全性面瘫 | 是指面神经 5 个分支（颞支、颧支、颊支、下颌缘支、颈支）支配的全部颜面肌肉瘫痪（包括颈阔肌） |
| 大部分面瘫 | 是指面神经 5 个分支（颞支、颧支、颊支、下颌缘支、颈支）中有 3 个分支支配的肌肉瘫痪 |
| 部分面瘫 | 是指面神经 5 个分支（颞支、颧支、颊支、下颌缘支、颈支）中有 1 个分支支配的肌肉瘫痪 |

### (三)涉及面神经损伤(面瘫)的部分条文(表5-6-15)

**表5-6-15 《人体损伤致残程度分级》涉及面神经损伤(面瘫)的部分条文**

| | |
|---|---|
| 5.6.1.4) | 一侧完全性面瘫 |
| 5.7.1.3) | 双侧大部分面瘫 |
| 5.8.1.4) | 一侧大部分面瘫,遗留眼睑闭合不全和口角歪斜 |
| 5.9.1.4) | 一侧部分面瘫,遗留眼睑闭合不全或口角歪斜 |

## 六、涉及周围神经损伤的有关条文(表5-6-16)

**表5-6-16 《人体损伤致残程度分级》涉及周围神经损伤的有关条文**

| 条款序号 | 条款内容 |
|---|---|
| 5.6.1.7) | 双手部分肌瘫(肌力3级以下) |
| 5.6.1.8) | 一手全肌瘫(肌力2级以下),伴相应腕关节功能丧失75%以上 |
| 5.6.1.9) | 双足全肌瘫(肌力3级以下) |
| 5.7.1.7) | 一手大部分肌瘫(肌力2级以下) |
| 5.7.1.8) | 一足全肌瘫(肌力2级以下) |
| 5.8.1.7) | 一手大部分肌瘫(肌力3级以下) |
| 5.8.1.8) | 一足全肌瘫(肌力3级以下) |
| 5.9.1.5) | 一手部分肌瘫(肌力3级以下) |
| 5.9.1.6) | 一足大部分肌瘫(肌力3级以下) |
| 5.9.1.7) | 四肢重要神经损伤(上肢肘关节以上,下肢膝关节以上),遗留相应肌群肌力3级以下 |
| 5.10.1.6) | 四肢重要神经损伤,遗留相应肌群肌力4级以下 |

(殷汉池 毕世亮)

## 参考文献

[1]司法部司法鉴定管理局.司法鉴定技术规范[M].北京:北京大学出版社,2016.

[2]高东,夏晴.肢体周围神经损伤法医学鉴定和检验[M].1版.上海:上海科学技术出版社,2020.

[3]Sureshan Sivananthan,Eugene Sherry,Patrick Warnke,Mark D Miller. Mercer 骨科创伤学[M].1版.张英,泽.北京:人民卫生出版社,2016:13.

[4]赵定麟,李增春,严力生.现代创伤外科学[M].北京:科学出版社,2013:928.

[5]司法部司法鉴定管理局,最高人民法院司法行政装备管理局.《人体损伤致残程度分级》适用指南[M].北京:法律出版社,2016:90.

[6]高东,程亦斌,夏文涛,等.《人体损伤致残程度分级》之四肢周围神经损伤条款的理解与应用[J].法医学杂志,2017,33(6).

# 论文7：浅析排尿障碍的法医学鉴定

**摘　要**：排尿障碍由排尿中枢或周围神经病变所致，也可由膀胱或尿路本身病变所致。由神经系统病变导致的排尿障碍称为神经源性膀胱。本文仅就《人体损伤致残程度分级》中涉及排尿障碍评定的有关内容简要进行阐述。

**关键词**：法医学鉴定；排尿障碍；神经源性膀胱

## 一、排尿的发生机制

当膀胱尿量充盈到一定程度时（400～500ml），膀胱壁的牵张感受器受到刺激而兴奋。冲动沿盆神经传入，到达骶髓的排尿反射初级中枢；同时冲动也到达脑干和大脑皮层的排尿反射高级中枢，并产生排尿欲（尿意）。合适时间与地点，大脑会发出“指令”沿下行传导束到达脊髓排尿初级中枢，排尿中枢发出的神经冲动由传出神经纤维到达效应器，引起膀胱逼尿肌收缩，尿道内括约肌舒张，尿道外括约肌松弛。尿经尿道口排出（图5－7－1）。

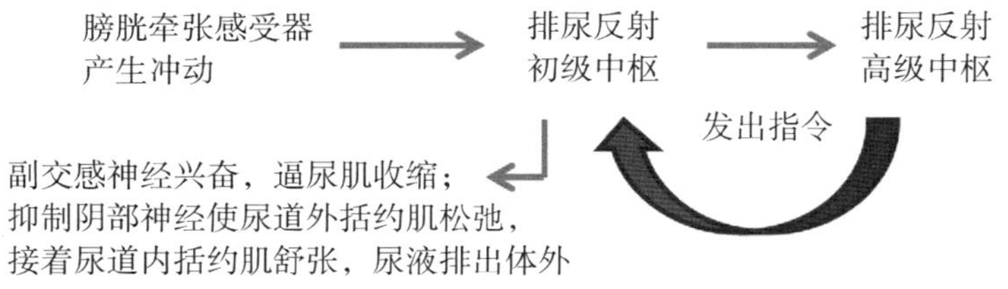


**图5－7－1　排尿过程简易图解**

排尿反射高级中枢在大脑皮层旁中央小叶、丘脑下部和脑干，排尿反射低级中枢在第二至第四骶髓（相当于胸12、腰1水平）。低级中枢受高级中枢的控制，故排尿具有相当的随意性。[1]

## 二、排尿功能障碍的分类

排尿功能障碍目前尚缺乏统一的分类方法。根据颅脑或脊髓损伤部位的不同，神经源性膀胱可分为上运动神经元性膀胱（反射性膀胱）和下运动神经元膀胱（非反射性膀胱）（表 5－7－1）。上运动神经元性膀胱（反射性膀胱）损伤主要在大脑、脑干的排尿中枢或者其下行纤维，特别多见于双侧锥体束损害，以及骶髓以上平面的脊髓损伤；下运动神经元性膀胱（非反射性膀胱）损伤主要在骶髓或者马尾神经，脊髓排尿中枢受到破坏，失去排尿能力，膀胱呈迟缓状态，反射性收缩功能破坏，膀胱充盈时不产生尿意，不能引起逼尿肌反射性有规律地协调性收缩，常需按压腹部方可排尿，从而形成自律性膀胱。[1]

上运动神经源性膀胱根据损伤部位不同，又可细分为自动性膀胱与无抑制性膀胱。自动性膀胱是由于骶髓以上的横贯性病变损害双侧锥体束，完全由骶髓中枢控制排尿，导致尿频、尿急以及间歇性尿失禁。尿动力学检查，膀胱冷热感及膨胀感消失；膀胱压随容量增加，不断出现无抑制性收缩波，且收缩压力逐渐升高，至一定压力时即自行排尿。膀胱容量一般小于或接近正常；有残余尿，一般 100ml 以内。无抑制性膀胱是由于皮质和锥体束病变使其对骶髓排尿中枢的抑制减弱所致。尿频、尿急、尿失禁，常不能抑制，每次尿量少，排完后膀胱膨胀感存在。尿动力学检查，膀胱冷热感及膨胀感存在，膀胱内压高于 10cm$H_2O$，膀胱不断出现无抑制性收缩波，膀胱内压随之升高，膀胱容量小于正常，无残余尿。[2]

下运动神经源性膀胱根据损伤部位的不同，又可细分为感觉障碍性膀胱、运动障碍性膀胱和自主性膀胱。感觉障碍性膀胱病变损害脊髓后索或骶神经后根，导致脊髓排尿反射弧的传入障碍。早期表现为排尿困难，膀胱不能完全排空，晚期膀胱感觉丧失，毫无尿意，尿潴留或充盈性尿失禁。运动障碍性膀胱病变损害骶髓前角或前根，导致脊髓排尿反射弧的传出障碍，膀胱冷热感和膨胀感正常，尿意存在，早期表现为排尿困难，膀胱不能完全排空，晚期，尿潴留或充盈性尿失禁。尿动力学检查，膀胱内压低，容量增大（400～500ml），残余尿增多，达 150～600ml。自主性膀胱病变损害排尿反射初级中枢或马尾或盆神经，使膀胱完全脱离感觉、运动神经支配而成为自主器官。临床表现为尿不能完全排空，咳嗽或屏气时出现压力性尿失禁，早期表现为排尿困难、膀胱膨胀，后期为充盈性尿失禁。[2]

表 5-7-1　神经源性膀胱分类

| 分类 | | 病变部位 | 临床表现 | 尿动力学表现 |
|---|---|---|---|---|
| 上运动神经源性膀胱 | 自动性膀胱 | 骶髓以上的横贯性病变损害双侧锥体束 | 完全由骶髓中枢控制排尿，并引起排尿反射亢进。导致尿频、尿急以及间歇性尿失禁 | 尿动力学检查，膀胱冷热感及膨胀感消失；膀胱压随容量增加，不断出现无抑制性收缩波，且收缩压力逐渐升高，至一定压力时即自行排尿。膀胱容量大小不定，一般小于或接近正常；有残余尿，一般 100ml 以内 |
| | 无抑制性膀胱 | 皮质和锥体束 | 尿频、尿急、尿失禁，常不能抑制，每次尿量少，排完后膀胱膨胀感存在 | 尿动力学检查，膀胱冷热感及膨胀感存在，膀胱内压高于 $10cmH_2O$，膀胱不断出现无抑制性收缩波，膀胱内压随之升高，膀胱容量小于正常，无残余尿 |
| 下运动神经源性膀胱 | 自主性膀胱 | 排尿反射初级中枢或马尾或盆神经 | 尿不能完全排空，咳嗽或屏气时出现压力性尿失禁，早期表现为排尿困难、膀胱膨胀，后期为充盈性尿失禁 | 膀胱冷热感及膨胀感消失，膀胱内压随容量增加直线上升，膀胱容量增大，约 300～400ml，残余尿增多，为 100ml 以上 |
| | 感觉障碍性膀胱 | 脊髓后索或骶神经后根，导致脊髓排尿反射弧的传入障碍 | 早期表现为排尿困难，膀胱不能完全排空，晚期膀胱感觉丧失，毫无尿意，尿潴留或充盈性尿失禁 | 尿动力学检查，膀胱内压很低，容量显著增大(达 500～600ml)，残余尿增多，达 400～1000ml |
| | 运动障碍性膀胱 | 骶髓前角或前根，导致脊髓排尿反射弧的传出障碍 | 膀胱冷热感和膨胀感正常，尿意存在，早期表现为排尿困难，膀胱不能完全排空，晚期，尿潴留或充盈性尿失禁 | 尿动力学检查，膀胱内压低，容量增大(400～500ml)，残余尿增多，达 150～600ml |

## 三、排尿功能障碍的表现与分度

排尿功能的实现主要是通过下尿路(膀胱与尿道)器官的作用完成。其中包括膀胱充盈功能、储尿功能(膀胱充盈期膀胱出口的控尿功能)、排尿功能(包括逼尿肌排尿反射和膀胱出口阻力的变化)。上述中枢或者神经通路的损伤，均可通过影响下尿路的生理功能而引起排尿功能障碍，主要表现为尿失禁或者尿潴留。[1]

### (一)尿失禁的分型

**1. 真性尿失禁**

真性尿失禁又称“完全性尿失禁”或“持续性尿失禁”，尿道括约肌或控制排尿的神经损伤，尿道内压力始终低于膀胱内压，导致尿液持续流出，膀胱呈空虚状态。排尿高级中枢损伤导致的“无抑制性膀胱”，由于膀胱不断出现无抑制性收缩，膀胱内压随之升高，出现持续性排尿。

真性重度尿失禁者于起立活动或卧位体位变化时即可发生尿失禁，严重影响其生活及社交活动。真性轻度尿失禁者在一般活动及夜间睡眠中不一定出现尿失禁，但在腹压增加(如大笑)时常有尿失禁发生。[1]

**2. 充盈性尿失禁**

充盈性尿失禁又称假性尿失禁，是指膀胱功能完全失代偿，膀胱呈慢性扩张，并且从未完全排空，当膀胱过度充盈后尿液会不断溢出。各种原因所致的慢性尿潴留均可出现这种症状。感觉障碍性膀胱、运动障碍性膀胱均可导致充盈性尿失禁。

**3. 压力性尿失禁**

体位变化、咳嗽、大笑、运动时，腹压突然增高，导致膀胱压高出尿道闭合压，尿液不随意流出。排尿低级中枢损伤所致的“自主性膀胱”可出现压力性尿失禁。

**4. 急迫性尿失禁**

出现尿急时不能控制，出现尿液流出。外伤性神经源性膀胱、外伤性尿路梗阻，均可出现急迫性尿失禁，尿动力学检查示逼尿肌反射亢进。

### (二) 尿潴留的分型

**1. 急性尿潴留**

急性尿潴留见于膀胱出口以下尿路严重梗阻，突然不能排尿，使尿液滞留于膀胱内。[3]

**2. 慢性尿潴留**

慢性尿潴留见于膀胱颈部以下尿路不完全梗阻或者神经源性膀胱。临床上表现为排尿困难，耻骨上区膨隆、不适或者疼痛，严重时出现充盈性尿失禁。[3]

上运动神经源性膀胱，由于失去自主控制，表现为尿失禁。

下运动神经源性膀胱，由于脊髓排尿中枢破坏，失去排尿功能导致尿潴留。

### (三) 排尿功能障碍的分度

**1. 重度**

出现真性重度尿失禁，或者排尿困难且尿潴留残余尿≥50ml 者。

**2. 轻度**

出现真性轻度尿失禁，或者排尿困难且尿潴留残余尿≥10ml，但小于 50ml 者。

如,重度排尿功能障碍符合《人体损伤致残程度分级》5.7.1.9)条,构成七级残。

轻度排尿功能障碍符合《人体损伤致残程度分级》5.9.1.9)条,构成九级残。

## 四、尿动力学检查在排尿功能障碍中的应用

### (一)尿流动力学主要检测项目及正常参考值

1. **尿流率**(Flow rate)

尿流率(Flow rate)是一种简单的无创检查方法。可用于下尿路功能障碍的初选,疗效评价,也可与其他尿动力学项目同步联合测定,如压力-流率测定、压力-流率-尿道括约肌肌电测定等。[4]

尿流率(Flow rate)即每单位时间经尿道排出的液体量,用 ml/s 表示。排尿量(Voided volume)即经尿道排出的总液体量。

最大尿流率(Qmax)即人工校正后的尿流率最大测定值。[4]

推荐使用最大尿流率(Qmax)结合排尿量(Vv)及残余尿量(PRV)的形式报告尿流率测定结果,即:排尿功能=最大尿流率/排尿量/残余尿量(VODI=Qmax/Vv/PRV)。图5-7-2为尿流率参数示意图。[4]

Qmax 是最有价值的报告值。最大尿流率正常参考值见表5-7-2。

2. **排尿时间与残余尿量**

排尿时间(TQ)指整个排尿的持续时间,包括中断期。若整个排尿时间没有中断,则排尿时间与尿流时间(有尿流的实际时间)相等,TQ 正常参考值见表5-7-3。残余尿量指排尿结束后膀胱内残余尿量,其正常参考值见表5-7-4。

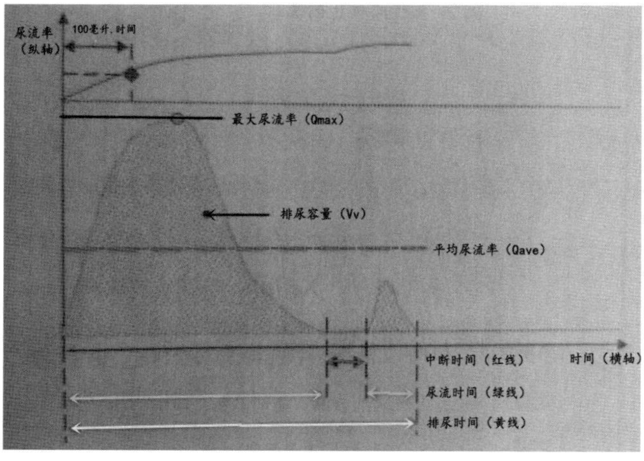


**图5-7-2 尿流率参数示意图**

**表 5－7－2　最大尿流率正常参考值**[4]

| 性别 | 年龄(岁) | 正常参考值(ml/s) |
| --- | --- | --- |
| 男 | ＜40 | ＞22 |
| | 40～60 | ＞16 |
| | ＞60 | ＞13 |
| 女 | ＜50 | ＞25 |
| | ＞50 | ＞18 |

**表 5－7－3　排尿时间正常参考值**[4]

| 性别 | 年龄(岁) | 正常参考值(s) |
| --- | --- | --- |
| 男 | | 24(±8) |
| | ＞60 | 26.2(±13.9) |
| 女 | | 23(±8) |
| 儿童 | | 16(±10) |

**表 5－7－4　残余尿量正常参考值**[4]

| 正常值 | ＜15%的最大膀胱容量(ml) | 男性最大膀胱容量600(±150)；女性最大膀胱容量500(±100) |
| --- | --- | --- |
| 正常<br>异常 | 10～30 | |
| | ＞100 | |
| 儿童<br>正常<br>异常 | 10～30 | |
| | ＞20 | |

### 3. 最大尿流率时的逼尿肌压力(Pdet Qmax)(表5－7－5)

**表 5－7－5　最大尿流率时的逼尿肌压力正常参考值**[4]

| 性别 | 正常参考值(s) |
| --- | --- |
| 男 | 43(±10) |
| 女 | 33(±5) |
| 儿童 | 35(±12) |

4. **首次膀胱充盈感膀胱容量**(表5－7－6)

**表5－7－6　首次膀胱充盈感膀胱容量正常参考值**[4]

| 性别 | 正常参考值(s) |
|---|---|
| 男 | 250(±50) |
| 女 | 225(±75) |
| 儿童 | 180(±100) |

5. **最大膀胱容量**(MCC)(表5－7－7)

**表5－7－7　最大膀胱容量正常参考值**[4]

| 性别 | 正常参考值(s) |
|---|---|
| 男 | 600(±150) |
| 女 | 500(±100) |

6. **正常人群最大尿道压数值**(cm$H_2O$)(表5－7－8)

**表5－7－8　正常人群最大尿道压数值正常参考值**[4]

| 年龄(岁) | 男 | | 女 | |
|---|---|---|---|---|
| | 平均 | 范围 | 平均 | 范围 |
| <25 | 75 | 37～126 | 90 | 55～103 |
| 25～40 | 79 | 35～113 | 82 | 31～115 |
| 45～64 | 75 | 40～123 | 74 | 40～100 |
| >64 | 71 | 35～105 | 65 | 35～75 |

7. **膀胱和腹部的初始静态压**(cm$H_2O$)(表5－7－9)

**表5－7－9　膀胱和腹部的初始静态压正常参考值**[4]

| 体位 | 正常参考值(cm$H_2O$) |
|---|---|
| 仰卧 | 5～20 |
| 坐位 | 15～40 |
| 立位 | 30～50 |

## (二)膀胱出口梗阻的尿动力学图解

膀胱出口梗阻为发生在排尿期间梗阻的通用名称。尿动力学表现为:逼尿肌压力增加而尿量减少，通常通过研究同期的尿流率值和逼尿肌压力进行判断。

膀胱出口梗阻的定性判断：若最大尿流率时逼尿肌压力（Pdet Qmax）位于梗阻区，表示膀胱出口梗阻；若 Pdet Qmax 位于无梗阻区，表示膀胱出口无梗阻；若 Pdet Qmax 位于可疑梗阻区，则按如下方式确定：①若下降支斜率≤2 且最小尿流率时逼尿肌压（pmuo）≤40cm$H_2O$，表示无梗阻；②若下降支斜率>2，表示梗阻；③无论下降支斜率如何，若 pmuo>40cm$H_2O$，则表示梗阻。

膀胱出口梗阻的定量判断：能够定量判断膀胱出口梗阻的指标是 AG 值。AG = PdetQmax－2Qmax。若 AG 值大于 40，表示膀胱出口梗阻，AG 值越大表示膀胱出口梗阻越重；AG 值在 15～40，表示可疑；AG 值小于 15，表示无梗阻（图 5－7－3）。

上述情况仅适合成年男性。

国际尿控协会（ICS）压力－流率图（P/Q）可以判断膀胱出口是否梗阻（图 5－7－4），该图由 A－G 图演变而来。

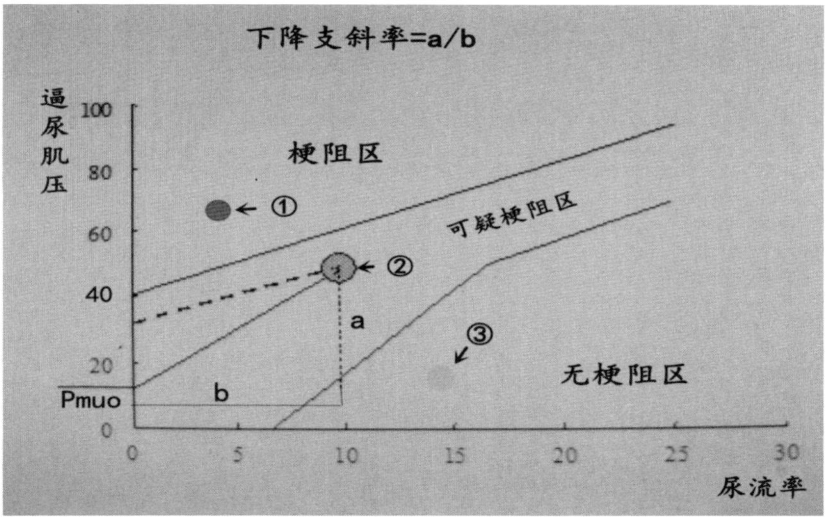


**图 5－7－3　膀胱出口定性、定量诊断图解（A－G 图）**

①、②、③分别表示最大尿流率时逼尿肌压所在位置；a 表示最大尿流率时逼尿肌压力与逼尿肌开放压之间的差值；b 表示最大尿流率值。

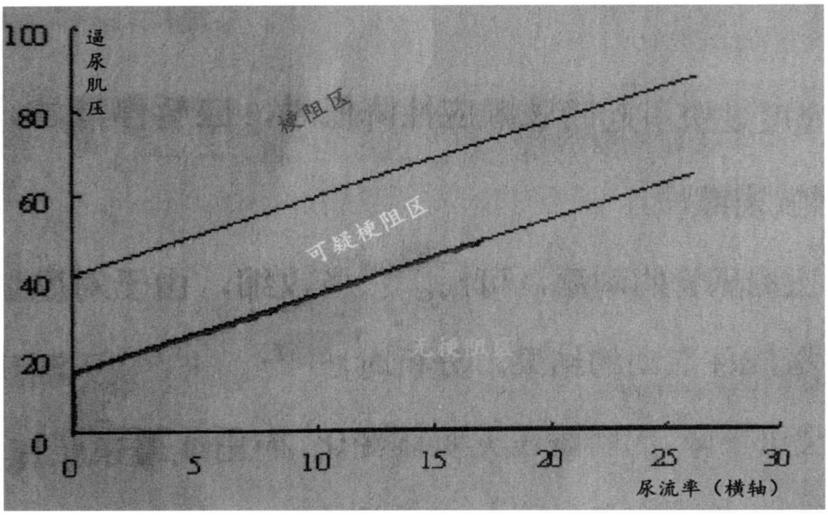


**图 5-7-4 国际尿控协会(ICS)压力-流率图(P/Q)**

## 参考文献

[1]司法部司法鉴定管理局　最高人民法院司法行政装备管理局.《人体损伤致残程度分级》适用指南[M].北京:法律出版社,2016:103.

[2]贾建平,陈生弟.神经病学[M].7版.北京:人民卫生出版社,2016.

[3]陈孝平,汪建平,赵继宗.外科学[M].9版.北京:人民卫生出版社,2019.

[4]沈宏.尿动力学检查操作指南[S].2010.

# 论文 8：颞骨横行骨折致“三联征”的法医学鉴定

**摘　要**：临床上通常以骨折线与岩部长轴的关系，将颞骨骨折分为纵行骨折、横行骨折、混合型骨折和岩尖骨折 4 种类型。由于横行骨折，其骨折线通过内耳道或骨迷路，可将鼓室内壁、前庭窗、蜗窗折裂，故常有耳蜗、前庭及面神经受损症状[1]。耳蜗、前庭及面神经的损害必然会不同程度地引起听力障碍、前庭功能障碍及周围性面瘫。这种同一原发损伤导致三种不同性质的功能障碍的情形，部分学者形象地概括为“三联征”。意在引起鉴定工作者对颞骨横行骨折的重视，鉴定中应对伤者的听觉功能、前庭平衡功能及面神经功能进行全面检查，进而作出符合客观实际的准确的鉴定意见。

**关键词**：法医学；颞骨横行骨折；听力障碍；前庭功能障碍；周围性面瘫；“三联征”

内耳、内耳道均位于颞骨的岩部。听觉感受器与位觉感受器位于内耳，听神经、前庭神经、面神经均通过内耳道，这种紧密的解剖结构关系导致颞骨岩部的横行骨折（以下简称颞骨横行骨折，Transverse Facture of Temporal Bone，TFT）必然会累及内耳或内耳道。无论伤及内耳或内耳道均会造成不同程度的听力障碍（Hearing Disorders，HD）、前庭功能障碍（Vestibular Dysfuncition，VD）及周围性面瘫（Peripheral Facial Paralysis，PFP）（以下简称“三联征”，Triad）。实践证实，这种损害会较为严重，并且往往是不可逆的。本文从解剖结构、影像学检查、功能障碍的性质及如何准确出具鉴定意见等方面进行阐述。

## 一、前庭、耳蜗、面神经与颞骨的毗邻关系

### （一）前庭与耳蜗的解剖结构[2]

内耳位于颞骨岩部的骨质内，介于鼓室与内耳道底之间。由骨迷路和膜迷路两部分组成。骨迷路是颞骨岩部骨密质围成的不规则腔隙，分为耳蜗、前庭和骨半规管三部分，从前往后依次沿颞骨岩部长轴排列。膜迷路是套在骨迷路内封闭的膜性管和囊，借纤维束固定于骨迷路的壁上。由椭圆囊和球囊、膜半规管和蜗管 3 部分组成。

在椭圆囊上端的底部和前壁上有感觉上皮，称椭圆囊斑。在球囊内的前上壁也有感

觉上皮，称球囊斑。二者均属位觉感受器，感受头部静止的位置及直线变速运动引起的刺激。其神经冲动分别沿前庭神经的椭圆囊支和球囊支传入。蜗管的下壁由骨螺旋板和螺旋膜组成，与骨阶相隔。在螺旋膜上有螺旋器，属于听觉感受器。

### （二）面神经的解剖结构

面神经连于脑桥延髓沟外侧部，经内耳门、内耳道达内耳道底，穿内耳道底入面神经管，最后经颈乳孔出颅。出颈乳孔后进入腮腺深部，分为颞支、颧支、颊支下颌缘支、颈支，分别支配相应的面部表情肌。面神经在神经管内有岩大神经、镫骨肌神经和鼓索神经3个分支。

## 二、颞骨横行骨折（TFT）的认定及累及的器官

### （一）颞骨横行骨折（TFT）的发生机制及临床表现

TFT主要由枕部受到暴力所致。骨折线与岩部长轴垂直，常起自颅后窝的枕骨大孔，横过岩锥到颅中窝。有的经过舌下神经孔及岩部的管孔，个别可经内耳道和迷路到破裂空或棘孔附近。颞骨骨折常是颅底骨折的一部分，常首诊于神经内科或外科。外伤后会出现头痛、昏迷、休克等全身症状。因此，由于外伤导致的听力障碍（HD）、前庭功能障碍（VD）、周围性面瘫（PFP）早期难以发现，若伤后同时出现脑脊液耳、鼻漏等，应引起高度重视，行高分辨率CT（High Resolution CT，HRCT）检查，明晰骨折性质。

### （二）颞骨横行骨折（TFT）导致“三联征”（Triad）的发生机制

内耳道内面有面神经、前庭蜗神经和迷路动、静脉通过。在内耳道底面神经、蜗神经和前庭神经的分支分别通过相应的孔区进入内耳[3]。当TFT累及内耳道时，会伤及上述三神经，导致“三联征”（Triad）的发生。

若TFT伤及内耳，会伤及耳蜗、前庭及面神经管，由于位觉感受器位于前庭，听觉感受器位于耳蜗，前庭、耳蜗、面神经管的损伤同样会导致“Triad”的发生。

## 三、颞骨横行骨折（TFT）的影像学检查

### （一）颞骨横行骨折（TFT）影像学检查概要

颞骨岩部、乳突部的摄片是耳部疾病的传统检查方法之一，目前已逐渐被颞骨CT

所取代。尤其是颞骨的横行骨折主要靠 HRCT 检查确定。HRCT 能够清晰地显示颞骨的细微解剖结构，如外耳道、3 个听小骨、面神经管、内耳道、乙状窦、前庭水管和耳蜗水管开口、耳蜗、前庭及 3 个半规管等[1]。

磁共振成像（Magnetic Resonance Imaging，MRI）对显示迷路腔淋巴液及内耳道内神经优于 CT。MRI 骨皮质及气体均为低信号，膜迷路及内耳道内脑脊液均呈 T1WI 低信号、T2WI 高信号，内耳道内可见 4 根神经，即蜗神经、面神经、上前庭神经、下前庭神经，T1WI、T2WI 均呈中等信号[4]。

### （二）颞骨横行骨折（TFT）伤及内耳结构在 HRCT 上的影像学表现

TFT 在 HRCT 上可表现骨折线横行穿过内耳伤及前庭、外半规管、后半规管及耳蜗（图 5－8－1A）及上半规管（图 5－8－1B），由于导致 TFT 的暴力程度一般较为严重，因此，损伤往往同时伴有颅脑损伤，并可伤及中耳。若骨折线穿过内耳道可直接伤及前庭神经、蜗神经、面神经，导致“Triad”。

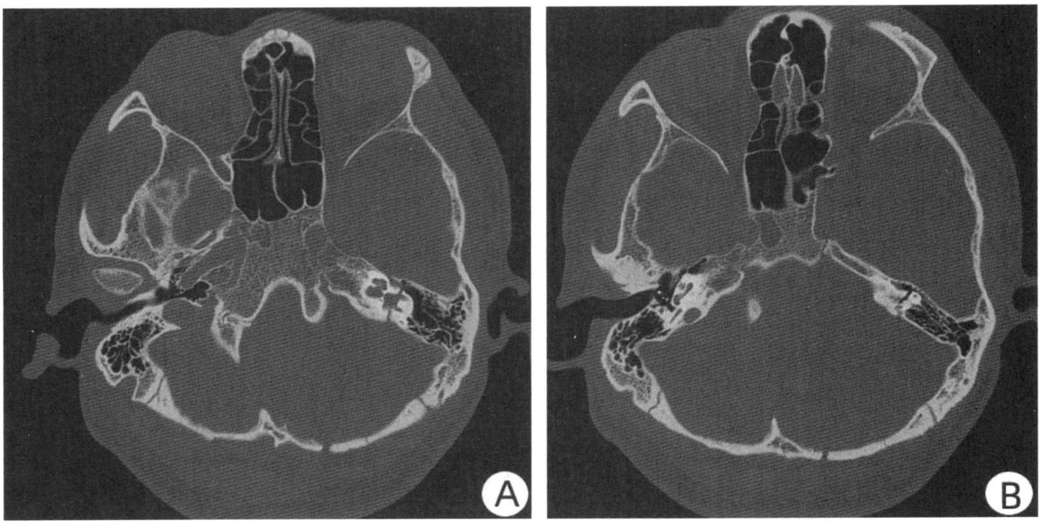


**图 5－8－1　颞骨横行骨折 CT 图像**

A：伤及耳蜗、前庭、外半规管及后半规管。B：伤及上半规管。

## 四、颞骨横行骨折（TFT）导致“三联征”（Triad）检查与法医学鉴定

### （一）三联征（Triad）的临床表现与功能检查

**1. 听力障碍程度的判定**

听力障碍（HD）的检查包括定位判定与听力损失或丧失的判定。依据听阈确定伤残等级或伤情程度。由于损伤部位已经明确，故需进一步行纯音测听、听性脑干反应（Auditory Brainstem Response，ABR）及 1 ~ 2 项有频率特性的听觉诱发电位，如 40Hz 听觉相关单位（40Hz Auditory Event Related Potential，40Hz AERP）、多频稳态诱发反应（Audio Seady-State Response ，ASSR），据此判定听力障碍程度。

**2. 面神经损伤的判定**

面神经的分支有管内段、管外段之分。颞骨横行骨折（TFT）容易伤及面神经管内段，故颞骨横行骨折导致的面神经损伤除表现为周围性面瘫（PFP）的特征外，若伤及管内的镫骨肌支还可出现听觉过敏，若伤及鼓索支还可引起舌前 2/3 味觉障碍。临床上通常以是否存在舌前 2/3 味觉障碍来判定损伤位于管内还是管外。

**3. 前庭功能障碍（VD）的判定**

前庭功能障碍（VD）表现为平衡障碍、眩晕、眼球震颤。前庭功能的损害往往在损伤当时较为严重但经过适当治疗，相当部分功能可以代偿；故对 VD 的判定宜在损伤 90 ~ 180 天后进行[5]。

一般性检查常选择闭目直立检查法（Romberg Test）：受试者直立，两脚并拢，两手手指互扣于胸前，睁眼、闭目交替进行，观察受试者躯干向眼震慢相（前庭功能底侧）倾斜或倾倒。

眼震检查：前庭性眼震由交替出现的慢相和快相运动组成。慢相为眼球转向前庭兴奋性较低一侧的缓慢运动，通常是前庭病变或前庭功能障碍侧。眼震电图可以对振幅、频率及慢相角速度等各种参数进行定量分析[1]。

前庭肌源诱发电位（Vestibular Evoked Myogenic Potential，VEMP）包括：颈性前庭肌源诱发电位（Cervical Vestibular Evoked Myogenic Potential，EVEMP）和眼性前庭肌源诱发电位（Ocular Vestibular Evoked Myogenic Potential，OVEMP）。EVEMP 和 OVEMP 临床上常同时测试，TFT 常导致球囊与椭圆囊的严重损伤，故检测不到 P13/N23 及 N10/P15 波形，作为推断前庭功能丧失的依据。

## （二）三联征（Triad）的法医学鉴定

**1. 人体损伤导致“Triad”伤残等级评定**

听力障碍（HD）、前庭功能障碍（VD）、周围性面瘫（PFP）属于三种不同性质的损伤，依据《人体损伤致残程度分级》进行伤残等级评定时，应根据各自的损伤程度进行残疾等级评定。比如：伤者左颞骨横行骨折，伤及内耳，临床治疗终结。经客观评定，伤者左耳听力障碍达91dBnHL，左侧前庭平衡功能丧失，伴有同侧大部分面瘫，遗留眼睑闭合不全和口角歪斜，则依据《人体损伤致残程度分级》5.8.2.11）条、5.10.2.20）条、5.8.1.4）条，分别评定为八级、十级、八级伤残。

**2. 职工工伤导致三联征（Triad）伤残等级评定**

职工工伤同时导致听力障碍（HD）、前庭功能障碍（VD）、周围性面瘫（PFP）的情形较为少见，若出现此类情形，应分别评残，如果伤残等级不同，以重者定级，如果两项及以上等级相同，最多晋升一级，即存在晋级原则。

**3. 人体损伤导致三联征（Triad）伤情程度鉴定**

人体损伤导致听力障碍（HD）、前庭功能障碍（VD）、周围性面瘫（PFP），构成重伤二级、轻伤一级及轻伤二级的有关条文如下表5－8－1所示。

**表5－8－1　颞骨横行骨折的伤情程度鉴定**

| 伤情程度 | 有关条文 |
|---|---|
| 重伤二级 | 5.1.2.d）颅底骨折，伴面神经或者听神经损伤引起相应神经功能障碍<br>5.2.2.p）面神经损伤致一侧面肌大部分瘫痪，遗留眼睑闭合不全和口角歪斜<br>5.3.2.a）一耳听力障碍≥91dBnHL<br>5.3.2.c）一耳听力障碍≥81dBnHL，伴同侧前庭平衡功能障碍<br>5.3.2.e）双侧前庭平衡功能丧失，睁眼行走困难，不能并足站立 |
| 轻伤一级 | 5.2.3.p）面神经损伤致一侧面肌部分瘫痪，遗留眼睑闭合不全或者口角歪斜 |
| 轻伤二级 | 5.3.4.d）一侧前庭平衡功能障碍，伴同侧听力减退 |

上述条文中，5.1.2.d）条中的损伤基础即是指颞骨岩部的横行骨折；颞骨横行骨折（TFT）也可同时导致上述其他条文所描述的伤情程度，当其他损伤导致上述伤情时，要注意是否存在伤病关系，若伤病关系共存，应按照《人体损伤程度鉴定标准》4.3“伤病关系处理原则”作出准确鉴定。

## 参考文献

[1]孙虹,张罗.耳鼻咽喉头颈外科学[M].9版.北京:人民卫生出版社,2018.

[2]丁文龙,刘学政.系统解剖学[M].9版.北京:人民卫生出版社,2018.

[3]崔惠先,李瑞锡.局部解剖学[M].9版.北京:人民卫生出版社,2018.

[4]王滨,贺文.影像诊断学[M].4版.北京:北京大学医学出版社,2018.

[5]司法部司法鉴定管理局　最高人民法院司法行政装备管理局.《人体损伤致残程度分级》适用指南[M].北京:法律出版社,2016:237.

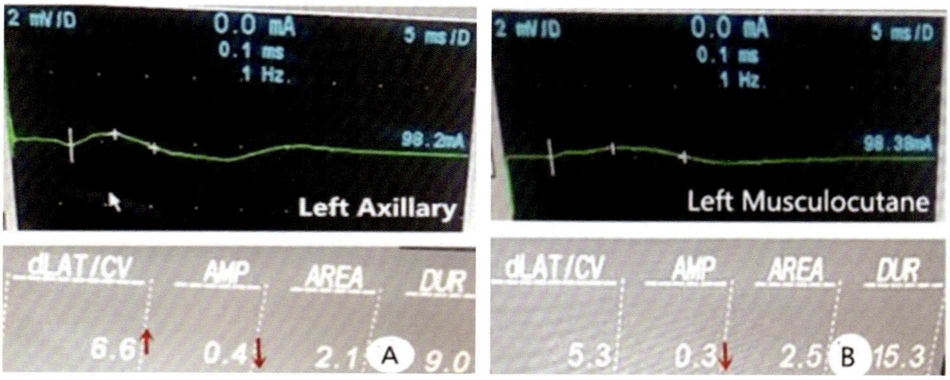


**图 1－9－5　2020 年 3 月 16 日 EMG 检查图**

A：左腋神经运动传导 LAT 延长，AMP 减低；B：左肌皮神经运动传导波幅减低。结合报告中“腋神经支配三角肌主动募集反应减弱”。提示：左腋神经、肌皮神经损伤，以腋神经著。

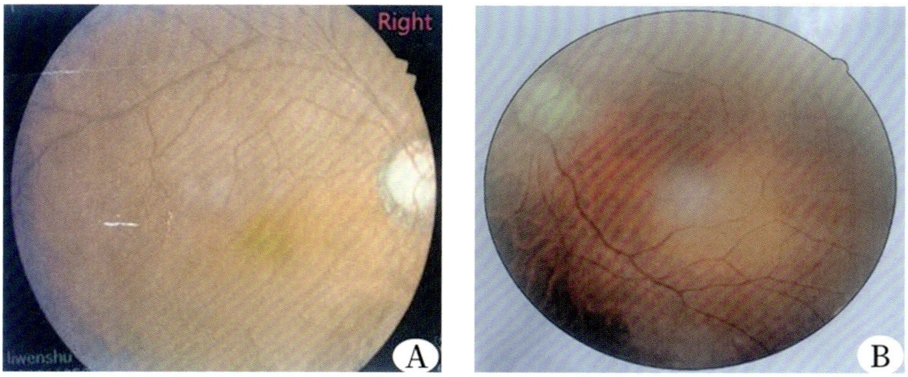


**图 2－2－2　双眼眼底照相图**

A：2018 年 5 月 8 日右眼底照相，视盘苍白，边界清，血管走行大致正常。B：2018 年 8 月 10 日左眼底照相，视盘色淡，边界清，血管走行大致正常。

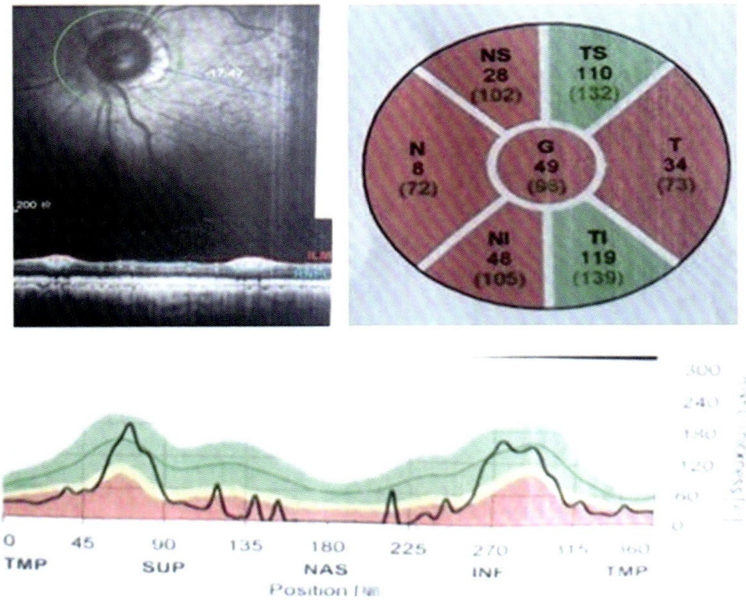


图 2－2－6　2018 年 8 月 10 日左眼视盘 OCT 检查图像

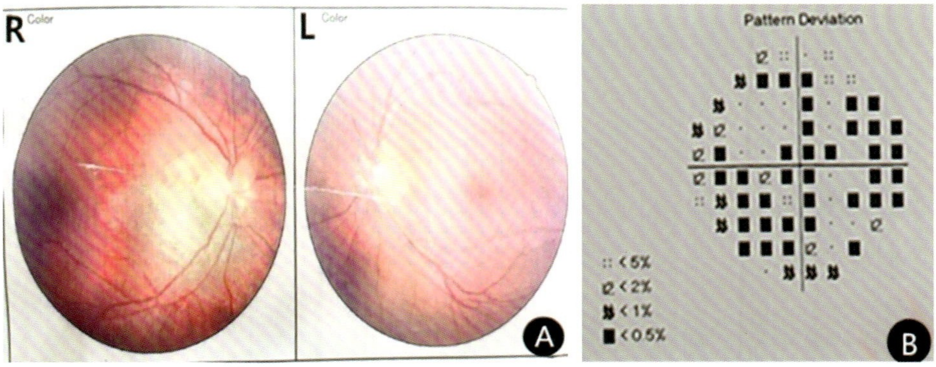


图 2－3－2　2018 年 7 月 6 日双眼眼底照相图及计算机静态视野检查图

A：眼底照相示：右眼视盘周围及黄斑区团片状瘢痕。B：中心视野及鼻下侧视野缺失。

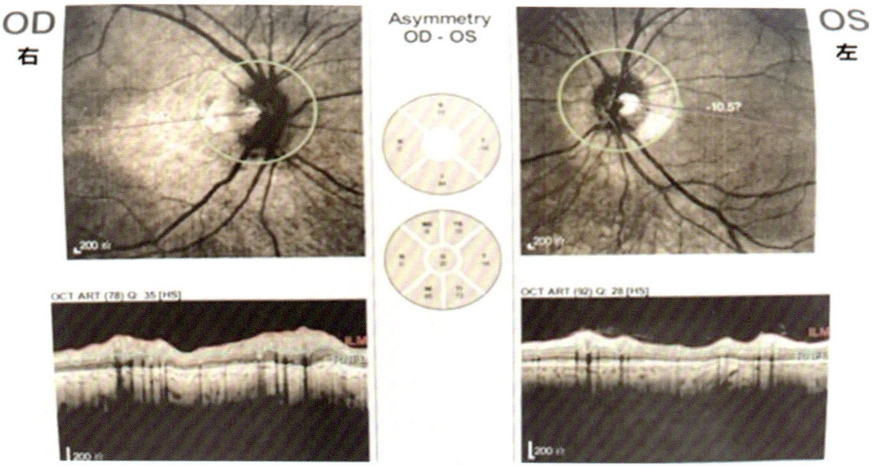


图 2－3－6　2019 年 3 月 30 日双眼视盘 OCT 检查图像

双眼视盘 OCT 示内界膜与神经纤维层正常。

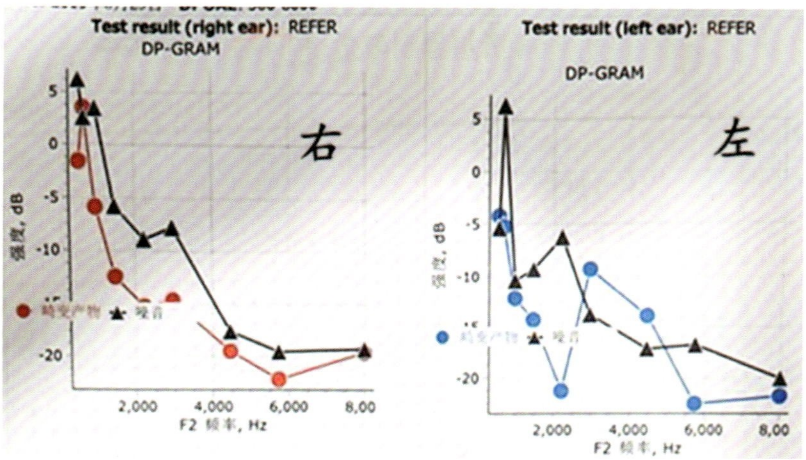


图 2－5－4　2019 年 5 月 29 日畸变产物耳声发射：双耳 DPOAE 均未通过(黑色示噪音)

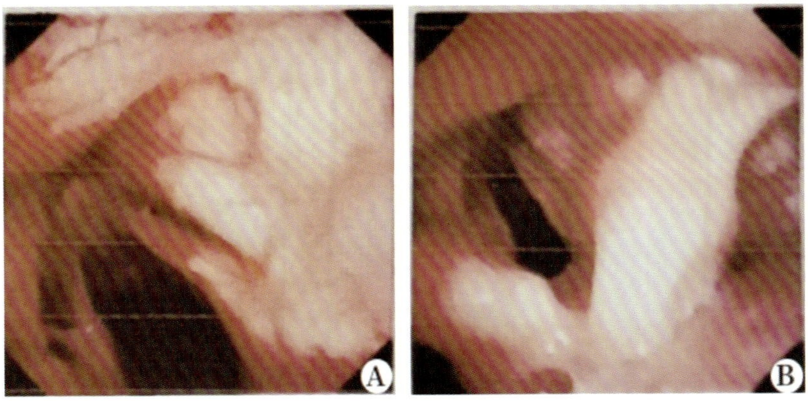


图 2-8-2　2023 年 5 月 17 日喉镜检查图片

A:左侧声带旁中位固定,张力下降;B:发声时声带闭合不全。

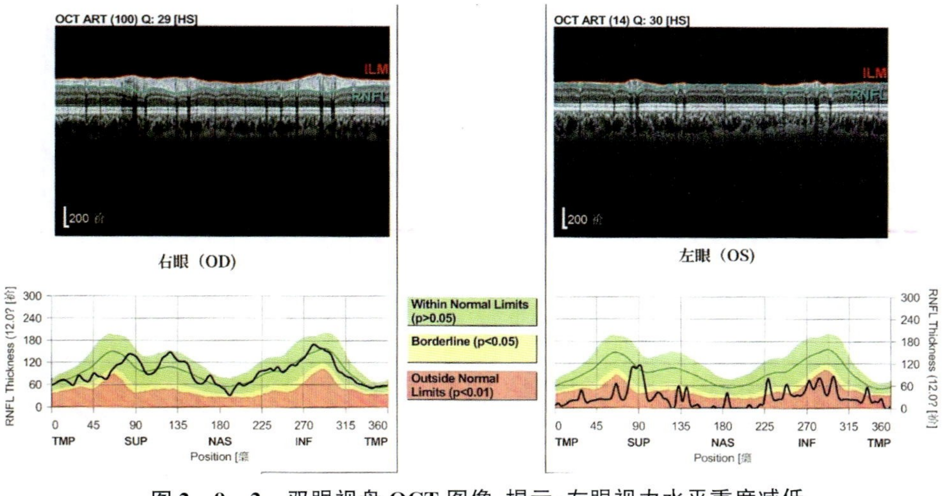


图 2-9-2　双眼视盘 OCT 图像,提示:左眼视力水平重度减低

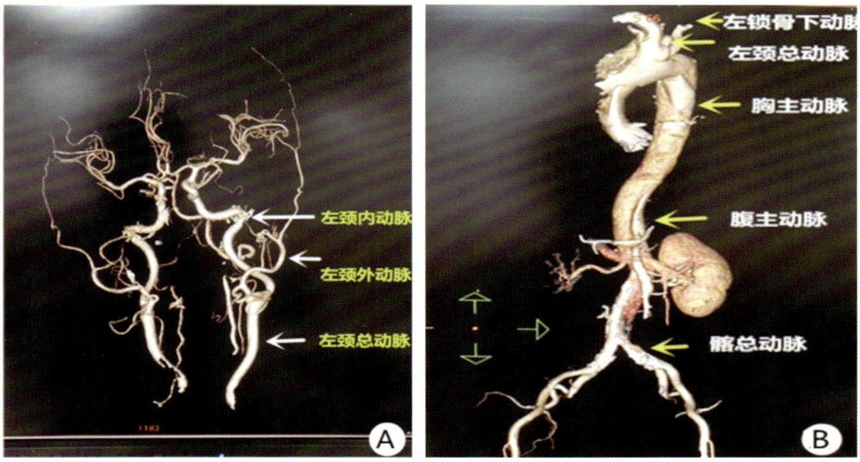


图 3－2－5　部分大动脉示意图

A：部分血管 CT 血管成像（CTA）。B：部分血管照相。

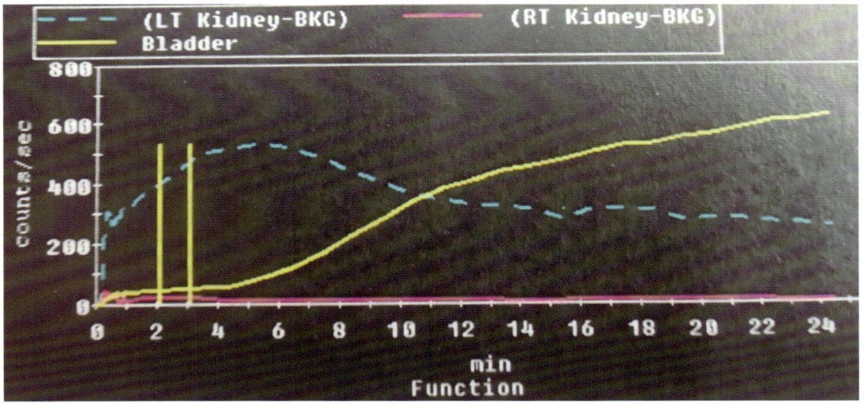


图 3－6－6　肾图示：左肾图形态大致正常（绿线）；右肾呈低水平延长线（红线）

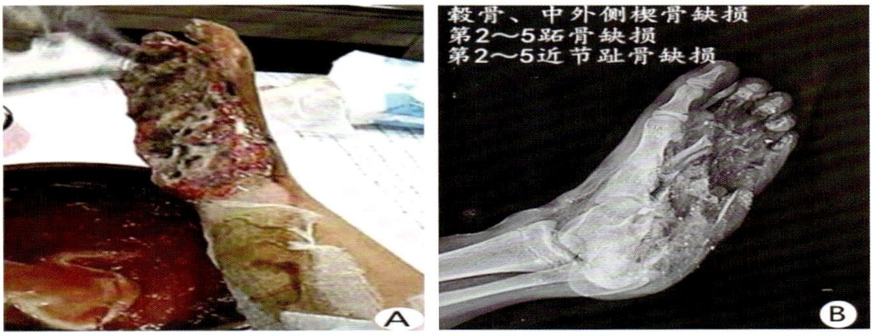


图 4－7－1　2017 年 8 月 13 日左足外伤后清创及 X 线检查图片

A：左足外伤清创图片。B：伤后 X 线片示：左外踝部分、跟骨外侧、舟状骨外侧、外中楔骨、毂骨、2～5 跖骨、2～5 趾骨缺损；仅残存内侧楔骨、第 1 跖骨、趾骨及 2～5 趾末节。

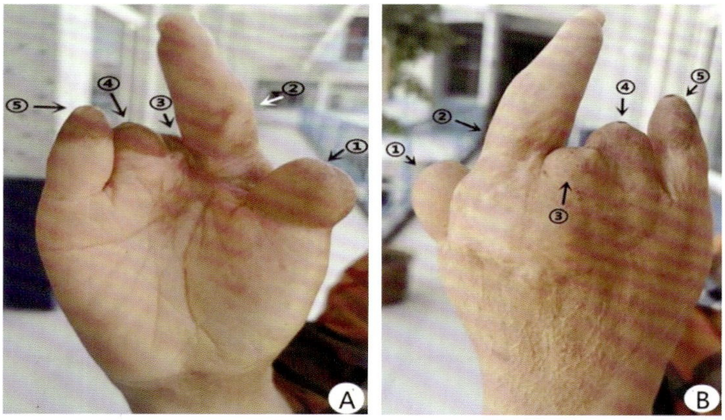


**图 4－11－2　2021 年 5 月 16 日右手诸指检查图**

A:右手掌面观;B:右手背面观。①、②、③、④、⑤分别示右手拇、示、中、环、小指。

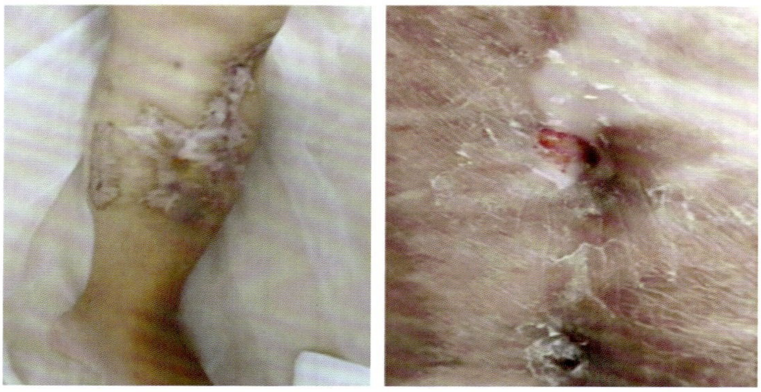

**图 4－12－4　左小腿皮肤形态及窦道检查图**

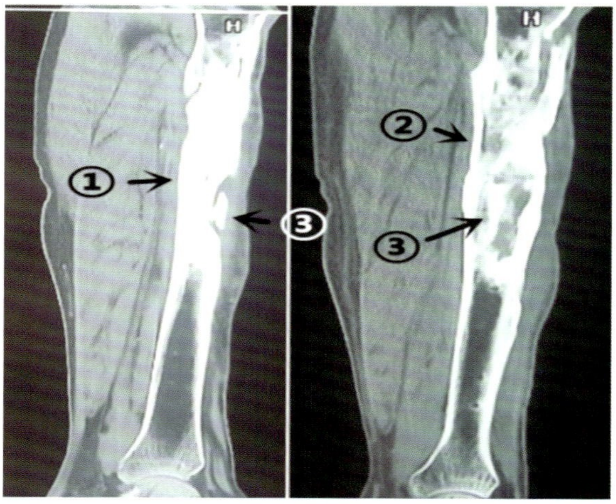


**图 4－12－6　2021 年 10 月 12 日左胫腓 CT 检查图**

①骨中上段骨质密度增高;②骨干及骨皮质增粗,低密度骨质破坏区;③死骨形成。

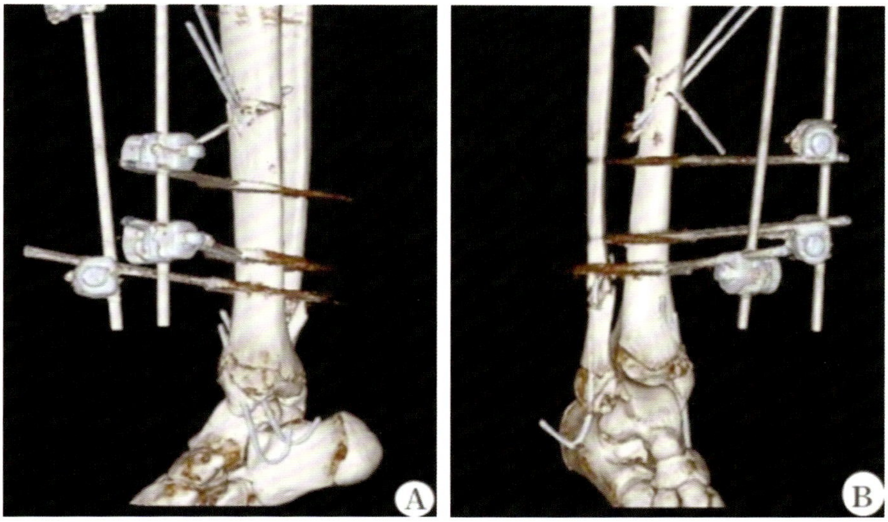


**图 4－17－2　术后三维重建图**

A：三维重建显示右胫骨内侧骨骺多个骨折块及克氏针内固定；B：三维重建显示右腓骨骨骺多个骨折块及内固定。

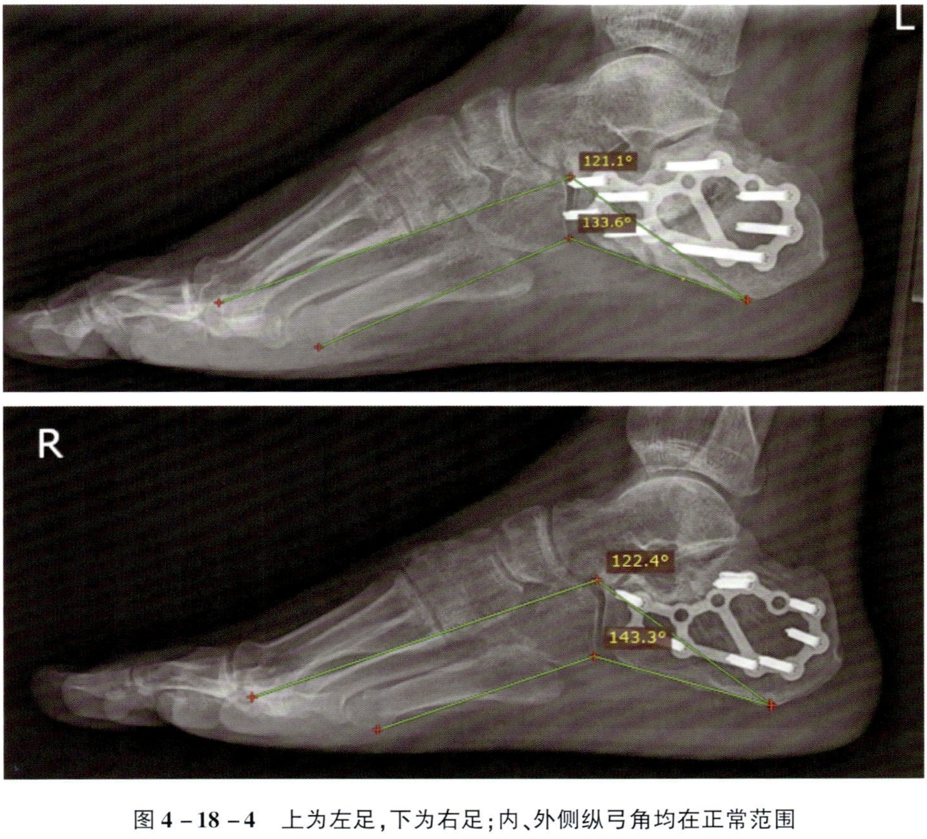


图 4－18－4　上为左足，下为右足；内、外侧纵弓角均在正常范围

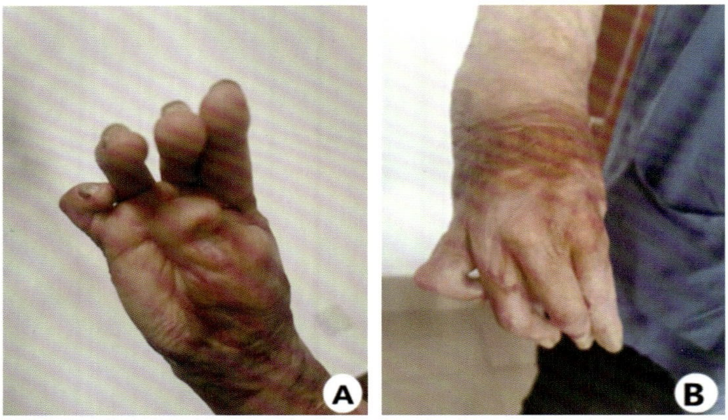


图 5 – 3 – 4　右手诸指功能障碍图

A：右手掌面；B：右手背面。

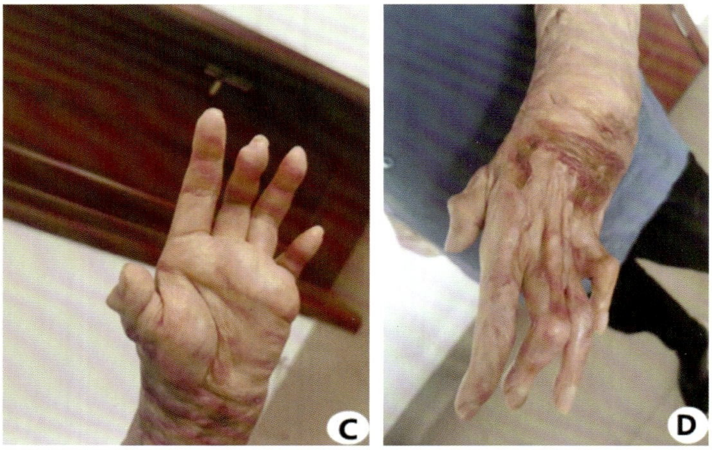


图 5 – 3 – 5　左手诸指功能障碍图

C：左手掌面；D：左手背面。

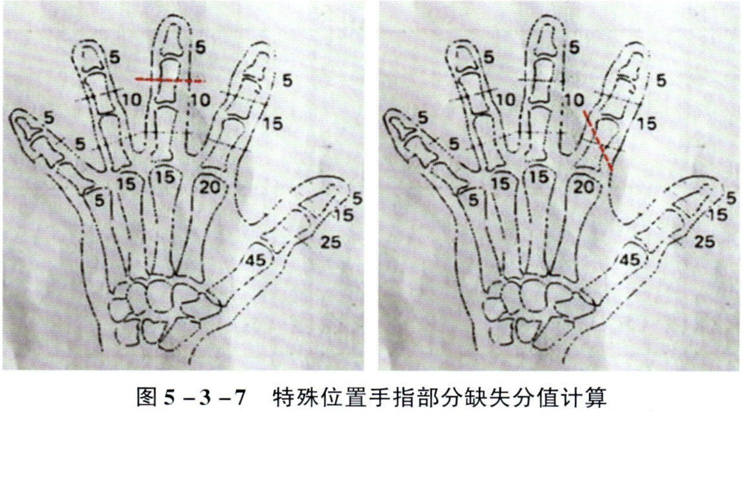


图 5 – 3 – 7　特殊位置手指部分缺失分值计算

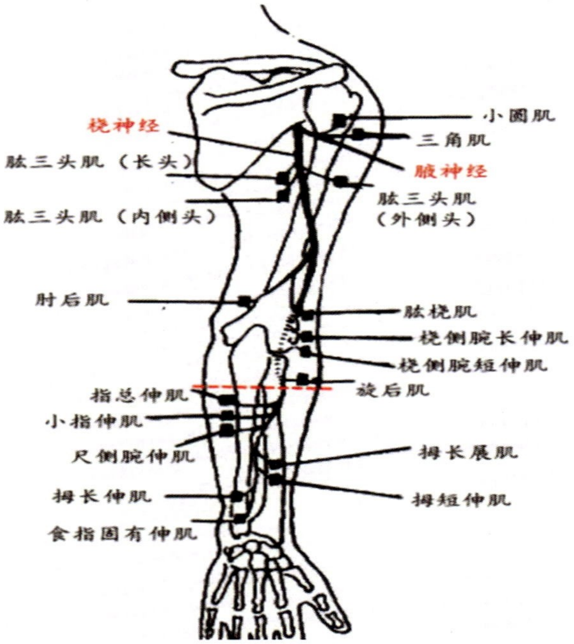


图 5－3－8　桡神经支配肌肉图解

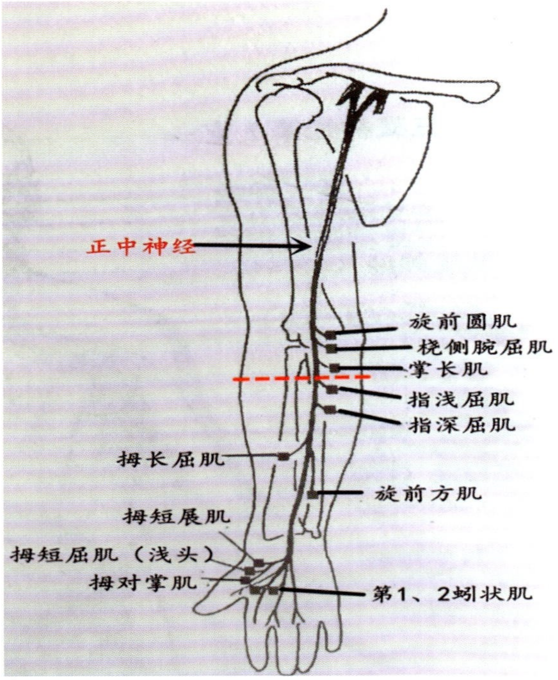


图 5－3－9　正中神经支配肌肉图解（司法技术鉴定规范 P406）

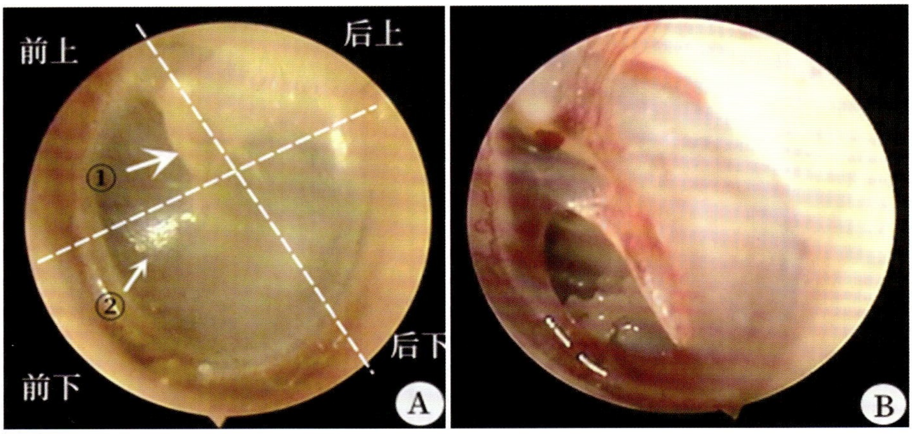


**图 5-4-2　鼓膜照相图**

A：左耳正常鼓膜，①示锤骨柄；②示光锥。B：左耳紧张部呈梭形大穿孔，锤骨柄及鼓膜充血，尤以穿孔周边明显，出血痕迹。符合左耳外伤性鼓膜穿孔特征。

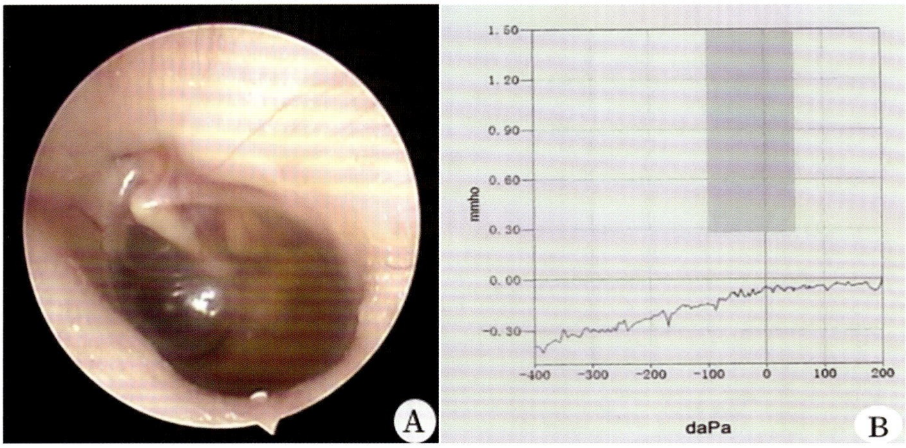


**图 5-4-5　鼓室积液对应鼓室图**

A：左耳鼓室积液，中耳粘连。B：与 A 图疾病所对应鼓室图（平坦型）。

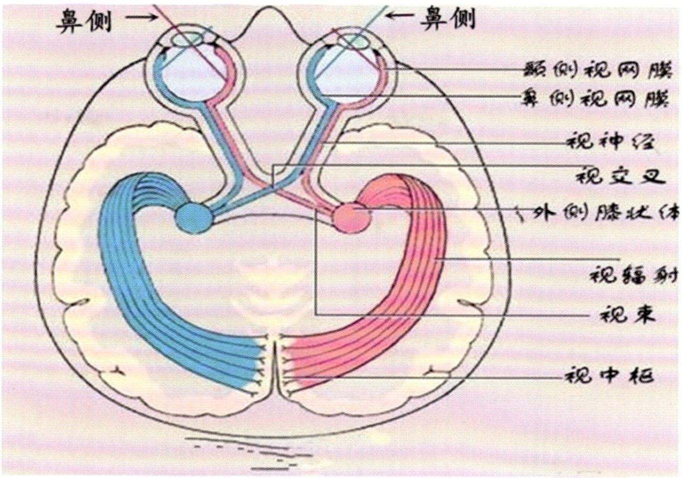


图 5－5－1　视觉传导通路简图

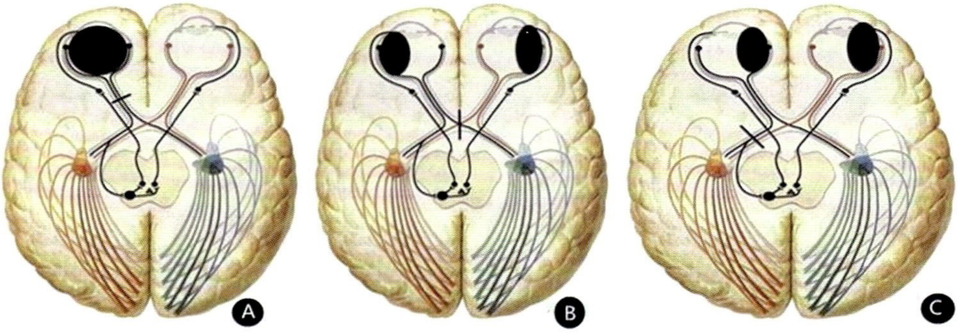


图 5－5－9　左眼视神经损伤、视交叉正中部位损伤、左侧视束损伤所致视野缺损示意图

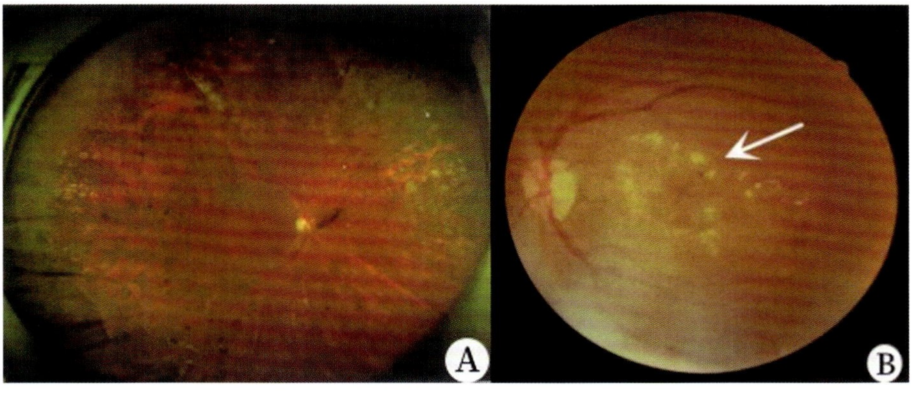


图 5－5－14　眼底照相检查图

A：全视网膜眼底全景照相，见大量激光斑，提示：行视网膜光凝治疗术。B：眼底后部照相，见黄斑区点片状硬性渗出，视盘界清、色淡红。

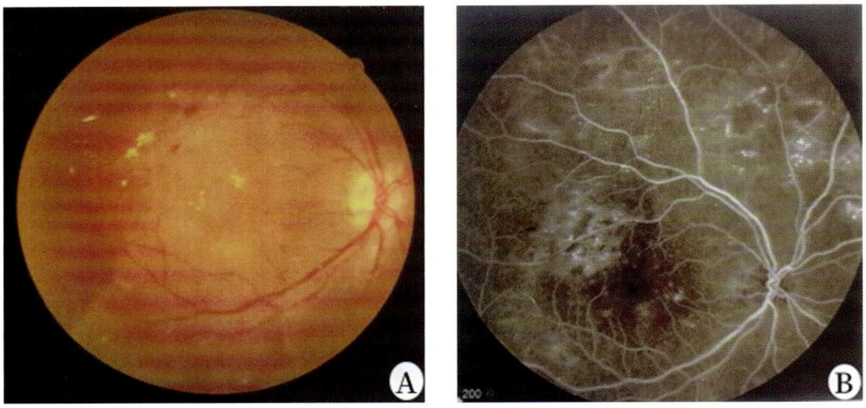


图 5－5－15　**FFA** 检查图

A:FFA 检查前眼底照相,眼底黄白色硬性渗出及少量出血点。B:FFA 检查,眼底点状荧光,提示:微血管渗漏。

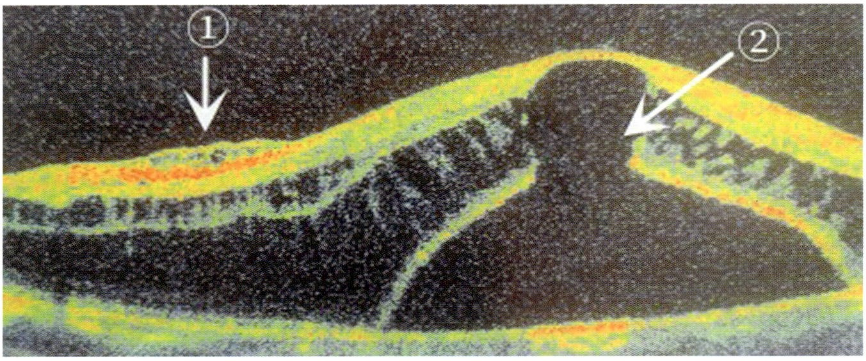


图 5－5－16　左眼黄斑 **OCT** 检查图:①黄斑前膜,②示视网膜劈裂。

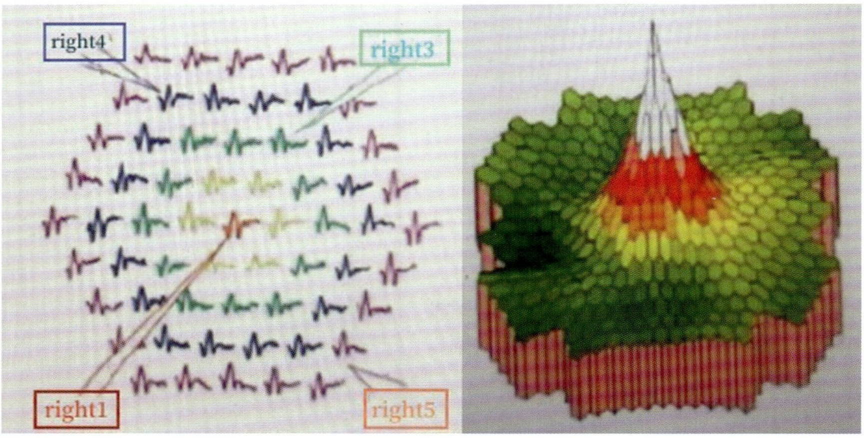


图 5－5－18　**mf-ERG** 检查图:提示,黄斑功能正常。

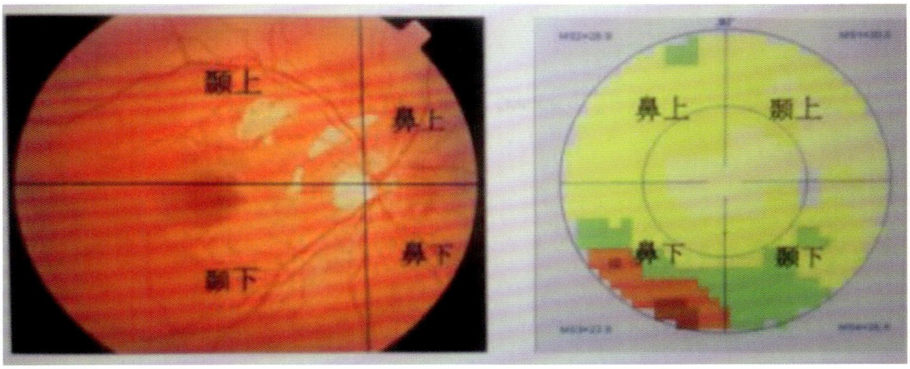


图 5－5－22　眼底与视野的对应关系

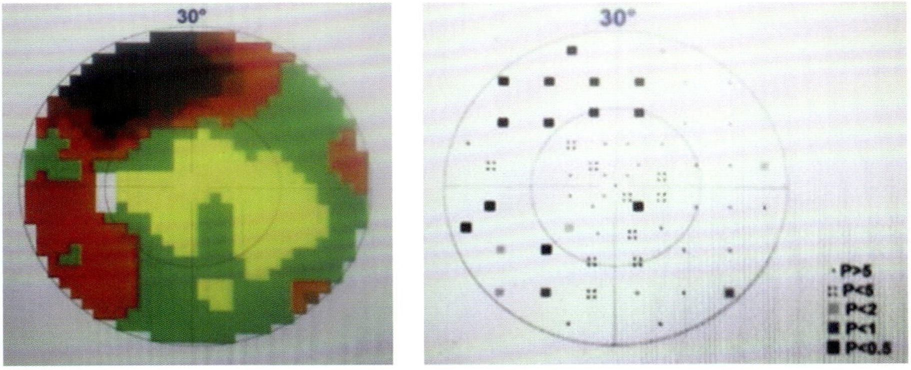


图 5－5－23　左，灰度图；右，概率图

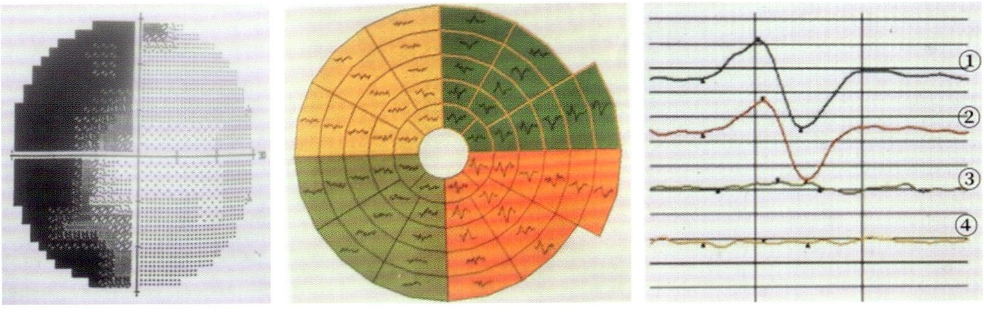


图 5－5－24　左，静态视野灰度图；右，mfVEP 左眼鼻侧视野各刺激位点引出 VEP 波，颞侧视野基本未引出 VEP 波。

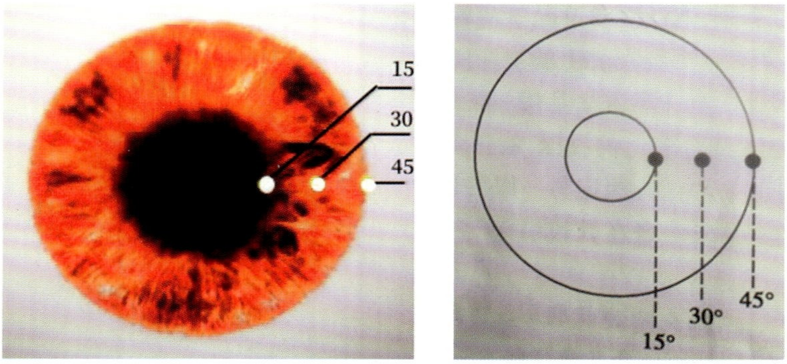


图 5-5-25　角膜映光法测量斜视度示意图

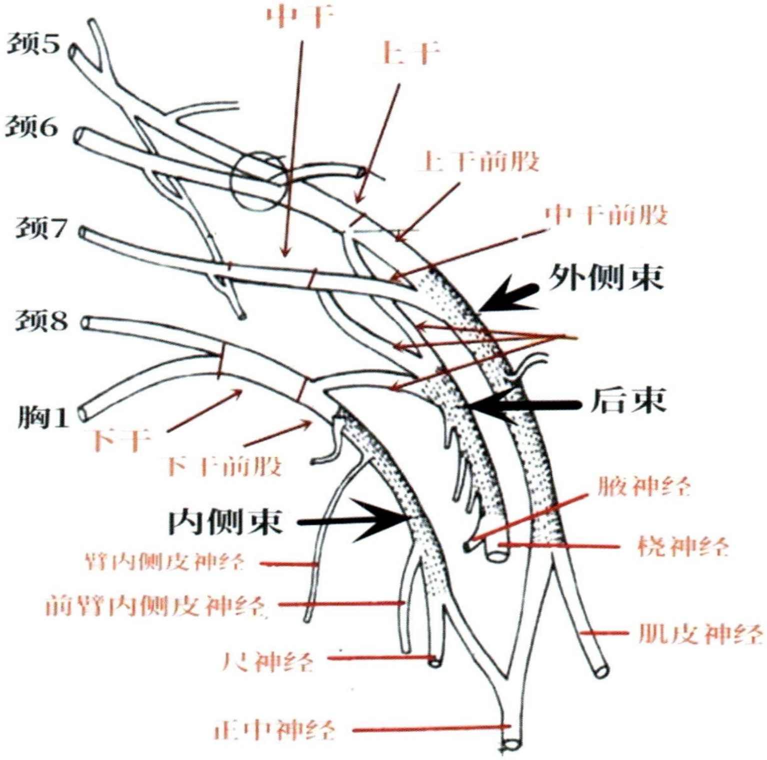


图 5-6-1　臂丛及其主要分支结构简图

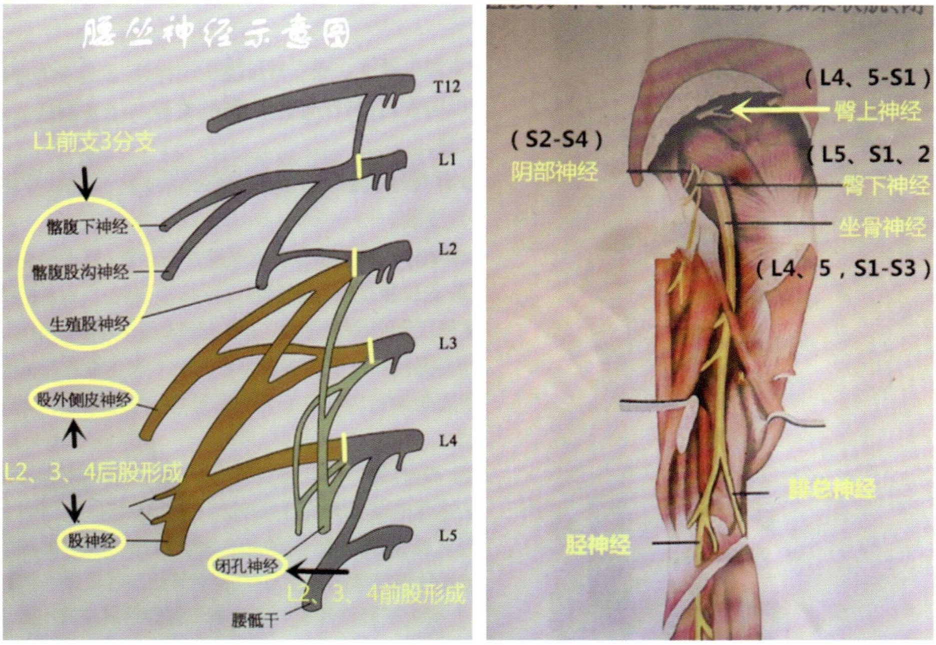


图 5－6－5　腰骶丛组成及其分支简图

表 5－6－7　正常针极肌电图的表现简表

| 状态 | 肌电图表现 | 示意图 |
| --- | --- | --- |
| 静息时 | 当肌肉完全放松时，不应出现任何失神经电位（纤颤电位、正锐波）；呈现一条直线 |   |
| 插入电位 | 静息状态下，针电极插入肌纤维或神经末梢所诱发；针电极一旦停止移动，插入电位即消失 | 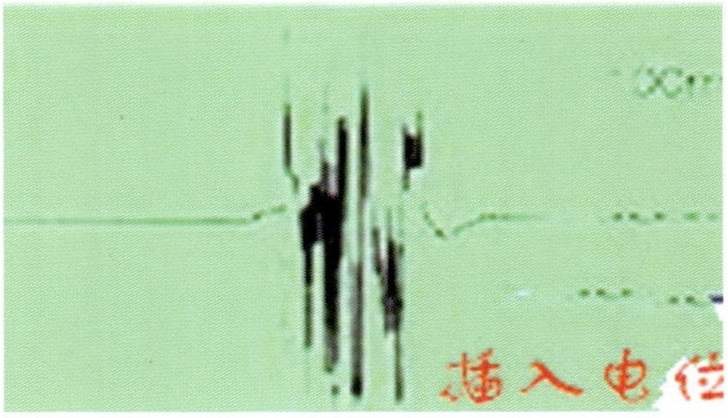  |
| 轻度收缩 | 运动单位电位 | 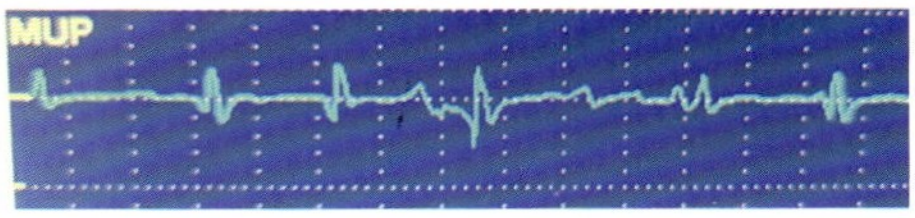  |
| 大力收缩 | 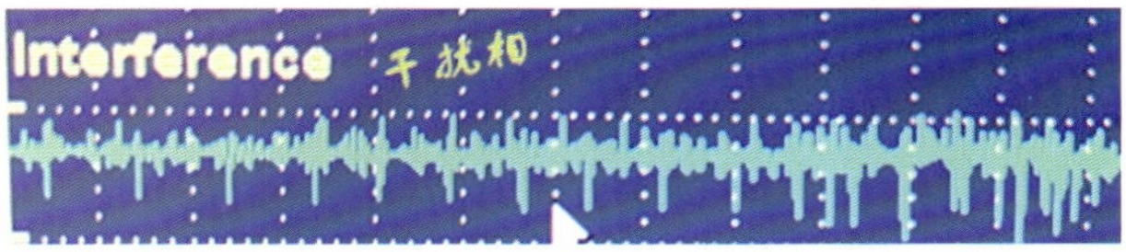  | |

表 5－6－8　nEMG 异常表现简表

| 异常情况 | 肌电图表现 | 示意图 |
| --- | --- | --- |
| 出现自发电位（包括纤颤电位、正尖波、束颤波） | 纤颤电位：纤颤电位主要出现在周围神经及脊髓前角细胞病变时；纤颤电位的出现提示肌肉的失神经支配 | 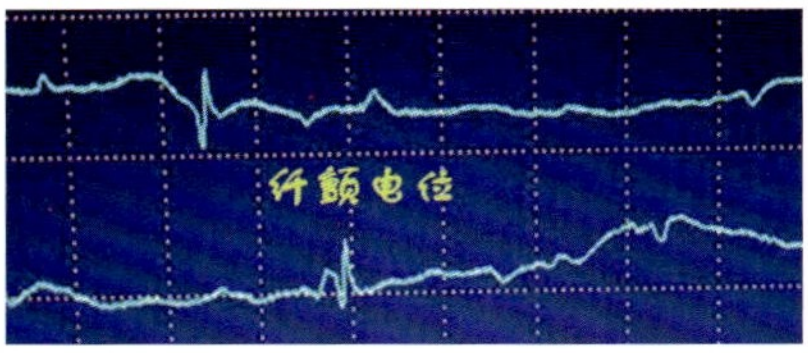 |
|  | 正锐波：自发出现的正相波，常伴纤颤，时限4ms；意义同纤颤 | 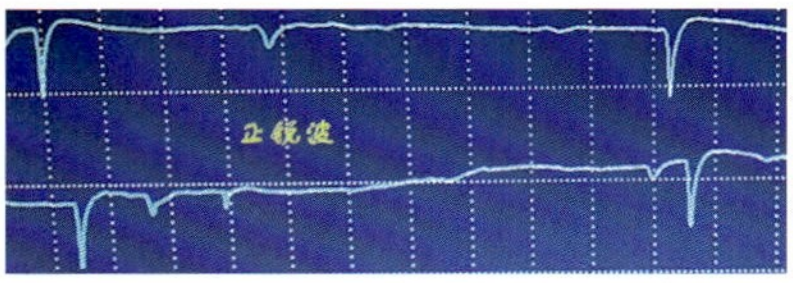 |
| 运动单位异常 | ①神经源性损害：时限增宽、波幅增高、多相波百分比增多；<br>②肌源性损害：时限缩短、波幅减低、多相波百分比增多 | 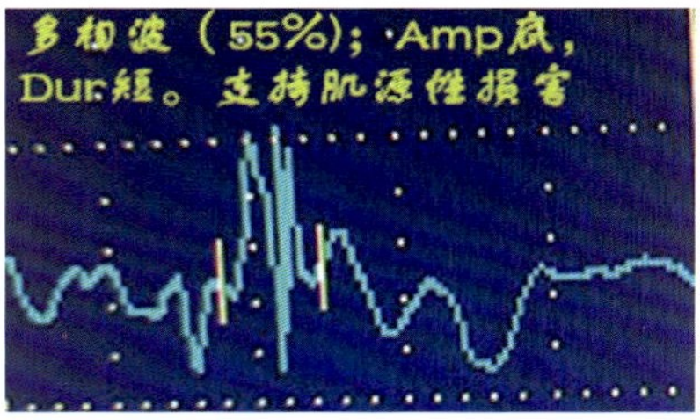 |
| 募集电位异常 | 募集电位减少 | 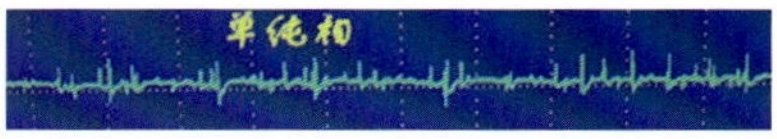 |
|  | 低波幅的干扰相（肌源性损害） | 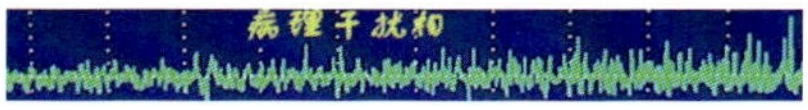 |

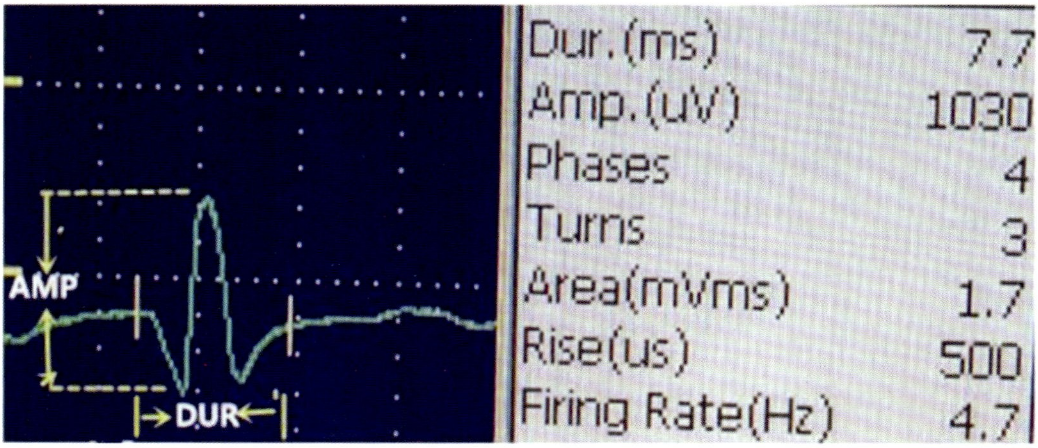


图 5－6－5　运动单位电位组成图（DUR）：7.7ms；波幅（AMP）：1030μV；波形：3 相

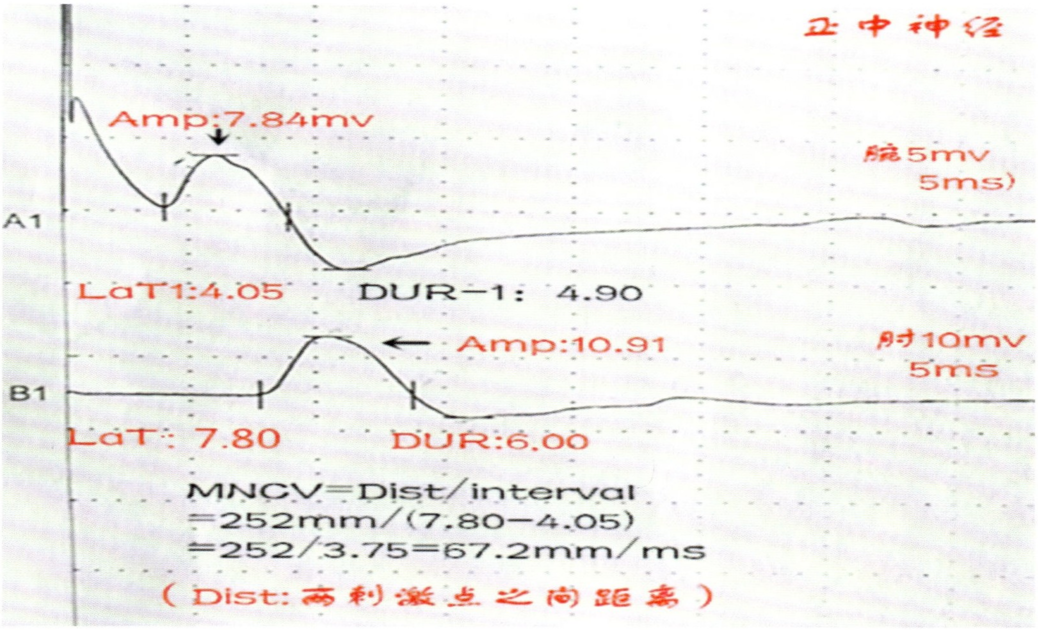


图 5-6-9　运动神经传导速度检查图像

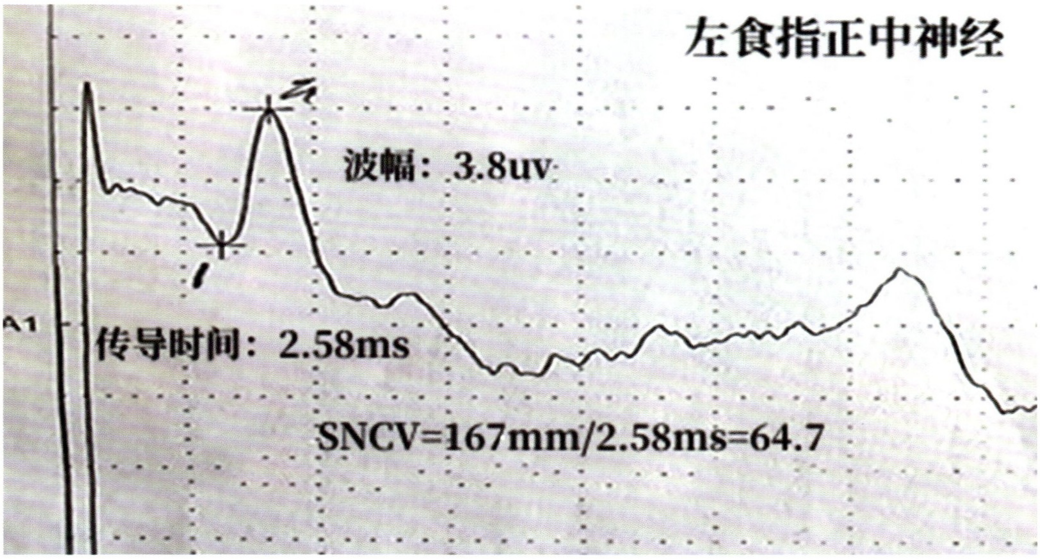


图 5-6-10　感觉神经传导速度检查图像